상법원론 I

상법총칙 · 상행위 · 회사법

원용수

박영사

이 책은 체계와 내용을 어떻게 할 것인가에 관한 상법학과 수험상법과의 딜레마에서, 기존의 여러 상법 교재들을 참조한 후 나아갈 방향을 찾고자 하였다.

필자는 오랜 기간 동안 상법학을 전공 교과목으로 하면서 대학과 대학원의 강단에 서왔음에도 불구하고, 가장 아쉽게 생각하는 것은 필자의 생각을 전달함에 있어서 저작의 부족으로 인해 다른 학자들의 의견을 전달함에 그치는 것이었다. 물론 그동안 강의를 하는 과정에서 필자의 의견을 제시하고 역설한 것은 사실이지만, 그것을 세상에 전파를 하기에는 무리가 있었던 것 같았다. 따라서 이번 기회에 지인들의 도움을 받아 한 권의 상법강의서를 통해 필자의 생각을 정리하여 피력하는 기회를 만들고자 한다.

이 책은 복잡한 상법이론을 세세하게 설명하는 이론서라기보다는 오히려 상법의 체계와 내용을 전체적으로 조망한 원론 내지는 개론서에 가깝다. 이것이 이 책의 존재 이유라고 할 수 있는데, 그동안 강단에서 느낀 바는 상법의 개별이론이 너무 복잡하게 서술되어 온 것이 아닌가 하는 반성적인 고려라고 생각된다. 이에 따라 독자들에게는 복잡한 이론이 특징인 상법을 전반적으로 이해하는데 무리가 있다고 본다. 이러한 상황에서, 복잡하고 어려운 상법의 이론을 쉽게 해석하고 체계적으로 이해할 수 있다면, 상법에 대한 거부감을 완화시키지 않을까라고 판단하여 필자는 감히 이 책을 기획하게 되었다.

따라서 이 책은 다음과 같은 원칙에 따라 서술되었다.

첫째, 이 책은 상법을 거시적으로 보는 데 주력하였다. 거시적으로 본다는 의미에 관하여는 논란이 있을 수 있지만, 이 책은 다독을 목표로 빠르게 상법의 제반 구조를 볼 수 있는 안목을 키우는 것을 지향하였다. 만일 상법학을 전공한다면 한권의 저서를 숙독하여 그 깊이를 새겨두는 시간과 과정이 필요하지만, 이러한 목적이 아니라면 상법을 전체적으로 이해하는 것이 상법의 정복을 위한 시간과 노력을 절약하는데 도움이 될 것이다. 따라서 이 책은 하나의 개론서 내지 원론서를 지향하여 기존의 저서들에 비하여 비교적 짧은 시간으로 정리할 수 있게 서술하였다.

둘째, 이 책은 대학의 학부 시절에 전공을 불문하고 상법 공부의 필요성을 느끼고 의욕이 생긴 학생들이 상법에 쉽게 접근할 수 있도록 상법의 조문의 순서에 따라 구성하였다. 이에 따라 이 책은 총칙, 상행위 및 회사 순으로 구성하였는데, 이 분야야말로 상법의 꽃이며 핵심이라고 할 수 있는 것으로 반드시 이해해야 한다. 또한 이 책의 가장 중요한 특징으로 중요한 개념을 간략하게 제시하였고, 필요한 경우에는 이해를 돕기 위하여 예를 들어 설명하였으며, 최신 판례와 핵심 판례를 완벽하게 정리하였다. 따라서 이 책은 상법을 처음으로 공부하는 학생은 물론, 변호사시험, 회계사시험, 법무사시험, 세무사시험 등을 준비하는 분들에게도 유용하게 이용될 수 있다. 그리고 이 책에서는 조문의 기재와 관련하여 상법 이외의 법은 법령을 기재하였고, 상법은 제ㅇ조로만 기재하여 상법을 삭제하였다.

셋째, 이 책에 제시된 판례 및 법령은 2022년 12월을 기준으로 하였다.

필자를 도와준 여러분의 열띤 조언이 없었다면, 이 책은 적합성과 학문성에서 우왕좌왕했을 것이다. 이에 따라 이 책의 완성에 도움을 주신 여러분에게 다시 한번 감사드린다. 끝으로, 이 원고의 작업 중 여러 교재의 출간 상황으로 인하여 이 책의 출간일이 늦어지게 되었다. 이 책을 완성하는 단계에서 상법을 쉽게 해설하고 풀어보려는 필자의 노력이 시험대에 올랐다고 생각하니, 고민이 많았으나 어쩌면 마무리를 한다는 생각으로 탈고를 마치게 되었다. 아무쪼록 이 책을 접하고 읽게 되는 모든 독자들은 각자가 원하는 목적을 달성하여 행복하기 바란다.

2023년 2월
저자

상법원론(Ⅰ) 차례

제1편 상법총칙

제1장 서론

제2장 상인(기업의 주체)

제 3 장　　상업사용인(기업의 경영보조자)

제 4 장　　상호(기업의 명칭)

제2편 상행위

제1장 서론

제2장 통칙

제3장 각칙

제3편 회사법

제1장 통칙

제 2 장　주식회사

제3장　주식회사 이외의 회사

제1편

상법총칙

제1장 서론

제1절 **상법의 의의**

01 상법의 의의

상법은 상인(기업)의 생활관계에 특유한 법으로서 상법이라는 이름을 가진 형식적 의의의 상법과 그 명칭에 관계없이 기업의 생활관계에 적용되는 실질적 의의의 상법으로 구분할 수 있다.

02 형식적 의의의 상법

형식적 의의의 상법이란 1962년 제정되어 1963년 1월 1일부터 시행된 법률 1000호의 상법전을 의미한다. 상법전은 제1편 총칙, 제2편 상행위, 제3편 회사, 제4편 보험, 제5편 해상 및 제6편 항공운송으로 구성되어 있다. 형식적 의의의 상법은 제정된 후 여러 차례의 개정이 이루어졌고, 미래에도 개정될 수 있다.

03 실질적 의의의 상법

실질적 의의의 상법이란 상법이 규율하는 기업의 생활관계의 실질 또는 내용에 의하여 파악된 통일적이며 체계적인 개념이다. 현재 실질적 의의의 상법은 기업에 관한 법이라는 기업법설이 일반적인 견해이다. 통상적으로 기업이라 하면 대체로 회사를 의미한다. 그러면 상법은 회사법만을 말하는가? 그렇지 않다. 상법은 회사법을 포함하고, 회사법보다 넓은 개념이다. 여기서 기업이란 상인적 설비와 방법으로 영리를 목적으로 하여 반복적 경영 활동과 거래행위를 하는 경제적 생활체를 말한다(통설). 이에 따라 엄밀한 의미에서 보면, 기업은 회사보다 넓은 개념이다. 예컨대, 회사가 아닌 개인기업도 얼마든지 존재하고 유지될 수 있다.

기업은 소규모로 운영하는 1인 기업으로부터 대규모의 주식회사까지 다양할 수 있는데, '영리를 목적으로 한다'는 공통점을 갖는다. 그런데 영리를 목적으로 발생하는 법률관계는 영리 추구와 관련이 없는 법률관계와 다른 성격을 띨 수밖에 없다는 것이 상법의 태도라고 할 수 있다. 이러한 상법의 태도로 인하여 상법의 이념과 특성이 부각된다.

제2절 상법의 이념과 특성

상법은 기업을 중심으로 하는 생활관계를 규율 하는 법이므로, 상법의 이념은 이러한 기업을 유지강화하고 기업활동(영리활동)을 왕성하게 하여 자본재 생산사회를 발전시키고, 나아가서 이것이 국민경제에 이바지하도록 하는 데 있다.

01 기업의 유지강화

오늘날 기업은 국민의 막대한 재산을 흡수·저축하며, 노동의 기회 제공을 통해 대부분 국민에게 소득의 원천이 되고 있다. 이러한 기업이 소멸하면 개인 경제상으로나 국민 경제상으로 막대한 손실이 발생한다. 그래서 상법은 기업의 형성을 쉽게 하고, 또 이것을 유지강화하는 것을 이념으로 삼고 있다. 상법에서 이를 구체화한 것으로 다음과 같은 것들이 있다.

① 영리성의 보장(예 상인의 보수청구권 제61조), ② 자본집중의 촉진(예 각종 회사제도), ③ 자금조달의 원활화(예 주식과 사채의 장점을 결합한 상환주식 제345조·전환주식 제346조 이하 등), ④ 인력의 보충(예 상업사용인 제10조 이하), ⑤ 위험부담의 완화(예 물건운송인의 책임제한 제137조), ⑥ 인적 요소를 떠난 기업의 독립성 확보(예 회사 기업의 법인화 제169조), ⑦ 소유와 경영의 분리, ⑧ 기업소멸의 회피(예 각종 회사의 계속제도 제229조 등)

02 기업활동의 왕성과 거래의 안전

기업은 원활·왕성하게 활동하여 출자한 자본금을 신속히 순환시킴으로써 출자한 자본을 증식한다. 이것이 곧 기업의 목적이기도 하다. 한편 기업과 거래하는 제3자를 보호하기 위하여 거래의 안전을 보호할 필요도 있다. 상법에서 이를 구체화한 것으로 다음과 같은 것들이 있다.

1. 기업거래의 왕성

① 거래의 간이·신속(예 일반상사채무의 단기소멸시효 제64조), ② 거래방식의 정형화(예 기업거래는 보통 거래약관을 사용하여 거래의 내용과 효과를 획일화하는 점), ③ 거래객체의 유통성 확보(예 화물상환증 제128조, 창고증권 제156조 이하, 주권 제335조 이하와 같은 권리의 증권화 현상)

2. 거래의 안전

(1) 공시주의

기업의 기초가 되는 중요사항은 그 내용을 널리 일반공중에게 알리는 것이 기업주로서나 거래의 상대방으로서나 필요하다. 그래서 상법은 그와 같은 사항에 대한 진실한 공시를 요구하고 있다 (예 각종 상업등기).

(2) 외관주의(금반언의 법리)

공시된 사실이 진실과 일치하지 않는 경우, 공시된 사실을 믿고 어떤 행위를 하거나 하지 않은 자를 보호할 필요가 있다. 이때 외관을 만들어 낸 자에게 귀책사유가 있음을 전제로 외관을 신뢰한 자를 보호하게 되는데, 이를 외관주의 또는 금반언의 법리라 한다(예 지배인의 대리권 제한의 효력 제11조 제3항, 표현지배인 제14조, 명의대여자의 책임 제24조, 고의 또는 과실에 의한 부실등기의 효력 제39조, 유사발기인의 책임 제327조, 표현대표이사 제395조 등).

(3) 엄격책임주의

기업과 일반인의 거래에서 기업주 측은 일반인보다 우월한 지위에 있다. 그래서 상법은 거래의 안전 보호를 위하여 기업주 측에게 엄격한 의무와 책임을 부과하기도 한다(예 다수채무자의 연대채무 제57조 제1항).

그런데 기업주 측에게 가중된 의무와 책임을 부과하는 이러한 규정은 앞에서 본 기업주 측의 책임을 완화하는 규정과 모순되지는 않는가? 모순되지 않는다. 기업주 측의 책임이 완화되는 면은 기업조직면에서의 기업의 유지이념과 관련된 것이고, 기업주 측의 책임이 가중되는 면은 기업활동면에서 거래의 안전 보호와 관련된 것으로 양자는 모순되는 것이 아니다.

제3절 상법의 법원

01 문제의 제기

상법의 법원이란 실질적 의미의 상법의 존재형식 또는 그 법의 인식근거를 말한다. 이것은 상법이 적용될 수 있는 분쟁이 발생하는 경우 재판의 근거 또는 기준으로 사용되는 기업 관련 법규범이 무엇인가의 문제이다.

상법 제1조는 '상사에 관하여 본법에 규정이 없으면 상관습법에 의하고 상관습법이 없으면 민법의 규정에 의한다'라고 규정하고 있다. 즉 기업의 생활관계에서(기업법설) 분쟁이 생기면 우선 상법전을 보고, 여기에 없으면 그 다음으로 상관습법과 민법을 보라는 것이다.

이외에 보통거래약관과 상사자치법이 상법의 법원인가에 대하여 논의가 있다.

02 상법의 법원의 종류

1. 상사제정법

(1) 상법전

상법전(법 1000호)은 1962년 1월 20일 공포되고 1963년 1월 1일부터 시행되고 있는데 이것이 가장 기본적인 상법의 법원이다.

(2) 상사특별법령

상사특별법령은 ① 상법시행령, 상업등기법, 상업등기규칙과 같은 상법전에 부속된 상사특별법령과 ② 자본시장과 금융투자업에 관한 법률(자본시장법), 주식회사 등의 외부감사에 관한 법률과 같은 상법전과 독립한 상사특별법령이 있다.

(3) 상사관계 조약 및 국제법규

조약은 국가 간의 계약인 동시에 국내법으로서의 성격도 가진다. 조약 중 상사에 관한 것과 일반적으로 승인된 국제법규 중 상사에 관한 것은 상법의 법원이 된다(헌법 제6조 제1항 참조).

2. 상관습법

상관습법이란 상사관계에서 발생하는 계속적 관행이 법적인 확신의 단계에까지 이른 것을 말한다. 판례 중 상관습법을 인정한 것으로 중요한 것에는 '백지어음의 발행에 관하여는 상관습법으로 인정된다'고 한 것이 있는데(대결 1956.10.27. 4289민재항31·32), 백지어음은 현재 어음법에 성문화 되었다(어음법 제10조).

3. 보통거래약관

보통거래약관이란 기업이 여러 상대방 당사자와 계약을 체결하기 위하여 특정한 형식으로 미리 마련한 계약의 조항을 말한다. 실제로 많은 상거래가 보통거래약관에 의하여 이루어지고, 그 약관은 당사자가 약관의 내용을 인식하지 못하고 있고, 약관의 적용에 관하여 구체적이고 명시적으로 개별적 합의를 하지 않았다 하더라도 일반적으로 당사자를 구속한다. 그러면 이와 같이 약관이 구속력을 갖는 근거는 무엇인가? 약관이 상법의 법원이기 때문인가? 이에 대하여 견해가 대립한다.

(1) 학설

① 자치법설은 약관은 당해 거래권에서 만든 자치법의 일종이므로 구속력을 갖는다고 한다. ② 반면 다수설인 의사설은 약관은 당사자가 그 약관을 계약에 포함시키기로 합의하였기 때문에 구속력을 갖는다고 한다.

(2) 판례

판례는 약관의 법원성을 부정하며 의사설을 취한다. 즉 판례는 "보통보험약관이 계약당사자에 대하여 구속력을 갖는 것은 그 자체가 법규범 또는 법규범적 성질을 가진 계약이기 때문이 아니라 보험계약당사자 사이에서 계약내용에 포함시키기로 합의하였기 때문이라고 볼 것인바, 일반적으로 당사자 사이에서 보통보험약관을 계약내용에 포함시킨 보험계약서가 작성된 경우에는 계약자가 그 보험약관의 내용을 알지 못하는 경우에도 그 약관의 구속력을 배제할 수 없는 것이 원칙이나 다만 당사자 사이에서 명시적으로 약관에 관하여 달리 약정한 경우에는 위 약관의 구속력은 배제된다(대판 1985.11.26. 84다카2543)."라고 판시하였다.

4. 상사자치법

상사자치법이란 기업의 조직이나 활동에 관한 근본규칙으로 당사자들이 작성한 것을 말한다. 주식회사의 정관이 대표적이다. 그러면 회사의 정관에서 정하는 바에 따라 당사자들의 법률관계가 정해지는 경우 정관의 구속력의 근거는 무엇인가? 정관이 상법의 법원이기 때문인가?

정관의 법원성을 부정하고 정관이 적용되는 것은 당사자들이 자발적 의사에 따라 계약한 것이기 때문이라는 계약설도 있으나, 판례는 정관의 법원성을 인정하였다. 즉 "사단법인의 정관은 이를 작성한 사원뿐만 아니라 그 후에 가입한 사원이나 사단법인의 기관 등도 구속하는 점에 비추어 보면 그 법적 성질은 계약이 아니라 자치법규로 보는 것이 타당하다(대판 2000.11.24. 99다12437)."라고 판시하였다. 요컨대, 상사자치법에 해당하는 회사의 정관은 상법의 법원이다.

03 상사에 관하여 적용될 법규의 적용순서

1. 일반적 설명

법적용의 순서에 대해서는 일반적으로 「상사자치법 → 상사특별법령, 상사조약 → 상법전 → 상관습법 → 민사자치법 → 민사특별법령, 민사조약 → 민법전 → 민사관습법」이라고 하여 자치법을 가장 앞순위에 놓는다. 그리고 우리나라가 가입한 국제조약은 일반적으로 민법이나 상법 또는 국제사법보다 우선적으로 적용된다(대판 2022.1.13. 2021다269388).

2. 비판적 설명

비판적 견해에 의하면, 위와 같은 설명은 적용법률의 전부를 임의규정만으로 상정한다면 타당하나, 강행법규와 임의법규 모두를 포괄하여 순서를 논하자면 자치법은 강행법규와 임의법규의 중간에 위치해야 옳다고 한다. 이 견해는 법적용의 순서는 「조약·국제법규·상사특별법 → 상법 중 강행법규 → 민법 중 강행법규 → 자치법 → 관습법 → 상법 중 임의법규 → 민법 중 임의법규」 순이 된다고 한다.

제2장 상인(기업의 주체)

제1절 **상인의 의의**

01 총설

상인이란 상사관계의 권리의무가 귀속되는 주체이다. 실질적 의미의 상법은 기업에 관한 법이라고 하였는데, 기업은 인적·물적 요소로 구성된 경제적 단위로서 그 자체로는 권리능력이 없다. 그래서 구체적으로 권리능력을 가지는 주체가 필요한데 그것이 바로 상인이다. 다시 말해 기업은 실질적 경제활동의 주체이고, 상인은 법적인 권리의무의 주체라고 보면 된다. 이와 같은 상인의 개념은 상법의 적용 범위를 정함에 있어 중요한 역할을 한다. 상인의 개념을 도표로 표시하면 다음과 같다.

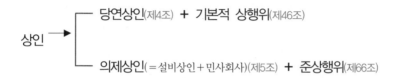

02 당연상인

당인상인이란 '자기명의로 상행위를 하는 자'를 말한다(제4조).

1. 자기명의

(1) 의의
「자기명의」로 한다는 의미는 '상거래로 인한 권리의무의 귀속주체가 된다'는 의미이다.

(2) 구별개념
① 자기명의는 자기계산과 구별해야 한다. 「자기계산」이란 '행위의 결과 발생하는 손익의 귀속주체가 자기'라는 의미이다. ② 또 영업행위의 담당자와 상인이 다를 수도 있다. 예컨대, 주식회사의 대외적 거래는 대표이사가 수행하지만 상인이 되는 것은 대표이사가 아니라 주식회사이다. ③ 행정관청에 신고한 영업자(예를 들면 부가가치세법상의 사업자 등록)와 상거래의 주체가 다른 경우도 있다. 이때 사법상의 권리의무의 귀속주체인 상거래의 주체가 상인이 된다. ④ 상인이 제3자의 명의를 빌려 거래를 하는 명의대여의 경우는 실제 거래 주체인 명의차용인이 상인이 된다. 명의대여자는 표현적 지위 때문에 거래상의 책임을 지는 경우가 있을 뿐이다.

2. 상행위

(1) 의의

여기서 말하는 「상행위」란 상법 제46조에 열거된 기본적 상행위만을 말한다(한정성). 그런데 여기서의 상행위가 되기 위해서는 추가적으로 아래와 같이 「영업성」(제46조 본문)이 있어야 한다. 다만 「기업성」(제46조 단서)이 없는 경우는 영업성이 있어도 예외적으로 상인이 아니다.

1) 영업성

영업성이란 이윤의 획득을 목적으로 하여, 동종의 행위를 계속적·반복적으로 행하는 것을 말한다(통설·판례). 이러한 영업성은 영리성·계속성·반복성을 그 요건으로 한다.

① 영리성

영업성 판단의 가장 중요한 요소는 영리성이다. 영리성은 실제의 이익을 발생시키는 것이 주된 목적이어야 한다. 그러나 영리성은 실제의 이익의 발생 유무와 이익의 사용목적 등을 불문한다(통설). 비록 대가를 지급받는다 하더라도 적극적으로 실제의 이익을 발생시킬 목적이 아니라 구성원의 복지를 위해서 물건을 염가로 제공하는 경우는 영리성이 부정된다(통설). 판례도 "대한광업진흥공사가 광업자금을 광산업자에게 융자하여 주고 소정의 금리에 따른 이자 및 연체이자를 지급받는다고 하더라도 이와 같은 대금행위는 민영광산의 육성 및 합리적인 개발을 지원하기 위하여 하는 사업이지 이를 '영리를 위하여' 하는 행위라고 보기는 어렵기 때문에 이는 상법 제46조의 기본적 상행위에 해당하지 않는다(대판 1994.4.29. 93다54842)."라고 판시하였다.

② 계속성·반복성

한 번에 국한된 행위나 기회가 있을 때마다 반복하는 투기행위 등은 영업이 될 수 없다. 다만 영업기간이 단기인 것은 무방하다(예를 들면 박람회나 해수욕장에서의 매점). 계속성·반복성은 외부적으로 그와 같이 인식되는 것이 중요하다. 그러므로 점포 또는 사무실, 상호, 간판 등의 시설을 갖추는 등 그 활동이 어느 정도 고정된 시설을 통해 공개적으로 행해져야 한다. 따라서 행상을 하는 것을 영업이라 할 수는 없다.

2) 예외

「기업성」이 없으면 상인이 아니다. 즉 상법 제46조 각 호의 행위를 아무리 영업으로 하더라도, 오로지 임금을 받을 목적으로 물건을 제조하거나 노무에 종사하는 자의 행위는 상행위에 해당하지 않는다(제46조 단서). 이러한 행위를 하는 자는 상인이 아니며 후술하는 소상인도 아니다. 여기서 임금을 받는다는 것은 특정인에게 고용되어 보수를 받는다는 뜻이 아니고, 제조 또는 노무의 양에 따라 영세한 보수를 받음을 뜻한다. 예컨대, 기업성이 없는 예는 집에다가 재봉틀 서너 대와 3, 4인의 공원을 두고 봉제공장에서 바느질을 도급 받아서 바느질한 옷 한 벌당 얼마씩 받는 경우를 말한다. 지나친 영세성으로 인해 기업성을 인정할 수 없어 상인의 범위에서 제외시킨 것이다.

(2) 상법 제46조 각호의 상행위

여기서는 상법 제46조 1호 「매매」의 의미가 특히 문제된다. 매매의 의미를 어떻게 보는가에 따라 자신이 수확한 사과를 매도하는 행위와 같은 '원시취득업자가 스스로 생산한 물건을 파는 행위'가 여기의 매매에 포함되는지가 달라진다. 매우 명확해 보이는 매매의 의미에 해석의 여지가 생기는 것은 매매업의 영리성은 매수가격과 매도 가격의 차이에서 발생한다고 생각하기 때문이다.

1) 학설

① 다수설은 여기서의 매매의 의미를 「매수와 매도」로 본다. 이 설에 의하면 매수와 매도는 서로 내면적인 관련을 가지고 물건 등을 사서 파는 영업을 구성해야 상행위성을 갖는다.

② 반면 소수설은 매매의 의미를 「매수 또는 매도」로 본다. 이에 의하면 매수나 매도 어느 한쪽만 하더라도 상행위가 될 수 있다. 원시취득업자가 스스로 생산한 물건을 파는 행위는 매수가 전제되지 않기 때문에 다수설에 의하면 매매에 해당하지 않으나, 소수설에 의하면 매매에 해당할 수 있다.

2) 판례

甲은 5,000평의 사과나무 과수원을 경영하면서 이 중 2,000평의 사과나무에서 수확한 사과를 대부분 대도시의 사과판매상에 위탁판매하여 왔다. 위탁판매인 乙은 甲으로부터 사과를 매수하였는데 이 중 일부의 사과가 썩어 있어 甲에게 하자담보책임을 물었다. 그러자 甲은 乙의 검사 및 하자통지의무(제69조) 불이행을 이유로 그 책임이 없다고 항변하였다. 甲의 이 항변은 타당한가?

상법 제69조가 적용되기 위해서는 양 당사자가 모두 상인이어야 한다. 乙이 상인임에는 의문이 없으므로 결국 甲이 상인인지에 따라 결론이 달라진다. 판례는 "자기가 재배한 농산물을 매도하는 행위도 이를 영업으로 할 경우에는 상행위에 해당한다고 볼 수 있다(대판 1993.6.11. 93다7174)."라고 하여 자기가 재배한 농산물을 매도하는 행위도 이를 영업으로 할 경우에는 상행위라 할 수 있다고 보았다. 다만 위 판례는 "甲은 약 5,000평의 사과나무 과수원을 경영하면서 그 중 약 2,000평 부분의 사과나무에서 사과를 수확하여 이를 대부분 대도시의 사과판매상에 위탁판매한다는 것이어서 甲은 영업으로 사과를 판매하는 것으로는 볼 수 없으니 상인이 아니다."라고 하여 甲의 항변을 받아들이지는 않았다.

그리고 한국토지공사가 택지개발사업을 시행하기 위하여 공익사업을 위한 토지 등의 취득 및 보상에 관한 법률에 따라 토지소유자로부터 사업 시행을 위한 토지를 매수하는 행위를 하더라도 한국토지공사를 상인이라 할 수 없고, 한국토지공사가 택지개발사업지구 내에 있는 토지에 관하여 토지소유자와 매매계약을 체결한 행위를 상행위로 볼 수 없다(대판 2020.5.28. 2017다265389).

03 의제상인

당연상인의 개념의 전제가 되는 상행위는 앞에서 본 바와 같이 상법상 제한적으로 열거되어 있다. 그런데 당연상인과 유사한 설비와 방식으로 영업행위를 하는 자에 대해서는 설사 그 영업행위가 위에 열거된 행위에 해당하지 않는다 해도 상법을 적용할 필요가 있다. 그래야 상법이 발전하는 기업적 생활관계에 순응할 수 있게 된다. 이런 필요에서 입법한 것이 상법 제5조의 의제상인

제도이다. 의제상인은 점포 기타 유사한 설비에 의하여 상인적 방법으로 영업을 하는 자이거나 상행위를 하지 아니하는 회사이다(제5조). 의제상인은 상법의 적용에 있어서 당연상인과 아무런 차이가 없다. 당연상인이 하는 상행위를 기본적 상행위라고 하는 데 반해 의제상인이 하는 행위는 준상행위라고 한다(제66조). 의제상인에는 설비상인과 민사회사가 있다.

1. 설비상인

(1) 의의

설비상인이란 '점포 기타 유사한 설비에 의하여 상인적 방법으로 상행위 이외의 영업을 하는 자'를 말한다(제5조 제1항). 설비상인은 「영업성」을 갖추어야 하고 영업을 「자기명의」로 해야 한다는 점은 당연상인과 같다. 이 외에 설비상인인 의제상인에 대한 판단의 가장 중요한 요건은 「상인적 설비와 상인적 방법」이다.

「상인적 방법」이란 '일반적으로 당연상인이 영업을 하는 것과 같은 방법'을 말한다. 예를 들어 점포나 사무실과 같은 영업활동을 위한 고정적인 장소를 가지고, 상업사용인을 두고 상업장부를 작성하며, 대외적인 홍보활동을 하는 등 "사회통념상" 당연상인의 경영방법으로 인정되는 것을 말한다. 판례는 "甲이 운영하는 학원업은 점포 기타 유사한 설비에 의하여 상인적 방법으로 영업을 하는 경우에 해당하여 甲은 상법 제5조 제1항에서 정한 '의제상인'에 해당한다(대판 2012.4.13. 2011다104246)."라고 판시하였다.

(2) 전문직업인의 상인성

변호사나 의사는 상인인가? 원래 공공적 서비스였던 것에 이윤추구의 성격이 점점 짙어지면서 이런 의문이 생기게 되었다. 상법 제46조 각 호에는 변호사, 의사의 업무에 해당하는 것이 없으므로 변호사나 의사는 당연상인은 아니다. 그러면 변호사나 의사도 사무실과 같은 고정적인 장소에서 장부를 작성하고 대외적인 홍보활동을 하는 등 상인적 방법을 사용하므로 설비상인에 해당하는가?

이에 대하여 통설은 변호사, 의사, 공인회계사, 세무사 등 전문직업인은 사회통념상 이윤추구가 목적이 아니라 고도의 공익성을 목적으로 하고 있으므로 상인이 아니라고 본다. 판례도 동일한 입장을 유지하고 있다.

이에 관한 판례(대결 2007.7.26. 2006마334)는 법률사무소의 상호등기 신청이 각하된 것을 다투는 사건에서 변호사의 상인성을 부정하였다. 이 판례는 이러한 직업에서 생기는 이윤은 어디까지나 공익적 활동을 하다가 생기는 부산물 또는 경비를 충당하는 것으로 보아야 한다는 취지이다. 또한 판례는 "의사나 의료기관을 상법 제4조 또는 제5조 제1항이 규정하는 상인이라고 볼 수는 없고, 의사가 의료기관에 대하여 갖는 급여, 수당, 퇴직금 등 채권은 상사채권에 해당한다고 할 수 없다(대판 2022.5.26. 2022다200249)."라고 판시하였다. 이와 마찬가지로 판례는 "세무사를 상법 제4조 또는 제5조 제1항이 규정하는 상인이라고 볼 수 없고, 세무사의 직무에 관한 채권이 상사채권에 해당한다고 볼 수 없으므로, 세무사의 직무에 관한 채권에 대하여는 민법 제162조 제1항에 따라 10년의 소멸시효가 적용된다(대판 2022.8.25 2021다311111)"고 판시한 바 있다.

2. 민사회사

민사회사란 '상행위 이외의 행위를 영리의 목적으로 하는 회사'를 말한다(제5조 제2항). 상행위를 영리의 목적으로(즉 영업으로) 하는 회사가 상사회사이고, 상행위 이외의 행위를 영리의 목적으로 하는 회사가 민사회사이다(예 농업·축산업·수산업 등 원시산업을 목적으로 하는 회사). 예컨대, 설립등기가 된 투자자문회사는 상법 제46조의 기본적 상행위를 제외한 행위(준상행위)를 영업으로 하는 민사회사이다. 상사회사는 당연상인이고 민사회사는 의제상인이라는 차이가 있으나 양자 모두 상법의 적용을 받는다는 점에서 구별의 실익은 없다.

04 소상인

소상인이란 '자본금액이 1,000만 원에 미치지 못하는 상인으로서 회사가 아닌 자'를 말한다(상법 시행령 제2조). 이때의 자본금액은 단순히 '영업재산의 현재가격'을 의미한다. 회사법상의 자본금과는 다른 개념이다. 또 회사는 자본금액이 1,000만 원이 미치지 못하더라도 소상인이 아니다.

이러한 소상인에 대하여는 지배인, 상호, 상업장부 및 상업등기에 관한 규정이 적용되지 않는다(제9조). 이 규정은 소상인은 이러한 제도를 이용할 수 없다는 의미가 아니라 단지 소상인은 이러한 제도를 이용할 상법상의 의무가 없고, 설사 이용하더라도 상법상 보호를 받지 못한다는 의미일 뿐이다.

05 상인 여부의 판단 방법

상인인지 여부 또는 상행위인지 여부를 판단은 다음과 같은 순서로 한다. ① 가장 먼저 그 주체가 회사인지를 봐야 한다. 상사회사(제4조)이건 민사회사(제5조 제2항)이건 회사는 무조건 상인이다. ② 영업의 주체가 회사가 아니라면 다음 단계로 제46조 각호의 행위를 영업으로 하는지를 살펴야 한다. 이때 제46조 각호의 행위를 한다고 모두 상인인 것은 아니고 반드시 '영업으로' 해야만 상인이 된다는 점을 유의해야 한다. 이 경우 행위주체는 상법 제4조에 따라 당연상인이 된다. ③ 제46조 각호의 행위가 없는 경우에는 다시 제5조 제1항으로 가서 설비상인인지 여부를 판단한다.

제2절 상인자격의 취득과 상실

01 총설

상인자격은 상인으로서의 지위를 의미한다. 행위의 당사자에게 상인자격이 있는지 여부는 당해 법률관계에 상법이 적용될 것인지를 결정하는 하나의 기준이 되므로 중요한 의미를 가진다.

02 자연인의 상인자격

1. 상인자격의 취득

자연인은 상법 제4조 또는 제5조 제1항의 요건을 갖춤으로써 상인이 된다. 그런데 언제 상법 제4조 또는 제5조 제1항의 요건을 구비하였다고 볼 것인가?

(1) 일반적 기준

다수설·판례는 「영업행위를 개시한 때」에 상인자격을 취득한다고 하면서, 이때의 영업행위란 영업의 목적 자체인 행위뿐만 아니라 그 준비행위(예 점포의 임차, 상업사용인의 고용 등)를 포함한다고 한다. 다시 말해 자연인은 그 준비행위의 성질로 보아 영업의사를 상대방이 객관적으로 인식할 수 있거나 또는 그 영업을 위한 준비행위라는 점에 대한 인식이 있는 때에 상인자격을 취득한다. 그리고 이때의 영업준비행위는 보조적 상행위가 된다.

(2) 개업을 위한 영업자금 차입행위

개업을 하기 위하여 영업자금을 차입하는 행위가 상행위가 되는지가 자주 문제된다. 왜냐하면 돈을 빌리는 행위는 그 행위의 성질만으로 보아서는 상대방이 영업의사를 객관적으로 인식할 수 없기 때문이다.

이에 대해 판례는 甲이 학원 설립과정에서 영업준비자금으로 乙에게서 돈을 차용한 후 학원을 설립하여 운영한 사안에서 "영업자금 차입 행위는 행위 자체의 성질로 보아서는 영업의 목적인 상행위를 준비하는 행위라고 할 수 없지만, 행위자의 주관적 의사가 영업을 위한 준비행위이었고 상대방도 행위자의 설명 등에 의하여 그 행위가 영업을 위한 준비행위라는 점을 인식하였던 경우에는 상행위에 관한 상법의 규정이 적용된다고 봄이 타당하다."라고 하면서 "甲이 운영한 학원업은 '의제상인'에 해당하는데, 甲의 차용행위는 학원영업을 위한 준비행위에 해당하고 乙도 이러한 사정을 알고 있었으므로 차용행위를 한 때 甲은 상인자격을 취득함과 아울러 차용행위는 영업을 위한 행위로서 보조적 상행위가 되어 상법 제64조에서 정한 상사소멸시효가 적용된다(대판 2012.4.13. 2011다104246)."고 판시하였다. 이에 따라 자연인은 영업의사가 있고, 영업의사가 객관적으로 인식가능한 경우 또는 거래상대방이 그 영업을 위한 준비행위라는 점에 대한 인식이 있으면 상인자격을 취득하게 된다.

또 판례는 "스탠드바 영업을 위한 준비행위로서 금원을 차용하면서 기존 영업이 영업정지 되는 등 업종변경을 할 수 밖에 없는 사정이었고, 차입금 용도를 생활비로 보기는 어려운 점 등에 비추어 단순한 생활비가 아닌 영업을 위한 준비행위임을 인식하고 대여하였다고 볼 여지가 충분하다면 상법상 5년의 소멸시효가 적용된다(대판 2016.5.12. 2014다37552)."고 판시하였다.

(3) 회사의 개업을 준비하기 위한 영업자금 차입 행위

이에 관한 판례를 보자. 甲은 乙 등과 함께 시각장애인용 인도블록을 제조하는 공장을 운영하기로 한 후 丙으로부터 사업자금을 차용하였고, 이 후 그 영업을 목적으로 하는 A 주식회사를 설립하여 대표이사로 취임하였다. 이때 甲의 丙에 대한 차용금채무가 상사채무로서 5년의 소멸시효가 적용되는가가 문제되었다. 결국 甲의 위 차용행위가 보조적 상행위로서 甲이 상인인가가 쟁점이 된 사안이다.

판례는 "영업을 준비하는 행위가 보조적 상행위로서 상법의 적용을 받기 위해서는 행위를 하는 자 스스로 상인자격을 취득하는 것을 당연한 전제로 하므로, 어떠한 자가 자기 명의로 상행위를 함으로써 상인자격을 취득하고자 준비행위를 하는 것이 아니라 다른 상인의 영업을 위한 준비행위를 하는 것에 불과하다면, 그 행위는 행위를 한 자의 보조적 상행위가 될 수 없다."라고 하면서, "甲은 직접 자신의 명의로 시각장애인용 인도블록 제조 공장이나 그에 관한 사업을 운영하기 위한 목적이 아니라 설립이 예정된 A 회사의 사업과 관련하여 필요한 자금을 마련하기 위해서 丙에게서 금원을 차용하였다고 볼 수 있으므로 甲의 차용행위를 보조적 상행위로서 개업준비행위 등에 해당한다고 볼 수 없다. 따라서 甲의 차용금채무는 상사채무로서 5년의 소멸시효가 적용된다고 볼 수 없다(대판 2012.7.26. 2011다43594)."고 하였다. 또한 판례(대판 2018.4.24. 2017다205127)에 의하면, 회사는 설립등기를 한 때부터 상인이 되지만, 회사의 기관인 대표이사 개인이 상인이 되는 것은 아니다. 그리고 대표이사 개인이 회사의 운영 자금으로 사용하려고 돈을 빌리거나 투자를 받더라도 그것만으로 상행위에 해당하는 것이 아니며(대판 2021.7.26. 2011다43594), 상인이 영업과 상관없이 개인 자격에서 돈을 투자하는 행위는 상인의 기존 영업을 위한 보조적 상행위로 볼 수 없다(대판 2018.4.24. 2017다205127).

2. 상인자격의 상실

자연인의 상인자격은 영업의 종료(영업의 폐지)로써 소멸한다. 폐업신고나 폐업광고를 했어도 영업을 계속하고 있으면 상인자격은 상실하지 않는다.

03 법인의 상인자격

1. 상인자격의 취득

(1) 회사

회사는 상사회사건 민사회사건 모두 성립한 때, 즉 설립등기를 할 때 상인자격을 취득한다. 회사는 태생적 상인으로서 법인격의 취득시기와 상인자격의 취득시기가 일치한다.

(2) 비영리법인이나 공법인 등 특별한 법인

1) 비영리법인

학술·종교·자선 등과 같은 공익사업을 목적으로 하는 비영리법인도 수익사업을 할 수 있으므로 수익사업에 관한 한 상인으로 다루는 것이 당연하다.

2) 공법인

① 공법인 중에서 그 설립목적이 법률에 의해 비영리적인 행위로 제한되어 있는 법인은 영업을 할 수 없으므로 상인이 될 수 없다. 판례는 "농업협동조합법에 의하여 설립된 조합이 영위하는 사업의 목적은 조합원을 위하여 차별 없는 최대의 봉사를 함에 있을 뿐 영리를 목적으로 하는 것이 아니므로 농업협동조합을 상인이라 할 수는 없다. 따라서 농업협동조합이 농민들로부터 채집한 농산물을 중개인에게 판매한 대금의 채권은 민법 제163조 6호 소정의 '상인이 판매한 상품의 대가'에 해당하지 않아 3년의 단기소멸시효가 적용되지 않는다(대판 2000.2.11. 99다53292)."고 판시한 바 있다. 이와 유사한 판례로서 위에서 언급한 바와 같이 공익사업을 위한 토지 등의 취득 및 보상에 관한 법률에 따라 토지소유자로부터 사업 시행을 위한 토지를 매수하는 행위를 하더라도 한국토지공사는 상인이 아니다(대판 2020.5.28. 2017다265389)라고 판시한 것은 주목할 만하다. 그러나 ② 공법인 중에는 수익사업을 할 수 있는 법인도 있고, 행위의 본질이 영업성을 띤 것도 있는데(예 한국마사회가 시행하는 경마의 개최, 한국방송공사의 상업방송 수익사업) 이러한 법인은 그 사업 부문에 관한 한 상인으로 보아야 한다.

3) 상인자격의 취득시기

비영리법인이나 공법인이 상인자격을 취득할 수 있는 경우 상인자격의 취득시기는 위 자연인의 상인자격 취득시기와 동일하게 판단한다.

2. 상인자격의 상실

① 회사는 「청산을 사실상 종결한 때」에 법인격의 소멸과 함께 상인자격을 상실하고, ② 비영리법인이나 공법인 등 특별한 법인이 부수적으로 영업을 함으로써 상인자격을 취득한 경우는 자연인인 상인과 같이 영업을 종료한 때, 즉 영업을 폐지한 때 상인자격을 상실한다.

제3장 상업사용인(기업의 경영보조자)

01 총설

1. 상업사용인 제도의 목적

상인의 영업규모에 따라 특정 상인에 종속하여 계속적으로 그 지시·감독에 따라 보조하는 자를 상업사용인이라고 한다. 상법이 상업사용인 제도를 둔 이유는 외관주의에 의하여 거래상대방을 보호함으로써 거래의 신속과 안전을 도모하기 위함이다.

2. 상업사용인의 의의

상업사용인은 특정한 상인에 종속하여 그 상인의 대외적 영업거래를 대리하는 자이다.

(1) 대내적 관계

상업사용인이 되기 위해서는 「특정 상인에게 계속적으로 종속」하여야 한다.

1) 특정 상인에 대한 종속성

「특정 상인」이란 1인만을 의미하는 것이 아니라 수인일 수도 있다. 「종속」한다 함은 상인과 상명·하복의 관계에 있고 상업사용인의 활동은 독립된 영업이 될 수 없음을 의미한다. 중개인, 위탁매매인은 불특정한 상인의, 그리고 대리상은 특정한 상인의 대외적 거래를 보조하기는 하지만, 모두 그 활동 자체가 독립된 영업이라는 점에서, '종속된' 상업사용인이 아니라 '독립된' 상인이다.

2) 고용의 요부

일반적으로 상인과 상업사용인은 고용관계로 맺어진다. 그러나 상인과 영업활동의 보조자 사이에 고용관계가 없는 경우도 있다. 상인의 가족이나 친지 등이 계속적 또는 일시적으로 점포의 판매업무를 보아 주는 경우가 이런 경우이다. 이 경우도 보조자에게 상인의 영업활동에 관한 대리권이 주어져 있다면 그를 상업사용인으로 보아 상법의 상업사용인에 관한 규정을 적용해야 한다.

3) 사용인의 범위

① 법정대리인은 무능력자 본인에게 종속된 지위에 있지 않고 후견적 지위에 있으므로 상업사용인이 아니다. ② 업무집행사원이나 이사와 같은 법인의 기관은 그 법인 조직의 일부이지 법인에 종속된 자가 아니므로 상업사용인이 아니다. 다만 이사가 지배인 등 상업사용인의 지위를 겸하여 회사의 영업거래를 대리하는 경우에는 상업사용인에 관한 제규정이 적용된다. 판례도 "주식회사의 기관인 상무이사라 하더라도, 동 회사의 사용인을 겸임할 수 있으므로…"라고 판시한 바 있다(대판 1968.7.23. 68다442). ③ 상업사용인은 자연인에 한하여 될 수 있고 법인은 상업사용인이 될 수 없다.

(2) 대외적 관계

상업사용인은 상인의 「대외적 영업거래를 대리」하여야 한다.

1)「대외적」영업거래 대리

기업활동은 생산·재고관리·인사 등 기업 내부의 경영관리부문과 판매·구입 등 대외거래부문으로 나누어 볼 수 있다. 상업사용인은 이중 상인의 대외적 영업거래를 보조하는 자만을 말한다. 기업 내부에서 단순한 노무에 종사하는 자(예를 들면 생산직공, 급사, 운전기사, 청소부)나 내부관리업무에 종사하는 자(예를 들면 비서, 회계실무자, 인사부장, 공장장)는 상업사용인이 아니다.

2)「영업거래」의 대리

상인의 영업거래가 아니라 가사 등과 같은 비영업적 거래를 대리하는 자는 상업사용인이 아니다.

3)「대리」

상업사용인은 상인으로부터 대리권을 수여 받아 그 대리권을 가지고 상인의 영업부문에서 법률행위를 대리하는 자이다. 상인의 대외적 영업활동을 보조하더라도 광고·선전이나 수금과 같이 거래행위 이외의 활동을 보조하는 자는 상업사용인이 아니다.

02 지배인

1. 지배인의 의의

지배인이란 영업주에 갈음하여 그 영업에 관하여 재판상 또는 재판외의 모든 행위를 할 수 있는 대리권을 가진 상업사용인을 말한다(제11조 제1항). 지배인 제도는 대리권의 존재나 그 범위에 대한 불확실성을 없앰으로써 거래를 촉진하자는 데에 그 의의가 있다.

2. 지배인의 선임·종임

(1) 선임
1) 선임권자

지배인은 상인이 선임할 수 있고(제10조), 명문의 규정은 없으나 상인의 대리인도 지배인을 선임할 수 있다. 다만 지배인은 상인의 대리인이기는 하나 자기와 동등한 지위에 있는 다른 지배인을 선임할 수는 없다(제11조 제2항의 반대해석).

2) 자격

지배인은 의사능력을 가진 자연인이어야 한다. 다만 행위능력자일 필요는 없다(민법 제117조). 또 직무의 성격상 감사는 지배인이 될 수 없으나(제411조, 제570조), 업무집행사원이나 이사는 지배인이 될 수 있다(대판 1968.7.23. 68다442 판결 참조).

(2) 종임

지배인의 지위는 그 선임계약의 내용에 따라 그 계약의 종료 또는 대리권의 소멸에 의하여 종료한다. 다만 민법의 경우와 달리 영업주가 사망하더라도 지배권은 소멸하지 않는다(제50조). 영업주가 사망하더라도 기업은 계속 유지되어야 하기 때문이다.

(3) 등기

지배인의 선임과 종임은 그 지배인을 둔 본점 또는 지점 소재지에서 등기하여야 한다(제13조). 그런데 대리권이 수여되었음에도 지배인으로 등기되지 않았거나 대리권이 수여되지 않았음에도 지배인으로 등기된 경우와 같이 실제 대리권의 존부와 등기 내용이 다른 경우 거래상대방을 어떻게 보호할 것인가?

지배인인지 여부는 오로지 대리권이 수여되었는지 여부만으로 판단한다. 등기 여부는 실체적 법률관계에 아무런 영향이 없다. 다만 실제 대리권의 존부와 등기 내용이 다른 경우 영업주는 상법 제37조(상업등기의 일반적 효력), 제39조(부실등기의 효력)에 의해 등기를 신뢰한 거래상대방에게 책임을 져야할 경우가 있을 수 있다.

3. 지배인의 권한(지배권)

(1) 지배권의 내용

1) 권한의 정형성·획일성(불가제한성)

지배인은 그 영업에 관한 재판상 또는 재판외의 모든 행위를 할 수 있다. 여기서 지배인의 권한이 정형적 또는 획일적이라 함은, 지배인은 상인에 의하여 선임되지만, '그 권한의 범위는 법규정에 의하여 일률적으로 정해진다'는 의미이다. 민법상의 대리권의 범위가 본인의 의사에 의하여 정해지는 것과 구별된다. 이로 인해 지배인과 거래하는 상대방은 지배인이라는 것만 확인하면 그 대리권의 범위를 개별적으로 확인할 필요가 없어져 거래 안전이 보호된다.

물론 영업주가 지배인의 대리권의 범위를 절대로 제한할 수 없는 것은 아니다. 그러나 그 제한을 가지고 선의의 제3자에게 대항할 수는 없다(제11조 제3항). 이를 지배권의 획일성 또는 불가제한성이라 한다. 영업주가 대리권을 제한하는 경우 이를 공시하는 방법도 없기 때문에, 영업주가 선의의 제3자에게 대항할 수 있는 다른 방법은 없다.

여기서 선의의 제3자의 범위에 과실이 있는 제3자는 포함되지만 중과실이 있는 제3자는 제외되고, 제3자의 악의 또는 중과실에 대한 주장·입증책임은 영업주가 진다. 또 어음행위의 경우 직접 어음을 취득한 상대방뿐만 아니라 그로부터 어음을 다시 배서양도 받은 제3취득자도 제3자에 포함된다(대판 1997.8.26. 96다36753).

2) 권한의 포괄성

상법에서 획일적·정형적으로 주어진 대리권의 범위는 어디까지인가? 지배인의 권한은 「'영업에 관한」 「재판상 또는 재판외의 모든 행위」'에 미친다(제11조 제1항).

혼인, 입양 등과 같은 신분상의 행위에는 지배권이 미치지 않는다. 그러나 영업에 관한 행위란 영업으로 하는 행위에 국한되지 않고 자금차입이나 어음행위와 같이 영업을 위하여 하는 행위, 즉 보조적 상행위도 포함한다. 다만 영업의 존재를 전제로 하여 그 범위 내에서의 활동을 뜻하므로 새로운 점포의 개설, 영업 자체의 양도나 폐지는 포함되지 않는다.

지배인의 행위가 영업에 관한 것인지는 지배인의 행위 당시의 주관적인 의사와는 관계없이 그 행위의 객관적 성질에 따라 추상적으로 판단되어야 한다(대판 1997.8.26. 96다36753). 그러므로 설사 지배인이 자신의 채무변제나 유흥비 조달 등의 목적으로 거래를 하였더라도, 행위의 객관적 설질상 영업주의 영업범위에 속하는 것이라면 원칙적으로 대리권의 범위에 포함되므로 영업주에게 효력이 있다. 재판상 행위란 소송행위를 말한다. 재판외의 모든 행위는 사법상의 모든 적법행위를 말하고 유상·무상을 불문한다.

3) 지배권의 남용

① 의의

A. 개념　　어떠한 행위가 지배권의 범위에 속하는지는 그 행위의 객관적 성질에 따라 추상적으로 판단되며, 지배인의 주관적 의도와는 관계가 없고, 이 원칙에 따르면 지배인이 유흥비 조달이나 자신 채무의 변제 등 개인적 목적을 위해서 한 행위도 원칙적으로 영업주에게 효력이 미친다고 하였다. 그런데 지배인이 개인적 목적으로 거래한다는 사정을 거래상대방이 알았거나 알 수 있었던 경우까지 지배인 행위의 효력을 영업주에게 미치게 하는 것은 결론에 있어 매우 부당하다. 그래서 대리인의 행위가 대리인이나 제3자의 이익을 위한 것임을 거래상대방이 알았거나 알 수 있었다면 본인인 영업주는 거래상대방에게 거래의 무효를 주장할 수 있다는 법리가 확립되었다. 이를 대리권 남용의 법리라 한다.

B. 다른 개념과의 구별　　대리권 남용의 문제는 대리권의 범위를 넘거나 그 범위가 내부적으로 제한되는 문제와 개념적으로 구별해야 한다. 대리권 남용이란 지배인의 주관적 의도가 문제되는 것일 뿐 어디까지나 그 행위는 대리권의 범위 내에서 이루어지는 경우이다.

② 이론적 근거

판례는 주로 민법 제107조 제1항 단서를 유추적용하여 대리권 남용을 인정한다(심리유보설). 즉 "지배인의 행위가 영업에 관한 것으로서 대리권한 범위 내의 행위라 하더라도 영업주 본인의 이익이나 의사에 반하여 자기 또는 제3자의 이익을 도모할 목적으로 그 권한을 행사한 경우에 그 상대방이 지배인의 진의를 알았거나 알 수 있었을 때에는 민법 제107조 제1항 단서의 유추해석상 그 지배인의 행위에 대하여 영업주 본인은 아무런 책임을 지지 않는다고 보아야 한다(대판 1999.3.9. 97다7721)."라고 판시하였다.

③ 지배권 남용에 관한 사례

A은행 지점장 甲은 평소 B회사로부터 다액의 커미션을 받아왔다. 그래서 B회사가 부도 위험에 직면해 있음을 알면서도 B회사 발행 어음에 담보 목적으로 배서를 하여 이를 乙에게 교부해 주었다. 이 어음이 부도가 나서 乙이 A은행에 상환청구를 해올 때, A회사는 지점장 甲이 부정한 목적으로 어음에 배서하였다는 이유로 어음금의 지급을 거절할 수 있는가?

어음행위는 행위의 객관적 성질상 지배권의 범위에 속하는 행위이고 지배인의 주관적 의사는 지배권의 범위를 결정함에 있어 중요하지 않으므로, A은행은 원칙적으로 乙에게 어음금을 지급할 책임이 있다. 그러나 乙이 甲과 B회사 간의 위와 같은 관계를 알았거나 알 수 있었다면 지급을 거절할 수 있다.

(2) 지배권의 범위(영역)

지배권은 영업주의 영업에 관한 것이나, 이때의 영업은 영업주의 영업전반에 관한 것이 아니고 상호 또는 영업소에 의하여 개별화된 「특정한 영업」을 의미한다. 이 점에서 지배권은 영업 전반에 관해 미치는 대표권과 구별된다. 영업주는 본점 또는 지점별로 지배인을 따로 둘 수 있는데 이 경우 각 지배인의 대리권은 각 영업소별로 한정된다. 그렇지 않고 1인의 지배인으로 하여금 본·지점의 영업 전부를 관장하게 할 수도 있다.

4. 공동지배인

(1) 의의

상인은 수인의 지배인을 두고 이들이 공동으로만 대리권을 행사하게 할 수 있다(제12조 제1항). 이 경우의 지배인을 공동지배인이라 한다. 공동지배인 제도는 대리권 행사방법에 제약을 가하는 것으로 지배인의 권한을 양적으로 축소시키는 상법 제11조 제3항의 지배권의 제한과는 성격을 달리한다.

(2) 요건

① 공동지배인으로 하기 위하여는 2인 이상의 지배인이 있어야 한다. ② 그리고 이들이 공동으로만 지배권을 행사하도록 제한하는 영업주의 의사표시가 있어야 한다. 수인의 지배인이 선임되어도 이러한 제한이 없으면, 지배인은 각자 단독으로 지배권을 행사할 수 있다(민법 제119조 본문). 이런 경우는 공동지배인이라 하지 않는다.

(3) 등기

공동지배인으로 하거나 그 사항을 변경한 때에는 그 지배인을 둔 본점 또는 지점 소재지에서 등기하여야 한다(제13조 후단). 공동지배인으로 함에 있어 등기는 요건이 아니나, 등기를 하지 아니하면 선의의 제3자에게 대항하지 못한다(제37조 제1항).

(4) 적용 범위(능동대리와 수동대리)

공동지배인은 능동대리에만 적용되고 수동대리에는 적용되지 않는다. 즉 공동지배인이 거래상 대방에게 의사표시를 할 때는 공동으로 하여야만 그 의사표시의 효력이 영업주에게 미치게 되나(제12조 제1항), 공동지배인과 거래하는 상대방이 공동지배인에게 의사표시를 할 때는 그 중 1인에 대하여만 하여도 그 의사표시의 효력이 영업주에게 미친다(제12조 제2항).

(5) 능동대리의 경우 지배권의 위임가능성

포괄적 위임은 명백히 공동지배인의 입법취지에 반하므로 인정될 수 없다. 그러면 특정 사안에 관한 개별적 위임은 가능한가?

견해 대립이 있으나 다수설은 이 경우는 대리권 남용의 위험이 적고 기업활동의 원활을 기할 필요가 있다는 이유로 위임을 인정한다.

(6) 공동지배인의 지배권 단독행사의 효과

1) 원칙적 무효

등기된 공동지배인이 단독으로 거래한 경우 그 대리행위는 무권대리가 되어 무효이다(민법 제130조). 상대방이 공동지배인이라는 사실에 대하여 선의라 하더라도 영업주는 그 거래의 무효를 주장할 수 있다. 다만 이때 상대방이 영업주에게 민법 제756조에 따른 사용자책임을 물어 손해배상을 청구를 할 수는 있다.

2) 예외적으로 거래가 유효가 되는 경우

① 공동지배인에 관한 사항을 등기한 경우

ⓐ 공동지배인이 단독으로 한 행위라도 영업주가 추인할 수 있으며, 추인하면 대리행위를 한 때로 소급하여 영업주에게 효력이 생긴다(민법 제133조).

ⓑ 공동지배인의 단독행위가 표현지배인의 요건을 충족하면 영업주가 표현책임을 질 수도 있다. 표현대표이사에 관한 판례이기는 하나 판례도 "회사가 공동으로만 회사를 대표할 수 있는 공동대표이사에게 대표이사라는 명칭의 사용을 용인 내지 방임한 경우에는 회사는 상법 제395조(표현대표이사)에 의한 표현책임을 면할 수 없다(대판 1991.11.12. 91다19111)."라고 하여 공동지배인의 단독행위의 경우 영업주의 표현책임 가능성을 인정한 바 있다.

② 공동지배인에 관한 사항을 등기하지 않은 경우

추인하거나 표현지배인 규정에 의해 거래가 유효할 수 있음은 위와 같다. 그 외에 공동지배인에 관한 사항은 등기사항이므로(제13조 후단, 제12조), 영업주가 공동지배인인 사실을 등기하지 않았다면 제37조 제1항에 의하여 선의인 거래상대방에게 대항할 수 없다(제37조 제1항). 즉 공동지배인이 단독으로 한 행위의 효력은 영업주에게 미친다.

5. 표현지배인

(1) 의의

표현지배인이란 지배인으로서의 대리권을 가지지 않으면서 본점 또는 지점의 본부장, 지점장 기타 지배인으로 인정될 만한 명칭을 사용함으로 해서 지배인과 동일한 권한이 있는 것으로 의제되는 사용인을 말한다(제14조 제1항).

영업주가 편의상 사용인에게 본부장, 지점장 등과 같이 지배인으로 오인할 만한 명칭을 부여하면서 그에 상응하는 대리권은 수여하지 않는 경우가 있다. 대리권 수여가 없었기 때문에 지배인이 될 수 없고 그가 한 대리행위는 원칙적으로 무권대리로서 무효이다. 하지만 상대방은 그 명칭을 신뢰하여 그를 지배인으로 오인하고 거래할 수가 있는데, 이와 같이 외관을 신뢰한 상대방은 보호해 줘야 할 필요가 있다. 표현지배인 제도는 이러한 경우 대리행위의 효력을 영업주에게 귀속시켜 외관을 신뢰한 상대방을 보호하고 거래의 안전을 도모하려는 제도이다.

(2) 요건

① 외관이 존재하고, ② 그 외관에 대해서 영업주의 귀책사유가 있어야 하며, ③ 거래상대방이

외관을 신뢰해야 한다. 상법에 등장하는 외관책임의 요건은 다양하지만 언제나 이러한 방식(외관의 존재·외관의 부여·외관의 신뢰)으로 정리하면 된다.

1) 외관의 존재

표현지배인은 「표현적 명칭」을 사용하여 「본점 또는 지점」의 「영업에 관한 행위」를 하여야 한다.

① 표현적 명칭

지배인으로 오인될 만한 명칭을 사용해야 한다. 상법 제14조에서 '본부장, 지점장'이라 한 것은 표현적 명칭의 예시일 뿐이고 지배인, 지사장 등 거래 통념상 특정 영업소의 영업을 책임지는 자라는 믿음을 주는 명칭이면 모두 표현적 명칭으로 볼 수 있다. 그러나 지점차장, 지점장대리 등과 같이 명칭 자체에서 상위직의 존재를 인식할 수 있는 경우에는 표현적 명칭으로 보지 않는다. 영업소장은 표현적 명칭의 예로 교재에 자주 등장하나 판례는 "보험회사 영업소장은 상법 제14조의 표현지배인에 해당하지 않는다(대판 1983.10.25. 83다107)."고 판시하였다.

② 영업에 관한 행위

영업에 관한 행위는 「지배인의 권한 범위 내의 행위」이며 또는 「거래행위」이어야 한다.

A. 지배권 범위 내의 행위　　표현지배인은 지배인의 권한 범위 내의 행위를 해야 한다. 지배인의 권한 범위를 넘은 경우에는 표현적 명칭을 사용하더라도 표현지배인은 성립하지 않는다. 민법상 표현대리나 사용자책임이 문제될 수 있을 뿐이다. 여기서 지배권의 범위 내인지는 추상적으로 정해지기 때문에, 설사 표현적 명칭을 사용하는 자가 개인적 목적을 위해 행위 한 경우에도 표현지배인이 성립할 수 있다.

B. 거래행위　　재판상 행위는 제외된다(제14조 단서). 표현지배인 제도는 거래안전을 보호하기 위한 제도인데, 재판상 행위는 거래안전과 무관하고 외관주의보다는 실체적 진실이 더 중요하기 때문이다.

③ 영업소로서의 실질

상법상 영업소는 기업활동에 관한 기본적 사항을 결정하고 경영활동에 관한 지휘·명령을 하는 중심지이다. 그러면 표현지배인이 성립하기 위하여는 표현적 명칭을 사용하는 자의 근무장소인 「본점 또는 지점」이 반드시 상법상 영업소로서의 실질을 갖추어야 하는가? 다시 말해 본점 또는 지점의 지휘·감독 아래 제한된 보조적 사무만 처리하는 영업장소에서 지배인으로 오인할 만한 명칭을 사용해 영업에 관한 행위를 한 경우에도 표현지배인 규정을 적용할 수 있는가?

A. 학설　　ⓐ 형식설은 거래의 안전을 위하여 영업소로서의 외관만 있으면 충분하고 그 실질을 갖출 것까지는 요하지 않는다고 한다. ⓑ 반면 실질설은 영업소로서의 실질을 갖추어야 표현지배인 규정이 적용된다고 한다. 실질설이 다수설의 입장이다.

B. 판례　　판례는 실질설을 취한다. 즉 "상법 제14조 제1항 소정의 지배인으로서 동 조를 적용하려면 당해 사용인의 근무장소가 상법상의 영업소인 본점 또는 지점의 실체를 가지고 어느 정도 독립적으로 영업활동을 할 수 있음을 요한다. 그러므로 본·지점의 지휘·감독 아래 기계적으로 제한된 보조적 사무만을 처리하는 영업소는 상법상의 영업소라고 할 수 없고, 따라서 동 영업소의

소장을 동 조 소정의 표현지배인이라고 할 수 없다(대판 1978.12.13. 78다1567)."라고 하였다. 그러면서 위 판례는 "보험회사 영업소의 업무내용은 본점 또는 지점의 지휘감독 아래 보험의 모집, 보험료의 집금과 송금, 보험모집인의 인사관리 및 교육, 출장소의 관리감독 기타 본·지점으로부터 위임 받은 사항으로 되어 있으므로 보험회사의 기본적 업무를 독립하여 처리할 수는 없고 다만 본·지점의 지휘 감독아래 기계적으로 제한된 보조적 사무만을 처리하는 것으로 밖에 볼 수 없으니 이는 상법상의 영업소라고 볼 수 없어 그 영업소장을 상법의 표현지배인으로 볼 수 없다."고 하였다.

④ 상업사용인이어야 하는지 여부

표현지배인이 되기 위해 표현적 명칭을 사용하는 자가 반드시 상업사용인일 필요는 없다. 상업사용인인지 여부는 거래 상대방의 신뢰 형성에 하등의 영향을 주지 않기 때문이다.

2) 외관에 대한 영업주의 귀책사유(외관의 부여)

표현적 명칭 사용에 영업주의 허락이 있어야 한다. 허락이 반드시 명시적일 필요는 없다. 묵시적으로 허락할 수도 있다. 그런데 영업주가 법인인 경우에는 무엇을 가지고 영업주의 허락으로 볼 것인가?

예컨대, 주식회사의 경우 대표이사가 허락하거나 이사회의 결의로 명칭사용을 승인한 경우에는 영업주의 허락이 있다고 보아야 할 것이다.

3) 거래상대방의 신뢰(외관의 신뢰)

표현지배인이 성립하기 위해서는 당연히 거래상대방이 선의이어야 한다(제14조 제2항). 여기서 선의란 지배인이 아니라는 사실을 모른 것을 의미하며 문제된 거래에 관한 대리권이 없음을 모른 것을 의미하지 않는다(통설). 과실 있는 선의의 경우, 경과실이면 선의로 볼 것이나 중과실이면 악의로 보아야 할 것이다(통설). 선의 유무의 판단시기는 법률행위시이나, 어음·수표 등과 같은 유가증권의 경우에는 그 증권의 취득 시이다. 증명책임에 관하여는 영업주가 상대방의 악의·중과실은 입증해야 한다고 본다.

(3) 효과

표현지배인은 지배인과 동일한 권한이 있는 것으로 보므로(제14조 제1항) 표현지배인의 행위는 영업주에게 효력이 있다. 영업주가 거래의 이행책임을 부담하므로 상대방은 표현지배인에게 무권대리인의 책임(민법 제135조)을 물을 수 없을뿐더러 불법행위책임을 물을 수도 없다.

03 부분적 포괄대리권을 가진 상업사용인

1. 의의

부분적 포괄대리권을 가진 상업사용인이란 '영업주의 영업의 특정한 종류 또는 특정한 사항에 관하여 재판외의 모든 행위를 할 수 있는 대리권을 가진 상업사용인'을 말한다(제15조 제1항). 경리부장, 판매부장, 구매부장, 팀장, 차장, 과장, 계장, 대리 등이 그러한 예이다.

2. 지배인과의 비교

(1) 공통점

대리권이 ① 포괄성과 정형성을 갖는 점(제15조 제1항), ② 획일성(불가제한성)을 갖는 점(제15조 제2항)이 공통된다.

(2) 차이점

부분적 포괄대리권을 가진 상업사용인은 ① 그 대리권의 범위가 영업의 특정한 종류 또는 특정한 사항에 한정된다는 점(제15조 제1항 전단), ② 그 대리권이 재판상 행위에는 미치지 않는 점(제15조 제1항 후단), ③ 지배인이 선임할 수 있다는 점(제11조 제2항), ④ 선임과 대리권의 소멸이 등기사항이 아닌 점(제13조)이 지배인과 구별된다.

3. 대리권의 범위

영업주 영업의 「특정한 종류 또는 특정한 사항」에 관하여만 포괄적 대리권을 가진다. 대리권 범위는 영업주의 개별적 지정의 필요 없이 법규정에 의하여 획일적, 정형적으로 정해진다. 다만 재판상의 행위는 대리권의 범위에서 제외된다(제15조 제1항). 그리고 대리권 범위의 제한은 지배인의 경우와 마찬가지로 선의의 제3자에게 대항하지 못한다(제15조 제2항).

4. 표현책임(표현지배인 규정 유추적용의 인정 여부)

영업주가 차장, 과장, 대리 등과 같이 부분적 포괄대리권을 가진 상업사용인인 듯한 명칭의 사용을 허락하면서 실제로는 그 명칭에 부합하는 대리권을 수여하지 않는 경우가 있다. 이 경우 표현적 명칭을 신뢰하고 위와 같은 명칭을 쓰는 자와 거래한 상대방은 어떻게 보호할 것인가?

상법이 부분적 포괄대리권을 가진 상업사용인에 대해서도 표현지배인과 같은 규정을 두고 있다면 아무 문제가 없겠으나, 상법은 이와 같은 규정을 두고 있지 않다. 그러면 위와 같이 부분적 포괄대리권을 가진 상업사용인인 듯한 명칭을 사용하는 자에 대하여 표현지배인 규정을 유추적용할 수 있는가? 이를 인정하는 견해도 있으나, 판례(대판 2007.8.23. 2007다23425)는 부정한다.

04 물건판매점포사용인(의제상업사용인)

1. 의의

물건을 판매하는 점포의 사용인은 그 판매에 관한 모든 권한이 있는 것으로 본다(제16조 제1항). 이것은 영업주가 물건판매에 관한 대리권을 수여하지 않았어도 물건을 판매하는 점포 내에서 일하고 있다는 외관만 있으면 그에게 대리권이 있는 것으로 의제하는 것이다. 소량·소규모의 소매거래가 신속하고 빈번하게 이루어지는 물건판매점포(예 편의점)에서 고객이 그 사용인의 판매대리권 유무를 일일이 확인한다는 것은 거래의 실정상 기대할 수 없다. 그래서 상법은 점포를 방문하는 고객의 이익을 보호하기 위하여 물건판매점포 내에서 일하는 사용인에게는 물건판매에 관한 모든 대리권이 있는 것으로 의제한 것이다.

2. 적용범위

(1) 물건판매점포

본조는 물건판매점포의 사용인에 한해 규정하고 있으나, 비디오 대여점 등 물건대여점포, 여관 등 공중접객업소, 승차권 등 매표점포 등에도 본조가 유추적용된다(통설).

(2) 장소적 요건

본조는 물건을 판매하는 「점포」의 사용인에 대해서만 적용된다. 본조는 사용인이 점포에 자리잡고 있다는 사실이 신뢰의 대상이 되는 외관을 구성하기 때문이다. 따라서 외판원과 같이 점포 바깥에서 고객을 찾아 거래하는 자에 대해서는 적용되지 않는다.

(3) 사용인의 범위

조문에는 '사용인'이라고 규정되어 있다. 그러나 이는 고용계약이 있어야 한다는 의미도 아니고 상업사용인만이 물건판매점포사용인이 될 수 있다는 의미도 아니다. 점포 내에서 물건을 판매할 권한이 있는 것 같은 외관만 있으면 본조의 사용인이 될 수 있다. 따라서 고용관계가 없는 영업주의 가족이나 상업사용인이 아닌 점포 내의 단순한 육체노동자(예 상품의 분류·배달 업무 종사자)도 본조의 사용인이 될 수 있다.

(4) 상대방의 선의

본조는 상대방이 악의일 때는 적용하지 않는다(제16조 제2항). 즉 사용인에게 물건판매 권한이 없다는 사실을 알면서 그로부터 물건을 구입한 경우에는 그 판매는 무권대리가 되어 영업주가 책임을 지지 않는다.

3. 대리권의 범위

물건판매에 관한 모든 권한이 있는 것으로 보므로(제16조 제1항), 통상 물건판매에 수반되는 처분행위와 채무부담행위를 할 수 있다. 판매대금의 수령, 물건대금의 할인, 판매물품의 교환, 외상판매 등도 할 수 있다.

다만 점포의 대여, 영업자금의 차입과 같이 물건판매가 아닌 행위는 할 수 없다. 그리고 본조는 거래가 점포 내에서 완결될 것을 예상한 규정이므로, 특별한 사정이 없는 한 물건판매점포의 사용인은 점포 외의 장소에서 대금을 수령할 권한은 없다.

05 상업사용인의 의무(광의의 경업피지의무)

1. 인정이유

상업사용인은 영업주를 대리하여 대외적인 영업활동을 대리하므로 영업주의 영업비밀이나 고객관계를 잘 알게 된다. 상업사용인이 이를 이용하여 영업주와 경쟁관계에 있는 영업을 하여 자기나 제3자의 이익을 꾀하게 되면 영업주의 이익이 침해될 것이다. 상법은 이 경우 영업주의 이익을 보호하기 위해 상업사용인에게 경업피지의무를 부여하고 있다.

2. 경업금지의무(협의의 경업피지의무, 경업회피의무, 거래금지의무)

(1) 금지되는 거래

상업사용인은 영업주의 허락 없이 자기 또는 제3자의 계산으로 영업주의 영업부류에 속한 거래를 하지 못한다(제17조 제1항 전단). 이것이 경업금지의무이다.

1) 영업주의 허락

영업주의 허락은 묵시적으로도 가능하고 사후 추인의 방식으로도 가능하다.

2) 자기 또는 제3자의 계산

거래의 경제적 효과가 자기 또는 제3자에게 귀속됨을 의미한다. 거래의 명의를 누구로 하였는지는 상관없다.

3) 영업주의 영업부류에 속한 거래

영업주가 「영업으로」 하는 거래(기본적 상행위 또는 준상행위)를 의미한다. 영업주가 「영업을 위하여」 하는 거래(보조적 상행위, 예 예금·어음행위 등)는 여기에 해당하지 않는다. 다만 영업주가 영업으로 하는 거래라도 영리성이 없는 거래는 여기에 해당하지 않는다(예 부동산매매업을 영위하는 상인의 지배인이 자기의 주택을 구입하는 경우, 은행의 지점장이 생활자금으로 대출을 받는 경우).

(2) 의무위반의 효과

1) 거래 자체의 효력

경업금지의무를 위반하여 제3자와 한 거래라도 거래 자체는 유효하다. 제3자가 선의이건 악의이건 마찬가지이다.

2) 해지권 및 손해배상청구권

영업주는 상업사용인과의 고용계약 등을 해지할 수 있고(제17조 제3항 전단), 손해가 발생한 경우 상업사용인에게 손해배상을 청구할 수 있다(제17조 제3항 후단).

3) 개입권

① 의의

개입권이란 쉽게 말해서 상업사용인이 경업을 통하여 얻은 경제적 이익을 영업주에게 귀속시키도록 하는 권리이다. 즉 상업사용인의 경업거래가 상업사용인의 계산으로 한 것인 때에는 이를 영업주의 계산으로 한 것으로 볼 수 있고, 제3자의 계산으로 한 것인 때에는 사용인에게 그로 인한 이익의 양도를 청구할 수 있는 권리이다(제17조 제2항). 형성권이므로 일방적 의사표시만으로 권리를 행사할 수 있다.

② 인정이유

경업금지의무 위반에 대해 영업주에게 손해배상청구권을 인정하는데 상법은 왜 이와 별도로 개입권을 인정하는가?

영업주가 입은 손해는 소극적 손해여서 입증이 곤란하기 때문에 손해배상청구권은 효과적인 구제수단이 되지 못한다. 또 개입권이 없다면 상업사용인은 경업금지의무 위반으로 자신이 얻는 이익이 영업주의 손해보다 클 경우 손해배상을 각오하고 경업행위를 할 수도 있는데 개입권을 인정하면 이를 포기하게 할 수 있다.

③ 개입의 효과

개입권을 행사하면 상업사용인이 얻은 경제적 효과가 영업주에게 귀속된다. 그렇다고 영업주가 직접 거래의 상대방이 되는 것은 아니다. 즉 상업사용인은 자기의 계산으로 거래한 경우에는 거래로부터 취득한 권리나 물건을 영업주에게 이전해야 하고, 제3자의 계산으로 거래한 경우에는 이를 통하여 얻은 이익을 영업주에게 귀속시켜야 할 채권적 의무를 부담한다. 그러나 거래 상대방에 대한 법률행위 당사자는 여전히 상업사용인 또는 제3자이지 영업주가 아니다. 그리고 영업주가 이러한 개입권을 행사하였다 하여도, 아직 별도의 손해가 있으면 영업주는 다시 상업사용인에게 손해배상을 청구할 수 있다(제17조 제3항).

④ 행사기간

개입권은 영업주가 그 거래를 안 날로부터 2주간을 경과하거나, 그 거래가 있은 날로부터 1년을 경과하면 소멸한다(제17조 제4항). 이 기간은 제척기간이다.

3. 겸직금지의무

(1) 금지되는 겸직의 범위

상업사용인은 영업주의 허락 없이 다른 회사의 무한책임사원, 이사 또는 다른 상인의 사용인이 되지 못한다(제17조 제1항 후단). 이것이 겸직금지의무이다.

대리상(제89조)·무한책임사원(제198조, 제269조)·업무집행자(제287조의10)·이사(제397조, 제567조)등의 겸직금지의무와 비교했을 때, ① 무한책임사원, 이사가 되지 못하는 대상 회사가 「동종 영업을 목적으로 한 다른 회사」에 한정되지 않고 영업내용을 불문하고 「다른 모든 회사」인 점과(다수설) ② 겸직이 금지되는 직에 「다른 상인의 상업사용인」이 추가된다는 점이 다르다.

(2) 의무위반의 효과

다른 회사의 이사 등의 지위에 취임한 행위 그 자체는 유효하다. 다만 영업주는 상업사용인과의 고용계약 등을 해지할 수 있고(제17조 제3항 전단), 손해가 발생한 경우 상업사용인에게 손해배상을 청구할 수 있다(제17조 제3항 후단). 그러나 개입권을 행사할 수는 없다. 그러한 지위에 취임하는 행위는 「거래」가 아니기 때문이다. 따라서 영업주는 상업사용인이 받은 월급을 자신에게 반환하라고 청구할 수 없다.

제4장 상호(기업의 명칭)

01 상호의 의의

상호란 '상인이 기업(영업)활동상 사용하는 기업(영업)의 명칭'이라고 정의할 수 있다. 예컨대, 상호회사 또는 학교나 지방자치단체의 명칭과 같이 상인 아닌 자가 사용하는 명칭은 상호가 아니다. 그리고 변호사가 상인이 아닌 이상 상호등기에 의하여 그 명칭을 보호할 필요가 있다고 볼 수 없으므로 등기관이 변호사의 상호등기 신청을 각하한 처분은 적법하다(대결 2007.7.26. 2006마334). 또 상호는 명칭이므로 문자로 표시되고 발음할 수 있는 것이어야 한다. 그러므로 기호나 문자, 도형 등으로 되어 있는 상표는 상호가 아니다.

02 상호의 선정

1. 상법상의 상호선정

(1) 원칙 — 상호자유주의

상호가 그 영업의 실질에 부합해야 한다는 상호진실주의를 취하는 입법례도 있으나, 상법은 '상인은 그 성명 기타의 명칭으로 상호를 정할 수 있다'라고 하여(제18조), 원칙적으로 상호자유주의를 채용하고 있다. 따라서 상인(기업)은 인명·지명·업종명 등을 자유로이 사용하여 상호를 정할 수 있다. 이들이 반드시 진실과 일치할 필요가 없다.

다만 상호자유주의는 일반 공중의 오인의 위험이 있고 그 결과 거래의 안전을 해할 수 있으므로, 상법은 필요한 최소한의 범위 내에서 상호자유주의에 제한을 가하고 있다.

(2) 상호자유주의의 제한

1) 회사가 아니면 상호에 회사임을 표시하는 문자를 사용하지 못한다(제20조 본문). 개인상인이 회사의 영업을 양수하였더라도 개인상인은 회사의 상호를 사용하지 못한다.

2) 회사의 상호에는 그 종류에 따라 합명회사, 합자회사, 유한책임회사, 주식회사 또는 유한회사의 문자를 사용하여야 한다(제19조). 회사는 종류별로 사원의 책임이 다르고 이에 따라 거래상대방이 부담하는 거래상의 위험도 달라지기 때문이다.

3) 개인기업의 경우 동일한 영업에는 하나의 상호만을 사용해야 한다(제21조 제1항). 하나의 영업에 둘 이상의 상호를 사용하면 대외적으로 영업의 주체와 영업의 동일성에 대하여 혼동을 줄 수 있기 때문이다. 이를 상호단일의 원칙이라 한다. 동일영업에 관하여 수개의 영업소가 있는 경우에도 모든 영업소에 동일한 상호를 사용해야 한다. 다만 이 경우 지점의 상호에는 본점과의 종속관계를 표시해야 한다(제21조 제2항). 반대로 수개의 영업을 영위하면서 하나의 상호

를 공통적으로 사용하는 것은 허용된다.

4) 회사기업의 경우 회사는 수개의 영업을 하더라도 한 개의 상호만을 사용할 수 있다. 회사의 상호는 회사의 전 인격을 표시하는 유일한 명칭으로서 한 개만이 있을 수 있기 때문이다. 회사도 수개의 영업소를 가지는 경우 지점의 상호에는 본점과의 종속관계를 표시하여야 함은 물론이다(제21조 제2항).

2. 상호의 등기

상호는 재산권적 성격도 가지고 대외적인 신뢰의 대상이 되므로 공시의 수단으로서 등기제도가 마련되어 있다. 회사의 상호는 반드시 등기할 것이 요구된다(절대적 등기사항). 회사는 등기에 의하여 성립되므로 등기가 회사의 존재에 결정적이기 때문이다. 반면 개인기업의 상호는 등기가 강제되지 않고(상대적 등기사항) 다만 등기를 하면 상호권의 보호가 강화될 따름이다. 다만 개인기업의 경우도 일단 상호를 등기하면 그 변경과 소멸은 절대적 등기사항이다(제40조).

03 상호의 보호

1. 상호권의 의의 및 성질

상호권이란 상인이 자신의 상호에 대해서 가지는 권리로서 상호사용권과 상호전용권이 그것이다. 상호권은 기업의 명칭이라는 점에서 인격권적 성질을 갖고, 양도성이 인정되는 점에서 재산권적 성질을 가지므로 '인격권적 성질을 가진 재산권'이라고 볼 수 있다. 상호사용권이나 상호전용권이나 모두 등기 유무와 무관하게 인정된다. 다만 등기를 하면 권리의 행사가 쉬워진다.

상호권 중 상호사용권이란 '상인이 자기가 적법하게 선정한 상호를 타인의 방해를 받지 않고 사용할 수 있는 권리'를 말한다. 상호사용권은 자신의 상호를 자유롭게 사용할 수 있다는 당연한 내용이므로, 이하에서는 상호전용권에 대해서만 본다.

2. 상호전용권

상호전용권이란 '타인이 부정한 목적으로 자기가 사용하는 상호와 동일 또는 유사한 상호를 사용하는 경우에 이를 배척할 수 있는 권리'를 말한다. 앞에서 언급한 바와 같이 등기 유무와 무관하게 인정되나 등기를 하면 배타성이 강화되어 권리 행사가 쉬워진다. 등기 전후를 나누어 등기 후 어떻게 배타성이 강화되는지 살펴본다.

(1) 사용폐지청구권

1) 의의

상호권자는 타인이 부정한 목적으로 자신의 영업으로 오인할 수 있는 상호를 사용하는 경우 그 타인에게 상호를 사용하지 말 것을 청구할 수 있다(제23조 제1항·제2항). 이것이 사용폐지청구권이다. 손해 발생을 미리 방지하고자 하는 사전적 구제수단인 점에서 손해배상청구권과 다르다.

2) 요건

① 상호를 등기하지 않은 경우

상호를 침해하는 자가 ⓐ 「부정한 목적」으로 ⓑ 「상호권자의 영업으로 오인할 수 있는 상호」를 사용하고, 이로 인해 상호권자가 ⓒ 「손해를 받을 염려」가 있어야 한다(제23조 제1항·제2항 전단).

A. 부정한 목적　　「부정한 목적」이란 '자기의 영업을 타인의 영업으로 오인시켜 그 타인이 가지는 사회적 신용이나 경제적 가치를 자기의 영업에 이용하려는 목적'을 말한다. 판례에 의하면, 부정한 목적이란 어느 명칭을 자기의 상호로 사용함으로써 일반인으로 하여금 자기의 영업을 명칭에 의하여 표시된 타인의 영업으로 오인하게 하여 부당한 이익을 얻으려 하거나 타인에게 손해를 가하려고 하는 등의 부정한 의도를 말한다(대판 2016.1.28. 2013다76635). 상호를 침해하는 자의 부정한 목적에 대한 입증책임은 피해자인 상호권자가 진다. 상대방에게 부정한 목적이 있는지는 상인의 명성이나 신용, 영업의 종류·규모·방법, 상호 사용의 경위 등 여러 가지 사정을 종합하여 판단한다(대판 2016.1.28. 2013다76635).

B. 오인가능성　　타인의 영업으로 오인가능 하려면 먼저 상호가 유사해야 한다. 완전히 동일할 필요는 없고 상호의 주요 부분이 동일하면 충분하다. 예컨대, "주식회사 유니텍"과 "주식회사 유니텍전자"는 주요 부분이 '유니텍'으로서 오인가능성이 있다(대판 2004.3.26. 2001다72081). 영업의 종류·규모·지역성 등을 고려하여 일반인의 입장에서 영업주체를 혼동할 우려가 있으면 오인가능하다고 본다.

C. 손해를 받을 염려　　현재 손해가 발생한 경우뿐만 아니라 장래에 손해가 생길 염려가 있는 경우까지 포함된다. 손해를 받을 염려에 대한 입증책임은 피해자인 상호권자가 부담한다.

피해자는 반드시 상인이어야 할 필요는 없다. 예를 들어 A대학교 약학대학 근처에서 甲이 "A대학 약국"이라는 상호로 약국을 경영할 때 A대학교는 상인이 아니라도 甲에게 상호의 사용폐지를 청구할 수 있다. "A대학교"는 상호가 아닌데도 상호전용권을 인정할 수 있는 것인지, A대학교는 영업을 하고 있지 않은데 "A대학 약국"이라는 상호가 "타인의 영업으로" 오인될 수 있는 상호라고 할 수 있는지에 관해 해석상 의문이 있을 수도 있으나, 보호의 필요성을 이유로 통설은 상인이 아닌 A대학교에게도 상호의 사용폐지청구권을 인정한다.

② 상호를 등기한 경우

상호를 등기하면 상호전용권의 행사가 쉬워진다. ⓐ 동일한 특별시·광역시·시·군에서 동종영업으로 타인이 등기한 상호를 사용하는 자는 부정한 목적으로 사용하는 것으로 추정된다(제23조 제4항). 따라서 부정목적의 입증책임이 전환되어 가해자가 부정한 목적이 없었음을 입증해야 한다. ⓑ 피해자가 「손해를 받을 염려」가 없어도 상호의 사용폐지 청구가 가능하다(제23조 제2항 후단).

결국 상호를 등기한 경우 상호권자는 실질적으로 상호의 오인가능성이라는 비교적 객관적인 사실만을 입증하면 상호의 폐지를 청구할 수 있게 된다.

3) 효과

상호권자는 가해자에게 상호의 사용폐지를 청구할 수 있다. 장래의 사용금지뿐만 아니라 현재의 사용금지도 청구할 수 있다. 간판을 내리게 하거나 광고물에서 상호를 삭제하게 하는 것뿐만 아니라 가해자가 상호등기를 한 경우 그 등기의 말소를 청구할 수도 있다.

(2) 손해배상청구권

상호의 부정사용으로 인하여 상호권자에게 매출액 감소, 영업상 신용의 훼손 등의 손해가 발생하면, 상호권자는 상호의 사용폐지청구권 행사와 별도로 가해자에게 손해배상을 청구할 수도 있다(제23조 제3항).

(3) 동일상호 등기자의 등기배척권

1) 의의

타인이 등기한 상호는 동일한 서울특별시·광역시·시·군에서 동종영업의 상호로 등기하지 못한다(제22조). 유사상호가 아니라 동일상호에 대해서만 적용된다는 점에서 상법 제23조와 구별된다.

2) 효력

① 등기말소청구의 실체적 권리 인정 여부

상법 제22조에 의하면 타인이 이미 등기한 상호는 다시 등기하지 못하는데, 그럼에도 불구하고 등기공무원이 잘못하여 동일한 상호를 다시 등기하면 어떻게 되는가? 선등기자가 상법 제22조에 근거하여 후등기자에게 등기의 말소를 청구할 수 있는 실체적 권리까지도 가지는가?

이는 법문에 '등기하지 못한다'라고만 되어 있으므로 문제가 되는 것이다.

A. 학설 　ⓐ 등기법설은 상법 제22조는 '등기를 해서는 안 된다'는 등기소의 의무만을 규정한 것으로서, 등기가 된 후 후등기자에 대한 등기말소 청구를 제22조에 기해서 할 수는 없고, 이는 상법 제23조에 기해서만 가능하다고 한다. ⓑ 반면 실체법설은 상법 제22조는 등기법상의 효력 외에 실체법적 효력도 정한 것으로서, 선등기자는 제22조에 기해서도 후등기자에게 등기의 말소를 청구할 수 있다고 한다. 다수설의 입장이다. 양 학설은 후등기자가 부정한 목적이 없음을 입증한 경우에 차이가 난다. 이 경우 등기법설에 의하면 선등기자는 후등기자에게 등기의 말소를 구할 수 없으나, 실체법설에 의하면 등기말소 청구가 가능하다.

B. 판례 　판례는 실체법설을 따른다. 즉 "상법 제22조의 규정은 타인이 등기한 상호의 등기를 금지하는 효력과 함께 그와 같은 상호가 등기된 경우에는 선등기자가 후등기자를 상대로 그와 같은 등기의 말소를 소로써 청구할 수 있는 효력도 인정한 규정이라고 봄이 상당하다(대판 2004.3.26. 2001다72081)."라고 판시하였다.

② 상호권 창설효의 부존재

甲이 상호를 선정하여 미등기 상태로 사용하던 중 동종영업을 하는 乙이 동일상호를 선정하여 먼저 등기하면 甲은 뒤늦게 상호를 등기하려 해도 상법 제22조에 의해 등기할 수가 없게 된다. 그러면 등기한 乙의 상호는 상법 제22조에 의하여 甲의 상호에 우선하는 효력을 얻게 되는가?

그렇지 않다. 상법 제22조에 의해 상호권이 창설되는 것은 아니기 때문이다. 따라서 甲은 상법 제23조에 의해 상호사용폐지청구권을 행사하여 乙에게 상호등기의 말소를 청구할 수 있고, 乙의 상호를 말소한 후 자신의 상호를 등기할 수 있다.

(4) 가등기된 상호의 효력

1) 상호 가등기의 의의

상호 가등기란 회사설립 시, 상호 또는 목적변경시, 그리고 본점 이전시에 그에 필요한 절차를 밟고 있는 동안 타인이 상호를 가로채는 것을 방지하고 상호권을 확보하기 위하여 미리 행하는 등기를 말한다(제22조의2).

2) 상호 가등기의 취지 및 적용대상

유한책임회사, 주식회사, 유한회사의 설립은 오랜 시간이 소요된다. 모든 회사의 상호·목적의 변경과 본점 이전도 역시 주주총회 또는 사원총회 결의를 요하는 정관변경 절차를 밟아야 해서 오랜 시간이 소요된다. 그런데 그 기간 동안 타인이 회사가 사용하려고 한 상호를 가로채어 먼저 등기하면 회사는 그 상호를 사용할 수 없게 되는 낭패를 당하게 된다. 상법은 이를 방지하기 위해 상호 가등기 제도를 마련하였다.

3) 인정범위

① 자연인 상인의 상호에는 가등기가 인정되지 않는다. 상호의 등기가 강제되지 않고 위와 같은 절차를 밟는데 긴 시간이 소요되지 않기 때문이다.

② 회사의 경우에도 가등기 사유 별로 인정범위가 달라진다. ⓐ 회사설립 시의 가등기는 유한책임회사, 주식회사, 유한회사에만 인정된다(제22조의2 제1항). 기타 회사들은 설립절차가 단순하여 설립등기를 할 때까지 긴 시간이 소요되지 않기 때문에 가등기를 인정할 실익이 없다. ⓑ 그러나 상호·목적의 변경이나 본점 이전의 경우에는 모든 종류의 회사가 가등기제도를 이용할 수 있다.

4) 등기의 관할

상호가등기는 유한책임회사, 주식회사, 유한회사의 설립 시와 회사의 상호 또는 목적의 변경 시에는 본점 소재지를 관할하는 등기소에 신청하고, 본점 이전 시에는 이전하고자 하는 본점 소재지를 관할하는 등기소에 신청한다.

5) 효과

상호의 가등기는 제22조의 적용에 있어서는 상호의 등기로 보므로(제22조의2 제4항), 타인은 이미 상호의 가등기가 있는 경우 동일한 특별시·광역시·시·군에서 그와 동일한 상호를 동종영업의 상호로 등기하지 못한다(제22조). 그럼에도 불구하고 동일한 상호가 등기되면 가등기한 자는 후등기자에게 등기의 말소를 청구할 수 있다(실체법설).

04 상호의 이전과 폐지(변경)

1. 상호의 이전

(1) 상호의 양도

1) 원칙

상호는 원칙적으로 영업과 함께 하는 경우에 한하여 양도할 수 있다(제25조 제1항). 상호를 영업과 분리하여 양도할 수 있게 하면, 동일 상호의 배후에 동일 영업을 예상하고 있는 일반인의 신뢰를 침해할 수 있어 분리 양도를 제한한 것이다.

2) 예외

영업을 폐지한 경우에는 상호만을 양도할 수 있다(제25조 제1항). 영업을 폐지한 경우에는 위와 같은 일반인의 신뢰를 침해할 염려가 없기 때문이다.

3) 양도방법

상호의 양도는 당사자 간의 의사표시만으로 효력이 발생한다. 다만 등기상호의 경우 변경등기를 하지 아니하면 제3자에게 대항하지 못한다(제25조 제2항). 상호양도는 그 등기가 없으면 '악의의 제3자에게도 대항하지 못한다'는 점에서 상법 제37조 제1항 상업등기의 일반적 효력으로서의 대항력과 구별된다. 상법 제37조 제1항은 선의의 제3자 보호를 위한 외관법리에 기초한 규정인 반면, 상법 제25조 제2항은 상호양도의 공시를 강제하기 위한 규정이기 때문에 발생한 차이이다. 결국 상호의 이중양도의 경우 당사자의 선의 여부를 불문하고 먼저 등기한 양수인이 우선하게 된다.

(2) 상호의 상속

상호는 재산권적 성질을 가지므로 상속도 가능하다. 다만 상호상속의 등기는 상호양도의 등기와는 달리 상호이전의 대항요건이 아니다(통설).

2. 상호의 폐지(변경)

(1) 의의

상호의 폐지란 상인이 상호권을 포기하여 절대적으로 소멸시키는 것을 말한다. 상호의 폐지는 일반적으로 영업의 폐지와 함께 이루어지지만, 상인이 영업을 계속하면서 상호를 폐지하는 경우에는 상호의 변경이 될 것이다.

(2) 등기

등기상호의 폐지 또는 변경은 상호를 등기한 자가 강제적으로 등기하도록 되어 있다(제40조). 다만 상호를 등기한 자가 상호를 폐지 또는 변경하였음에도 불구하고, 2주간 내에 폐지 또는 변경의 등기를 하지 않으면 이해관계인이 그 등기의 말소를 청구할 수 있다(제27조). 예를 들어 같은 상호로 영업을 하고 있었으나 제22조에 의해 상호 등기를 하지 못하고 있던 자는 선등기가 폐지·변경 되면 자기 상호 등기를 위하여 그 등기의 말소를 청구할 수 있다. 그리고 등기된 상호의 상호권자가 정당한 사유 없이 2년간 상호를 사용하지 아니한 때에는 이를 폐지한 것으로 간주한다(제26조).

05 명의대여자의 책임

1. 의의

「명의대여」란 타인에게 자기의 성명 또는 상호를 사용하여 영업할 것을 허락하는 행위를 말하고, 타인의 명의 대여에 의해 그 명의를 사용하는 것을 「명의차용」이라 한다. 명의차용은 사회적으로 또는 특정 영업분야에서 명성과 신용을 가지고 있는 자의 이름을 빌어 영업을 하려 할 때나 약사면허, 건축사면허 등과 같이 특허나 면허가 있어야 영업을 할 수 있는 영업분야에서, 면허가 없는 자가 면허를 받은 타인의 이름을 빌어 영업을 하려 할 때 흔히 행해진다.

타인에게 명의를 대여한 자는 자기를 영업주로 오인하고 명의차용자와 거래한 제3자에 대하여 명의차용자와 연대하여 책임을 진다(제24조). 이것은 영업의 외관을 믿고 거래한 제3자를 보호하기 위하여 외관이론 또는 표시에 의한 금반언의 법리에 근거한 규정이다.

2. 요건

(1) 외관의 존재

1) 명의의 동일 또는 유사성

명의차용자의 영업이 '명의대여자의 영업'인 듯한 외관이 존재해야 한다. 그러려면 명의가 동일하거나 유사해야 한다. 상법 제24조는 대여하는 명의에 대해 '성명 또는 상호'라고만 하고 있으나 이뿐만 아니라 명의대여자를 영업주로 오인시키는 명칭이면 모두 이에 해당한다. 명의대여자의 상호에 지점이나 영업소, 출장소 등의 명칭을 부가하는 경우에도 제24조가 적용될 수 있다. 다만 판례는 자기의 상호 아래 대리점이란 명칭을 붙여 사용하는 것을 허락한 자에게 명의대여자로서의 책임을 인정하지 않았다(대판 1989.1.1. 88다카8354).

2) 영업의 동일성

명의대여자가 전혀 영업을 하지 않고 단순히 명의만 대여한 경우에는 명의의 동일성만 있으면 충분하다. 그러나 명의대여자가 영업을 하고 있는 경우에는 추가로 명의대여자의 영업과 명의차용자가 명의대여자의 명의로 하는 영업간에 「영업 외관의 동일성」까지 있어야 하는지가 문제된다.

학설의 대립이 있으나, 영업 외관의 동일성이 있어야 한다고 본다. 다만 영업 외관이 완전히 동일해야 하는 것은 아니고 영업 내용을 고려했을 때 사회통념상 명의차용자의 영업이 명의대여자가 할 수도 있다고 생각되는 영업이면 영업 외관의 동일성은 인정된다.

예를 들어 호텔을 운영하는 甲이 인근에 주차장을 운영하는 乙에게 명의를 대여한 경우 주차장 영업은 사회통념상 호텔을 운영하는 자가 할 수도 있다고 생각되는 영업이므로 영업 외관의 동일성이 인정되어 甲은 명의대여자의 책임을 진다. 그러나 호텔을 운영하는 甲이 인근에서 약국을 경영하는 乙에게 명의를 대여하였다면 약국 영업은 사회통념상 호텔을 운영하는 자가 잘 하지 않는 영업이므로 영업 외관의 동일성이 인정되지 않아 甲은 명의대여자의 책임을 지지 않는다. 판례는 호텔을 경영하는 甲이 그 명의로 영업허가가 난 나이트클럽을 乙에게 임대하여 영업하게 한 경우 甲에게 명의대여자의 책임을 인정한 바 있다(대판 1978.6.13. 78다236).

(2) 명의사용의 허락

자기의 성명 또는 상호를 사용하여 영업할 것을 허락하여야 한다. 허락은 구두 또는 서면으로 할 수 있고 명시적으로뿐만 아니라 묵시적으로도 할 수 있다.

1) 위법한 명의대여

명의대여 자체가 위법한 경우에도 명의대여자는 명의차용자의 거래상대방에 대하여 책임을 진다. 약사면허, 건축사면허 등과 같이 특허나 면허가 있어야 영업을 할 수 있는 영업분야에서 면허를 받은 자가 면허 없는 자에게 위와 같은 영업을 할 수 있도록 이름을 빌려주는 경우가 이에 해당한다. 명의대여가 위법하면 명의대여자가 처벌을 받을 수도 있고 당사자 간의 대여행위가 무효가 될 수도 있으나 그렇더라도 명의차용자의 영업을 명의대여자의 영업으로 신뢰하고 거래한 상대방을 보호해야 할 필요는 있으므로 이 경우에도 명의대여자의 책임은 인정되는 것이다.

2) 「영업」할 것에 대한 허락

영업할 것을 허락해야 한다. 단순히 자기의 상호 등을 1회에 한해 사용할 것을 허락한 경우에는 상법 제24조의 명의대여는 되지 않는다. 민법상의 표현대리(대행)가 문제될 수 있을 뿐이다.

3) 명의대여자가 상인이어야 하는지 여부

명의차용자는 영업을 하므로 상인이어야 한다. 그러나 명의대여자는 반드시 상인이어야 할 필요가 없다. 따라서 공법인도 명의대여자의 책임을 부담할 수 있다. 판례도 상인이 아닌 인천직할시가 명의대여자의 책임을 질 수 있다고 판시하였다. 즉 인천직할시가 사단법인 한국병원관리연구소에게 인천직할시립병원이라는 이름을 사용하여 병원업을 경영할 것을 승낙하였다면, 인천직할시는 위 병원을 인천직할시가 경영하는 것으로 믿고 의약품을 납품한 거래상대방에 대하여 그 대금을 변제할 책임이 있다고 하였다(대판 1987.3.24. 85다카2219). 이 판례는 특이한 점이 또 한 가지 있다. 명의차용자가 상인이 아님에도 명의대여자의 책임이 인정될 수 있다고 한 점이다. 다만 이 판례는 결론에 있어서는 상대방의 오인이 없다고 하여 인천직할시의 명의대여자의 책임을 부정하였다.

(3) 상대방의 오인

명의차용자의 거래 상대방은 명의차용자와의 거래에 있어 '명의대여자를 영업주로 오인'하였어야 한다. 상대방이 명의대여자를 영업주로 오인한 데 대하여 과실이 있었으면 어떤가?

상대방에게 경과실이 있는데 불과하면 명의대여자의 책임이 인정되나 중과실까지 있는 경우에는 명의대여자의 책임이 인정되지 않는다는 것이 통설·판례이다. 상대방의 악의 또는 중과실에 대한 입증책임은 면책을 주장하는 명의대여자에게 있다.

3. 효과

명의차용자는 거래의 주체이므로 당연히 책임을 진다. 그리고 명의대여자는 제3자에 대하여 명의차용자와 연대하여 변제할 책임이 있다(제24조). '연대하여'는 부진정연대책임을 의미한다. 거래상대방인 제3자는 명의대여자와 명의차용자 누구에 대해서도 채무의 변제를 청구할 수 있고, 명의대여자가 변제한 경우 명의대여자는 이를 명의차용자에게 구상할 수 있다.

4. 책임의 범위

(1) 영업과의 관련성

명의대여자는 명의차용자의 「영업상의 거래」와 관련하여 생긴 채무에 대해서만 책임을 진다. 명의대여자가 명의차용자의 개인적인 금전채무까지 책임질 이유는 없기 때문이다. 이와 관련하여 판례는 영업범위 외의 거래에 대하여 명의대여자의 책임을 부정한 바 있다(대판 1983.3.22. 82다카1852). 여기서 영업상의 거래와 관련하여 발생한 채무는 거래행위로 직접 발생한 채무뿐만 아니라 채무불이행으로 인한 손해배상채무나 계약해제로 인한 원상회복의무도 포함된다.

(2) 명의차용자의 피용자와 한 거래에 대한 책임 인정 여부

거래상대방이 명의차용자의 피용자와 거래한 경우에도 명의대여자가 책임을 지는가? 이를 부정한 판례가 있다. 즉 "명의대여자의 책임은 명의의 사용을 허락 받은 자의 행위에 한하고 명의차용자의 피용자의 행위에 대해서까지 미칠 수는 없다(대판 1989.9.12. 88다카26390)."고 하였다. 또 甲 명의의 사용을 허락 받은 乙의 사용인이 한 금전 차용 행위에 대하여 甲이 명의대여자의 책임을 진다고 할 수 없다고 하기도 하였다(대판 1987.11.24. 87다카1379)."

그러나 일단 명의대여가 이루어진 이상, 명의차용자와 직접 거래하든 그의 피용자와 거래하든 거래상대방이 그 명의를 신뢰한다는 점에는 큰 차이는 없다. 따라서 피용자의 거래행위가 명의차용자의 영업범위 내의 행위이고 명의차용자의 승낙 하에 행해졌다면 이에 대해서도 명의대여자의 책임을 인정해야 할 것이다. 그런 면에서 위 판례들은 거래상대방의 신뢰 보호의 측면에서 문제가 있다는 비판을 받는다.

(3) 불법행위로 인한 채무

명의차용자의 불법행위로 인한 채무에 대하여도 명의대여자의 책임이 인정되는가? 판례는 이를 부정한다. 즉 "불법행위의 경우에는 설령 피해자가 명의대여자를 영업주로 오인하고 있었더라도 그와 같은 오인과 피해의 발생 사이에 아무런 인과관계가 없으므로, 이 경우 신뢰관계를 이유로 명의대여자에게 책임을 지워야 할 이유가 없다(대판 1998.3.24. 97다55621)."고 하였다.

이에 대하여 불법행위를 자동차 사고와 같은 사실행위적 불법행위와 사기적 거래와 같은 거래행위적 불법행위로 나누어 거래행위적 불법행위에 대해서는 명의대여자의 책임을 인정해야 한다는 견해가 유력하다. 거래행위적 불법행위의 경우에는 거래상대방의 신뢰가 존재하고 손해와의 사이에 인과관계가 인정되기 때문이다.

(4) 어음·수표행위에 대한 책임 인정 여부

1) 명의대여자가 영업에 관하여 명의대여를 하고 명의차용자가 명의대여자의 명의로 어음·수표행위를 하였다면 명의대여자는 당연히 상법 제24조에 따른 명의대여자의 책임을 진다(통설·판례).

2) 명의대여자가 특정한 어음·수표행위에 대해서만 명의사용을 허락하였다면 어떠한가? 이는 명의대여자가 「영업할 것」을 허락한 것이 아니므로 상법 제24조를 직접 적용하여 명의대여

자의 책임을 인정할 수는 없다. 다만 거래상대방의 신뢰 보호를 위해 상법 제24조를 유추적용하여 명의대여자의 책임을 인정할 수 있다(다수설).

5. 민법 제756조 사용자책임의 인정 여부

명의차용자의 불법행위에 대하여 명의대여자가 「사용자책임」을 지는가가 문제된다. 사용자책임은 「불법행위책임」의 일종으로 이 문제는 명의대여자가 명의차용자의 「거래」에 대한 책임을 지는가에 관한 문제인 상법 제24조 명의대여자의 책임과는 다른 문제이다.

명의대여자에게 사용자책임이 인정되기 위해서는 명의대여자와 명의차용자 사이에 사용관계가인정되어야 한다. 여기서 사용관계란 실질적인 지휘·감독 관계를 뜻하는데, 명의차용자에게 자신의 상호 등을 사용하여 영업할 것을 허락하였을 뿐인 명의대여자에게 명의차용자에 대한 지휘·감독 책임을 인정할 수 있는가? 인정할 수 있다면 어떤 경우에 인정할 수 있는가? 이에 관한 판례를보자. A회사 대표이사 甲은 乙이 A회사 명의로 도색공사를 도급 받을 수 있도록 해주었다. 그런데A회사 명의로 도색공사를 하던 중 乙의 과실로 丙에게 사고가 발생하였다. 이에 丙이 명의대여자인 A회사를 상대로 사용자책임을 물어 손해배상을 청구하였다. A회사는 丙에게 사용자책임을 지는가? 이 사건에서와 같이 일정한 수준의 기술인력과 장비 시설등 자격요건을 구비하지 않고는 할수 없는 건설관계사업의 경우, A회사가 그러한 사업명의를 타인에게 대여하였을 때에는 그에 따른위험을 방지하기 위하여 명의대여자인 A 회사는 명의사용자인 乙로 하여금 불법행위로 인해 타인에게 손해를 입게 하지 않도록 지휘, 감독해야 할 의무와 책임을 부담하고 있다고 할 것이다(대판 1994. 10.25. 94다24176)."

제5장 상업장부

⑪ 상업장부의 의의

상업장부는 '상인이 영업상의 재산상태나 손익의 상황을 명백하게 하기 위하여 상법상의 의무로서 작성하는 장부'이다. 상업장부는 재무제표와 다르다. 즉 대차대조표는 상업장부이기도 하고 재무제표이기도 하지만, 회계장부는 상업장부이나 재무제표는 아니다.

상법이 상업장부에 관한 규정을 둔 이유는 상인의 영업에 도움을 주기 위해서가 아니라 그 정보가 투자자나 거래상대방 등 기업의 다양한 이해관계자의 이익에 대단히 중요하기 때문이다.

⑫ 상업장부의 종류

상법상 상업장부에는 「회계장부」와 「대차대조표」가 있다(제29조 제1항, 제30조).

1. 회계장부

회계장부란 '상인의 영업상의 거래 기타 기업재산의 일상의 동적 상태를 기록하기 위한 장부'이다(제30조 제1항). 입금전표·출금전표 등 매일의 거래를 기재하는 전표, 분개장, (총계정)원장 등이 회계장부에 해당한다.

2. 대차대조표

대차대조표란 '일정시기에 있어서의 기업의 총재산을 자산·부채·자본의 과목으로 나누어 기업의 재무상태를 일목요연하게 나타내는 개괄표'이다. 회계장부는 영업의 「동적 상태」를 나타내는 장부이고, 대차대조표는 일정한 시점에 있어서의 영업의 「정적 상태」를 나타내는 장부이다.

회사는 「성립한 때」, 기타 상인은 「영업을 개시한 때」 개업(개시)대차대조표를 작성하여야 한다. 그리고 회사는 「매 결산기」에, 기타 상인은 「매년 1회 이상 일정시기」에 결산(연도)대차대조표를 작성하여야 한다. 대차대조표는 회계장부에 의하여 작성하고 작성자가 이에 기명날인 또는 서명하여야 한다(제30조 제2항).

⑬ 상업장부에 관한 의무

1. 작성

모든 상인은 상업장부를 작성할 의무를 부담한다(제29조 제1항). 다만 소상인은 제외된다(제9조). 소상인이 기업회계에 관한 장부를 작성하더라도 이 장부는 상법상 의무에 기해 작성한 된 것이 아니므로 상법상의 상업장부는 아니다. 상업장부의 작성은 상법에 규정한 것을 제외하고는 일반적으로 공정·타당한 회계관행에 의한다(제29조 제2항).

2. 보존

모든 상인은 10년간 상업장부와 영업에 관한 중요서류를 보존하여야 한다(제33조 제1항 본문). 일반 채권 소멸시효기간인 10년 동안 분쟁 발생시 이를 증거로 사용하기 위함이다. 영업에 관한 중요서류란 계약서, 주문서, 영수증 등과 같이 영업활동에 관한 증거로서의 가치가 있는 서류를 말한다. 다만 전표 또는 이와 유사한 서류는 보존기간을 5년으로 단축하였다(제33조 제1항 단서). 전표는 현금이나 물품의 개별적인 출납을 증명하는 것으로 상업장부나 계약서 등에 비해 중요성이 떨어지기 때문이다. 상업장부의 보존기간은 「그 장부를 폐쇄한 날」, 즉 결산마감일부터 기산한다(제33조 제2항). 그리고 영업을 폐지하여도 위 기간 동안 상업장부의 보존의무는 지속된다.

장부 보존에 관하여 회사인 상인의 경우 특칙이 있다. 회사도 회사 존속 중의 상업장부 보존에 관하여는 제33조에 따른다. 다만 회사에 대해서는 청산종결의 등기 후 10년 또는 5년간 회사의 장부 등을 보존해야 한다는 특칙이 있다(제266조, 제269조, 제287조의45, 제541조, 제613조).

상업장부와 영업에 관한 중요서류는 마이크로필름 기타의 전산정보처리조직에 의하여도 보존할 수 있다(제33조 제3항). 이 경우 그 보존방법 기타 필요한 사항은 대통령령으로 정한다(제33조 제4항).

3. 제출

법원은 신청에 의하거나 직권으로 소송당사자에게 상업장부 또는 그 일부분의 제출을 명할 수 있다(제32조). 당사자의 신청이 없더라도 법원이 직권으로 제출을 명할 수 있다는 데 의미가 있다.

4. 제재

상법은 상업장부 작성·보존에 관한 의무위반을 이유로 상인에게 사법상의 불이익을 주거나 벌칙을 부과하는 일반적인 제재규정은 두고 있지 않다. 이런 면에서 상업장부에 관한 상법규정은 불완전법규이다. 다만 회사가 상업장부의 작성을 게을리하거나 부실의 기재를 한 경우에는 이사의 손해배상책임이 발생할 수 있고(제399조, 제401조, 제567조), 관련되는 업무집행사원·이사·감사·검사인·청산인·지배인 등에 대해 벌칙이 적용될 수 있다(제635조 제1항 9호).

제6장　영업소

01 영업소의 의의

　영업소란 '상인의 영업활동의 근거이고 기업의 존재와 활동을 공간적으로 통일하는 일정한 장소'를 말한다. 이러한 영업소는 기업활동에 관한 기본적 사항을 결정하고 경영활동에 관한 지휘명령을 하는 중심지이어야 하고, 어느 정도 시간적 계속성을 가지는 장소이어야 한다.

02 영업소의 종류

　상법상 영업소는 「본점」과 「지점」이 있다. 본점은 기업활동 전체의 지휘·명령의 중심점을 말하고, 지점은 본점의 지휘를 받으면서도 부분적으로는 독립된 기능을 하는 영업소를 말한다.

03 영업소의 법률상 효과

　일반적으로 영업소에 인정되는 효과로서는 영업에 관한 채무의 이행장소, 지시채권과 무기명채권의 변제장소, 표현지배인의 결정기준, 재판적의 결정기준 등을 들 수 있다.

제7장 상업등기(기업의 공시)

① 상업등기의 의의

상업등기란 '일정한 사항을 공시할 목적으로 상법의 규정에 의하여 등기할 사항을 법원의 상업등기부에 하는 등기'를 말한다(제34조). 상업등기는 가장 대표적인 기업의 공시제도이다. 상업등기는 「상법의 규정」에 의하여 등기할 사항에 대한 등기이므로, 민법에 의한 부동산등기나 법인등기, 보험업법에 의한 상호회사의 등기, 선박등기법에 의해 운영되는 선박등기 등은 상업등기가 아니다.

상업등기를 통하여, 거래상대방은 거래에 필요한 사항을 미리 알 수 있게 되고, 기업은 기업의 투명성을 증진시켜 사회적 신용을 얻을 수 있을 뿐만 아니라 경우에 따라서는 공시사항을 제3자에게 대항할 수 있는 효과도 얻을 수 있다.

② 등기사항

등기사항이란 '상법의 규정에 의하여 상업등기부에 등기하도록 정하여진 사항'을 말한다. 상법에서 규정한 사항만을 상업등기로서 등기할 수 있으며, 그 밖의 사항은 등기부에 기재되더라도 상업등기로서의 효력이 없다.

1. 절대적 등기사항·상대적 등기사항

절대적 등기사항이란 법상 반드시 등기해야 할 사항을 말한다. 지배인의 선임, 회사의 설립이 그 예이다. 상대적 등기사항이란 등기 여부가 상인의 자유로운 의사에 맡겨진 사항을 말한다. 자연인 상인의 상호가 이에 해당한다. 대부분의 등기사항은 절대적 등기사항이다. 상대적 등기사항도 일단 등기를 하게 되면 그 변경 또는 소멸은 반드시 등기를 해야 하므로 절대적 등기사항이 된다(제40조).

2. 지점의 등기

지점을 둔 경우, 본점의 소재지에서 등기할 사항은 다른 규정이 없으면 지점의 소재지에서도 등기하여야 한다(제35조). 지점소재지에서 등기하지 않으면 그 지점의 거래에 관하여 선의의 제3자에게 대항하지 못한다(제38조). 다만 다른 규정이 있으면 본점에서 등기할 사항이라도 지점에서 등기하지 않을 수 있다. 예컨대, 지배인은 본점 또는 지점 별로 둘 수 있으므로(제13조) 각 본·지점에서의 지배인의 선임·해임은 해당 본·지점에서만 등기하면 된다.

❸ 상업등기의 효력

1. 일반적 효력

상업등기의 일반적 효력이란 등기사항을, 등기 전에는 선의의 제3자에게 대항하지 못하는데, 등기 후에는 비록 제3자가 선의라 하더라도 대항할 수 있는 효력을 말한다(제37조). 등기 전에는 외관주의에 따라 거래의 안전을 기하여 제3자를 보호하고 등기 후에는 제3자의 악의를 의제하여 상인의 권리를 확보해 주는 것이다.

(1) 등기 전의 효력

등기할 사항은 등기 전에는 이로써 선의의 제3자에게 대항하지 못한다(제37조 제1항). 이를 「소극적 공시의 원칙」이라 한다. 등기하기 전이라도 악의의 제3자에 대하여는 언제나 등기사항의 객관적 내용을 주장할 수 있다.

1) 요건

① 등기할 사항

절대적 등기사항뿐만 아니라 상대적 등기사항도 포함한다.

② 미등기

ⓐ 등기하지 않은데 대한 등기의무자의 귀책사유는 필요 없다. 오로지 등기공무원의 실수에 의해 등기가 되지 않았어도 상법 제37조는 적용된다.

ⓑ 미등기에는 두 가지 유형이 있다. 첫째 등기할 사항을 등기하지 않은 경우이다. 예컨대, 甲과 乙이 A회사의 공동지배인인데 공동지배인에 관한 사항을 등기하지 않은 상태에서 甲이 단독으로 A회사의 부동산을 X에게 매도한 경우, X가 甲과 乙이 공동지배인인 사실을 알지 못했으면 A회사는 X에게 甲 단독의 부동산 매매는 무권대리로서 무효라는 주장을 할 수 없다. 둘째 등기한 사항에 대한 변경 또는 소멸 등기를 하지 않은 경우이다. 이 경우에 대해서는 학설이 대립한다. 제37조 일반적 효력의 문제일 뿐이라는 견해와 제37조의 문제일 뿐만 아니라 제39조 부실등기의 효력의 문제이기도 하다는 견해가 있다. 자세한 내용은 '부실등기의 효력' 부분에서 다룬다.

③ 선의의 제3자

'등기사항의 존재를 알지 못한 제3자'를 말한다. ⓐ 「선의」란 등기할 사실관계의 존재를 알지 못함을 의미한다. 등기 여부를 알지 못함을 의미하는 것이 아니다. 선의에 과실이 있는 경우 그 과실이 경과실이면 선의로 취급하나 중과실이면 악의로 취급한다. 선의 유무 판단은 거래시를 기준으로 하며, 입증책임은 제3자의 악의를 주장하는 자가 진다. ⓑ 「제3자」는 거래 상대방에 국한하지 않고 '등기사항에 관하여 법률상 정당한 이해관계를 갖는 모든 자'를 의미한다. 예컨대, 해임된 지배인이 발행한 어음을 배서양도 받은 자도 제3자에 포함된다.

2) 효과 — 대항력의 제한

① '대항하지 못한다'는 것은 '그 실체관계를 제3자에게 주장할 수 없다'는 의미이다. 제3자의 입

장에서 보면 '등기사항인 사실의 존재를 부인할 수 있다'는 뜻이다. 그러나 제3자가 실체관계에 따라 등기사항인 사실의 존재를 주장하는 것은 무방하다.

예를 들어보자. A합자회사의 정관의 의하면 무한책임사원인 甲, 乙에게 공동대표권이 부여되어 있었고 그 사실은 등기되어 있었다. 그런 상황에서 乙이 이 회사를 퇴사하였고 乙의 퇴사 등기 전에 甲이 A회사 명의로 丙으로부터 1억 원 상당의 물품을 매입하였다. 이후 A회사가 경영이 어려워져 그 대금을 지급하지 못하자 丙은 乙에게 그 지급을 구하였다. 乙은 위 물품대금을 지급할 책임이 있는가? 乙의 퇴사로 甲은 단독으로 대표행위를 할 수 있고, 비록 위 매매 당시 乙의 퇴사 등기가 경료되지 않았으나 제3자인 丙이 실체관계에 따라 乙의 퇴사사실을 주장하는 것은 무방하므로, A회사는 丙에게 물품대금을 지급할 채무를 부담한다. 그리고 乙은 위 매매 전에 A회사에서 퇴사하였으나 매매 당시까지 퇴사등기를 하지 않고 있었으므로 그 퇴사사실을 가지고 선의의 제3자인 병에게 대항할 수 없다. 따라서 乙은 A회사와 연대하여 丙에게 위 1억 원의 물품대금을 지급하여야 한다.

② '대항력의 제한을 받는 자'는 등기의무자에 한하지 않는다. 등기할 사항을 대외적으로 주장할 법상의 이익을 가지는 자는 모두 포함된다.

(2) 등기 후의 효력

등기할 사항을 등기하면 선의의 제3자에게도 대항할 수 있다(제37조 제1항 반대해석). 이를 「적극적 공시의 원칙」이라 한다. 그러나 제3자가 「정당한 이유」로 이를 알지 못하였으면 그에게 대항하지 못한다(제37조 제2항). 여기서 정당한 이유는 엄격하게 해석해야 한다. 장기여행이나 질병과 같은 주관적 사유는 이에 해당하지 않고 등기소의 화재에 의한 등기부의 소실과 같은 객관적 사유만 이에 해당한다(통설).

(3) 일반적 효력이 미치는 범위

1) 등기할 사항의 범위

상업등기의 일반적 효력은 창설적 효력이 있는 등기에는 적용되지 않는다. 창설적 등기사항의 경우에는 등기가 없으면, 그 법률관계가 존재하지 않는 것이지 법률관계는 존재하지만 이를 선의의 제3자에게 대항할 수 없음에 그치는 것이 아니다. 예컨대, 회사의 설립등기나 회사의 합병등기가 없으면 회사가 설립되지 않고 합병이 이루어지지 않은 것이지 회사 설립과 회사합병은 이루어졌으나 그 사실을 모르는 제3자에게 회사설립과 회사합병 사실을 주장할 수 없음에 그치는 것이 아니다. 따라서 이 경우 제3자의 선의·악의를 불문하고 회사설립과 회사합병의 효력은 발생하지 않는다.

2) 적용 법률관계

상법 제37조가 거래관계에 적용됨은 당연하다. 그 외에 다음과 같은 법률관계에 대하여도 상법 제37조가 적용되는지에 관하여 논의가 있다.

① 소송행위

예를 들어 A회사의 대표이사가 甲에서 乙로 변경되었음에도 A회사가 대표이사를 乙로 변경하는 등기를 게을리 하는 동안 대표이사 변경사실을 모르는 X가 甲을 대표이사로 하여 A회사를 상대로 소송을 한 경우 상법 제37조에 의해 甲과 X 간의 소송행위를 A회사와의 관계에서 유효로 인정할 수 있는가? 적극설은 소송행위에도 상법 제37조를 적용해야 한다고 한다(통설). 소송행위는 거래활동의 연장이며, 일방의 등기 지연으로 인해 타방이 불이익을 받는 것은 불합리하다는 이유에서이다.

소극설은 소송행위는 실체적 거래가 아니고 거래 안전 보다는 절차의 안정과 명확성을 중요시한다는 이유로 소송행위에는 상법 제37조를 적용할 수 없다고 한다. 판례 중에는 "소송행위에는 민법상의 표현대리 규정이 적용 또는 준용될 수 없다(대판 1994.2.22. 93다42047)."고 한 것이 있다. 표현대리규정과 상법 제37조는 모두 외관주의에 따른 규정이므로 소송행위에 표현대리 규정을 적용하지 않은 위 판례의 태도로 보아 판례는 제37조 적용에 있어서도 소극설의 입장이라고 해석하는 견해가 있다. 소극설 및 판례의 태도에 따르면 위 예에서 X는 A회사에게 甲과의 소송행위가 유효하다고 주장할 수 없다.

② 공법관계

상업등기의 일반적 효력은 외관법리에 기초한 것이므로 외관법리가 적용되지 않는 조세관계 등 공법관계에는 적용되지 않는다. 판례도 같은 입장이다. 판례는 "상법 제37조의 제3자는 대등한 지위에서 하는 보통의 거래관계의 상대방만을 말한다할 것이므로 조세권에 기하여 조세의 부과처분을 하는 국가는 여기에 규정된 제3자라 할 수 없다(대판 1990.9.28. 90누4235)."라고 판시한 바 있다. 그리고 또 다른 판례는 이를 전제로 "합명회사의 무한책임사원이 퇴사한 후 퇴사등기를 하지 않았다 해서 그에게 회사가 부담하는 조세에 대한 제2차 납세의무를 과할 수는 없다(대판 1990.9.28. 90누4235)."고 판시하였다.

③ 제395조와의 관계

이차원설(통설·판례)에 의하면, 표현대표이사에 관한 제395조는 상업등기와는 다른 차원에서 회사의 표현책임을 인정하는 규정이고, 이에 따라 이 책임을 판단하는 경우 상업등기가 되어 있는지는 고려하지 말아야 한다.

3) 상호 양도

상호의 양도는 등기하지 아니하면 제3자에게 대항하지 못한다(제25조 제2항). 대항할 수 없는 제3자는 선의의 제3자에 한하지 않고 악의의 제3자를 포함한다. 따라서 상호 양도에 관하여는 상법 제37조가 적용되지 않는다.

4) 지점거래에 대한 적용

지점의 소재지에서 등기할 사항을 등기하지 아니한 때에는 상업등기의 일반적 효력은 그 지점의 거래에 한하여 적용된다(제38조). 지점에서만 등기할 사항(예 지점지배인의 등기)뿐만 아니라 본·지점 모두에서 등기할 사항(예 주식회사 대표이사의 등기)에 대하여도 마찬가지이다. 따라서 본·지점 모두에서 등기해야 할 사항을 본점에서만 등기하고 지점에서는 등기하지 않으면 본점과 거래한 선의의 제3자에게는 적극적 공시의 원칙에 의해 대항할 수 있으나 지점과 거래한 선의의 제3자에게는 소극적 공시의 원칙에 의해 대항할 수 없게 된다.

2. 특수적 효력

상업등기의 일반적 효력은 상업등기의 공통적 성질을 이루는 것이나, 각 상업등기의 종류별로 그 기초가 되는 법률관계의 특성으로 인해 독특한 효력을 갖는 경우가 있다.

(1) 창설적 효력(설정적 효력)

등기에 의하여 비로소 법률관계가 형성되는 경우가 있다. 이때의 등기의 효력을 창설적 효력이라 한다. 회사 설립등기에 의해 회사가 법인격을 취득하고(제172조), 회사 합병등기에 의해 회사 합병의 효력이 발생하는(제234조) 경우가 대표적인 예이다.

(2) 보완적 효력(치유적 효력)

상업등기의 전제가 되는 법률관계에 하자가 있더라도 등기를 하면 등기의 외관에 의해 그 하자가 치유되어 더 이상 하자를 주장할 수 없게 되는 경우가 있다. 이와 같은 등기의 효력을 보완적 효력이라 한다. 주식회사 설립 시에 행한 주식인수에 무효·취소의 원인이 있더라도 회사 설립등기 후에는 그 무효·취소를 주장할 수 없게 되는 경우(제320조 제1항)가 대표적인 예이다.

(3) 해제적 효력(부수적 효력)

등기에 의해 일정한 제한이 해제되거나 책임이 면제되는 경우가 있다. 이때의 등기의 효력을 해제적 효력이라 한다. 주식회사의 설립등기에 의해 주권 발행의 제한이나 권리주 양도의 제한이 해제되는 경우(제355조 제2항, 제319조), 합명회사·합자회사에서 퇴사한 무한책임사원이 퇴사 등기를 함으로써 향후 회사 채무에 대한 책임이 면제되는 경우(제225조, 제267조)가 대표적인 예이다.

3. 상업등기의 추정력

어떠한 상업등기가 존재하면 그 등기된 사항은 객관적 진실과 일치하는지 여부와 관계 없이 일단 진실한 것으로 받아들여진다. 이를 등기의 「사실상 추정력」이라 한다. 통설은 상업등기에 이와 같은 사실상 추정력이 있다고 한다. 판례도 "법인등기부에 이사 또는 감사로 등재되어 있는 경우에는 특단의 사정이 없는 한 정당한 절차에 의하여 선임된 적법한 이사 또는 감사로 추정된다(대판 1983.12.27. 83다카331)."라고 하여 상업등기의 추정력을 인정하였다. 이 판례에서의 추정력을 통설은 사실상 추정력으로 이해하는데 소수설은 법률상 추정력으로 이해한다.

4. 부실등기의 효력

(1) 의의

상법 제37조 제1항은 등기할 사항이 있는데, 그 사실을 등기하거나 등기하지 않았을 경우의 제3자에 대한 효과를 규정하고 있다. 그렇다면 등기할 사항을 사실과 다르게 잘못 등기하였다면 어떻게 되는가? 이를 부실등기라 하는데, 예를 들어, 甲을 지배인으로 등기해야 하는데 乙을 지배인으로 등기한 경우 乙과 거래한 丙에 대하여 영업주는 어떤 책임을 지는가와 같은 문제이다.

등기할 사항이 실제로 없는 경우에는 등기가 되었어도 그 효력은 인정되지 않는바, 등기의 공신력은 인정되지 않으며, 상업등기도 공신력이 인정되지 않는다.

이에 대하여 상법 제39조는 '고의 또는 과실로 인하여 사실과 상위한 사항을 등기한 자는 그 상위를 선의의 제3자에게 대항하지 못한다'라고 규정하였다. 즉, 고의나 과실에 의하여 상업등기가 이루어진 때에는 등기내용이 사실과 상위하더라도 등기사항을 신뢰하고 거래한 제3자에게 대항할 수 없게 하고 있는데, 이 범위에서는 상업등기의 공신력이 예외적으로 인정된다. 이에 의하면 위 예에서 乙을 지배인으로 등기한 데 대해 영업주에게 고의·과실이 있었으면 영업주는 乙을 지배인으로 신뢰하고 거래한 丙에게 거래상의 책임을 져야 한다.

(2) 요건

1) 사실과 상위한 등기

① 사후 사정변경에 의한 경우

ⓐ 처음부터 사실과 상이한 등기가 된 경우에는 당연히 상법 제39조가 적용된다. 위에서 든 예가 이에 해당한다. ⓑ 그러면 등기할 시점에서는 사실에 부합하였으나, 이후 사정변경 등으로 결국 사실과 달라지게 된 경우는 어떠한가? 예를 들어 영업주 A가 지배인 甲을 해임하고 새로이 乙을 지배인으로 선임하였는데 해임 및 선임등기를 게을리 하여 등기상으로는 아직 甲이 지배인으로 되어 있는 동안 丙이 등기부를 믿고 甲과 A 소유 부동산에 관한 매매계약을 체결한 경우이다. 결론에 있어 A는 丙에게 '甲은 지배권이 없으므로 매매계약은 무효'라는 주장을 할 수 없고 결국 甲·丙간 매매계약에 따른 책임을 져야 한다.

그런데 그 적용 법규가 무엇이냐에 관해 견해가 대립한다. ⓐ 상법 제37조만 적용된다는 견해와 ⓑ 상법 제37조뿐만 아니라 제39조도 적용된다는 견해가 있다. 우선 제37조가 적용된다는 점에는 양 견해에 차이가 없다. 위 예에서 지배인의 해임과 선임은 등기할 사항인데 이를 등기하지 않았으므로 A는 甲이 지배인이 아닌 사실을 선의의 제3자인 丙에게 대항할 수 없다. 상법 제39조도 적용된다는 견해는 여기에 더하여 제3자 丙이 부실등기된 甲을 지배인으로 신뢰한 점을 감안하면 상법 제39조도 적용될 수 있다고 한다.

② 대표이사 선임의 무효와 부실등기의 효력

甲은 A회사의 주주총회에서 이사로 선임되었고, 그 후 이사회에서 대표이사로 선임되었다. 그리고 자신을 A회사의 대표이사로 등기한 후 A회사 대표이사 자격으로 乙에게 A회사 소유의 부동산에 근저당권을 설정해 주었다. 그런데 이후 甲을 이사로 선임한 주주총회결의에 대한 취소판결이 확정되었다. 이에 의하면 甲은 소급하여 대표이사 자격을 상실하고 甲이 취소판결 확정 전에 한 乙에 대한 근저당권설정 행위는 대표권 없는 자의 행위로서 무효가 된다. 이 경우 甲이 대표이사로 등재된 등기를 신뢰하고 甲으로부터 근저당권을 설정 받은 乙은 어떻게 보호될 수 있는가?

이 문제는 표현대표이사제도(제395조)와 부실등기의 효력 규정(제39조)으로 보호가 가능한데, 여기서는 부실등기의 효력에 관해서만 보자.

판례는 "이사 선임의 주주총회결의에 대한 취소판결이 확정되어 그 결의가 소급하여 무효가 된다고 하더라도 그 선임 결의가 취소되는 대표이사와 거래한 상대방은 상법 제39조의 적용 내지 유추적용에 의하여 보호될 수 있다(대판 2004.2.27. 2002다19797).”고 하였다. 이 판례에 따르면 A회사는 乙에게 ‘근저당권설정 당시 甲은 A회사의 대표이사가 아니었다’는 주장을 할 수 없고 결국 乙은 A회사 부동산에 대하여 유효하게 근저당권을 취득할 수 있다.

2) 귀책사유(고의 또는 과실)

사실과 상위한 사항을 등기하는 데 있어 등기신청인의 「고의 또는 과실」이 있었어야 한다. 여기서 과실은 경과실을 포함한다. 따라서 경과실로 사실과 상위한 사항을 등기한 자도 그 상위를 선의의 제3자에게 대항하지 못한다. 등기신청인에게는 고의·과실이 없고 단지 등기공무원의 과실이나 제3자의 허위신청에 의해 사실과 다른 등기가 된 경우에는 본조를 적용할 수 없다.

① 고의·과실의 판단 기준

등기신청인의 「대리인」의 고의·과실이 있는 경우에도 본조를 적용할 수 있다. 고의·과실 유무는 개인기업의 경우는 상인을 기준으로 판단하는데 회사인 경우는 누구를 기준으로 판단하는가? 판례는 「대표기관」을 기준으로 판단한다고 하였다. 즉 “합명회사의 부실등기사실이나 이를 방치한 사실에 대한 고의 또는 과실의 유무는 그 회사를 대표할 수 있는 업무집행사원을 표준으로 결정할 것이다(대판 1971.2.23. 70다1361).”라고 판시하였다.

② 등기신청인이 허위의 등기를 알고도 방치한 경우

상법 제39조는 등기신청인이 적극적으로 사실과 다른 등기를 신청한 경우를 예상한 조문이다. 그러면 등기신청인이 ‘제3자의 허위신청에 관여’하거나 ‘허위 등기의 존재를 알고도 방치’한 경우에는 제39조를 적용할 수 없는가?

판례는 제39조를 적용할 수 있다고 한다. 즉 “등기신청권자가 스스로 등기를 하지 아니하였다 하더라도 그 등기가 이루어지는 데 관여하거나 그 불실등기의 존재를 알고 있음에도 이를 시정하지 않고 방치하는 등의 경우에는 그 등기신청권자에 대하여 상법 제39조에 의한 불실등기 책임을 물을 수 있다(대판 2008.7.24. 2006다24100).”고 하였다.

③ 등기신청인이 허위의 등기를 과실로 모르고 방치한 경우

판례는 이 경우에는 제39조의 적용을 부정하였다. 즉 “이미 경료되어 있는 부실등기를 등기신청권자가 알면서 이를 방치한 것이 아니고 이를 알지 못하여 부실등기 상태가 존속된 경우에는 비록 등기신청권자에게 부실등기 상태를 발견하여 이를 시정하지 못한 점에 있어서 과실이 있다 하여도 상법 제39조를 적용할 수 없다(대판 1975.5.27. 74다1366).”라고 판시하였다.

3) 제3자의 선의

① 「선의」란 등기 내용이 사실과 다름을 알지 못함을 말한다. 선의에 과실이 있는 경우 그 과실이 경과실이면 선의로 취급하나 중과실이면 악의로 취급한다. 선의 유무 판단은 거래시를 기준으로 하며, 입증책임은 제3자의 악의를 주장하는 자가 진다. ② 「제3자」는 거래 상대방에 국한하지 않고 ‘등기사항에 관하여 법률상 정당한 이해관계를 갖는 모든 자’를 의미한다. 예컨대, 해임된 지배인이 발행한 어음을 배서양도 받은 자도 제3자에 포함된다.

(3) 효과

부실등기를 한 자는 그 등기가 사실과 다름을 선의의 제3자에게 대항하지 못한다.「대항하지 못한다」는 의미는 '제3자가 등기 내용대로 주장하는 경우 그 등기가 사실과 다르다는 주장을 할 수 없다'는 의미이다. 제3자가 등기와 달리 사실에 맞는 주장을 하는 것은 무방하다.

제8장 영업양도(기업의 이전)

❶ 총설

1. 영업의 의의

영업의 의미는 주관적 의미의 영업과 객관적 의미의 영업으로 나누어진다. 「주관적 의미의 영업」이란 상인의 영리활동 자체를 말한다. 통상적 의미의 '장사'를 생각하면 된다. 「객관적 의미의 영업」이란 상인이 영리 목적으로 결합시킨 재산의 전체를 말한다. 영업양도에서의 영업은 이 객관적 의미의 영업을 말한다.

객관적 의미의 영업을 자세히 설명하면, 「영업」이란 '적극·소극 재산으로 구성된 영업용 재산과 재산적 가치가 있는 사실관계가 합하여 이루어진 조직적·기능적 재산으로서의 영업재산의 일체'를 말한다. 즉 동산·부동산, 각종의 물권과 채권, 특허권·상표권 등 무체재산권과 같은 「영업용 재산」과 영업상의 고객관계, 경영의 내부조직, 영업비결, 영업의 명성, 확보된 판매망 등과 같은 「재산적 가치 있는 사실관계」가 합하여져 영업을 이루게 된다. 재산적 가치 있는 사실관계는 영업권이라고도 하는데 영업용 재산이 영업활동에 활용될 수 있게끔 동태적·유기적으로 결합하는 기능을 한다.

2. 영업양도의 의의

영업양도란 '일정한 영업목적에 의하여 조직화된 유기적 일체로서의 기능적 재산인 영업재산을 그 동일성을 유지하면서 일체로서 이전하는 채권계약'을 말한다.

(1) 영업의 동일성의 유지

이전되는 영업의 「동일성이 유지」되어야 한다. 동일성 유무는 '종래의 영업조직의 전부 또는 중요한 일부가 유지되면서 같은 기능을 수행하여 양수인의 수익의 원천이 될 수 있는가'에 의하여 판단한다.

판례는 "영업재산의 전부를 양도했어도 그 조직을 해체하여 양도했다면 영업의 양도는 되지 않는 반면에 그 일부를 유보한 채 영업시설을 양도했어도 그 양도한 부분만으로도 종래의 조직이 유지되어 있다고 사회관념상 인정되면 영업의 양도라 할 수 있다(대판 1989.12.26. 88다카10128)."라고 한다. 예컨대, 운수회사가 폐업을 하고 재산을 정리하기 위해 차량 등 관련재산 전부를 다른 운수회사에 양도하였다면 영업재산을 해체한 상태에서 양도한 것이므로 영업양도가 아닌 반면에, 편의점을 양도하면서 비품 일부를 제외하거나 영업상의 채권·채무를 제외하였어도 그 양도한 부분만으로 종래 조직이 유지되면 영업양도로 볼 수 있다(제42조 ～ 제44조의 반대해석).

그리고 판례는 영업양도를 판단함에 있어 인적 조직의 승계를 중시한다. 그리하여 영업의 물적 설비 일체를 양도하였으나 종업원을 전원 해고한 경우에는 영업양도가 아니라고 한 판례가 많다(대판 1995.7.25. 95다7978 등).

동일성 유지를 위해 부채도 반드시 인수되어야 하는가? 그렇지 않다. 영업의 수익창출은 적극재산이 담당하는 것이고 부채는 자본조달의 수단에 불과하기 때문이다. 그리고 상법 제42조, 제45조도 채무인수가 이루어지지 않은 경우를 예상하고 있다.

(2) 채권계약

영업양도는 「채권계약」이다. 그리고 영업이 개인법상의 계약에 의해 이전되므로 영업양도는 「특정승계」이다. 회사합병이나 상속에 의하여도 영업이 이전될 수 있으나, 이는 포괄승계이므로 특정승계인 영업양도와 구별해야 한다.

(3) 영업의 일부 양도

영업의 일부 양도도 가능하다. 상법은 주식회사가 영업의 일부를 양도할 수 있음을 명문으로 인정하고 있고(제374조 제1항 1호), 개인상인의 경우에도 영업을 분리하여 독립적으로 수행할 수 있는 한 일부 양도가 가능하다. 예컨대, 시계점포와 귀금속을 겸영하다가 시계부문을 양도하거나 동일영업의 지점을 양도하는 것 등이 영업의 일부 양도에 해당한다. 합병에는 일부 합병이 없는 것과 비교된다.

02 영업양도의 절차

1. 양도계약의 당사자

영업의 양도인은 영업을 소유하고 있는 자이므로 반드시 「상인」이어야 한다. 개인상인인 경우도 있고, 회사인 경우도 있다. 영업의 양수인은 상인인 경우도 있고 아닌 경우도 있다. 상인이 아닌 자가 영업을 양수하는 경우 영업양수는 보조적 상행위가 된다.

2. 계약의 체결 및 의사결정절차

양도계약의 당사자가 개인인 경우에는 특별한 의사결정 절차 없이 양 당사자가 양도계약을 체결하면 된다. 그러나 회사가 영업을 양도·양수할 때는 양도계약 체결과 별도로 출자자단체의 의사결정절차를 밟아야 한다.

(1) 영업을 「양도」하는 경우

① 합명·합자회사 및 유한책임회사는 영업양도를 회사 존속 중에 하면 「총사원의 동의」를(제204조, 제269조, 제287조의16), 해산 후(청산 중)에 하면 「총사원의 과반수의 결의」(제257조, 제269조, 제287조의45)를 각각 받아야 한다. ② 주식회사나 유한회사는 회사의 해산 전후를 불문하고 각각 「주주총회 또는 사원총회의 특별결의」를 받아야 한다(제374조 제1항 1호, 제576조 제1항).

(2) 영업을 「양수」하는 경우

① 합명·합자회사 및 유한책임회사는 상법에 규정이 없다. 따라서 영업양수로 정관의 변경을

요하면 「총사원의 동의」를 받아야 하고 그렇지 않으면 「업무집행의 방법으로」 할 수 있다. ② 주식회사나 유한회사가 그 회사의 영업에 중대한 영향을 미치는 다른 회사의 영업 전부 또는 일부를 양수하는 경우에는 각각 「주주총회나 사원총회의 특별결의」를 받아야 한다(제374조 제1항 3호, 제576조 제1항).

이와 같은 절차 없이 대표기관이 영업양도계약을 체결하였으면 그 계약은 무효이다. 대표기관은 출자자단체의 의사결정절차를 먼저 밟고 양도계약을 체결할 수도 있고 양도계약을 먼저 체결하고 나중에 의사결정절차를 밟을 수도 있다.

3. 양도계약의 효과

영업양도계약은 영업의 이전을 목적으로 하는 유상의 「채권계약」이다. 따라서 양도인은 양수인에게 영업을 이전할 의무를 부담하고, 양수인은 양도인에게 양수대금을 지급할 의무를 부담한다. 양도인의 영업 이전 의무에 대하여 살펴본다.

(1) 영업재산의 이전의무

영업양도계약은 영업을 일체로서 포괄적으로 이전하는 내용의 채권계약이지만, 그 계약의 이행으로서 영업을 포괄적으로 이전하는 물권행위란 따로 존재하지 않는다. 그러므로 양도인이 영업재산을 이전하기 위해서는 영업재산을 구성하는 각각의 재산에 관하여 개별적인 이전절차를 밟아야 한다.

즉 부동산은 「등기」를, 동산은 「인도」를, 지명채권은 「채무자에 대한 통지 또는 채무자의 승낙」을, 등기된 상호는 「이전등기」를, 주식은 「주권의 교부와 명의개서」를, 어음·수표는 「배서·교부」를 해야 한다. 그리고 재산적 가치 있는 사실관계는 특별한 이전방법이 없으므로 영업의 관리체계, 거래처관계, 영업상의 비밀 등을 구두 또는 문서 등으로 거래통념에 부합하도록 이전하여야 한다.

(2) 근로관계의 이전의무

영업이 포괄적으로 양도되면 반대의 특약이 없는 한 양도인과 근로자 간에 체결된 고용계약도 양수인에게 승계된다. 따라서 원칙적으로 영업양도 전의 근무조건이 그대로 유지되고, 영업양도 이전에 성립된 퇴직금채무 등 임금채무도 양수인에게 이전된다. 다만 근로자는 반대 의사를 표시함으로써 양수인에게 승계되는 대신 양도인에 잔류하거나 양도인과 양수인 모두에서 퇴직할 수 있다.

ⓞ③ 영업양도의 효과

1. 대내관계(양도인의 경업피지의무)

영업양도는 단순히 물적 재산만 양도하는 것이 아니라 고객관계와 같은 사실관계도 양도하는 것이기 때문에 양도인이 영업양도 후 근처에서 다시 동일한 영업을 하면 양수인의 이익이 침해될 수 있다. 그래서 상법은 양도인이 영업양도 후 동일 또는 인접 행정구역 내에서 동종의 영업을 하는 것을 금하고 있다(제41조). 여기서 경업이 금지되는 대상으로서의 동종 영업은 영업의 내용, 규모, 방식, 범위 등 여러 사정을 종합적으로 고려하여 볼 때 양도된 영업과 경쟁관계가 발생할 수 있는 영업을 의미한다(대판 2015.9.10. 2014다80440).

영업양도계약에서 경업금지에 관하여 정함이 없는 경우, 영업양수인이 영업양도인에게 상법 제 41조 제1항에 따라 경업금지청구권을 행사할 수 있고, 위와 같이 양도된 영업이 다시 동일성을 유지한 채 전전양도되는 경우, 영업양수인의 경업금지청구권과 이에 관한 양도통지의 권한이 그 뒤의 영업양수인에게 원칙적으로 전전양도된다(대판 2022.11.30. 2021다227629).

(1) 당사자 간에 약정이 없는 경우

영업을 양도한 경우에 당사자 간에 다른 약정이 없으면 양도인은 10년간 동일한 특별시 · 광역시 · 시 · 군과 인접한 특별시 · 광역시 · 시 · 군에서 동정영업을 하지 못한다(제41조 제1항).

① 이 의무는 '법률에 의하여 정책적으로 인정된 의무'이다. ② 「동종영업」이란 동일영업보다 넓은 개념으로 양도한 영업과 경쟁 또는 대체관계에 있는 영업을 말한다. ③ 인접한 행정구역에서도 경업을 금한 이유는 지역의 경계선에서 경업하는 것을 금지하기 위함이다. ④ 이 의무의 발생시기는 「영업양도계약의 이행을 마친 시점」이다. ⑤ 양도인이 「상인」이 아닌 경우에는 경업피지의무를 부담하지 않는다. 판례는 "상법상의 영업양도에 관한 규정은 양도인이 상인이 아닌 경우에는 적용할 수 없는바, 농업협동조합은 영리나 투기사업을 하지 못하게 되어 있으므로 상인이라 할 수 없고, 따라서 도정공장을 양도하였다 하더라도 양수인에 대하여 상법 제41조에 의한 경업금지의무를 부담하지 않는다(대판 1969.3.25. 68다1560)."고 판시하였다.

(2) 당사자 간에 약정이 있는 경우

양도인이 동종영업을 하지 아니할 것을 약정한 때에는 동일한 특별시 · 광역시 · 시 · 군과 인접한 특별시 · 광역시 · 시 · 군에 한하여 20년을 초과하지 아니한 범위 내에서 그 효력이 있다(제41조 제2항).

이 의무는 '당사자의 의사표시에 의한 의무'이다. 양도인의 영업의 자유를 너무 장기간 제한하지 않도록 하기 위해 약정에 의해 경업금지기간을 10년 이상으로 정해도 20년은 초과하지 못하도록 한 것이다. 다만 당사자 간의 약정에 의해 경업금지의무를 면제하거나 그 기간을 단축하는 것은 무방하다.

(3) 의무위반의 효과

상법은 양도인이 경업금지의무에 위반하여 경업을 하는 경우 양수인이 취할 수 있는 구제수단에 대한 규정을 두고 있지 않다. 따라서 채무불이행의 일반원칙에 따라 해결해야 한다. 양수인은 양도인에게 ① 손해가 있으면 손해배상을 청구할 수 있고 ② 영업양도계약을 해제할 수도 있으며 ③ 영업의 폐지를 청구할 수도 있다. ④ 이에 더하여 판례는 "영업양도인이 경업금지의무를 위반하여 창출한 영업을 제3자에게 임대, 양도 기타 처분하는 것도 금지할 수 있다(대판 1996.12.23. 96다37985)."고 판시하였다. 그러나 명문의 규정이 없는 한 상법 제17조 제2항과 같은 개입권은 인정되지 않는다.

2. 대외관계(영업상의 채권자 및 채무자의 보호)

(1) 영업상의 채권자의 보호

1) 의의

양도인의 채무는 설사 그 채무가 영업상의 채무라 하여도 인수의 합의가 없는 한 영업양도에 의해 당연히 양수인에게 승계되지는 않는다. 그런데 영업상의 채무는 영업재산이 주된 책임재산을 이루므로 채무인수 없는 영업양도는 양도인의 채권자 입장에서는 책임재산의 상실을 의미한다. 따라서 채권자는 영업양도를 신속히 인지하고 채권 회수를 서둘러야 한다. 그런데 양수인이 양도인의 상호를 속용하면 채권자로서는 영업양도가 있었던 사실을 알기 어렵고 설사 이를 알았다 하더라도 양수인이 채무를 인수하였을 것으로 오해하여 양도인으로부터 채권을 회수할 적기를 놓칠 수 있다. 이는 양수인이 상호를 속용하지 않으면서 채무인수의 뜻을 광고한 경우도 마찬가지이다.

이에 상법은 영업양도 시 양수인이 상호를 속용하거나 채무인수를 광고하여 채무인수의 외관을 만들어 내면 설사 채무인수를 하지 않았다 하더라도 양도인의 영업상 채무에 관하여 채권자에게 책임을 지도록 하고 있다(제42조, 제44조). 외관법리에 기초한 규정이다.

2) 요건

① 채무인수 사실이 없을 것

양수인이 양도인의 채무를 인수하기로 합의하였으면 양수인은 본조가 아니라 그 합의에 따라 채권자에게 채무를 이행해야 한다. 본조는 채무인수가 없었을 경우에 한하여 적용되는 규정이다.

② 외관의 존재

A. 상호의 속용   ⓐ 상호속용이란 「동일한 상호」를 계속 사용함을 의미한다. 동일성은 영업양도 전후의 상호가 주요부분에 있어서 동일하면 충분히 인정된다. 판례는 "삼정장여관"과 "삼정호텔", "남성사"와 "남성정밀공업주식회사", "협성산업"과 "주식회사 협성"을 모두 동일한 상호로 인정하였다.

ⓑ 양수인이 속용하는 명칭이 상호 자체가 아니라 「옥호 또는 영업표지」인 경우에는 어떠한가? 판례는 A회사가 「서울종합예술원」이라는 명칭의 교육시설을 운영하다가 이 시설 일체를 B회사에 양도하였는데 B회사가 계속 「서울종합예술원」이라는 명칭으로 교육시설을 운영한 사안에서, "양수인에 의하여 속용되는 명칭이 상호 자체가 아닌 옥호 또는 영업표지인 때에도 그것이 영업주체를 나타내는 것으로 사용되는 경우에는 영업상의 채권자가 영업주체의 교체나 채무승계 여부 등을 용이하게 알 수 없다는 점에서 일반적인 상호속용의 경우와 다를 바 없으므로, 양수인은 특별한 사정이 없는 한 상법 제42조 제1항의 유추적용에 의하여 그 채무를 부담한다(대판 2010.9.30. 2010다35138)."고 하면서 B회사에게 A회사가 부담하던 그 시설에 대한 임대료 및 연체이자 채무에 대하여 책임을 인정하였다.

B. 채무인수의 광고   양수인이 상호를 속용하지 않으면 영업이전의 외관이 뚜렷하므로 원칙적으로 이에 대비하지 못한 채권자를 보호할 필요가 없다. 그러나 양수인이 마치 채무를 인수한 것처럼 광고한 경우에는 채무인수의 외관을 야기했으므로 양수인은 양도인의 채권자에 대하여 책임을 부담한다(제44조). 여기서 광고라는 표현은 널리 일반인에 대해서 표시하는 것만으로 생각하기 쉬우나, 판례는 "이러한 경우에 한하지 않고 양도인의 채권자에 대하여 개별적으로 통지를 하는 방식으로 그 취지를 표시한 경우에도 제44조가 적용된다(대판 2008.4.11. 2007다89722)."고 하였다.

③ 채권자의 선의

여기서 「채권자의 선의」란 채권자가 영업양도 사실을 알지 못하거나, 영업양도 사실을 알았다 하더라도 채무가 인수되지 않았음을 알지 못하는 것을 말한다. 양수인이 채권의 존재 사실을 알았는지 여부는 제42조의 책임과 무관하다.

상호를 속용하는 영업양수인의 책임은 어디까지나 채무인수가 없는 영업양도에 의하여 채권추구의 기회를 빼앗긴 채권자를 보호하기 위한 것이므로, 영업양도에도 불구하고 채무인수 사실이 없다는 것을 알고 있는 악의의 채권자에 대하여는 상법 제42조 제1항에 따른 책임이 발생하지 않고(대판 2012.3.29. 2011다64867), 채권자가 악의라는 점에 대한 주장·증명책임은 그 책임을 면하려는 영업양수인에게 있다(대판 2009.1.15. 2007다17123, 17130). 나아가 채권자 보호의 취지와 상법 제42조 제1항의 적용을 면하기 위하여 양수인의 책임 없음을 등기하거나 통지하는 경우에는 영업양도를 받은 후 지체 없이 하도록 규정한 상법 제42조 제2항의 취지를 종합하면, 채권자가 영업양도 당시 채무인수 사실이 없음을 알고 있었거나 그 무렵 알게 된 경우에는 영업양수인의 변제책임이 발생하지 않으나, 채권자가 영업양도 무렵 채무인수 사실이 없음을 알지 못한 경우에는 특별한 사정이 없는 한 상법 제42조 제1항에 따른 영업양수인의 변제책임이 발생하고, 이 후 채권자가 채무인수 사실이 없음을 알게 되었다고 하더라도 이미 발생한 영업양수인의 변제책임이 소멸하는 것은 아니다(대판 2022.4.28. 2021다305659).

3) 적용범위

① 채권자

양도인과 직접 거래한 채권자뿐만 아니라 그로부터 채권을 양수한 자를 포함한다.

② 영업활동으로 인한 채무와 지역적 적용범위

양수인의 책임은 양도인의 영업활동으로 인한 채무에 한한다. 영업상의 채무이면 어음이나 수표채무도 포함된다. 그러나 B회사가 A회사로부터 영업을 양수한 경우 A회사의 대표이사 甲이 개인적인 목적으로 A회사 명의로 발행한 어음채무에 대해서는 B회사가 책임을 지지 않는다. 그 어음채무는 A회사의 영업활동과 무관하기 때문이다. 설사 어음채권자가 甲의 대표권 남용 사실에 대하여 선의·무과실이어서 A회사가 어음채권자에게 그 지급채무를 부담하더라도 마찬가지이다(대판 2002.6.28. 2000다5862). 나아가 영업활동과의 관련성만 인정되면 불법행위로 인한 손해배상채무나 부당이득으로 인한 상환의무도 포함된다.

경업금지의 지역적 적용범위에 관하여 양도인의 통상적인 영업활동이 이루어지던 지역을 기준으로 정하여야 한다는 것이 판례의 입장이다(대판 2015.9.10. 2014다80440).

③ 채무의 발생시기

영업양도 전에 발생한 채무이면 족하고, 반드시 영업양도 당시의 상호를 사용하는 동안 발생한 채무에 한하는 것은 아니다(대판 2010.9.30. 2010다35138). 예컨대, 甲이 A라는 상호로 영업을 하면서 丙에게 채무를 부담하였는데 상호를 B로 변경한 후 乙에게 영업을 양도한 경우, 乙이 B를 계속 상호로 사용하였다면 乙은 비록 甲의 丙에 대한 채무가 甲이 A상호를 사용할 때 발생한 것이라 하더라도 이에 대하여 책임을 진다. 그러나 영업양도 당시로 보아 가까운 장래에 발생될 것이 확실한 채권도 양수인이 책임져야 한다고 볼 수 없다(대판 2020.2.6. 2019다270217).

④ 영업을 현물출자한 경우

개인기업을 법인 형태로 전환하면서 현재의 영업 자체를 출자하는 경우가 많다. 영업을 출자하는 것은 금전 이외의 재산을 출자하는 것으로 현물출자에 해당한다. 현물출자는 단체법적 설립행위로서 개인법상의 채권계약인 영업양도와 개념적으로는 구별되나 영업양도와 그 외관이 거의 비슷하고 이해관계자에게 미치는 영향이 동일하기 때문에 제44조의 유추적용 여부가 문제된다.

판례는 명시적으로 이를 긍정하였다. 즉 「남성사」라는 상호로 볼트, 너트 등의 제조판매를 영업으로 하던 甲이 종업원 乙이 작업 중 고압전류에 감전되어 사망하자 영업전부를 출자하여 「남성정밀공업 주식회사」를 설립하고 스스로 대표이사가 되어 종전의 영업을 계속하였는데, 이때 남성정밀공업 주식회사가 제42조에 기하여 乙의 유족들에게 손해배상채무를 부담하는가가 문제된 사안에서, "영업을 출자하여 주식회사를 설립하고 그 상호를 계속 사용하는 경우 영업의 양도는 아니지만 출자의 목적이 된 영업의 개념이 동일하고 법률행위에 의한 영업의 이전이란 점에서 영업의 양도와 유사하며 채권자의 입장에서 볼 때는 외형상 양도와 출자를 구분하기 어려우므로 새로 설립된 법인은 출자자의 채무를 변제할 책임이 있다(대판 1989.3.28. 88다카12100)."고 판시하였다.

⑤ 영업임대차에 유추적용 여부

영업임대차의 경우에는 상법 제42조 제1항과 같은 법률규정이 없을 뿐만 아니라, 영업상의 채권자가 제공하는 신용에 대하여 실질적인 담보의 기능을 하는 영업재산의 소유권이 재고상품 등 일부를 제외하고는 모두 임대인에게 유보되어 있고 임차인은 사용·수익권만을 가질 뿐이어서 임차인에게 임대인의 채무에 대한 변제책임을 부담시키면서까지 임대인의 채권자를 보호할 필요가 있다고 보기 어렵다. 여기에 상법 제42조 제1항에 의하여 양수인이 부담하는 책임은 양수한 영업재산에 한정되지 아니하고 그의 전 재산에 미친다는 점 등을 더하여 보면, 영업임대차의 경우에 상법 제42조 제1항을 그대로 유추적용할 것은 아니다(대판 2016.8.24. 2014다9212). 이는 영업임대차의 종료로 영업을 반환하는 경우에도 마찬가지이다(대판 2017.4.7. 2016다47737).

4) 효과

영업임대차의 경우에는 상법 제42조 제1항과 같은 법률규정이 없을 뿐만 아니라, 채권자가 제공하는 영업상의 신용에 대하여 실질적인 담보의 기능을 하는 영업재산의 소유권이 재고상품 등 일부를 제외하고는 모두 임대인에게 유보되어 있고 임차인은 사용·수익권만을 가질 뿐이어서 임차인에게 임대인의 채무에 대한 변제책임을 부담시키면서까지 임대인의 채권자를 보호할 필요가 있다고 보기 어렵다. 여기에 상법 제42조 제1항에 의하여 양수인이 부담하는 책임은 양수한 영업재산에 한정되지 아니하고 그의 전 재산에 미친다는 점 등을 더하여 보면, 영업임대차의 경우에 상법 제42조 제1항을 그대로 유추적용할 것은 아니다(대판 2016.8.24. 2014다9212 참조). 이는 영업임대차의 종료로 영업을 반환하는 경우에도 마찬가지이다.

5) 상호를 속용한 양수인이 면책되는 경우

상호를 속용한 양수인은 다음 두 가지의 경우 제42조 제1항의 책임을 지지 않을 수 있다. ① 양수인이 영업을 양도받은 후 지체 없이 양도인의 채무에 대한 책임이 없음을 「등기」한 때에는 모든 채권자에 대하여 책임을 지지 않는다(제42조 제2항 전단). ② 양도인과 양수인이 지체 없이 채권자에 대하여 양수인은 양도인의 채무에 대하여 책임이 없음을 「통지」한 경우에도 그 통지를 받은 제3자에게는 책임을 지지 않는다(제42조 제2항 후단). 통지의 경우, 양수인 단독의 통지로는 면책이 되지 않고 반드시 「양도인과 양수인」이 통지해야 한다는 점, 면책의 범위도 통지를 받은 채권자에 한한다는 점을 주의해야 한다.

6) 양도인의 책임의 존속기간

상호 속용 또는 채무인수의 광고를 이유로 영업양수인이 양도인의 영업상의 채무에 대해 책임을 지는 경우, 양도인의 채무는 상호속용의 경우에는 영업양도일로부터, 채무인수의 경우에는 광고를 한 날로부터 2년이 경과하면 소멸한다(제45조). 그 후에는 양수인의 책임만이 존속한다. 이 시간은 제척기간이므로 중단·정지가 인정되지 않는다.

7) 영업양도와 채권자취소권

영업재산에 대하여 일괄하여 강제집행이 될 경우에는 영업권도 일체로서 환가될 수 있으므로, 채무자가 영업재산과 영업권이 유기적으로 결합된 일체로서의 영업을 양도함으로써 채무초과 상태에 이르거나 이미 채무초과 상태에 있는 것을 심화시킨 경우, 영업양도는 채권자취소권 행사의 대상이 된다(대판 2015.12.10. 2013다84162).

(2) 영업상의 채무자의 보호

양도인의 채권 역시 설사 그 채권이 영업상의 채권이라 하여도 채권양도의 합의가 없는 한 영업양도에 의해 당연히 양수인에게 이전되지는 않는다. 그리고 채권이 이전되지 않은 경우에는 채무자가 양수인에게 변제를 하여도 이는 채권자가 아닌 자에 대한 변제로서 채권자인 양도인에 대하여는 변제로서의 효력이 없음이 원칙이다. 그런데 영업양수인이 양도인의 상호를 속용하면 외부에서는 영업양도 사실을 용이하게 알 수 없어 양도인의 채무자가 영업양도 사실을 모르고 양도인에 대한 채무를 양수인에게 변제하는 경우가 발생할 수 있다. 이를 모두 무효로 하면 양수인에게 변제한 채무자는 양도인에게 이중의 변제를 해야 하는 위험에 빠질 수가 있다. 그래서 상법은 이와 같은 채무자를 보호하기 위하여 제43조의 규정을 두고 있다.

즉 영업양수인이 양도인의 상호를 속용하는 경우 양도인의 영업으로 인한 채권에 대하여 채무자가 선의이며 중대한 과실 없이 양수인에게 변제한 때에는 그 효력이 있다(제43조). 단순한 경과실이 있는 경우에도 채무자는 보호된다.

여기서 효력이 있다는 것은 채무자를 면책시키는 효력이 있다는 의미이다. 즉 채무자는 양도인에게 다시 변제하지 않아도 된다. 그러나 이로써 양수인이 채권을 취득한다는 의미가 아니고 양수인은 채무자로부터 수령한 급부를 부당이득으로서 양도인에게 반환해야 한다.

제2편

상행위

제1장 서론

1. 상행위의 의의

상행위란 '기업이 유통활동으로서 하는 영리행위'를 말한다.

2. 상행위의 분류

(1) 영업적 상행위와 보조적 상행위

1) 영업적 상행위

영업적 상행위란 상인이 「영업으로」 하는 행위를 말한다. '영업으로'란 이윤의 획득을 목적으로 하여, 동종의 행위를 계속적·반복적으로 행하는 것을 말한다. 당연상인이 영업으로 하는 상법 제46조의 행위를 「기본적 상행위」라 하고, 의제상인이 영업으로 하는 상행위를 「준상행위」라고 한다(제66조).

2) 보조적 상행위

상인이 「영업을 위하여」 하는 행위를 말한다(제47조 제1항). 이때의 상인은 당연상인이든 의제상인이든 소상인이든 불문한다. 그리고 영업을 위하여 하는 행위인지 여부는 상인의 주관적 의사가 아니라 그 행위의 객관적 성질에 의해 결정한다. 예를 들어, 영업자금 차입, 상업사용인의 고용, 사무소의 구입 또는 임차 등은 영업을 위하여 하는 것으로 본다. 상인의 행위가 영업을 위한 것인지 불분명한 경우에는 영업을 위한 것으로 추정한다(제47조 제2항).

(2) 일방적 상행위와 쌍방적 상행위

1) 일방적 상행위

일방적 상행위란 당사자 일방에게만 상행위가 되는 행위를 말한다. 甲이 상인이 아닌 乙로부터 영업자금을 차용하면 이 금전차용행위는 甲에게만 상행위가 되고 乙에게는 상행위가 되지 않는다.

일방적 상행위인 경우에도 전원에게 상법이 적용된다(제3조). 위 예에서 乙은 甲에게 상사법정이율 연 6%로 계산한 이자를 청구할 수 있고(제54조), 乙의 甲에 대한 대여금반환채권에는 5년의 상사시효가 적용된다(제64조). 당사자의 한편이 수인인 경우 그 중 한 명에 대해서만 상행위가 되는 행위에 대하여도 상법이 적용된다.

일방적 상행위로 인한 채권도 상법 제64조에서 정한 5년의 소멸시효기간이 적용되는 상사채권에 해당하는데, 여기서 말하는 상행위에는 기본적 상행위와 보조적 상행위가 포함되고, 상인의 행위는 영업을 위하여 하는 것으로 추정된다. 이때 매매계약이 상행위에 해당하는 경우 매매계약에 의해 직접 생긴 채권뿐만 아니라 매도인의 채무불이행책임이나 하자담보책임에 기한 매수인의 손해배상채권에 대해서도 상사소멸시효가 적용된다(대판 2022.7.14. 2017다242232).

2) 쌍방적 상행위

쌍방적 상행위란 당사자 쌍방에게 상행위가 되는 행위를 말한다. 예를 들어 도매상과 소매상 간의 매매거래가 이에 해당한다. 쌍방적 상행위에 상법이 적용됨은 당연하다. 나아가 상법규정 중에는 쌍방적 상행위에만 적용되는 것도 있다. 상사유치권(제58조), 상사매매(제67조 ~ 제71조) 등이 이에 해당한다.

제2장 통칙

제1절 민법 총칙편에 대한 특칙

01 상행위의 대리와 위임

1. 대리의 방식

(1) 비현명주의

민법에 의하면 대리인이 대리행위를 할 때에는 상대방에 대하여 그 행위가 본인을 위한 것임을 표시하여야 하고, 이를 표시하지 아니하고 대리행위를 한 때에는 그 의사표시는 대리인 자신을 위한 것으로 본다(현명주의, 민법 제115조 본문).

그러나 상법에 의하면 상행위의 대리인이 본인을 위한 것임을 표시하지 아니하여도 그 행위는 본인에 대하여 효력이 있다(제48조 본문). 상법이 이처럼 쉽게 대리의 유효를 인정하는 이유는, 상인의 영업행위는 통상 상업사용인에 의해 행해지므로 거래 상대방이 대리관계를 숙지하고 있는 경우가 많고, 거래의 신속을 요하는 상거래에서 일일이 대리관계를 밝히는 것은 번거롭기 때문이다.

(2) 상대방의 인식과 대리의 효과

민법에 의하면 대리인이 본인을 위한 것임을 표시하지 않았어도 상대방이 대리인으로서 한 것임을 알았거나 알 수 있었을 때에는 본인에게 효력이 생긴다(민법 제115조 단서).

상법에 의할 때 상대방이 본인을 위한 것임을 알지 못한 때에는 그 행위의 효력이 어떻게 되는가?

이 경우 상대방은 본인뿐만 아니라 대리인에 대하여도 이행의 청구를 할 수 있다(제48조 단서). 이때 본인과 대리인은 부진정연대채무를 부담한다. 먼저 대리관계를 현명하지 않았을 뿐 대리인은 적법한 대리권에 기초하여 행위하였으므로 그 거래는 제48조 본문에 의하여 본인과 상대방 사이에 성립하고 상대방은 본인에게 이행의 청구를 할 수 있다. 그런데 본인을 위한 것임을 표시하지 않으면 상대방은 대리인과 거래하고 있다고 신뢰할 수 있는데 본인에게만 책임을 지우면 상대방의 이와 같은 신뢰가 보호받지 못하게 된다. 그래서 상법은 상대방의 신뢰 보호를 위해 이 경우 본인뿐만 아니라 대리인에 대하여도 이행의 청구를 할 수 있도록 한 것이다.

(3) 어음·수표행위에의 적용 여부

어음·수표의 문언성에 비추어 민법 제115조 단서와 상법 제48조는 어음·수표행위에는 적용되지 않는다. 그 결과 대리인이 본인을 현명하지 않고 어음·수표행위를 한 경우에는 대리인만이 어음·수표상의 채무를 부담한다. 어음·수표의 문면에 나타나지 않은 본인은 설사 어음·수표 소지인이 대리사실을 알았다 하더라도 채무를 부담하지 않는다.

2. 본인의 사망과 대리권의 존속

민법에 의하면 본인이 사망하면 대리권은 소멸한다(민법 제127조 1호). 그러나 상법에 의하면 상인이 그 영업에 관하여 수여한 대리권은 본인의 사망으로 인하여 소멸하지 않는다(제50조). 이에 의하면 본인이 사망하면 상속인과 대리인 사이에 대리관계가 존속한다.

민법에서는 본인과 대리인의 개인적 신뢰관계를 중시하는데 대리인은 피상속인에 의해 선임된 사람이어서 상속인과는 신뢰관계가 없으므로, 피상속인이 사망하면 대리권이 소멸하도록 하였다. 그러나 상거래에서는 본인과 대리인의 신뢰관계보다 영업관계의 지속과 기업과 거래하는 제3자 보호가 더 중요하므로, 개인의 사망과 상관없이 기업이 지속적으로 유지될 수 있도록 상법은 본인이 사망하더라도 대리권이 계속 유지되도록 한 것이다.

3. 상행위의 수임인의 권한

민법에서의 수임인은 「위임의 본지에 따라 위임사무를 처리」해야 한다(민법 제681조). 그런데 상행위의 위임을 받은 자는 「위임의 본지에 반하지 않는 범위 내에서 위임을 받지 않은 행위」도 할 수 있다(제49조). 문언상으로는 상법이 수임인의 권한을 더 넓게 규정하고 있는 것처럼 보이나, 민법상으로도 수임인은 수임한 업무에 관하여 사정변경이 생긴 경우 임기응변으로 위임인에게 이익이 되는 행위를 할 수 있다. 상법 제49조는 민법의 원칙규정을 주의적으로 규정한 것에 불과하다(다수설).

⑫ 소멸시효기간

1. 상사채권 일반

민사채권의 소멸시효기간이 10년이나(민법 제162조 제1항), 상행위로 인한 채권의 소멸시효기간은 원칙적으로 5년이다(제64조). 이처럼 상사채권의 소멸시효기간을 단기로 규정한 이유는 상거래의 신속한 종결을 위해서이다. 그러면 상사시효가 적용되는 「상행위로 인한 채권」의 범위는 어떻게 되는가?

(1) '상행위'의 범위

① 영업적 상행위로 인한 채권(예 은행의 대출금 채권)은 물론 보조적 상행위로 인한 채권(예 은행직원의 월급·퇴직금 등 채권)에도 상사시효가 적용된다. 이와 관련하여 판례는 기부자가 상인인 경우 지방자치단체와 그 기부자 사이에 체결된 기부채납 약정은 다른 사정이 없는 한 상인이 영업을 위하여 한 보조적 상행위에 해당하므로, 그러한 기부채납 약정에 근거한 채권에는 5년의 상사소멸시효기간이 적용된다고 판시하였다(대판 2022.4.28. 2019다272053). 그리고 공익사업을 위한 토지 등의 취득 및 보상에 관한 법률(토지보상법)에 따른 협의취득으로 체결된 부동산 매매계약에서 당사자 일방이 상인인 경우, 그 매매계약은 다른 사정이 없는 한 보조적 상행위에 해당하므로, 매도인의 채무불이

행책임이나 하자담보책임에 기한 매수인의 손해배상채권에 대하여 상사소멸시효가 적용된다(대판 2022.7.14. 2017다242232).

② 쌍방적 상행위로 인한 채권뿐만 아니라 일방적 상행위로 인한 채권에도 상사시효가 적용된다. 일방적 상행위인 경우 채권자가 상인이든(예 은행이 상인이 아닌 자에게 대출한 경우 대출금반환채권), 채무자가 상인이든(예 상인이 아닌 자가 상인에게 영업자금을 대여한 경우 대여금반환채권) 불문한다.

(2) 기타 적용 범위

① 직접 상행위로 인해 발생한 채권은 물론 상행위로 발생한 채권의 변형으로서 그와 실질적인 동일성을 유지하는 채권에도 상사시효가 적용된다. 예를 들어 상행위로 생긴 채무의 불이행으로 인한 손해배상청구권(대판 1997.8.26. 97다9260), 상행위인 계약의 해제로 인한 원상회복청구권(대판 1993. 9.14. 93다21569) 등도 5년의 상사시효가 적용된다. 그런데 판례는 부당이득반환청구권에 관해서는 독특한 태도를 취한다. 이에 관해서는 항을 바꾸어 설명한다.

② 상사시효는 거래행위로 인하여 발생한 채권에 대해서만 적용되고 불법행위로 인한 손해배상청구권(대판 1985.5.28. 84다카966), 보증인이 채무자를 면책시킴으로써 취득하는 구상권(대판 2001.4.24. 2001다6237) 등에는 적용되지 않는다.

(3) 부당이득반환청구권과 상사시효

1) 5년의 상사시효를 적용한 판례

판례는 보증보험회사가 무효인 보증계약에 기하여 지급한 보험금을 부당이득으로 반환청구한 사건에서는 "그 부당이득반환청구권은 근본적으로 상행위에 해당하는 보증보험계약에 기초한 급부가 이루어짐에 따라 발생한 것일 뿐만 아니라, 그 채권 발생의 경위 등에 비추어 그 법률관계를 상거래 관계와 같은 정도로 신속하게 해결할 필요성이 있다고 보이므로 이에 대하여는 5년의 소멸시효를 정한 상법 제64조가 적용된다(대판 2007.5.31. 2006다63150)."라고 하였다. 또한 보험계약자가 다수의 계약을 통하여 보험금을 부정취득할 목적으로 체결한 보험계약이 민법 제103조에 따라 선량한 풍속 기타 사회질서에 반하여 무효인 경우, 보험자의 보험금에 대한 부당이득반환청구권에 상법 제64조를 유추적용하여 5년의 상사소멸시효기간이 적용된다(대판 2021.7.22. 2019다277812 전원합의체).

2) 10년의 민사시효를 적용한 판례

판례는, A회사가 B법인으로부터 부동산을 매수하고 매매대금을 지급하였으나, 위 매매계약이 무효로 되어 B법인에게 이미 지급하였던 매매대금 상당액을 부당이득으로 반환청구한 사안에서 "거기에 상거래 관계와 같은 정도로 신속하게 해결할 필요성이 있다고 볼 만한 합리적인 근거도 없으므로 위 부당이득반환청구권에는 상법 제64조가 적용되지 아니하고, 그 소멸시효기간은 민법 제162조 제1항에 따라 10년이다."라고 판시하였다(대판 2003.4.8. 2002다64957). 그리고 위법배당에 따른 부당이득반환청구권은 민법 제162조 제1항이 적용되어 10년의 민사소멸시효에 걸린다고 보아야 한다(대판 2021.6.24. 2020다208621).

또한 토지보상법에 따라 공공사업의 시행자가 토지를 취득하는 행위는 사법상의 법률행위로 일방 당사자의 채무불이행에 대하여 민법에 따른 손해배상 또는 하자담보책임을 물을 수 있고, 이 경우 매도인에 대한 하자담보에 기한 손해배상청구권에 대하여는 민법 제162조 제1항의 소멸시효의 규정이 적용되고, 매수인이 매매의 목적물을 인도받은 때부터 소멸시효가 진행한다(대판 2020.5.28. 2017다265389).

3) 판례의 해석

판례는 상사시효를 적용함에 있어서는 상행위로 인한 채권이라는 점보다는 신속하게 해결할 필요성이 있는지에 대한 개별적인 판단이 더 중요하다고 본다. 위 1)의 경우 보험금 지급은 반복적으로 일어나므로 신속하게 해결할 필요성에 있어 상사시효를 적용하나, 위 2)의 경우 부동산 거래는 일회적이므로 신속하게 해결할 필요성이 없어 민사시효를 적용한 것이다. 손해배상청구권과 관련해서도 판례는 "근로계약은 보조적 상행위에 해당하더라도, 근로자의 근로계약상의 주의의무 위반으로 인한 손해배상청구권은 상거래 관계에 있어서와 같이 정형적으로나 신속하게 해결할 필요가 없으므로 5년의 상사 소멸시효기간이 아니라 10년의 민사 소멸시효기간이 적용된다(대판 2005.11.10. 2004다22742)."고 판시한 바 있다.

2. 상사시효의 배제

상법이나 다른 법령에 상사시효보다 단기의 시효가 규정된 때에는 그 단기시효를 적용하고 5년의 상사시효는 적용하지 않는다(제64조 단서).

3. 법원이 직권으로 상사시효를 적용할 수 있는지 여부

어떤 시효기간이 적용되는지에 관한 주장은 권리의 소멸이라는 법률효과를 발생시키는 요건을 구성하는 사실에 관한 주장이 아니라 단순히 법률의 해석이나 적용에 관한 의견을 표명한 것이다. 이러한 주장에는 변론주의가 적용되지 않으므로 법원이 당사자의 주장에 구속되지 않고 직권으로 판단할 수 있다. 당사자가 민법에 따른 소멸시효기간을 주장한 경우에도 법원은 직권으로 상법에 따른 소멸시효기간을 적용할 수 있다(대판 2017.3.22. 2016다258124).

제2절 민법 물권편에 대한 특칙

01 상사유치권(일반상사유치권)

1. 민사유치권

타인의 물건이나 유가증권을 점유한 자는 그 물건이나 유가증권에 관하여 생긴 채권이 변제기에 있는 경우에는, 변제를 받을 때까지 그 물건이나 유가증권을 유치할 권리가 있다(민법 제320조).

2. 상사유치권(일반상사유치권)

(1) 의의

상사유치권이란 상인 간의 상행위로 인한 채권이 변제기에 있는 경우에 채권자가 변제를 받을 때까지 그 채무자에 대한 상행위로 인하여 그가 점유하고 있는 채무자 소유의 물건 또는 유가증권을 유치할 수 있는 권리이다(제58조 본문). 예를 들어 보자. 운송업자인 乙은 차량수리업자 甲에게 운송업에 사용하는 트럭의 수리를 맡겼다. 수리가 끝난 후 乙은 수리비는 다음날 주겠다며 수리비를 지급하지 않은 채 甲으로부터 트럭을 회수해 갔다. 그로부터 일주일 후 乙은 다시 甲에게 개인적 용도로 사용하는 자신 소유의 캠핑카 한 대의 수리를 맡겼다. 다음날 甲으로부터 수리가 완료되었다는 전화를 받고 乙은 이번에는 즉시 甲에게 은행계좌로 캠핑카 수리비를 송금하였다. 그리고 甲을 찾아가 '캠핑카 수리비를 완납하였으니 캠핑카를 인도해 달라'고 요구하였다. 이때 甲은 '트럭의 수리비를 지급하지 않으면 캠핑카를 인도할 수 없다'고 주장하며 캠핑카를 계속 유치할 수 있는데, 이와 같은 권리가 상사유치권이다. 상법 제158조는 상사채권의 물적 담보 강화를 위해 유치권 성립요건을 완화한 규정이다. 상사유치권은 효력에 있어서는 민법상의 유치권과 차이가 없다.

(2) 성립요건

1) 당사자

「채권자와 채무자가 모두 상인」이어야 한다. 피담보채권이 성립할 시점에 상인이면, 유치권은 성립하고 일단 유치권이 성립한 후에는 상인 자격을 상실하여도 유치권은 그대로 존속한다. 위 예에서 甲은 자동차수리업자로서 수선에 관한 행위를 영업으로 하는 자(제46조 3호)이고, 乙은 운송업자로서 운송의 인수를 영업으로 하는 자(제46조 13호)이므로 모두 당연상인이다.

2) 피담보채권

① 「쌍방적 상행위」, 즉 채권자와 채무자 쌍방에게 상행위가 되는 행위로 인하여 발생한 채권이어야 한다. 쌍방적 상행위이면 영업적 상행위이든 보조적 상행위이든 무관하다. ② 그리고 피담보채권은 「변제기」에 있어야 한다.

위 예에서 ① 피담보채권은 트럭에 대한 수리비채권이다. 甲이 乙로부터 트럭 수리를 인수하는 것은 영업적 상행위이고 乙이 甲에게 운송업에 사용하는 트럭의 수리를 맡기는 행위는 보조적 상행위이다. 따라서 트럭에 대한 수리비 채권은 甲·乙 모두에게 상행위가 되는 쌍방적 상행위에 의해 발생한 채권이다. ② 乙이 甲에게 트럭을 찾아간 다음날 수리비를 지급하겠다고 하였으므로 트럭을 찾아간 다음날이 변제기가 된다. 따라서 甲이 유치권을 행사할 시점에는 트럭 수리비 채권은 변제기에 있었다.

3) 유치목적물

① 점유취득 원인

「채무자에 대한 상행위」로 취득하였어야 한다. 즉, 점유취득 원인은 상행위여야 하는데, 「채권자에게 상행위」가 되어야 한다. 왜냐하면 상사유치권은 기업활동에 의하여 점유하게 된 목적물에 대하여 담보물권을 인정하고자 하는 제도이기 때문이다. 위 예에서 유치목적물은 乙의 캠핑카인데 甲은 캠핑카의 수리를 인수하는 행위로 인해 캠핑카의 점유를 취득하였다. 즉 채권자 甲은 유치목적물인 캠핑카를 영업적 상행위로 취득한 것이다.

② 목적물의 소유관계

「채무자의 소유」이어야 한다. 유치권의 성립 당시에만 채무자 소유이면 된다. 그 후 채무자가 목적물의 소유권을 타인에게 이전하여도 유치권은 존속한다. 위 예에서 캠핑카는 乙의 소유이다.

③ 목적물의 범위

「물건 또는 유가증권」이다. 판례는 "상사유치권의 대상이 되는 '물건'에는 부동산도 포함된다고 보아야 한다(대판 2013.5.24. 2012다39769)."라고 판시하였다. 위 예에서 캠핑카는 자동차로서 당연히 물건에 해당한다.

4) 목적물과 피담보채권과의 견련성

개별적 견련성이란 시계 수리비 채권과 수리한 해당 시계의 관계와 같이 채권이 목적물 자체로부터 발생한 경우 등을 말하는데, 민사유치권이 성립하기 위해서는 개별적 견련성이 요구된다. 그러나 상사유치권은 성립을 위해서는 유치목적물과 피담보채권과는 개별적 견련성까지는 요하지 않고, 「영업을 통하여 관련」되어 있으면 된다. 위 예에서 피담보채권은 트럭 수리비 채권이고 유치목적물은 캠핑카이다. 수리비 채권이 발생한 바로 그 물건인 트럭을 유치목적물로 하는 것이 아니므로 피담보채권과 유치목적물 사이에 개별적 견련성은 없다. 그러나 피담보채권과 유치목적물은 자동차 수리 영업을 통하여는 관련되어 있다.

요컨대, 상사유치권은 일반적 견련성이 있고(피담보채권이 유치목적물에 대해서 발생한 것일 필요가 없음), 민사유치권은 개별적 견련성이 있다(피담보채권은 유치목적물에 대해서 발생한 것이어야 함). 그리고 특수상사유치권의 경우 운송(주선)인은 개별적 견련성이 있고, 대리상과 위탁매매인은 일반적 견련성이 있다.

5) 유치권 배제의 특약

상사유치권은 법정담보물권의 일종이지만 당사자 간의 특약으로써 그 성립을 배제할 수 있다(제58조 단서). 위 예에서 甲과 乙이 유치권 배제의 특약을 했다는 언급은 없다.

유치권은 법정담보물권이기는 하나 채권자의 이익보호를 위한 채권담보의 수단에 불과하므로 이를 포기하는 특약은 유효하고, 유치권을 포기한 경우 곧바로 유치권은 소멸한다. 그리고 유치권 포기로 인한 유치권의 소멸은 유치권 포기의 의사표시의 상대방뿐 아니라 그 이외의 사람도 주장할 수 있다(대판 2016.5.12. 2014다52087).

(3) 효력

상사유치권의 효력에 관하여 상법에 특별한 규정이 없으므로 상사유치권의 효력은 민법의 규정에 따른다. 즉 유치권자는 그의 채권의 변제를 받을 때까지 목적물을 유치할 수 있다(민법 제320조 제1항). 유치권자는 경매권을 갖기도 하나(민법 제322조 제1항) 여타 담보물권자와는 달리 경매에 의한 배당절차에서 우선변제권을 갖지는 못한다.

02 상사질권(유질계약의 허용)

1. 민사질권(유질계약의 금지)

질권의 실행은 원칙적으로 경매를 통하여 이루어져야 하는데(민법 제343조, 제322조), 그렇게 하지 않고, 변제에 갈음하여 질권자가 질물의 소유권을 취득하도록 하거나 법률이 정한 방법에 의하지 않고 질물을 처분할 것을 내용으로 하는 약정을 유질계약이라고 한다. 민법은 후견적인 입장에서 경제적 약자인 채무자를 보호하기 위해 유질계약을 금지하고 있다(민법 제339조).

2. 상사질권(유질계약의 허용)

상행위로 인하여 생긴 채권을 담보하기 위하여 설정한 질권에는 유질계약이 허용된다(제59조). 상거래의 당사자는 서로 평등한 지위에 있으므로 법이 채무자를 보호하기 위한 후견적 역할을 할 필요가 없기 때문이다. 상행위로 인하여 생긴 채권이란 쌍방적 상행위뿐만 아니라 일방적 상행위로 인한 채권도 포함된다. 이때 「일방적 상행위」에 대하여 견해가 대립된다.

① 채권자 또는 채무자의 어느 일방에게 상행위가 되는 경우를 의미한다고 보는 견해가 다수설이나 ② 유질계약을 허용하는 취지에 비추어 적어도 채무자에게는 상행위가 되어야 한다고 보는 견해가 유력하다. 후자의 견해는 채무자에게 상행위가 되지 않으면 법이 후견적 입장에서 채무자를 보호해주어야 할 필요가 없지 않기 때문이라고 한다. 이에 따르면 상인이 아닌 자가 사채업자와 같이 자금의 융통을 영업으로 하는 상인으로부터 돈을 빌리면서 체결한 유질계약은 무효이다.

상법은 유질계약이 체결된 경우 질권의 실행방법이나 절차에 관하여는 아무런 규정을 두고 있지 않으므로, 유질약정이 포함된 질권설정계약이 체결된 경우 질권의 실행 방법이나 절차는 원칙적으로 질권설정계약에서 정한 바에 따라야 한다(대판 2021.11.25. 2018다304007). 그리고 질권설정자가 상인이어야 하는 것은 아니고, 일방적 상행위로 생긴 채권을 담보하기 위한 질권에 대해서도 유질약정을 허용한 상법 제59조가 적용된다(대판 2017.7.18. 2017다207499).

제3절 민법 채권편에 대한 특칙

01 채권총칙에 대한 특칙

1. 법정이율

이자 있는 민사채권의 이율은 특별한 약정이 없는 한 연 5%이다(민법 제379조). 반면 상행위로 인한 채무의 법정이율은 연 6%이다(제54조). 기업거래에서는 보통 자금 수요가 크고, 자금 이용에 따른 이익도 크기 때문에 법정이율을 인상한 것이다. 여기서 상행위는 쌍방적 상행위뿐만 아니라 일방적 상행위도 포함된다. 상행위가 있어야 하므로 상행위가 아닌 불법행위로 인한 손해배상채무에는 상사법정이율이 적용되지 않는다(대판 2004.3.26. 2003다34045).

상법 제54조의 상사법정이율이 적용되는 '상행위로 인한 채무'에는 상행위로 인하여 직접 생긴 채무뿐만 아니라 그와 동일성이 있는 채무 또는 변형으로 인정되는 채무도 포함되고, 당사자 쌍방에 대하여 모두 상행위가 되는 행위로 인한 채무뿐만 아니라 당사자 일방에 대하여만 상행위에 해당하는 행위로 인한 채무도 포함된다(대판 2016.6.10. 2014다200763). 또한 부당해고 기간 중의 미지급 임금은 상행위로 생긴 것이므로 그 변형으로 인정되는 지연손해금채무, 즉 채무불이행으로 인한 손해배상채무도 상사채무라 할 것이어서 상법이 정한 연 6%의 범위 내에서만 이유있다(대판 2014.8.26. 2014다28305).

2. 연대채무

(1) 의의

민법에서는 분할채무가 원칙이다. 즉 채무자가 수인인 경우에는 특별한 의사표시가 없으면 각 채무자는 균등한 비율로 채무를 부담한다(민법 제408조). 예를 들어 甲과 乙이 丙에게 1,000만 원의 채무를 부담할 때 위 채무가 분할채무이면 丙에게 甲이 500만 원, 그리고 乙이 500만 원의 채무를 이행해야 한다.

이에 상법은 연대채무의 특칙을 두고 있다. 즉 수인이 그 1인 또는 전원에게 상행위가 되는 행위로 인하여 채무를 부담한 때에는 연대하여 변제할 책임이 있다(제57조 제1항). 이것은 상거래로 인한 채무의 이행을 보다 확실하게 하여 거래의 안전을 도모하기 위함이다. 다만 이것은 임의규정이므로 당사자의 특약으로 연대책임을 배제할 수는 있다.

(2) 요건

① 「채무자」에게 상행위가 되어야 한다. 채권자에게만 상행위가 되는 경우에는 이 특칙이 적용되지 않는다. 수인의 채무자 중 적어도 1인은 반드시 상인이어야 한다. 판례는 "조합의 채무는 조합원의 채무로서 조합채권자는 각 조합원에 대하여 지분의 비율에 따라 또는 균일적으로 변제의 청구를 할 수 음이 원칙이나, 조합채무가 특히 조합원 전원을 위하여 상행위가 되는 행위로 인하여 부담하게 된 것이라면 조합원들의 연대책임을 인정함이 상당하다(대판 1998.3.13. 97다6919)."라고 판시한 바 있다. ② 수인의 채무자가 「하나의 공동행위」에 의해 채무를 부담해야 한다. 각자 개별적인 행위로 채무를 부담한 경우에는 채무자마다 1개씩의 채무가 발생하고 본조가 적용될 여지가 없다.

예를 들어 양말제조업을 공동으로 경영하는 수인이 부담하는 원사구입의 외상대금채무는 위 두 요건을 모두 구비하였으므로 연대채무이다.

(3) 적용범위

① 반드시 현재의 채무가 직접 상행위에서 발생한 것일 필요는 없다. 상행위로 인해 생긴 채무의 불이행으로 인한 손해배상채무나 상사계약의 해제로 인한 원상회복의무와 같이 상행위로 인한 채무와 실질적으로 동일성을 갖는 채무도 본조의 적용대상이다(통설). ② 그리고 본래 상행위로 인

해 발생한 채무의 일부 또는 전부가 부당이득이 될 경우 그 반환채무도 본조의 적용대상이다(대판 1992.11.27. 92다30405).

(4) 연대채무의 효과

수인의 채무자는 각자 채무 전부를 이행할 의무를 부담하되, 채무자 1인이 채무를 이행하면 다른 채무자도 그 의무를 면하게 된다(민법 제413조). 예를 들어 甲과 乙이 丙에게 1,000만 원의 채무를 부담할 때 위 채무가 연대채무이면 甲, 乙 모두 丙에게 1,000만 원의 채무를 이행해야 하고, 다만 채무자 중 1명인 甲이 丙에게 1,000만 원의 전부 또는 일부를 이행하면 乙도 甲의 이행 부분만큼 丙에 대한 채무를 면한다. 이때 乙이 내부적으로 甲에게 구상의무를 지게 될 수는 있다.

3. 연대보증

(1) 민법의 원칙

민법에서는 보증인이 주채무자와 연대하여 보증한다는 특약이 없는 한 그 보증은 일반보증이 된다. 따라서 보증인은 ① 최고 및 검색의 항변권을 가지고(보충성, 민법 제437조), ② 보증인이 수인인 경우에는 각자 균등한 비율로 보증채무를 부담한다(분별의 이익, 민법 제439조).

예를 들어 채권자 A에 대한 주채무자 B의 1,000만 원 지급채무를 甲과 乙이 공동으로 보증하였다고 하자. A가 보증인 甲에게 1,000만 원의 지급을 청구하는 경우 甲은 지급을 거절하며 주채무자 B의 변제자력이 있는 사실 및 그 집행이 용이한 것을 증명하여 먼저 B에게 청구하고 B의 재산에 집행할 것을 A에게 항변할 수 있다(최고 및 검색의 항변권). 또한 甲은 A에게 보증채무를 이행하는 경우에도 또 다른 보증인 乙이 있으므로 1,000만 원의 1/2인 500만 원만 이행하면 된다(분별의 이익).

(2) 상법의 특칙

1) 의의

상법에서는 보증인이 있는 경우에 ① 그 보증이 상행위이거나(예 은행이 상인이 아닌 자의 채무를 지급보증을 하는 경우) ② 주채무가 상행위로 인한 것인 때에는(예 상인이 영업자금을 차용하는데 상인이 아닌 자가 그 차용금 반환 채무를 보증하는 경우), 보증인이 연대보증을 한다는 특약을 하지 않더라도 그 보증은 연대보증이 된다. 상거래로 인한 채무이행의 확실성을 담보하여 거래의 안전을 보호하기 위해 둔 특칙이다. 다만 임의규정이므로 당사자 간에 다른 약정이 있으면 연대보증책임을 면할 수 있다.

2) 상행위의 범위

'보증이 「상행위」이거나 주채무가 「상행위」로 인한 것인 때'의 상행위에는 쌍방적 상행위뿐만 아니라 일방적 상행위도 포함된다. 일방적 상행위로서 보증인 또는 주채무자에게 상행위가 되는 경우에 이 특칙이 적용된다는 점에는 이견이 없다. 그런데 채권자에게만 상행위가 되는 경우에도 이 특칙이 적용되는지에 대해 견해가 대립한다. 적용된다는 견해도 있으나, 유력한 견해는 제도의 취지가 상인의 신용을 강화하여 거래의 안전을 보호하기 위함임을 고려했을 때 채권자에게만 상행위가 되는 경우에는 이 특칙이 적용되지 않는다고 본다.

3) 효과

주채무자와 보증인 간에 연대보증 관계가 성립하면 ① 보증인은 최고·검색의 항변을 할 수 없고, ② 보증인이 수인인 경우 보증인 간에 분별의 이익이 없어 각 보증인은 보증채무 전액을 변제해야 한다. 위 예에서 甲은 A의 보증채무 이행 요구에 최고·검색의 항변을 하며 지급을 거절할 수 없고 이행해야 할 채무금액도 보증채무금액 전액인 1,000만 원이다.

4. 상사채무의 이행

(1) 채무이행의 장소

1) 민법의 원칙

채무의 성질 또는 당사자의 의사표시로 변제장소를 정하지 않았을 때 채무의 이행장소는 ① 특정물 인도는 채권성립 당시 그 물건이 있었던 장소이고(민법 제467조 제1항), ② 특정물 인도 이외의 채무는 그 채무가 영업에 관한 것인 경우 채권자의 현영업소이다(민법 제467조 제2항).

2) 상법의 특칙

채권자의 지점에서의 거래로 인한 채무이행의 장소가 그 행위의 성질 또는 당사자의 의사표시에 의하여 특정되지 아니한 경우 특정물 인도 외의 채무이행은 그 지점을 이행장소로 본다(제56조).

① 특정물 인도와 특정물 인도 이외의 채무 중 채권자의 본점에서 이루어진 거래로 인한 채무의 이행장소는 위 민법의 원칙에 따라 정해진다. ② 상법 제56조는 특정물 인도 이외의 채무 중 채권자의 지점에서의 거래로 인한 채무의 이행장소만을 규정하고 있고, 그 이행장소를 채권자의 지점으로 하고 있다. 채권자의 영업소가 채무이행 장소가 된다는 점에서는 민법 제467조 제2항과 차이가 없다. 이행장소의 관점에서 지점도 채권자의 영업소로 본다는 주의적 의미가 있을 뿐이다.

(2) 채무의 이행 또는 이행청구의 시기

법령 또는 관습에 의하여 영업시간이 정하여져 있는 때에는 채무의 이행 또는 이행의 청구는 그 시간 내에 하여야 한다(제63조). 민법의 특칙으로서의 의미는 없고 당연한 사항을 명문화한 주의규정에 불과하다. 이에 의하면 채무자가 영업시간 외에 이행을 하더라도 채권자는 이를 수령할 의무가 없고, 채권자가 영업시간 외에 이행을 청구하더라도 채무자는 이행을 거절할 수 있다.

⑩ 채권각칙에 대한 특칙

1. 대화자 간의 계약의 성립시기

민법은 대화자 간의 계약의 성립시기에 관하여 특별한 규정을 두고 있지 않다. 대화자와 격지자를 구분하지 않고 승낙의 의사표시가 청약자에게 도달한 때 계약이 성립한다고 해석할 뿐이다(민법 제111조 제1항).

상법은 '대화자 간의 계약의 청약은 상대방이 즉시 승낙하지 아니한 때에는 그 효력을 잃는다'라고 하여(제51조), 대화자 간의 계약의 경우 청약 즉시 하는 승낙에 의하여 계약이 성립함을 규정하고 있다. 상거래의 민활한 결제를 위한 규정이다.

2. 계약의 청약을 받은 상인의 의무

(1) 낙부통지의무

1) 민법의 원칙

민법상으로는 계약의 청약을 받은 자는 청약자에게 그 청약에 승낙할 것인지 여부를 통지해 줘야 할 의무가 없다. 따라서 청약을 받은 자가 청약에 승낙을 하지 않으면 계약은 성립하지 않는다. 설사 청약자가 청약을 하면서 '거절의 통지를 하지 않으면 계약을 승낙한 것으로 본다'고 예고하였어도 마찬가지이다.

2) 상법의 특칙

상인이 상시 거래관계에 있는 자로부터 그 영업부류에 속한 계약의 청약을 받은 때에는 지체 없이 낙부의 통지를 발송하여야 한다. 이를 게을리 한 때에는 청약을 승낙한 것으로 보아 계약성립의 효력이 발생한다(제53조).

상거래의 신속을 도모함과 더불어 청약자는 상대방의 지연된 승낙거절로 인하여 발생하는 손해를 방지할 수 있고 상대방은 거래 시마다 승낙의 통지를 할 필요 없이 계약을 체결할 수 있다는 당사자의 편의를 도모하기 위한 규정이다.

① 청약을 받는 자는 반드시 「상인」이어야 하나 청약을 한 자는 반드시 상인일 필요가 없다. ② 상시거래관계에 있다 함은 과거로부터 유사한 거래가 빈번하였고 향후에도 같은 거래가 되풀이 될 것이 예상된다는 의미이다. ③ 청약은 청약을 받은 상인의 「영업적 상행위」에 속하는 거래에 관한 것이어야 한다. 청약이 보조적 상행위에 속하는 거래에 관한 것일 때에는 청약을 받은 상인은 낙부통지의무를 부담하지 않는다. ④ 낙부통지의무를 게을리하여도 승낙이 의제될 뿐 청약을 받은 자가 손해배상책임을 지는 것은 아니다.

(2) 물건보관의무

1) 민법의 원칙

민법상으로는 청약을 하는 자가 청약을 하면서 견품 등의 물건을 송부하더라도 상대방은 그 청약을 거절하는 경우 송부 받은 물건을 보관할 의무가 없다.

2) 상법의 특칙

상인이 그 영업부류에 속한 계약의 청약을 받은 경우에 견품 기타의 물건을 받은 때에는 그 청약을 거절한 때에도 청약자의 비용으로 그 물건을 보관하여야 한다(제60조 본문).

물건을 송부한 청약자에게 물건의 멸실·훼손에 대한 위험부담을 덜어주고 상거래의 안전과 신속을 도모하기 위한 규정이다.

① 청약을 받은 자는 반드시 「상인」이어야 하나 청약을 한 자는 반드시 상인일 필요가 없다. 그리고 청약을 한 자가 청약을 받은 자와 「상시 거래관계」에 있을 필요도 없다. 낙부통지의무와 구별되는 점이다. ② 청약은 청약을 받은 상인의 「영업적 상행위」에 속하는 거래에 관한 것이어야

한다. ③「견품 기타의 물건」은 목적 상품의 일부로서 받는 물건을 의미한다. 청약을 하면서 보내온 단순한 상품 견본은 제외된다. ④ 보관비용은 청약자의 부담이므로 청약자가 보관비용을 상환하지 않으면 물건을 보관하던 상인이 상사유치권을 행사할 수도 있다. ⑤ 청약을 받은 자가 이 의무를 이행하지 않으면 청약자에게 손해배상책임을 질 수 있다.

예외적으로 물건의 가액이 보관비용을 상환하기에 부족하거나 보관으로 인해 상인이 손해를 받을 염려가 있는 때에는 청약을 받은 자는 물건보관의무를 부담하지 않는다(제60조 단서).

3. 소비대차의 법정이자청구권

민법상 소비대차는 당사자 간의 특약이 없는 이상 무이자가 원칙이다(민법 제598조, 제600조, 제601조). 그러나 상인이 그 영업에 관하여 금전을 대여한 경우에는 이자 지급에 관한 약정이 없더라도 법정이자를 청구할 수 있다(제55조 제1항). 이것은 상인의 영리성을 보장해 주기 위한 규정이다.

4. 보수청구권

(1) 의의

민법상으로는 무상위임, 무상임치를 원칙으로 하므로(민법 제686조 제1항, 제701조) 위임이나 임치와 같이 타인을 위하여 서비스를 제공하더라도 특별한 약정이 없는 한 보수를 청구할 수 없다.

그러나 상법상으로는 상인이 그 영업범위 내에서 타인을 위하여 행위를 한 때에는 보수지급에 관한 특약이 없더라도 상당한 보수를 청구할 수 있다(제61조). 상인의 영리성을 보장하고 보수에 관한 분쟁을 사전에 방지하기 위한 규정이다.

(2) 요건

1) 당사자

행위를 하는 자는 상인이어야 한다. 그러나 타인은 상인일 필요가 없다. 부동산소개업자와 같은 민사중개인은 상인이므로(제4조, 제46조 11호) 이 규정에 따른 보수청구권을 가질 수 있다(대판 1968.7.24. 68다955).

2) 영업범위 내

영업범위 내의 행위란 영업적 상행위뿐만 아니라 보조적 상행위도 포함한다. 예를 들어 백화점에서 고객의 물건을 보관하는 행위는 보조적 상행위에 해당하므로 백화점은 고객에게 물건 보관에 관하여 보수를 청구할 수 있다. 다만 일반적으로 백화점에서는 무상으로 물건을 보관해 주는데 이는 보수청구권을 자발적으로 포기한 것으로 보면 된다.

3) 타인을 위한 행위

이 의미에 대하여 단순히 행위의 법률상 또는 사실상 효과가 타인에게 귀속되는 것을 의미한다는 견해도 있으나, 경제적인 관점에서 타인의 이익을 위한다는 의미로 보는 것이 다수설이다. 판례도 다수설과 같은 입장이다. 즉 판례는 "상법 제61조에서 '타인을 위하여' 행위한다 함은 타인의 이익을 위하여 행위한다는 뜻이므로, 설사 부동산소개업자가 부동산매매를 소개하여 계약이 성립하였다 하더라도 매수인을 위한 의사만 가지고 부동산을 소개하였을 뿐 매도인의 이익을 위하여 행위를 한 사실이 없다면 매도인에 대한 보수청구권은 없다(대판 1977.11.22. 77다1889)."라고 판시하였다.

4) 행위

행위는 거래의 대리, 보증 등과 같은 법률행위이든 거래의 중개, 물건의 보관과 같은 사실행위이든 불문한다.

(3) 효과

위의 요건이 성립하면 상인은 보수 지급에 관한 특약이 없더라도 그 타인에 대하여 상당한 보수를 청구할 수 있다.

5. 체당금의 이자

상인이 그 영업범위 내에서 타인을 위하여 금전을 체당하였을 때에는 체당한 날 이후의 법정이자를 청구할 수 있다(제55조 제2항). 체당이란 일상생활에서는 거의 사용하지 않는 말인데, 금전소비대차에 의하지 않고 널리 타인을 위하여 금전을 지출하는 것을 말한다. 예를 들어 부동산중개인이 매수인의 등기이전비용을 대신 납부한다거나, 타인을 위해 물건을 보관하게 된 자가 자신이 보관료를 지불하는 경우 등을 말한다.

6. 무상수치인의 주의의무

민법상으로는, 유상수치인은 「선량한 관리자의 주의」로써 임치물을 보관하여야 하나(민법 제374조) 무상수치인은 「자기의 재산과 동일한 주의」로써 임치물을 보관하면 충분하다. 즉 보수를 받지 않는 수치인은 임치물 보관에 있어 주의의무가 경감된다. 그러나 상법에 의하면 상인이 그 영업범위 내에서 물건의 임치를 받은 경우에는 보수를 받지 아니하는 때에도 선량한 관리자의 주의를 하여야 한다(제62조). 무상수치인의 주의의무를 민법에 비해 가중하고 있다.

수치인이 상인이면 충분하고 임치인이 상인일 필요는 없다. 여기서 「영업범위 내」라는 것은 보조적 상행위를 포함한다. 예를 들어 백화점에서 고객의 물건을 보관하는 경우 보관에 수수료를 받지 않았어도 백화점은 물건 보관에 선관주의의무를 진다. 물론 임의규정이므로 당사자가 달리 약정할 수 있다.

제4절 상사매매

01 총설

1. 상법상 특칙의 인정이유

상사매매란 상인 간의 매매를 말한다. 가장 전형적인 상행위라 할 수 있으나 상법은 상사매매에 관하여 제67조부터 제71조까지 다섯 개의 규정만을 두고 있을 따름이고 대부분의 법률관계는 민법에 의하여 규율된다.

상사매매에 관한 상법의 특칙 중 확정기매매의 해제(제68조)를 제외하고는 모두 매도인의 이익을 보호하기 위한 규정들이다. 상법이 이와 같은 특칙을 둔 이유는 상사매매의 법률관계를 신속히 종결시켜 거래의 신속을 기하고 당사자 간의 분쟁을 사전에 예방하기 위함이다.

2. 상법상 특칙의 적용범위

① 당사자 쌍방이 상인이어야 하고, 매매계약이 당사자 쌍방에게 모두 상행위가 되어야 한다. 반드시 영업적 상행위일 필요는 없고 보조적 상행위라도 상관없다. 그러나 카메라 상인이 먹기 위하여 음료수를 구입하는 경우와 같이 보조적 상행위에도 해당하지 않는 매매에는 이 특칙이 적용되지 않는다. ② 상사매매이기만 하면 적용되며 매매업을 하는 상인에게만 적용되는 것은 아니다. ③ 임의규정이므로 당사자 간에 다른 특약이 있으면 적용이 배제된다.

02 매도인의 공탁권 및 경매권

1. 공탁권

(1) 민법의 원칙

매수인이 목적물을 수령하지 아니하거나 수령할 수 없을 때 또는 매도인이 과실 없이 매수인을 알 수 없을 때 매도인은 목적물을 공탁하여 채무를 면할 수 있다(민법 제487조). 그리고 매도인은 공탁 후 지체 없이 매수인에게 공탁통지를 해야 한다(민법 제488조 제3항).

(2) 상법의 특칙

상인 간의 매매에 있어서 매수인이 목적물의 수령을 거부하거나 이를 수령할 수 없는 때에는 매도인은 그 물건을 공탁할 수 있다.

이 경우 지체 없이 매수인에 대하여 그 통지를 발송하여야 한다(제67조 제1항). 과실 없이 매수인을 알 수 없는 경우가 공탁 원인에서 제외된다는 점이 민법과 다를 뿐 그 외에는 민법과 다른 점이 없다.

2. 경매권

(1) 민법의 원칙

매도인은 ① 목적물이 공탁에 적당하지 않거나 멸실 또는 훼손될 염려가 있는 경우 또는 공탁에 과다한 비용이 소요되는 경우 ② 법원의 허가를 얻어 그 물건을 경매할 수 있다. ③ 그리고 매도인은 목적물을 경매한 대금을 반드시 공탁해야 한다(민법 제490조).

(2) 상법의 특칙

상법은 매수인의 수령지체로부터 매도인을 보호하기 위해 경매권의 행사 요건을 완화하고 그 효력도 강화하였다.

1) 요건

매도인은 공탁요건만 충족하면 위 ①과 같은 사정이 없어도, ②와 같이 법원의 허가를 얻지 않아도, 상당한 기간을 정하여 수령을 최고하기만 하면 목적물을 경매할 수 있다(제67조 제1항). 또 매수인에 대하여 최고를 할 수 없거나 목적물이 멸실 또는 훼손될 염려가 있는 경우에는 이러한 최고도 하지 않고 경매할 수 있다(제67조 제2항). 즉 민법에 의하면 공탁이 실질적으로 불가능한 경우에만 보충적으로 경매를 할 수 있지만 상법에 의하면 공탁의 요건만 갖추어지면 매도인은 공탁과 경매를 선택적으로 할 수 있다.

2) 효과

매도인은 목적물을 경매한 경우 공탁의 경우와 같이 지체 없이 매수인에게 이에 관한 통지를 발송해야 한다(제67조 제1항). 그리고 그 대금에서 경매비용을 공제한 잔액을 공탁해야 하지만, 공탁을 하지 않고 그 대금의 그 전부나 일부를 매매대금에 충당할 수도 있다(제67조 제3항). 경매대금을 공탁하지 않고 직접 매매대금에 충당할 수 있도록 한 점은 민법상의 경매권과의 중요한 차이점이다.

03 확정기매매의 해제

1. 민법의 원칙

계약의 성질 또는 당사자의 의사표시에 의하여 일정한 시일 또는 일정한 기간 내에 이행하지 아니하면 계약의 목적을 달성할 수 없는 행위를 정기행위라 한다. 정기행위의 경우 채무자가 그 시기에 채무를 이행하지 아니하면 채권자는 이행의 최고 없이 계약을 해제할 수 있다(민법 제545조). 다만 해제권자의 해제의 의사표시가 있어야만 해제의 효과가 발생한다.

2. 상법의 특칙

(1) 의의

확정기매매란 상인 간의 매매로서 매매의 성질 또는 당사자의 의사표시에 의하여 일정한 시점 또는 일정한 기간 내에 이행하지 아니하면 계약의 목적을 달성할 수 없는 매매를 말한다. 민법 제

545조에서 정하는 정기행위의 일종으로 상법은 정기행위 중 매매에 한하여 특칙을 두고 있다. 예를 들어 수영복과 같은 계절상품이나 크리스마스 트리와 같이 특정 행사에 이용되는 물건에 관한 매매는 매매의 성질에 의한 확정기매매에 속하고, 전매하는 계약이 있어 반드시 특정시기에 인도해 주어야 함을 알리고 물건을 매수하는 경우는 당사자의 의사표시에 의한 확정기매매에 속한다.

(2) 특칙의 내용

채무자가 확정기매매를 이행하지 아니한 경우 채권자가 즉시 그 이행을 청구하지 않으면 계약은 해제된 것으로 간주된다(제68조).

민법에 의하면 이행기가 경과하더라도 채권자가 해제의 의사표시를 해야만 계약이 해제되나 상법에 의하면 채권자가 해제의 의사표시를 하지 않더라도 이행기가 경과하기만 하면 당연히 계약이 해제된 것으로 간주된다. 다만 채권자가 비록 시기는 놓쳤지만 상품을 인도받는 것이 더 이익이라고 생각하여 채무의 이행을 원할 수도 있으므로 채권자가 지체로부터 즉시 이행을 청구하면 계약은 해제되지 않는다.

예를 들어 A가 B에게 2014. 11. 10. 사용하기로 하고 결혼케이크를 주문했는데 B가 그때까지 A에게 결혼케이크를 인도하지 못하였다고 하자. 만약 이것이 일반매매라면 A가 B에게 계약을 해제한다는 의사표시를 해야만 매매계약이 해제되나 이것이 상사매매라면 A가 해제의 의사표시를 하지 않더라도 새로이 이행을 청구하지 않는 한 매매계약은 자동으로 해제된다. 따라서 만약 A가 10일 정도가 지나 친구의 결혼식에 쓸 결혼케이크가 필요하여 B에게 위 케이크의 인도를 청구하더라도 B는 인도의무를 지지 않는다.

⓸ 매수인의 목적물 검사와 하자통지의무

1. 의의 및 취지

상법은 목적물의 하자와 수량부족에 관하여 제69조에 특칙을 두고 있다.

상인 간의 매매에 있어서 매수인은 목적물을 수령하면 지체 없이 이를 검사하여야 하며 하자 또는 수량의 부족을 발견한 때에는 즉시 매도인에게 그 통지를 발송해야 한다. 그렇지 않으면 이로 인한 계약해제, 대금감액 또는 손해배상을 청구하지 못한다(제69조 제1항 본문). 목적물에 즉시 발견할 수 없는 하자가 있는 경우에는 검사 기간이 6월로 연장된다(제69조 제1항 단서). 다만 이 특칙은 매도인이 악의인 경우에는 적용하지 않는다(제69조 제2항).

민법상 매수인은 매도인에게 담보책임을 묻기 위해 목적물의 하자 또는 수량부족을 적극적으로 발견할 의무를 부담하지 않고 언제든지 발견하기만 하면 그로부터 6개월 또는 1년 내에 매도인에게 담보책임을 물을 수 있다. 그러나 상인 간의 매매에서 담보책임을 이와 같이 장기간 존속시키는 것은 상거래의 신속의 요청에 반하고 매도인이 하자 있는 물건을 적기에 다른 데 처분하여 손실을 줄일 수 있는 기회를 박탈하는 등의 문제가 있다. 그래서 상법은 상인 간의 매매에서 매수인에게 목적물에 대한 검사·통지 의무를 부과하여 매도인의 담보책임의 존속기간을 단기로 제한하고 있다. 상법 제69조는 임의규정으로 상사매매의 법률관계를 신속히 종결시켜 매도인에게 전매의 기회를 보장하는 등 매도인을 보호하기 위한 것이다.

2. 요건

(1) 목적물의 수령

매수인이 목적물을 실제로 수령해야 하고, 화물상환증이나 선화증권을 수령한 것뿐인 경우에는 본조가 적용되지 않는다. 매수인이 목적물을 검사할 수 있는 상태가 되어야 하기 때문이다.

(2) 목적물의 종류

목적물은 특정물·불특정물을 가리지 않는다. 특정의 매수인의 수요를 만족시키기 위하여 제작한 부대체물의 공급 계약에도 본조의 특칙을 적용할 수 있는가?

그와 같은 계약에는 본조를 적용할 수 없다. 그런 계약은 매매보다는 도급의 성격이 강하고 본조의 특칙은 매도인에게 목적물을 제3자에게 전매하여 손해를 줄일 수 있는 기회를 주기 위한 것인데 특정한 매수인만의 수요를 만족시키기 위해 제작된 물건은 전매가 불가능하여 본조를 적용할 이유가 없기 때문이다. 판례도 같은 취지에서 부대체물의 제작물 공급계약에서 매수인의 검사·통지 의무를 부정하였다(대판 1987.7.21. 86다카2446).

(3) 목적물의 하자

목적물에 수량부족이나 물건의 하자가 있어야 한다.

(4) 매도인의 선의

매도인이 악의인 경우에는 본조의 특칙을 적용하지 않는다. 이런 경우까지 매도인을 보호할 이유가 없기 때문이다. 악의란 매도인이 목적물을 인도할 당시 목적물에 하자가 있거나 수량이 부족함을 알고 있음을 말한다.

3. 효과

(1) 의무의 내용

1) 검사의무

매수인은 목적물을 수령한 후「지체 없이」목적물을 검사하여야 한다. 다만 목적물에 즉시 발견할 수 없는 하자가 있는 경우에는「6월 내」에 검사하여야 한다. 그러면 하자의 성질상 6개월 내에 발견할 수 없었던 하자가 있었던 경우에도 매수인은 6개월 내에 그 하자를 발견하여 지체 없이 통지해야 하는가?

판례는 이를 긍정한다. 甲은 부동산임대업을 개시할 목적으로 당시 같은 영업을 하고 있던 상인 乙로부터 건물 1동을 구입하였는데, 甲이 건물을 인도받은 후 6개월이 경과한 시점에서 건물에 큰 하자가 있음을 발견하고 乙에게 하자담보책임을 물었더니, 乙이 6개월이 경과하였으므로 상법 제69조에 따라 하자담보책임이 면제된다고 항변한 사안에서, 판례는 "설령 매매의 목적물에 상인에게 통상 요구되는 객관적인 주의의무를 다하여도 즉시 발견할 수 없는 하자가 있는 경우에도 6월 내에 그 하자를 발견하여 지체 없이 이를 통지하지 아니하면 매수인은 과실의 유무를 불문하고 매도인에게 하자담보책임을 물을 수 없다(대판 1999.1.29. 98다1584)."라고 판시하였다.

2) 통지의무

매수인이 목적물을 검사한 결과 하자 또는 수량부족을 발견한 경우에는 「즉시」 매도인에게 그 통지를 「발송」해야 한다. 목적물 수령 후 지체 없이 검사하여 발견하였거나 즉시 발견할 수 없는 하자가 있어 6개월 내에 발견한 경우에는 매수인은 하자를 발견한 즉시 매도인에게 그 통지를 발송해야 한다.

(2) 의무불이행의 효과

위 검사·통지 의무를 이행하지 않으면 매수인은 매도인에게 담보책임을 물을 수 없다. 즉 목적물의 하자를 이유로 계약해제권, 대금감액청구권, 손해배상청구권을 행사할 수 없다. 그러나 위 의무 불이행을 이유로 매도인에게 손해배상책임을 지지는 않는다.

05 매수인의 목적물 보관·공탁의무

1. 의의

민법상으로는 매매 목적물의 하자를 이유로 계약을 해제하면 매수인은 원상회복을 위해 매도인에게 목적물을 반환해야 한다(민법 제548조 제1항). 그런데 이렇게 되면 원격지 거래의 경우 매도인은 물건 반환에 과중한 운반비와 운송 중의 위험을 부담하게 되고 또 물건을 그 소재지에서 전매할 수 있는 기회도 잃게 된다.

그래서 상법은 상인 간의 매매에서 일정한 요건하에 매수인에게 목적물에 대한 보관·공탁 의무를 부과하고 있다. 즉 상인 간의 원격지 매매에서 매수인은 목적물의 하자 또는 수량부족을 이유로 매매계약을 해제하는 경우 또는 매도인으로부터 인도받은 물건이 매매 목적물과 상위하거나 수량이 초과한 경우, 매도인의 비용으로 인도받은 물건이나 수량을 초과한 물건을 보관하거나 공탁하여야 하고(제70조 제1항 본문, 제71조), 그 목적물이 멸실 또는 훼손될 염려가 있는 때에는 법원의 허가를 얻어 경매하여 그 대가를 보관 또는 공탁하여야 한다(긴급매각, 제70조 제1항 단서). 매수인이 목적물을 경매한 때에는 지체 없이 매도인에게 그 통지를 발송해야 한다(제70조 제2항). 매도인에게 물건 반송의 비용과 위험을 경감하고 전매의 기회를 부여하여 매도인의 이익을 보호하기 위한 규정이다.

2. 적용범위

① 제70조는 목적물의 하자 또는 수량부족을 이유로 매매계약이 해제된 경우에 적용됨이 원칙이나, 통설에 따르면 다른 사유로 매매계약이 해제된 경우에도 유추적용된다. 예를 들어 확정기매매가 해제된 경우(제68조)에도 매수인은 목적물의 보관·공탁의무를 부담한다. ② 매도인이 선의인 경우만 본조가 적용되는가에 대해서는 매도인이 선의여야 한다는 견해와 악의여도 상관없다는 견

해가 대립한다. ③ 목적물의 인도 장소가 매도인의 영업소 또는 주소와 동일한 특별시·광역시·시·군에 있는 때에는 본조는 적용되지 않는다(제70조 제3항). 이 경우에는 매도인이 용이하게 스스로 목적물을 회수할 수 있으므로 매수인에게 보관의 부담을 지울 필요가 없기 때문이다. ④ 긴급매각의 경우 상법 제67조 매도인의 경매권과 비교하면 ⓐ 상법 제67조 제1항에서는 매도인이 경매를 공탁과 선택적으로 할 수 있었으나 본조에서는 2차적인 수단으로서만 할 수 있고, ⓑ 법원의 허가를 요한다는 차이점이 있다.

제5절 상호계산

01 상호계산의 의의

1. 개념

상호계산이란 「상인 간 또는 상인과 비상인 간에 상시 거래관계가 있는 경우에 일정한 기간의 거래로 인한 채권채무의 총액에 관하여 상계하고, 그 잔액을 지급할 것을 약정하는 계약」을 말한다(제72조). 예를 들어 甲과 乙이 2014. 1. 1.부터 2014. 6. 30.까지를 상호계산기간으로 정하였다고 하자. 그리고 甲이 乙에 대해 2. 1. 100만 원, 5. 1. 200만 원의 채권을 취득하고, 乙이 甲에 대해 3. 1. 150만 원, 6. 1. 250만 원의 채권을 취득하였다면 각각의 채권·채무가 발생할 때마다 변제하는 것이 아니라 6. 30.이 지나서 쌍방의 채권·채무의 잔액, 즉 乙의 甲에 대한 100만 원의 채권을 확정하고 이를 지급하기로 약정하는 것이다.

2. 상호계산계약의 내용

(1) 당사자

최소한 당사자 일방은 상인이어야 한다. 당사자 쌍방이 상인이어야 하는 것까지는 아니다. 비상인 간에도 상호계산과 유사한 계약이 체결될 수는 있으나 이런 민사상호계산에는 상법 규정이 적용되지 않는다.

(2) 계속적 거래관계

당사자 간에 계속적 거래관계가 있어야 하고 이러한 거래관계는 채권과 채무가 상호 발생할 것이 예정되어야 한다. 따라서 소매상과 소비자의 관계와 같이 당사자의 일방만이 채권을 취득하고 일정기간 후 포괄적으로 결제하기로 하는 계약은 상법상의 상호계산계약이 아니다.

(3) 일정한 기간 내의 거래

상호계산은 일정한 기간을 단위로 하여 그 기간에 발생한 채무를 서로 포괄적으로 상계하는 것인데, 여기서 그 단위가 되는 기간을 상호계산기간이라 한다. 상호계산기간은 다른 약정이 없는 한 6월로 한다(제74조). 상호계산기간은 상호계산계약의 존속기간과는 다른 개념이다. 따라서 하나의 상호계산계약이 존속하는 동안 수회의 상호계산이 이루어지도록 약정할 수도 있다.

(4) 상호계산의 대상

상호계산의 대상이 될 수 있는 채권·채무에는 일정한 제한이 있다. ① 먼저 「금전채권」이어야 한다. 그 외의 채권·채무는 총액상계에 적당하지 않으므로 상호계산의 대상이 될 수 없다. 다만 금전채권이라도 어음·수표와 같은 유가증권상의 채권은 행사의 시기와 방식이 일정하게 정해져 있으므로 상호계산의 대상이 될 수 없다. ② 「거래」로 인하여 발생한 채권이어야 한다. 불법행위 등으로 발생한 채권 또는 제3자로부터 양수한 채권은 상호계산의 대상이 될 수 없다.

02 상호계산의 효력

1. 상호계산기간 중의 효력(소극적 효력, 상호계산 불가분의 원칙)

상호계산은 상호계산기간 중의 채권·채무를 일괄하여 결제하는 제도이므로 상호계산기간 중에 생긴 채권·채무는 독립성을 잃고 하나의 계산단위로 흡수된다. 이를 상호계산 불가분의 원칙이라 한다.

(1) 당사자 간의 효력

1) 원칙

당사자는 상호계산에 계입된 개별 채권·채무를 상호계산에서 제거할 수 없고 양도·입질 등의 처분도 할 수 없다. 또 이행을 청구할 수도 없으며 상호계산에 계입되지 않는 다른 채권으로 상계할 수도 없다. 이처럼 개별 채권에 대한 권리를 행사할 수 없으므로 상호계산기간 중에는 이행을 하지 않아도 이행지체가 되지 않고 개별채권은 시효도 진행하지 않는다. 다만 개별채권에 대하여 확인의 소를 제기하거나 해제권, 취소권 등을 행사하는 것은 채권을 행사하는 것이 아니므로 가능하다.

2) 예외

어음 기타 상업증권이 수수된 대가가 상호계산에 계입된 경우에는, 그 증권채무자가 변제하지 아니한 때에 한하여 예외적으로 당사자는 그 대가에 관한 채무 항목을 상호계산에서 제거할 수 있다(제73조). 예를 들어 甲과 乙은 상호계산의 당사자인데, 甲이 乙에게 丙이 발행한 100만 원의 약속 어음을 배서양도하고 乙이 그 대가로 甲에게 98만 원을 지급하기로 하면서 그 98만 원 지급채무를 상호계산에 계입하였다고 하자. 이와 같은 경우 어음채무자인 丙이 만기에 乙에게 어음금 100만 원을 지급하지 않으면 乙은 그 약속어음과 대가관계에 있는 甲에 대한 98만 원 채무를 상호계산에서 제거할 수 있다. 왜냐하면 만약 乙이 이 98만 원 채무를 상호계산에서 제거하지 못한다면 그 채무는 상호계산에 의하여 상계되어 변제한 것과 같은 결과가 되는데, 乙이 丙으로부터 100만 원의 어음금을 변제 받지 못한 상황에서 그 대가인 98만 원의 채무만 변제한 것과 같은 결과가 된다면 이는 乙에게 불공평하기 때문이다.

(2) 제3자에 대한 효력

상호계산불가분의 원칙은 제3자에게도 효력을 미치는가? 다시 말해 제3자는 상호계산에 편입된 개별 채권을 양수하거나 압류할 수 있는가의 문제이다.

이에 관해서는 견해의 대립이 있다. ① 절대적 효력설은 양수와 압류 모두 불가능하다고 한다. 상호계산에 포함된 채권은 독립성을 잃게 되므로 상호계산에 계입된 개별 채권에 대한 양수와 압류는 모두 무효라고 한다. ② 상대적 효력설은 양수와 압류 모두 가능하다고 한다. 상호계산은 당사자의 계약임을 중시하여 개별 채권을 제3자에게 양도한 경우 상호계산의 상대방은 선의의 채권양수인에게 대항할 수 없고(민법 제449조 제2항), 압류의 경우 당사자 간의 계약으로 압류금지재산을 만들 수는 없으므로 제3채권자가 한 채권 압류는 그 채권자의 선악을 불문하고 유효하다고 한다. ③ 절충설은 양도는 가능하나 압류는 불가능하다고 한다.

2. 상호계산기간 만료 후의 효력(적극적 효력)

(1) 잔액채권의 성립과 확정
1) 잔액채권의 성립

상호계산계약에 따라 상호계산기간이 경과하면 채권·채무가 총액으로 상계되어 소멸하고 그 결과 자동으로 잔액채권이 성립한다. 이렇게 성립한 잔액채권은 상호계산에 계입된 채권·채무가 무효이거나 취소되면 그에 따라 금액이 변하게 된다.

2) 잔액채권의 확정

상호계산기간이 종료하고 당사자 일방이 채권·채무의 각 항목과 상계하고 난 나머지 잔액을 기재한 계산서를 제출하여 상대방이 이를 승인하면 잔액채권이 확정된다. 잔액채권이 확정되면 당사자는 채권·채무의 각 항목에 대하여 이의를 제기할 수 없다(제75조 본문). 따라서 상호계산에 계입된 채권·채무가 무효이거나 취소되더라도 잔액채권에는 영향이 없다.

(2) 잔액채권 확정의 효과
1) 개별채권의 소멸과 새로운 채권의 발생

계산서의 승인으로 잔액채권이 확정되면서 그 이전의 개별채권들은 모두 소멸하고 새로운 잔액채권이 발생한다.

2) 이의제기의 제한 및 예외
① 이의제기의 제한

잔액채권이 확정되면 당사자는 채권·채무 각 항목에 대하여 이의를 제기할 수 없다(제75조 본문). 이 의미는 각 항목의 수액을 다투지 못함은 물론, 매매 등 그 발생원인에 무효·취소 등의 사유가 있어 채권이 존재하지 않더라도 이를 주장할 수 없다는 것이다. 다만 승인행위 자체에 의사표시의 흠결 등과 같은 하자가 있어 그 승인 자체가 무효·취소될 수는 있다.

예를 들어 甲과 상호계산계약을 체결한 乙이 甲의 乙에 대한 잔액채권이 2억 원 남아 있다는 내용의 계산서를 승인하였다고 하자. ⅰ) 상호계산에 계입된 甲의 채권 중 5,000만 원은 甲이 乙에게 물건을 강제로 팔아 발생한 것이라 하여도 승인 후에는 乙은 그 사실을 주장할 수 없다. ⅱ) 그러나 승인행위 자체를 甲이 강요하여 하였다면 乙은 이를 입증하여 승인의 무효를 주장하고 1억 5,000만 원만 지급할 수 있다.

② 착오·탈루의 효과

계산서의 각 항목 채권·채무에 존재하는 하자 중에서 「착오나 탈루가 있는 경우」에는 예외적으로 각 당사자는 이의를 제기할 수 있다(제75조 단서). 즉 착오·탈루가 있는 경우에는 확정 이전의 개별 채권·채무의 효력을 다툴 수 있다는 것이다.

그런데 그 다투는 방법에 대하여 견해가 대립한다. 소수설은 계산서의 승인행위가 무효라고 보는 반면 다수설은 그렇게 해석하면 단순한 착오나 탈루에 너무 큰 법적 효과를 부여한다는 점에서, 승인행위의 효력에는 영향이 없고, 단지 착오나 탈루된 부분에 관하여 부당이득의 반환을 청구할 수 있을 뿐이라고 한다.

위 예에서 계산서에 乙이 지급한 5,000만 원이 계상되어 있지 않았는데, 乙이 이를 모르고 승인한 경우 을은 이에 대하여 이의를 제기할 수 있다. 그 방법으로 다수설은 乙은 승인의 효력은 부정할 수 없고 5,000만 원의 부당이득반환을 청구할 수 있을 뿐이라고 하고, 소수설은 잔액채권의 효력을 다툴 수 있다고 한다.

3) 법정이자 및 소멸시효의 기산점

① 잔액채권은 계산서의 승인에 의하여 발생하는 개별채권과는 독립한 채권이므로 논리적으로는 「계산서의 승인시」가 법정이자와 소멸시효의 기산점이 되어야 한다. ② 그러나 상법이 법정이자 기산점에 관하여 이와 다르게 규정하고 있어 혼란을 주고 있다. 즉 상호계산기간 만료 후 잔액채권이 성립하면 채권자는 「계산폐쇄일」 이후 연 6%의 상사법정이자를 청구할 수 있다(제76조 제1항). 한편 당사자는 각 개별채권을 상호계산에 계입한 날로부터 이자를 붙일 것을 약정할 수 있는데(제76조 제2항), 이 경우에는 계산폐쇄일 이후의 법정이자와 약정이자가 동시에 발생한다(중리). ③ 소멸시효의 기산점에 관해서는 상법에 규정은 없고, 잔액채권의 「성립시라는 견해」와 「확정시라는 견해」가 대립할 뿐이다.

03 상호계산의 종료

① 상호계산계약은 그 존속기간이 만료하면 종료한다. 계약의 존속기간이 만료해야 종료하는 것이지 상호계산기간의 만료로 종료하는 것은 아니다. ② 상호계산계약의 당사자는 언제든지 상호계산을 해지할 수 있다(제77조 전단). 상대방의 신용이 악화되었을 때 상호계산을 해지하여 변제가 불확실한 채권이 누적되는 것을 막고 신속히 권리를 행사할 수 있도록 해주기 위함이다. 상호계산계약을 해지하면 즉시 계산을 폐쇄하고 잔액의 지급을 청구할 수 있다(제77조 후단).

‖‖‖‖‖‖‖‖‖‖‖‖‖‖‖‖‖‖‖‖‖‖‖‖

제6절 익명조합

01 기업조직 개관

익명조합은 비록 상행위법에 규정되어 있긴 하나 합자조합, 각종 회사 등과 함께 기업조직의 하나이다. 여기서는 기업조직에 대한 통일적 이해를 위해 이에 대한 개관을 해보기로 한다.

익명조합을 포함한 앞으로 등장할 모든 기업조직은 자본과 노동의 결합을 기본구조로 한다. 이는 자기 재산을 가지고 하는 소규모 개인기업이 아닌 한 사람들이 기업을 동업으로 한다는 의미이다. 그러면 사람들은 서로를 믿지 못하면서도 왜 굳이 동업을 할까? 그 이유는 사업자금이 부족하기 때문이다. 따라서 대부분의 동업은 자금을 제공하는 수동적 투자자와 그 자금으로 실제로 경영을 하는 업무집행자의 결합으로 이루어진다.

동업의 경우 법률관계는 내부관계와 외부관계로 나누어진다. 내부관계란 투자자와 업무집행자 사이의 관계를 말한다. 투자자가 영업에 얼마나 간섭할 수 있는지, 업무집행자의 행동을 어떻게 감시할 수 있는지, 손익은 어떻게 분배할 것인지 등에 관한 것이다. 이는 당사자들이 정하기 나름이고 법이 여기에 간섭할 이유는 크지 않다. 반면 외부관계란 기업의 대외적 거래와 그로 인한 책임의 귀속에 관한 것을 말한다. 제3자의 이해관계가 얽히기 때문에 당사자들의 합의에만 맡길 수 없고 법이 보다 적극적으로 개입하게 된다.

02 익명조합의 의의

1. 개념

익명조합이란 익명조합원이 영업자의 영업을 위하여 자본을 투자하고, 영업자는 이를 경영하여 그 영업으로 인한 이익을 익명조합원에게 분배하기로 약정함으로써 성립하는 조합을 말한다(제78조).

(1) 당사자

「영업자」와 「익명조합원」이다. 익명조합원은 투자자에 불과하므로 상인일 것을 요하지 않으나 영업자는 영업으로 인한 이익을 분배해야 하므로 상인이어야 한다.

(2) 익명조합의 목적

익명조합원은 영업자의 영업을 위하여 「출자」하고, 영업자는 영업에서 생기는 「이익을 분배」할 것을 약정하여야 한다. 익명조합원의 출자의무와 영업자의 이익분배의무는 익명조합계약의 본질적 요소이므로, 이를 배제하는 약정이 있으면 이는 상법상의 익명조합이 아니다. 이와 관련하여 판례는 "이익 유무에 관계없이 시설투자자에게 정기적으로 일정액을 지급하고 타방이 단독으로 사업을 경영하기로 하는 계약은 상법상 익명조합이 아니다(대판 1983.5.10. 81다650)."라고 판시하였다.

(3) 계약

익명조합의 본질은 기업조직이지만 법형식상으로는 당사자 간의 계약이다. 즉 기업조직에 관한 장기적 계약이다.

2. 법적 성질

익명조합은 대외적으로는 영업자의 단독기업이고(제79조, 제80조) 대내적으로는 민법상 조합의 성격을 가진다. 그 결과 내부관계에 관하여 익명조합계약에서 정하지 않은 사항은 조합에 관한 규정을 유추적용한다.

03 내부관계

1. 출자

(1) 출자의무자

「익명조합원」만이 출자의무를 부담하고(제78조 전단), 「영업자」는 출자의무가 없다. 익명조합원의 출자의무는 익명조합계약의 본질적 요소이다. 영업자가 영업을 위하여 자신의 재산을 출연할 수는 있으나 이를 공동기업에서의 출자라고 할 수는 없다.

(2) 출자목적물

익명조합원은 금전 또는 현물 등 「재산」만 출자할 수 있고 신용이나 노무는 출자의 목적으로 하지 못한다(제86조, 제272조).

익명조합원은 대외적으로 전혀 드러나지 않고 경영에 참여할 수도 없어서 그 신용이나 노무가 익명조합에 도움이 되지 않기 때문이다. 출자 목적인 재산은 「소유권」에 한하지 않고 특정 재산에 대한 「사용권」이나 영업자 등에 대한 「채권」 등도 가능하다.

(3) 출자이행의 방법

출자의 목적물은 영업자의 재산에 귀속하므로(제79조) 개별 재산권의 이전에 필요한 절차(예 부동산의 경우 등기, 동산의 경우 인도, 지명채권의 경우 통지 또는 승낙)를 밟아야 한다.

(4) 출자이행의 효과

익명조합원이 출자한 재산은 법률상 영업자의 재산으로 본다(제79조). 따라서 영업자가 영업재산 또는 영업이익금 등을 임의로 소비하였더라도 영업자는 타인의 재물을 보관하는 자의 지위에 있지 않으므로 횡령죄가 성립하지 않는다(대판 2011.11.24. 2010도5014). 같은 이유로 익명조합원의 채권자는 출자된 재산을 압류할 수 없다.

2. 영업의 수행

(1) 영업자의 영업수행의무

영업자는 익명조합의 영업을 수행할 의무를 진다(제78조 후단). 익명조합은 형식적으로는 영업자의 단독기업이나 실질적으로는 공동기업으로서 내부관계에서 민법상 조합에 관한 규정이 유추적용되므로, 영업자는 익명조합원에게 선량한 관리자의 주의로써 영업을 수행할 의무를 부담한다(민법 제707조, 제681조). 따라서 영업자가 정당한 사유 없이 영업을 개시하지 않거나 영업을 휴업·폐지 또는 양도한 경우 익명조합원은 영업자에게 채무불이행을 이유로 한 손해배상을 청구할 수 있다.

(2) 영업자의 경업피지의무

① 영업자는 익명조합의 영업을 수행하기 때문에 영업자가 경업을 하면 익명조합원과 이해관계의 충돌이 발생할 수 있다. 그런데 상법이 영업자의 경업피지의무를 규정하고 있지 않아 영업자가 경업피지의무를 부담하는지가 문제된다. 견해의 대립이 있으나, 통설은 영업자는 선량한 관리자의 주의의무를 부담하므로 이에 근거하여 당연히 경업피지의무를 진다고 본다. 영업자가 경업피지의무를 위반하는 경우 익명조합원은 어떤 권리를 가지는가?

상법 제17조와 같은 명문의 규정이 없으므로 개입권을 인정할 수는 없다. 다만 계약해지권과 손해배상청구권만을 행사할 수 있을 뿐이다. ② 익명조합원은 경업피지의무를 지지 않는다. 영업에서 소외되어 있어 이익충돌의 염려가 없기 때문이다.

(3) 익명조합원의 감시권

익명조합원은 대외적으로 드러날 수 없으므로 영업을 수행할 수 없고 영업자를 대리하여 제3자와 거래할 수도 없다(제86조, 제278조). 다만 익명조합원도 영업에 이해관계가 크기 때문에 영업자의 영업을 감시할 권리는 갖는다. 즉 익명조합원은 영업연도 말에 영업시간 내에 한하여 회계장부·대차대조표 기타의 서류를 열람할 수 있고 영업자의 업무와 재산상태를 검사할 수 있다(제86조, 제277조 제1항). 중요한 사유가 있는 때에는 언제든지 법원의 허가를 얻어 이러한 열람과 검사를 할 수 있다(제86조, 제277조 제2항).

3. 손익의 분배

익명조합은 영업으로 인한 이익의 분배를 본질적 요소로 한다(제78조 후단). 따라서 이익분배를 하지 않겠다는 특약이 있다면 이는 상법상의 익명조합이 아니다. 그러나 손실의 분담은 익명조합의 본질적 요소가 아니다.

(1) 이익의 분배

이익분배의 비율에 관하여 당사자 간에 특약이 있으면 그에 의한다. 그리고 이익분배의 비율은 익명조합계약의 핵심이어서 대부분 특약이 있다. 예외적으로 특약이 없을 때에는 어떻게 해결하나?

이에 관하여 상법에는 규정이 없고, 민법 제711조를 유추적용하여 「각자의 출자가액에 비례」하여 정한다. 출자가액에 비례한다 함은 익명조합원의 출자액과 영업자 자신이 영업에 투자한 재산 및 신용·노무를 평가하여 합산한 금액의 총액에 대한 각자의 출자가액의 비율에 따른다는 의미이다.

(2) 손실의 분담

1) 손실분담비율

손실부담은 익명조합의 본질적 요소가 아니므로 당사자 간의 특약으로 익명조합원이 전혀 손실을 분담하지 않기로 할 수도 있다(제82조 제3항).

그러나 이와 같은 특약이 없으면 익명조합원도 손실을 분담해야 하고, 그 분담비율은 다른 약정이 없으면 「이익의 분배비율」과 동일한 것으로 추정한다(민법 제711조 제2항). 익명조합원의 손실분담이란 자신의 출자액이 그만큼 감소하는 것을 의미하지 실제로 재산을 출연하는 것을 의미하지는 않는다.

2) 상법의 특칙

익명조합원의 출자가 손실로 인하여 감소된 때에는 그 손실을 전보한 후가 아니면 익명조합원은 영업자에게 이익배당을 청구하지 못한다(제82조 제1항). 그리고 손실이 커서 출자액을 초과하는 경우에도 익명조합원은 이미 받은 이익을 반환하거나 추가 출자를 해야 할 의무를 부담하지 않는다(제82조 제2항·제3항). 결국 이 부분의 손실은 영업자에게 돌아간다. 그러나 위 규정들은 당사자 간에 다른 약정이 있으면 적용하지 않는다(제82조 제3항).

4. 당사자 지위의 전속성

① 영업자는 특약이 없는 한 그 지위를 타인에게 양도할 수 없다. 상속·합병에 의해 그 지위가 이전되지도 않는다. 익명조합원의 출자는 영업자에 대한 고도의 신뢰를 전제로 하기 때문이다. ② 익명조합원도 특약이 없는 한 그 지위를 양도할 수 없다. 익명조합원의 인적 동일성의 중요성은 영업자에 비해 떨어지나, 익명조합원은 영업자에 대한 감시권을 갖고 이행되지 않은 부분의 출자 의무를 추후 이행해야 하는 문제도 있으므로 그에 대한 신뢰도 역시 중요하기 때문이다.

04 외부관계

1. 영업자의 지위

익명조합은 실질적으로는 공동기업이지만 형식적·법률적으로는 영업자의 단독기업이다. 출자된 재산은 영업자의 재산으로 보고(제79조) 영업자는 자기의 명의로 영업을 한다. 따라서 제3자에 대한 권리·의무는 모두 영업자에게 귀속되고 영업자는 익명조합의 채무에 대하여 무한책임을 진다.

2. 익명조합원의 지위

(1) 원칙

익명조합원은 영업을 수행할 수 없으므로(제86조, 제278조) 제3자와 법률관계를 맺을 여지가 없다. 또 익명조합원은 영업자의 행위에 관하여 제3자에 대하여 권리와 의무가 없다(제80조). 이처럼 익명조합원이 제3자에게 아무런 권리·의무를 갖지 않는 것은 익명조합이 영업자의 단독기업이라는 성질에서 비롯되는 당연한 결과이다.

(2) 예외

상법은 익명조합원의 제3자에 대한 명의대여자의 책임을 규정하고 있다. 즉 익명조합원은 자기의 성명을 영업자의 상호 중에 사용하게 하거나 자기의 상호를 영업자의 상호로 사용할 것을 허락한 경우 그 사용 이후의 채무에 대하여 영업자와 연대하여 변제할 책임이 있다(제81조). 상법 제81조는 상법 제24조의 주의적 규정에 불과하므로 제24조와 동일하게 해석해야 한다. 따라서 상법 제81조 법문에는 규정이 없으나 익명조합원은 「선의의 제3자」에 대하여만 책임을 진다고 해석한다.

05 익명조합의 종료

1. 종료의 원인

(1) 계약의 해지

조합계약으로 조합의 존속기간을 정하지 아니하거나 어느 당사자의 종신까지 존속할 것을 약정한 때에는, 각 당사자는 6월 전에 상대방에게 예고하고 영업연도 말에 계약을 해지할 수 있다(제83조 제1항). 부득이한 사정이 있을 때에는 존속기간의 약정에 불구하고 각 당사자는 언제든지 계약을 해지할 수 있다(제83조 제2항). 부득이한 사유란 영업자의 재산상태가 악화되어 영업자에 대한 신뢰의 기초에 이상이 생기거나, 질병 등으로 영업자가 영업을 계속할 수 없는 경우와 같이 동업관계를 지속하기 어려운 사정을 말한다.

(2) 당연종료사유(제84조)

1) 영업의 폐지 또는 양도(1호)

이 경우 더 이상 익명조합의 목적을 달성할 수 없으므로 조합계약은 종료한다.

2) 영업자의 사망 또는 성년후견개시(2호)

익명조합에서는 영업자의 신용이 중요하므로 영업자의 지위는 사망으로 상속될 수 없고, 영업자가 성년후견개시를 받으면 영업 수행이 불가능하므로 이 경우 조합계약은 종료한다. 반면 상법은 익명조합원의 사망과 성년후견개시를 계약의 종료사유로 규정하고 있지 않다.

3) 영업자 또는 익명조합원의 파산(3호)

영업자가 파산하면 영업이 불가능하고, 익명조합원이 파산하면 출자를 회수해야 하므로 이 경우 조합계약은 종료한다.

2. 종료의 효과

(1) 익명조합원이 손실을 분담하지 않는 경우

영업자는 익명조합원에게 그 「출자의 가액」을 반환하여야 한다(제85조 본문). 반환하는 것은 출자의 「가액」이지 출자한 재산 그 자체가 아니다. 출자한 재산은 영업자의 재산으로 귀속되기 때문이다. 따라서 현물출자를 한 때에는 금전으로 평가한 가액을 반환하여야 한다.

(2) 익명조합원이 손실을 분담하는 경우

납입된 출자가 손실로 감소하지 않은 때에는 위와 같다. 그러나 납입된 출자가 손실로 인하여 감소된 때에는 영업자는 그 잔액을 반환하면 된다(제85조 단서).

제7절 합자조합

01 의의

합자조합은 조합의 업무집행자로서 조합의 채무에 대하여 무한책임을 지는 무한책임조합원과 출자가액을 한도로 하여 유한책임을 지는 유한책임조합원이 상호 출자하여 공동사업을 경영하기로 하는 조합이다(제86조의2). 합자조합은 원칙적으로 민법상 조합의 법률관계를 기초로 하고, 필요한 한도에서 합자회사의 법리를 수용한 것으로 보면 된다. 합자조합에 관하여는 상법 또는 조합계약에 다른 규정이 없으면 민법 중 조합에 관한 규정이 준용된다(제86조의8 제4항 본문).

02 합자조합의 성립

합자조합은 각각 1인 이상의 업무집행조합원과 유한책임조합원이 조합계약을 체결함으로써 성립한다(제86조의2). 합자조합의 설립을 위한 조합계약에는 일정한 사항을 적고 총조합원이 기명날인하거나 서명하여야 한다(제86조의3). 합자조합 설립 후 업무집행조합원이 일정사항을 등기하여야 하는데(제86조의4), 이 등기는 합자조합의 성립요건이 아니다. 합자조합은 법인격이 인정되지 않으므로 회사의 설립등기에 관한 제172조와 같은 명문의 규정 없이 해석만으로 등기에 창설적 효력을 부여할 수는 없기 때문이다.

03 내부관계

1. 조합원의 출자의무

합자조합의 모든 조합원은 출자의무를 진다. 업무집행조합원은 출자의 목적에 아무런 제한이 없으므로 재산 이외에 신용이나 노무도 출자할 수 있다. 반면 유한책임조합원은 금전 또는 현물만 출자할 수 있고 신용이나 노무는 출자의 목적으로 하지 못한다(제86조의8 제3항→제272조). 다만 조합계약에 의하여 이와 달리 자유롭게 정할 수 있다(제86조의3 6호).

2. 업무집행

(1) 업무집행권의 분배

합자조합의 업무집행권은 조합계약에 다른 규정이 없으면 업무집행조합원 각자가 갖는다(제86조의5 제1항). 물론 조합계약에서 일부의 업무집행조합원만이 업무를 집행하도록 정하는 것은 가능하다(제86조의3 10호). 유한책임조합원은 원칙적으로 업무집행권이 없으나(제86조의8 제3항→제278조), 조합계약으로 업무집행권을 부여할 수 있다(제86조의8 제3항). 그러나 업무집행을 조합원이 아닌 제3자에게 부여하는 것은 허용되지 않는다.

(2) 업무집행조합원의 이의권

업무집행조합원이 둘 이상일 때 조합계약에 다른 정함이 없으면 업무집행조합원은 다른 업무집행조합원의 업무집행에 문제가 있다고 판단되면 이의를 제기할 수 있고, 이 경우 그 다른 업무집행조합원은 그 행위를 중지하고 업무집행조합원 과반수의 결의에 따라야 한다(제86조의5 제3항). 이를 업무집행조합원의 이의권이라 한다. 이의권은 업무집행권에 수반하는 권한이므로 업무집행권이 없는 조합원에게는 인정되지 않는다.

(3) 유한책임조합원의 감시권

조합계약에 다른 규정이 없으면 유한책임조합원은 감시권을 갖는다. 즉 영업연도 말에 회계장부 등 서류를 열람할 수 있고 회사의 업무와 재산상태를 검사할 수 있다. 또 중요한 사유가 있는 때에는 언제든지 법원의 허가를 얻어 위 열람과 검사를 할 수 있다(제86조의8 제3항→제277조).

3. 조합원의 의무

(1) 선관주의의무

업무집행조합원은 선량한 관리자의 주의로써 업무를 집행하여야 한다(제86조의5 제2항).

(2) 자기거래금지의무·경업금지의무

1) 업무집행조합원

업무집행조합원은 원칙적으로 자기거래금지의무와 경업금지의무를 부담한다(제86조의8 제2항 본문→제198조, 제199조). 다만 이는 조합원의 이익을 보호하기 위한 것이므로 조합계약으로 달리 정할 수 있다(제86조의8 제2항 단서).

2) 유한책임조합원

유한책임조합원은 조합계약에 다른 규정이 없으면 자기거래금지의무만 부담하고 경업에는 아무런 제한이 없다(제86조의8 제3항→제199조, 제275조). 유한책임사원에게 경업이 금지되지 않는 이유는 합자조합의 업무집행에 관여하지 않기 때문이므로, 조합계약에 의해 업무집행권을 부여 받은 유한책임조합원은 경업금지의무를 부담한다고 본다.

4. 손익의 분배

조합원에 대한 손익분배에 관한 사항은 조합계약에서 정하는 바에 의한다(제86조의3 7호). 손익분배의 비율을 정하지 아니한 때에는, ① 각 조합원의 출자가액에 비례하여 이를 정하고, ② 이익 또는 손실에 대하여 분배의 비율을 정한 때에는 그 비율은 이익과 손실에 공통된 것으로 추정한다(민법 제711조).

5. 지분의 양도

업무집행조합원은 다른 조합원 전원의 동의를 얻어야 그 지분의 전부 또는 일부를 타인에게 양도할 수 있다(제86조의7 제1항). 반면 유한책임조합원은 조합계약에서 정하는 바에 따라 지분을 양도할 수 있다(동조 제2항). 합자회사의 유한책임사원은 무한책임사원 전원의 동의를 얻어야 지분을 양도할 수 있는 것과 비교하면(제276조) 완화된 요건으로 볼 수 있다.

04 외부관계

1. 대리권

합자조합의 대외적 업무에 관한 대리권은 업무집행권의 연장이므로, 조합계약에 다른 규정이 없으면 각 업무집행조합원이 갖는다(제86조의5 제1항). 합자조합은 법인격이 인정되지 않으므로 업무집행조합원이 전체 조합원을 대리하는 형식이 된다. 유한책임조합원은 대리권을 가질 수 있는가?

유한책임조합원은 원칙적으로 대리권이 없으나(제86조의8 제3항→제278조), 조합계약으로 대리권을 부여할 수 있다(제86조의8 제3항). 합자회사의 유한책임사원에게는 정관 또는 총사원의 동의로 업무집행권은 부여할 수 있어도 대표권을 부여할 수는 없는 것과 다르다(대판 1977.4.26. 75다1341).

2. 조합원의 책임

(1) 업무집행조합원의 책임

업무집행조합원은 조합의 채무에 대하여 직접·연대·무한책임을 진다(제86조의8 제2항→제212조). 따라서 업무집행조합원은 조합의 재산으로 조합채무를 완제할 수 없는 경우 연대하여 조합채무를 변제할 책임이 있다. 여기서의 업무집행조합원은 무한책임조합원을 의미하며 실제로 업무집행권이 있는지는 상관이 없다.

(2) 유한책임조합원의 책임

유한책임조합원은 조합의 채무에 대하여 직접·유한책임을 지고, 연대책임을 지지는 않는다. 즉 유한책임조합원은 조합계약에서 정한 출자가액에서 이미 이행한 부분을 뺀 가액을 한도로 하여 조합채무를 변제할 책임이 있다(제86조의6 제1항). 예컨대, 甲의 출자액이 1억 원인데, 현재 7,000만 원을 출자하였다면 甲은 3,000만 원의 한도에서 조합재산으로 변제되지 못한 조합채무를 개인재산으로 조합채권자에게 직접 변제할 책임이 있다. 그리고 이 경우 유한책임사원이 합자조합에 이익이 없음에도 불구하고 배당을 받은 금액은 변제책임을 정할 때에 변제책임의 한도액에 더한다(동조 제2항).

한편 합자회사의 유한책임사원의 경우에는, ① 출자액이 감소하더라도 변경등기 이전에 생긴 회사채무에 대해서는 등기 후 2년간 책임을 면하지 못하고(제280조), ② 타인에게 자기를 무한책임사원이라고 오인시키는 행위를 한 때에는 오인으로 인하여 회사와 거래한 자에 대하여 무한책임사원과 동일한 책임을 지는데(제281조 제1항), 같은 구조를 갖고 있는 합자조합의 유한책임조합원에게는 위와 같은 책임이 인정되지 않는다(제86조의8 참조, 준용규정 없음). 그 이유는 분명하지 않다.

제3장 각칙

제1절 대리상

01 총설

1. 대리상의 의의

대리상이란 일정한 상인을 위하여 상업사용인이 아니면서 상시 그 영업부류에 속하는 거래의 대리 또는 중개를 영업으로 하는 자이다(제87조). 본인의 거래와 관련된 법률행위를 대리하는 대리상을 「체약대리상」이라 하고, 사실행위의 일종인 중개만을 하는 대리상을 「중개대리상」이라 한다. 대리상은 본인과 계약을 체결함으로써 성립하는데 그 계약의 성질은 위임이다(민법 제680조).

(1) 영업의 보조성

대리상은 다른 상인의 영업을 보조하는 자이다. 따라서 대리상의 본인은 반드시 상인이어야 한다.

(2) 본인의 특정·계속

① 대리상의 본인인 상인은 「특정」되어야 한다. 특정되기만 하면 1인뿐만 아니라 수인을 위해서도 대리상이 될 수 있다. ② 대리상은 본인인 상인과 「계속적 관계」에서 대리 또는 중개를 해야 한다.

(3) 대리·중개하는 거래

대리상이 대리·중개하는 거래는 본인의 「영업부류」에 속하는 행위, 즉 「영업적 상행위」여야 한다. 다른 상인의 보조적 상행위를 대리·중개하는 자는 대리상이 아니다. 예컨대, 甲이 무역업을 하는 乙의 금융거래를 일상적으로 대리해 주어도 甲은 대리상이 아니다.

(4) 상인성

대리상은 본인의 상업사용인이 아니라 본인과 독립한 상인이다. 그리고 대리상의 영업은 거래의 대리 또는 중개를 하는 행위 그 자체가 아니라 그러한 대리 또는 중개의 인수, 즉 특정 상인과 그를 위해 대리 또는 중개를 하기로 계약을 하는 것이다. 정작 거래의 대리 또는 중개 행위는 그 계약의 이행에 지나지 않으며 대리상의 보조적 상행위가 된다.

2. 기능

상인이 영업활동을 지역적으로 확장하는 방법은 여러 가지가 있다. 우선 대상지역에 지점을 개설하고 상업사용인을 두는 방법을 생각할 수 있다. 그러나 이는 관리·유지에 상당한 고정비용이 소요되고 시장개척에 따른 시행착오와 위험부담을 감수해야 한다. 이에 반해 특정 지역의 시장 사정에 밝은 자를 대리상으로 하면 그의 조직기반을 계속적으로 이용하면서도 보수는 영업실적에 따른 수수료만 지급하면 되므로 시장개척비용을 절약할 수 있다.

3. 특약점

특정의 제조자나 공급자로부터 제품을 구매하여 이를 자신의 명의와 계산으로 판매하는 영업을 하는 자를 특약점이라고 한다. 특약점은 특정 상인으로부터 물품을 공급받기 때문에 대리상과 비슷해 보이지만 대리상이 아니라 매매업자이다. 대리상은 판매수수료를 수익으로 얻지만 특약점은 판매차익을 수익으로 얻는다는 점이 핵심적인 차이이다.

02 다른 보조상과의 구별

상법이 규정하는 보조상에는 대리상·중개인·위탁매매인·운송주선인이 있다. 이 중 운송주선인은 주선업을 한다는 점에서 기본적으로 위탁매매인과 같다. 대리상·중개인·위탁매매인 간의 차이는 다음과 같다.

1) 다른 상인을 보조하는 방법이 다르다. 대리상은 「대리 또는 중개」에 의해, 중개인은 「중개」에 의해, 위탁매매인은 「자기 명의로 매매」함으로써 영업활동을 보조한다.
2) 거래를 「중개」한다는 점은 같으나, 중개대리상은 「일정한 상인」을 위해 「계속적」으로 중개하나, 중개인은 「불특정·다수인」을 위해 중개한다는 차이가 있다.
3) 대리상의 본인은 반드시 상인이어야 하나, 중개인의 본인들은 그 중 일방만 상인이면 되고, 위탁매매인의 위탁자 또는 매매상대방은 상인이 아니어도 상관없다.
4) 대리상은 본인인 상인과 계속적 관계에 있으므로 경업피지의무를 부담하나, 중개인과 위탁매매인은 본인 또는 위탁자와 계속적 관계가 없어 경업피지의무를 부담하지 않는다.

03 대리상의 의무

대리상계약은 위임계약의 성질을 가지므로 대리상은 본인에게 기본적으로 선량한 관리자의 주의의무를 부담한다(민법 제681조). 이 외에도 상법은 대리상에게 여러 의무를 부과하고 있다.

1. 통지의무

대리상이 거래의 대리 또는 중개를 한 때에는 지체 없이 본인에게 그 통지를 발송하여야 한다(제88조). 민법상의 위임은 대체로 1회적인 사무처리를 내용으로 하므로 수임인은 위임인의 청구가 있거나 위임이 종료한 때에만 보고의무를 진다(민법 제683조). 그러나 대리상의 위임관계는 장기간 지속되므로 개개의 거래별로 본인이 처리상황을 파악할 필요가 있고, 또 중개대리상의 경우에는 본인이 직접 계약을 체결해야 하므로 본인이 중개사실을 알아야 하기 때문에 인정한 의무이다.

통지할 때는 대리 또는 중개가 이루어진 사실 뿐만 아니라 대리 또는 중개된 거래의 내용도 알려야 한다.

2. 경업피지의무

대리상은 본인의 허락 없이 자기나 제3자의 계산으로 본인의 영업부류에 속한 거래를 하거나 동종영업을 목적으로 하는 회사의 무한책임사원 또는 이사가 되지 못한다(제89조 제1항). 본인은 대리상이 경업금지의무를 위반한 경우에는 개입권, 손해배상청구권, 해지권을 행사할 수 있고, 겸직금지의무에 위반한 경우에는 손해배상청구권과 해지권만 행사할 수 있다(제89조 제2항, 제17조 제2항·제3항). 개입권은 본인이 그 거래를 안 날로부터 2주간을 경과하거나, 그 거래가 있은 날로부터 1년을 경과하면 소멸한다(제89조 제2항, 제17조 제4항). 이 기간은 제척기간이다.

대리상의 경업피지의무는 상업사용인의 경업피지의무와 거의 유사하나 ① 대리상의 겸직금지는 「동종영업」을 목적으로 하는 경우에만 금지된다는 점, ② 대리상의 경우에는 「다른 상인의 사용인」이 되지 못한다는 규정이 없다는 점이 다르다.

3. 비밀준수의무

대리상은 계약의 종료 후에도 계약과 관련하여 알게 된 본인의 영업상의 비밀을 준수하여야 한다(제92조의3). 계약 존속기간 중의 비밀준수의무는 선량한 관리자의 주의의무로부터 인정된다. 이 규정은 비밀준수의무를 「대리상계약이 종료한 이후」까지 인정하기 위한 것이다.

⓪④ 대리상의 권리

1. 보수청구권

대리상의 보수는 대리상계약 시에 또는 대리상계약 존속 중의 거래별로 정해지는 것이 보통이다. 그리고 보수에 관한 약정이 없더라도 대리상은 상인이므로 상법 제61조에 의해 당연히 보수청구권을 갖는다.

2. 보상청구권

(1) 의의

보상청구권이란 대리상의 활동으로 본인이 새로운 고객을 획득하거나 영업상의 거래가 현저하게 증가하고 이로 인하여 대리상계약의 종료 후에도 본인이 이익을 얻고 있는 경우에는 대리상은 본인에 대하여 상당한 보상을 청구할 수 있는 권리를 말한다(제92조의2 제1항).

과거 대리상이 열심히 노력하여 새로운 고객을 확보하는 등 시장을 개척하였더니, 바로 본인이 대리상계약을 종료하고 고객과 직접 거래하여 대리상이 들인 노력의 결과를 편취하는 경우가 종종 있었다. 이런 문제를 해결하고 본인과 대리상 사이의 이익분배의 형평을 기하기 위해 대리상에게 인정한 것이 보상청구권이다.

(2) 발생요건(제92조의2 제1항)

1) 대리상계약의 종료

보상청구권은 대리상계약이 종료한 후에 발생한다. 그러나 대리상계약의 종료가 대리상의 책임 있는 사유로 인한 때에는 보상청구권이 발생하지 않는다. 예를 들어 대리상이 대리상영업을 폐업하거나 영업의 종류를 바꾸어 대리상계약이 종료한 경우나 대리상의 경업금지의무 위반을 이유로 본인이 계약을 해지하여 대리상계약이 종료한 경우에는 보상청구권이 발생하지 않는다.

2) 영업거래의 증가

대리상의 활동으로 본인이 새로운 고객을 획득하거나 영업상의 거래가 현저히 증가하였어야 한다. 새로운 고객 획득은 예시이고, 대리상이 기존 고객을 상대로 영업거래의 양을 늘리거나 기존과 다른 내용의 계약을 체결하는 것도 영업거래의 증가에 해당한다.

3) 이익의 현존

증가된 영업거래로 인한 이익이 대리상계약 종료 후에도 현존해야 한다. 이익의 현존이란 회계학적 의미의 영업이익의 발생을 의미하는 것이 아니라 대리상계약 종료 후에도 대리상이 확보한 고객이 존속한다는 사실 자체를 의미한다.

4) 증명책임

위 보상청구권 발생요건은 대리상이 증명해야 한다.

(3) 내용

1) 청구권

대리상은 본인에게 상당한 보상을 청구할 수 있다(제92조의2 제1항).

2) 보상의 한도

보상금액은 계약의 종료 전 5년간의 평균연보수액을 초과할 수 없다(제92조의2 제2항 전단). 5년간의 평균연보수액이란 「5년간의 평균액으로 계산한 1개년치의 보수액」을 의미한다. 대리상계약의 존속기간이 5년 미만인 경우에는 그 기간의 평균연보수액으로 한다(제92조의2 제2항 후단). 다만 계약기간이 1년 미만인 경우에는 계약기간 중에 받은 보수액을 한도로 한다.

3) 행사기간

보상청구권은 대리상계약이 종료한 날로부터 6월 내에 행사하여야 한다(제92조의2 제3항). 이 기간은 제척기간이다.

(4) 특약점의 보상청구권(특약점에 대한 유추적용 긍정설)

특약점은 대리상과 달리 매매업자에 해당하지만 특정 상인으로부터 물품을 공급받아 고객확보 등 시장을 개척한다는 경제적 측면에서는 대리상과 유사한 면이 있다. 그렇다면 대리상과 같은 논리에서 물품을 공급하는 자의 무임승차를 방지하기 위해 특약점에 대해서도 상법 제92조의2를 유추적용하여 보상청구권을 인정해야 하지 않을까? 이에 관해 판례는 일정한 요건 하에 이를 인정하였다(대판 2013.2.14. 2011다28342).

3. 유치권

대리상은 거래의 대리 또는 중개로 인한 채권이 변제기에 있는 때에는 그 변제를 받을 때까지 본인을 위하여 점유하는 물건 또는 유가증권을 유치할 수 있다(제91조 본문). 이것은 본인에 대하여 가지는 보수청구권 등의 이행을 확보하기 위한 것이다. 대리상은 상법 제91조의 요건이 충족되지 않는 경우에는 일반 상사유치권과 민사유치권을 행사할 수도 있다. 그러나 대리상의 유치권은 일반 상사유치권보다 훨씬 용이하게 성립하므로(자세한 내용은 일반 상사유치권 부분 각종 유치권의 비교 참조) 실제 그럴 일은 거의 없다. 대리상의 유치권은 대리상을 특히 보호하기 위한 것이므로 당사자 간의 특약으로 이를 배제하거나 그 요건을 강화할 수 있다(제91조 단서).

05 대리상과 제3자의 관계 — 대리상의 통지수령권

1. 의의

물건의 판매나 그 중개의 위탁을 받은 대리상은 매매의 목적물의 하자 또는 수량부족 기타 매매의 이행에 관한 통지를 받을 권한이 있다(제90조).

2. 인정취지

상사매매의 매수인은 목적물 수령 후 하자 또는 수량부족을 발견하면 즉시 이를 매도인에게 통지해야 담보책임을 물을 수 있다(제69조 제1항). 그런데 대리상과 거래한 매수인은 본인에게 직접 연락이 닿지 않아 위 통지의무 이행이 곤란한 경우가 있다. 그래서 상법은 매수인이 잘 알고 있는 대리상에게 그 사실을 통지하면 상법 제69조의 통지의무를 이행한 것으로 봐주기 위해 대리상의 통지 수령권을 인정한 것이다. 다만 매수인이 상인이 아니어도 대리상의 통지 수령권은 인정된다.

06 대리상계약의 종료 — 계약의 해지

당사자가 계약의 존속기간을 약정하지 아니한 때에는 각 당사자는 2월 전에 예고하고 계약을 해지할 수 있다(제92조 제1항). 민법상으로 위임은 당사자가 언제든지 해지할 수 있는데(민법 제689조 제1항), 이 원칙을 대리상계약에게 그대로 적용하면 당사자 일방의 영업이 중단되어 기업유지가 어려울 수 있다. 그래서 해지 전 2월 전에 예고하도록 한 것이다. 다만 존속기간 약정 유무에 불구하고 부득이한 사정이 있으면 언제든지 해지할 수 있다(제92조 제2항, 제83조 제2항).

제2절 중개업

① 총설

1. 의의

중개인이란 타인 간의 상행위의 중개를 영업으로 하는 자이다(제93조).

(1) 중개

중개란 체결하고자 하는 계약의 당사자 쌍방과 교섭하여 그들 간에 계약이 체결되도록 조력하는 행위이다. 따라서 중개는 사실행위이다.

(2) 「상행위」의 중개

중개인은 「상행위」의 중개를 업으로 하는 자이므로, 중개하는 행위가 상행위가 아닌 결혼중매인, 직업소개소, 공인중개사 등은 중개인이 아니다. 이들은 민사중개인이라 하는데, 민사중개인도 그 중개행위를 영업으로 한다면 당연상인이 되기는 한다(제46조 11호). 다만 상법 제93조 이하에서 규정하는 중개인은 아니라는 의미이다.

(3) 「타인」의 상행위의 중개

중개인은 타인 간의 상행위를 중개하되 불특정 다수인을 상대로 한다. 이 점에서 특정 상인을 위해 상시 중개하는 중개대리상과 다르다. 그 타인 쌍방이 상인일 필요는 없으나 그들 간의 거래가 상행위여야 하므로 그 중 일방은 상인이어야 한다.

(4) 상인성

중개인은 독립한 상인이다. 중개인의 영업은 거래의 중개 그 자체가 아니라 그러한 중개의 인수이다. 이 점은 대리상에서 설명한 바와 같다.

2. 기능

일정한 업무영역에서는 적절한 거래 상대방을 찾기가 쉽지 않아 정보를 많이 가지고 있는 중개인이 등장하게 된다. 중개인은 단순히 거래 상대방을 탐색하는 데 그치지 않고, 그 신용상태를 조사한다거나 전문적 자료를 제공함으로써 계약의 체결을 용이하게 하는 역할을 한다. 매매, 보험, 운송, 금융 등의 영역에서 많이 이용되고 있다.

3. 중개계약

중개계약은 중개를 위탁하는 자와 중개인 간의 계약이다. 예컨대, 어느 상품의 매도인이 중개인에게 상품의 매도를 위한 중개를 위탁하면 중개인이 적당한 매수인을 찾아 거래를 성립시켜 주게 되는데, 이때 중개계약은 처음 중개를 위탁한 매도인뿐만 아니라 그 거래 상대방인 매수인과의 사이에도 존재한다. 중개계약은 위임의 성질을 가진다는 것이 다수설이다.

02 중개인의 의무

중개인의 가장 중요한 의무는 일정한 거래를 중개하는 것이고, 중개인은 선량한 관리자의 주의의무를 부담한다(민법 제681조). 그 외에도 상법은 중개인에게 여러 의무를 부과하고 있다.

1. 견품보관의무

중개인은 그 중개한 행위에 관하여 견품을 받은 때에는 그 행위가 완료할 때까지 이를 보관하여야 한다(제95조). 견품에 의한 매매에서는 견품이 목적물에 하자가 있는지에 관한 판단의 기준이 되므로 분쟁이 발생하였을 때 견품을 증거로 사용하기 위함이다. 따라서 「그 행위가 완료된 때」라 함은 중개행위가 완료되거나 계약이 이행된 때를 의미하는 것이 아니라, 매도인의 담보책임이 소멸하는 등 「분쟁의 소지가 없어진 때」를 의미한다.

2. 결약서교부의무

(1) 의의 및 내용

당사자 간에 계약이 성립된 때에는 중개인은 지체 없이 각 당사자의 성명 또는 상호, 계약년월일과 그 요령을 기재한 서면을 작성하여 기명날인 또는 서명한 후 각 당사자에게 교부하여야 한다(제96조 제1항). 견품보관의무와 마찬가지로 당사자 간의 분쟁에 대비하여 계약한 사실 및 그 내용에 관한 증거를 보전하기 위함이다. 결약서는 단순한 증거서면으로 계약서와는 다른 것이다.

(2) 당사자의 기명날인 또는 서명

당사자가 즉시 이행을 하여야 하는 경우를 제외하고 중개인은 각 당사자로 하여금 결약서에 기명날인 또는 서명하게 한 후 그 상대방에게 교부하여야 한다(제96조 제2항).

(3) 당사자의 수령거부 또는 기명날인·서명의 거부

당사자의 일방이 결약서의 수령을 거부하거나 기명날인 또는 서명을 하지 아니한 때에는 중개인은 지체 없이 상대방에게 그 통지를 발송하여야 한다(제96조 제3항). 이와 같은 사실은 장차 분쟁이 발생할 소지가 있음을 뜻하므로 상대방에게 그에 대비할 기회를 주기 위함이다.

3. 장부작성의무

중개인은 결약서에 기재할 사항을 장부에 기재하여야 한다(제97조 제1항). 이 장부를 중개인의 일기장이라고 한다. 결약서와 마찬가지로 거래의 증거를 보존하기 위해 작성하는 기록이다. 이 일기장은 타인 간의 거래내용을 기재한 것이지 자기의 재산 및 손익상황을 기재한 것이 아니므로 상법 제29조의 상업장부의 일종인 일기장이 아니다. 당사자는 중개인에 대하여 언제든지 자기를 위해 중개한 행위에 관한 장부의 등본을 교부해 줄 것을 청구할 수 있다(제97조 제2항).

4. 성명·상호 묵비의무와 개입의무

(1) 묵비의무

당사자의 일방이 자신의 성명 또는 상호를 상대방에게 표시하지 아니할 것을 중개인에게 요구한 때에는 중개인은 그 상대방에 교부할 결약서 및 일기장의 등본에 이를 기재하지 못한다(제98조). 예를 들어 A해운회사와 B해운회사는 경쟁관계인데 B회사가 처분하려는 선박을 A회사가 인수하려 한다고 하자. 이때 만약 자신이 처분하려는 선박의 인수 주체가 경쟁업체인 A회사란 사실을 알게 되면 B회사가 선박을 처분하지 않으려 할 수 있다. 그래서 A회사는 B회사에게 거래 상대가 자신임을 감출 필요가 있게 된다. 상거래에서는 당사자의 개성이 중요하지 않으므로 이 같은 경우 당사자의 은폐를 허용해도 무방하다는 취지에서 중개인의 묵비의무를 인정한 것이다.

(2) 중개인의 개입의무

중개인이 임의로 또는 당사자 일방의 요구에 의해 당사자 일방의 성명 또는 상호를 상대방에게 표시하지 아니한 때에는 상대방은 중개인에 대하여 이행을 청구할 수 있다(제99조). 이 청구에 대응하여 중개인이 지는 이행의무를 개입의무라 한다. 중개인이 일방 당사자의 성명·상호를 묵비한 경우에는 상대방은 현실적으로 이행 청구의 상대를 찾을 수 없고, 또 이런 경우에는 중개인의 신용 하에서 계약이 체결된다고 할 수도 있으므로 중개인에게 이행책임을 지운 것이다.

중개인의 개입의무가 발생하면 그 이후 중개인이 당사자의 성명 또는 상호를 밝히더라도 중개인의 이행책임은 소멸하지 않는다. 그리고 개입의무는 담보책임의 일종에 불과하므로 개입의무에 따라 당사자의 의무를 이행하였다 하여 중개인이 거래 당사자가 되는 것은 아니며 단지 중개인은 원래 이행해야 할 당사자에게 구상권을 행사할 수 있을 뿐이다.

❸ 중개인의 권리

1. 보수청구권

중개인은 상인이므로 보수에 관한 약정의 유무에 관계없이 보수청구권을 갖는다(제61조). 중개인의 보수를 특히 중개료라 한다. 중개료는 당사자 쌍방이 균분하여 부담한다(제100조 제2항).

중개인의 보수청구권이 발생하기 위해서는 계약이 유효하게 성립해야 한다. 다만 계약이 일단 유효하게 성립하면 이행이 되지 않거나 채무불이행을 이유로 계약이 해제되어도 보수청구권은 소멸하지 않는다. 중개인의 중개계약상의 의무는 계약의 체결에 조력하는 데 그치기 때문이다. 그리고 보수의 지급시기와 관련하여 중개인은 결약서를 작성·교부한 후에야 보수를 청구할 수 있다(제100조 제1항).

2. 비용청구권의 부재

중개인이 당사자를 위해 베푸는 노력은 중개료로 보상되므로 당사자를 위해 지출한 비용은 따로 청구할 수 없다.

3. 급여수령대리권의 부재

중개인은 다른 약정이나 관습이 없는 한 자신이 중개한 행위에 관하여 당사자를 대리하여 지급 기타의 이행을 받지 못한다(제94조). 따라서 당사자의 일방이 중개인에게 지급 기타 이행을 하더라도 상대방에게 대항하지 못한다. 다만 당사자의 일방이 그 성명·또는 상호의 묵비를 요구한 때에는 그 당사자는 중개인에게 급여수령권을 부여하는 묵시의 의사표시를 한 것으로 본다.

제3절 위탁매매업

01 의의

위탁매매인이란 자기명의로써 타인의 계산으로 물건 또는 유가증권의 매매를 영업으로 하는 자이다(제101조). 자기명의로써 타인의 계산으로 법률행위를 하는 것을 주선이라 한다. 따라서 위탁매매인은 주선업자의 일종이다.

1. 명의와 계산의 분리(주선)

「자기명의로」란 자신이 직접 법률행위의 당사자가 되고 그 행위로부터 생기는 권리·의무의 귀속 주체가 됨을 의미한다. 그리고 「타인의 계산으로」란 법률행위의 경제적 효과를 타인에게 귀속시킴을 뜻한다. 예를 들어 위탁매매인 乙이 자신의 명의로, 위탁자 甲의 계산으로 자동차 1대를 3,000만 원에 丙에게 매도하였다고 하자. 「乙의 명의로」란 丙과의 관계에서 매도인은 乙이 되고 자동차를 丙에게 이전해줄 의무와 丙에 대한 3,000만 원의 매매대금지급청구권은 乙에게 귀속한다는 의미이다. 「甲의 계산으로」란 乙이 丙으로부터 받은 매매대금 3,000만 원은 내부적으로는 甲의 것이므로 乙은 甲에게 3,000만 원을 전달해 주고 甲으로부터 매매를 해준 데 대한 약정의 보수만을 받는다는 의미이다.

2. 영업의 범위

위탁매매인은 「물건 또는 유가증권의 매매」의 주선을 업으로 한다. 상법은 위탁매매업, 운송주선업, 준위탁매매업 세 가지의 주선업을 규정하고 있는데 이 세 가지 주선업은 자기의 명의와 타인의 계산으로 하는 영업이 무엇인가에 따라 구별된다. ① 「물건 또는 유가증권의 매매」를 주선하면 위탁매매업이고, ② 「물건 운송」을 주선하면 운송주선업이며 ③ 「그 밖의 행위」를 주선하면 준위탁매매업이다. 준위탁매매업과 운송주선업에 대해서는 위탁매매업에 관한 규정을 준용한다(제113조, 제123조).

3. 상인성

위탁매매인이 영업으로 하는 것은 「물건 또는 유가증권의 매매」 그 자체가 아니라 그와 같은 매매의 「주선을 인수하는 것」, 즉 위탁자로부터 보수를 받고 위탁매매를 수탁하는 것이다. 물건 또는 유가증권의 매매는 그 위탁계약의 이행행위로서 보조적 상행위에 불과하다.

4. 위탁자

위탁매매인은 불특정 다수의 일반인으로부터 위탁을 받는다. 즉 위탁자는 상인이 아니어도 상관없고 특정인일 필요도 없으며 위탁매매인과 계속적 관계에 있지 않아도 관계없다.

02 위탁매매의 법률관계의 구조

1. 내부관계(위탁자와 위탁매매인 간의 위탁계약)

위탁자와 위탁매매인 간에는 위탁매매인이 위탁자를 위하여 물건이나 유가증권의 매매라는 사무처리를 위탁하는 계약인 위탁계약이 체결된다. 이는 위임계약의 성질을 가지므로 위탁자와 위탁매매인 간의 관계에는 상법에서 별도로 규정한 것을 제외하고는 위임에 관한 규정을 적용한다(제112조).

2. 외부관계

위탁매매인이 위탁계약의 이행으로서 제3자와 물건 또는 유가증권에 관한 매매계약을 체결하면, 위탁자가 아닌 위탁매매인이 매매당사자가 되어 상대방에 대하여 직접 권리를 취득하고 의무를 부담한다(제102조). 반면 위탁자는 매매계약의 당사자가 아니므로 거래상대방과의 사이에 아무런 법률관계가 형성되지 않고, 따라서 상대방에게 이행을 청구하거나 불이행을 이유로 손해배상을 청구할 수 없다.

3. 위탁물의 귀속

(1) 의의

위탁매매의 법적 형식에서 보면, 위탁매매인이 위탁자를 위해서 점유하는 물건 또는 유가증권이나 매매상대방에 대하여 취득한 채권과 같은 재산은 대외적으로 위탁매매인에게 귀속한다. 그런데 이렇게 되면 위탁매매인이 재산을 위탁자에게 이전하지 않은 상태에서 파산하거나 강제집행을 당하는 경우 위탁자는 위탁매매인의 다른 채권자들과 동등한 지위에서 채권을 주장할 수밖에 없는데, 이와 같은 결과는 위탁자에게 매우 불공평하다.

그래서 상법은 위탁매매인의 배후에 있는 위탁자의 직접적 이익을 고려하여 일정한 범위에서 위탁물을 위탁자의 소유로 본다. 즉 위탁매매인이 위탁자로부터 받은 물건 또는 유가증권이나 위탁매매로 인하여 취득한 물건, 유가증권 또는 채권은 위탁자와 위탁매매인 또는 위탁매매인의 채권자 간의 관계에서는 이를 위탁자의 소유 또는 채권으로 본다(제103조).

(2) 적용대상

1) 매도위탁의 경우

위탁매매인이 매도를 위해 인도 받은 물건 또는 유가증권, 위탁물을 처분하여 취득한 대금채권 또는 그 불이행으로 인한 손해배상채권

2) 매수위탁의 경우

위탁매매인이 매수하여 인도받은 물건 또는 유가증권, 매매계약을 체결하여 취득한 목적물인도청구권 또는 그 불이행으로 인한 손해배상채권

(3) 적용범위

「위탁자와 위탁매매인 또는 위탁매매인의 채권자 간의 관계」란 「위탁자와 위탁매매인」의 관계, 그리고 「위탁자와 위탁매매인의 채권자」의 관계를 말한다. 이때 위탁매매인의 채권자에 거래상대방은 포함되지 않는다. 거래상대방을 포함하면 오히려 불공평한 결과를 초래하기 때문이다. 예컨대, 매수위탁의 경우 위탁매매인이 목적물을 인도받고도 대금을 지급하지 않으면 상대방이 목적물에 강제집행을 하거나 계약을 해제하고 그 반환을 구하려 할 텐데 이때 그 목적물을 위탁자의 소유로 보아 그와 같은 권리 행사를 할 수 없도록 하는 것은 상대방에게 불공평하기 때문이다.

(4) 효과

위탁자는 단순한 채권자가 아니라 위탁물의 소유자로서의 권리를 주장할 수 있다.

1) 위탁매매인이 위탁자로부터 받거나 거래상대방으로부터 취득한 물건 또는 유가증권을 점유하다가 파산 또는 회생절차에 들어간 경우, 위탁자는 환취권을 행사하여(채무자회생법 제70조, 제407조) 그 물건 또는 유가증권을 인도 받을 수 있고, 위탁매매로 인한 거래상대방에 대한 채권에 대해서는 대체적 환취권을 행사하여(채무자회생법 제73조, 제410조) 채권을 이전 받은 후 상대방으로 하여금 그 급부의 이행을 위탁자에게 하도록 청구할 수 있다.

2) 위탁매매인의 채권자가 위탁물에 대해 강제집행을 하는 경우 위탁자는 위탁물이 자신의 소유라는 이유를 들어 제3자 이의의 소를 제기함으로써(민사집행법 제48조) 그 위탁물에 대한 강제집행을 배제할 수 있다.

3) 위탁매매인이 위탁물을 자신의 채권자에게 변제, 담보제공 등의 방법으로 처분한 경우 그 효력은 어떻게 되는가?

　판례는 "위탁매매인이 채무 담보를 위하여 자신의 채권자에게 위탁매매로 취득한 채권을 양도한 경우 그 채권양도는 위탁매매인이 위탁자와의 관계에서는 위탁자에 속하는 채권을 무권리자로서 양도한 것이므로 양수인이 그 채권을 선의취득하였다는 등의 특별한 사정이 없는 한 위탁자에 대하여 효력이 없다(대판 2011.7.14. 2011다31645)."라고 판시하였다.

4) 위탁물은 위탁자와 위탁매매인 간에는 위탁자의 소유이므로 위탁매매인이 위탁물 또는 그 판매대금을 임의로 소비하면 횡령죄가 성립한다. 판례도 "위탁판매에 있어서는 위탁품의 소유권은

위임자에게 속하고 그 판매대금은 이를 수령함과 동시에 위탁자에 귀속한다 할 것이므로 위탁매매인이 이를 사용, 소비한 때에는 횡령죄가 성립한다(대판 2013.3.28. 2012도16191)"라고 판시하였다.

03 위탁매매인의 의무

기본적으로 위탁매매인은 위탁받은 매매거래를 하고 그 이행을 받아서 위탁자에게 이전해야할 의무를 부담한다. 그리고 위탁계약은 위임이므로 선량한 관리자의 주의의무를 부담한다. 이외에 상법은 위탁자 보호를 위해 위탁매매인에게 특별한 의무를 부과하고 있다.

1. 매매계약의 체결

(1) 통지의무 및 계산서 제출의무

위탁매매인이 위탁받은 매매를 한 때에는 지체 없이 위탁자에 대하여 그 계약의 요령과 상대방의 주소·성명에 대한 통지를 발송하여야 하며, 계산서를 제출하여야 한다(제104조). 민법에서의 수임인은 원칙적으로 위탁사무가 종료한 때 보고의무를 지나, 상법은 위탁자가 신속히 관련계획을 수립하고 필요한 지시를 할 수 있도록 위탁매매인으로 하여금 매매거래가 있을 때마다 이 같은 보고를 하게 하였다.

(2) 지정가액준수의무

1) 가액지정방법

위탁자가 매매를 위탁할 때는 가액을 지정하는 것이 통례이다. 위탁자가 특정한 매매가격을 지정할 수도 있으나(예 100만 원에 팔아달라) 보통 매수위탁의 경우 상한가를(예 100만 원 이하로 사달라) 매도위탁의 경우 하한가를(예 100만 원 이상으로 팔아달라) 정하여 위탁하는 경우가 많다. 어느 경우든 이렇게 지정된 가격은 위임의 본지에 해당하므로 위탁매매인은 이를 준수하여야 한다.

2) 차손거래의 효과

위탁매매인이 지정가를 위반하여 매매한 경우, 즉 지정가보다 높은 가격으로 매수하거나 낮은 가격으로 매도한 경우 그 거래의 효과는 어떻게 되는가?

위탁매매인과 제3자의 매매는 유효하나 위탁매매인이 그 거래의 경제적 효과를 위탁자에게 귀속시킬 수는 없다. 그 결과 위탁매매인은 매매의 성사를 이유로 보수를 청구할 수 없고 위탁자는 위탁매매인에게 지정가와 실제 매매가의 차액을 손해배상으로 청구할 수 있다. 그러나 위탁자가 지정한 가액보다 염가로 매도하거나 고가로 매수한 경우에도 위탁매매인이 그 차액을 부담한 때에는 그 매매는 위탁자에 대하여 효력이 있다(제106조 제1항). 즉 위탁매매인은 위탁자에게 그 경제적 효과를 귀속시킬 수 있고 보수를 청구할 수도 있다.

3) 차익거래의 효과

위탁매매인이 지정가를 위반하여 이익이 생긴 경우, 즉 지정가액보다 높은 가액으로 매도하거나 낮은 가액으로 매수한 경우는 어떠한가?

이런 경우 다른 약정이 없는 한 그 거래의 효과는 위탁자에게 귀속하고 그 차액은 위탁자의 이익으로 한다(제106조 제2항). 위탁자가 특정 가액을 지정할 때에는 그 의사에는 그 가액보다 높은 가격으로 매도하거나 낮은 가격으로 매수하는 것도 포함된다고 해석하는 것이 합리적이기 때문이다. 다만 일반적으로 위탁자는 특정 가격이 아니라 상한가 또는 하한가의 형식으로 가격을 지정하므로 실제로 상법 제106조 제2항이 적용되는 경우는 거의 없다.

2. 매매계약의 이행

(1) 이행담보책임(개입의무)

위탁매매인은 수임인으로서 위탁에 따라 매수한 물건 또는 유가증권이나 위탁물의 매도로 취득한 매도대금을 위탁자에게 이전해야 한다. 그런데 거래상대방이 채무를 이행하지 않으면 위탁매매인도 자신의 인도의무를 이행할 수 없다. 이 경우 위탁자는 어떻게 보호받을 수 있는가?

인도의무 불이행에 대하여 위탁매매인에게 과실이 있다면 채무불이행책임을 물을 수 있을 것이다. 그러나 과실이 없으면 위탁매매인에게 채무불이행책임을 물을 수 없고 그렇다고 매매계약의 당사자가 아닌 위탁자가 직접 거래상대방에게 이행을 구할 수도 없다. 그래서 상법은 위탁자 보호를 위해 위탁매매인에게 무과실책임으로서의 이행담보책임을 인정하고 있다. 즉 위탁매매인은 다른 약정이나 관습이 없으면 위탁자를 위한 매매에 관하여 상대방이 채무를 이행하지 아니하는 경우 위탁자에 대하여 이를 이행할 책임이 있다(제105조). 「이행할 책임이 있다」는 의미는 대체이행이 가능한 채무로서 상대방과 동일한 내용의 채무를 부담한다는 의미이다. 따라서 위탁매매인은 위탁자에게 매도위탁의 경우 대금지급의무를, 매수위탁의 경우 목적물인도의무 및 목적물의 하자에 대한 담보책임을 부담한다.

(2) 위탁물에 관한 통지·처분의무

위탁매매인이 위탁매매의 목적물을 인도받은 후에 그 물건의 훼손 또는 하자를 발견하거나 그 물건이 부패할 염려가 있는 때 또는 가격저락의 상황을 안 때에는 지체 없이 위탁자에게 그 통지를 발송하여야 한다(제108조 제1항). 위탁자로부터 처분에 관한 지시를 받아야 하기 때문이다. 위와 같은 경우에 위탁자의 지시를 받을 수 없거나 그 지시가 지연되는 때에는 위탁매매인은 위탁자의 이익을 위하여 적당한 처분을 할 수 있다(제108조 제2항). 적당한 처분이란 목적물의 공탁·전매·경매 등을 의미한다. 위탁매매인이 매도위탁으로 위탁자로부터 받은 물건, 매수위탁을 이행하여 매매상대방으로부터 받은 물건 모두 본조가 적용된다. 본조의 의무는 위탁매매인으로 하여금 위탁자의 손실을 최소화시키도록 하기 위한 것이다.

04 위탁매매인의 권리

1. 보수청구권

위탁매매인은 상인이므로 위탁계약에서 보수를 정한 바 없더라도 보수청구권을 갖는다(제61조).

2. 개입권

(1) 의의

위탁자가 거래소의 시세 있는 물건 또는 유가증권의 매매를 위탁한 경우에는 위탁매매인 스스로가 매수인(매도위탁의 경우) 또는 매도인(매수위탁의 경우)이 될 수 있다(제107조 제1항 전단). 이처럼 위탁매매인이 직접 위탁된 매매거래의 상대방이 될 수 있는 권리를 위탁매매인의 개입권이라 한다. 이 개입권은 형성권으로서 위탁매매인의 일방적 의사표시에 의해 효과가 발생한다.

(2) 인정취지

위탁매매인이 직접 위탁자의 거래상대방이 되면 자신에게 유리한 가격으로 거래하는 등 위탁자의 이익을 해칠 우려가 있으므로 이와 같은 거래는 원칙적으로 금지된다. 그러나 가격이나 기타 매매조건의 공정성이 보장된다면 이를 허용하여도 위탁자에게 불리할 이유가 없고 위탁매매인에게는 비용을 줄이고 보수를 받을 수 있는 이점도 있다. 그래서 상법은 거래소의 시세가 있는 물건 또는 유가증권에 한하여 위탁매매인이 직접 거래상대방이 될 수 있도록 하였다.

(3) 적용범위

거래소의 시세 있는 물건 또는 유가증권의 매매를 위탁받은 경우이어야 한다. 거래소란 공개적·경쟁적인 방법으로 매매가 체결되는 시장을 말하는데 농수산물도매시장이나 증권거래소가 대표적인 예이다. 다만 자본시장법 제67조는 위탁매매인인 증권회사의 개입권을 인정하지 않고 있다. 위탁매매가 이루어지는 대표적인 시장인 증권시장에서 개입권이 인정되지 않기 때문에 실제로 개입권이 행사되는 경우란 거의 없다.

(4) 개입권 행사의 효과

개입권을 행사하면 매매가 완결되고 이때 매매가격은 위탁매매인이 매매의 통지를 발송할 때의 거래소의 시세에 따른다(제107조 제1항 후단). 그리고 개입권 행사 이후에는 위탁계약과 매매계약이 병존하게 되므로 위탁매매인은 위탁자에게 매매계약의 이행을 구할 수 있을 뿐만 아니라 위탁계약의 실행에 대한 보수를 청구할 수도 있다(제107조 제2항).

3. 매수물의 공탁·경매권

위탁매매인이 매수의 위탁을 받은 경우에 위탁자가 매수한 물건의 수령을 거부하거나 이를 수령할 수 없는 때에는 상사매매의 매도인과 같이 매수물을 공탁·경매할 수 있다(제109조, 제67조). 주의할 점은 상사매매의 매도인은 매수인이 상인인 경우에만 공탁·경매권을 행사할 수 있으나, 위탁매매인은 이와 달리 위탁자가 상인이 아닌 경우에도 공탁·경매권을 행사할 수 있다는 점이다.

4. 유치권

위탁매매인은 대리상이 갖는 유치권과 같은 내용의 유치권을 갖는다. 즉 위탁매매인은 다른 약정이 없는 한 위탁자에 대한 채권이 변제기에 있는 때에는 그 변제를 받을 때까지 위탁자를 위하여 점유하는 물건 또는 유가증권을 유치할 수 있다(제111조, 제91조).

05 상인 간의 매수위탁계약의 특칙

위탁자가 상인이며, 그의 영업거래에 관하여 물건의 매수를 위탁한 경우에는 위탁자와 위탁매매인 간에는 상사매매에 관한 규정 중 제68조부터 제71조까지의 규정을 준용한다(제110조). 즉 위탁자를 매수인으로, 위탁매매인을 매도인으로 보고 이 규정들을 준용한다. 각 조문의 구체적 내용은 상사매매 부분을 참조하기 바란다. 그런데 상사매매에 관한 규정 중 제67조는 준용하지 않고 있다. 특별한 이유가 있는 것은 아니고 제67조는 제109조에서 따로 준용하고 있기 때문이다.

06 준위탁매매업

자기명의로써 타인의 계산으로 매매 아닌 행위를 영업으로 하는 자 중 운송주선인을 제외한 나머지를 준위탁매매인이라 한다(제113조). 예컨대, 출판·광고·보험 및 금융에 관한 위탁거래 등을 하는 자가 이에 해당한다. 판례는 "甲 주식회사가 국내에서 독점적으로 판권을 보유하고 있는 영화의 국내배급에 관하여 乙 주식회사와 국내배급대행계약을 체결한 경우 乙 회사는 위 배급대행계약에 따라 甲 회사의 계산에 의해 자신의 명의로 각 극장들과 영화상영계약을 체결하였다고 보아야 하므로, 乙 회사는 준위탁매매인의 지위에 있다(대판 2011.7.14. 2011다31645)."라고 판시한 바 있다. 준위탁매매인에 대하여는 위탁매매에 관한 규정을 준용한다(제113조).

제4절　운송업

01 총설

1. 개설

운송이란 물건 또는 여객을 일정 장소에서 다른 장소로 이동시키는 것을 말한다. 운송은 무엇을 운송하느냐에 따라 물건운송·여객운송으로, 운송 수단이 무엇이냐에 따라 육상운송·해상운송·항공운송으로 구분된다. 상법은 육상운송과 해상운송에 대해서만 규정하고 있는데 육상운송은 상행위편에서 규정하고, 해상운송은 편을 달리하여 제5편 해상편에서 별도로 다루고 있다.

2. 운송인의 의의

운송인이란 육상 또는 호천, 항만에서 물건 또는 여객의 운송을 영업으로 하는 자를 말한다(제125조). 호천이란 하천과 호수를 말한다. 따라서 한강 유람선도 육상운송이다. 호천·항만은 육상이 아님에도 거기서의 운송을 육상운송에 포함한 이유는 운송에 따른 위험이 육상에서의 운송과 같은 정도이기 때문이다. 운송인은 타인을 위해 운송을 실행해 주기로 하는 계약, 즉 운송의 인수를 영업으로 한다(제46조 13호). 따라서 실제 운송행위는 타인에게 맡겨도 무방하다.

02 물건운송

1. 운송계약

운송계약에는 운송을 인수하는 운송인과 그에게 운송을 위탁하는 송하인, 그리고 운송물이 목적지에 도착하면 운송물을 인도받을 수하인이 개입한다. 그러나 운송계약은 송하인과 운송인 사이에서 체결되고 수하인은 운송계약의 당사자는 아니다. 송하인은 운송계약의 당사자를 의미하는 법적 용어로서 사실상 운송물의 운송을 의뢰한 화주와 구분된다. 화주가 운송인과 운송계약을 체결하면 화주가 송하인이 되지만, 만일 화주가 운송주선인에게 운송주선을 위탁하여 그 운송주선인이 운송인과 운송계약을 체결한 경우에는 화주가 아니라 운송주선인이 송하인이 된다. 물건운송계약은 물건의 장소적 이동이라는 일의 완성을 목적으로 하므로 도급계약의 성질을 갖는다.

2. 운송인의 의무

기본적으로 운송인은 송하인으로부터 운송물을 인도받아 목적지까지 운반하여 정해진 날에 수하인 기타 운송물을 수령할 권한이 있는 자에게 인도하여야 할 의무가 있다. 이 외에도 운송인은 다음과 같은 여러 의무를 부담한다.

(1) 화물상환증 발행의무

운송인은 송하인의 청구가 있으면 화물상환증을 발행하여야 한다(제128조). 화물상환증에 관해 상세한 점은 후술한다.

(2) 운송물 처분의무

1) 의의

송하인 또는 화물상환증 소지인은 운송 도중에 또는 도착 후라도 수하인이 권리행사를 하기 전에 운송인에 대하여 운송의 중지, 운송물의 반환 기타의 처분을 청구할 수 있다(제139조 제1항). 이를 처분권이라 하고 이에 대응하는 운송인의 의무를 처분의무라 한다.

2) 인정취지

운송 도중 또는 도착지에서 운송물이 수하인에게 인도되기 전에 운송물에 관한 송하인과 수하인 간의 매매계약이 해제되었거나 또는 다른 장소에서 유리한 거래가 성립하는 등의 상황변화가 생긴 경우 송하인 또는 화물상환증 소지인이 신속히 대응하여 손해를 방지하거나 이익을 도모할 수 있도록 하기 위한 규정이다.

3) 처분권자

화물상환증이 발행되지 않았을 때는 송하인이 처분권자이고 화물상환증이 발행되었을 때는 화물상환증소지인이 처분권자이다(제139조 제1항 전단). 화물상환증이 발행된 경우 송하인은 처분권이 없다.

4) 처분의 내용

처분은 운송인에게 불이익을 주거나 새로운 의무를 주는 내용이어서는 안 된다. 따라서 「운송물의 반환」은 발송지로 되돌려오는 것이 아니라 현재지에서 인도하는 것을 의미한다. 「기타의 처분」도 운송인에게 부담을 주지 않는 운송노선 변경, 수하인 변경 등을 말하고 운송노선의 연장, 추가운송 등은 운송인에게 부담을 주므로 제외된다. 또 처분은 이와 같은 사실행위만을 의미하며 운송물의 양도·입질·경매와 같은 법률행위는 제외된다.

5) 운임의 계산

운송인은 이미 운송한 비율에 따른 운임·체당금과 처분으로 인한 비용의 지급을 청구할 수 있다(제139조 제1항 후단). 이 규정에 대해서는 운송중단이 운송인의 의사와 무관한 것이었음에도 운송인에게 운임의 전부가 아닌 운송비율에 따른 운임만 지급받을 수 있게 한 것은 운송인이 기회비용을 보상받을 수 없다는 점에서 운송인에게 불공평하다는 입법론적 비판이 있다.

(3) 운송물 인도의무

운송인은 운송을 완료하면 도착지에서 수하인 등에게 운송물을 인도하여야 한다. 그런데 이때 운송물 인도의 상대방이 누구인지가 문제 된다.

1) 화물상환증이 발행되지 않은 경우

운송물이 도착지에 도착한 때에는 수하인은 송하인과 동일한 권리를 취득하므로(제140조 제1항) 수하인은 운송물 인도청구권을 갖게 된다(이때 송하인의 인도청구권과의 관계가 문제되는데 이는 수하인의 지위에서 후술한다). 따라서 운송인은 운송물을 수하인에게 인도해야 한다.

운송인이 수하인 외의 자에게 운송물을 인도하면 수하인에 대한 인도의무 위반이 된다. 그러면 운송인이 수하인으로부터 운송물의 소유권을 취득한 자에게 운송물을 인도하여도 수하인에 대한 인도의무 위반이 되는가?

판례는 이를 긍정하였다. 즉 판례는 "운송인이 수하인 이외의 제3자에게 물건을 인도하여 수하인이 물건을 인도받을 수 없게 되었다면 제3자가 수하인과의 계약으로 물건의 소유권을 취득한 자라 하더라도 이는 수하인에 대한 인도의무위반이 된다(대판 1965.10.19. 65다697)."라고 판시하였다.

2) 화물상환증이 발행된 경우

화물상환증이 발행되면 화물상환증의 정당한 소지인만이 운송물 인도청구권을 가진다. 송하인이나 수하인이라 하더라도 화물상환증이 없으면 운송물 인도청구를 할 수 없다. 따라서 운송인은 운송물을 화물상환증 소지인에게 인도해야 한다.

3. 운송인의 권리

(1) 운송물 인도청구권

운송인은 운송에 착수하기 위해서 송하인에게 운송할 물건의 인도를 청구할 권리를 가진다. 물건운송에서는 물건의 운송이 전제가 되므로 운송물의 인도는 현실의 인도만을 의미하며 목적물반환청구권의 양도에 의한 인도는 포함하지 않는다.

(2) 화물명세서 교부청구권

1) 의의

운송계약은 낙성계약으로서 당사자의 합의만으로 성립하지만, 흔히 운송인이 송하인에게 요구하여 화물명세서가 작성된다. 화물명세서는 운송물의 내역, 도착지, 수하인에 관한 사항, 운임 등 운송에 관한 주요사항이 기재된 서면으로서(제126조 제2항), 운송인의 청구에 의해 송하인이 작성·교부한다(제126조 제1항). 화물명세서는 유가증권도 계약서도 아닌, 단지 운송계약의 성립과 내용을 증명하기 위한 증거서면에 불과하다. 운송인은 화물명세서를 확보해 둠으로써 추후 자신이 이행한 것이 송하인의 지시와 상위 없음을 증명할 수 있다.

2) 불실기재의 효과

송하인이 화물명세서에 허위 또는 부정확한 기재를 한 때에는 운송인에 대하여 이로 인한 손해를 배상할 책임이 있다(제127조 제1항). 예를 들어 화물명세서에 운송물이 인화물질임을 은폐해 기재하여 운송인이 화재예방조치를 취하지 못한 결과 화재가 발생한 경우 송하인은 그 손해를 배상해야 한다. 다만 운송인이 악의인 경우에는 보호의 필요가 없으므로 손해가 나더라도 송하인이 배상할 책임이 없다(제127조 제2항). 통설은 화물명세서 불실기재에 따른 송하인의 이 책임을 무과실책임으로 보고 있다.

(3) 운임 기타 비용청구권

1) 운임의 의의

운임은 운송의 대가로서 운송인의 보수이다. 운임은 보통 운송계약에서 정해지지만, 운송계약에서 정하지 않아도 운송인은 상인이므로 당연히 운임청구권을 갖는다(제61조).

2) 운임채권의 행사

운임은 운송을 완료함으로써 청구할 수 있다. 운송을 완료하였다고 하려면 운송물을 현실적으로 인도할 필요는 없으나 운송물을 인도할 수 있는 상태로는 만들어야 한다(대판 1993.3.12. 92다32906). 다만 실제로는 송하인으로부터 운임을 선급 받는 경우도 많다.

3) 운임의 채무자

운임청구권은 운송계약에 근거한 것이므로 그 계약상대방인 송하인이 채무자임은 당연하다. 그런데 운임은 운송을 완료해야만 청구할 수 있고 운송의 완료는 수하인에게 이루어지므로 운송인은 송하인보다는 수하인으로부터 운임을 받는 것이 더 쉬울 수 있다. 그래서 상법은 수하인 또는 화물상환증 소지인도 운송물을 수령하게 되면 운임 지급 의무를 지도록 하고 있다(제141조, 제131조).

4) 운송물의 멸실과 운임채권

운송물의 전부 또는 일부가 멸실된 경우 운송인은 운임을 청구할 수 있는가?

운송물 멸실이 누구의 과실에 의하였는가에 따라 달라진다. ① 운송인의 과실에 의한 경우에는 운임을 청구할 수 없다(제137조 제4항). ② 그러나 운송물의 성질이나 하자 또는 송하인의 과실에 의한 경우에는 운임의 전액을 청구할 수 있다(제134조 제2항). ③ 그러면 운송인과 송하인 어느 쪽에도 과실이 없는 경우에는 어떠한가? 이 경우 운송인은 운임을 청구하지 못하며, 이미 운임의 전부 또는 일부를 선급 받았다면 그 금액을 반환하여야 한다(제134조 제1항).

5) 기타 비용의 청구

운송인은 운임 외에 운송에 관한 비용과 체당금을 청구할 수 있다(제141조). 여기서 운송에 관한 비용은 운임을 정하면서 고려하지 않았던 비용을 말한다. 예컨대, 통관이 지체되어 소요된 보관료 같은 것이다. 통상 운송에 소요되는 비용은 운임으로 보상되므로 여기에 해당하지 않는다. 운임과 마찬가지로 원칙적으로 송하인에게 청구할 수 있는 것을 수하인 또는 화물상환증 소지인에게도 청구할 수 있도록 하였다.

6) 시효

운송인의 송하인·수하인 또는 화물상환증소지인에 대한 운임 등 기타 채권은 1년간 행사하지 아니하면 소멸시효가 완성한다(제147조, 제122조).

(4) 유치권

운송인은 앞서 살핀 운임·비용·체당금, 선대금 채권을 가지고 운송물에 대해 유치권을 행사할 수 있다(제147조, 제120조). 운송물에 대한 운임을 받지 못했다면 운송인도 운송물 인도를 거절할 수 있어야 공평하기 때문이다.

유치목적물은 운송물로 제한되고, 채무자 소유임을 요하지 않는다. 피담보채권은 위에서 본 바와 같이 목적물과 제한된 의미에서의 견련성이 있는 채권에 국한된다. 예를 들어 대구에 사는 乙이 운송인 甲에게 배추 500포기를 서울까지 운송해 줄 것을 위탁하고 배추를 인도하였다. 그런데 乙은 지난해부터 甲에게 일부 운임 지급을 연체하고 있는 것이 있었다. 이때 甲이 지난해 운임채권을 피담보채권으로 인도받은 배추에 대하여 유치권을 행사할 수 있는가?

그럴 수 없다. 지난해 운임채권은 甲이 점유하는 배추와 아무 상관이 없기 때문이다.

(5) 운송물의 공탁·경매권

수하인이 운송물을 수령하지 않을 경우 운송인은 운송물을 보관해야 하는데 이때 운송인이 채무에서 벗어나고 운임 등의 채권을 실현할 수 있도록 상법은 운송인에게 공탁권과 경매권을 인정하고 있다.

1) 공탁권

수하인을 알 수 없는 때(제142조 제1항), 수하인이 운송물의 수령을 거부하거나 수령할 수 없는 때(제143조 제1항) 운송인은 운송물을 공탁할 수 있다. 그리고 운송인은 공탁 후 지체 없이 송하인에게 통지를 발송하여야 한다(제142조 제3항).

① 여기서의 「수하인」은 운송물을 수령할 권한이 있는 자를 의미한다. 따라서 화물상환증이 발행된 경우에는 화물상환증 소지인을 뜻한다. ② 「수하인을 알 수 없는 때」란 송하인이 지정한 수하인이 소재 불명인 때, 화물상환증소지인이 누구인지 알 수 없는 때 등을 의미하고, ③ 「수령을 거부한 때」란 정당한 사유 없이 수령을 거절한 때를 의미한다. 그리고 ④ 「수령할 수 없는 때」란

질병·여행 등 주관적 사정 또는 천재지변으로 인한 교통두절과 같은 객관적 사정으로 수령이 장기간 불가능한 때를 의미한다.

2) 경매권

운송인은 공탁에 갈음하여 운송물을 경매할 수 있다. 다만 수하인 보호를 위해 공탁보다 엄격한 절차를 요한다.

① 절차

A. 수하인을 알 수 없을 때　　운송인은 송하인에 대하여 상당한 기간을 정하여 운송물의 처분에 대한 지시를 최고하고 그 기간 내에 지시를 받지 못한 때에는 운송물을 경매할 수 있다(제142조 제2항).

B. 수하인이 운송물 수령을 거부하거나 수령할 수 없을 때　　운송인은 먼저 수하인에 대하여 상당한 기간을 정하여 운송물의 수령을 최고하여야 한다(제143조 제2항). 그 후 다시 송하인에 대하여 상당한 기간을 정하여 운송물의 처분에 대한 지시를 최고하고 그 기간 내에 지시를 받지 못한 때에는 운송물을 경매할 수 있다(제142조 제2항).

C. 송하인·화물상환증소지인·수하인을 모두 알 수 없는 때　　이때 운송인은 공시최고를 하고 경매할 수 있다. 공시최고 기간은 6월 이상으로 정하고, 그 기간 내에 권리를 주장할 것을 관보나 일간신문에 2회 이상 공고하여야 한다. 이 기간 내에 권리를 주장하는 자가 없는 때에는 운송물을 경매할 수 있다(제144조).

다만 위 각 경우에 송하인 등에게 최고를 할 수 없거나 운송물이 멸실 또는 훼손될 염려가 있는 경우에는 이와 같은 최고 없이 경매할 수 있다(제145조, 제67조 제2항).

② 경매 후 조치

A. 통지　　송하인·화물상환증소지인·수하인을 모두 알 수 없는 때를 제외하고는 운송인은 경매 후 지체 없이 송하인에게 그 통지를 발송하여야 한다(제142조 제3항).

B. 대금의 공탁·채권에의 충당　　경매 후에는 대금 중 경매비용을 공제한 잔액을 공탁해야 한다. 그러나 그 전부 또는 일부를 운임 등 운송인의 채권의 변제에 충당할 수 있다(제145조, 제67조 제3항).

4. 운송인의 손해배상책임

(1) 책임의 완화

운송인은 운송계약상의 의무를 이행하여야 하며 그 의무를 이행하지 아니한 때에는 채무불이행 책임을 진다. 그러나 운송은 그 과정에서 물건의 손상·멸실·연착 등 손해가 발생할 가능성이 높고 또 1회 운송에서 다량의 화물을 취급하므로 그 손해의 규모도 매우 대형화된다. 이런 상황에서 운송업자에게 일반 채무불이행에 따른 손해배상책임을 그대로 지우면 그 책임이 너무 무거워 누구도 운송업을 영위하려 하지 않을 것이다. 그리고 운송 중에 발생한 손해에 대해서 비전문가인 송하인에게 운송인의 과실을 입증할 것을 요구하는 것은 가혹하다.

이런 상황과 기존의 통설을 고려하여 상법은 운송인의 손해배상책임을 완화하였다. 즉 상법은 기존의 통설에 따라 ① 손해배상책임을 정형화하였고, ② 고가물에 대한 책임을 경감하였으며, ③ 손해배상책임의 특별소멸사유를 정하였고, ④ 1년의 단기소멸시효를 정하였다.

(2) 책임 발생의 요건

운송인은 자기 또는 운송주선인이나 사용인, 그 밖에 운송을 위하여 사용한 자가 운송물의 수령, 인도, 보관 및 운송에 관하여 주의를 게을리 하지 아니하였음을 증명하지 아니하면 운송물의 멸실, 훼손 또는 연착으로 인한 손해를 배상할 책임이 있다(제135조).

① 과실책임주의를 취하며, ② 이행보조자의 과실에 대해서도 책임을 묻고 있으며, ③ 운송인 본인 및 이행보조자의 과실을 추정하고 있고, ④ 손해의 원인을 운송물의 수령, 인도, 보관, 운송에 관한 주의해태로, 손해의 유형을 운송물의 멸실, 훼손, 연착으로 각각 나열하고 있는 점에 특징이 있다. 통설에 따르면 ①, ②, ③은 민법상 채무불이행책임의 법리를 주의적으로 규정한 것으로 민법의 특칙이라 할 수 없고, ④에서 열거하고 있는 손해의 원인과 유형도 예시적인 것이 불과하여 이 또한 민법의 특칙이라 할 수 없다고 한다.

(3) 손해배상액의 정형화 및 제한

1) 취지

상법은 대량의 운송물을 신속하게 운송해야 하는 운송업의 성질상 법률관계를 획일적으로 처리하기 위해 운송인의 손해배상책임을 정형화하였다. 그리고 이는 운송업 보호·육성을 위해 운송인의 손해배상책임을 경감하는 의미도 있다.

2) 민법상 손해배상의 범위

채무자는 채무불이행과 상당인과관계가 있는 모든 통상의 손해를 배상해야 하고(민법 제393조 제1항), 특별손해도 알았거나 알 수 있었던 손해는 배상해야 한다(민법 제393조 제2항).

3) 상법의 특칙

① 원칙

A. 전부멸실·연착의 경우   운송물이 전부멸실 또는 연착된 경우의 손해배상액은 인도할 날의 도착지의 가격에 의한다(제137조 제1항). 즉 전부멸실의 경우는 인도할 날의 도착지의 시가 상당액이 손해배상액이고, 연착의 경우는 인도할 날의 도착지 가격과 연착되어 실제로 인도된 날의 도착지 가격의 차이에 해당하는 금액이 손해배상액이다. 연착의 경우를 보면 「인도한 날」의 가격이 「인도할 날」의 가격보다 하락하면 운송인이 위 금액만큼 손해배상책임을 지게 되나 상승하거나 변동이 없으면 운송인은 아무런 책임을 지지 않게 된다.

B. 일부멸실·훼손의 경우   운송물이 일부멸실 또는 훼손된 경우의 손해배상액은 인도한 날의 도착지의 가격에 의한다(제137조 제2항). 이는 잔존물이 인도할 날에 인도된 경우에 적용된다. 이때 손해배상액은 인도한 날의 완전한 물건의 가격에서 일부멸실·훼손된 상태의 가격을 뺀 금액이다. 일부멸실·훼손된 상태에서 연착한 경우의 손해배상액은 어떻게 산정하는가? 인도할 날의 완전한 물건의 가격에서 인도한 날의 잔존물의 가격을 뺀 금액이 배상액이다.

그리고 위 A. B. 모두의 경우 도착지의 가격을 기준으로 손해배상액을 정하였으므로 운송물의 멸실·훼손·연착으로 인한 특별손해는 설사 운송인이 그 특별한 사정을 알았거나 알 수 있었다고 하더라도 배상 범위에서 제외된다.

② 예외

위의 원칙은 운송인에게 경과실이 있을 경우에만 적용된다. 운송물의 멸실, 훼손 또는 연착이 운송인의 고의나 중대한 과실로 인한 때에는 운송인은 모든 손해를 배상하여야 한다(제137조 제3항). 즉 운송인은 민법의 일반원칙에 따라 운송물의 멸실·훼손·연착과 상당인과관계 있는 모든 통상의 손해를 배상해야 하고, 또 알았거나 알 수 있었던 특별한 사정으로 인한 손해도 배상해야 한다.

③ 운임 등의 상계

운송물의 멸실 또는 훼손으로 인하여 지급을 요하지 아니하는 운임 기타 비용은 손해배상액에서 공제하여야 한다(제137조 제4항).

(4) 고가물에 대한 특칙

1) 취지

고가물은 일반 물건보다 도난·분실의 위험도 높고 분실·훼손 시 손해의 규모도 크기 때문에 운송에 깊은 주의가 요구된다. 따라서 운송비용도 많이 소요되고 그만큼 운임도 높게 책정될 수밖에 없다. 그런데 송하인이 고가물임을 명시하지 않아 운송인이 보통물의 운임만 지급 받고 고가물을 운송하다가 고가물에 알맞은 주의를 베풀지 못해 운송 도중 손해가 발생한 경우 운송인에게 이에 대한 책임을 지우는 것은 매우 불공평하다. 그래서 상법은 송하인이 고가물임을 명시하지 않은 경우 운송인의 손해배상책임을 제한하고 있다. 즉 화폐, 유가증권 기타의 고가물에 대하여는 송하인이 운송을 위탁할 때에 그 종류와 가액을 명시한 경우에 한하여 운송인이 손해를 배상할 책임이 있다(제136조).

2) 고가물의 판단

고가물이란 화폐·유가증권·귀금속·보석·미술품·골동품과 같이 부피·무게 등에 비추어 다른 물건보다 현저히 비싼 물건을 말한다. 고가물인지 판단은 물건의 객관적 가치만으로 하며 송하인 등의 주관적 가치는 고려하지 않는다. 예를 들어 돌아가신 부모님의 사진, 연인의 편지 등은 주관적 가치는 매우 크나 객관적 가치는 크지 않은 물건이므로 고가물이라고 볼 수 없다.

3) 운송인의 책임

① 고가물임을 명시하지 않은 경우

A. 운송인이 고가물임을 모른 경우

ⓐ 운송인이 보통물에 대한 주의를 기울인 경우　　　운송인이 그 고가물을 보통물로 보고 보통물에 대한 주의를 기울였다면 운송인은 그 고가물이 멸실·훼손되더라도 손해배상책임을 전혀 지지 않는다. 고가물로서의 책임뿐만 아니라 보통물로서의 책임도 지지 않는다.

ⓑ 운송인이 보통물에 대한 주의조차도 기울이지 않은 경우　　　운송인이 보통물에 대한 주의조차 기울이지 않아 고가물이 멸실·훼손된 경우 운송인의 책임은 어떻게 되는가? 송하인이 고가물

이라는 것을 명시하지 않았으므로 고가물로서의 책임을 지지 않음은 당연하다. 그러면 보통물로서의 책임은 지는가? 통설은 이때도 운송인은 전혀 책임을 부담하지 않는다고 한다. 즉 보통물로서의 책임도 지지 않는다는 것이다. 고가물을 보통물로 바꾸어 가격을 산정하기가 어렵고, 송하인으로 하여금 고가물임을 명시하도록 촉구하기 위함이다.

ⓒ 운송인이 고의로 운송물을 멸실·훼손한 경우   운송인이 고가물임을 모른 경우에도 고의로 그 고가물을 멸실·훼손한 경우에는 운송인은 고가물로서의 손해배상책임을 부담한다. 이때도 운송인을 면책시키는 것은 심히 형평에 반하기 때문이다.

B. 운송인이 고가물임을 우연히 안 경우   이 경우 운송인의 책임에 대해서는, ⓐ 극단적으로 송하인의 명시가 없었다면 운송인이 고가물임을 알았는지 여부와 상관없이 운송인은 어떠한 책임도 지지 않는다는 견해, ⓑ 반대로 운송인이 고가물임을 안 이상 고가물에 대한 주의를 베풀어야 하고 이를 게을리하면 고가물로서의 책임을 져야 한다는 견해, ⓒ 그 중간으로 운송인은 이를 알았더라도 고가물로 명시된 것도 아니고 그에 상당한 운임을 받은 것도 아니므로 보통물로서의 주의를 기울이면 되고 이를 게을리 한 경우에 한해 고가물로서의 책임을 진다는 견해(다수설)가 대립한다.

② 고가물임을 명시한 경우

송하인이 고가물임을 명시한 경우 운송인이 고가물로서의 책임을 짐은 물론이다. 이 경우 배상액은 송하인이 명시한 가액을 최고한도로 하여 상법 제137조를 적용해 계산한다.

4) 증명책임

상법 제136조에 의해 책임을 면하기 위해서는 운송인이 운송물이 고가물이라는 사실, 송하인이 고가물임을 명시하지 않은 사실을 증명해야 한다.

(5) 손해배상책임의 소멸

운송인은 대량의 운송을 반복하므로 자신의 무과실 입증을 위한 증거를 장기간 보관하기가 어렵다. 그래서 상법은 운송인의 책임관계를 신속히 종결지음으로써 운송인을 보호하기 위해 운송인의 손해배상책임을 조기에 소멸시키는 규정을 두고 있다.

1) 특별소멸사유

① 수하인 또는 화물상환증소지인이 유보 없이 운송물을 수령하고 운임 기타의 비용을 지급한 때에는 원칙적으로 운송인의 손해배상책임은 소멸한다(제146조 제1항). 운임 등의 지급과 운송물의 인도가 교환될 때에는 운송계약의 이행을 승인한 것으로 의제한 것이다. 그리고 유보란 운송계약 이행을 승인하지 않는다는 뜻을 통지하는 것이다. 예컨대, 추후 운송물을 검사할 뜻을 통지하거나 운송물이 멸실·훼손된 사실을 통지하는 것 등이다. ② 운송물에 즉시 발견할 수 없는 훼손 또는 일부멸실이 있는 경우에 운송물을 수령한 날로부터 2주간 내에 운송인에게 그 통지를 발송한 때에는 운송인의 책임이 소멸하지 않는다(제146조 제1항 단서). 또 운송인 또는 그 사용인이 악의인 경우에는 수하인 또는 화물상환증소지인이 유보 없이 수령한 경우에도 운송인의 책임은 소멸하지 않는다(제146조 제2항). 여기서 「악의」인 경우란 운송물이 멸실·훼손된 사실을 알고 인도한 경우를 뜻한다.

2) 단기소멸시효

운송인의 손해배상책임은 전부멸실의 경우에는 운송물을 인도할 날로부터, 기타 손해의 경우에는 수령권자가 운송물을 수령한 날로부터 각각 1년을 경과하면 소멸시효가 완성한다(제147조, 제121조 제1항·제2항). 다만 이 단기소멸시효는 운송인 또는 그 사용인이 악의인 경우에는 적용하지 않는다(제147조, 제121조 제3항). 이때 「악의」인 경우란 판례에 의할 때 운송물의 훼손 또는 일부멸실이 있다는 것을 알면서 이를 수하인에게 알리지 않고 인도한 경우를 가리킨다(대판 1987.6.23. 86다카2107).

(6) 불법행위책임과의 관계

1) 문제점

운송인의 운송물에 대한 멸실·훼손은 운송계약상의 채무불이행에도 해당하나 타인의 물건을 멸실·훼손한 것으로서 불법행위에도 해당할 수 있다. 그러면 운송인이 운송물을 멸실·훼손한 것이 불법행위의 요건을 충족하면 운송인에 대하여 운송계약상의 채무불이행책임을 묻지 않고 불법행위책임을 묻는 것도 가능한가? 또 만약 불법행위책임을 물을 수 있다고 할 때 상법 제135조의 입증책임에 관한 규정이나 전술하였던 운송인의 책임 완화를 위한 특칙들이 불법행위책임에도 적용될 수 있는가?

2) 불법행위책임의 가능성

이에 대해서는 견해가 대립한다. ① 계약법은 특별법으로서 일반법인 불법행위에 관한 규정의 적용을 배제하므로 채무불이행책임만을 물을 수 있을 뿐 불법행위책임은 물을 수 없다는 법조경합설과 ② 계약책임과 불법행위책임은 그 요건과 효과를 달리하므로 불법행위에 기한 손해배상청구권과 채무불이행에 기한 손해배상청구권은 서로 별개로 성립하고, 피해자는 두 청구권을 선택적으로 행사할 수 있다는 청구권경합설이 있다. 청구권경합설이 통설이고 판례이다.

3) 불법행위책임에 대한 운송법 특칙의 적용 가능성

운송법의 특칙이 채무불이행 책임에 적용됨은 당연하다. 그러면 불법행위책임에도 적용되는가? 다수설과 판례는 이를 부정한다. 따라서 전술한 정액배상주의, 고가물에 대한 특칙, 특별소멸원인, 단기소멸시효 등은 불법행위에 기한 손해배상청구에는 적용되지 않는다. 상법 제135조 역시 적용되지 않으므로 불법행위책임을 물을 경우 송하인 등이 운송인의 고의·과실을 입증해야 한다. 판례는 "고가물 불고지로 인한 면책 규정은 일반적으로 운송인의 운송계약상의 채무불이행으로 인한 청구에만 적용되고 불법행위로 인한 손해배상청구에는 그 적용이 없다(대판 1991.8.23. 91다15409)." 라고 판시한 바 있다.

4) 불법행위책임에 대한 면책약관의 적용 가능성

① 운송인의 손해배상책임에 관한 규정은 임의규정으로서 당사자 간의 특약으로 배상책임을 가중하거나 경감할 수 있다. 그리고 실제 운송약관에는 운송인의 책임 일부를 경감·면제하는 내용이 포함되는 예가 많다. 이를 면책약관이라 한다. ② 운송인의 채무불이행책임과 불법행위책임이 경합하는 경우 면책약관은 채무불이행책임뿐만 아니라 불법행위책임에도 적용되는가? 판례는 원칙적으로 당사자 간의 합의가 없는 한 적용할 수 없다고 한다. 즉 "운송계약상의 면책약관이나 상법

상의 면책조항은 당사자 사이에 명시적이거나 묵시적인 약정이 없는 이상 불법행위를 원인으로 하는 손해배상의 경우에까지 확대하여 적용될 수 없다(대판 1980.11.11. 80다1812)."라고 판시하였다. 다만 판례는 해상운송에서 선하증권에 기재한 면책약관은 다르게 취급하였다. 즉 "운송인이 선하증권에 기재한 면책약관은 불법행위책임에 적용키로 하는 별도의 명시적·묵시적 합의가 없더라도 당연히 불법행위 책임에도 그 효력이 미친다(대판 1983.3.22. 82다카1533)."라고 판시한 바 있다. 그리고 이와 같은 판례의 입장은 육상운송에 그대로 적용된다고 본다. 주의할 점은 위 판례는 그 적용을 일부 제한하여 "선하증권의 면책약관도 특단의 사정이 없는 한 고의 또는 중과실로 인한 불법행위 책임에는 적용되지 않는다."라고 하였다는 점이다.

5. 수하인의 지위

(1) 수하인의 지위 변화

화물상환증이 발행되지 않은 상태에서 송하인이 제3자를 수하인으로 지정한 경우 그 수하인은 운송계약의 당사자가 아니면서도 운송계약상의 권리를 취득하고 의무를 부담한다. 그런데 수하인의 법적 지위는 운송의 진행에 따라 점차 발전하는 특수한 모습을 보인다.

1) 도착 전의 지위

운송물이 도착지에 도착하기 이전에는 수하인은 운송물에 대하여 아무런 권리를 갖지 못한다. 송하인만이 권리를 갖는다. 송하인이 운송물에 대한 처분권을 가지며(제139조) 운송물이 전부멸실된 경우 손해배상청구권도 송하인이 갖는다.

2) 도착 후의 지위 — 인도청구권

운송물이 도착지에 현실로 도착하면 수하인은 운송계약상 송하인이 갖는 권리와 동일한 권리를 취득한다(제140조 제1항). 따라서 수하인은 운송물에 대한 인도청구를 할 수 있고 운송물 일부 멸실·훼손 및 연착으로 인한 손해배상도 청구할 수 있다. 수하인이 권리를 취득하였다 하여 송하인의 권리가 소멸하는 것은 아니다. 송하인은 수하인이 인도청구를 할 때까지는 여전히 처분권을 가진다. 따라서 운송물이 도착지에 도착한 후에는 송하인과 수하인 중 먼저 권리를 행사하는 자가 우선한다. 운송인의 입장에서도 송하인에 대한 모든 항변으로 수하인에게 대항할 수 있다.

3) 수하인의 인도청구 후의 지위

수하인이 운송물의 인도를 청구한 때에는 수하인의 권리가 송하인의 권리에 우선한다(제140조 제2항). 그렇다고 송하인의 권리가 종국적으로 소멸하는 것은 아니다. 송하인은 수하인이 운송물 수령을 거부하거나 수령할 수 없을 때 운송인의 최고에 따라 운송인에게 운송물에 대한 처분 지시를 할 수도 있기 때문이다(제143조 제1항, 제142조 제2항).

4) 수하인의 운송물 수령 후의 지위

수하인은 운송물을 수령한 때에는 운송인에 대하여 운임 기타 운송에 관한 비용과 체당금을 지급할 의무를 부담한다(제141조). 그러나 이로 인하여 송하인의 운임 등 지급의무가 소멸하는 것은 아니므로 이 경우 송하인과 수하인은 부진정연대채무를 부담하게 된다. 위 운임 등 채무는 운송인이

1년간 행사하지 않으면 시효로 소멸한다(제147조, 제122조).

(2) 화물상환증 소지인과의 관계

화물상환증이 발행된 경우에는 수하인에게 위와 같은 지위는 인정되지 않는다. 이 때는 화물상환증 소지인만이 운송물에 관하여 배타적 권리를 행사할 수 있기 때문이다.

6. 화물상환증

(1) 총설

1) 의의 및 기능

화물상환증이란 운송인에 대한 운송물 인도청구권을 표창하는 유가증권이다. 화물상환증은 선하증권과 더불어 거액의 자금이 운송의 장기화로 사장되는 것을 막기 위해 만들어졌다. 운송물을 대표하는 유가증권이 발행되어 있으면 이를 양도·입질하는 등의 방법으로 처분함으로써 운송도중이라도 운송물에 투하된 자금을 회수할 수 있기 때문이다. 우리나라는 육상운송이 길어야 하루·이틀밖에 걸리지 않아 화물상환증은 거의 이용되지 않고 있으나, 상법이 화물상환증에 관한 규정을 창고증권과 선하증권에 준용하고 있어 화물상환증의 법리는 화물상환증의 실제 활용도와 무관하게 매우 중요하다.

2) 법적 성질

화물상환증은 유가증권으로서 요인증권성(제128조 제1항), 요식증권성(제128조 제2항), 제시증권성(제129조), 상환증권성(제129조), 지시증권성(제130조), 문언증권성(제131조), 처분증권성(제132조), 인도증권성(제133조)을 가진다.

(2) 화물상환증의 발행 및 양도

1) 발행

화물상환증은 송하인의 청구에 의해 운송인이 발행한다(제128조 제1항). 운송인의 청구에 의해 송하인이 발행하는 화물명세서와 반대가 된다. 운송물의 소유자라도 운송계약상의 송하인이 아니면 화물상환증의 발행을 청구할 수 없다. 화물상환증에 기재할 사항은 법정되어 있으나(요식증권성 상 제128조 제2항) 화물상환증은 요인증권이므로 그 요식성을 무인증권인 어음·수표와 같이 엄격하게 볼 필요는 없다. 따라서 일부 기재사항이 결여되었더라도 운송물의 동일성이 인정될 수 있고 도착지에서의 인도의무가 확정되어 있으면 유효하다.

2) 양도

① 화물상환증은 당연한 지시증권으로서 기명식으로 발행한 경우에도 배서에 의해 양도할 수 있다(제130조 본문). 화물상환증의 양도에 의해 송하인 및 그 이후의 소지인은 운송물을 환가·처분할 수 있다. 그러나 화물상환증에 배서를 금지하는 뜻을 기재하면 배서에 의해 양도할 수 없다(제130조 단서). 이때는 일반 지명채권의 양도방법에 따라 양도할 수 있을 뿐이다. ② 화물상환증의 배서에는 권리이전적 효력과 자격수여적 효력은 있으나(제65조, 민법 제508조, 제513조) 담보적 효력은 없다. 화물상환증에 표창되어 있는 운송물 인도청구권의 성질상 운송인이 이행하지 못한 채무의 이행을 배서

인에게 상환청구할 수는 없기 때문이다. 이 경우 화물상환증 소지인은 자기의 배서인에게 손해배상을 청구할 수 있을 뿐이다.

(3) 화물상환증의 효력

1) 채권적 효력

① 의의

화물상환증은 운송물 인도청구권이라는 채권을 표창하므로 그 소지인은 이 채권을 행사하여 운송인에게 운송물의 인도를 청구할 수 있다. 이를 화물상환증의 채권적 효력이라 한다.

② 문언증권성과 요인증권성

화물상환증소지인은 화물상환증에 기재된 내용대로 권리를 가지고 의무를 부담한다. 이를 문언증권성이라 한다. 한편 화물상환증은 운송계약에 따라 발행된 것이므로 그 권리관계는 운송계약의 내용에 구속된다. 이를 요인증권성이라 한다.

③ 문제점

운송인이 운송계약에 따라 실제로 수령한 운송물의 내역과 화물상환증에 기재된 내역이 다를 때 운송인은 어느 쪽에 따라 물건을 인도해야 하는가? 예를 들어 화물상환증에는 컴퓨터 300대를 운송하는 것으로 기재되어 있으나 실제로 운송인이 수령한 것은 컴퓨터 100대에 불과하였거나 아니면 수령한 물건이 전혀 없는 경우가 이에 해당한다. 이때 요인증권성을 중시하면 운송인은 실제로 수령한 컴퓨터 100대를 인도하거나 수령한 물건이 없으면 아무것도 인도하지 않아도 된다. 반면 문언증권성을 중시하면 컴퓨터 300대를 인도해야 할 것이다. 다만 이때 컴퓨터 300대를 전부 인도하는 것은 불가능하므로 운송물 일부멸실 또는 전부멸실의 경우 손해배상의 기준에 따라 손해배상을 해야 할 것이다. 상법은 이 문제를 화물상환증 소지인이 누구인가에 따라 달리 해결하고 있다.

④ 송하인이 화물상환증 소지인인 경우

이 경우에는 화물상환증의 기재 내용이 어떠하건 간에 운송인과의 운송계약에 따라 해결한다. 앞의 예에서 운송인은 송하인에게 실제 수령한 바에 따라 컴퓨터 100대를 인도하거나 아무것도 인도하지 않아도 된다. 다만 화물상환증의 문언성에 의해 입증책임이 배분된다. 즉 운송인과 송하인 사이에는 화물상환증에 적힌 대로 운송계약이 체결되고 운송물을 수령한 것으로 추정한다(제131조 제1항). 따라서 운송계약에 따라 실제로 운송인에게 인도된 물건의 내역이 화물상환증에 기재된 내역과 다름을 주장하는 자가 그 사실을 입증해야 한다. 위 예에서 운송인은 송하인으로부터 화물상환증에 적힌 대로 300대의 컴퓨터를 수령한 것으로 추정되므로, 300대의 컴퓨터 전부를 인도하지 못한 데 대한 손해배상책임을 면하려면 운송인이 운송계약에 따라 실제 수령한 물건은 100대뿐이었거나 아니면 전혀 없었던 사실을 입증해야 한다.

⑤ 제3자가 화물상환증 소지인인 경우

제3자가 실제와 다른 기재를 신뢰하고 화물상환증을 취득하였으면 그의 신뢰를 보호해야 한다.

그래서 상법은 문언성에 따라 "화물상환증을 선의로 취득한 소지인에 대하여는 운송인은 화물상환증에 적힌 대로 운송물을 수령한 것으로 보고 화물상환증에 적힌 바에 따라 운송인으로서 책임을 진다."라고 규정하고 있다(제131조 제2항).

A. 수량차이의 경우   운송인이 실제로 수령한 물건과 화물상환증의 기재가 수량 차이만 있는 경우에 상법 제131조 제2항이 적용된다는 데는 의문이 없다. 따라서 위 예에서 운송인은 화물상환증의 기재대로 화물상환증 소지인에게 컴퓨터300대를 인도해야 한다. 실제로 수령한 물건이 컴퓨터 100대뿐이었음을 입증해도 마찬가지이다. 물론 이때 운송인은 수령하지 않은 컴퓨터 200대는 인도할 수 없을 것이므로, 결국 채무불이행이 되어 손해배상책임을 진다.

B. 공권의 경우   운송인이 운송물을 수령하지 않고 발행한 화물상환증을 공권(空券)이라 한다. 그런데 상법 제131조 제2항이 공권이 발행된 경우에도 적용되는지는 의문이다. 상법 제854조 제2항은 선하증권에 관한 규정인데 "선하증권을 선의로 취득한 소지인에 대하여 운송인은 선하증권에 기재된 대로 운송물을 수령 혹은 선적한 것으로 보고 선하증권에 기재된 바에 따라 운송인으로서 책임을 진다."라고 하여 화물상환증에 관한 규정인 상법 제131조 제2항과 같은 내용을 규정하고 있는데, 판례가 선화증권에 관해 위와 같은 규정이 있음에도 불구하고 "<u>운송물을 수령 또는 선적하지 아니하였는데도 발행된 선하증권은 원인과 요건을 구비하지 못하여 목적물의 흠결이 있는 것으로서 무효라고 봄이 상당하다(대판 2005.3.24. 2003다5535).</u>"라고 판시하였기 때문이다. 이에 따르면 위 예에서 수령한 물건이 전혀 없는 운송인은 화물상환증 소지인에게 운송물을 인도해줄 의무를 부담하지 않게 된다. 다만 위 판례는 "<u>이러한 경우 선하증권의 소지인은 운송물을 수령하지 않고 선하증권을 발행한 운송인에 대하여 불법행위로 인한 손해배상을 청구할 수 있다.</u>"라고 하고 있으므로 위 예에서 운송인은 공권 발행에 관하여 화물상환증 소지인에게 불법행위로 인한 손해배상책임을 진다. 이처럼 판례는 운송인이 아예 처음부터 운송물을 수령하지 않은 경우는 단순히 수량 차이만 있는 경우와 다르게 취급하고 있다.

2) 물권적 효력

① 의의

화물상환증에 의하여 운송물을 받을 수 있는 자에게 화물상환증을 교부한 때에는 운송물 위에 행사하는 권리의 취득에 관하여 운송물을 인도한 것과 동일한 효력이 있다(제133조). 따라서 운송물의 양도 또는 입질을 위해 화물상환증을 교부한 때에는 그 수취인은 운송물 위에 소유권 또는 질권을 취득하게 된다. 이를 화물상환증의 물권적 효력이라 한다. 민법 제190조에 따라 목적물반환청구권의 양도로써도 운송인이 직접 점유하고 있는 물건을 인도할 수 있으나 이때는 민법 제450조에 따라 통지·승낙의 대항요건을 구비해야 하는 번거로움이 있다. 그래서 절차를 간편하게 하고자 화물상환증의 물권적 효력을 인정한 것이다.

② 민법 제190조와의 관계

상법 제133조의 화물상환증의 교부는 그 본질이 민법 제190조의 목적물반환청구권의 양도인데, 양자의 관계에 관해서는 절대설, 엄격상대설, 대표설, 절충설이 대립한다. 이 중 통설적 견해인 대표설은 상법 제133조는 민법 제190조에 근거를 두고 있다고 하면서, 화물상환증이 운송물을 대표한다고 보고 증권의 교부만에 의해 운송물의 간접점유를 이전하는 효과가 생긴다고 한다. 따라서 운송인이 운송물을 직접점유하고 있어야 한다.

③ 요건

화물상환증의 교부에 의해 운송물 위에 행사하는 권리의 취득에 관하여 운송물을 인도한 것과 동일한 효력이 발생하기 위해서는 다음과 같은 요건을 구비해야 한다. 이하 요건은 대표설에 따라 서술한다.

A. 운송인이 운송물을 인도받았을 것   물권적 효력은 운송인이 운송물을 수령하고 그 반환채무를 부담하기 때문에 그 반환청구권의 양도에 관하여 법이 인정한 효력이다. 따라서 화물상환증이 운송물을 수령하지 않고 발행한 공권인 경우에는 물권적 효력은 발생하지 않는다.

B. 운송물이 존재할 것   화물상환증 발행 후 운송물이 멸실된 경우에는 운송인이 운송물을 인도할 수 없으므로 물권적 효력을 발생하지 않는다. 제3자가 운송물을 선의취득한 경우도 마찬가지이다. 이 경우는 법적으로는 운송물이 멸실된 경우와 마찬가지이기 때문이다.

C. 운송인이 운송물을 직접점유하고 있을 것   ⓐ 운송인이 운송물을「직접점유」하고 있어야 한다. 따라서 운송인이 운송물을 도난 당한 경우에는 설사 제3자가 운송물을 선의취득하지 않았어도 물권적 효력은 발생하지 않는다. ⓑ 이 때 운송인의 점유는 화물상환증 소지인을 위한「타주점유」이어야 한다. 따라서 운송인이 운송물을 횡령하여 점유하고 있는 경우에는 물권적 효력은 발생하지 않는다. ⓒ 다만 운송물이 멸실되거나 제3자에 의해 선의취득된 경우 또는 운송인의 점유를 이탈하거나 운송인에 의해 횡령된 경우 화물상환증의 물권적 효력은 부정되나 채권적 효력은 인정되므로 화물상환증 소지인은 운송인에게 손해배상을 청구할 수 있다.

D.「화물상환증에 의하여 운송물을 받을 수 있는 자」에게 증권이 교부되었을 것   화물상환증에 의하여 운송물을 받을 수 있는 자란 화물상환증의 정당한 소지인을 의미한다. 따라서 화물상환증을 절취한 자에게는 물권적 효력이 발생하지 않으나 화물상환증을 선의취득한 자에게는 물권적 효력이 발생한다.

④ 내용

화물상환증의 교부에 의해「운송물 위에 행사하는 권리의 취득」에 관하여 운송물을 인도한 것과 동일한 효력이 발생한다. ⓐ「운송물 위에 행사하는 권리」란 소유권이 대표적이겠으나 질권유치권 및 위탁매매인의 처분권 등이 포함된다. 구체적으로 어느 권리인가는 화물상환증을 수수하는 당사자 간의 계약의 내용에 의해 정해진다. ⓑ 물권적 효력은 권리의「취득」에 관해서만 인정된다. 따라서 상인 간에 운송중인 물건을 매매하고 매도인이 매수인에게 화물상환증을 교부하더라도 매수인이 상법 제69조에 따른 목적물의 검사 및 하자통지의무를 부담하지는 않는다.

화물상환증의 물권적 효력이 인정되는 결과 화물상환증이 발행된 경우에는 운송물에 관한 처분은 화물상환증을 가지고 하여야 한다(처분증권성 제132조).

7. 순차운송

(1) 의의

순차운송이란 동일한 운송물을 수인의 운송인이 각 구간별로 운송하는 것을 말한다. 실무에서는 통운송이라는 표현을 더 자주 사용한다. 예를 들어 서울 영등포에서 가평군의 남이섬까지 송하인 A의 청량음료를 운송한다고 할 때 영등포에서 청량리역까지는 운송인 甲이 트럭으로 운송하고, 청량리역에서 가평읍까지는 철도공사 乙이 기차로 운송하고 가평읍에서 남이섬까지는 丙이 보트로 운송하는 것이다.

(2) 공동운송

순차운송에는 여러 유형이 있는데, 통설은 이 중 공동운송만을 상법상의 순차운송으로 파악한다. 공동운송이란 수인의 운송인이 각 구간별로 운송을 인계·인수하는 연락관계를 가지고 있는 중에 송하인은 최초의 운송인과 운송계약을 체결하지만 다른 운송인을 이용한다는 합의를 하여 나머지 운송인의 운송조직도 이용하는 형태이다. 최초의 운송인은 전 구간에 걸쳐 운송을 인수하면서 자기의 운송구간을 제외하고는 자기의 명의와 송하인의 계산으로 다른 운송인과 운송계약을 체결한다. 위 예에서 甲·乙·丙은 영등포－남이섬 구간을 이동하는 운송물을 순차운송하기로 합의가 되어 있고, 송하인 A는 이러한 합의를 알고 또 이 운송조직을 이용하기 위해 甲과 운송계약을 체결하는 것이다.

(3) 순차운송인의 손해배상책임

1) 연대책임

수인이 순차로 운송할 경우에는 각 운송인은 운송물의 멸실·훼손 또는 연착으로 인한 손해를 연대하여 배상할 책임이 있다(제138조 제1항). 수하인 등으로 하여금 누구의 구간에서 손해가 발생하였는지를 증명할 필요 없이 손해배상을 청구할 수 있도록 하기 위한 규정이다.

2) 구상권 및 분담부분

손해발생과 무관한 운송인이 수하인 등에게 손해배상을 한 때에는 그 손해의 원인이 된 행위를 한 운송인에 대하여 구상권이 있다(제138조 제2항). 그러나 손해의 원인이 된 행위를 한 운송인을 알 수 없는 때에는 각 운송인은 그 운임액의 비율로 손해를 분담한다(제138조 제3항 본문). 한편 손해의 원인이 된 행위를 한 운송인이 누구인지는 알지 못하지만 특정 운송인이 손해 발생 원인과 무관하다는 사실은 밝혀진 경우가 있을 수 있다. 이 경우 그 운송인은 손해가 자기의 운송구간 내에서 발생하지 아니하였음을 증명하여 손해배상 책임을 면할 수 있다(제138조 제3항 단서).

(4) 순차운송인의 대위의무와 대위권

1) 대위의무

수인이 순차로 운송을 하는 경우에는 후자는 전자에 갈음하여 그 권리를 행사할 의무를 부담한다(제147조 → 제117조 제1항). 여기서 말하는 권리는 주로 유치권과 공탁·경매권을 의미한다. 순차운송에서는 운송물의 점유가 운송인들 간에 이전되므로 선순위의 운송인은 운임 등을 지급받지 못해도 유치권이나 공탁·경매권을 행사할 수가 없다. 그래서 선순위 운송인 보호를 위해 후자의 운송인으로 하여금 이를 대신 행사하도록 한 것이다. 위 예에서 丙은, 甲이 A로부터 보수나 비용을 받지 못하고 있을 때 甲에 갈음하여 운송물에 유치권을 행사하여야 하며 A가 운송물 수령을 거부하는 경우에는 운송물에 대하여 공탁·경매권을 행사하여야 한다.

2) 대위권

후자가 미리 전자에게 전자의 채권을 변제한 때에는 전자가 수하인에게 갖는 채권을 후자가 취득한다(제147조→제117조 제2항). 순차운송에서는 지역적인 사정으로 선순위 운송인이 직접 채권을 행사하기가 어려워 후순위 운송인이 선순위 운송인에게 운임 등을 먼저 지급하고 후순위 운송인이 전구간에 대한 권리를 일괄해서 행사하는 관행이 있었다. 이 규정은 이 관행을 존중한 규정이다.

03 여객운송

1. 의의

상법 제148조 이하에서 규정하는 여객운송은 육상 또는 호천, 항만에서 여객을 장소적으로 이동시키는 행위를 말한다(제125조).

2. 운송인의 손해배상책임

(1) 대인적 손해에 대한 책임

1) 손해의 유형

여객운송인은 자기 또는 사용인이 운송에 관한 주의를 해태 하지 아니하였음을 증명하지 아니하면 여객이 운송으로 인하여 받은 손해를 배상할 책임을 면하지 못한다(제148조 제1항). 이때 「여객이 운송으로 인하여 받은 손해」란 '여객이 생명·신체에 받은 손상으로 인한 손해'를 의미한다. 여객운송인의 채무불이행책임이며 운송인이 무과실에 대한 입증책임을 진다.

2) 손해배상

① 물건운송에서 배상책임을 완화하는 규정들, 즉 손해배상액의 정형화, 고가물에 대한 책임, 특별소멸사유, 단기소멸시효 등은 준용되지 않는다. 민법의 일반원칙에 따른다. 여객의 생명·신체에 대해서는 목적지의 가격이라든지 고가물 등의 개념을 생각할 수 없으므로 단기소멸시효가 적용되지 않는다는 점이 의미가 있다.

② 여객의 사상(死傷)으로 인한 손해배상액을 정함에는 법원은 피해자와 그 가족의 정상을 참작하여야 한다(제148조 제2항).

(2) 대물적 손해에 대한 책임

1) 탁송수하물인 경우

운송인은 여객으로부터 인도를 받은 수하물에 관하여는 운임을 받지 아니한 경우에도 물건운송인과 동일한 책임이 있다(제149조 제1항). 따라서 운송인이 무과실에 대한 입증책임을 지며 정액배상주의, 고가물에 대한 특칙, 특별소멸사유, 단기소멸시효의 규정도 모두 적용된다. 다만 공탁·경매권에 대해서는 특칙이 있으므로 물건운송에 관한 규정이 적용되지 않는다. 즉 수하물이 도착지에 도착한 날로부터 10일 내에 여객이 그 인도를 청구하지 아니한 때에는 상법 제67조가 준용되어 운송인이 수하물을 공탁·경매할 수 있다(제149조 제2항 본문). 이 경우 여객에 대해 최고·통지할 것이 요구되나(제67조 제1항), 여객의 주소 또는 거소를 알지 못할 때에는 최고·통지를 요하지 않는다(제149조 제2항 단서).

2) 휴대수하물인 경우

운송인은 여객으로부터 인도를 받지 아니한 수하물의 멸실 또는 훼손에 대하여는 자기 또는 사용인의 과실이 없으면 손해를 배상할 책임이 없다(제150조). 손해배상을 청구하는 여객이 운송인의 과실을 입증해야 한다. 여객이 수하물을 휴대하는 경우 운송인이 수하물을 점유하지 않으므로 그 책임을 경감한 것이다. 명문의 규정은 없으나 손해배상액은 상법 제137조 정액배상주의를 따른다. 그렇지 않으면 운송인이 수하물을 인도받지 않은 경우에 인도받은 경우보다 더 무거운 책임을 지게 되는 모순이 발생하기 때문이다.

(3) 손해배상책임의 소멸

여객의 사상으로 인한 손해의 배상책임에는 단기소멸시효에 관한 규정이 적용되지 않으므로 그 시효기간은 일반 상사 소멸시효 기간인 5년이다(제64조). 그러나 여객의 수하물에 관한 손해배상책임은 물건운송인의 책임과 동일하게 보므로 특별소멸사유(제146조)와 단기소멸시효(제147조→제121조)에 관한 규정이 적용된다. 따라서 그 시효기간은 1년이다. 이는 수하물이 탁송수하물이건 휴대수하물이건 마찬가지이다.

제5절 운송주선업

❶ 총설

1. 운송주선인의 의의

운송주선인이란 화주의 위탁을 받아 자기의 명의로 화주의 계산으로 운송인과 물건운송계약을 체결하는 자, 즉 물건의 운송을 주선하는 자이다(제114조). 운송주선인은 「물건」의 운송을 주선하는 자를 말하므로 「여객」의 운송을 주선하는 자는 운송주선인이 아니고 준위탁매매인이다. 다만 운송수단에는 제한이 없다. 따라서 운송주선인은 육상운송뿐만 아니라 해상 또는 공중운송의 주선도 영업범위로 한다.

2. 운송주선업의 기능

화주가 운송계약을 운송인과 직접 체결하지 않고 운송주선인에게 위탁하여 체결하는 이유는 무엇인가? 오늘날은 운송수단이 다양화되고 화물도 복잡·대량화되었다. 그래서 운송인에 관한 정확한 정보가 없는 화주들은 운송수단과 운송인의 선택, 적절한 운임의 결정에 애로를 겪게 마련이고, 운송인도 일반적으로 화물의 공급시장에 대한 정보가 어두워 송하인과의 연결이 쉽지 않다. 그런데 운송주선인은 운송업계 및 운송노선, 그리고 운송물의 공급시장에 관한 전문적인 정보를 갖고 있으므로, 운송주선인을 활용하면 송하인은 효율적으로 물건을 운송할 수 있고 운송인은 운송물 확보를 위한 비용을 절감할 수 있다.

3. 운송주선의 법구조

화주는 수하인을 특정해 운송주선인에게 운송계약 체결을 위탁하고(주선계약), 운송주선인은 그 위탁계약의 이행으로 자신의 명의로 운송인과 운송계약을 체결한다. 그리하여 운송인과의 관계에서는 운송주선인이 송하인이 되고 화주와 운송인 사이에서는 직접적인 법률관계가 생기지 않는다.

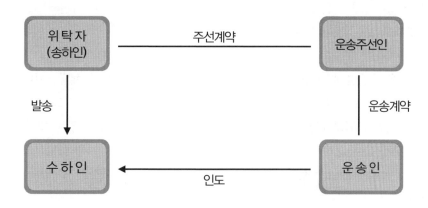

[운송주선관계의 기본구조]

그 법적 구조가 위탁매매인과 동일하기 때문에 운송주선인에 관해 별도의 규정이 없는 사항에 대해서는 위탁매매인에 관한 규정을 준용한다(제123조). 그리고 주선계약은 위임이므로 위임에 관한 민법규정이 적용된다(제123조 → 제112조).

02 운송주선인의 권리와 의무

1. 운송주선인의 의무

운송주선인은 위탁자의 수임인으로서 선량한 관리자의 주의의무를 진다(민법 제681조). 그 외에 위탁매매에 관한 규정을 대부분 준용하고 있으므로(제123조) 통지의무 및 계산서 제출의무(제104조), 지정가액준수의무(제106조), 운송물의 훼손·하자 등에 대한 통지·처분 의무(제108조)를 부담한다.

2. 운송주선인의 권리

운송주선인은 운송인에게 운임 기타 운송을 위한 비용을 지급한 때에는 위탁자에게 그 상환을 청구할 수 있다(비용상환청구권 상법 제123조→제112조→민법 제688조). 또 위탁자가 운송한 물건의 수령을 거부하거나 수령할 수 없을 때는 운송물을 공탁하거나 경매할 수도 있다(공탁·경매권 상법 제123조→제109조→제67조). 이 외에 상법은 운송주선인에게 특별한 권리를 인정하고 있다.

(1) 보수청구권

운송주선인은 상인이므로 송하인과 보수에 관한 약정이 없더라도 상당한 보수를 청구할 수 있다(제61조). 그 청구 시기와 관련하여 운송주선인은 운송물을 운송인에게 인도한 때에는 즉시 보수를 청구할 수 있다(제119조 제1항). 보수 청구를 위하여 단순히 운송계약이 체결된 것만으로는 부족하나 운송이 완료될 필요는 없다. 운송주선계약으로 운임의 액을 정한 경우에는 다른 약정이 없으면 따로 보수를 청구하지 못한다(제119조 제2항). 이 경우에는 운송주선인이 자신의 보수까지 포함해서 운임을 정했다고 보는 것이다.

(2) 유치권

운송주선인은 운송물에 관하여 받을 보수, 운임 기타 위탁자를 위한 체당금이나 선대금에 관하여서만 그 운송물을 유치할 수 있다(제120조). 유치목적물은 운송물로 제한되고, 소유관계는 묻지 않는다. 그리고 특히 피담보채권은 목적물과 제한된 의미에서의 견련성이 있는 채권에 국한된다. 운송인의 유치권과 같다. 운송주선인은 운송인과의 관계에서 송하인의 지위에 있으므로 운송 중에는 운송인에게 운송물에 대한 처분청구권을 행사함으로써 유치권을 행사할 수 있다.

(3) 개입권

1) 의의

① 운송주선인은 다른 약정이 없으면 자신이 운송인이 되어 직접 운송을 할 수 있다(제116조 제1항 전단). 이를 운송주선인의 개입권이라 한다. 위탁자 입장에서는 그 이행만 확실하다면 누가 운송하는지는 중요하지 않고 운송주선인은 개입권 행사를 통해 주선에 대한 보수뿐만 아니라 운송 단계에서의 부가가치도 얻을 수 있는 이점이 있어 인정한 것이다. ② 위탁매매인의 개입권과는 달리 운임에 「거래소의 시세가 있을 것」을 요하지 않는다. 운임에 거래소의 시세라는 것이 있을 수 없고, 운임은 구간에 따라 정형화되어 있는 실정이어서 개입권 행사에 의해 위탁자에게 이례적인 부담이 가지도 않기 때문이다.

2) 개입권 행사 및 의제

① 개입권은 형성권이므로 운송주선인의 일방적인 의사표시로 행사한다. 개입에 위탁자의 동의는 필요 없다. ② 상법은 일정한 경우 개입권 행사를 의제하고 있다. 즉 운송주선인이 위탁자의 청구에 의하여 화물상환증을 작성한 때에는 직접 운송하는 것으로 본다(제116조 제2항). 화물상환증은 원래 운송인이 발행하는 것이므로, 위탁자의 운송주선인에 대한 화물상환증 발행 청구는 개입권 행사의 권유로 볼 수 있고 이에 따른 운송인주선인의 화물상환증 발행은 개입하겠다는 묵시적 의

사표시로 볼 수 있기 때문이다.

3) 개입의 효과

개입을 하면 운송주선인은 운송인과 동일한 권리·의무를 갖는다(제116조 제1항 후단). 즉 위탁자와 운송주선인 사이에는 운송계약상의 법률관계가 발생하여 운송에 관한 규정의 적용을 받게 된다. 따라서 운송주선인은 운송인의 지위에서 송하인의 지위를 겸하는 위탁자에게 직접 운임을 청구할 수 있게 된다. 그렇다고 운송주선인의 지위를 상실하는 것은 아니다. 운송주선인은 개입권 행사를 운송주선계약의 이행으로 보아 운송주선인의 지위에서 위탁자에게 보수를 청구할 수도 있다.

(4) 운송주선인의 채권의 소멸시효

운송주선인의 위탁자 또는 수하인에 대한 채권은 1년간 행사하지 아니하면 소멸시효가 완성한다(제122조). 여기서의 채권은 보수청구권과 비용상환청구권을 의미한다.

03 운송주선인의 손해배상책임

운송주선인에게 운송주선을 위탁한 화주는 마치 운송주선인과 운송계약을 체결하는 것처럼 느낄 것이다. 그것이 경제적 실질에 부합하고 특히 운송 도중 물건에 사고가 발생한 경우 화주나 수하인으로서는 운송주선인에게 그 책임을 묻는 것이 자연스럽다. 그래서 운송주선인의 손해배상책임의 구조는 운송인의 그것과 거의 동일하다.

1) 배상책임의 발생 요건

상법은 "운송주선인은 자기나 그 사용인이 운송물의 수령·인도·보관, 운송인이나 다른 운송주선인의 선택 기타 운송에 관하여 주의를 해태하지 아니하였음을 증명하지 아니하면 운송물의 멸실, 훼손 또는 연착으로 인한 손해를 배상할 책임을 면하지 못한다."라고 규정하고 있다(제115조). 상법 제135조와 거의 동일하다. 「운송인이나 다른 운송주선인의 선택에 관한 주의해태」를 손해배상 원인으로 추가하고 있다는 점이 특징이다.

2) 고가물에 대한 책임 및 단기소멸시효

운송주선인의 손해배상책임은 운송인의 그것과 마찬가지로 ① 고가물에 대하여 책임이 완화되고(제124조 → 제136조), ② 원칙적으로 1년의 단기소멸시효에 의해 소멸한다(제121조 제1항·제2항). 다만 이때도 운송주선인이나 그 사용인이 악의인 경우에는 단기소멸시효는 적용되지 않고(제121조 제3항) 소멸시효기간은 5년이다(제64조).

3) 정액배상주의의 불채택

운송주선인의 손해배상책임에 대해서는 상법 제137조와 같이 손해의 유형별로 손해배상액을 정형화하는 규정이 없다. 따라서 운송물이 멸실·훼손·연착한 경우 운송주선인은 민법의 일반원칙에 따라 상당인과관계 있는 모든 손해를 배상해야 한다(민법 제393조 제1항).

이행보조자의 과실, 증명책임, 불법행위책임과의 관계 등 기타 사항은 운송인의 손해배상책임과 같으므로 이를 참고하면 된다.

⑭ 수하인의 지위

상법 제124조는 운송인에 관한 규정 중 수하인의 지위에 관한 규정(제140조)과 수하인의 의무에 관한 규정(제141조)을 운송주선인에 준용하고 있다. 따라서 운송주선계약에서 운송물의 수령인으로 지정된 자인 수하인(운송계약상의 수하인과 반드시 동일인인 것은 아니다)은 운송의 진행에 따라 직접 운송주선인과 법률관계가 생긴다. 자세한 내용은 운송업에서의 '수하인의 지위'를 참고하기 바란다.

⑮ 순차운송주선에 관한 특칙

1. 의의

순차운송주선이란 동일한 운송물에 관하여 순차적으로 운송주선을 하는 것을 말한다. 순차운송주선에는 여러 가지 유형이 있는데 상법 제117조, 제118조에서 규정하는 것은 이 중 중간운송주선이다. 중간운송주선이란 최초 운송주선인이 일부 구간의 운송주선을 인수하고, 나머지 구간에 대해서는 최초 운송주선인이 자기의 명의로 위탁자의 계산으로 다른 중간운송주선인에게 운송주선을 의뢰하는 것을 말한다.

앞서 순차운송 중 공동운송의 경우에는 최초의 운송인이 전 구간에 걸쳐 운송을 인수하였으나, 중간운송주선의 경우에는 최초의 운송주선인이 자신의 구간에서만 운송주선을 인수하고 나머지 구간에 대해서는 다른 중간운송주선인에게 운송주선을 의뢰할 뿐이라는 점에서 차이가 있다.

2. 법률관계

(1) 운송주선인의 대위의무

순차운송주선에서 후자는 전자에 갈음하여 그 권리를 행사하여야 한다(제117조). 자세한 내용은 순차운송 부분을 참고하기 바란다.

(2) 대위변제의 효과

순차운송주선에서 후자가 전자에게 변제한 때에는 전자의 권리를 취득한다(제117조 제2항). 자세한 내용은 순차운송 부분을 참고하기 바란다. 그리고 운송주선인이 운송인에게 변제한 때에는 운송인의 권리(운임청구권·비용상환청구권)를 취득한다(제118조). 여기서의 운송주선인은 운송인에게 운송을 위탁한 운송주선인이 아니라 그 다음 단계의 운송주선인을 의미한다. 예를 들어 운송주선인 甲이 운송인 A에게 서울—대전 구간의 운송을 의뢰하고, 운송주선인 乙이 이를 인계 받아 운송인 B에게 대전—부산 구간의 운송을 시킨 경우, 乙이 A에게 운임 또는 비용을 지급한 때에는 A의 권리를 취득한다는 의미이다. 이 규정은 중간운송주선인(乙)이 전 단계 운송인(A)으로부터 운송물을 수령할 때 운송인(A)의 요구에 따라 운임·비용을 지급하는 것이 상례임을 감안한 것이다.

제6절 공중접객업

01 총설

1. 의의

극장·여관·음식점 그 밖의 공중이 이용하는 시설에 의한 거래를 영업으로 하는 자를 공중접객업자라 한다(제151조). 공중이 이용하는 시설이란 불특정 다수인이 모여 특정한 목적을 위해 이용할 수 있도록 제공된 인적·물적 설비 또는 장소를 말한다. 공중접객업에 속하는 업종은 위에 열거한 것 외에도 목욕탕·독서실·이발소·찻집 등 무수히 많다. 공중접객업소에는 다수의 고객이 부단히 출입하므로 고객의 휴대품이 분실되거나 도난 당할 우려가 높다. 그래서 상법은 고객 휴대품의 분실·도난 등 사고 발생 시의 업주의 손해배상책임에 관하여 규정하고 있다.

2. 고객의 범위

고객은 공중접객업자 관리 시설의 이용자를 뜻한다. 다만 반드시 이용계약이 체결되어야 하는 것은 아니며 시설 이용 의사를 가지고 시설 내에 소재하는 자를 두루 포함한다. 예를 들어 음식점에서 빈 좌석을 기다리다가 그냥 나왔어도 고객이 될 수 있다.

02 임치 받은 물건에 대한 책임

1. 의의

공중접객업자는 자기 또는 그 사용인이 고객으로부터 임치 받은 물건의 보관에 관하여 주의를 게을리하지 아니하였음을 증명하지 아니하면 그 물건의 멸실 또는 훼손으로 인한 손해를 배상할 책임이 있다(제152조 제1항). 무과실책임에 가까웠던 것을 2010년 법개정을 통해 운송인, 창고업자의 책임과 동일하게 과실책임으로 변경하였다. 다만 공중접객업자가 무과실에 대한 입증책임을 진다.

2. 임치

상법 제152조 제1항의 책임이 성립하기 위해서는 공중접객업자가 물건을 「임치」 받았어야 하므로 고객과 공중접객업자 사이에 물건의 보관에 관한 명시적 또는 묵시적 합의가 있어야 한다. 묵시적 임치 약정이 있었는지에 관해 판례는 여관에 투숙하면서 주차를 하였으나 그 사실을 주인에게 알리거나 열쇠를 맡기지 않은 사안에서 "여관 부설주차장에 시정장치가 된 출입문이 설치되어 있거나 출입을 통제하는 관리인이 배치되어 있는 등 여관측에서 그 주차장에의 출입과 주차사실을 통제하거나 확인할 수 있는 조치가 되어 있다면, 명시적인 위탁의 의사표시가 없어도 임치의 합의가 있은 것으로 볼 수 있으나, 단지 주차의 장소만을 제공하는 데에 불과하여 그 주차장 출입과 주차사실을 여관측에서 통제하거나 확인하지 않고 있는 상황이라면, 그러한 주차장에 주차한 것만으로 임치의 합의가 있은 것으로 볼 수 없고, 투숙객이 여관측에 주차사실을 고지하거나 차량열쇠를 맡겨 차량의 보관을 위탁한 경우에만 임치의 성립을 인정할 수 있다(대판 1992.2.11. 91다21800)."라고 판시하였다.

⑬ 임치 받지 않은 물건에 대한 책임

공중접객업자는 고객으로부터 임치 받지 아니한 경우에도 그 시설 내에 휴대한 물건이 자기 또는 사용인의 과실로 인하여 멸실 또는 훼손된 때에는 그 손해를 배상할 책임이 있다(제152조 제2항). 고객이 영업주 또는 사용인의 과실에 대한 증명책임을 진다. 이 점에서 임치 받은 물건에 대한 책임에 비하여 영업주의 책임이 경감되어 있다.

⑭ 면책약관의 효력

상법 제152조는 강행규정이 아니므로 당사자 사이의 특약으로 영업주의 책임을 면제 또는 경감할 수도 있다. 면책약관으로 책임을 감면하는 것도 가능하다. 그런데 공중접객업자는 구체적인 면책약관을 이용하지 않고 '특별히 보관을 의뢰하지 않은 물건에 대해서는 그 도난이나 손상에 대해서 책임을 지지 않겠다'는 내용의 게시물 정도만 부착해 두는 것이 보통이다. 이에 대해 상법은 이러한 뜻을 알렸다 하더라도 공중접객업자는 위 2가지 책임을 면하지 못한다고 규정하고 있다(제152조 제3항). 면책약관이 무효라는 의미가 아니라 이러한 게시만으로는 면책의 묵시적 합의를 인정할 수 없다는 의미이다.

⑮ 고가물에 대한 책임

화폐·유가증권 그 밖의 고가물에 대하여는 고객이 그 종류와 가액을 명시하여 임치하지 아니하면 공중접객업자는 그 물건의 멸실 또는 훼손으로 인한 손해를 배상할 책임이 없다(제153조). 그 취지는 고가물에 대한 운송인의 책임에서 설명한 바와 같다.

⑯ 단기시효

공중접객업자의 책임은 공중접객업자가 임치물을 반환하거나 고객이 휴대물을 가져간 후 6개월이 지나면 소멸시효가 완성한다(제154조 제1항). 이 기간은 물건이 전부 멸실된 경우에는 고객이 그 시설에서 퇴거한 날로부터 기산한다(제154조 제2항). 그러나 공중접객업자나 그 사용인이 악의인 경우에는 보호의 필요가 없으므로 위 단기소멸시효는 적용하지 아니한다(제154조 제3항). 따라서 그 책임은 5년의 상사소멸시효에 의해 소멸한다(제64조).

제7절 창고업

01 창고업자의 의의

타인을 위하여 창고에 물건을 보관함을 영업으로 하는 자를 창고업자라 한다(제155조). 창고는 반드시 건물일 필요는 없고 목재 등을 쌓아두는 야적지도 창고가 될 수 있다. 임치의 인수가 영업적 상행위이고 물건의 보관은 사실행위에 불과하다.

02 창고업자의 의무

1. 보관의무

창고업자는 임치가 유상이든 무상이든 임치물을 선량한 관리자의 주의로써 보관하여야 한다(제62조).

2. 임치물의 검사 등 수인의무

임치인 또는 창고증권 소지인은 영업시간 내에 언제든지 창고업자에 대하여 임치물의 검사 또는 견품의 적취를 요구하거나 그 보존에 필요한 처분을 할 수 있다(제161조). 임치물을 양도·입질할 때 임치물의 상태를 확인하거나 그 현상을 유지하기 위해 임치물에 대하여 검사·견품 적취·보존 등의 조치가 취해지는 경우가 많은데 이때 창고업자의 협력이 필요하기 때문이다.

3. 임치물의 훼손·하자 통지의무 및 처분의무

창고업자가 임치물을 인도받은 후 그 물건의 훼손 또는 하자를 발견하거나 그 물건이 부패할 염려가 있는 때에는 지체 없이 위탁자에게 그 통지를 발송하여야 한다. 이 경우 임치인의 지시를 받을 수 없거나 그 지시가 지연되는 때에는 창고업자는 임치인의 이익을 위하여 적당한 처분을 할 수 있다(제168조 → 제108조). 적당한 처분이란 목적물의 공탁·전매·경매 등을 의미한다.

상법 제168조가 준용하고 있는 제108조는 「가격 저락의 상황을 안 때」에도 위탁매매인에게 통지 및 처분의무를 부과하고 있다. 그러나 통설은 창고업자는 물건의 가격 하락에 대해서는 통지의무 및 처분의무를 부담하지 않는다고 한다. 위탁매매인은 위탁자를 위해 물건·유가증권의 매매를 주선하므로 매매의 중요 요소인 가격 하락을 위탁자에게 통지해야 하겠지만, 창고업자는 단순히 물건의 보관이라는 사실행위만 하므로 가격 하락을 임치인에게 통지해야 할 이유가 없기 때문이다.

4. 창고증권 발행·교부의무

창고업자는 임치인의 청구에 의하여 창고증권을 교부하여야 한다(제156조 제1항). 뒤에서 한 번 더 언급하기로 한다.

03 창고업자의 권리

1. 보관료청구권 및 비용상환청구권

(1) 내용

창고업자는 상인이므로 보수에 관한 약정이 없더라도 보관료를 청구할 수 있다(제61조). 보관료 기타 비용과 체당금은 임치물을 「출고할 때」에 청구할 수 있다(제162조 제1항 본문). 다만 임의규정이며 실제로는 보관료를 미리 선급하는 경우가 대부분이다. 임치물을 일부 출고할 때에는 그 비율에 따른 보관료 등을 청구할 수 있다(제162조 제2항). 그러나 보관기간이 경과한 후에는 출고하기 전이라도 보관료를 청구할 수 있다(제162조). 임치인이나 창고증권소지인이 출고를 게을리하여 창고업자가 손해를 입는 일이 없도록 하기 위함이다.

(2) 단기소멸시효

창고업자의 임치인 또는 창고증권소지인에 대한 채권은 그 물건을 출고한 날로부터 1년간 행사하지 아니하면 소멸시효가 완성한다(제167조).

2. 유치권 — 특별규정의 부재

대리상·위탁매매인·준위탁매매인·운송인·운송주선인과는 다르게 창고업자에게는 특별상사유치권이 인정되지 않는다. 따라서 창고업자는 보관료청구권이나 비용상환청구권에 관하여 임치물에 일반 상사유치권(제58조) 또는 민사유치권(민법 제320조)을 행사할 수 있을 뿐이다.

3. 공탁·경매권

임치인 또는 창고증권소지인이 임치물의 수령을 거부하거나 수령할 수 없는 경우 창고업자는 상사매매에 있어서의 매도인과 같은 공탁·경매권을 행사할 수 있다(제165조 → 제67조 제1항·제2항).

04 창고업자의 손해배상책임

창고업자의 손해배상책임은 운송인의 손해배상책임과 동일한 구조로 되어 있으므로 공통점과 차이점이 무엇인지를 확인해야 한다.

1. 책임의 내용

창고업자는 자기 또는 사용인이 임치물의 보관에 관하여 주의를 해태하지 아니하였음을 증명하지 아니하면 임치물의 멸실 또는 훼손에 대하여 손해배상책임을 면하지 못한다(제160조). 상법 제135조와 내용이 거의 같다. 자세한 내용은 운송인의 손해배상책임 중 '책임발생의 요건' 부분을 참조하기 바란다.

2. 정액배상주의 및 고가물에 관한 특칙

상법은 창고업자의 손해배상책임에 대해서는 운송인의 경우와 다르게 손해배상액의 정형화를 규정한 제137조나 고가물에 관한 특칙을 규정한 제136조와 같은 규정을 두고 있지 않다. 그렇다면 그냥 일반적인 민법의 원칙에 따라야 하는가? 이에 관하여 운송인의 특칙을 유추 적용해야 한다는 견해와 그럴 수 없다는 견해가 대립한다.

3. 책임의 소멸

(1) 특별소멸사유

운송인의 특별한 책임소멸사유는 창고업자에게 그대로 준용된다(제168조 → 제146조). 자세한 내용은 운송인 중 해당 부분을 참조하기 바란다.

(2) 단기소멸시효

① 창고업자의 책임의 시효에 관한 제166조는 운송인의 책임의 시효에 관한 규정인 제147조 → 제121조와 약간의 문언 차이만 있을 뿐 내용은 동일하다. 즉 임치물의 멸실 또는 훼손으로 인하여 생긴 창고업자의 책임은 그 물건을 출고한 날로부터 1년이 경과하면 소멸시효가 완성한다(제166조 제1항). 이 기간은 임치물이 전부 멸실한 경우에는 임치인과 창고업자가 알고 있는 창고증권소지인에게 그 멸실의 통지를 발송한 날로부터 기산한다(제166조 제2항). 그러나 이 단기소멸시효는 창고업자 또는 그 사용인이 악의인 때에는 적용하지 아니한다(제166조 제3항).

② 판례는 "이 단기소멸시효는 창고업자의 계약상대방인 임치인의 청구에만 적용되고, 임치물이 타인 소유의 물건인 경우 소유권자인 타인의 청구에는 적용되지 않는다(대판 2004.2.13. 2001다75318)." 라고 판시하였다.

4. 불법행위책임과의 관계

임치물의 멸실·훼손이 불법행위를 구성하는 경우 채무불이행책임과 불법행위책임의 경합 문제도 운송인에서 설명한 바와 같다.

05 창고증권

1. 의의

창고증권이란 창고업자에 대한 임치물 반환청구권을 표창하는 유가증권이다. 임치인은 물건을 보관하는 중에도 창고증권을 가지고 임치물을 양도 또는 담보 제공함으로써 임치물에 투하한 자금을 회수할 수 있다.

2. 발행 및 효력

창고업자는 임치물을 수령한 후 임치인의 청구에 의하여 창고증권을 발행·교부하여야 한다(제156조 제1항). 상법은 창고증권의 기재내용은 별도로 규정하고 있으나(제156조 제2항) 효력에 대해서는 화물상환증의 효력에 관한 모든 조문을 준용하고 있다(제157조 → 제129조 내지 제133조).

따라서 창고증권에 대한 법적 규율은 화물상환증의 그것과 완전히 동일하다. 화물상환증의 채권적 효력과 물권적 효력에 관한 논의가 창고증권에 그대로 적용됨은 물론이다.

3. 창고증권의 분할청구

임치인은 임치물이 가분물인 경우 처음 창고증권을 발행 받을 때 임치물을 나누어 각 부분별로 별개의 창고증권을 발행 받을 수 있다. 더 나아가 이미 발행된 창고증권의 소지인도 창고업자에게 창고증권을 반환하고 임치물을 분할하여 각 부분에 대한 창고증권의 교부를 청구할 수 있다(제158조 제1항). 이로써 창고증권소지인은 임치물을 세분하여 각 부분별로 따로 처분할 수 있게 된다.

다만 이 경우 임치물의 분할과 증권 교부에 소요되는 비용은 증권소지인이 부담한다(제158조 제2항). 여기서 비용은 창고업자가 임치물을 혼장임치하지 못하고 분리 보관함에 따른 비용이나 증권 발행에 따르는 인지세 등의 비용을 말한다.

4. 임치물의 일부반환

예컨대, 창고증권소지인 甲이 증권에 의해 임치물을 입질하면 증권을 질권자 丙에게 교부하므로 (제157조 → 제133조) 증권은 丙이 점유하게 된다. 창고증권소지인이 창고업자로부터 임치물을 반환 받으려면 창고증권과 상환으로 하여야 하는데 이때는 증권을 질권자 丙이 점유하고 있으므로 甲은 丙에게 채무를 변제하고 증권을 되찾아 오기 전에는 원칙적으로 乙로부터 임치물을 반환 받을 수가 없다. 그러나 상법은 이 경우에도 甲이 임치물을 일부반환 받을 수 있는 길을 열어 놓고 있다.

즉 창고증권으로 임치물을 입질한 경우에도 질권자의 승낙이 있으면 임치인은 채권의 변제기 전이라도 임치물의 일부반환을 청구할 수 있다(제159조 전단). 증권소지인이 채권액을 초과하는 부분의 임치물을 창고증권의 반환 없이 활용할 수 있도록 한 것이다. 하지만 이로 인해 창고업자가 반환한 부분에 대해 2중의 반환 책임을 지게 되면 안되므로 창고업자는 반환한 임치물의 종류·품질과 수량을 창고증권에 기재하여야 한다(제159조 후단). 이로써 창고증권을 분할하는 부담을 덜 수 있다.

06 임치계약의 해지

민법에 의하면 임치기간의 약정이 없는 때에는 각 당사자는 언제든지 임치계약을 해지할 수 있다(민법 제699조). 그러나 창고업자가 불시에 임치계약을 해지하면 임치인이 예측하지 못한 손해를 입을 수 있어 상법은 이에 관한 특칙을 두고 있다.

즉 임치기간을 정하지 않은 경우 창고업자는 임치물을 받은 날로부터 6월이 경과한 후에야 임치계약을 해지하고 임치물을 반환할 수 있으며(제163조 제1항), 그것도 2주간 전에 예고하여야 한다(제163조 제2항). 다만 부득이한 사유가 있으면 언제든지 임치물을 반환할 수 있다(제164조).

제8절 새로운 상행위

01 금융리스업

1. 의의

리스란 본래 기계·시설 등 동산의 임대차를 의미하는데 크게 금융리스와 운용리스로 구분된다.

(1) 금융리스

금융리스란 리스이용자가 선정한 기계·시설 그 밖의 재산(금융리스물건)을 제3자(공급자)로부터 취득하거나 대여 받아 금융리스이용자에게 이용하게 하는 행위를 말한다. 그리고 이를 영업으로 하는 자를 금융리스업자라 한다(제168조의2).

금융리스는 리스업자가 물건의 소유권이나 사용·수익권을 취득하여 그 물건을 이용자에게 사용·수익하게 한다는 점에서 형식적으로는 임대차와 유사하다. 그러나 금융리스물건은 주로 고가의 의료장비와 같은 범용성이 없는 물건으로서 구입할 물건의 내용·공급자·구매조건 등은 모두 이용자가 결정한다는 점, 그리고 리스업자는 그 결정에 따라 취득대가를 지급하고 그 회수를 담보하기 위해 물건에 대한 소유권 또는 사용·수익권을 보유할 뿐이라는 점에서 실질적으로는 금융거래적 성격이 강하다. 판례는 금융리스를 자산 취득을 위한 금융거래로 이해한다(대판 1997.11.28. 97다26098).

(2) 운용리스

운용리스는 리스업자가 사전에 취득하여 구비하고 있는 물건을 이용자가 선정하여 일정기간 정기적인 대가를 지급하고 이용하는 거래이다. 대체로 컴퓨터·자동차·복사기와 같은 범용성 있는 물건에 대해 이루어 진다. 물건공급자와 리스업자 간 매매계약과 리스업자와 이용자 간 리스계약 사이에 아무런 관련이 없기 때문에 단순한 임대차로 본다. 이런 점을 반영하여 상법은 운용리스에 대해서는 아무 언급이 없고 오직 금융리스만을 다루고 있다(제46조 19호, 제168조의2 이하). 따라서 금융리스에 대해서만 설명하기로 한다.

2. 금융리스거래의 구조

① 이용자는 공급자와 사이에 리스물건을 선정하고 그 가격·납기·지급방법 등을 결정한다. ② 이렇게 합의된 내용을 토대로 이용자는 리스업자와 리스계약을 체결한다. 여기서 리스기간, 리스

료, 유지·관리책임 등이 모두 약관에 따라 결정된다. ③ 리스계약의 이행으로서 리스업자는 공급자와 사이에 합의 내용에 따라 이용자가 선정한 리스물건에 대한 공급계약을 체결한다. 이때 리스물건은 직접 이용자에게 인도하는 것으로 합의하는 것이 일반적이다. ④ 공급자는 리스물건을 이용자에게 인도한다. ⑤ 이용자가 리스물건을 인도받으면 이용자는 그 내용을 적은 물건수령증을 리스업자에게 제출한다. 리스업자가 리스물건이 이용자에게 제대로 공급되었는지를 알 수 있도록 하기 위함이다. ⑥ 리스업자는 공급자에게 리스물건의 대금을 지급한다. ⑦ 이용자는 물건 수령으로부터 리스업자에게 소정의 리스료를 지급한다.

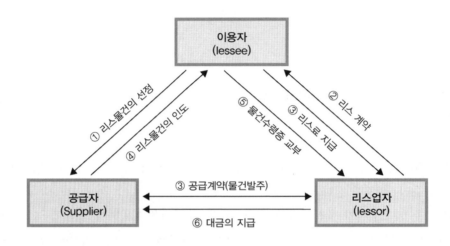

[리스거래의 구조]

3. 금융리스의 법률관계

(1) 이용자의 권리의무

1) 리스물건의 수령·검수의무 및 물건수령증 교부의무

상법에 규정은 없으나, 일반적인 리스약관에 따르면 이용자는 공급자로부터 물건을 인도받으면 이를 검수하여야 하고 또 물건수령증을 작성하여 리스업자에게 교부하여야 한다. 리스업자가 공급자에게 대금을 지급하려면 이용자에게 리스물건이 인도되었는지를 확인해야 하기 때문이다.

2) 리스료 지급의무

이용자는 리스기간 중 리스업자에게 약정한 리스료를 지급하여야 한다. 리스료는 리스물건의 사용대가가 아니라 리스업자가 이용자에게 대여한 금원, 즉 물건대금의 원금 및 이자를 분할하여 상환하는 것으로 본다.

리스료 지급의무는 이용자가 리스물건을 수령함과 동시에 발생한다(제168조의3 제2항). 단 물건수령증을 발급하면 이용자와 리스업자 사이에 적합한 금융리스물건이 수령된 것으로 추정한다(제168조의3 제3항). 이 추정적 효력은 이용자와 리스업자 사이에서만 인정됨을 주의해야 한다. 물건수령증은 추정적 효력만 있을 뿐이므로 이용자는 물건수령증을 미리 교부하였더라도 아직 리스물건을 수령하지 않았음을 주장·입증하여 리스료의 지급을 거절할 수 있다. 그리고 리스료는 리스기간에 걸쳐 분할지급함이 통례이므로 물건의 수령과 동시에 지급할 리스료는 당초 계약에서 정한 회차의 리스료를 의미한다.

3) 리스물건의 유지·관리의무

이용자는 리스물건을 수령한 이후에는 선량한 관리자의 주의로 리스물건을 유지 및 관리하여야 한다(제168조의3 제4항). 민법상 임대차에서는 임대인이 임대물건에 대한 수선의무를 부담하는 것과 차이가 난다(민법 제623조). 금융리스에서 리스업자가 유지·관리의무를 부담하지 않는 것은 금융리스가 임대차가 아니라 금융거래이기 때문이다.

(2) 금융리스업자의 권리의무

1) 리스물건의 인도의무

리스업자는 이용자가 리스계약에서 정한 시기에 리스계약에 적합한 리스물건을 수령할 수 있도록 하여야 한다(제168조의3 제1항). 다른 약정이 없는 한, 리스업자는 이용자가 공급자로부터 적합한 금융리스물건을 수령할 수 있도록 협력할 의무를 부담할 뿐이고, 그 이외의 독자적인 인도의무를 부담하는 것은 아니다(대판 2019.2.14. 2016다245418, 245425, 245432).

2) 대금지급의무

리스업자는 공급자에게 공급계약에 따른 물건대금을 지급해야 한다. 그런데 약관에서는 리스업자가 이용자로부터 물건수령증을 교부 받으면 대금을 지급하기로 하는 경우가 일반적이다. 그러면 이용자가 물건을 인도받았어도 그로부터 물건수령증을 교부 받지 못하면 리스업자는 대금지급의무를 지지 않는가? 그렇지 않다.

판례는 "리스회사는 비록 물건수령증의 교부가 없다 하여도 물건이 공급되었다는 것과 이용자가 정당한 사유 없이 물건수령증을 교부하지 않고 있다는 것을 알고 있다면 물건수령증의 교부가 없음을 들어 공급된 물건대금의 지급을 거절할 수 없다(대판 1998.4.14. 98다6565)."라고 판시하였다.

3) 하자담보책임

일반적으로 리스계약에서는 리스업자는 리스물건의 하자에 대하여 하자담보책임을 지지 않는 것으로 규정하고 있다. 리스업자가 리스물건의 선정이나 그 협상에 관여하지 않기 때문이다. 이와 같은 특약은 이용자에게 불리한 것으로 임대차에 관한 민법 제652조에 반하여 무효가 아닌가가 문제 되었는데 판례는 이를 유효한 것으로 보았다.

즉 "시설대여계약에는 민법의 임대차에 관한 규정이 적용되지 아니하고 본질적으로 금융적 성격을 가지므로 리스회사의 하자담보책임을 제한하는 특약은 유효하다(대판 1996.8.23. 95다51915)."라고 판시한 바 있다. 요컨대, 리스업자는 원칙적으로 리스물건에 대하여 검사·확인 의무를 부담하지 않으며, 하자담보책임도 지지 아니한다(통설·판례).

4) 이용자의 공급자에 대한 하자담보책임 추궁에 협력할 의무

리스업자는 이용자가 공급자에게 하자담보책임을 물어 손해배상청구권을 행사하거나 공급계약의 내용에 적합한 리스물건의 인도를 청구할 때 필요한 협력을 해야 한다(제168조의4 제3항·2항).

(3) 공급자의 권리의무

1) 리스물건 인도의무

리스물건의 공급자는 공급계약에서 정한 시기에 그 물건을 리스이용자에게 인도하여야 한다(제168조의4 제1항).

2) 하자담보책임

공급자가 하자담보책임을 지는 것은 당연한데 그 상대방이 문제이다. 공급계약의 상대방이 이용자가 아니라 리스업자이기 때문이다. 그래서 이용자가 공급자에게 직접 하자담보책임을 물을 수 있는 근거가 무엇인지가 문제 되었다. 종래에는 약관에서 리스업자가 공급자에 대하여 가지는 청구권을 이용자에게 양도하는 것으로 구성하였는데 상법은 이를 입법적으로 해결하였다.

즉 상법은 제168조의4 제2항에서 "리스물건이 공급계약에서 정한 시기와 내용에 따라 공급되지 아니한 경우 리스이용자는 공급자에게 직접 손해배상을 청구하거나 공급계약의 내용에 적합한 리스물건의 인도를 청구할 수 있다."라는 규정을 두어 이용자가 직접 공급자에게 하자담보책임을 물을 수 있도록 하였다.

4. 금융리스계약의 해지

(1) 리스업자의 해지

리스업자가 리스계약을 임의로 해지하는 것은 허용되지 않으나, 리스업자는 리스이용자에게 리스료 불지급, 리스물건의 관리부실 등의 책임 있는 사유가 있을 때에는 리스계약을 해지할 수 있다. 이 경우 리스업자는 잔존 리스료 상당액의 일시지급 또는 리스물건의 반환을 선택적으로 청구할 수 있다(제168조의5 제1항). 그리고 이로써 회복되지 않는 손해가 있으면 그 손해에 대한 배상도 추가로 청구할 수 있다(제168조의5 제2항).

(2) 이용자의 해지

종래 리스약관에는 리스이용자는 리스기간 중 원칙적으로 리스계약을 해지할 수 없다는 내용이 일반적으로 들어 있었다. 금융리스물건은 범용성이 없어 리스업자가 이를 반환 받아도 동일 조건으로 다른 사람에게 빌려주거나 처분하기가 사실상 불가능하기 때문이었다. 그러나 이러한 약관이 리스업자의 이익을 지나치게 보호한다는 비판에 따라 상법은 이용자에게도 리스계약의 해지를 인정하였다. 즉 ① 리스이용자는 중대한 사정변경으로 인하여 금융리스물건을 계속 사용할 수 없는 경우에는 3개월 전에 예고하고 리스계약을 해지할 수 있다(제168조의5 제3항 전단). 「중대한 사정변경」이란 불가항력으로 인한 리스물건의 멸실, 리스물건을 사용한 영업의 폐지 등 리스이용자에게 리스를 계속 이용할 수 없는 사정이 생겼음을 의미한다. 중대한 사정변경은 미리 예견할 수 없는 경우가 일반적이므로 천상 중대한 사정변경으로부터 3개월이 지나야 계약을 해지할 수 있다. 그리고 기 기간 동안은 리스물건을 계속 사용하지 못하더라도 리스료를 지급해야 한다. ② 계약을 해지하는 경우 리스이용자는 계약의 해지로 인하여 리스업자에게 발생한 손해를 배상하여야 한다(제168조

^{의5 제3항 후단}). 잔존 리스료는 이 손해에 포함되지 않는다. 포함된다면 계약의 해지를 인정하지 않는 것과 같기 때문이다.

❷ 가맹업

1. 의의

(1) 개념

가맹업자가 가맹상에게 자기의 상호·상표 등 영업표지를 사용하여 영업을 할 수 있도록 허락하고 가맹업자가 지정하는 품질기준과 영업방식에 따르도록 가맹상의 영업에 대하여 지도와 통제를 하며, 가맹상은 그 대가로 일정한 사용료를 가맹업자에게 지급하는 내용의 계약을 가맹계약이라 한다(제168조의6). 그리고 자신의 상호·상표 등을 제공하는 가맹업자의 영업 자체를 가맹업이라 한다. 가맹업은 거래계에서 프랜차이즈라고도 한다.

예를 들어 보자. 甲은 서울 강남에서 「이가자」라는 상호로 미용실을 경영하는데, 甲의 미용기술이 뛰어난데다 점포의 디자인이 우아하고 종업원들도 친절하여 「이가자」 미용실은 매우 성업 중이다. 수원에서 미용실을 운영하고자 하는 乙이 이를 보고 甲과 다음과 같은 계약을 체결하였다. "甲은 乙의 점포의 실내를 꾸며주고 乙과 그 종업원에게 주기적으로 미용기술과 고객접대기술을 가르치는 등 경영지도를 해준다. 그리고 주 1회씩 미용관련 약품을 공급해 준다. 乙은 「이가자」라는 상호를 써서 자기의 계산으로 미용실을 운영하되 매월 매출액의 1%를 甲에게 준다." 甲·乙 간의 이와 같은 계약이 가맹계약이다. 그리고 甲은 가맹업자, 乙은 가맹상에 해당한다.

(2) 기능

가맹업자는 직접 투자를 하지 않고도 자기의 상호·상표를 사용하는 사업을 확장하여 인지도를 높일 수 있을 뿐만 아니라 가맹상으로부터 사용료 수입이나 대량의 물품 주문을 통한 수익을 얻을 수도 있다. 반면 가맹상은 이미 널리 알려진 상호·상표와 그 영업방법을 이용할 수 있어서 사업 초기의 위험을 최소화할 수 있으며 비교적 적은 자금으로 창업을 할 수 있다.

(3) 대리상 및 위탁매매인과의 구별

비록 가맹업자의 상호 등을 사용하기는 하나 가맹상은 「자기의 명의」와 「자기의 계산」으로 영업을 한다. 대리상은 자기의 명의가 아닌 「본인의 명의」로 본인을 대리하여 거래한다는 점에서, 위탁매매인은 자기의 계산이 아닌 「타인의 계산」으로 거래한다는 점에서 각각 가맹상과 구별된다.

2. 내부관계

(1) 가맹업자의 권리의무

1) 가맹상의 영업에 대한 지원의무

가맹업자는 가맹상의 영업을 위하여 필요한 지원을 하여야 한다(제168조의7 제1항). 그 구체적 내용은 가맹계약에서 정해지겠으나, 일반적으로 가맹상의 개업준비 지원, 재료나 상품의 공급, 각종 정보 및 새로운 기술의 전수, 판매촉진 관련 지원 등의 의무가 이에 해당한다.

2) 경업금지의무

가맹업자는 다른 약정이 없으면 가맹상의 영업지역 내에서 동일 또는 유사한 업종의 영업을 하거나, 동일 또는 유사한 업종의 가맹계약을 체결할 수 없다(제168조의7 제2항).

(2) 가맹상의 권리의무

1) 주의의무

가맹상은 가맹업자의 영업에 관한 권리가 침해되지 아니하도록 하여야 한다(제168조의8 제1항). 이 규정에서 가맹상이 가맹업자의 명성을 유지해야 할 의무가 도출된다. 가맹상은 가맹업자의 상호·상표 등을 사용해 영업하므로 가맹상의 영업은 대외적으로 가맹업자의 영업으로 인식된다. 따라서 가맹상의 영업 행태에 따라 가맹업자의 명성과 신용이 실추되거나 다른 영업에 영향을 받을 수가 있다. 이 의무는 이런 점을 고려한 것이다. 구체적으로 가맹상은 가맹업자의 각종 지시·통제에 따를 의무, 전수받은 영업 노하우나 비밀을 누설하지 않을 의무 등을 부담한다.

2) 사용료 지급의무

가맹상은 가맹계약에서 정한 바에 따라 가맹업자에게 사용료 또는 가맹료를 지급할 의무를 부담한다. 사업개시 이전에 지급하는 입회비·가맹보증금과 사업기간 중 상호·상표의 사용 또는 계속적인 서비스의 제공에 대한 대가로서 지급하는 사용료 등이다.

3) 비밀유지의무

가맹상은 계약이 종료한 후에도 가맹계약과 관련하여 알게 된 가맹업자의 영업상의 비밀을 준수하여야 한다(제168조의8 제2항). 가맹상이 활용하는 가맹업자의 영업기술 중 상당부분은 영업비밀에 해당한다. 예컨대, 피자 점포의 고객관리기법이나 조리기법은 영업비밀이다. 가맹상이 가맹계약 중에 가맹업자의 영업비밀을 유지해야 함은 당연하다. 이 규정은 가맹상의 비밀유지의무를 가맹계약의 종료 후까지로 연장한 것이다. 그렇지 않으면 가맹업자가 핵심적인 영업비밀은 전수하지 않으려 할 것이기 때문이다.

4) 영업양도의 제한

가맹상은 가맹업자의 동의를 받아 그 영업을 양도할 수 있다(제168조의9 제1항). 가맹상의 영업은 가맹업자의 명성에 영향을 주므로 누가 가맹상이 되는지는 가맹업자가 통제할 수 있어야 한다. 그래서 가맹상이 영업을 양도할 때는 가맹업자의 동의를 받도록 한 것이다. 다만 가맹업자는 특별한 사유가 없으면 가맹상의 영업양도에 동의하여야 한다(제168조의9 제2항). 영업양도는 가맹상이 가맹계약에 투자한 자금을 회수할 수 있는 유일한 수단이므로 가맹상을 보호하기 위해 가맹업자의 동의 권한을 제한한 것이다.

3. 외부관계(가맹업자의 제3자에 대한 책임)

가맹상은 자기의 명의와 계산으로 가맹업자로부터 독립하여 영업을 하므로, 가맹업자는 가맹상의 제3자에 대한 거래나 불법행위로 인한 책임으로부터 자유로운 것이 원칙이다. 그러나 대외적으로 가맹상의 영업은 가맹업자의 영업으로 인식되고 내부적으로도 가맹업자가 가맹상의 영업에 상당한 통제권을 행사하고 있어 가맹업자에게 제3자에 대한 책임을 인정할 여지가 있다.

(1) 명의대여자의 책임

가맹업자는 가맹상에게 자신의 상호를 사용하여 영업하도록 허락하였으므로 제3자에 대하여 제24조의 명의대여자의 책임을 진다. 이 경우 가맹업자는 가맹상의 영업거래에 관해 가맹상과 연대하여 책임을 져야 한다.

(2) 기타의 책임

① 가맹업자는 가맹상의 영업에 대하여 일정한 지시와 통제를 할 수 있으므로 가맹상의 불법행위에 대해 사용자책임을 질 수도 있고, ② 가맹업자가 상품 등을 가맹상에게 공급하는 경우 제조물책임법에 따라 그 상품에 대한 제조물책임을 질 수도 있다.

4. 가맹계약의 종료

(1) 가맹계약의 해지

가맹계약의 양당사자가 상대방의 가맹계약 위반시 채무불이행을 이유로 가맹계약을 해지할 수 있음은 물론이다. 이 밖에 가맹계약의 양당사자는 가맹계약상 존속기간에 대한 약정의 유무와 관계 없이 부득이한 사정이 있으면 상당한 기간을 정하여 예고한 후 가맹계약을 해지할 수 있다. 예를 들어 가맹상이 질병으로 영업이 불가능해져 해지하거나, 가맹업자가 경영파탄으로 가맹상에게 필요한 물건을 공급할 수 없어 해지하는 경우 등이다.

부득이한 사정으로 계약을 해지하는 경우 상대방에게 손해 배상을 해주어야 하는가? 상법은 이에 관하여 아무런 규정도 두고 있지 않다. 리스이용자가 사정변경으로 금융리스를 해지하는 경우 리스업자에게 발생한 손해를 배상해야 한다는 규정(제168조의5 제3항)을 두고 있는 것과 구별된다. 해석상으로는 이 경우에도 손해배상책임을 인정한다.

(2) 가맹계약 종료의 효과 ─ 경업금지의무 인정 여부

가맹계약이 종료한 후 가맹상은 가맹업자에게 경업금지의무를 부담하는가? 그렇지 않다. 가맹계약은 가맹업자의 독점적 이익을 창출하기 위한 계약이 아니므로 상호 등을 변경하는 등 가맹업자와의 별개성이 인식되도록 한다면 가맹상은 종전과 동일한 영업을 계속할 수 있다.

03 채권매입업

1. 의의

(1) 개념

타인이 물건·유가증권의 판매, 용역의 제공 등에 의하여 취득하였거나 취득할 영업상의 채권(영업채권)을 매입하여 회수하는 것을 영업으로 하는 자를 채권매입업자라 한다(제168조의11). 그리고 채권매입업자의 영업을 채권매입업 또는 팩터링이라 한다(제46조 21호).

채권매입계약이란 상인이 그 영업에서 발생한 현재 및 장래의 외상매출채권을 일괄하여 채권매입업자에게 양도하고, 채권매입업자는 그 상인에 갈음하여 채무자로부터 매출채권을 추심하고 이와 관련된 관리업무를 수행하기로 하는 계약을 말한다. 개별적인 채권을 양도하는 것이 아니라 현재 및 장래의 채권을 포괄적으로 양도한다는 점에 특징이 있다.

(2) 기능

채권을 양도한 상인은 채권 회수를 위한 별도 조직을 갖출 필요 없이 저렴한 수수료만으로 채권을 회수할 수 있다. 또 채권양도와 결부시켜 금융을 얻을 수 있다면 채권을 조기에 회수하는 효과를 누릴 수도 있다.

2. 유형

채권매입업은 채권의 회수불능의 위험을 누가 부담하는가에 따라 2가지 유형으로 구분한다.

(1) 진정팩터링

채권매입업자가 위험을 부담하는 경우를 진정팩터링이라 한다. 이 경우 채권이 회수되지 못하더라도 채권매입업자는 채권을 양도한 상인에게 그 상환을 청구할 수 없다. 이런 이유로 채권양도의 법적 성질은 채권매매로 본다.

(2) 부진정팩터링

거래상인이 위험을 부담하는 경우를 부진정팩터링이라 한다. 채권이 회수되지 못하면 채권매입업자는 채권을 양도한 상인에게 그 상환을 청구할 수 있다. 이 경우는 소비대차가 이루어진 것으로 본다. 즉 거래상인이 매출채권을 담보로 제공하고 채권매입업자로부터 금융을 얻는 것이다. 상법이 규정하는 채권매입업은 부진정팩터링이다.

3. 법률관계 ─ 채권매입업자와 거래상인의 관계

(1) 채권을 회수한 경우

부진정팩터링의 경우 사실상 채권매입업자가 거래상인으로부터 채권회수를 위임 받은 것으로 볼 수 있는데, 채권매입업자가 채권을 회수하면 이를 상인에 대한 소비대차 채권과 상계함으로써 정산이 이루어진다.

(2) 채권을 회수하지 못한 경우의 상환청구

영업채권의 채무자가 그 채무를 이행하지 아니하는 경우 채권매입업자는 채권매입계약의 채무자에게 그 영업채권액의 상환을 청구할 수 있다(제168조의12 본문). 여기서 「채권매입계약의 채무자」라 함은 채권매입업자에게 영업채권을 양도한 거래상인을 말한다. 상법이 규정하는 채권매입업이 부진정팩터링임을 말해준다. 다만 당사자는 채권매입업자가 불이행의 위험을 부담하는 것으로 약정할 수 있다(진정팩터링 제168조의12 단서).

제3편

회사법

제1장 통칙

제1절 회사의 의의

회사란 상행위나 그 밖의 영리를 목적으로 하여 설립한 법인을 말한다(제169조). 회사의 요건으로 「영리성」과 「법인성」을 든다.

01 회사의 의의와 요건

1. 영리성

(1) 의의

회사는 「상행위나 그 밖의 영리」를 목적으로 해야 한다. 「상행위」를 영업으로 하면 상사회사가 되고, 「상행위 이외의 영리」를 목적으로 하면 민사회사가 된다. 상법 제169조의 영리성은 상법총칙에서의 영리성과 그 의미가 다르다. 단순히 대외적으로 영리활동을 하는 것에 그치지 않고, 나아가 대외적인 수익활동을 통해 얻은 이익을 사원들에게 분배하는 것까지도 목적으로 해야 한다.

① 재단법인이나 비영리사단법인은 대외적으로 수익사업을 영위할 수 있으므로 상인은 될 수 있으나, 그 이익을 사원들에게 분배하지는 않으므로 상법 제169조의 영리를 목적으로 한다고 할 수는 없어 회사는 될 수 없다. ② 회사가 그 구성원에게 이익을 분배한다는 것은 회사가 대외적 활동을 통하여 얻은 이익을 이익배당 등의 방식으로 분배한다는 의미이다. 따라서 대외적 수익활동을 하지 않고 단체의 내부적 활동에 의하여 그 구성원에게 직접 이익을 주는 협동조합이나 상호회사는 상법상의 회사가 아니다.

(2) 기업의 사회적 책임론

사원들이 회사를 설립하고 이에 출자를 한 목적은 영리의 실현에 있다. 따라서 영리성은 회사의 존재 및 행동의 최고의 지도이념이다.

그런데 회사의 극단적인 이윤추구는 부의 편재를 낳는 등 여러 가지 병리적 현상의 원인이 되기도 한다. 그래서 근래에 회사의 극단적인 이윤추구를 제한하고 회사가 축적된 부의 일부를 사회에 환원하는 등 스스로 공익적 기여를 하게 해야 한다는 이론이 주장되었다. 이와 같은 이론을 기업의 사회적 책임론 또는 회사의 사회적 책임론이라 한다. 기업의 사회적 책임론을 회사법의 지도원리로 인정할 것인지가 문제되는데, 인정해야 한다는 견해가 다수설이다.

2. 법인성

(1) 의의

상법은 모든 회사를 법인으로 규정하여(제169조), 회사가 그 사원과 독립하여 권리·의무의 주체가 되도록 하였다. 복잡한 법률관계를 단순화하기 위함이기도 하나, 더 중요한 이유는 영업주의 개인 재산과 영업재산을 분리함으로써 영업과 관련된 채권자가 안심하고 거래할 수 있도록 하기 위함이다. 그 결과 회사 재산에 대해서는 회사 채권자만이 강제집행을 할 수 있고 영업주 개인의 채권자는 강제집행을 할 수 없다.

법인격은 회사재산에 대해서 사원의 채권자가 강제집행을 하지 못하도록 하는 것인 점에서, 사원의 재산에 대해 회사채권자가 강제집행을 하지 못하도록 하는 장치인 사원의 유한책임과 구별된다.

(2) 법인격부인론

1) 의의

① 개념

법인격부인이란 법인격이 형해화되거나 남용되어 회사가 사원과 독립된 실체를 갖지 못하는 경우 회사와 특정의 제3자 사이에 문제된 법률관계에 있어서 회사의 법인격을 인정하지 않고 회사의 책임을 그 사원에게 묻는 것을 말한다. 예컨대, A주식회사는 그 주주 甲의 개인 사업과 다름이 없을 정도로 甲이 완전히 지배하고 있는 회사인데, A가 채무를 변제할 자력이 없다면 A의 채권자 Z는 A주식회사의 존재를 부인하고 그 지배주주 甲에게 채무 변제에 관한 책임을 물을 수 있다는 것이다.

법인격부인은 회사의 책임을 그 배후에 있는 사원에게 추궁한다는 점에서 엄밀한 의미에서는 사원의 유한책임의 부인이다. 그러나 법인격 부인이라는 용어를 일반적으로 사용하고 있다. 법인격부인론은 주로 주식회사에 있어서 주주가 유한책임제도를 악용함으로써 생겨나는 폐단을 해결하기 위하여 발전한 이론이므로, 이하에서는 주로 주식회사에 관하여 설명하기로 한다.

② 인정 배경

회사는 그 구성원과는 별개의 인격체이므로 사원은 회사의 거래에 대하여 책임을 지지 않음이 원칙이다. 그러나 회사의 형식을 빌어 하는 사업이 실제로는 어느 주주의 개인 사업과 다름이 없다면 회사의 법인격은 주주가 제3자에 대한 책임을 회피하기 위한 수단으로 이용될 뿐이다. 주주가 법인인 경우도 마찬가지이다. 회사가 자회사를 설립한 후 위험도 높은 사업부분을 떼어내 자회사로 하여금 수행하도록 함으로써 손실을 제한하는 수가 있다. 이와 같이 주주 또는 모회사가 법인격을 이용해 책임을 회피하는 것이 부당함은 당연하다. 그래서 문제된 법률관계에서 법형식을 떠나 실질적인 책임의 주체를 찾아내는 방법으로 법인격부인론이 발전한 것이다.

2) 이론적 근거

판례는 신의칙을 근거로 법인격부인론을 인정하고 있다. 즉 판례는 "회사와 그 배후자가 별개의 인격책임을 내세워 회사에게만 그로 인한 법적 효과가 귀속됨을 주장하면서 배후자의 책임을 부정하는 것은 신의성실의 원칙에 위반되는 법인격의 남용이다(대판 1989.9.12. 89다카678)."라고 판시한 바 있다.

3) 법인격부인의 성립요건

통설·판례는 법인격부인의 성립요건으로서 법인격 형해화 또는 법인격 남용을 제시한다. 판례에 의하면, 법인격 형해화가 되기 위하여는 후술하는 객관적 요건이 필요하나 주관적 요건은 필요하지 않으며, 법인격 남용이 되기 위하여는 형해화 상황은 아니지만 남용의 주관적 요건은 필요하다.

① 객관적 요건

A. 지배의 완전성 주주가 실질적으로 발행주식을 전부 소유하고, 주주총회나 이사회의 법적 절차를 지키지 않고 주주 개인의 의사대로 회사를 운영하는 것과 같이 회사가 독립된 인격체로서의 존재의의를 잃은 경우에 「지배의 완전성」이 인정된다.

B. 재산의 혼융 주주의 개인재산과 회사재산이 혼융되어야 한다. 완전한 지배가 이루어진다고 하더라도 재산이 분명하게 구분된다면 회사채권자가 책임재산을 파악함에 문제가 없기 때문이다.

C. 회사의 무자력 법인격부인론은 회사로부터 변제받지 못한 채권자를 구제하려는 제도이므로 회사가 무자력하여 채무변제를 하지 못할 경우에 법인격부인론이 적용된다.

② 주관적 요건의 요부

법인격을 부인하기 위해 주주의 주관적인 법인격 남용 의사도 필요한지가 문제된다. 판례는 "법인격을 부인하기 위하여는 회사의 법인격이 지배주주에 대한 법률 적용을 회피하기 위한 수단으로 함부로 사용되거나 채무면탈이라는 위법한 목적 달성을 위하여 회사제도를 남용하는 등의 주관적 의도가 있어야 한다(대판 2006. 8. 25. 2004다26119)."라고 하여 주관적 요건이 필요하다고 판시하였다. 그러나 통설은 회사채권자 보호의 필요성은 주주의 남용의사와 무관하므로 주관적 요건은 필요 없다고 한다.

4) 효과

법인격이 부인되더라도 회사의 법인격이 전면적으로 소멸하는 것은 아니고 문제가 된 당해 법률관계에서만 주주의 책임이 인정되는 것이다.

5) 적용범위

① 불법행위책임

통설에 따르면 법인격부인론은 계약책임뿐만 아니라 불법행위책임에도 적용된다. 위험도가 높은 사업을 영위하는 회사가 자본금을 과소하게 확보하는 등 유한책임을 남용하여 채권자를 해하는 경우를 규제할 필요가 있기 때문이다.

② 기판력 및 집행력의 확장문제

회사의 채무에 대해 주주가 책임을 진다고 해서 회사에 대한 판결의 기판력 및 집행력이 당연히 주주에게 미치는 것은 아니다. 소송이나 강제집행에서는 절차의 명확성 및 안정성이 보다 중시되기 때문이다. 특히 기판력이 미치지 않음은 법인격부인을 위해서는 별도의 사실인정과 법해석이 필요하기 때문이기도 하다. 집행력이 미치지 않으므로 회사 채권자가 회사를 상대로 승소판결을 받았더라도 주주의 재산에 강제집행을 하기 위해서는 다시 주주에 대하여 별도의 승소판결을 받아야 한다.

6) 법인격부인의 역적용

① 의의

채무자가 지는 책임을 그 채무자가 지배하는 회사에 부담시키는 것을 법인격부인의 역적용이라 한다. 예컨대, 채무자가 강제집행을 면탈하기 위해 주식회사를 설립하고 이에 출자한 경우 회사에게 주주의 책임을 부담시키는 것이다. 이러한 경우를 일반적으로 사해설립이라 하는데, 설립된 회사가 합명회사·합자회사·유한회사·유한책임회사이면 채권자는 사해설립취소의 소를 제기하여 보호받을 수 있으나, 주식회사에는 사해설립취소의 소가 인정되지 않기 때문에 설립회사가 주식회사인 경우에는 법인격부인의 역적용을 시도해 볼 만하다.

② 법인격부인의 역적용의 인정 여부

A. 부정설 ⓐ 주주가 소유한 회사의 주식에 대하여 강제집행을 하는 것으로 충분하고, ⓑ 경우에 따라 설립목적이 불법한 것인 때로 보아 해산명령을 신청할 수 있으며(제176조 제1항 1호), ⓒ 민법상 채권자취소권을 행사하여 설립행위 자체를 취소할 수 있으므로, 법인격부인의 역적용을 인정할 이유가 없다고 한다.

B. 긍정설 ⓐ 주식을 강제집행하는 것은 회사 재산을 직접 강제집행하는 것과 달리 환가가 어려울 뿐만 아니라 회사 재산에 대해 회사채권자보다 후순위여서 효용이 떨어지고, ⓑ 설립목적이 불법이라는 것은 주로 공익적 사유를 의미하는 것이라 단순한 사해설립은 해산명령의 사유가 될 수 없으며, ⓒ 채권자취소권은 단체법상 행위인 회사의 설립에 대해서는 적용되기 힘드므로, 법인격부인의 역적용을 인정할 필요가 있다고 한다.

C. 판례는 법인격부인의 용어를 정면으로 사용하지 않으나 법인격부인의 역적용을 인정한다.

7) 법인격부인론의 확장(판례의 경향)

법인격부인의 역적용은 법인격부인론의 확장의 예이다. 법인격부인론의 원래의 기능은 법인격이 남용된 회사의 지배주주에게 회사채무의 변제책임을 묻는 것이다. 그런데 판례 중에는 원래의 법인격부인론의 요건과는 무관한 상황에 법인격부인론을 적용한 예가 있다. 이러한 판례의 경향은 법인격부인론의 확장을 보여준다. 예컨대, 기존회사가 채무를 면탈할 목적으로 자산을 다른 회사로 이전하는 과정에서 정당한 제3자가 개입된 경우에도, 회사제도를 남용한 것으로 판단된다면 기존회사의 채권자는 다른 회사에 채무 이행을 청구할 수 있다(대판 2019.12.13. 2017다271643). 이 판례는 폐업회사와 양수회사 사이에 제3자가 개입된 사안으로 법인격부인의 범위를 확장하였다.

판례는 "지배주주 甲 아래의 A회사와 B회사를 대상으로 하여, A회사의 채무를 면탈할 목적으로 B회사를 설립하였다면 A, B는 사실상 동일한 회사이므로 B가 A와 별개의 법인격임을 내세우는 것은 법인격의 남용이고 B는 A의 채무를 변제할 책임을 부담한다(대판 2004.11.12. 2002다66892)."고 판시하였다. 또한 채무면탈을 위해 새로운 회사를 설립한 경우가 아니라 "채무자인 기업이 채무의 발생 이전부터 설립되어 있던 계열회사에게 자산을 이전하고 무자력이 된 경우에도 채권자는 계열회사에게 채무의 이행을 청구할 수 있다(대판 2011.5.13. 2010다94472)."고 한 판례도 있다. 그리고 설립 당시 신설회사 설립을 통한 채무면탈의 의도가 인정된다면 채권자는 신설회사를 상대로 이행을 청구할 수 있으며 그 채권 중 일부가 법인격이 부인되는 신설회사의 설립 이후에 발생하였더라도 그 일부 채권에 대해서도 동일한 법리가 적용된다(대판 2021.3.25. 2020다275942).

마지막으로, 법인격부인의 적용범위가 확장된 예로서, 판례는 "개인과 회사의 주주들이 경제적 이해관계를 같이 하는 등 개인이 새로 설립한 회사를 실질적으로 운영하면서 자기 마음대로 이용할 수 있는 지배적 지위에 있다고 인정되는 경우로서, 회사 설립과 관련된 개인의 자산 변동 내역, 특히 개인의 자산이 설립된 회사에 이전되었다면 그에 대하여 정당한 대가가 지급되었는지 여부, 개인의 자산이 회사에 유용되었는지 여부와 그 정도 및 제3자에 대한 회사의 채무 부담 여부와 그 부담 경위 등을 종합적으로 살펴보아 회사와 개인이 별개의 인격체임을 내세워 회사 설립 전 개인의 채무 부담행위에 대한 회사의 책임을 부인하는 것이 심히 정의와 형평에 반한다고 인정되는 때에는 회사에 대하여 회사 설립 전에 개인이 부담한 채무의 이행을 청구하는 것도 가능하다고 보아야 한다(대판 2021.4.15. 2019다293449)."고 판시하였다.

02 1인 회사의 법리

1. 의의

(1) 개념

1인 회사란 사원이 1인만 있는 회사를 말한다.

(2) 1인 회사의 성립가능성

합명회사·합자회사의 경우에는 2인 이상의 사원이 있어야 성립하고(제178조, 제269조), 「사원이 1인으로 된 때」가 회사의 해산사유가 된다(제227조 3호, 제269조). 이들 회사에 있어서 2인 이상의 사원은 회사의 성립요건이자 존속요건이므로 1인 회사는 성립할 수 없다. 그러나 주식회사·유한회사·유한책임회사는 1인의 사원만으로도 설립할 수 있고(제288조, 제543조 제1항, 제287조의12), 「사원이 1인으로 된 때」가 해산사유에 해당하지도 않으므로(제517조 1호, 제609조 제1항 1호, 제287조의38 1호), 이들 회사에서는 1인 회사가 성립할 수 있다.

(3) 실질적 1인 회사

우리나라 주식회사 중에는 가족의 명의를 빌려 경영자가 100% 주식을 보유하는 가족기업의 형태가 많다. 이와 같이 다른 사람의 명의를 빌려 그를 주주로 등재하긴 하였으나 실질적으로는 1인이 총 주식을 소유하며 전적으로 지배하는 회사를 실질적 1인 회사라 한다. 판례는 실질적 1인 회사에도 아래에서 설명할 1인 회사의 법리를 그대로 적용한다(대판 2004.12.10. 2004다25123).

2. 회사의 사단성의 폐지

2011년 개정 전 상법 제169조는 「사단성」을 회사의 개념요소로 명시하고 있었다. 그러나 이에 대하여 ⅰ) 단체의 실질이, 합명회사·합자회사는 사단보다는 조합에 가깝고 주식회사와 유한회사는 사람의 결합이라기보다는 재산의 결합으로서 재단에 가깝다는 점, ⅱ) 1인 회사의 설립과 존속이 가능하다는 점에서 모든 회사를 사단이라고 규정한 것은 모순이라는 비판이 가해졌다. 그래서 2011년 개정상법에서는 제169조 회사의 개념에서 사단성을 제외하였다.

3. 1인 회사의 법률관계

다수의 주주를 전제로 한 회사법 규정은 1인 회사에 적용할 때에는 수정이 불가피해진다.

(1) 주주총회 관련 하자의 치유

1) 통설 및 판례

① 통설

상법상 주주총회의 절차에 관한 규정은 주주가 다수임을 전제로 회사 경영에 대한 주주의 참여권을 보장하기 위한 것이다. 그런데 1인 회사에 있어서는 다른 주주가 없으므로 제3자의 이익을 해하지 않는 한 주주총회의 소집이나 결의에 관한 규제를 완화해도 문제가 없다는 것이 통설이다.

② 판례

판례도 마찬가지 입장이다. 판례는 "주주총회가 소집 권한 없는 자에 의해 소집되었고, 또 그 주주총회를 소집하기로 한 이사회의 정족수와 결의절차에 흠결이 있어 주주총회 소집절차가 위법하더라도 1인 주주회사에서 그 주주가 참석하여 총회개최에 동의하고 아무 이의 없이 결의한 것이라면 그 결의 자체를 위법한 것이라고 할 수 없다(대판 1966.9.20. 66다1187)."라고 판시하고, 심지어는 "1인 주주회사의 경우 실제로 총회를 개최한 사실이 없다 하더라도 1인주주에 의하여 의결이 있었던 것으로 주주총회 의사록이 작성되었다면 특별한 사정이 없는 한 그 내용의 결의가 있었던 것으로 볼 수 있다(대판 1993.6.11. 93다8702)."라고도 판시하였다. 또 "영업양도를 할 때 1인 주주이자 대표이사인 사람의 동의가 있었으면 영업양도에 있어 상법상 요구되는 주주총회 특별결의를 대신할 수 있다(대판 1976.5.11. 73다52)."라고 판시한 바도 있다.

2) 주주가 복수인 경우에의 적용 가능성

주주가 복수인 경우에도 이러한 법리가 적용될 수 있는가? 실질적 1인 회사에 이러한 법리가 적용됨은 위에서 살펴보았다. 그러면 주식의 소유가 실질적으로 분산된 경우는 어떠한가?

① 전원출석총회의 경우

소집절차의 하자에도 불구하고 주주 전원이 주주총회에 출석하여 결의한 경우, 통설은 어떤 주주의 이익도 해치지 않으므로 그 결의는 유효하다고 본다. 이에 관한 판례도 "이사회 결의 없이 그리고 소집절차도 생략하고 이루어진 주주총회라도 주주 전원이 참석하여 총회 개최에 동의하고 만장일치로 결의하였다면 그 결의는 유효하다(대판 1993.2.26. 92다48727)."라고 판시하였다. 이를 전원출석총회의 법리라 하는데, 1인 회사 법리의 연장선에서 이해할 수 있다.

② 대부분의 지분을 가진 1인의 의사에 합치하는 경우

판례는 이 경우에는 1인 회사의 법리를 적용하지 않았다. 즉 "실제의 소집 및 결의 절차 없이 주주총회의 결의가 있었던 것처럼 주주총회 의사록을 허위로 작성한 것이라면, 설사 그 의사록이 총 주식의 대다수를 가지고 있는 1인의 지배주주에 의해 작성되었다 하더라도 그 주주총회의 결의는 부존재하다고 보아야 한다(대판 2007.2.22. 2005다73020)."라고 판시하였다. 단순히 결과에 영향을 미치지 못할 것이므로 소액주주의 절차적 참여는 배제되어도 상관없다는 논리는 받아들일 수 없다는 것이다.

(2) 1인 회사와 이사의 자기거래

이사가 회사와 거래를 하기 위해서는 이사회의 승인을 받아야 한다(제398조). 그러면 자기거래를 하는 이사가 1인 주주인 경우에도 이사회의 승인이 필요한가?

① 다수설

회사의 재산은 모든 채권자에 대한 담보가 되므로 1인 주주라 하더라도 회사와 이해관계가 일치할 수 없으므로 이사회의 승인을 요한다고 한다.

② 판례

비록 주주가 1인인 사안은 아니었으나 판례는 이사회의 승인을 요하지 않는다는 취지로 판시한 바 있다. 즉 "회사의 채무부담행위가 상법 제398조 소정의 이사의 자기거래에 해당한다 할지라도, 위 규정의 취지가 회사 및 주주에게 예기치 못한 손해를 끼치는 것을 방지함에 있으므로, 그 채무부담행위에 대하여 사전에 주주 전원의 동의가 있었다면 회사는 이사회의 승인이 없었음을 이유로 그 책임을 회피할 수 없다(대판 2002.7.12. 2002다20544)."라고 판시하였다. 1인 주주가 이사인 경우는 사실상 주주 전원의 동의가 있는 것과 마찬가지이므로 이 판례의 취지에 따르면 1인 주주의 자기거래는 이사회의 승인을 얻을 필요가 없게 된다.

(3) 1인 회사와 업무상 횡령·배임

이에 대해 일반적으로 회사의 손해는 주주의 손해일 뿐 아니라 채권자의 손해이기도 하므로 1인 주주라 하더라도 회사와의 이해관계가 일치하지 않는다는 이유로 횡령죄와 배임죄의 성립을 인정한다. 판례도 "주식회사와 주주는 분명히 별개의 인격이어서 1인 회사의 재산이 곧바로 그 1인 주주의 소유라고 볼 수 없다는 이유로 1인 회사에서 1인 주주인 이사의 횡령죄·배임죄 성립을 인정하고 있다".

(4) 의결권의 제한

① 주주총회의 의안에 특별한 이해관계가 있는 주주는 의결권을 행사할 수 없다(제368조 제4항). 그런데 이 규정을 1인 회사에 적용하면 1인 주주가 특별이해관계인인 경우에는 주주총회결의를 할 수 없다는 의미가 되므로 이 규정은 1인 회사에는 적용하지 않는다.

② 감사 선임 시 100분의 3 이상의 주식을 가진 주주의 의결권은 100분의 3으로 제한된다(제409조 제2항). 이 규정을 1인 회사에 적용하는 것은 무의미하므로 적용하지 않는다.

(5) 주식양도의 제한

견해가 대립하나 이 규정은 기존 주주들이 원하지 않는 자가 주주로 들어오는 것을 막아 회사의 폐쇄성을 유지하기 위한 것이므로 1인 주주가 주식을 양도하는 경우에는 굳이 이사회의 승인을 받을 필요가 없다고 본다.

(6) 법인격부인론과의 관계

1인 회사의 경우 개인재산과 회사재산의 구별이 명확하지 않아 법인격이 형해에 불과한 경우가 많을 것이다. 따라서 1인 회사일 때는 법인격부인론이 적용되어 1인 주주가 회사 채권자에게 책임을 질 소지가 크다. 물론 1인 회사도 법인격이 있으므로 법인격부인 등 특별한 사정이 없는 한 1인 주주는 회사채권자에 대하여 아무런 책임이 없는 것이 원칙이다.

제2절 회사의 종류

1. 상법상의 분류

회사는 「사원의 책임」을 기준으로 하여 합명회사·합자회사·유한책임회사·주식회사와 유한회사로 구분된다(제170조). 이 외의 회사는 상법상 허용되지 않는다. 사원의 책임은 직접책임과 간접책임, 유한책임과 무한책임으로 나눠볼 수 있다.

① 직접책임과 간접책임

사원이 회사 채권자에게 직접 변제할 책임을 지는 경우를 「직접책임」이라 하고, 회사 채권자에 대한 책임은 오로지 회사 재산으로만 지고 사원은 회사에 대한 출자의무만을 지는 경우를 「간접책임」이라 한다.

② 유한책임과 무한책임

책임에 한계가 있느냐에 따라, 출자액을 한도로 책임을 지는 경우를 「유한책임」이라 하고, 그와 같은 한도 없이 사원 개인의 재산으로도 책임을 지는 경우를 「무한책임」이라 한다.

(1) 합명회사

1) 의의

합명회사란 회사채권자에 대해서 직접·연대·무한책임을 지는 무한책임사원으로만 이루어진 회사를 말한다(제212조). 따라서 회사의 채권자는 회사재산으로 변제가 부족한 경우 사원에게 직접 그 채무의 이행을 구할 수 있다.

2) 업무집행(경영)

사업의 위험을 모두 사원이 부담하므로 다른 사람에게 회사의 경영을 맡기기 힘들고 사원이 직접 회사의 업무집행권을 갖는다(제200조).

3) 지분의 양도

사원이 누구인지가 다른 사원의 책임에 큰 영향을 미치므로(예 1억 원의 개인자산을 가진 A가 사원이 되느냐, 무일푼의 B가 사원이 되느냐에 따라 회사의 대외적인 신용이 달라지고 회사가 채무초과상태에 빠졌을 때 다른 사원들이 부담할 손실의 범위가 달라진다) 지분의 양도에는 다른 사원의 동의를 얻어야 한다(제197조).

이처럼 합명회사는 매우 친밀한 소수의 사람들이 신뢰관계를 기초로 하여 사업을 경영하는데 적합한 회사형태이다. 그 조합적 실질로 인하여 합명회사의 내부관계에 관하여 정관 또는 상법에 다른 규정이 없으면 조합에 관한 민법의 규정을 준용한다(제195조).

(2) 합자회사

1) 의의

합자회사는 합명회사의 사원과 동일한 책임을 지는 무한책임사원과 회사채권자에 대하여 직접·연대·유한책임을 지는 유한책임사원으로 구성된 회사이다. 유한책임을 진다는 점에서는 주식회사·유한회사의 사원과 같으나 회사채무에 대하여 이들은 간접책임을 지는데 반해 합자회사의 유한책임사원은 직접책임을 진다는 점에서 차이가 있다. 그런데 유한책임을 지면서 직접책임을 진다는 것은 어떤 의미인가? 약속한 출자가액을 전부 이행하였다면 더 이상 책임질 부분이 없으나 약속한 출자가액 중 일부를 이행하지 않았다면 그 이행하지 않은 가액의 한도에서 회사채권자에게 직접 회사채무를 변제할 책임이 있다는 의미이다(제279조 제1항).

2) 업무집행(경영)

합자회사에서 사업의 위험은 무한책임사원이 부담하므로 무한책임사원이 업무집행권을 가지고(제273조) 유한책임사원은 투자자로서 무한책임사원의 업무집행에 대한 감시권만을 가질 뿐이다(제277조).

3) 지분의 양도

무한책임사원의 지분양도는 합명회사와 마찬가지로 총사원의 동의를 요하나, 유한책임사원은 단순 투자자로서 개성이 중요하지 않으므로 그 지분양도에는 무한책임사원의 동의만 있으면 충분하다(제276조).

이처럼 합자회사는 무한책임사원이 경영하는 사업에 유한책임사원이 일정한 자금을 투자하는 투자자로서 참여하는 형태의 회사로 보면 된다. 합자회사의 내부관계에 관하여도 조합에 관한 규정을 준용한다(제269조 → 제195조).

(3) 주식회사·유한회사

1) 의의

주식회사와 유한회사는 모두 간접·유한책임을 지는 유한책임사원으로만 이루어진 회사이다. 따라서 회사 채권자는 사원에게 직접 책임을 물을 수 없고, 오직 회사재산으로부터만 만족을 얻을 수 있을 뿐이다.

2) 업무집행

주식회사와 유한회사는 사원의 책임에 있어서는 대체로 같으나 회사의 조직과 운영에 있어 유한회사가 주식회사보다 간소화되어 있다는 점에서 구별된다. 즉 주식회사에서는 주주자격과 별개의 독립한 지위를 갖는 이사들로 구성된 회의체인 이사회가 업무집행을 결정하고, 대표이사가 회사의 대표와 업무집행을 담당하며, 상설 감시기구인 감사가 이사의 직무집행을 감사한다. 반면 유한회사는 회사경영기관 구성의 기본 구조는 주식회사와 같으나 그 소규모성·폐쇄성으로 인해 이사회와 대표이사가 분화되어 있지 않고 감사도 임의기관으로 되어 있는 등 간소화된 조직을 갖고 있다.

3) 지분의 양도

주식회사와 유한회사의 사원은 원칙적으로 그 지분을 자유롭게 양도할 수 있다(제335조 제1항, 제556조). 주식회사는 대규모 기업에, 유한회사는 중소기업에 적합한 구조이다. 그러나 실제로 우리나라는 전체 회사의 95% 가량이 주식회사로서 심지어 폐쇄적인 중소기업도 대부분 주식회사로 운영되고 있는 실정이다.

(4) 유한책임회사

1) 의의

유한책임회사는 모든 사원이 간접·유한책임을 누리면서도 주식회사·유한회사와는 달리 사원이 스스로 업무집행을 할 수 있는 등 내부적으로는 광범위한 사적 자치가 허용되는 회사형태이다.

2) 업무집행(경영)

유한책임회사는 소유와 경영의 분리가 강요되지 않는다. 즉 내부관계에서 반드시 제3자 기관을 둘 필요가 없고 사원이 스스로 업무집행을 할 수 있다(제287조의12 제1항). 그리고 업무집행자 외에는 별도의 기관을 갖지 않는다. 업무집행자 아닌 사원은 업무집행에서 소외되므로 합자회사의 유한책임사원처럼 감시권을 갖는다(제287조의14). 그 조합적 실질로 인해 유한책임회사의 내부관계는 원칙적으로 합명회사에 관한 조항을 준용한다(제287조의18).

3) 지분의 양도

유한책임회사는 사원조직을 폐쇄적으로 운영하려고 만든 회사이므로 비록 모든 사원이 유한책임을 진다 하여도 사원의 이동은 쉽지 않다. 즉 사원 지분 양도에는 원칙적으로 총사원의 동의가 필요하다(제287조의8 제1항). 사원의 책임에 있어 주식회사·유한회사와 구별되지 않음에도 유한책임회사를 별도의 기업형태로 인정한 이유는 유한회사보다 더욱 강한 인적회사로서의 특성을 가진 기업형태를 제공하기 위함이다.

2. 이론상의 분류

(1) 인적회사와 물적회사

1) 인적회사

인적회사는 그 실질이 개인상인의 조합적 결합으로서 사원의 개성과 인적 신뢰관계를 기초로 한 회사를 말한다. 내부적으로 각 사원은 회사의 경영에 직접 참여하며 대외적으로는 사원이 회사가 변제하지 못한 채무에 대해 직접·무한책임을 진다. 사원이 회사의 대외적 신용의 기초를 이루는 결과 회사의 자본금충실은 별로 요구되지 않는다. 합명회사가 전형적인 인적회사이며, 합자회사는 인적회사의 기초에 물적회사의 요소를 가미한 것이다.

2) 물적회사

물적회사란 사원이 출자한 재산을 기초로 한 회사이다. 사원은 자금을 출자하고 이익을 얻으면 그만이기 때문에 회사 운영에 관여할 인센티브가 별로 없어 제3자에게 경영을 맡기게 된다(소유와 경영의 분리). 대외적으로 사원은 회사에 대한 출자의무만 부담할 뿐 회사채권자에 대해 직접적인 책임을 부담하지 않는다. 따라서 회사재산이 대외적 신용의 유일한 기초가 되므로 회사 채무에 대한 책임재산의 확보를 위하여 이른바 자본금충실이 강하게 요구된다. 주식회사와 유한회사가 전형적인 물적회사이다.

유한책임회사는 대내적인 법률관계에서는 인적회사의 실체를 가지면서 대외적인 책임에 있어서는 사원이 유한책임을 지는 회사이다. 즉 대내적으로는 인적이고 대외적으로는 물적인 회사라 할 수 있다.

(2) 상사회사와 민사회사

상법 제46조가 규정하는 기본적 상행위와 특별법상의 상행위를 영업의 목적으로 하는 회사를 「상사회사」라 하고, 위 상사회사가 하는 상행위 이외의 행위를 영리를 목적으로 하는 회사를 「민사회사」라 한다. 상사회사는 당연상인(제4조, 제46조)이고 민사회사는 의제상인(제5조 제2항)인 차이는 있으나 민사회사에는 상사회사에 관한 규정이 전부 준용되므로(민법 제39조 제2항) 양자의 구별 실익은 없다. 양자 모두 영리성을 요소로 하므로 상법상의 회사이고, 또한 태생적 상인이다.

(3) 소규모 회사

우리나라에서는 약 95%의 회사가 주식회사일 만큼 아무리 영세한 회사라도 주식회사의 형태를 선호한다. 그런데 주식회사는 대규모 회사로 구상된 기업형태여서 법이 요구하는 기업조직이 거대하고 운영 절차가 복잡하여 이를 준수하기 위해서는 비용이 많이 든다. 소규모 기업에게 이를 모두 요구하는 것은 비용경제적 측면에서 무리가 있어 상법은 자본금 총액이 10억 원 미만인 회사(소규모 회사)에 대하여 일부 특례를 인정하고 있다.

1) 설립단계

발기설립의 경우에 한하여 정관의 인증제도와 납입금보관증명에 관해 특례를 두었다. 즉 발기설립의 경우, ⅰ) 공증인의 인증을 받지 않더라도 각 발기인이 정관에 기명날인 또는 서명함으로써 정관의 효력이 생기고(제292조 단서), ⅱ) 납입금보관증명서를 은행이나 그 밖의 금융기관의 잔고증명서로 대체할 수 있다(제318조 제3항).

2) 주주총회

주주총회의 소집절차를 간소화하는 동시에 서면결의 및 서면동의제도를 허용한다. 즉 주주전원의 동의가 있을 경우에는 소집절차 없이 주주총회를 개최할 수 있고, 서명에 의한 결의로써 주주총회의 결의를 갈음할 수 있다. 결의의 목적사항에 대하여 주주 전원이 서면으로 동의를 한 때에는 서면에 의한 결의가 있는 것으로 본다(제363조 제4항).

3) 기관의 구성

이사를 1인 또는 2인만 둘 수 있고(제383조 제1항 단서), 이 경우 이사회를 구성할 의무가 없다. 그리고 감사를 선임하지 아니할 수 있다(제409조 제4항). 소정 인원의 이사와 감사를 두는 것이 가장 비용이 많이 드는 사항이기 때문에 이는 소규모 회사의 가장 중요한 특례에 해당한다.

제3절 회사의 능력

1. 권리능력

회사는 법인이므로 권리의무의 주체가 될 수 있는 능력, 즉 권리능력이 있다. 다만 회사의 권리능력에는 다음과 같은 제한이 있다.

(1) 성질에 의한 제한

회사는 자연인이 아니므로 생명권·신체상의 자유권·친족권·상속권 등 자연인임을 전제로 한 권리는 누릴 수 없다. 다만 수유자의 자격에는 제한이 없으므로 유증을 받을 수는 있다. 그 밖의 권리는 재산권은 물론 명예권·상호권·사원권과 같은 인격권도 누릴 수 있다. 문제가 되는 것은 회사가 지배인·발기인·이사 등 다른 영업주체의 사용인이나 기관이 될 수 있는가이다.

① 지배인 등 상업사용인은 인적 개성이 중요시되고 육체적 노무를 제공해야 하므로 될 수 없다고 본다. ② 발기인은 어차피 회사설립의 절차적 업무만 담당하므로 될 수 있다는 것이 통설이다. ③ 주식회사의 이사가 될 수 있는가에 대해서는 견해가 대립하나, 이사는 회사의 의사결정을 해야 하므로 자연인에 한해 될 수 있고 회사는 될 수 없다는 것이 다수설이다.

(2) 법령에 의한 제한

회사의 권리능력은 필요에 따라 법률에 의해서 제한할 수 있다. ① 회사는 다른 회사의 무한책임사원이 되지 못한다(제173조). 예컨대 A주식회사가 B합명회사의 사원(무한책임사원)이 되는 것을 허용하면 A회사가 아무리 다른 사업을 잘 하더라도 B회사에 문제가 발생할 경우 A회사도 따라서 부실해질 수 있는 문제가 있기 때문이다. 반면 회사가 다른 회사의 유한책임사원이 되는 것은 상관없다. ② 청산 중의 회사의 권리능력은 청산의 목적범위 내로 한정된다(제245조, 제269조, 제542조 제1항, 제613조 제1항).

(3) 목적에 의한 제한

1) 총설

민법 제34조는 "법인은 법률의 규정에 좇아 정관으로 정한 목적의 범위 내에서 권리와 의무의 주체가 된다"라고 규정하여 법인의 권리능력을 목적의 범위 내로 제한하고 있다. 회사의 정관에는 목적을 기재하여야 하고, 이는 등기사항이기도 한데(제289조 제1항 1호, 제317조 제2항 1호 등), 그러면 회사의 권리능력도 정관에서 정한 목적 범위로 제한되는가? 목적에 의한 제한을 인정하면 회사의 목적 외의 행위는 권리능력 없는 자의 행위로서 절대적으로 무효이나, 제한을 부정하면 목적 외의 행위라도 효력에는 영향이 없다.

2) 학설 및 판례

① 학설

A. 제한부정설　　학설은 거의 일치하여 목적에 의한 권리능력 제한을 부정한다. 그 근거로는 ⓐ 상법에 민법 제34조를 준용하는 명문의 규정이 없고, ⓑ 회사의 목적은 정관에 기재되고 등기되지만 그것을 제3자가 확인하는 것은 용이하지 않으며, 또 확인했다 하더라도 어떤 행위가 목적 범위 내인가의 판단은 매우 어려워 분쟁의 소지가 있기 때문에 거래의 안전을 위해서는 목적에 의한 제한을 부정해야 한다는 것이다.

B. 제한긍정설　　소수설로서 회사의 권리능력은 정관에 기재된 목적에 의하여 제한된다고 한다.

② 판례

판례는 원칙적으로는 제한을 긍정하는 입장이나 목적범위를 넓게 해석하는 등으로 인해 사실상으로는 제한을 부정하는 것과 마찬가지의 태도를 보이고 있다. 즉 판례는 "회사의 권리능력은 회사의 설립 근거가 된 법률과 회사의 정관상의 목적에 의하여 제한되나 그 목적범위 내의 행위라 함은 정관에 명시된 목적 자체에 국한되는 것이 아니라, 그 목적을 수행하는 데 있어 직접, 간접으로 필요한 행위는 모두 포함되고 목적수행에 필요한지의 여부는 행위의 객관적 성질에 따라 판단할 것이고 행위자의 주관적, 구체적 의사에 따라 판단할 것은 아니다(대판 1999.10.8. 98다2488 등 다수)."라고 한다. 판례가 지금까지 회사의 권리능력이 없어서 무효라고 본 것은 대표이사가 타인의 손해배상의무를 연대보증한 행위가 문제된 사건이 유일한데(대판 1975.12.23. 75다1479), 그나마 최근의 판례에서는 연대보증을 회사의 목적범위 내의 행위로 허용한 경우가 있다(대판 2005.5.27. 2005다480).

3) 정관상 목적의 의미

목적에 의한 권리능력의 제한을 부정하면 회사 정관상의 목적은 어떤 의의를 갖는가? 정관상의 목적은 주주에게는 출자의 동기를 이루며, 이사, 이사회 기타 회사기관에게는 권한의 대강과 추진할 사업의 방향을 정하는 의미를 갖는다. 예컨대, 주식회사의 이사가 목적을 일탈한 행위를 하면 회사에 대하여 손해배상책임을 질 수 있고(제399조), 해임사유가 되며(제385조), 유지청구의 대상이 된다(제402조).

4) 상대방이 악의인 경우의 효력

회사 대표기관의 행위가 목적 외의 행위임을 상대방이 알고 거래에 임한 경우 그 행위의 효력은 어떠한가? 목적 범위를 벗어났다는 이유만으로 바로 그 행위를 무효라고 할 수는 없다(제한부정설). 그러나 목적 외 행위임을 알고 거래한 상대방이 거래의 유효를 주장하는 것은 권리남용이라는 논리로 회사가 책임을 면할 수는 있다는 것이 통설이다.

2. 행위능력

회사는 기관을 구성하는 자연인의 의사를 기초로 해서 스스로의 행위능력을 갖는다. 회사는 대표기관을 통하여 행위를 하므로 대표기관의 행위는 곧 회사의 행위이다. 대표관계는 대표기관의 행위를 회사의 행위로 의제한다는 점에서, 대리인의 행위가 있고 다만 그 효과가 본인에게 귀속하는 대리관계와 개념적으로 구별된다. 회사에는 제한능력제도가 없으므로 기관구성자가 제한능력자일지라도 회사는 능력자이다. 따라서 회사의 행위능력의 범위는 언제나 권리능력의 범위와 일치한다.

3. 불법행위능력

회사 대표기관의 행위는 회사의 행위이므로 그 행위가 불법행위인 경우에는 회사의 불법행위가 된다. 따라서 회사도 불법행위능력을 가진다고 본다. 즉 대표기관이 업무를 집행하다가 고의 또는 과실로 타인에게 손해를 가하게 되면 이를 회사의 불법행위로 보아 회사가 손해배상책임을 진다는 것이다. 한편 대표기관 이외의 임원 또는 사용인이 회사의 업무집행과 관련하여 행한 불법행위는 회사의 불법행위는 아니다. 다만 이 경우 회사는 사용자배상책임(민법 제756조 제1항)을 질 수가 있다.

제4절 회사법상의 소

❶ 서언

(1) 특칙의 규정

회사의 조직법적 법률관계는 다수의 이해관계가 얽혀 있어 단체법적인 해결방법이 필요하다. 그래서 상법은 특히 다수인에게 영향을 미치는 일부 조직법적 법률관계의 소송에 관해 일반 민사소송과 다른 특칙을 두고 있다.

(2) 소 관련 상법 규정의 체계

상법상 소 관련 규정은 조문이 많고 산만해 보이나 전체적인 체계를 보면 매우 간단한 구조로 되어 있다. 즉 각 소마다 제소권자·소의 원인·제소기간을 달리 하지만, 관할·소의 절차·판결의 효력 등은 대부분 공통적이다. 상법은 합명회사의 설립무효·취소의 소를 기본틀로 삼아 완결적인 규정을 두고, 다른 소송에 관해서는 각 소송 별로 제소권자·소의 원인·제소기간에 관해서만 규정을 둘 뿐 기타 사항은 합명회사의 설립무효·취소의 소에 관한 규정을 준용하고 있다.

02 회사법상의 소의 특색

1. 소의 성질

① 회사법상의 소는 대부분 형성의 소이다. 형성의 소란 법률관계의 변동을 요구하는 소이다. 문제된 법률관계의 효력은 오로지 소에 의해서만 다툴 수 있고, 법원의 판결에 의해 비로소 법률관계가 변동된다. 따라서 문제된 법률관계의 효력을 다른 소송에서 선결문제나 공격방법으로 주장할 수 없다. 회사법상의 소를 형성의 소로 한 이유는 단체적 법률관계를 획일적으로 확정하기 위함이다. ② 회사설립무효의 소, 주주총회결의취소무효확인부존재확인 등의 소, 대표소송, 합병무효의 소 등과 같이 대부분의 회사소송은 제소권자가 개별적으로 소를 제기할 수 있지만 일단 공동원고로서 소를 제기하면 합일 확정되어야 하는 유사필수적 공동소송이다.

2. 제소권자의 제한

결의무효·부존재확인의 소에는 제소권자의 제한이 없으나, 다른 형성의 소에서는 제소권자를 제한하여 법으로 정해 놓고 있다. 각별한 이해관계가 없는 자의 소제기에 의해 이미 형성된 회사 법률관계가 교란되는 것을 막기 위함이다. 원고적격은 주로 주주·이사·감사에게 주어진다.

주주가 소를 제기한 후 그 주주로부터 주식을 모두 양수한 자는 제소기간 등의 요건이 충족되면 새로운 주주의 지위에서 신소를 제기할 수도 있고, 양도인이 제기한 기존의 소송을 승계할 수도 있다. 승계참가의 경우 제소기간의 준수 여부는 승계참가 시가 아니라 원래의 소 제기 시를 기준으로 판단한다(대판 2003.2.26. 2000다42786).

3. 소의 절차

(1) 제소기간

대부분의 회사법상의 형성의 소에서는 제소기간을 단기로 정하고 있다. 예컨대, 결의취소의 소는 결의 후 2월 내에(제376조), 신주발행무효의 소는 신주발행 후 6월 내에(제429조), 설립의 무효 또는 취소의 소는 설립 후 2년 내에(제184조 등) 각각 제기해야 한다. 시간이 흐를수록 그 위에 너무 많은 법률관계가 쌓여서 기초가 되는 법률관계를 뒤집는 것이 큰 사회적 비용을 수반하기 때문이다.

(2) 피고

대부분의 회사법상의 형성의 소는 회사를 피고로 한다. 명문의 규정은 없으나 통설·판례는 그렇게 해석하고 있다.

(3) 관할

회사법상의 형성의 소는 예외 없이 회사의 본점소재지를 관할하는 지방법원의 관할에 전속한다(제186조 등). 동일 사안에 관해 다수의 법원에 소송이 계속되어 상이한 판결이 내려지는 것을 막기 위함이다.

(4) 소제기의 공고

회사관련 소가 제기되면 회사가 이 사실을 공고해야 한다(제187조 등). 소가 제기된 사실을 이해관계인들에게 경고하여 판결에 따른 피해를 대비하도록 하기 위함이다.

(5) 소의 병합

회사 법률관계에는 이해관계인이 다수 존재하여 같은 회사의 동일 사안에 관해 수개의 소가 제기될 수 있다. 그런데 회사법상의 형성의 소는 대세적 효력이 있어 수인이 수개의 소를 제기한 경우 전원에 대해 판결이 합일 확정되어야 하므로, 법원은 수개의 소를 하나의 소로 병합해서 심리·판단하여야 한다(제188조).

(6) 청구의 포기·인낙, 화해조정의 제한

회사소송 중 판결의 대세적 효력이 인정되는 소송에서는 판결이 확정되면 당사자 이외에 제3자에게도 그 효력이 미쳐 제3자도 이를 다툴 수 없게 된다. 따라서 이러한 소송에서는 청구인용판결에 해당하는 청구의 인낙이나 화해·조정은 할 수 없고, 청구의 인낙 또는 화해·조정이 이루어졌다 하여도 그 인낙조서나 화해·조정조서는 효력이 없다(대판 2004.9.24. 2004다28047). 그러나 소의 취하 도는 청구의 포기는 대세적 효력과 관계 없으므로 원칙적으로 허용된다. 자백도 소송종료사유가 아니므로 허용된다(대판 1990.6.26. 89다카14240). 그러나 대표소송에 대하여는, 법원의 허가를 얻어서 소의 취하, 청구의 포기·인낙·화해를 할 수 있다는 특례규정이 있다(제403조 제6항).

4. 재량기각

(1) 의의

상법은 대부분의 회사법상의 형성의 소에서 법원은 원고의 주장이 이유 있다 하더라도 회사의 현황과 제반 사정을 참작하여 해당 사실을 무효·취소로 하는 것이 부적당하다고 인정한 때에는 재량으로 원고의 청구를 기각할 수 있도록 하였다(제189조, 제379조 등). 회사 법률관계의 무효·취소는 이미 형성된 단체법률관계를 무너뜨려 다수의 이해관계자에게 피해를 줄 수 있기 때문이다.

(2) 재량기각이 가능한 소송

각종 회사의 설립무효 또는 취소의 소(제189조, 제269조, 제287조의6, 제328조 제2항, 제552조 제2항), 주식교환·이전 무효의 소(제360조의14 제4항, 제360조의23 제3항), 주주총회결의 취소의 소(제379조), 신주발행무효의 소(제430조), 감자무효의 소(제446조), 합병무효의 소(제340조, 제269조, 제287조의41, 재530조 제2항, 제603조), 분할무효의 소(제530조의11 제1항)에서는 재량기각이 가능하다.

(3) 하자 보완의 요부

상법은 제189조에서 합명회사의 설립 무효·취소의 소와 관련하여 재량기각에 관한 규정을 두고, 이를 주주총회결의 취소의 소를 제외한 다른 소송에 준용하고 있다. 그리고 주주총회결의 취소의 소와 관련한 재량기각 규정은 제379조에서 별도로 두고 있다. 그런데 재량기각을 하는 데 있어, 제189조에서는 원인된 하자의 보완을 요구하고 있는 반면 제379조에서는 이를 요구하지 않고 있다. 재량기각의 필요성이 있는 것은 마찬가지인데, 다른 소송의 원인된 하자는 시간의 경과에 따라 보완이 가능하나 주주총회결의 취소의 원인된 하자는 결의가 종결된 이상 역사적 사건이 되어 보완할 수 없기 때문이다.

(4) 하자 보완 없는 재량기각의 가능성

주주총회결의 취소의 소 이외의 소송에서 재량기각을 하기 위해서는 하자를 보완해야 한다는 명문의 규정이 있으나, 그 하자가 경미한 경우에는 보완 없이도 재량기각을 할 수 있는가? 판례는 감자무효의 소와 분할합병무효의 소에서 이를 인정한 바 있다. 즉 감자무효의 소와 관련하여 "감자무효의 소의 원인이 된 하자가 자본감소 결의의 효력에 아무런 영향을 미치지 않는 것인 경우, 그 하자가 추후 보완되지 아니하더라도 법원이 제반 사정을 참작하여 감자무효의 소를 재량 기각할 수 있다(대판 2004.4.27. 2003다29616)."라고 판시하였고, 분할합병무효의 소와 관련하여 "분할합병무효의 소의 원인이 된 하자가 추후 보완될 수 없는 성질의 것인 경우, 그 하자가 보완되지 아니하더라도 법원이 제반 사정을 참작하여 분할합병무효의 소를 재량기각할 수 있다(대판 2010.7.22. 2008다37193)."라고 판시하였다. 그러나 이 판례에 대해서는 명문의 규정을 사문화하는 결과를 초래하여 찬성할 수 없다는 비판이 있다.

5. 판결의 효력

(1) 원고승소 판결의 효력

1) 대세적 효력

민사소송에서 판결의 효력은 당사자 사이에만 미치는 것이 원칙이다(민사소송법 제218조). 그러나 이 원칙을 회사법상의 소에 적용하면 하나의 회사 법률관계가 소를 제기한 자와 그렇지 않은 자 사이에 효력을 달리하는 모순이 생긴다. 예컨대, 회사설립이 회사설립무효의 소를 제기하여 승소한 자에 대하여는 무효이고, 다른 자에 대해서는 유효라는 이상한 결과가 될 수 있다. 그래서 회사법상의 소 중 형성의 소는 대부분 원고승소판결의 효력이 제3자에게도 미치도록 하였다(대세적 효력, 제190조 본문). 이러한 대세효와 관련하여, 판례는 주주총회결의의 부존재 또는 무효확인을 구하는 소를 여러 사람이 공동으로 제기한 경우, 민사소송법 제67조가 적용되는 필수적 공동소송에 해당한다(대판 2021.7.22. 2020다284977 전원합의체)고 판시하였다.

2) 소급효의 제한

일반 민사소송에서는 어떤 법률행위의 무효·취소를 선언하는 판결이 내려지면 그 법률행위는 당초 행해진 시점부터 효력이 없었던 것으로 취급된다. 그런데 회사법상의 행위는 일단 행해지면 이를 토대로 많은 법률관계가 누적적으로 쌓이게 되어 무효·취소판결의 효력을 행위 시로 소급하면, 그 행위를 토대로 형성된 후속의 법률관계가 일시에 무너지게 된다. 그래서 상법은 회사 법률관계의 안정을 기하기 위해 회사소송에서 원고승소판결의 소급효를 제한하고 무효·취소의 효력은 장래에 향해서만 생기도록 하였다(제190조 단서 등). 다만 주주총회결의 취소의 소에서 원고승소판결의 소급효가 제한되지 않는 것과 같이(제376조 제2항 → 제190조 본문) 소급효 제한은 회사법상의 소에서 일반적으로 인정되는 것은 아니다. 따라서 각종 소를 공부할 때마다 판결의 소급효가 제한되는지를 확인할 필요가 있다.

(2) 원고패소 판결의 효력

원고패소 판결은 당해 원고에 관해 형성요건이 존재하지 않음을 확인하는 것에 불과하므로, 일반원칙에 따라 판결의 효력은 당사자 사이에서만 미친다. 따라서 다른 이해관계인은 다시 소를 제기할 수 있다.

6. 패소한 원고의 손해배상책임

회사관계 소송에서는 거의 예외 없이 패소한 원고에게 악의 또는 중대한 과실이 있는 경우 회사에 대하여 손해배상책임을 지운다(제191조 등). 무모한 소송으로 회사 법률관계를 혼란에 빠뜨린 책임을 묻고 남소를 방지하기 위함이다. 악의 또는 중과실이란 원고가 주장하는 하자가 존재하지 않음을 알았거나 중대한 과실로 알지 못한 것을 말한다.

7. 회사소송에서의 가처분

(1) 가처분과 본안소송

회사를 둘러싼 많은 법적 분쟁은 대부분 본안소송이 아니라 가처분의 형태로 해결되는 경우가 많다. 왜냐하면 회사법상의 가처분은 소위 만족적 가처분, 즉 본안소송을 통하여 얻고자 하는 내용과 실질적으로 동일한 권리관계를 실현해 주는 가처분의 형태를 띠기 때문이다. 예컨대, A회사에 의해 명의개서를 거부당한 B가 주주지위의 확인을 구하는 청구를 본안으로 하여 주주총회에서의 의결권 행사허용 가처분을 얻어낸다면 B는 본안에서 승소한 것과 동일한 지위를 누리게 된다.

판례는 만족적 가처분이 실질적으로 본안소송의 목적을 달성하여 버리는 면이 있다고 할지라도, 만족적 가처분을 얻은 채권자가 나중에 본안소송에서 패소가 확정되면 손해배상청구권이 인정되는 등으로 법률적으로는 여전히 잠정적인 면을 가진다는 점을 근거로 만족적 가처분을 허용하고 있다(대판 1999.12.21. 99다137; 주주의 회계장부열람권(제466조)을 피보전권리로 하여 가처분으로 열람청구를 허용한 예).

(2) 가처분결정에 위반한 행위의 효력

판례는 의결권행사금지 가처분과 동일한 효력이 있는 강제조정 결정에 위반하는 의결권행사로 주주총회 결의에 가결정족수 미달의 하자 여부가 문제된 사안에서, "가처분결정 또는 가처분사건에서 이와 동일한 효력이 있는 강제조정 결정에 위반하는 행위가 무효로 되는 것은 형식적으로 그 가처분을 위반하였기 때문이 아니라 가처분에 의하여 보전되는 피보전권리를 침해하기 때문인데, 이 사건 가처분의 본안소송에서 가처분의 피보전권리가 없음이 확정됨으로써 그 가처분이 실질적으로 무효임이 밝혀진 이상 이 사건 주식에 의한 의결권 행사는 결국 가처분의 피보전권리를 침해한 것이 아니어서 유효하고, 따라서 이 사건 주주총회 결의에 가결정족수 미달의 하자가 있다고 할 수 없다(대판 2010.1.28. 2009다3920)."라고 판시하였다.

제5절 **합병**

① 의의

1. 합병의 법체계

합병에 관한 상법규정은 그 체계가 다소 산만하다. 회사편 통칙에서는 두 개의 조문(제174조, 제175조)을 두고 있는데 그다지 중요한 조문은 아니다. 실무상 합병은 주로 주식회사에서 볼 수 있는 현상이나, 상법은 합병에 관한 중요한 사항을 합명회사에서 상세히 규정하고(제230조 ~ 제240조), 주식회사의 장에서는 합명회사에 관한 규정을 주식회사에 준용함과 아울러 주식회사의 특유한 절차를 규정하고 있다. 본절에서는 합병에 관한 일반이론을 서술하고 주식회사의 합병에 관한 특유한 문제는 해당 장에서 서술하기로 한다.

2. 개념 및 종류

(1) 개념

회사의 합병이란 상법의 절차에 따라 2개 이상의 회사가 청산절차를 거치지 않고 합쳐지면서, 소멸하는 회사의 모든 권리·의무가 존속회사 또는 신설회사에 포괄적으로 승계되는 회사법상의 법률사실이다.

(2) 종류

회사의 합병에는 흡수합병과 신설합병이 있다.

1) 흡수합병

이것은 수개의 합병당사회사 중 하나의 회사만이 존속하고 나머지 회사는 모두 소멸하며, 존속회사가 소멸회사의 모든 권리·의무를 포괄적으로 승계하고, 소멸회사의 사원은 존속회사의 사원이 되는 방법이다.

2) 신설합병

이것은 합병당사회사 전부가 소멸하고, 이들에 의해 신설된 회사가 소멸회사의 권리·의무를 포괄적으로 승계하고, 소멸회사의 사원은 신설회사의 사원이 되는 방법이다.

3. 합병의 본질

합병의 본질이 무엇이냐에 대하여 인격합일설과 현물출자설이 있는데, 인격합일설이 통설이다. 인격합일설은 합병이란 두 회사가 하나의 회사로 되는 것이라고 한다. 합병으로 합쳐지는 것은 회사 그 자체이며, 권리·의무의 승계는 모두 인격합일의 당연한 결과라고 한다.

02 합병의 제한

① 합병을 하는 회사의 일방 또는 쌍방이 주식회사, 유한회사 또는 유한책임회사인 경우에는 합병 후 존속하는 회사나 합병으로 설립되는 회사는 주식회사, 유한회사 또는 유한책임회사이어야 한다(제174조 제2항). 존속 또는 신설회사가 합명회사이거나 합자회사이면, 주식·유한·유한책임회사의 사원으로 하여금 무한책임사원이 되거나, 자신의 지위보다 열등한 합자회사의 유한책임사원이 되도록 강요하는 문제가 있기 때문이다.

② 유한회사와 주식회사가 합병할 경우 주식회사가 사채의 상환을 완료하지 않으면 유한회사를 존속회사나 신설회사로 하지 못한다(제600조 제2항). 유한회사는 사채를 발행할 수 없기 때문이다.

③ 유한회사와 주식회사가 합병하여 주식회사가 존속 또는 신설회사로 될 때에는 법원의 인가를 얻지 아니하면 합병의 효력이 없다(제600조 제1항). 이것은 유한회사를 설립하여 주식회사를 합병하는 방식으로 주식회사 설립에 관한 엄격한 규제를 회피하는 것을 방지하기 위함이다.

④ 해산 후 청산 중에 있는 회사는 존립 중의 회사를 존속회사로 하는 경우에 한하여 합병을 할 수 있다(제174조 제2항).

03 합병의 절차

1. 합병계약

합병당사회사의 대표기관에 의해 합병조건·합병방식 등 합병에 필요한 사항이 합의되어야 한다. 합병계약은 특별한 방식을 요하지 아니하나, 주식회사나 유한회사가 합병함에는 법정사항이 기재된 합병계약서를 작성하여야 한다.

2. 합병대차대조표 등의 공시

주식회사와 유한회사는 합병대차대조표, 합병계약서 등을 작성하여 합병결의 등을 위한 주주(사원)총회 2주 전부터 합병 후 6월이 경과할 때까지 공시하여야 한다. 주주나 채권자가 합병승인결의 또는 이의제출 여부에 관해 의사결정을 하려면 사전에 합병의 구체적 사항을 알아야 하기 때문이다.

3. 합병결의

합병을 위해서는 사원의 합병결의가 있어야 한다. 합병은 회사의 구조적 변화를 초래하므로 사원의 이해에 중대한 영향을 미치는 문제이기 때문이다. 결의요건의 경우, 합명·합자·유한책임회사에서는 「총주주의 동의」이고, 주식·유한회사에서는 「주주(사원)총회의 특별결의」이다. 소멸회사, 존속회사 어느 한쪽 회사에서라도 결의가 이루어지지 않으면 합병은 이루어지지 않는다.

4. 채권자보호절차

합병은 채권자의 이해관계에도 중대한 영향을 미친다. 존속회사 채권자 입장에서는 존속회사가 소멸회사의 재산을 승계하나 동시에 부채도 승계하기 때문에 합병이 채권자의 이익에 반할 수 있고, 소멸회사 채권자의 입장에서도 존속회사의 채무변제능력에 따라 변제가 불확실해질 수가 있기 때문이다. 따라서 존속회사든 소멸회사든 합병을 위해서는 채권자보호를 위한 절차를 밟아야 한다.

(1) 이의제출의 공고·통지

회사는 합병결의가 있은 후 2주 내에 회사채권자에 대하여 합병에 이의가 있으면 1월 이상의 일정한 기간 내에 이를 제출할 것을 공고하고, 알고 있는 채권자에 대하여는 각별로 통지하여야 한다(제232조 제1항, 제269조, 제287조의41, 제527조의5 제1항, 제603조).

(2) 이의의 제출 또는 불제출의 효과

ⅰ) 이의를 제출한 채권자가 있는 때에는 회사는 그 채권자에 대하여 변제하거나, 상당한 담보를 제공하거나, 이를 목적으로 상당한 재산을 신탁회사에 신탁하여야 한다(제232조 제3항, 제527조의5 제3항 등). ⅱ) 채권자가 이의제출기간 내에 이의를 제출하지 아니한 때에는 합병을 승인한 것으로 본다(제232조 제2항, 제527조의5 제3항 등).

5. 신설합병에서의 설립위원 선임

신설합병의 경우 각 회사는 합병결의와 같은 방법(합명·합자·유한책임회사는 「총주주의 동의」, 주식·유한회사는 「특별결의」)으로 설립위원을 선임하여야 하고, 정관 작성 기타 설립에 관한 행위는 이 설립위원이 공동으로 하여야 한다(제175조).

6. 합병등기

위의 합병절차가 끝난 때에는 본점소재지에서는 2주간 내, 지점소재지에서는 3주간 내에 합병등기를 하여야 한다. 기산점은 회사종류별로 다르다. 등기의 내용은 소멸회사는 해산등기, 존속회사는 변경등기, 신설회사는 설립등기이다(제233조, 제528조 제1항 등).

7. 합병의 효력발생시기

합병등기는 단순한 대항요건이 아니라 합병의 효력발생요건이다. 즉 합병은 흡수합병의 경우에는 존속회사의 본점소재지에서 변경등기를 한 때, 신설합병의 경우에는 신설회사의 본점소재지에서 설립등기를 한 때 그 효력이 발생한다(제234조, 제530조 제2항 등).

❹ 합병의 효과

(1) 회사의 소멸과 신설

ⅰ) 합병으로 인해 소멸회사, 즉 흡수합병의 경우는 존속회사를 제외한 모든 합병당사회사 그리고 신설합병의 경우에는 모든 합병당사회사는 소멸한다. 합병은 회사의 해산사유이므로(제227조 4호, 제517조 1호 등) 합병에 의해 소멸회사는 해산하는데, 다른 해산사유와 달리 청산절차를 거치지 않고 해산에 의해 바로 소멸한다. 소멸회사의 권리·의무가 존속회사 또는 신설회사로 포괄승계되므로 따로 권리·의무를 처분할 필요가 없기 때문이다. ⅱ) 신설합병의 경우 신설회사가 설립된다.

(2) 권리·의무의 포괄적 승계와 사원의 수용

ⅰ) 존속회사 또는 신설회사는 소멸회사의 모든 권리·의무를 포괄적으로 승계한다(제235조, 제530조 제2항 등). 따라서 인도·등기·교부 등 개별 재산에 대한 이전절차나 채무인수절차는 필요하지 않다. ⅱ) 합병에 의해 소멸회사의 사원은 존속회사나 신설회사의 사원이 된다.

회사합병이 있는 경우에는 피합병회사의 권리·의무는 사법상의 관계나 공법상의 관계를 불문하고 그의 성질상 이전을 허용하지 않는 것을 제외하고는 모두 합병으로 인하여 존속한 회사에 승계되는 것으로 보아야 한다(대판 2019.12.12. 2018두63563).

❺ 합병무효의 소

1. 총설

합병절차에 하자가 있는 경우, 이해관계인에게 개별적으로 무효·취소를 주장할 수 있도록 허용하면, 다수의 이해관계가 얽힌 합병의 법률관계에 불안정을 초래한다. 그래서 상법은 단체법률관계를 획일적으로 확정하기 위해 합병무효의 소를 마련하여 합병 무효의 주장은 이 소로써만 할 수 있게 하였다(제236조, 제529조 등). 합병무효의 소는 형성의 소이다.

2. 무효의 원인

합병무효의 원인은 상법이 따로 열거하고 있지 않으나, 합병계약서가 법정요건을 결한 경우, 합병결의에 하자가 있는 경우, 채권자보호절차를 위반한 경우, 합병비율이 불공정한 경우 등을 들 수 있다. 이 중 합병비율의 불공정은 주식회사에서 자세히 보기로 한다.

3. 소송의 당사자 및 소의 절차

ⅰ) 제소권자는 회사별로 다르나(제236조 제1항, 제529조 등), 피고는 존속회사나 신설회사가 될 것이다. ⅱ) 합병무효의 소는 합병등기 후 6개월 내에 제기하여야 한다(제236조 제2항, 제529조 제2항 등). 관할 등 기타 소의 절차는 회사설립무효의 소에서와 같다(제240조 → 제186조 ~ 제191조, 제530조 제2항). 그리고 회사채권자가 소를 제기한 경우 회사가 원고의 악의를 소명하여 청구하면 법원은 상당한 담

보의 제공을 명할 수 있다(제237조 → 제176조 제3항·제4항, 제530조 제2항).

4. 무효판결의 효과

(1) 합병무효의 등기

합병무효의 판결이 확정된 때에는 본점과 지점의 소재지에서 소멸회사는 회복등기, 존속회사는 변경등기, 신설회사는 해산등기를 하여야 한다(제238조, 제530조 제2항 등).

(2) 대세적 효력과 소급효의 제한

합병무효판결은 제3자에게도 효력이 미치고, 장래에 향해서만 효력이 있다(제240조 → 제190조 단서, 제530조 제2항). 이것은 소급효가 제한되므로 합병 이후 판결확정 시까지 존속회사 또는 신설회사는 「사실상의 회사」로 존재하고 그 회사에서 이루어진 행위는 모두 유효하다.

(3) 회사의 분할

합병무효판결의 확정으로 당사회사들은 합병 전의 상태로 환원된다. 즉 소멸하였던 회사가 존속회사와 신설회사로부터 분할되면서 부활한다. 이때 존속회사는 소멸하지 않으나 신설회사는 소멸한다.

1) 합병으로 승계한 권리·의무의 처리

존속회사 또는 신설회사가 소멸회사로부터 승계한 권리·의무는 당연히 부활한 소멸회사에게로 복귀한다. 그러나 판결확정 전 존속회사나 신설회사가 재산을 처분하였거나 의무를 이행한 경우에는 어떻게 하는가? 합병무효판결은 소급효가 없어 이는 유효하므로, 그 가액에 따른 현존가치로 환산하여 청산하여야 할 것이다.

2) 합병 후 취득한 재산과 부담한 채무의 처리

합병 후 존속회사나 신설회사가 취득한 재산은 합병 당사회사들이 공유하고, 부담한 채무는 그 회사들이 연대하여 변제할 책임을 진다(제239조 제1항, 제2항 제530조 제2항 등). 회사별 공유지분과 부담부분은 회사 간의 협의로 정하고, 협의로 정하지 못한 때에는 법원이 합병 당시의 각 회사의 재산상태 기타의 사정을 참작하여 정한다(제239조 제3항).

제6절 조직변경

01 총설

1. 의의

조직변경이란 회사가 그 인격의 동일성을 유지하면서 다른 종류의 회사로 전환하는 것을 말한다. 조직변경은 회사에게 상황변화에 맞춰 보다 적합한 회사형태로 전환할 수 있는 기회를 주기 위한 제도이다. 변경 전·후의 회사는 동일인이므로 조직변경을 하더라도 변경 전 회사에서 변경

후 회사로 권리·의무가 승계되는 것은 아니다.

2. 조직변경의 유형

조직변경은 인적회사 상호 간, 물적회사 상호 간에만 인정된다(제242조, 제286조, 제604조 제1항, 제607조 제1항). 인적회사와 물적회사는 사원의 책임, 내부조직이 전혀 달라 이들 상호 간에 조직변경을 인정하면 회사의 동일성 유지에 무리가 있기 때문이다. 유한책임회사는 주식회사와의 사이에서만 조직변경이 인정된다(제287조의43). 조직변경 허부의 최대 고려사항은 사원의 책임인데 이 부분에서 유한책임회사는 물적회사와 같기 때문이다.

따라서 조직변경은, ⅰ) 합명회사 → 합자회사, ⅱ) 합자회사 → 합명회사, ⅲ) 주식회사 → 유한회사, ⅳ) 유한회사 → 주식회사, ⅴ) 주식회사 → 유한책임회사, ⅵ) 유한책임회사 → 주식회사의 여섯 가지 경우가 있을 수 있다.

⑩ 각 회사의 조직변경

1. 합명회사와 합자회사 사이의 조직변경

(1) 합명회사에서 합자회사로의 조직변경

합명회사는 총사원의 동의로 일부 사원을 유한책임사원으로 하거나 유한책임사원을 새로 가입시켜서 합자회사로 변경할 수 있다(제242조 제1항). 이때 조직변경으로 인해 유한책임사원이 된 자는 본점소재지에서 조직변경의 등기를 하기 전에 생긴 회사채무에 대하여 등기 후 2년 동안은 무한책임사원으로서 책임을 져야 한다(제244조). 이것은 종전의 채권자를 보호하기 위함이다.

(2) 합자회사에서 합명회사로의 조직변경

합자회사는 유한책임사원을 포함한 사원 전원의 동의로 합명회사로 변경할 수 있다(제286조 제1항). 이에 의해 유한책임사원은 무한책임사원이 된다. 유한책임사원 전원이 퇴사한 경우에도 무한책임사원 전원의 동의로 합명회사로 변경하여 회사를 계속할 수 있다(동조 제2항).

2. 주식회사와 유한회사 사이의 조직변경

(1) 주식회사에서 유한회사로의 조직변경

1) 절차

주식회사는 총주주의 일치에 의한 주주총회의 결의로 유한회사로 변경할 수 있다(제604조 제1항 본문). 그러나 사채의 상환을 완료하지 않은 경우에는 변경이 불가하다(동조 동항 단서). 유한회사는 사채를 발행할 수 없기 때문이다.

2) 자본금의 제한

변경 전 주식회사의 순자산액보다 많은 금액을 변경 후 유한회사의 자본금의 총액으로 하지 못한다(동조 제2항). 이에 위반하여 회사에 현존하는 순자산액이 자본금의 총액에 부족할 때에는 조직변경 결의 당시의 이사와 주주는 회사에 대하여 연대하여 그 부족액을 지급할 책임을 진다(제605조 제1항). 이사의 책임은 총주주의 동의로 면제할 수 있으나, 주주의 책임은 면제하지 못한다(제605조 제2항 → 제550조 제2항, 제551조 제2항, 제3항).

3) 채권자의 보호

조직변경을 함에는 채권자보호절차를 밟아야 한다(제608조 → 제232조).

(2) 유한회사에서 주식회사로의 조직변경

1) 절차

유한회사는 총사원의 일치에 의한 사원총회의 결의로 주식회사로 변경할 수 있다. 다만 정관의 규정이 있으면 사원총회의 특별결의로 할 수 있다(제607조 제1항). 그리고 유한회사에서 주식회사로의 조직변경은 법원의 인가를 받아야 효력이 있다(동조 제3항). 유한회사를 설립하여 주식회사로 조직변경을 하는 방식으로 주식회사 설립에 관한 엄격한 규제를 회피하는 것을 방지하기 위함이다.

2) 자본금의 제한

조직변경 시에 발행하는 주식의 발행가액의 총액은 회사에 현존하는 순자산액을 초과하지 못한다(동조 제2항). 이에 위반하여 회사에 현존하는 순자산액이 주식의 발행가액의 총액에 부족할 때에는 조직변경 결의 당시의 이사·감사 및 사원이 연대하여 회사에 그 부족액을 지급할 책임을 진다. 이사·감사의 책임은 총주주의 동의로 면제할 수 있으나 사원의 책임은 면제할 수 없다(동조 제4항).

3) 채권자의 보호

주식회사를 유한회사로 변경할 때와 같이 채권자보호절차를 밟아야 한다(제608조 → 제232조).

3. 주식회사와 유한책임회사 사이의 조직변경

주식회사는 주주총회에서 총주주의 동의로 결의한 경우에 유한책임회사로 조직변경할 수 있고, 유한책임회사는 총사원의 동의에 의하여 주식회사로 변경할 수 있다(제287조의43). 기타 주식회사와 유한회사 사이의 조직변경에 관한 모든 규정이 준용되고, 채권자보호절차를 밟아야 하는 것도 같다(제287조의44 → 제604조 ~ 제607조, 제232조).

03 등기 및 효력발생시기

조직변경을 할 경우 본점소재지에서는 2주간 내, 지점소재지에서는 3주간 내에 변경 전의 회사는 해산등기를, 변경 후의 회사는 설립등기를 하여야 한다(제243조, 제606조 등). 조직변경의 효력발생시기에 관해 상법에는 규정이 없으나, 통설은 「등기 시」라고 본다.

04 조직변경의 무효

조직변경의 무효에 관해 상법에는 아무런 규정이 없으나, 이해관계인 간의 획일 확정을 요하므로 회사설립 무효·취소의 관한 소를 준용해야 할 것이다(통설). 무효판결이 확정되면 변경 전의 회사로 복귀한다.

제7절   해산과 청산

ⓞⓘ 해산

1. 해산의 의의

회사의 해산이란 회사의 법인격(권리능력)의 소멸을 가져오는 법률사실이다. 회사가 해산하면 회사는 영업능력을 상실하고 청산절차가 개시되며, 회사의 권리능력은 청산의 목적 범위 내로 축소된다. 그리고 청산을 종결하면 비로소 회사의 법인격은 완전히 소멸한다. 따라서 해산은 법인격 소멸의 원인은 되나, 그 자체로 법인격을 소멸시키는 것은 아니다.

2. 해산사유

(1) 공통된 해산사유

① ⅰ) 존립기간의 만료 기타 정관으로 정한 사유의 발생, ⅱ) 합병, ⅲ) 파산, ⅳ) 법원의 해산명령 또는 해산판결은 다섯 가지 회사에 공통된 해산사유이고, ② 「총사원의 동의」는 합명회사·합자회사·유한책임회사에, 「총회의 특별결의」는 주식회사와 유한회사에 공통된 해산사유이다.

(2) 합명회사·합자회사·유한책임회사

① 합명회사는 「사원이 1인으로 된 때」가(제227조 3호), ② 합자회사는 무한책임사원과 유한책임사원의 2원적 조직이므로 「어느 한 쪽의 사원이 전원 퇴사했을 때」가(제285조 제1항), ③ 유한책임회사는 「사원이 없게 된 때」가(제287조의38 2호) 각각 해산사유가 된다. 유한책임회사에서 「사원이 1인으로 된 때」는 해산사유가 아니다.

(3) 주식회사·유한회사

주식회사는 회사의 분할 또는 분할합병도 해산사유가 되고(제517조 1의2호), 휴면회사의 해산의제제도가 있다(제520조의2). 주식회사와 유한회사는 「사원이 1인으로 된 때」는 해산사유에 해당하지 않는다.

3. 해산명령과 해산판결

(1) 해산명령

1) 의의

해산명령이란 공익적 이유에서 회사의 존속을 허용할 수 없을 때 법원이 이해관계인 또는 검사의 신청 또는 직권에 의해 회사의 해산을 명하는 재판을 말한다.

2) 사유(제176조 제1항)

① 회사의 설립목적이 불법한 것인 때(1호)

정관에 기재된 목적이 불법한 경우는 물론이고, 설립의 배후 기도가 불법한 경우도 포함된다(예: 정관에는 숙박업을 목적으로 하고 있으나 실제로는 도박업이 목적인 경우).

② 회사가 정당한 사유 없이 설립 후 1년 내에 영업을 개시하지 아니하거나 1년 이상 영업을 휴지하는 때(2호)

이른바 휴면회사를 가리키는데, 영업을 하지 않고 있는 상태를 장기간 방치한다면, 휴면회사 명의로 어음이나 수표를 발행하여 타인에게 사기를 치는 경우와 같이, 법인격을 불건전한 목적으로 남용할 수 있기 때문에 해산사유로 한 것이다.

③ 이사 또는 회사의 업무를 집행하는 사원이 법령 또는 정관에 위반하여 회사의 존속을 허용할 수 없는 행위를 한 때(3호)

예컨대, 이사가 사업자금을 마련하는 과정에서 다수의 제3자들에게 사기행위를 하는 경우가 이에 해당할 수 있다. 그러나 해당 이사나 업무집행사원을 교체함으로써 시정할 수 있는 경우에는 「회사의 존속을 허용할 수 없는 때」에 해당한다고 볼 수 없다.

3) 절차

① 법원은 이해관계인이나 검사의 청구에 의하여 또는 직권으로 해산을 명할 수 있다(제176조 제1항). 이해관계인이 청구를 한 때에는 법원은 회사의 청구에 의하여 상당한 담보의 제공을 명할 수 있다(동조 제3항). 이 청구를 함에 있어 회사는 이해관계인의 청구가 악의임을 소명하여야 한다(동조 제4항). ② 해산청구가 있는 경우 법원은 관리인의 선임 기타 회사재산의 보전에 필요한 처분을 할 수 있다(동조 제2항). ③ 해산명령청구사건은 비송사건으로서 재판은 결정으로써 한다.

4) 효력

해산명령 재판의 확정에 의하여 회사는 해산한다(제517조 1호 등).

(2) 해산판결

1) 의의

① 개념

해산판결이란 회사의 존속이 사원의 이익을 해하는 경우에, 사원의 청구에 의하여 법원이 판결로써 회사의 해산을 명하는 제도를 말한다(제241조, 제520조).

② 해산명령과의 비교

법원의 재판에 의해 회사의 법인격을 전면적으로 박탈시키는 제도라는 점에서 양자는 공통된다. 다만, ⅰ) 목적이 다르다. 해산명령은 공익적 이유에서 하는 것이나, 해산판결은 사원의 이익보호를 위해 하는 것이다. ⅱ) 따라서 해산명령은 이해관계인의 청구뿐만 아니라 검사의 청구 또는 법원의 직권에 의해서도 할 수 있는데 반해, 해산판결은 사원의 청구에 의해서만 할 수 있다. ⅲ) 또 해산명령은 비송사건으로서 결정의 형식으로 재판하나, 해산판결은 소송사건으로서 판결의 형식으로 재판한다.

2) 청구사유

① 합명회사·합자회사·유한책임회사

「부득이한 사유」가 있을 때이다. 예컨대, 사원간의 불화가 극심하여 업무집행이나 회사대표에 있어 서로를 신뢰할 수 없음에도 퇴사·제명·지분의 양도와 같은 방법으로는 해결이 어려워 바람직하지 못한 인적 결합이 그대로 유지될 수밖에 없을 때 등이다.

② 주식회사·유한회사

ⅰ) 회사의 업무가 현저한 정돈상태(停頓狀態)를 계속하여 회복할 수 없는 손해가 생긴 때 또는 생길 염려가 있는 때(예 이사들 간의 심각한 불화로 회사업무가 정체된 경우), 또는 ⅱ) 회사재산의 관리 또는 처분의 현저한 실당(失當)으로 인하여 회사의 존립을 위태롭게 한 때(예 이사가 회사재산을 부당히 유용처분한 경우)에 해당하고, 「부득이한 사유」가 있는 때이다. 부득이한 사유가 있는 때란 해산 이외에는 주주를 보호할 방법이 없을 때를 말한다. 따라서 ⅰ)·ⅱ)의 사유가 있어 주주의 이익이 심각하게 침해되고 있어도 소수주주권의 행사 등으로 구제가 가능한 경우에는 해산청구를 할 수 없다.

3) 청구권자

① 합명회사·합자회사·유한책임회사에서는 각 사원이고, ② 주식회사·유한회사에서는 발행주식총수의 100분의 10 이상의 주식을 가진 주주(주식회사의 경우), 자본의 100분의 10 이상의 출자좌수를 가진 사원(유한회사의 경우)이다.

4) 절차 및 판결의 효력

청구권자는 청구사유가 있을 때 법원에 회사의 해산을 청구할 수 있다. 이는 소송사건(형성의 소)으로서 재판은 판결의 형식으로 한다. 해산판결이 확정되면 회사는 해산한다(제517조 1호 등).

4. 휴면회사의 해산의제(주식회사의 경우)

(1) 취지

주식회사 중에는 실제로는 영업활동을 종식하였으면서도 해산과 청산의 절차를 밟지 않고 상업등기부를 방치하고 있는 회사가 상당수 있다. 이러한 회사는 다른 회사의 상호 선정에 제약을 주고, 사기적 수법에 의한 회사매매의 대상이 되어 다수인에게 피해를 주기도 한다. 그래서 상법은 이러한 휴면회사를 해산한 것으로 간주하여 법적으로 제거할 수 있도록 하였다(제520조의2).

(2) 대상

법원행정처장이 「최후의 등기 후 5년이 경과한 회사는 본점의 소재지를 관할하는 법원에 아직 영업을 폐지하지 아니하였다는 뜻의 신고를 할 것」을 관보에 공고한 경우, 그 공고한 날에 이미 최후의 등기 후 5년을 경과한 회사이다(동조 제1항). 이 공고가 있는 때에는 법원은 해당 회사에 대하여 그 공고가 있었다는 뜻의 통지를 발송하여야 한다(동조 제2항).

(3) 해산의제

대상 회사 중 공고한 날로부터 2월 이내에 신고를 하지 아니한 회사는 그 신고기간이 만료된 때에 해산한 것으로 본다. 그러나 그 기간 내에 등기를 하였으면 그렇지 않다(동조 제1항).

(4) 회사계속 및 청산의제

ⅰ) 해산이 의제된 회사는 3년 이내에 주주총회의 특별결의로 회사를 계속할 수 있다(동조 제3항). ⅱ) 이와 같이 회사를 계속하지 않으면 그 3년이 경과한 때에 청산이 종결된 것으로 본다(동조 제4항). 다만 어떤 권리관계가 남아 있어 현실적으로 정리할 필요가 있으면 그 범위 내에서는 아직 법인격이 완전히 소멸하지 아니한다(대판 2001.7.13. 2000두5333).

5. 해산의 공시

회사가 해산한 때에는 합병과 파산의 경우를 제외하고 해산사유가 있는 날로부터 본점소재지에서는 2주간 내에, 지점소재지에서는 3주간 내에 해산등기를 하여야 한다(제228조 등). 주식회사의 경우에는 회사가 해산하면 파산의 경우 외에는 이사가 지체 없이 주주에 대하여 해산의 통지를 하여야 한다(제521조). 그러나 회사는 해산사유 발생으로 당연히 해산하고 해산등기나 기타 절차는 요건이 아니다. 판례도 "해산결의가 있고 청산인의 선임결의가 있는 이상 그 해산등기가 없다 하여도 청산 중인 회사라고 해석하여야 한다(대결 1964.5.5. 63마29)."라고 하였다.

6. 해산의 효과

회사가 해산을 하면 회사의 권리능력은 청산의 목적 범위 내로 축소되고(제245조), 합병과 파산의 경우 외에는 채권자보호를 위해 청산절차를 밟아야 한다. 다만 해산한 회사는 해산 전의 회사와 동일한 회사이므로 종전의 법률관계는 해산에 의하여 변경되지 않으며, 또한 해산 전의 회사에 관한 법률의 규정도 청산의 목적에 반하지 않는 한 그대로 적용된다.

❷ 청산

1. 총설

(1) 의의

회사의 청산이란 회사가 해산한 후 그 재산적 권리·의무를 정리한 후 회사의 법인격을 소멸시키는 것을 말한다. ⅰ) 회사는 해산하면 청산을 하여야 한다. 다만 해산사유가 합병·분할·분할합병(이하 '합병 등'이라 한다)과 파산인 경우에는 청산을 요하지 않는다. 합병 등의 경우에는 회사 재산의 포괄승계가 있게 되고, 파산의 경우에는 파산절차로 이전되기 때문이다. ⅱ) 청산회사는 그 권리능력이 청산의 목적범위 내로 제한된다.

(2) 청산의 방법(임의청산과 법정청산)

임의청산은 정관의 규정 또는 총사원의 동의로 정하는 방법에 따라 회사재산을 처분하는 청산방법이고(제247조 이하), 법정청산은 법률이 정한 절차에 의하여 회사재산을 처분하는 청산방법이다(제250조 이하). 합명회사와 합자회사에서는 임의청산과 법정청산이 모두 허용되나, 주식회사·유한회사·유한책임회사에서는 사원이 유한책임을 지므로 회사채권자를 보호하기 위해서는 청산절차의 공정한 이행이 특히 요구되기 때문에 법정청산만이 허용된다.

2. 임의청산

(1) 의의 및 원칙

임의청산은 정관 또는 총사원의 동의로 해산된 회사재산의 처분 방법을 정하는 것이다(제247조 제1항).

합명회사와 합자회사에서는 임의청산이 원칙이다. 즉 해산한 회사의 재산처분방법은 정관 또는 총사원의 동의로 정할 수 있다(제247조 제1항). 그러나 사원이 1인으로 되어 해산한 때와 법원의 해산명령 또는 해산판결에 의하여 해산한 때에는 임의청산은 허용되지 않는다. 이 경우에는 재산처분의 공정을 기대하기 어렵기 때문이다.

(2) 채권자보호

임의청산을 할 때에는 재산의 처분이 불공정하게 행해질 우려가 있으므로 채권자보호절차를 밟아야 한다.

1) 일반채권자의 보호

회사는 해산사유가 있는 날로부터 2주간 내에 재산목록과 대차대조표를 작성하여야 하고(제247조 제1항 후문), 그 기간 내에 채권자에 대하여 이의가 있으면 1월 이상의 일정 기간 내에 이의를 제출할 것을 공고하고, 알고 있는 채권자에게는 따로 최고하여야 한다(제247조 제3항 → 제232조 제1항).

채권자가 그 기간 내에 이의를 제출하지 않으면 임의청산을 승인한 것으로 보고(동조 동항 → 제232조 제2항), 이의를 제출하면 회사는 그 채권자에게 변제·담보제공 등을 하여야 한다(동조 동항 → 제232조 제3항). 회사가 이에 위반하여 재산을 처분함으로써 회사채권자를 해한 때에는 회사채권자는 법원에 그 처분의 취소를 청구할 수 있다(제248조 제1항).

2) 지분압류채권자의 보호

사원의 지분을 압류한 채권자가 있을 경우에는 임의청산을 하는 데 있어 그 채권자의 동의를 얻어야 한다(제247조 제4항). 회사가 동의를 얻지 않고 재산을 처분한 때에는 압류채권자는 회사에 대하여 그 지분에 상당하는 금액의 지급을 청구할 수 있다(제249조 전문). 뿐만 아니라 회사채권자의 예에 따라 법원에 취소청구를 할 수도 있다(제249조 후문 → 제248조).

3. 법정청산

(1) 의의 및 사유

법정청산은 청산인이 법정절차에 따라 하는 청산절차이다(제250조).

합명회사와 합자회사에서는 임의청산을 할 수 없는 경우와 정관 또는 총사원의 동의로 재산처분 방법을 정하지 않은 경우에 법정청산 절차에 의하여 청산을 한다.

임의청산을 할 수 없는 경우란 사원이 1인으로 되어 해산한 때와 해산명령·해산판결에 의하여 해산한 때를 말한다. 주식회사·유한회사·유한책임회사에서는 법정청산만이 허용됨은 앞에서 보았다. 이하에서는 주식회사의 법정청산에 관해서만 보기로 한다.

(2) 청산인

1) 개념

청산인이란 법정청산 절차에서 청산사무를 집행하고 법이 정한 바에 따라 청산 중의 회사를 대표하는 자를 말한다. 해산 전 회사에서 이사에 대응하는 지위라 할 수 있다. 회사가 청산에 들어가면 업무집행과 관계 없는 주주총회 및 감사는 그대로 존속하나, 이사·이사회·대표이사는 그 지위를 잃고 청산인·청산인회·대표청산인이 각각 이에 갈음하여 청산업무를 관장한다.

2) 선임 및 해임

① 원칙적으로 이사가 당연히 청산인이 된다(제531조 제1항 본문). 다만 정관에서 청산인을 따로 정하거나 주주총회에서 다른 사람을 청산인으로 선임한 때에는 그가 청산인이 된다(동조 동항 단서). 회사 내에서 청산인이 정해지지 않을 때에는 법원이 이해관계인의 청구에 의해 청산인을 선임한다(동조 제2항). 해산명령·해산판결에 의해 해산한 경우에는 이사가 청산인이 되지 않고 법원이 청산인을 선임한다(제542조 제1항 → 제252조). ② 법원이 선임한 경우 외에는 언제든지 주주총회의 보통결의로 해임할 수 있다(제539조 제1항). 그리고 청산인(법원이 선임한 청산인 포함)이 업무집행에 현저히 부적임하거나 중대한 임무에 위반한 행위가 있는 때에는 소수주주(발행주식총수의 100분의 3 이상)가 법원에 그 청산인의 해임을 청구할 수 있다(동조 제2항). ③ 청산인은 이사와 달리, 1인이라도 무방하며 임기도 없다.

(3) 청산인회·대표청산인

청산인회는 청산사무의 집행에 대한 의사결정을 하며(제542조 제2항 → 제393조), 대표청산인이 청산인회의 의사결정에 따라 청산사무에 관한 재판상·재판외의 일체의 사무를 집행한다(제542조 제2항 → 제389조 제3항 → 제209조).

(4) 청산사무의 집행

1) 사무의 개시 — 회사재산 조사·보고 의무

청산인은 취임 후 지체 없이 회사의 재산상태를 조사하여 재산목록과 대차대조표를 작성하고 이를 주주총회에 제출하여 승인을 얻어야 하며, 승인을 얻은 후에는 지체 없이 법원에 제출하여야 한다(제533조).

2) 청산사무의 종류

상법은 청산인의 직무로, 현존사무의 종결, 채권의 추심과 채무의 변제, 재산의 환가처분, 잔여재산의 분배를 열거하고 있다(제542조 제1항 → 제254조 제1항). 그러나 이것은 청산사무 중 중요한 대강을 예시한 것이고 청산인의 직무가 이에 한정되는 것은 아니다.

① 현존사무의 종결(1호)·채권의 추심(2호)·재산의 환가처분(3호)

ⅰ) 청산인은 회사의 영업은 물론이고 청산사무 이외의 모든 사무를 종결해야 한다. 새로운 법률관계를 형성하는 행위는 하지 못한다. ⅱ) 청산인은 회사의 채권을 추심하여야 한다. 그러나 그렇다고 하여 회사채무자가 기한의 이익을 상실하는 것은 아니다. ⅲ) 청산인은 채무변제와 잔여재

산분배를 위하여 회사재산을 환가처분하여야 한다.

② 채무의 변제(2호)

A. 채권자에 대한 최고　　청산인은 취임한 날로부터 2월 내에 회사채권자에 대하여 일정한 기간 내에 채권을 신고할 것과 그 기간 내에 신고하지 아니하면 청산에서 제외된다는 뜻을 2회 이상의 공고로써 최고하여야 한다. 신고기간은 2월 이상이어야 한다(제535조 제1항). 회사가 알고 있는 채권자에 대하여는 각 별로 채권신고를 최고하여야 하며, 그 채권자가 신고하지 아니한 때에도 그를 청산에서 제외하지 못한다(동조 제2항).

B. 신고기간 내의 변제 금지　　청산인은 채권신고기간 내에는 변제를 하지 못한다(제536조 제1항 본문). 회사재산이 모든 채무의 변제에 부족할 수도 있으므로 채권자들이 공평하게 변제를 받을 수 있도록 하기 위함이다. 그러나 회사는 그 변제의 지연으로 인한 손해배상책임을 면하지 못한다(제536조 제1항).

C. 변제　　채권신고기간이 경과하면 청산인은 변제를 하여야 한다. 변제기에 이르지 않은 채무도 변제할 수 있다(제542조 제1항 → 제259조 제1항). 이 경우 중간이자를 공제해야 하며, 조건부채무·존속기간이 불확정한 채무 기타 가액이 불확정한 채무는 법원이 선임한 감정인의 평가에 따라 변제한다(제542조 제1항 → 제259조 제2항 ~ 제4항).

③ 잔여재산의 분배(4호)

채무를 완제하고 남는 재산은 각 주주가 가진 주식 수에 비례하여 주주에게 분배한다(제538조 본문). 주주에 대한 잔여재산 분배는 회사채무를 완제한 후에 한하여 할 수 있다. 다만 다툼이 있는 채무가 있으면 그 채무의 변제에 필요한 재산을 보류하고 할 수 있다(제542조 제1항 → 제260조).

④ 제외된 채권자의 권리

채권신고기간 내에 신고를 하지 않아 청산에서 제외된 채권자는 주주에게 분배되지 않은 재산의 범위에서만 변제를 청구할 수 있다(제537조 제1항). 따라서 잔여재산분배가 완료되면 권리를 잃는다. 일부의 주주에게 재산을 분배한 경우에는 그와 동일한 비율로 다른 주주에게 분배할 재산은 위의 「분배되지 않은 재산」에서 공제한다(제537조 제2항). 일단 분배가 개시되면 주주가 청산에서 제외된 채권자보다 우선하는 것이다.

(5) 청산의 종결

1) 결산보고서의 제출

청산사무가 종결한 때에는 청산인은 지체 없이 결산보고서를 작성하고, 이를 주주총회에 제출하여 승인을 얻어야 한다(제540조 제1항). 주주총회의 승인이 있으면 회사가 청산인의 책임을 해제한 것으로 본다. 단 청산인의 부정행위에 대하여는 그렇지 않다(제540조 제2항).

2) 청산종결의 등기

청산이 종결된 때에는 청산인은 결산보고서의 승인이 있은 날로부터 본점소재지에서는 2주간 내에, 지점소재지에서는 3주간 내에 청산종결의 등기를 하여야 한다(제542조 제1항 → 제264조).

3) 청산종결의 시기와 효과

청산은 청산사무가 종료한 때에 종결하고, 이때 회사의 법인격은 소멸한다. 청산종결의 등기가 되었더라도 채무변제·잔여재산분배 등과 같은 청산사무가 일부라도 남아 있으면 청산은 종결하지 않으며, 남아 있는 사무의 범위에서 회사는 법인격·소송상 당사자능력 등을 유지한다.

제8절 회사의 계속

1. 의의

회사의 계속이란 일단 해산한 회사가 상법의 규정에 따라 사원들의 의사에 의해 해산 전의 회사로 복귀하여 존속하는 것을 말한다. 회사가 해산하였더라도 사원들이 회사의 존속을 원하고, 해산사유가 「정관에서 정한 존립기간의 만료」인 경우와 같이 회사의 존립을 막아야 할 필연적 이유가 없다면, 회사의 계속을 허용하는 것이 기업유지의 이념에 부합할 것이다. 그래서 상법은 해산사유 중 일정한 사유에 의해 해산한 경우에는 사원들의 의사에 따라 회사를 계속할 수 있도록 하였다. 계속이 가능한 해산사유는 회사의 종류별로 다른데, 여기서는 주식회사에 관해서만 본다.

2. 계속이 가능한 해산사유

(1) 합명회사

1) 회사가 존립기간의 만료 기타 정관으로 정한 사유가 발생하여 해산한 때(제227조 1호)와 총사원의 동의로 해산한 때(동조 2호)에는 사원의 전부 또는 일부의 동의로 회사를 계속할 수 있다. 동의하지 아니한 사원은 퇴사한 것으로 본다(제229조 제1항).

2) 사원이 1인으로 되어 해산한 때에는 새로 사원을 가입시켜서 회사를 계속할 수 있다(제229조 제2항). 이 때에는 유한책임사원을 가입시켜 합자회사로 조직변경을 할 수도 있다(제242조 제2항).

3) 회사설립의 무효 또는 취소판결이 확정된 경우에 그 무효나 취소의 원인이 일부 특정한 사원에 한하는 것인 때에는 다른 사원 전원의 동의로써 회사를 계속할 수 있다(제194조 제1항). 이때 그 무효 또는 취소의 원인이 있는 사원은 퇴사한 것으로 본다(동조 제2항). 잔존사원이 1인인 경우에는 새로 사원을 가입시켜 회사를 계속할 수 있다(동조 제3항 → 제229조 제2항).

(2) 합자회사·유한책임회사

합명회사에서 설명한 1)·3)의 계속사유는 그대로 합자회사와 유한책임회사에 적용된다(제269조). 그리고 합자회사는 무한책임사원과 유한책임사원 중 어느 한 쪽의 사원이 전원 퇴사하여 해산한 경우(제285조 제1항)에는 잔존한 사원의 동의로 이종의 사원을 새로 가입시켜 회사를 계속할 수 있다(동조 제2항).

(3) 주식회사·유한회사

주식회사·유한회사는 존립기간의 만료 기타 정관에 정한 사유의 발생 또는 주주총회나 사원총회의 특별결의에 의하여 해산한 경우에는 주주총회나 사원총회의 특별결의에 의해 회사를 계속할수 있다(제519조). 주식회사의 경우에는 해산의제된 휴면회사가 3년 이내에 주주총회의 특별결의로회사를 계속할 수 있음은 이미 보았다(제520조의2 제3항).

3. 계속등기

회사를 계속할 경우 이미 해산등기를 한 때에는 본점소재지에서는 2주간 내에, 지점소재지에서는 3주간 내에 회사의 계속등기를 하여야 한다(제521조의2 → 제229조 제3항).

4. 계속의 효과

회사계속으로 회사는 해산 전의 상태로 복귀한다. 즉 청산의 목적범위 내로 줄어들었던 권리능력은 다시 완전히 회복되고, 영업능력도 회복한다. 그러나 회사계속의 효력은 장래에 대해서만 생기므로, 해산 후 계속까지 청산인이 한 청산사무의 효력에는 영향이 없다. 회사계속으로 청산인은그 활동이 종료되고 존속 중 회사의 기관으로 교체되어야 한다.

제2장 주식회사

제1절 주식회사의 기초

주식회사란 사원의 출자에 의하여 일정한 자본금을 가지고, 사원의 지위는 세분화된 주식의 형태를 취하며, 사원은 주식인수가액을 한도로 하여 회사에 대하여 출자의무를 부담할 뿐 회사채권자에 대해서는 아무런 직접 책임을 지지 않는 회사를 말한다. 이처럼 「자본금」・「주식」・「주주의 유한책임」이 주식회사의 본질적 요소이다.

01 자본금

1. 의의

(1) 채권자보호와 자본금의 개념

주식회사는 무한책임을 지는 사원이 없기 때문에 회사채권자에 대해서 채무 변제의 담보가 되는 것은 회사의 재산밖에 없다. 그래서 상법은 채권자보호를 위해 주식회사로 하여금 사원의 출자금 중 일정한 금액을 회사의 재산으로 확보하도록 강제하고 있는데, 그 금액이 자본금이다. 즉 자본금은 법에 의해 회사가 확보할 것이 강제되는 책임재산의 최소한의 금액이다.

1) 액면주식에서의 자본금

액면주식을 발행하는 회사에서는 발행주식의 액면총액이 자본금이다(제451조 제1항). 자본금충실의 원칙상 주식을 발행할 때마다 그 액면만큼은 반드시 회사에 확보되어야 한다. 그래서 발행가액이 액면에 미달하는 액면미달발행은 설립 시에는 엄격히 금지된다(제330조 본문). 다만 회사의 주가가 하락하여 액면가액 이상으로 주식을 발행할 수 없는 경우가 있는데, 이 때에는 자본금충실의 원칙과 자금조달의 요청을 조화할 필요가 있다. 그래서 신주발행 시에는 엄격한 제한하에 액면미달발행을 허용하고 있다(제330조 단서, 제417조). 반면 발행가액이 액면보다 높은 경우에는 액면까지만 자본금이 되고 나머지 금액은 자본준비금으로 적립된다(제459조 제1항).

발행주식의 액면총액이 자본금이라는 등식은 상환주식의 상환(제345조)과 자기주식의 소각(제343조 제1항 단서)의 경우 예외적으로 깨어진다. 상환과 주식소각의 재원이 자본금이 아니라 이익이어서 자본금은 변하지 않으면서 발행주식수가 감소하기 때문이다. 해당 부분에서 자세히 설명한다.

2) 무액면주식에서의 자본금

무액면주식을 발행하는 회사에서는 주식의 발행가액 중 설립 시에는 발기인이 전원의 동의로(제291조), 신주발행 시에는 이사회(정관으로 신주발행을 주주총회에서 정하기로 한 회사(제416조 제1항 단서)에서는 주주총회)가 자본금으로 계상하기로 한 금액의 총액이 자본금이다(제451조 제2항). 이 금액은 주식발행가

176 | 제3편 회사법

액의 2분의 1 이상이어야 한다. 이것은 이사회(또는 주주총회)의 재량을 통제하기 위함이다. 발행가액 중 자본금으로 계상되지 않은 금액은 자본준비금이 된다.

무액면주식의 경우에는 이사회가 주식 발행 시마다 자본금을 정하기 때문에 액면주식의 경우와 달리 매번 발행되는 주식마다 적립되는 자본금이 달라질 수 있다. 주식발행에서 반드시 확보되어야 하는 일정한 금액도 없어 발행가액에 대한 제한도 없다.

(2) 자본금과의 구별개념

1) 회사의 재산

회사의 재산은 회사가 일정 시점에 실제로 보유하는 자산이다. 이것은 규범적으로 보유할 것이 요구되는 금액인 자본금과 다르다.

2) 발행가액

발행가액이란 주식의 발행 당시 주식인수인이 회사에 납입하여야 하는 1주의 가액을 말한다. 발행가액 중에서 액면(액면발행의 경우) 또는 이사회에서 자본금으로 계상하기로 한 금액(무액면주식의 경우)은 자본금이 되고 이를 초과하는 금액은 자본준비금으로 적립된다.

3) 회사의 주주지분 또는 자기자본

이는 자산에서 부채를 공제한 순자산으로서 회사의 재산 가운데 주주의 몫을 의미한다. 회계학에서 자기자본은 자본금, 자본잉여금, 이익잉여금 세 항목으로 구성된다.

2. 자본금에 관한 원칙

채권자보호의 측면에서 회사로 하여금 자본금 상당의 책임재산을 확보하고 이를 현실적으로 보유하도록 강제하기 위하여 자본금에 관한 세 가지 원칙이 만들어졌는바, 이를 자본금의 3원칙이라고 한다. 즉 ① 자본금확정의 원칙, ② 자본금충실(유지)의 원칙, ③ 자본금불변의 원칙이 그것이다. 그러나 자본금제도를 통한 채권자보호의 실효성이 크지 않고 회사 경영의 관점에서 자금조달의 기동성이 더 중요하다는 점이 인식되면서 이제 그 중요성은 많이 퇴색되었다. 상법상으로는 자본금충실의 원칙 정도만 구현되고 있다고 보면 된다.

(1) 자본금확정의 원칙

1) 의의

주식회사의 정관에 자본금이 기재되어야 하고 그 자본금의 출자자, 즉 주식인수인도 확정되어야 한다는 원칙을 말한다. 자본금의 규모를 확정·공시함으로써 회사와 거래하는 자들에게 회사의 신용에 대한 예측가능성을 부여하기 위함이다.

2) 상법의 태도

① 설립 시에는 이 원칙이 지켜지고 있다. 즉 액면주식을 발행하는 경우 자본금은 발행주식의 액면총액인데, 정관에 「1주의 금액」과 「회사의 설립 시에 발행하는 주식의 총수」를 기재해야 하고 (제289조 제1항 3호, 4호), 자본금의 액을 등기해야 하며(제317조 제2항 2호), 회사설립 전에 이 주식의 전부가 인수되어야 한다(제295조, 제305조). 무액면주식을 발행하는 경우에도 「설립 시에 발행하는 주식의

총수」가 정관에 기재되고 인수되어야 하는 것은 다름없고, 발기인 전원의 동의로 주식의 발행가액과 자본금으로 계상하는 금액을 정한다(제291조 3호).

② 그러나 증자시에는 이 원칙이 폐기되었다고 본다. 즉 신주발행의 경우 증자할 자본금의 액이 정관에 기재되지 않는다(제289조 제1항, 제416조). 그리고 발행하는 주식 전부에 대한 주식의 인수가 요구되지 않고 단지 실제로 인수된 범위에서만 신주발행의 효력이 발생한다(제423조). 무액면주식이 발행되는 경우에도 이사회가 자본금으로 계상할 금액을 정하기는 하나(제416조 2의2호), 실제로 인수되어 납입된 주식에 대한 자본금만 적립되는 것으로 해석된다.

(2) 자본금충실(유지)의 원칙

1) 의의

회사는 자본금액에 상당하는 순자산을 실질적으로 보유해야 한다는 원칙이다. 자본금확정의 원칙이 자본금의 공시와 관련되었다면 자본금충실의 원칙은 이렇게 공시된 금액이 실제로 회사에 존재할 것을 요구하는 것이다. 그런데 순자산은 회사의 경영성과에 따라 항상 변동하는 것이어서 회사의 의지만에 의해 유지할 수 있는 것이 아니다.

그러므로 여기서의 「자본금의 유지」란 「주주와의 자본거래」에 있어 ① 자본금으로 정해진 금액이 확실하게 회사에 유입되어야 하고, ② 그렇게 유입된 금액이 부당하게 유출되는 것을 막아야 한다는 뜻으로 이해해야 한다.

2) 상법상의 규정들

① 주주의 출자의 이행을 확보하기 위한 규정으로 금전출자의 전액납입 및 현물출자의 전부이행(제295조, 제305조, 제421조, 제425조), 액면미달발행의 금지 또는 제한(제330조, 제417조), 발기인과 이사의 담보책임(제321조, 제428조) 등이 있고, ② 주주에 대한 회사 재산의 반환을 제한하기 위한 규정으로는 이익배당·자기주식취득에 있어 배당가능이익의 규제(제462조, 제341조), 법정준비금 적립의무(제458조, 제459조) 등이 있다.

(3) 자본금불변의 원칙

1) 의의

자본금유지의 기준이 되는 「자본금」의 금액을 법정의 절차를 밟지 않고서는 감소시키지 못한다는 원칙이다. 자본금의 감소를 쉽게 하면 회사의 재산이 정해진 자본금에 부족하게 되는 경우 아예 자본금의 규모를 줄여버릴 우려가 있기 때문이다. 이렇게 되면 자본금충실의 원칙이 무의미해진다.

2) 상법의 규정

상법은 수권자본제도를 택하고 있어 자본금의 증가는 이사회의 결의만으로 쉽게 할 수 있고(제416조), 자본금불변의 원칙은 자본금 감소의 경우에만 적용된다. 상법은 자본금 감소의 절차를 엄격하게 하고 있다(제438조, 제439조).

⑫ 주식

주식회사의 자본금은 주식으로 분할된다. 따라서 주식은 자본금을 구성하는 단위 또는 출자의 단위라고 할 수 있다. 한편 주식은 주주가 회사에 대해서 가지는 권리의 총체, 즉 주주의 지위 또는 사원권을 의미하기도 한다. 같은 종류의 주식은 회사에 대하여 모두 동등한 권리를 가진다. 이를 관행적으로「주주평등의 원칙」이라 한다. 다만 "보유주식에 비례한 평등"이란 의미로서 주식평등의 원칙이라고 하는 것이 더 정확하다.

⑬ 주주의 유한책임

주주는 회사에 대하여 주식의 인수가액을 한도로 출자의무를 부담한다(간접·유한책임, 제331조). 회사가 채무초과상태에 빠지더라도 그 이상 회사에 출연할 책임은 없고 회사의 채권자에게 직접 변제할 책임도 없다. 이를 주주의 유한책임이라 한다.

주주의 유한책임은 주식회사의 가장 본질적인 특성이므로 정관이나 주주총회의 결의로 주주의 책임을 이보다 가중할 수 없다. 다만 주주의 의사에 반하여 주식의 인수가액을 초과하는 새로운 부담을 시킬 수 없다는 것이지 주주들의 동의 아래 회사채무를 주주들이 분담하는 것까지 금하는 취지는 아니다(대판 1983.12.13. 82도735). 주주의 개별적인 동의나 포기 없이 주주 유한책임을 부인하는 것은 법인격부인론이 적용되는 경우뿐이다.

제2절   설립

▌제1관 총설

⑪ 주식회사 설립절차의 특색

합명회사·합자회사와 같은 인적회사의 설립절차는 정관작성과 설립등기만으로 이루어진다. 이들 회사는 정관에 의해 사원과 그 출자액이 확정되고 또 무한책임사원이 있어 설립단계부터 서둘러 자본 등 회사의 실체를 갖출 필요도 없기 때문이다.

그러나 주식회사의 설립절차는 ① 정관의 작성, ② 사원의 확정, ③ 출자의 이행, ④ 기관의 구성, ⑤ 설립등기라는 보다 복잡한 과정을 거친다. 주주가 정관에 의해 확정되지 않으므로 주식인수라는 별도의 주주 확정 절차가 필요하고(②), 무한책임사원이 없어 회사재산은 회사채권자에 대한 유일한 책임재산이 되므로 출자의 이행을 통해 이를 설립 전에 확보할 필요가 있다(③). 그리고 이사·감사 등 타인기관이 회사를 경영하므로 설립 후 공백 없는 회사 운영을 위해서는 설립 전에 이들을 선임해야 한다(③).

02 설립절차의 개관

우선 발기인이 정관을 작성하고(제289조), 주식발행사항을 결정한다(제291조). 그 결정 내용에 따라 다음과 같이 발기설립 또는 모집설립의 절차를 밟는다.

1. 발기설립

발기설립에서는 발기인만이 주주가 된다. 발기인이 주식 전부를 인수하고 주식대금을 납입한다. 그리고 다수결로 이사와 감사를 선임한다. 선임된 이사와 감사는 바로 설립경과를 조사하여 발기인에게 보고한다. 끝으로 설립등기를 마치면 회사가 설립된다.

2. 모집설립

발기인이 주식의 일부를 인수하고 나머지는 모집주주가 인수한다. 모집주주의 주식인수는 모집주주가 주식청약서로 주식인수를 청약하면 발기인이 배정함으로써 이루어진다. 주식인수가 완료되면 주식인수인이 주금을 납입한다. 주금 납입 후 바로 창립총회가 소집되고 여기서 이사·감사가 선임된다. 이사·감사는 바로 설립경과를 조사하여 창립총회에 보고한다. 끝으로 설립등기를 함으로써 회사가 설립된다.

3. 변태설립사항이 있는 경우

이 경우 원칙적으로 이사의 청구에 의해 법원이 선임한 검사인이 변태설립사항을 조사하여 법원에 보고하여야 한다(제298조 제4항, 제299조). 다만 검사인의 조사는, 변태설립사항이 특별이익·설립비용·발기인의 보수인 경우(제290조 1호, 4호)에는 공증인의 조사로, 현물출자·재산인수인 경우(제290조 2호, 3호)에는 감정인의 감정으로 각각 대체할 수 있다(제299조의2). 그리고 현물출자·재산인수의 가액이 소액인 경우에는 검사인의 조사·보고를 아예 생략할 수도 있다(제299조 제2항).

03 발기인과 발기인조합

1. 발기인

(1) 의의

① 발기인이란 회사설립을 기획하고 그 절차를 주관하는 자라 할 수 있으나, 법적으로는 정관에 발기인으로 기명날인 또는 서명한 자를 말한다. 따라서 실제 설립사무에 종사하였는가와 무관하게 정관에 발기인으로 기명날인 또는 서명한 자가 상법 제321조 이하 발기인으로서의 책임을 부담한다. ② 발기인은 주식회사의 설립에서만 요구된다. 주식회사 이외의 회사에서는 정관 작성에 의해 사원이 확정되므로 그 사원이 나머지 설립절차를 진행하면 되지만 주식회사는 정관 작성에 의해

사원이 확정되지 않으므로 실제 설립사무를 담당할 기구가 별도로 필요하기 때문이다.

(2) 자격과 수

① 발기인의 자격에는 제한이 없다. 법인이나 제한능력자도 발기인이 될 수 있다. 발기인의 업무집행은 일신전속적인 것이 아니어서 대표나 대리의 방식으로 보충할 수 있기 때문이다. ② 발기인의 수는 1인만으로도 족하다(제288조).

2. 발기인조합

(1) 의의

발기인조합이란 주식회사의 설립을 목적으로 하는 발기인들 간에 성립한 조합을 말한다. 발기인이 2인 이상인 경우 발기인들은 정관 작성 전에 회사 설립을 목적으로 하는 계약을 상호 간에 체결한다. 이 계약은 민법상 조합계약에 해당하고 이 조합계약에 의해 설립한 조합을 발기인조합이라 한다.

(2) 발기인조합의 의사결정

① 원칙적으로 조합의 의사결정방법인 과반수로써 결정한다(민법 제706조 제2항). 예컨대, 모집설립에서 주식의 배정(제303조)은 발기인 과반수로 결정한다. ② 그러나 발기인 전원의 동의를 요하는 경우도 있다. 정관작성(제289조 제1항), 주식발행사항의 결정(제291조)은 명문의 규정이 있고, 각 발기인이 인수할 주식의 배정(제293조)은 명문의 규정은 없으나 성질상 그러하다. ③ 한편 발기설립 시 발기인은 인수주식 1주에 1개의 의결권을 갖고 의결권의 과반수로 이사·감사를 선임하는데(제296조), 이 경우는 발기인이 발기인으로서 업무를 집행하는 것이 아니라 출자자로서 지분권을 행사하는 것이다.

04 설립중의 회사

1. 의의

(1) 개념 및 필요성

1) 개념

설립중의 회사란 회사의 성립(설립등기) 이전에 어느 정도 회사로서의 실체가 형성된 미완성의 회사를 말한다. 설립중의 회사는 어떤 실체를 가리키는 개념이 아니라 주식회사의 설립과정에서 발기인이 회사설립을 위하여 취득한 권리·의무가 발기인 등 출자자에게 귀속되지 않고 성립 후의 회사에 귀속되는 관계를 설명하기 위하여 인위적으로 만들어낸 강학상의 개념이다.

2) 설립중의 회사 개념의 필요성

설립중의 회사라는 개념이 없다면, 발기인이 설립절차 중에 회사를 위해 취득한 재산(예 납입된 주금이나 이행된 현물출자자산)이나 설립과정에서 행한 법률행위에 따른 법률효과는 우선 발기인 또는 발기인조합에 귀속되었다가 설립등기 후 발기인이 성립후의 회사에 이전하는 절차를 밟아야 비로

소 성립후의 회사에 귀속하게 된다. 이와 같은 절차가 비경제적이기도 하려니와, 회사 설립 전에는 회사에 출자한 재산이 발기인 개인 채무에 대한 책임재산을 구성하게 되는 문제가 있다. 그래서 설립중의 회사라는 개념을 만들어 발기인이 설립과정에서 취득한 권리·의무가 우선 설립중의 회사에 귀속되었다가 회사 설립 후 별도의 이전행위 없이 자동적으로 성립후의 회사에 이전되게 한 것이다.

(2) 법적 성질

실체가 존재하지 않는 것에 대하여 법적 성질을 논하는 것이 이상할 수도 있으나, 통설·판례는 설립중의 회사를 권리능력 없는 사단으로 보고 있다. 설립중의 회사에서는 정관이 근본규칙이고, 발기인 또는 주식인수인이 구성원이며, 집행기관은 발기인이다.

(3) 발기인·발기인조합·설립중의 회사의 관계

회사 설립과정에서 발기인은 발기인조합의 조합원과 설립중의 회사의 집행기관이라는 이중적 지위를 갖는다. 발기인의 행위는 일반적으로 다른 발기인과 합의하에 이루어질 것이므로 발기인조합에 그 법률효과가 귀속될 것이고, 그것이 설립이라는 목적범위의 행위라면 그 권리·의무가 다시 설립중의 회사에 귀속된다.

발기인조합과 설립중의 회사는 회사 성립시까지 병존하나, 발기인조합은 발기인 상호 간의 내부적인 계약관계로서 개인법상의 존재임에 반해 설립중의 회사는 사단법상의 존재로서 회사법적 효력을 갖는다는 점에서 구별된다. 따라서 설립중의 회사는 성립 후의 회사와 직접 관련을 갖지만, 발기인조합은 그 자체로서 성립 후의 회사와 직접적인 법적 관계를 갖지 못한다.

2. 성립시기

설립중의 회사가 언제 성립하는가에 대하여 ① 정관작성 시라는 설, ② 정관이 작성되고 발기인이 1주 이상 인수한 때라는 설(통설), ③ 발행주식총수가 인수된 때라는 설이 대립한다. 판례는 "설립중의 회사가 성립하기 위해서는 정관이 작성되고 발기인이 적어도 1주 이상의 주식을 인수하였을 것을 요건으로 한다(대판 2000.1.28. 99다35737)."라고 판시하였다.

① 정관이 작성되고 발기인이 1주 이상 인수한 때라는 설은 정관작성만으로는 구성원의 일부도 확정되지 않아 「사단」이라고 할 수 없는데 반해 발기인이 최소한 1주의 주식을 인수하면 사원의 일부가 확정된다는 점을 근거로 한다. 반면 ② 정관작성 시라는 설은 ⓐ 설립중의 회사 개념은 설립과정에서 발기인의 활동에 의한 권리·의무가 성립 후의 회사에 귀속되는 관계를 설명하기 위함인데, 이러한 필요성은 정관작성 후 발기인의 주식인수 전에도 있다는 점(예 발기인이 주식인수 전에 설립비용에 관한 채무를 부담하는 경우), ⓑ 상법상 발기인은 반드시 주식을 인수해야 하고(제293조) 발기인은 정관에 의해 확정되므로 정관작성시에 이미 구성원의 전부 또는 일부가 확정된다는 점을 근거로 한다.

3. 설립중의 회사의 법률관계

(1) 능력

설립중의 회사가 권리능력 없는 사단이라고 해서 권리능력이 전혀 없는 것은 아니고 설립이라는 목적범위 내에서 제한적으로 권리능력이 있다. 소송상 당사자능력(민사소송법 제52조), 등기능력(부동산등기법 제26조)이 있고, 예금거래능력이나 어음·수표행위를 할 수 있는 능력도 인정된다. 불법행위능력이 있는지가 문제되는데, 판례 중에는 "발기인 중 1인이 회사의 설립을 추진 중에 행한 불법행위가 외형상 객관적으로 설립 후 회사의 대표이사로서의 직무와 밀접한 관련이 있다고 보아 회사의 불법행위책임을 인정한 사례(대판 2000.1.28. 99다35737)."가 있다. 이 판례는 설립중의 회사의 불법행위능력을 인정한 것으로 해석된다.

(2) 발기인이 한 행위의 효력

발기인의 행위로 인한 권리·의무는 설립중의 회사에 귀속되었다가 회사 설립 후 별도의 이전행위 없이 자동적으로 성립 후의 회사에 귀속된다. 그런데 설립중의 회사의 권리능력은 「설립목적의 범위 내」에서만 인정되므로, 이와 같이 되기 위해서는 발기인이 ① 「발기인의 권한범위 내」에서, ② 「설립중의 회사의 명의」로 행위를 했어야 한다. 항을 바꾸어 설명한다.

(3) 발기인의 권한범위 내의 행위

1) 발기인의 권한범위

어느 범위의 행위까지를 발기인의 권한범위 내에 포함할 것인가에 관하여 견해가 대립한다. 권한범위를 벗어난 행위는 원칙적으로 회사에 대하여 무효이므로, 권한범위를 넓게 인정하는 견해는 거래상대방 보호를 우선시하고 좁게 인정하는 견해는 회사의 재산적 기초를 우선시하는 견해이다.

① 학설

ⓐ 정관의 작성, 사원이 확정, 창립총회의 소집과 같이 설립 자체를 직접적인 목적으로 하는 행위에 국한된다는 견해(최협의설), ⓑ 설립사무소의 임차, 주식청약서의 인쇄, 주식모집광고의 위탁과 같이 회사설립을 위해 법률상·경제상 필요한 행위까지도 포함한다는 견해(협의설, 다수설), ⓒ 회사설립 목적에 반하지 않는 한 모든 행위가 포함되므로, 점포나 공장의 임차, 기계의 구입, 영업의 양수 등 개업준비행위도 포함한다는 견해(광의설)가 대립한다. 학설 간 가장 큰 차이는 개업준비행위를 포함할 것인가이다. 최협의설과 협의설에 의하면 개업준비행위는 발기인의 권한에 포함되지 않으나 개업준비행위 가운데 법정요건을 갖춘 재산인수는 예외적으로 포함된다고 본다. 반면 광의설에 의하면 개업준비행위는 당연히 발기인의 권한에 포함되며, 재산인수(제290조 3호)는 개업준비행위로서 당연히 발기인의 권한에 포함되나 위험성이 커서 남용 방지를 위해 상법이 제한을 두고 있다는 것이다.

② 판례

판례는 발기인이 설립 후의 회사의 영업을 위하여 제3자와 맺은 자동차조립계약을 발기인의 권한 내의 행위로 보고 설립 후 회사의 책임을 인정한 바 있다(대판 1970.8.31. 70다1357). 광의설을 취한 것으로 해석된다.

2) 발기인의 권한 외 행위의 효력

발기인의 권한 외 행위에 의한 권리·의무는 설립중의 회사에 귀속되지 않고, 그 결과 설립 후의 회사에게 권리·의무가 이전되지도 않는다. 그러면 성립 후의 회사는 발기인의 권한 외의 행위를 추인할 수 있는가? 다수의 견해는 이 문제를 정관에 기재하지 않는 재산인수의 추인가능성의 문제와 같이 취급한다. 따라서 이 문제는 「정관에 기재하지 않는 재산인수의 추인」 부분의 학설과 판례를 참조하기 바란다.

(4) 「설립중의 회사의 명의」로 한 행위

발기인이 설립중의 회사의 명의가 아닌 개인 또는 발기인조합의 명의로 한 거래의 효과는 발기인 또는 발기인조합에 속하고 이를 성립 후의 회사에 귀속시키기 위해서는 별도의 이전절차가 필요하다. 판례도 발기인이 사업을 위해서 자신의 이름으로 토지를 매입하고 회사를 설립한 후 설립된 회사가 그 매도인을 상대로 소유권이전등기를 청구한 사안에서 "설립중의 회사로서의 실체가 갖추어지기 이전에 발기인이 취득한 권리, 의무는 구체적 사정에 따라 발기인 개인 또는 발기인조합에 귀속되는 것으로서 이들에게 귀속된 권리의무를 설립 후의 회사에 귀속시키기 위하여는 양수나 채무인수 등의 특별한 이전행위가 있어야 한다(대판 1994.1.28. 93다50215)."라고 판시하였다.

▌제2관 정관의 작성

❶ 정관의 의의

1. 정관의 개념

정관이란 회사의 조직이나 활동에 관한 근본규칙을 말한다. 주식회사 설립의 첫 단계로 발기인이 정관을 작성하고 이에 기명날인 또는 서명한다(제289조 제1항). 정관의 법적 성질에 대해서는 견해의 대립이 있으나, 통설·판례는 정관은 작성 이후 참여한 주주와 기관은 물론 정관변경에 반대한 주주까지도 구속한다는 점에서 회사의 자치법규라고 이해한다.

2. 정관의 기재사항

정관의 기재사항에는 세 가지가 있다. ① 절대적 기재사항은 정관에 반드시 기재해야 하고 만일 누락이 있거나 그 내용이 위법하면 정관이 무효가 되어 결과적으로 회사설립 자체가 무효가 되는 사항이다. ② 상대적 기재사항은 정관에 기재하지 않아도 정관의 효력에는 영향이 없으나 당해 내용이 구속력을 가지기 위해서는 반드시 정관에 기재되어야 하는 사항이다. 예컨대, 현물출자가 이에 속한다. 현물출자를 하지 않을 경우에는 정관에 기재할 필요가 없으나 정관에 기재하지 않으면 현물출자를 하지 못한다. ③ 임의적 기재사항은 정관에 기재되어야만 구속력을 갖는 것은 아니나 정관이 갖는 구속력을 부여하고자 하여 정관에 기재한 사항을 말한다. 예컨대, 이사의 보수나 정원이 이에 속한다.

02 절대적 기재사항과 수권자본제

1. 절대적 기재사항

　주식회사 정관의 절대적 기재사항은 ① 목적, ② 상호, ③ 회사가 발행할 주식의 총수, ④ 액면주식을 발행하는 경우 1주의 금액, ⑤ 회사 설립 시에 발행하는 주식의 총수, ⑥ 본점의 소재지, ⑦ 회사가 공고하는 방법, ⑧ 발기인의 성명·주민등록번호 및 주소이다(제289조 제1항). 이 중 수권자본제도를 반영한 3호부터 5호까지가 가장 중요한데 이는 항을 바꾸어 살펴본다. 7호는 회사가 공고를 하는 방법을 정하고 있다. 회사법에는 주주와 채권자에게 중대한 영향을 미치는 사항을 공고하도록 하는 경우가 많다. 공고는 원래 관보 또는 시사에 관한 사항을 게재하는 일간신문에 하는 서면공고가 원칙이나(제289조 제2항 본문), 인터넷 기술의 발달에 따라 2009년 개정으로 정관에 정함이 있는 경우 전자적 방법에 의한 공고도 인정하였다(제289조 제2항 단서). 전자적 방법에는 여러 가지가 있으나 상법시행령은 시행 초기임을 감안하여 회사의 인터넷 홈페이지에 게재하는 것으로 한정하였다(상법시행령 제6조 제1항).

2. 수권자본제도

　회사의 물적 기초의 형성을 얼마나 유연하게 할 것인가와 관련하여 두 가지 입법례가 있다.

(1) 총액인수제도(확정자본주의)

　회사의 정관에 자본금을 기재하고 설립 시에 이에 해당하는 주식의 인수가 이루어지도록 하는 제도이다.

(2) 수권자본제도

　자본금은 정관의 기재사항이 아니고 정관에는 다만 회사가 발행할 주식의 총수 즉 발행예정주식총수(수권주식총수)만 기재한다. 그리고 회사 설립 시에는 발행예정주식총수 중 일부만 인수되고 회사 설립 이후 이사회가 나머지 수권주식수의 범위에서 수시로 신주를 발행하여 자본을 조달할 수 있도록 하는 제도이다. 수권자본제도는 주식회사 설립이 용이하고 자금조달의 기동성이 보장되지만, 회사가 설립 시에 자본적 기초가 튼튼하지 못하다는 단점이 있다.

(3) 상법의 태도

　상법은 수권자본제도를 택하고 있다. 자본금을 정관의 기재사항으로 규정하지 않고(제289조 제1항) 정관에는 다만 발행예정주식총수만을 기재하도록 하고 있다(제289조 제1항 3호). 상법상 신주발행은 원칙적으로 이사회의 권한사항이므로(제416조 본문) 이사회는 신규 자금 필요 시 발행예정주식총수 중 미발행주식수의 범위에서 기동성 있게 신주를 발행하여 자금을 조달할 수 있다(제416조 본문). 물론 이사회가 발행예정주식총수를 초과하여 주식을 발행하고자 할 때에는 먼저 주주총회의 특별결의에 의해(제433조) 정관을 변경하여 발행예정주식총수를 증가시켜야 한다.

03 변태설립사항(제290조)

상대적 기재사항은 상법의 각 부분에 산재하고 있으나, 이 중 특히 ① 발기인의 특별이익, ② 현물출자, ③ 재산인수, ④ 설립비용과 발기인의 보수 이렇게 네 가지를 변태설립사항이라 한다. 변태설립사항은 회사 설립 당시에 발기인이 그 권한을 남용하여 회사의 재산적 기초를 위태롭게 할 염려가 큰 것들이어서 상법은 이에 대해 특히 엄격한 규제를 가하고 있다. 즉 변태설립사항은 반드시 정관에 기재해야 효력이 있고, 모집설립의 경우 모집주주가 알 수 있도록 주식청약서에 기재해야 하며(제302조 제2항 2호), 원칙적으로 법원이 선임한 검사인에 의해 엄격한 조사를 받아야 한다(제299조 제1항). 정관에 규정하지 않거나 검사인의 조사를 받지 않고 한 변태설립사항은 원칙적으로 무효이다.

1. 발기인의 특별이익(1호)

발기인이 받을 특별이익과 이를 받을 자의 성명은 변태설립사항이다(제290조 1호). 특별이익이란 회사설립의 실패에 따르는 위험을 부담하고 설립사무를 관장한 것에 대한 대가로 주어지는 보상을 말한다. 예컨대, 회사설비이용의 특혜, 신주인수의 우선권, 회사와의 계속적 거래의 약속 등이다. 그러나 ① 자본충실의 원칙에 반하는 이익(예 납입의 면제, 무상주의 교부), ② 주주평등의 원칙에 반하는 이익(예 의결권에 관한 특혜), ③ 단체법적 질서에 어긋나는 이익(예 이사·감사의 지위 약속) 등은 허용되지 않는다.

2. 현물출자(2호)

현물출자도 변태설립사항으로, 현물출자를 하는 자의 성명과 그 목적인 재산의 종류·수량·가격과 이에 대하여 부여할 주식의 종류와 수를 정관에 기재해야 한다.

(1) 의의

현물출자란 금전 이외의 재산으로 하는 출자를 말한다. 현물출자되는 재산은 금전으로 평가하는 과정에서 과대평가될 수가 있다. 그 결과 출자재산보다 더 많은 주식이 현물출자자에게 발행되면, 회사가 설립 시부터 자본금에 상응하는 책임재산을 확보하지 못하여 회사채권자가 손해를 입을 수 있고 이뿐만 아니라 다른 주주가 가진 주식가치도 감소하여 주주 간 부당한 부의 이전이 발생할 수도 있다. 상법은 이를 방지하기 위해 현물출자를 변태설립사항으로 규정한 것이다.

(2) 출자의 목적

금전 이외의 재산으로 양도 가능하고 대차대조표의 자산에 기재할 수 있는 것이면 무엇이든 가능하다. 동산·부동산, 제3자에 대한 채권, 특허권과 같은 무체재산권, 영업자체 모두 가능하다. 해당 회사에 대한 채권도 현물출자의 목적으로 할 수 있다. 회사에 대한 채권을 출자한다는 것은 회사에 대한 채권을 주금의 납입과 상계한다는 의미인데, 과거에는 자본충실을 위하여 제334조에 의해 금지되었으나 2011년 상법개정시 제334조를 삭제하여 현재는 허용된다. 노무나 신용은 회사의 재산적 기초를 형성한다고 보기 어려우므로 출자의 목적으로 할 수 없다.

(3) 현물출자의 부당평가

현물출자가 과대평가된 경우 후술하는 조사절차에서 시정되면 다행이겠으나 만일 시정되지 않고 설립등기가 이루어지면 어떻게 되는가? 과대평가의 정도가 경미하면 발기인이나 이사·감사에게 손해배상책임을 물음으로써 해결할 수 있으나(제322조, 제323조), 그 정도가 중대하여 그 회복이 불가능한 경우라면 현물출자가 무효가 된다. 나아가 그 출자된 재산이 회사의 목적수행에 필수불가결한 재산이라면 설립무효의 사유가 될 수도 있다.

3. 재산인수(3호)

재산인수도 변태설립사항으로, 회사 성립 후에 양수할 것을 약정한 재산의 종류·수량·가격과 그 양도인의 성명은 정관에 기재해야 한다.

(1) 의의

재산인수란 발기인이 설립중의 회사를 대표하여 특정인과 사이에 '회사성립 후 회사가 그 특정인으로부터 일정한 재산을 양수하기'로 약정하는 것을 말한다. 이 약정에 의해 성립 후의 회사는 그 특정인으로부터 그 재산을 양수할 의무를 부담한다. 예를 들어 발기인이 건물소유자와의 사이에 향후 회사가 영업소나 공장으로 사용할 건물을 매수하는 계약을 체결하고, 건물의 양수는 회사가 설립된 후에 하는 것이다. 재산인수는 현물출자와 마찬가지로 재산의 과대평가 문제가 있어 변태설립사항으로 취급하고 검사인의 조사를 받게 하는 등 현물출자와 완전히 동일한 규제를 하고 있다. 그렇지 않으면 예컨대, 발기인이 부동산을 현물출자를 하려는 甲과 사이에 '甲이 우선 금전으로 출자를 하고 회사 성립 후 회사가 甲의 부동산을 양수하기'로 약정하는 경우와 같이, 발기인이 재산인수를 통하여 실질적으로 현물출자의 효과를 달성할 수가 있기 때문이다.

(2) 현물출자·재산인수·사후설립의 관계

사후설립이란 회사가 성립 후 2년 내에 그 설립 전부터 존재하던 재산으로서 영업을 위하여 계속하여 사용하여야 할 것을 자본금의 100분의 5 이상에 해당하는 대가로 취득하는 계약을 말하는데, 사후설립에는 주주총회의 특별결의가 있어야 한다(제375조 → 제374조). 상법은 「현물출자」의 탈법행위로 악용되는 것을 막기 위해 「재산인수」를 변태설립사항으로 규정하였고, 재산인수의 탈법행위로 악용되는 것을 막기 위해 다시 「사후설립」에 관한 규정을 두었다.

현물출자·재산인수·사후설립은 회사가 재산을 취득한다는 점에서는 같으나, ① 「현물출자」는 단체법상의 출자행위이나 「재산인수」는 개인법상의 거래행위란 점에서, ② 「재산인수」는 회사성립 전의 계약이나 「사후설립」은 회사성립 후의 계약이라는 점에서 각각 근본적으로 구별된다. ③ 그리고 재산 취득의 대가로, 현물출자는 주식이 발행되나 재산인수와 사후설립은 금전 등이 지급된다는 점에서도 구별된다.

(3) 정관에 기재하지 않은 재산인수의 추인

정관에 기재하지 않은 재산인수는 무효이다. 따라서 성립 후의 회사는 그 재산을 양수할 의무가 없다. 회사뿐만 아니라 상대방도 무효를 주장할 수 있다. 그런데 이러한 무효인 재산인수 약정을 성립 후의 회사가 추인할 수는 있는가? 이에 대해 학설이 대립한다.

1) 학설

다수설은 추인을 부정한다. 추인을 인정하면 재산인수를 변태설립사항으로 정한 취지에 반하기 때문이라고 한다. 반면 소수설은 추인을 긍정한다. 이러한 재산인수는 무권대리로서 민법 제130조 이하의 규정에 따라 추인할 수 있고, 다만 추인을 위해서는 사후설립에 준하여 주주총회의 특별결의가 필요하다고 한다.

2) 판례

甲과 乙은 회사를 설립하기로 합의하고 甲이 부동산을 현물출자하기로 하였다. 그런데 甲과 乙은 현물출자에 따른 번잡함을 피하기 위하여 회사의 성립 후 회사와 甲 간의 매매계약에 의한 소유권이전등기의 방법에 의하여 위 현물출자를 완성하기로 하였다. 회사 설립 등기 후 회사와 甲 사이에 다시 그 부동산에 관한 매매계약이 체결되었고 그 매매계약을 추인하는 주주총회의 특별결의가 있었다. 그 후 위 약정에 따른 현물출자로서 부동산에 대하여 회사 명의로 소유권이전등기가 경료되었다. 이와 같은 사안에서 판례는 "<u>위 현물출자를 위한 약정은 그대로 상법 제290조 3호가 규정하는 재산인수에 해당한다고 할 것이어서 정관에 기재되지 아니하는 한 무효라고 할 것이나, 위와 같은 방법에 의한 현물출자가 동시에 상법 제375조가 규정하는 사후설립에 해당하고 이에 대하여 주주총회의 특별결의에 의한 추인이 있었다면 회사는 유효하게 위 현물출자로 인한 부동산의 소유권을 취득한다</u>(대판 1992.9.14. 91다33087)."라고 판시하였다. 이 판례를 두고 판례는 추인을 긍정하는 입장이라고 설명하기도 하나, 이 판례는 재산인수의 추인이 아니라 단순히 사후설립에 의한 재산취득으로 본 것이라고 이해하는 것이 보다 정확하다.

4. 설립비용 및 발기인의 보수(4호)

회사가 부담할 설립비용과 발기인이 받을 보수액도 변태설립사항이다.

(1) 설립비용

1) 의의

설립비용이란 발기인이 회사의 설립을 위하여 지출한 비용을 말한다. 예를 들어 설립사무소의 임차료, 정관·주식청약서 등의 인쇄비, 주주모집을 위한 광고비 등이다. 회사 설립 이후의 영업에 필요한 공장, 건물, 재료 등의 구입비는 개업준비를 위한 비용으로서 설립비용에 포함되지 않는다. 설립비용은 회사의 조직을 만들기 위해 지출한 경비이므로 회사가 부담하는 것이 마땅하나 발기인이 권한을 남용하여 과다하게 지출할 위험이 있어서 자본충실을 위해 정관에 기재하도록 한 것이다. 정관에 기재한 설립비용은 설립중의 회사가 부담한다. 구체적으로 발기인이 지급하고 설립 이후 회사에 구상하거나, 아니면 설립 이후의 회사가 변제하는 방식이 될 것이다. 문제는 정관에 기재하지 않거나 기재한 금액을 초과하여 지출한 설립비용의 부담이다.

2) 정관에 기재하지 않거나 기재한 금액을 초과하여 지출한 설립비용의 부담

① 내부관계

정관에 기재가 없는 한 회사의 부담으로 할 수 없고 당연히 발기인이 부담한다. 발기인은 부당이득이나 사무관리의 법리로도 설립비용을 회사에 청구할 수 없다.

② 외부관계

회사의 성립 당시 발기인이 아직 거래상대방에게 채무를 이행하지 않고 있는 경우 거래상대방은 누구에게 채무 이행을 청구할 수 있는가? 예를 들어 A회사를 설립하면서 발기인 甲이 乙로부터 사무실을 임차하였는데 그 임차료가 정관에 규정이 없거나 정관에서 정한 금액을 초과한 경우 乙은 A회사와 甲 중 누구에게 임차료를 청구할 수 있는가의 문제이다. 이에 대해 학설은 ⓐ 발기인 전액부담설, ⓑ 회사전액부담설, ⓒ 회사·발기인중첩부담설, ⓓ 회사·발기인분담설이 대립한다. 판례는 "회사의 설립비용은 발기인이 설립중의 회사의 기관으로서 회사설립을 위하여 지출한 비용으로서 원래 회사성립 후에는 회사가 부담하여야 하는 것이다(대결 1994.3.28. 93마1916)."라고 하여 회사전액부담설을 따랐다. 회사전액부담설에 따를 때 위 예에서 乙은 A회사에게 임차료 전부를 청구할 수 있다. A회사는 乙에게 임차료를 지급한 후 그 중 정관에 기재되지 않은 부분에 한하여 내부적으로 발기인 甲에게 구상할 수 있다.

(2) 발기인의 보수

발기인의 보수란 발기인이 설립사무를 위하여 제공한 노무의 대가를 말한다. 이는 발기인의 특별이익과 구별된다. 발기인의 보수는 설립중의 회사의 기관으로서 제공한 노무의 대가이므로 지급시기가 언제이든 설립 전에 그 원인이 발생하고 설립중의 회사가 그 채무를 부담한다. 반면 발기인이 받을 특별이익은 회사창설의 공로에 대한 보상으로 주어지는 것이므로 회사가 성립되었을 때 발생하고 성립 후의 회사가 그 채무를 부담한다. 발기인의 보수 역시 과다하게 지출되어 자본충실을 해할 염려가 있으므로 정관에 기재하도록 하였다.

❹ 정관의 효력발생

정관은 공증인의 인증을 받음으로써 효력이 생긴다(제292조 본문). 다만 자본금 총액이 10억 원 미만인 회사를 발기설립하는 경우에는 발기인이 제289조 제1항에 따라 정관을 작성하고 기명날인 또는 서명하면 그 정관은 공증인의 인증이 없어도 효력이 발생한다(제292조 단서). 이것은 규모가 영세한 회사의 경우 설립에 필요한 비용을 절감해 줌으로써 설립을 촉진하기 위한 특례이다.

▌제3관 자본금과 기관의 구성

정관을 작성한 다음에는 출자자를 확정하고 그로부터 납입을 받아 주식회사의 재산적 기초를 형성하고 기관을 구성하여 활동의 기초를 마련하는 절차를 밟아야 한다. 자본금을 조달하는 방법으로는 ① 발기인이 발행주식 모두를 인수하는 발기설립과 ② 따로 발기인 아닌 주주를 모집하여 발기인과 발기인 아닌 자가 더불어 주식을 인수하는 모집설립의 방법이 있다. 어느 방법을 취하든 먼저 주식발행사항을 결정하여야 한다.

01 주식발행사항의 결정

주식발행사항 가운데 회사가 설립 시 발행하는 주식의 총수와 액면주식을 발행하는 경우 1주의 금액은 정관에 정하도록 하였다(제289조 제1항 4호, 5호). 그 외에 ① 주식의 종류와 수, ② 액면주식의 경우 액면초과발행 시 발행가액, ③ 무액면주식을 발행하는 경우 발행가액과 발행가액 중 자본금으로 계상할 금액은 정관으로 정하거나 아니면 발기인 전원의 동의로 결정해야 한다(제291조). 신주발행 시에는 주식발행사항을 이사회가 다수결로 결정하나, 설립 시에는 회사의 재산적 기초를 형성하는 첫 단계라는 중요성에 비추어 발기인 전원의 동의를 얻도록 하였다. 발기인 전원의 동의를 얻지 못한 때에는 설립의 무효사유가 된다.

02 발기설립

1. 발기인의 주식인수

발기인은 설립 시에 발행할 주식의 총수를 인수하여야 한다(제295조 제1항). 그리고 주식의 인수는 서면으로 하여야 한다(제293조). 「서면으로 한다」 함은 인수할 주식의 종류와 수, 인수가액을 기재하고 발기인이 기명날인 또는 서명함을 뜻한다. 서면에 의하지 않은 주식인수는 무효이다.

2. 출자의 이행

(1) 금전출자의 이행
1) 전액납입주의

주식을 인수한 발기인은 지체 없이 인수가액 전액을 납입하여야 한다(제295조 제1항 전단). 이를 전액납입주의라 한다. 어음·수표로 납입한 경우에는 그 지급이 이루어진 시점에서 유효한 납입이 있었던 것으로 본다(대판 1977.4.12. 76다943). 금전출자와 현물출자를 구별하는 상법의 취지에 비추어 대물변제나 경개에 의한 납입은 허용되지 않는다. 발기인은 납입을 맡을 은행 기타 금융기관과 장소를 정하고 그 곳에 납입해야 한다(제295조 제1항 후단). 납입을 확실히 하기 위함이다.

2) 납입금 보관 증명

주금을 납입하면 납입금을 받아 보관하는 은행 기타 금융기관은 그 보관금액에 관한 증명서를 발급해 준다(제318조 제1항). 이 증명서는 설립등기 시 구비서류이므로 이에 의해 납입부실이 방지된다. 납입금보관자는 자신이 보관을 증명한 금액에 관하여 반환할 책임을 진다(제318조 제2항). 다만 자본금 10억 원 미만인 회사를 발기설립하는 경우에는 이 납입금보관증명서를 금융기관의 잔고증명서로 대체할 수 있다(제318조 제3항).

3) 납입의무의 불이행

발기인이 주식을 인수하고 납입을 하지 않으면 어떻게 되는가? 모집주주의 경우와는 달리 실권이란 제도가 없다. 따라서 당해 발기인에게 직접 그 이행을 청구하거나 그렇지 않으면 설립절차를 중단해야 한다. 이를 간과하고 설립등기가 이루어진 때에는 어떠한가? 납입의무 불이행의 정도가 크지 않으면 발기인이 연대하여 납입담보책임을 지는데 그치고(제321조 제2항) 회사는 성립하지만, 그 정도가 중대하면 회사 설립무효의 사유가 된다.

(2) 현물출자의 이행

1) 이행의 방식

현물출자를 하는 발기인도 납입기일에 지체 없이 현물출자의 이행을 하여야 한다(제295조 제2항, 제305조 제3항). 이행이란 출자목적인 재산의 종류별로 고유한 권리이전방식에 따라 재산권을 이전함을 뜻한다. 예컨대, 동산이면 인도, 유가증권이면 배서·교부, 지명채권이면 통지·승낙과 같은 대항요건의 구비 등을 해주어야 한다. 이러한 절차를 거쳐 현물출자된 재산은 설립중의 회사에 귀속하고, 이후 회사가 성립되면 특별한 절차 없이 회사의 재산이 된다.

2) 등기·등록할 재산인 경우의 특칙

현물출자의 목적이 부동산 기타 등기·등록할 재산의 경우에는 바로 등기·등록을 하지 않고 이에 필요한 서류를 완비하여 교부하면 된다(제295조 제2항). 아직 회사 성립 전이므로 잠시 등기·등록을 보류했다가 회사가 성립한 다음 회사 명의로 등기·등록하기 위함이다. 설립중의 회사 명의로 등기·등록하는 것이 불가능한 것은 아니나 그러면 회사 성립 후 다시 회사 앞으로 명의를 변경해야 하는 번거로움이 있기 때문이다.

3) 현물출자의무의 불이행

현물출자가 이행불능인 경우에는 발기인 전원의 동의로 정관을 변경하여 설립절차를 속행할 수 있다. 이행지체의 경우에는 강제집행을 할 수 있고, 이행불능 시와 같이 정관을 변경하여 설립절차를 속행할 수도 있다.

3. 임원의 선임

발기인은 인수한 주식에 대하여 납입과 현물출자의 이행을 완료한 때에는 지체 없이 의결권의 과반수로 이사와 감사를 선임해야 한다(제296조 제1항). 이 선임행위는 발기인으로서가 아니라 출자자로서 하는 것이므로 의결권은 두수주의(頭數主義)에 의하지 않고 지분주의(持分主義)에 의해 인수한 주식 1주에 대하여 1개씩 주어진다(제296조 제2항). 발기인의 이 결의는 모집설립에서의 창립총회에 해당하는 것으로, 발기인은 의사록을 작성하여 의사의 경과와 그 결과를 기재하고 기명날인 또는 서명하여야 한다(제297조). 이렇게 선임된 이사·감사는 발기인과 더불어 설립중의 회사의 기관이 되지만, 그 임무는 설립경과의 조사에 관한 것으로 제한되고(제298조 제1항, 제313조), 업무집행은 여전히 발행인이 결정·집행한다. 대표이사는 설립등기 시에 등기할 사항이므로(제317조 제2항 9호) 선임된 이사들은 이사회를 열어 대표이사를 선임해야 한다. 다만 정관의 규정으로 대표이사 선임권자를 발기인 등으로 달리 정할 수 있다.

4. 설립경과의 조사

이사와 감사는 취임 후 지체 없이 회사의 설립에 관한 모든 사항이 법령 또는 정관의 규정에 위반되지 아니하는지의 여부를 조사하여 발기인에게 보고하여야 한다(제298조 제1항). 이사와 감사 중 발기인이었던 자, 현물출자자 또는 회사 성립 후 양수할 재산의 계약당사자인 자는 이상의 조사·보고에 참가하지 못한다(제298조 제2항). 이사와 감사 전원이 이에 해당하는 때에는 이사는 공증인으로 하여금 조사·보고를 하게 하여야 한다(제298조 제3항). 이것은 조사의 공정을 기하기 위함이다.

5. 변태설립사항의 조사

변태설립사항이 있는 경우에는 자본금충실을 위해 위의 이사·감사에 의한 조사 외에 보다 객관적인 조사를 받아야 한다.

(1) 조사 및 법원에의 보고

1) 검사인의 조사·보고

변태설립사항은 원칙적으로 법원이 선임한 검사인이 조사한다. 변태설립사항이 있는 경우 이사는 이에 관한 조사를 위해 검사인의 선임을 법원에 청구하여야 한다(제298조 제4항 본문). 법원이 선임한 검사인은 변태설립사항(제299조)과 현물출자의 이행에 관한 사항(제295조)을 조사하여 법원에 보고하여야 한다(제299조 제1항). 아울러 검사인은 이 조사보고서의 등본을 각 발기인에게 교부해야 한다(제299조 제3항). 이 보고서에 사실과 상위한 사항이 있는 때에는 발기인은 그에 관한 설명서를 법원에 제출할 수 있다(제299조 제4항).

2) 공증인의 조사·보고와 감정인의 감정

검사인의 조사는, 변태설립사항이 발기인의 특별이익이거나 설립비용 또는 발기인의 보수인 경우(제290조 1호, 4호)에는 공증인의 조사·보고로, 현물출자 또는 재산인수인 경우(제290조 2호, 3호)에는 공인된 감정인의 감정으로 각각 대체할 수 있다(제298조 제4항 단서, 제299조의2). 변태설립사항별로 조사자를 달리한 이유는 특별이익이나 설립비용·발기인 보수는 「법적 타당성」의 관점에서, 현물출자나 재산인수는 「경제적 합리성」의 관점에서 각각 심사해야 하기 때문이다. 공증인 또는 감정인은 조사 또는 감정결과를 법원에 보고해야 한다(제299조의2).

(2) 법원의 변경처분

법원은 검사인의 조사보고서 또는 공증인의 조사보고서나 감정인의 감정결과와 발기인의 설명서를 심사하여 변태설립사항이 부당하다고 인정한 때에는 이를 변경하여 각 발기인에게 통고할 수 있다(제300조 제1항). 「부당하다」함은 자본금충실을 해하는 것을 말하고, 「변경」이란 자본금충실의 관점에서 변태설립사항의 내용을 조정함을 말한다. 예컨대, 현물출자자에게 배정할 주식을 삭감하거나 회사가 부담할 설립비용을 감액하는 것이다.

법원의 변경처분에 불복하는 발기인(예컨대, 현물출자의 변경에 대해 그 현물출자를 한 자)은 주식의 인수를 취소할 수 있고, 이 때에는 정관을 변경하여 설립절차를 속행할 수 있다(제300조 제2항). 법원의 통고가 있은 후 2주 내에 주식의 인수를 취소한 발기인이 없는 때에는 정관은 통고에 따라서 변경된 것으로 본다(제300조 제3항).

(3) 조사를 결여한 변태설립사항의 효력

정관에는 기재하였으나 조사절차를 거치지 않고 변태설립사항을 실행하면 그 효력은 어떻게 되는가? 단순히 조사를 흠결하였다는 것만으로 효력을 부정하기는 어렵다. 판례도 신주발행 시에 관한 것이긴 하나 "주식회사의 현물출자에 있어 검사인의 조사·보고 절차를 거치지 아니한 신주발행 및 변경등기가 당연무효가 된다고 볼 수 없다(대판 1980.2.12. 79다509)."라고 판시하였다.

(4) 조사·보고의 면제

2011년 개정상법은 변태설립사항의 조사에 따른 부담을 경감해 주기 위해 가액이 소액이거나 평가의 공정이 어느 정도 보장되어 자본금충실을 해할 염려가 적은 일정한 경우에는 조사·보고의무를 면제하였다. 즉 ① 현물출자 또는 재산인수의 대상 재산의 총액이 자본금의 5분의 1을 초과하지 아니하고 5,000만 원을 초과하지 아니하는 경우(상법시행령 제7조 제1항), ② 현물출자 또는 재산인수의 대상 재산이 거래소에서 시세가 있는 유가증권이고 정관에 적힌 가격이 대통령령으로 정한 방법으로 산정된 시세를 초과하지 아니하는 경우, ③ 그 밖에 이에 준하는 경우로서 대통령령으로 정하는 경우에는 검사인의 조사·보고를 요하지 않는다(제299조 제2항). 감정인의 감정 또한 요하지 않음은 물론이다.

03 모집설립

모집설립에서는 발기설립에서와 달리 제3자(모집주주)가 주주로 가담한다. 따라서 모집설립 절차에서는 모집주주의 보호가 중요한 과제이다.

1. 발기인의 주식인수

발기인은 반드시 주식을 인수하여야 하므로(제293조) 모집설립을 하더라도 발기인의 주식인수는 필요하다. 발기인의 주식인수는 모집주주가 주식인수를 청약하기 이전에 이루어져야 한다(제302조 제2항 4호 참조).

2. 주주의 모집

발기인이 인수하고 남은 주식을 인수할 자를 모집하여야 한다(제301조). 주주를 모집하는 방법은 공모이든 연고모집이든 관계없다. 어떤 경우이든 모집주주가 회사의 개황을 알 필요가 있으므로, 상법은 발기인으로 하여금 정관의 절대적 기재사항, 변태설립사항, 회사설립의 개요 등이 기재된 주식청약서를 작성하게 하고(제302조 제2항), 모집주주는 이 주식청약서에 의해서만 주식인수의 청약을 할 수 있도록 하였다(제302조 제1항).

3. 주식의 인수

(1) 성질

모집주주의 주식인수는 모집주주가 인수의 청약을 하고 발기인이 배정을 함으로써 이루어진다. 통설·판례는 주식인수의 성질을 설립중 회사에의 입사계약이라 한다(대판 2004.2.13. 2002두7005).

(2) 청약

주식을 인수하려는 자가 인수의 청약을 한다. 발기인은 청약의 유인을 할 뿐 청약을 하지는 못한다. 인수의 청약은 주식청약서 2통에 인수할 주식의 종류와 수, 주소를 기재하고 기명날인 또는 서명함으로써 한다(제302조 제1항). 이는 요식행위로서 주식청약서에 의하지 않은 청약은 무효이다.

1) 배정

주식인수의 청약이 있으면 발기인이 배정을 한다. 배정은 일반 계약에서의 승낙에 해당하나 발기인은 청약된 수량과 순서에 상관없이 자유롭게 배정할 수 있다(배정자유의 원칙). 따라서 청약인은 청약한 수량과 다른 수량이 배정되어도 이에 구속된다. 예컨대, 발행주식이 100주인 회사에서 甲은 100주를 청약하고, 乙은 경영권을 장악할 목적으로 600주를 청약하였다고 하자. 이때 발기인이 甲에게는 100주를 다 배정하고, 乙에게는 50주밖에 배정하지 않았다고 하여도 乙은 이에 구속되며 주식인수인으로서 50주에 대한 이행의무를 부담한다. 발기인은 인수인의 이행능력, 주주 간의 보유주식수의 균형 등을 고려하여 배정할 필요가 있기 때문이다. 다만 청약한 것보다 많은 수의 주식을 배정하거나 청약한 것과 다른 종류의 주식을 배정하는 것은 무효이다.

2) 주식청약인 및 인수인에 대한 통지·공고

발기인은 주식청약인 또는 인수인과 교신할 일이 많다. 주식청약인에게 배정결과를 통지해야 하고, 주식인수인에게 납입을 최고하고 창립총회 소집을 통지해야 하는 것 등이다. 이와 같은 통지와 최고는 주식인수증 또는 주식청약서에 기재한 주소 또는 청약인이나 인수인이 회사에 통지한 주소로 하면 된다(제304조 제1항). 그리고 이 통지와 최고는 보통 도달할 시기에 도달한 것으로 본다(제304조 제2항).

3) 주식인수의 무효·취소에 대한 제한

주식인수는 모집주주의 청약과 발기인의 배정으로 이루어지는 계약이기는 하나 다수인이 관여하는 단체법상의 행위이기 때문에 단체법률관계의 안정과 기업유지이념 실현을 위하여 상법은 민법상 의사표시의 하자에 관한 법리에 다음과 같은 특칙을 두고 있다.

① 비진의의사표시의 특례

상대방이 진의 아님을 알았거나 알 수 있었던 비진의의사표시는 무효로 한다는 민법 제107조 제1항 단서는 주식인수의 청약에는 적용하지 않는다(제302조 제3항). 따라서 청약인이 주식인수의 진의 없이 청약을 한 경우 설사 발기인이 청약인에게 주식 청약의 진의가 없음을 알았다 하더라도 그 청약은 유효하다.

② 무효·취소 주장시기의 제한

주식인수인은 회사성립 후 또는 회사 성립 전이라도 창립총회에 출석하여 권리를 행사한 후에는 주식청약서의 요건 흠결을 이유로 인수의 무효를 주장하거나 사기·강박 또는 착오를 이유로 인수를 취소할 수 없다(제320조). 「회사성립 후」란 "설립등기를 필한 후"를, 「창립총회에서 권리를 행사한 때」란 "의결권을 행사한 때"를 말한다. 따라서 단지 창립총회에 출석한 것만으로는 무효·취소의 주장이 제한되지 않는다. 그러나 제한능력·무권대리·사해행위 등의 사유는 상법 제320조 제1항에 열거되어 있지 않으므로 이로 인한 주식인수의 무효·취소 주장은 언제든지 가능하다.

4. 출자의 이행

(1) 금전출자의 이행

1) 납입의무

주식인수인은 배정된 주식의 수에 따라 인수가액을 납입할 의무를 부담한다(제303조). 발기인은 발행 주식의 총수가 인수된 때에는 지체 없이 주식인수인에게 인수가액의 전액을 납입시켜야 한다(전액납입주의, 제305조 제1항). 대물변제·경개가 허용되지 않고 어음·수표로 납입한 경우에는 그 지급이 이루어진 시점에서 유효한 납입이 있었던 것으로 본다는 점은 발기설립의 경우와 같다.

2) 납입금보관자

주금의 납입은 은행 기타 금융기관에서만 할 수 있다. 주금납입의 부실을 방지하기 위함이다. 발기인은 납입금보관자를 정하여 이를 주식청약서에 기재해야 하고(제302조 제2항 9호), 납입금보관자 또는 납입장소의 변경은 법원의 허가를 얻어야 한다(제306조). 발기설립의 경우와 마찬가지로 납입금을 받아 보관하는 은행 기타 금융기관은 그 보관금액에 관한 증명서를 교부하여야 하고(제318조 제1항), 그 증명서는 설립등기 시 첨부해야 할 서류의 하나이며, 납입금보관자는 그 증명한 보관금액에 관하여 납입이 부실하거나 반환에 제한이 있음을 이유로 회사에 대항하지 못한다(제318조 제2항).

3) 채무불이행의 효과(실권절차)

모집설립이 발기설립과 차이가 나는 부분은 납입이 이루어지지 않을 경우 실권절차가 마련되어 있다는 점이다. 모집설립에서 모집주주의 개성은 중요하지 않으므로 주식인수인이 납입을 할 수 없게 되면 새로 주식인수인을 모집하면 그만이다. 따라서 주식인수인이 납입하지 아니한 때에는 발기인은 일정한 기일을 정하여 그 기일 내에 납입하지 아니하면 인수인의 권리를 잃는다는 뜻을 기일의 2주간 전에 그 주식인수인에게 통지하여야 하고(제307조 제1항), 이 통지를 받은 주식인수인이 그 기일 내에 납입의 이행을 하지 아니한 때에는 그 권리를 잃는다(제307조 제2항 전단). 이를 실권절차라 한다.

실권된 주식에 관하여 발기인은 다시 그 주식을 인수할 주주를 모집할 수 있고(제307조 제2항 후단) 발기인이 스스로 인수할 수도 있다. 이러한 실권절차에 의하지 않고는 납입하지 않았다고 해서 주식인수인의 권리가 상실하는 것은 아니다. 실권절차와는 별도로 주식인수인에 대하여 손해배상을 청구할 수 있다(제307조 제3항). 실제로는 주식인수의 청약과 함께 발행가액 전부를 청약증거금으로 납부하는 것이 보통이기 때문에 이러한 문제는 발생하지 않는다.

(2) 현물출자의 이행

현물출자의 이행은 상법 제305조 제3항이 제295조 제2항을 준용하고 있어 발기설립과 완전히 동일하므로 발기설립에서의 현물출자의 이행을 참고하기 바란다.

5. 창립총회

(1) 의의

창립총회는 회사설립의 종결단계에서 주식인수인으로 구성된 설립중의 회사의 의결기관으로서 주주총회의 전신이라 할 수 있다. 따라서 소집절차, 의결권, 결의의 하자 기타 창립총회의 운영에 관하여는 주주총회에 관한 규정을 준용한다(제308조 제2항).

(2) 소집

인수된 주식의 납입과 현물출자의 이행을 완료한 때에는 발기인은 지체 없이 창립총회를 소집하여야 한다(제308조 제1항).

(3) 결의방법

창립총회의 결의는 「출석한 주식인수인의 의결권의 3분의 2이상」이며 「인수된 주식 총수의 과반수」에 해당하는 다수로 한다(제309조). 주주총회의 특별결의 보다도 요건이 가중되어 있다. 회사설립의 최종단계에서 결의의 신중을 기하고 발기인의 영향력을 견제하기 위함이다.

(4) 임원의 선임

창립총회에서는 이사와 감사를 선임하여야 한다(제312조). 그리고 선임된 이사들은 정관에 다른 규정이 없으면 이사회를 열어 대표이사를 선임하여야 한다(제317조 제2항 9호).

(5) 권한

상법의 규정을 보면 창립총회는 ① 이사와 감사의 선임권이 있고(제312조), ② 발기인과 이사·감사로부터 회사의 설립에 관한 보고를 받으며(제311조, 제313조), ③ 변태설립사항이 부당하다고 인정한 때에 이를 변경할 수 있다(제314조 제1항). 그리고 ④ 심지어는 정관의 변경 또는 설립폐지의 결의도 할 수 있다(제316조 제1항). 이와 같은 결의는 소집통지서에 이런 뜻의 기재가 없는 경우에도 가능하다(제316조 제2항). 나아가 통설에 따르면 창립총회의 권한은 이에 제한되지 않는다. 설립중의 회사의 최고의사결정기관으로서 회사설립에 관한 모든 사항을 결정할 수 있다.

6. 설립경과의 조사

발기인은 주식인수와 납입에 관한 제반 사항 및 변태설립사항에 관한 실태를 명확히 기재한 보고서에 의하여 회사창립에 관한 사항을 창립총회에 보고하여야 한다(제311조).

이사와 감사는 취임 후 지체 없이 회사의 설립에 관한 모든 사항이 법령 또는 정관의 규정에 위반되지 아니하는지의 여부를 조사하여 「창립총회」에 보고하여야 한다(제313조 제1항). 나머지 사항은 발기설립과 같다(제313조 제2항). 즉 이사와 감사 중 발기인이었던 자, 현물출자자 또는 회사 성립 후 양수할 재산의 계약당사자인 자는 이상의 조사·보고에 참가하지 못한다(제298조 제2항). 이사와 감사 전원이 이에 해당하는 때에는 이사는 공증인으로 하여금 조사·보고를 하게 하여야 한다(제298조 제3항).

7. 변태설립사항의 조사

(1) 조사 및 「창립총회」에의 보고

1) 검사인의 조사·보고

변태설립사항은 원칙적으로 법원이 선임한 검사인이 조사한다. 변태설립사항이 있는 경우 「발기인」은 이에 관한 조사를 위해 검사인의 선임을 법원에 청구하여야 한다(제310조 제1항). 법원이 선임한 검사인은 변태설립사항(제299조)을 조사한 후 보고서를 작성하여 「창립총회」에 제출하여야 한다(제310조 제2항).

2) 공증인의 조사·보고와 감정인의 감정

검사인의 조사는, 변태설립사항이 발기인의 특별이익이거나 설립비용 또는 발기인의 보수인 경우(제290조 1호, 4호)에는 공증인의 조사·보고로, 현물출자 또는 재산인수인 경우(제290조 2호, 3호)에는 공인된 감정인의 감정으로 각각 대체할 수 있다(제298조 제4항 단서, 제299조의2). 이 점은 발기설립과 같다. 다만 공증인 또는 감정인은 조사 또는 감정결과를 「창립총회」에 보고해야 한다(제299조의2).

(2) 「창립총회」의 변경처분

창립총회에서는 변태설립사항이 부당하다고 인정한 때에는 이를 변경할 수 있다(제314조 제1항) 창립총회의 변경처분에 불복하는 주식인수인은 주식의 인수를 취소할 수 있고(제314조 제2항 → 제300조 제2항), 창립총회의 변경통고가 있은 후 2주 내에 주식의 인수를 취소한 주식인수인이 없는 때에는 정관은 통고에 따라서 변경된 것으로 본다(제314조 제2항 → 제300조 제3항). 이 경우 손해가 있으면 별도로 발기인에 대하여 손해배상을 청구할 수 있다(제315조).

(3) 조사·보고의 면제 — 준용 규정이 없음

상법 제299조 제2항은 발기설립 시 자본금충실을 해할 염려가 적은 일정한 경우에는 현물출자와 재산인수에 대한 검사인의 조사·보고를 면제하고 있다. 그런데 상법은 이 규정을 모집설립에는 준용하지 않고 있다(제310조 제3항 참조). 규정의 취지를 고려할 때 준용하지 않을 이유는 없다. 입법의 착오이다.

▌제4관 설립등기

실체형성 절차가 종료한 날로부터 2주 이내에 설립등기를 하여야 한다(제317조 제1항). 설립등기를 하면 설립중의 회사가 법인격을 취득하여 회사로 성립한다(창설적 효력, 제172조). 그 결과 설립중의 회사는 소멸하고, 설립중의 회사가 취득한 권리의무는 자동으로 성립된 회사로 승계된다. 설립등기 이후의 성립된 회사를 성립 후의 회사라고 한다.

그 밖에도 설립등기에는 다양한 부수적 효력이 인정된다. ① 주식인수의 무효·취소 주장이 제한되고(제320조 제1항 참조), ② 권리주 양도 제한이 적용되지 않으며(제319조), ③ 회사가 주권을 발행할 수 있게 된다(제355조 제2항). 그리고 설립무효의 소에 의해서만 설립 무효를 주장할 수 있게 되고(제328조 제1항), 발기인의 자본충실책임의 문제가 제기될 수 있다(제321조).

제5관 가장납입

1. 의의

주금을 실제로는 납입하지 않으면서 단지 외관상으로만 납입한 것처럼 가장하여 설립등기를 마치는 것을 가장납입이라 한다. 가장납입은 회사의 재산적 기초를 부실하게 하기 때문에 엄격하게 규제하고 있다. 사전적으로 납입금보관증명서를 발급한 금융기관에게 엄격한 책임을 묻고 있고(제318조 제1항, 제2항), 사후적으로는 납입가장죄로 처벌도 하고 있다(제628조).

2. 유형

가장납입에는 ① 통모가장납입과 ② 일시적 차입금에 의한 위장납입이 있다. 그리고 회사 성립 이후에는 회사자금으로 주금을 납입하는 형태의 가장납입이 자주 문제되는데, 이 문제도 편의상 여기서 함께 다루기로 한다.

(1) 통모가장납입

발기인이 납입취급은행과 공모하여 하는 가장납입이다. ① 발기인이 납입취급은행으로부터 돈을 빌려 그 돈으로 주금을 납입하고 이것을 설립중의 회사의 예금으로 이체하지만 회사성립 후 그 차입금을 변제할 때까지는 예금을 인출하지 않기로 납입취급은행과 약정하는 방식의 가장납입, 또는 ② 실제로는 주금을 납입하지 않고 납입취급은행에게 부탁하여 납입금보관증명을 발급받아 설립등기를 하는 방식의 가장납입이 통모가장납입이다.

그러나 납입취급은행은 납입금보관증명을 발급하여 증명한 보관금액에 대하여는 납입이 부실하거나 그 금액의 반환에 제한이 있다는 이유로 회사에 대항하지 못한다(제318조 제2항). 즉 납입취급은행은 회사설립 후 대표이사의 보관금 반환 청구시 발기인과의 통모 내용을 들어 보관금의 지급을 거절할 수 없다는 것이다. 이처럼 통모가장납입은 은행에 위험부담이 너무 커서 현실에서는 거의 이루어지지 않는다.

(2) 위장납입

1) 의의

발기인이 납입취급은행과 통모함이 없이 제3자로부터 돈을 빌려 주금을 납입하고 납입금보관증명을 받아 설립등기를 마친 후, 즉시 납입취급은행으로부터 납입금을 인출하여 제3자에게 차입금을 변제하는 방식의 가장납입이다.

2) 효력

① 통설은 형식적으로는 주금의 납입이 있으나 실질적인 자금의 유입이 없으므로 무효라고 한다. ② 반면 판례는 "위장납입의 경우 금원의 이동에 따른 현실의 불입이 있고, 그것을 주금납입의 가장수단으로 이용하려는 발기인의 주관적 의도는 회사의 설립과 같은 집단적 절차의 일환을 이루는 주금납입의 효력을 좌우할 수는 없다(대판 1983.5.24. 82누522)."고 하여 위장납입의 효력을 인정한다.

통모가장납입은 현실에서 거의 없으므로 이하에서는 위장납입에 대해서만 논하기로 한다.

3. 회사설립의 효력에 미치는 영향

판례와 같이 위장납입을 유효라고 한다면 위장납입이 있었다고 하여 설립절차에 무효나 취소사유가 있다고 할 수는 없다(대판 1997.5.23. 95다5790). 그러나 통설과 같이 위장납입을 무효라고 하면 위장납입된 부분은 주금이 납입되지 않은 것으로 보므로 회사 설립의 효력에 영향을 미치게 된다. 구체적으로 납입 흠결의 정도가 경미하면 발기인의 납입담보책임으로 해결하면 되고 회사설립 무효사유는 되지 않으나, 납입 흠결의 정도가 현저하면 회사설립 무효사유가 된다.

4. 발기인 등의 책임

(1) 민사상 책임

1) 무효설(통설)

① 발기인은 납입 흠결의 정도가 경미한 경우 납입담보책임을 지고, ② 위장납입은 주로 발기인과 이사들의 공동불법행위로 이루어지므로 이들이 연대하여 회사에 대해 손해배상책임을 짐은 물론(대판 1989.9.12. 89누916), ③ 발기인과 이사는 상법상의 손해배상책임을 질 수도 있다(제322조, 제399조).

2) 유효설(판례)

① 발기인의 납입담보책임

판례에 따르면 위장납입은 납입의 효력이 인정되므로 발기인이 납입담보책임을 지지는 않는다.

② 발기인의 손해배상책임

판례는 위장납입을 한 발기인에 대하여 발기인의 손해배상책임과(제322조 제1항) 공동불법행위 책임(민법 제750조)을 인정하였다. 즉 발기인 甲과 乙이 위장납입을 한 경우 "甲과 乙은 회사의 설립에 관하여 자본충실의무 등 선량한 관리자로서의 임무를 다하지 못한 발기인들로서 또는 회사의 소유재산인 주식인수납입금을 함부로 인출하여 회사에 대하여 손해를 입힌 공동불법행위자로서의 책임을 면할 수 없으므로 회사에게 그 손해를 연대하여 배상할 책임이 있다(대판 1989.9.12. 89누916)."라고 판시하였다.

③ 주주의 주금상환의무

판례는 "위장납입은 회사가 일시 차입금으로 주주의 주금을 체당 납입한 것이므로 회사는 주주에게 체당 납입한 주금의 상환을 청구할 수 있다(대판 1985.1.29. 84다카1823).”라고 하였다. 그런데 이 때 만약 X가 Y의 명의를 차용하여 A주식회사의 주식을 인수하고 위장납입을 하였다면 회사에 대한 주금 상환의무는 X와 Y 중 누가 부담하는가? 판례는 실질상 주주인 명의차용자 X가 부담한다고 한다. 즉 “주식회사의 자본충실의 요청상 주금을 납입하기 전에 명의대여자 및 명의차용자 모두에게 주금납입의 연대책임을 부과하는 규정인 상법 제332조 제2항은 이미 주금납입의 효력이 발생한 주금의 가장납입의 경우에는 적용되지 않는다고 할 것이고, 또한 주금의 가장납입이 일시 차입금을 가지고 주주들의 주금을 체당납입한 것과 같이 볼 수 있어 주금납입이 종료된 후에도 주주는 회사에 대하여 체당납입한 주금을 상환할 의무가 있다고 하여도 이러한 주금상환채무는 실질상 주주인 명의차용자가 부담하는 것일 뿐 단지 명의대여자로서 주식회사의 주주가 될 수 없는 자가 부담하는 채무라고는 할 수 없다(대판 2004.3.26. 2002다29138).”라고 판시하였다.

(2) 형사상 책임 — 납입가장죄의 성립 여부

통설·판례 모두 위장납입의 납입가장죄 성립을 인정한다. 납입가장죄는 납입이 없었음을 전제로 하는 범죄이므로 판례가 납입가장죄의 성립을 인정하는 것은 논리적으로는 자연스럽지 못하나, 판례는 상법상 주금납입이 효력과는 무관하게 납입가장죄가 성립한다고 보고 있다. 즉 판례는 위장납입에 대하여 “실질적으로 회사의 자본이 늘어난 것이 아니어서 납입가장죄 및 공정증서원본불실기재죄와 불실기재공정증서원본행사죄가 성립한다. 그리고 상법상 납입가장죄의 성립을 인정하는 이상 회사 자본이 실질적으로 증가됨을 전제로 한 업무상횡령죄가 성립한다고 할 수는 없다(대판 2004.6.17. 2003도7645).”라고 판시하였다.

주식회사의 발기인 등이 상법 등 법령에 정한 회사설립의 요건과 절차에 따라 회사설립등기를 함으로써 회사가 성립하였다고 볼 수 있는 경우 회사설립등기와 그 기재 내용은 특별한 사정이 없는 한 공정증서원본 불실기재죄나 공정자기록 등 불실기재죄에서 말하는 불실의 사실에 해당하지 않는다. 발기인 등이 회사를 설립할 당시 회사를 실제로 운영할 의사 없이 회사를 이용한 범죄 의도나 목적이 있었다거나, 회사로서의 인적·물적 등 영업의 실질을 갖추지 않았다는 이유만으로는 불실의 사실을 법인등기부에 기록하게 한 것으로 볼 수 없다(대판 2020.2.27. 2019도9293).

5. 신주발행 시 회사자금에 의한 주식취득

회사가 신주발행 시 주식인수인으로 하여금 회사가 공급하는 자금으로 주금을 납입하게 하는 경우가 있다. 이때 주식인수인이 회사에게 그 자금을 반환할 의무가 없다면 실질적으로 자금의 이동이 없으므로 가장납입이 될 수 있다.

판례는 이를 가장납입으로 보고 납입의 효력을 부정하였다. 즉 판례는 “회사가 제3자에게 주식인수대금 상당의 대여를 하고 제3자는 그 대여금으로 주식인수대금을 납입한 경우에, 회사가 처음부터 제3자에 대하여 대여금 채권을 행사하지 아니하기로 약정되어 있는 등으로 대여금을 실질적으로 회수할 의사가 없었고 제3자도 그러한 회사의 의사를 전제로 하여 주식인수청약을 한 때에는, 그 제3자가 인수한 주식의 액면금액에 상당하는 회사의 자본이 증가되었다고 할 수 없으므로 위와 같은 주식인수대금의 납입은 단순히 납입을 가장한 것에 지나지 아니하여 무효이다(대판 2003. 5.16.2001다44109).".라고 판시하였다. 이 판례와 관련해서는 회사자금에 의한 주식취득과 위장납입은 주금의 인출과 납입의 순서만 바뀌었을 뿐 실제로는 같은 것인데 그 효력을 달리 취급하는 것은 모순이라는 비판이 있다.

▌제6관 설립관여자의 책임

01 서언

주식회사의 설립은 절차가 복잡하고 그 과정에서 위법이 행해지기 쉬워 주식인수인 또는 회사채권자를 해할 우려가 크다. 그래서 상법은 설립의 주역인 발기인과 기타 이사·감사·검사인 등에게 회사설립에 관해 엄격한 책임을 묻고 있다.

02 발기인의 책임

1. 회사성립의 경우

(1) 회사에 대한 책임

1) 자본충실의 책임

① 의의 및 인정취지

발기인은 설립 시에 발행하는 주식에 관해 「인수담보책임」과 「납입담보책임」을 진다. 주식회사 설립에서는 주식의 인수와 납입에 의해 회사의 자본적 기초를 확보하는 것이 가장 중요하고, 발행주식의 인수와 납입이 이루어 지지 않으면 회사는 설립될 수 없다. 그러나 주식의 인수와 납입에 흠결이 있다고 하여 무조건 회사 설립을 무효로 하는 것은 기업유지의 이념에 반하고 회사설립에 대한 주주 등 이해관계인의 기대를 침해하는 결과도 된다. 그래서 설립등기 후 생긴 자본의 흠결에 대하여 발기인에게 보완책임을 지운 것이 자본충실책임이다.

② 책임의 성질

인수담보책임·납입담보책임은 자본금충실을 위한 법정책임으로 무과실책임이다. 따라서 주식이 인수되지 아니하거나 주식인수가 무효·취소된 데에 발기인에게 과실이 없어도 이 책임은 인정된다. 이 책임은 채권자 보호를 위한 책임이므로 총주주의 동의로도 면제할 수 없다.

③ 책임의 발생시기

원칙적으로 회사의 성립 시에 발생하고, 회사 성립 후 주식인수를 취소한 경우에는 그 취소 시에 발생한다.

④ 인수담보책임 및 납입담보책임

A. 인수담보책임

ⓐ 의의　　회사설립 시에 발행한 주식으로서 회서성립 후에 아직 인수되지 아니한 주식이 있거나 주식인수의 청약이 취소된 때에는 발기인이 이를 공동으로 인수한 것으로 본다(제321조 제1항).

ⓑ 책임의 발생원인　　「아직 인수되지 아니한 주식이 있는 경우」란 발기인의 사무상의 과실로 인수되지 않은 주식이 생긴 경우를 의미하는데, 의사무능력·허위표시·무권대리 등으로 주식인수가 무효로 된 경우를 포함한다. 「주식인수의 청약이 취소된 때」란 제한능력자가 주식인수를 취소하는 경우 등이다. 다만 주식인수에 관해서는, 비진의의사표시 또는 주식청약서의 요건 흠결을 이유로 한 무효 주장과(제302조 제3항, 제320조 제1항), 착오·사기·강박을 이유로 한 취소(제320조 제1항)가 제한되므로, 이 경우에는 발기인이 인수담보책임을 지지 않는다.

ⓒ 책임의 내용　　발기인 전원이 공동인수인으로 의제되고, 발기인은 연대하여 주금액을 납입할 책임을 부담한다(제333조 제1항). 인수담보책임은 납입의무까지도 부담하므로 「인수 및 납입담보책임」이라고 부르기도 한다.

ⓓ 책임 이행의 효과　　납입의무를 이행하면 발기인 전원이 주주가 되고 그 주식을 공유하게 된다.

B. 납입담보책임

ⓐ 의의　　회사성립 후 납입이 완료되지 않은 주식이 있는 때에는 발기인이 연대하여 납입하여야 한다(제321조 제2항). 주식의 인수는 되었으나 납입이 안 된 부분이 있을 때 발생한다.

ⓑ 책임 이행의 효과　　발기인이 주금을 납입하면 발기인이 아니라 해당 주식의 주식인수인이 주주가 된다.

ⓒ 주식인수인과의 관계　　발기인이 납입담보책임을 진다 하여 주식인수인이 납입의무를 면하는 것은 아니므로, 발기인과 주식인수인은 주금 납입에 대하여 부진정연대채무를 부담한다. 발기인이 주금을 납입하면 주식인수인에게 구상권을 행사할 수 있다(민법 제481조).

ⓓ 현물출자의 불이행과 납입담보책임　　현물출자가 이행되지 않은 경우에도 발기인은 납입담보책임을 지는가? 현물출자의 목적물은 일반적으로 대체가능성이 거의 없기 때문에 문제가 된다. 시장에서 쉽게 매입할 수 있는 재산이라면 군이 특정인으로부터 현물출자를 받지 않는다. 이에 대해 다수설은 출자 목적 재산의 개성을 중시하여 발기인의 납입담보책임을 부정하고 설립무효사유가 된다고 한다. 반면 소수설은 이행되지 않은 현물출자의 목적 재산이 목적 사업 수행에 불가결한 것이면(예) 부동산임대업을 목적으로 하는 회사에서 임대용 부동산의 출자가 이루어지지 않은 경우) 설립무효사유가 되나, 그 재산이 대체 가능하거나 설사 대체 불가능하더라도 그 가액 상당의 금전을 출자시켜 사업을 할 수 있으면 설립무효사유는 되지 않고 발기인이 납입담보책임을 진다고 한다.

⑤ 설립무효와의 관계

발기인의 자본충실책임은 기업유지의 이념에서 인수·납입의 하자가 경미한 경우 회사의 설립이 무효가 되는 것을 방지하는 데에 목적이 있다. 따라서 자본의 흠결이 경미하면 발기인이 인수·납입담보책임을 지고 회사설립 무효사유는 되지 않는다. 반면 그 흠결이 현저하여 도저히 회사의 재산적 기초가 형성될 수 없을 정도라면 발기인의 인수·납입담보책임은 발생하지 않고 회사설립 무효사유가 될 뿐이다(통설).

⑥ 손해배상책임과의 관계

발기인이 인수담보책임과 납입담보책임을 지더라도 발기인에 대한 회사의 손해배상청구에는 영향을 미치지 않는다(제321조 제3항 → 제315조). 따라서 인수 또는 납입의 흠결이 발기인의 임무해태로 인한 때에는 발기인은 자본충실책임을 지는 것과는 별도로 회사에 생긴 손해를 배상하여야 한다.

2) 손해배상책임

발기인 회사의 설립에 관하여 임무를 해태한 때에는 그 발기인은 회사에 대하여 연대하여 손해를 배상할 책임이 있다(제322조 제1항). 예컨대, 현물출자를 과대 평가하거나, 설립비용을 부당하게 지출한 발기인은 이로 인해 회사에 발생한 손해를 배상해야 한다.

① 임무해태를 요하므로 「과실책임」이고, ② 연대책임을 지는 발기인은 「과실이 있는 발기인」에 한정된다. 그리고 ③ 총주주의 동의로 면제할 수 있으며 정관으로 배상액을 직전 1년간 보수액의 6배로 제한할 수 있다(제324조 → 제400조). 이와 같은 점은 자본충실책임과 구별된다. 즉 자본충실책임은, ① 「무과실책임」이고, ② 「발기인 전원」이 연대책임을 지며, ③ 총주주의 동의로도 면제할 수 없다.

3) 회사의 불성립 시 또는 설립무효판결 확정 시 책임의 인정 여부

발기인의 자본충실책임과 회사에 대한 손해배상책임은 회사가 불성립한 경우와 회사가 설립 후 설립무효판결이 확정된 경우에도 인정되는가? ① 이는 어디까지나 회사에 대한 책임이므로 회사 불성립 시에는 발생하지 않는다. ② 그러나 일단 회사가 성립한 다음에는 설사 설립무효판결이 확정되었다 하여도 이미 발생한 책임은 소멸하지 않는다. 발기인의 책임은 회사 성립 시 발생하는데 무효판결의 효력은 장래에 향하여 생기기 때문이다(제328조 제2항 → 제190조 단서). 특히 설립등기 후 판결 시까지 존재하는 사실상 회사의 법률관계 청산을 위해서는 발기인이 인수·납입담보책임을 져야 할 필요가 있다. 다만 발행주식의 인수·납입이 현저하게 미달되었다는 이유로 설립무효가 된 경우에는 발기인은 인수·납입담보책임을 지지 않는다.

4) 책임의 추궁

발기인의 인수납입담보책임과 손해배상책임은 회사가 대표이사를 통하여 추궁함이 원칙이다. 그러나 회사가 책임을 추궁하지 않으면 발행주식총수의 100분의 1 이상에 해당하는 주식을 가진 주주는 회사에 대해 발기인의 책임을 추궁할 소의 제기를 청구할 수 있고, 회사가 청구를 받고도 30일 내에 소를 제기하지 않으면 그 주주는 즉시 회사를 위하여 소를 제기할 수 있다(제324조 → 제403조 ~ 제406조). 다중대표송에서도 마찬가지이다(제324조 → 제403조 ~ 제406조).

(2) 제3자에 대한 책임

1) 의의

발기인이 회사의 설립에 관하여 악의 또는 중대한 과실로 임무를 해태한 때에는 그 발기인은 제3자에 대하여도 연대하여 손해를 배상할 책임이 있다(제322조 제2항). 예를 들어 일부러 재산인수계약을 정관에 기재하지 않아 재산인수가 무효가 되어 계약의 상대방이 손해를 입은 경우, 주금의 상당 부분이 납입되지 않았음에도 설립등기를 하여 그 회사와 거래한 제3자가 손해를 입은 경우 등이다.

2) 요건

회사에 대한 임무해태가 있고 이로 인해 제3자에게 손해가 생겼어야 한다. 경과실의 경우에는 책임을 지지 않으며, 발기인의 악의 또는 중과실은 임무해태에만 있으면 되고 제3자의 손해에 관해 있을 필요는 없다.

3) 제3자의 범위

① 주주의 포함 여부

여기서 제3자는 회사 이외의 모든 자를 가리키며, 주식인수인과 주주도 이에 포함된다(통설). 예컨대, 주식청약서의 허위 기재를 믿고 주식을 인수한 주식인수인, 회사설립이 무효가 되어 주식의 유통성을 상실한 주주가 이에 해당한다.

② 간접손해에 대한 배상책임

주주의 손해는 직접손해와 간접손해로 나눌 수 있는데, 발기인이 주주의 간접손해에 대해서도 배상책임을 지는가에 관하여 견해의 대립이 있다. 간접손해란 회사가 손해를 입은 결과 주주가 보유하는 주식의 재산적 가치가 감소하였다는 의미의 손해이다. 이는 회사의 손해를 주주의 관점에서 해석한 것에 지나지 않는다. 통설은 간접손해도 배상해야 한다고 하나, 판례는 간접손해는 제외된다고 한다. 이사의 제3자에 대한 책임과 성격을 같이 하므로 이 부분에서 상술한다.

4) 회사의 불성립 시 또는 설립무효판결 확정 시의 책임

이 책임 역시 회사가 불성립한 경우에는 적용되지 않으나, 일단 회사가 설립된 이상 설립무효의 판결이 확정되더라도 이미 발생한 책임은 소멸하지 않는다.

2. 회사불성립의 경우

회사가 성립하지 못한 경우에는 발기인이 그 설립에 관한 행위에 대하여 연대하여 책임을 지고(제326조 제1항), 회사설립에 관하여 지급한 비용을 부담한다(제326조 제2항).

(1) 불성립의 의의

회사의 불성립이란 설립절차에 착수하였으나 설립등기에 이르지 못한 경우를 말한다. 예를 들어 발행주식 대부분이 인수되지 않아 설립계획이 좌절된 경우, 또는 창립총회에서 설립 폐지를 결의한 경우(제316조 제1항) 등이다. 설립등기 후 설립무효판결이 확정된 경우는 불성립에 해당하지 않는다. 이 경우 사실상의 회사가 발생하고 발기인은 회사가 성립한 경우의 책임(제321조, 제322조)을 진다. 설립무효판결에는 소급효가 없기 때문이다(제328조 제2항 → 제190조 단서).

(2) 책임의 내용 및 성질

① 설립에 관한 행위에 대하여 연대책임을 지고 설립비용을 부담한다. 「설립에 관한 행위에 대한 책임」은 주로 주식인수인에 대한 납입금 반환 책임이 될 것이고, 「설립비용」은 변태설립사항으로 정관에 기재한 것에 한하지 않고 광고비·사무실 차임·인건비 등 설립을 위해 지출한 일체의 비용을 의미한다. ② 이 책임은 무과실책임이다. 즉 회사불성립에 관하여 발기인의 고의·과실을 요하지 않는다.

(3) 주식인수인의 책임

회사 불성립의 경우 오직 발기인만이 무한책임을 부담하고 주식인수인은 대외적으로 책임을 지지 않는다. 즉 주식인수인의 주식납입금은 설립중의 회사의 책임재산을 구성하지 않는다는 뜻이다.

03 기타 설립관여자의 책임

1. 이사·감사의 책임

이사 및 감사가 설립절차에 관한 조사·보고의무를 게을리 했을 때에는 회사 또는 제3자에게 손해배상책임을 진다(제323조 전단). 제3자에 대한 책임 인정에는 발기인의 책임과의 균형상 고의·중과실을 요한다(통설). 이 경우 발기인도 책임을 질 때에는 이사·감사와 발기인은 연대하여 손해를 배상할 책임을 진다(제323조 후단).

2. 검사인의 책임

법원이 선임한 검사인이 변태설립사항을 조사·보고함에 있어 악의 또는 중대한 과실로 인하여 그 임무를 해태한 때에는 회사 또는 제3자에 대하여 손해를 배상할 책임이 있다(제325조). 경과실만 있는 경우에는 회사에 대한 책임도 인정되지 않는 점을 주의하자.

3. 공증인·감정인의 책임

공증인이나 감정인이 검사인 대신 변태설립사항을 조사·평가함에 있어 과실이 있는 경우의 손해배상책임에 대해서는 명문의 규정이 없다. 이들의 업무는 법원이 선임한 검사인을 대신한 것이나, 이들은 회사와의 사이에 위임관계가 있다는 점에서 이사·감사와 유사하므로 이사·감사의 책임에 관한 제323조를 유추적용하여 그 배상책임을 인정한다(통설).

⑭ 유사발기인의 책임

1. 의의 및 취지

주식청약서 기타 주식모집에 관한 서면에 성명과 회사의 설립에 찬조하는 뜻을 기재할 것을 승낙한 자는 발기인과 동일한 책임이 있다(제327조). 발기인은 정관에 발기인으로 기재된 자이므로, 정관에 기재되지 않은 이상 발기인의 책임도 지지 않음이 원칙이다. 그런데 종종 주주의 모집을 쉽게 하기 위해 회사 설립과 무관한 유명 인사의 이름을 그의 승낙을 받아 설립 관련 서류에 발기인과 비슷하게 기재하여 마치 그들이 회사 설립에 참여하는 것처럼 허세를 부리는 경우가 있다. 이런 경우 일반투자자는 그들도 발기인이라고 믿고 거래에 임하였을 가능성이 있으므로 상법은 그들에 대하여 외관창출에 대한 책임을 물어 발기인과 동일한 책임을 지게 한 것이다. 다만 일반적인 외관법리와는 다르게 상대방의 선의를 요건으로 하지 않는다.

2. 책임의 범위

유사발기인은 발기인과 동일한 책임을 진다. 그러나 유사발기인은 회사설립에 관한 임무가 있을 수 없으므로 임무해태를 전제로 한 상법 제315조·제322조의 손해배상책임은 부담하지 않는다. 따라서 유사발기인이 지는 책임은 회사 성립 시의 자본충실책임과(제321조 제1항·제2항), 회사 불성립 시의 납입된 주금의 반환의무 및 설립비용에 관한 책임뿐이다(통설).

▎제7관 설립의 무효

① 서언

설립과정에 하자가 있는데 이를 간과하고 설립등기가 되었을 경우 설립의 효력이 다투어질 수 있다. 그런데 주식회사가 일단 성립하면 그 위에 다수의 복잡한 이해관계가 전개되어 설립과정에 하자가 있다고 언제나 회사설립을 무효로 할 수 있게 하면 법률관계의 불안정을 피할 수가 없다. 그래서 상법은 ① 여타의 회사와 달리 설립취소의 소를 인정하지 않고 설립무효의 소만을 인정하였으며, ② 설립무효의 원인도 주관적 하자는 제외하고 객관적 하자만 인정하였다. 그리고 ③ 설립무효의 주장은 소에 의해서만 가능하도록 하고, ④ 설립무효 판결의 소급효를 인정하지 않았다.

「설립무효」는 설립절차에 착수하였으나 설립등기에 이르지 못한 경우를 의미하는 회사의 「불성립」과 구별되고, 설립절차는 전혀 없이 설립등기만이 있는 회사의 「부존재」와도 구별된다. 회사의 부존재는 누구든, 언제라도, 어떠한 방법으로든 주장할 수 있다.

⑫ 설립무효의 소

1. 무효의 원인

설립절차의 객관적 하자, 즉 강행법규 위반이나 주식회사의 본질에 반하는 하자만이 설립무효의 원인이 될 수 있다. 예를 들어 정관의 절대적 기재사항이 흠결된 경우, 정관에 공증인의 인증이 없는 경우, 발행주식의 인수 또는 납입이 현저하게 미달되어 발기인의 인수·납입담보책임으로 치유될 수 없는 경우, 주식발행사항에 발기인 전원의 동의가 없었던 경우, 창립총회의 소집이 없거나 필요한 조사·보고가 이루어지지 않은 경우, 설립등기가 무효인 경우 등이다.

주식회사의 설립과 관련된 주주 개인의 의사무능력이나 의사표시의 하자는 회사설립무효의 사유가 되지 못하고, 주식회사의 설립 자체가 강행규정에 반하거나 선량한 풍속 기타 사회질서에 반하는 경우 또는 주식회사의 본질에 반하는 경우 등에 한하여 회사설립무효의 사유가 된다고 봄이 타당하다(대판 2020.5.14. 2019다299614).

2. 소의 제기 및 절차

설립무효의 소는 소로써만 주장할 수 있고, 형성의 소이다. 원고는 주주·이사·감사로 제한되며 피고는 회사이다. 주주는 1주만 보유하고 있어도 소를 제기할 수 있다(단독주주권). 제소기간은 설립등기를 한 날로부터 2년 내이다. 관할은 본점소재지 관할 지방법원에 전속한다(제328조 제2항 → 제186조). 소가 제기되면 회사는 지체 없이 공고하여야 한다(제328조 제2항 → 제187조). 법원은 수개의 소가 제기되면 병합심리하여야 하고(제328조 제2항 → 제188조), 설립을 무효로 하는 것이 부적당하다고 인정할 때에는 재량기각을 할 수 있다(제328조 제2항 → 제189조).

3. 판결

(1) 설립무효 판결의 효력

원고승소 판결에 의해 회사설립이 무효가 되는 형성력이 발생한다. 설립무효 판결은 대세적 효력이 인정되고 소급효는 제한된다(제328조 제2항 → 제190조).

(2) 설립무효 판결 확정 후 조치

설립무효 판결이 확정되면 본점과 지점의 소재지에서 이를 등기하여야 한다(제328조 제2항 → 제192조). 그리고 해산의 경우에 준하여 청산하여야 한다(제328조 제2항 → 제193조 제1항). 무효판결에 소급효가 없기 때문이다. 이때 법원은 사원 기타의 이해관계인의 청구에 의하여 청산인을 선임할 수 있다(제328조 제2항 → 제193조 제2항).

4. 패소원고의 책임

설립무효의 소를 제기한 자가 패소한 경우에 악의 또는 중대한 과실이 있는 때에는 회사에 대하여 연대하여 손해를 배상할 책임이 있다(제328조 제2항 → 제191조).

03 사실상의 회사

1. 의의

설립무효 판결의 소급효가 제한되는 결과 회사 성립 시부터 설립무효 판결의 확정 시까지 회사가 유효하게 존재하였던 것과 같은 법률관계가 생기는데, 이 기간 동안 존속한 회사를 사실상의 회사라 한다. 즉 사실상의 회사는 설립등기는 되었으나, 회사 설립의 하자로 인하여 설립무효 또는 취소 판결이 선고된 회사이다.

2. 법률관계

설립무효 판결 이전의 사실상 회사의 행위는 완전한 회사의 행위와 같이 모두 유효하다. 다만 위에서 본 바와 같이 설립무효 판결이 확정되면 해산의 경우에 준하여 청산하여야 한다(제328조 제2항 → 제193조 제1항).

제3절 주식과 주주

▌제1관 주식

01 주식의 의의

1. 개념

주식이란 주식회사의 사원인 주주의 지위를 균등한 단위로 세분한 것이다. 인적회사의 지분과 같은 것이나 균등한 단위로 세분된다는 점에 차이가 있다. 예컨대, 인적회사에서는 총지분 중 甲이 60%의 지분을, 乙이 40%의 지분을 가지는 식이나, 주식회사에서는 균등한 출자단위인 주식 100주 중 甲이 60주를, 乙이 40주를 가지는 식이다. 이처럼 각 주식을 하나의 지분으로 보아 주주는 보유하는 주식 수만큼 복수의 지분을 보유하는 것으로 취급하는 것을 지분복수주의라고 한다.

사원의 지위를 주식으로 분할하는 이유는 일반 대중으로부터 자금을 쉽게 모으기 위함이다. 출자자가 출자 후 출자금을 회수해야 하는 상황이 발생한 경우를 생각해 보자. 만약 자본금을 주식으로 분할하지 않으면 출자자는 자신의 출자지분 전부를 양수할 자를 찾아야 하는 부담이 있다. 반면 주식을 통하여 출자의 단위를 잘게 나누어 놓으면 출자자는 여러 사람에게 출자지분의 일부씩을 양도할 수가 있어 출자금을 쉽게 회수할 수 있다. 그리고 출자금의 회수가 쉬우면 투자자가 투자를 결심하기도 쉬워져서 회사는 일반 대중으로부터 자금을 쉽게 모을 수 있게 된다.

2. 주식의 이중적 의미

주식은 법률상 두 가지 의미를 가진다. ① 주식은 「자본금의 구성단위」를 의미한다. 자본금을 균등한 단위로 나누는 방법은, 금액으로 표시하는 방법과 전체 자본금에 대한 비율로 표시하는 방법이 있는데, 전자가 액면주식이고 후자가 무액면주식이다. ② 그리고 주식은 「사원으로서의 지위」, 즉 「사원권」을 의미하기도 한다.

사원권은 의결권과 같은 회사의 지배에 참여할 수 있는 권리인 공익권과 이익배당청구권과 같이 회사의 현금흐름에 대한 권리인 자익권으로 크게 나눌 수 있다.

02 액면주식과 무액면주식

1. 의의

(1) 액면주식

액면주식이란 1주의 금액이 정관에서 정해지고(제289조 제1항 4호) 또 주권에도 표시되는(제356조 4호) 주식을 말한다. 액면주식의 금액은 균일하여야 하고(제329조 제2항), 액면주식 1주의 금액은 100원 이상이어야 한다(제329조 제3항). 발행한 주식의 액면가는 자본금에 계입되고(제451조 제1항), 액면을 초과하여 발행하였을 때 액면초과액은 자본준비금으로 적립해야 한다(제459조 제1항). 액면주식과 자본금과의 관계에 대해서는 앞에서 상술하였다.

(2) 무액면주식

무액면주식이란 1주당의 금액을 갖지 않고 주권에는 주식의 수만이 기재되는 주식이다. 액면가는 없고 주식을 발행할 때마다 회사가 정하는 발행가가 있을 뿐이다.

무액면주식은 액면이 회사의 실제가치나 발행가액과 아무런 관련을 갖지 못하고 단순히 자본금의 액을 정하는 것으로 기능이 축소됨에 따라 굳이 액면을 강제할 필요가 없어져 2011년 개정상법에 의해 도입되었다.

2. 무액면주식의 기능

무액면주식은 액면주식에 비하여 회사가 주가변동에 탄력적으로 적응하면서 자본을 조달할 수 있다는 장점이 있다.

예컨대, 액면주식을 발행한 경우 회사 주식의 액면가가 1,000원인데 시가가 700원인 것과 같이 시가가 액면가보다 낮아진 경우, 신주발행 시 회사는 발행가를 시가에 맞춰 700원으로 하자니 주주총회 특별결의와 법원의 인가를 받아야 하는 등(제417조) 신주발행의 요건이 까다롭고, 액면가에 맞춰 1,000원으로 하자니 시가보다 비싼 신주를 인수할 사람이 없어 신주발행을 통한 자금 조달에 애를 먹을 수밖에 없다. 그러나 무액면주식에는 액면가라는 개념이 없으므로 이와 같은 제약을 받지 않는다. 즉 주식의 시가가 700원이면 회사는 발행가를 700원으로 하여 신주를 발행할 수 있다.

그리고 발행가액의 2분의 1 이상으로 500원 정도를 자본금으로 계상하고 나머지 200원은 준비금으로 적립하면 된다.

3. 무액면주식의 발행

(1) 무액면주식의 발행가능

회사는 정관으로 정하는 바에 따라 액면주식 또는 무액면주식을 선택하여 발행할 수 있다(제329조 제1항 본문). 액면주식과 무액면주식을 병행하여 발행하지는 못한다(제329조 제1항 단서). 양 주식이 공존하는 경우 발생할 수 있는 혼란을 방지하기 위함이다.

(2) 무액면주식과 자본금

발행가의 총액 중 설립 시는 발기인이, 신주발행 시는 원칙적으로 이사회가 정한 금액이 자본금이 되고 나머지는 자본준비금으로 계상한다. 자본금은 발행가액의 2분의 1 이상의 금액으로 해야 한다(제451조 제2항).

4. 액면주식과 무액면주식의 전환

(1) 전환의 가능성

회사는 정관으로 정하는 바에 따라 발행된 액면주식을 무액면주식으로 전환하거나 무액면주식을 액면주식으로 전환할 수 있다(제329조 제4항).

(2) 전환의 절차

1) 정관변경

액면주식과 무액면주식 상호 간의 전환은 발행주식 전부의 유형을 교체하는 것으로, 이를 위해서는 정관을 변경해야 한다(제289조 제1항 4호). 개별적인 주주의 청구에 의해 발행주식 일부만을 전환하는 것은 허용되지 않는다. 액면·무액면의 전환으로 인해 자본금의 변동은 생기지 않으므로(제451조 제3항) 채권자보호절차는 요하지 않는다.

2) 공고

회사는 1월 이상의 기간을 정하여 액면주식을 무액면주식으로 또는 무액면주식을 액면주식으로 전환한다는 뜻과 그 기간 내에 주권을 회사에 제출할 것을 공고하고 주주명부에 기재된 주주와 질권자에 대하여는 각별로 그 통지를 하여야 한다(제329조 제5항 → 제440조). 전환으로 생기는 권리의 변동상황을 주주들에게 알리기 위함이다.

3) 신주권의 교부

주주로부터 구주권을 제출 받고 이에 갈음하여 신주권을 교부하여야 한다. 구주권을 회사에 제출할 수 없는 자가 있는 때에는 그의 청구를 받아 이해관계인의 이의제출을 최고하는 소정의 공고절차를 거쳐 청구자에게 신주권을 교부할 수 있다(제329조 제5항 → 제442조).

(3) 전환의 효력발생시기

주식의 전환은 주식 전환 및 주권 제출에 관한 공고기간이 만료한 때에 그 효력이 생긴다(제329

조 제5항 → 제441조 본문). 공고기간 만료에 의해 종전의 주식과 주권은 실효하고 주주는 전환된 액면 또는 무액면주식의 주주가 된다.

(4) 자본금의 유지

회사의 자본금은 액면주식을 무액면주식으로 전환하거나 무액면주식을 액면주식으로 전환함으로써 변경할 수 없다(제451조 제3항). 따라서 액면주식을 무액면주식으로 전환하는 경우에는 자본금만 동일하게 유지하면 발행하는 무액면주식의 수는 몇 주이든 상관없으나, 무액면주식을 액면주식으로 전환할 때에는 자본금을 주어진 조건으로 하여 액면가를 얼마로 하느냐에 따라 발행주식수는 자동으로 결정된다.

03 종류주식

1. 개설

(1) 종류주식의 의의

종류주식이란 이익배당, 잔여재산분배, 주주총회에서의 의결권의 행사, 상환 및 전환 등 주주권의 내용이 다른 주식을 말한다(제344조 제1항). 종류주식은 각 투자자들에게 투자상품 선택의 폭을 넓혀 주어 투자를 유인하기 위해 인정한 것이다. 주주권의 내용은 다르지 않고 주주권의 표창방법이 다를 뿐인 액면주식·무액면주식은 종류주식이 아니다.

(2) 종류주식의 발행

1) 발행의 근거 및 공시

내용이 다른 주식이 발행된다는 사실은 기존 및 장래의 주주의 이해관계에 중요한 영향을 미친다. 따라서 회사가 종류주식을 발행하기 위해서는 정관에 각 종류주식의 내용과 수를 정하여야 하고(제344조 제2항), 종류주식을 발행한 때는 상업등기부에 등기하고(제317조 제1항 3호), 주식청약서, 신주인수권증서, 주주명부, 주권에 기재하여 공시하여야 한다.

2) 발행의 결정

일반적인 주식 발행의 경우와 같다. 즉 정관에 기재된 범위 내에서, 설립 시에는 발기인이 전원의 동의로, 신주발행 시에는 원칙적으로 이사회가 종류와 수량을 정하여 발행할 수 있다(제291조 1호, 제416조 1호).

3) 중복 조합 형태의 발행

둘 이상의 종류주식을 결합한 형태의 종류주식도 발행할 수도 있다. 예컨대, 이익배당에 관한 우선주, 무의결권주식, 상환주식을 결합하여 상환조건이 붙은 무의결권 우선주를 발행할 수 있다.

(3) 종류주식에 관한 특칙

1) 주주평등의 원칙의 예외

회사가 종류주식을 발행하는 때에는 정관에 다른 정함이 없는 경우에도 주식의 종류에 따라 신주의 인수, 주식의 병합·분할·소각 또는 회사의 합병·분할로 인한 주식의 배정에 관하여 특수하게 정할 수 있다(제344조 제3항). 예를 들어 신주발행에서 보통주와 우선주 사이에 인수권을 다르게 정하거나, 보통주와 우선주의 소각이나 병합을 서로 다른 비율로 할 수 있다는 것이다. 보통주와 각 종류주식은 권리의 내용이 다르므로 경제적 가치도 달라 서로 간의 평등한 취급을 강제할 이유가 없기 때문이다.

2) 특수한 정함의 결정(종류주주총회)

「정관에 정함이 없는 경우」에도 특수한 정함을 할 수 있다는 것은 사안에 따라 이사회 또는 주주총회의 결의에 의하여 할 수 있음을 뜻한다. 특수한 정함 때문에 어느 종류의 주주에게 손해를 미치게 될 경우에는 이사회나 주주총회의 결의 외에 그 종류의 주주만의 총회(종류주주총회)의 결의를 다시 얻어야 한다(제436조 전단 → 제435조). 결국 이상의 차별은 종류주식의 주주들의 호의적 양보를 전제로 한 것이다.

2. 이익배당·잔여재산분배에 관한 종류주식

(1) 의의

회사는 이익의 배당 또는 잔여재산의 분배에 관해 내용이 다른 종류주식을 발행할 수 있다(제344조의2 제1항, 제2항). 「내용이 다르다」 함은 통상적으로 보통주에 대해 「순서」에서 우선하거나 뒤지는 것을 의미한다. 다만 이에 국한되지 않고 배당금액, 배당재산의 종류에 관해 내용을 달리할 수도 있다. 따라서 과거 문제되었던 「1% 우선주」, 즉 보통주 배당금에 액면의 1%를 가산하여 배당금을 지급하는 우선주도 종류주식으로서 발행할 수 있다고 본다. 잔여재산분배에 관한 종류주식은 실제 거의 발행되지 않는다.

(2) 유형

1) 우선주

다른 주식에 우선하여 소정의 이익배당 또는 잔여재산의 분배를 받을 수 있는 주식이다. 우선적 배당은 통상 액면가에 대한 비율 또는 1주당의 금액으로 표시된다. 예컨대, 「1주당 액면가의 15%를 배당한다」 혹은 「1주당 750원을 배당한다」라는 식이다. 순위에 있어 우선할 뿐이지 항상 다른 주식보다 더 큰 재산적 이익을 보장받는 것은 아니다.

① 누적적 우선주와 비누적적 우선주

우선주도 배당가능이익이 부족한 결산기에는 소정의 배당금을 다 받지 못한다. 이때 부족한 배당금을 이월시켜 다음 기의 이익에서 받을 수 있는 우선주를 「누적적 우선주」라 하고, 그렇지 못한 우선주를 「비누적적 우선주」라 한다.

② 참가적 우선주와 비참가적 우선주

회사에 이익이 많이 생긴 결산기에는 우선주가 보통주보다 불리할 수 있다. 예컨대, 액면가의 10%를 우선 배당하는 우선주를 발행한 회사에서 어느 결산기에 모든 주주에게 액면가의 20%씩 배당할 수 있는 배당가능이익이 발생하였다고 하자. 이 배당가능이익에서 우선주 주주가 액면가 10%씩을 우선 배당받고 남은 금액에서 보통주 주주가 배당을 받는데, 이때 배당률의 제한이 없으므로 보통주 주주는 액면가 20% 이상의 배당을 받을 수도 있다. 이와 같이 보통주가 우선주보다 고율의 배당을 받는 경우, 우선주 소정의 배당을 받고 보통주 배당액과의 차액에 참가할 수 있는 우선주를 「참가적 우선주」라 하고 그렇지 못한 우선주를 「비참가적 우선주」라 한다.

③ 우선주의 사채화

우선주는 거의 예외 없이 의결권 없는 주식으로 발행되는데, 우선주가 의결권이 없고, 누적적·비참가적이면 사채(社債)와 매우 유사해진다.

2) 후배주와 혼합주

보통주와 비교하여 이익배당이나 잔여재산분배에서 열후적 지위가 주어진 주식을 「후배주」라 하고, 어떤 권리는 우선적 지위가 주어지고 다른 권리는 열후적 지위가 주어진 주식을 「혼합주」라 한다. 실제 발행되는 예는 드물다.

(3) 정관으로 정할 사항

이익의 배당에 관한 종류주식을 발행하는 경우에는 정관에 그 종류주식의 주주에게 교부하는 배당재산의 종류, 배당재산의 가액의 결정방법, 이익을 배당하는 조건 등 이익배당에 관한 내용을 정하여야 한다(제344조의2 제1항). 즉 금전배당, 주식배당, 현물배당(제462조의4)이 가능하므로 어떠한 재산으로 배당할 것인지와, 현물배당을 하는 경우 배당재산의 가액 결정 방법, 그리고 보통주와의 관계에서 순위 및 배당 내용을 각각 정관으로 정하라는 것이다. 잔여재산분배에 관한 종류주식에도 유사한 규정이 있으나(제344조의2 제2항) 실제 발행되지 않는 주식이므로 큰 의미는 없다.

3. 의결권의 배제·제한에 관한 종류주식

(1) 의의

1) 개념 및 경제적 기능

회사는 의결권이 없는 종류주식이나 의결권이 제한되는 종류주식을 발행할 수 있다(제344조의3 제1항). 이는 회사의 경영에는 관심이 없고 오직 배당이나 양도차익에만 관심이 있는 대중투자자의 투자를 유인하고, 폐쇄회사의 지배주주로 하여금 신주발행을 통한 자금 조달을 하면서 경영권을 그대로 확보할 수 있도록 해주는 기능을 한다.

2) 2011년 개정의 개요

개정 전 상법에 의하면 우선주만 무의결권 주식으로 발행할 수 있었고 보통주는 무의결권 주식으로 발행할 수 없었다. 그러나 2011년 개정 상법에 의해 우선주식뿐만 아니라 보통주식도 의결권이 없는 종류주식으로 발행할 수 있게 되었다.

(2) 의결권의 배제·제한의 내용

1) ① 의결권이 없는 종류주식이란 의결권이 「전면적으로」 제한되는 주식을 말한다. ② 그리고 의결권이 제한되는 종류주식이란 「결의의 일부 안건에 관해」 의결권이 없는 주식을 말한다. 이러한 주식을 발행하려면 정관에 의결권을 행사할 수 없는 사항을 정해야 한다(제344조의3 제1항). 즉 의결권을 인정하지 않는 의안을 정관에 열거하라는 것이다. 예를 들어 이사선임 또는 정관변경에 관

해서는 의결권이 없다는 식으로 규정하라는 것이다.

2) 발행할 수 없는 주식

의결권이 전면적으로 제한되거나 특정 의안에 관해 제한되는 주식의 발행만이 인정된다. 그 외에, 특정 사안에 관하여 해당 종류주주의 동의를 얻어야만 결의가 효력을 가질 수 있도록 하는「거부권부 주식」이나, 1주당 3개 또는 0.5개의 의결권을 인정하는 것과 같이 1주당 인정하는 의결권의 수가 1개를 초과하거나 1개에 미달하는「차등의결권주식」의 발행은 인정되지 않는다.

(3) 의결권이 인정되는 경우

1) 의결권의 행사 또는 부활의 조건

의결권이 없는 종류주식 또는 의결권이 제한되는 종류주식에 대해 조건을 정해 의결권의 행사 또는 부활을 허용할 수 있다. 이 경우에는 정관에 그 조건을 정해야 한다(제344조의3 제1항).「행사의 조건」이란 특정 주주총회 또는 특정 의안에 대해 의결권의 행사를 허용할 수 있는 소정의 조건을 말한다. 예컨대, 의결권이 없는 우선주를 발행하되 주주가 우선배당을 포기하는 경우에는 의결권을 행사할 수 있다는 것과 같다.「부활의 조건」이란 의결권이 배제되거나 제한된 종류주식이 의결권을 회복할 수 있는 조건을 의미한다. 예컨대, 회사가 우선배당을 실시하지 못하면 의결권이 부활한다는 식이다.

2) 기타 의결권이 인정되는 경우

① 종류주주총회(제435조, 제436조), ② 총주주의 동의를 요하는 이사·집행임원·감사·감사위원회 위원 등의 책임 면제(제400조 등) 또는 유한회사 또는 유한책임회사로의 조직변경(제604조, 제287조의43 제1항), ③ 회사설립 시 창립총회(제308조 제2항이 제363조 제7항 및 제371조 제1항을 준용하지 않음), ④ 회사의 분할계획서 또는 분할합병계약서를 승인하는 주주총회의 결의(제530조의3 제3항)에는 의결권이 배제·제한되는 종류주식을 보유한 주주도 의결권이 있다. ④와 관련하여 합병이나 다른 구조조정에는 이러한 규정이 없는데 오직 분할에서만 이런 규정을 두고 있는 점이 흥미롭다. 다만 그 이유가 무엇인지는 확실하지 않다.

(4) 의결권이 배제·제한되는 종류주식의 발행한도

의결권이 배제되는 종류주식과 의결권이 제한되는 종류주식은 이를 합하여 발행주식총수의 4분의 1을 초과해 발행하지 못한다(제344조의3 제2항 전단). 과소한 수량의 의결권 있는 주식만 가지고 회사를 지배하는 폐단을 막기 위함이다. 이 의결권이 없거나 제한되는 종류주식이 발행주식총수의 4분의 1을 초과하여 발행된 경우의 효력은 어떠한가? 이 경우 발행한도를 초과하더라고 주식 발행은 유효하고 다만 회사는 지체 없이 그 제한을 초과하지 않도록 하기 위해 필요한 조치를 취하여야 한다(제344조의3 제2항 후단). 필요한 조치란 의결권이 없거나 제한된 주식의 일부를 소각하거나, 추가로 의결권이 있는 주식을 발행하여 의결권이 없거나 제한된 종류주식의 비율을 발행주식총수의 4분의 1 이하로 떨어뜨리는 것을 말한다.

4. 상환주식

(1) 의의

1) 개념

상환주식이란 발행 시부터 장차 회사가 스스로 또는 주주의 청구에 의해 이익으로써 상환하여 소멸시킬 것이 예정된 주식을 말한다(제345조).

2) 경제적 기능

회사가 상환할 수 있는 주식(회사상환주식)을 발행하면 회사는 우선 자금을 조달하고 장차 자금사정이 호전되면 그 주식을 상환하여 배당 압박을 피할 수 있는 장점이 있다. 그리고 주주가 상환을 청구할 수 있는 주식(주주상환주식)의 경우 주주는 상환기간 동안 투자금을 쉽게 회수할 수 있어 그만큼 주주의 투자 위험이 감소하는데, 회사는 이 점을 이용해 자금을 쉽게 조달할 수 있게 된다.

3) 사채와의 비교

상환주식은 일시적인 자금조달 수단이라는 점에서 사채와 같은 기능을 한다. 그러나 상환주식은 자기자본이나 사채는 타인자본이라는 점, 상환주식은 이익이 있어야 상환을 할 수 있으나, 사채는 이익 유무를 불문하고 상환해야 한다는 점이 다르다.

(2) 상환주식의 대상

2011년 상법개정 전에는 우선주만 상환주식으로 할 수 있었다. 그러나 2011년 개정상법하에서는 우선주에 국한하지 않고 상환주식과 전환주식을 제외한 다른 종류주식도 상환주식으로 발행할 수 있다(제345조 제5항). 다만 종류주식에 국한하므로 보통주식은 상환주식으로 할 수 없다. 결국 상환주식으로 할 수 있는 주식은 이익배당 또는 잔여재산분배에 관한 종류주식과 의결권이 없거나 제한된 종류주식이다.

(3) 발행

1) 상환주식을 발행하기 위해서는 정관에 근거가 있어야 한다. 주식의 상환은 주주의 배당가능이익을 감소시키기 때문이다.

① 회사상환주식

정관에 상환가액, 상환기간, 상환방법, 상환할 주식의 수를 정하여야 한다(제345조 제1항). ⓐ 상환가액은 특정한 금액으로 정할 수도 있고 액면가액, 발행가액, 상환시점의 시가 등과 같이 가액의 기준으로도 정할 수 있다. ⓑ 상환기간은 예컨대, "발행 후 2년 이후 5년 내에 상환한다"와 같이 정한다. ⓒ 상환방법은 예컨대, 일시 상환할 것인지 분할 상환할 것인지 등이다.

② 주주상환주식

정관에 주주가 회사에 대하여 상환을 청구할 수 있다는 뜻, 상환가액, 상환청구기간, 상환의 방법을 정하여야 한다(제345조 제3항). ⓐ 정관에 상환청구권 소재에 관한 아무런 언급이 없으면 회사상환주식으로 본다. ⓑ 주주가 상환청구기간에 상환청구를 하지 않으면 원칙적으로 상환청구권은 소멸한다. ⓒ 상환가액, 상환방법은 회사상환주식에서 본 바와 같다.

2) 이러한 사항은 주식청약서(제302조 제2항 7호, 제420조 2호), 신주인수권증서(제420조의2 제2항)에 기재하고 등기해야 한다(제317조 제2항 6호).

3) 상환주식의 발행의 의사결정은 통상의 주식발행의 경우와 같다. 즉 설립 시에는 발기인 전원의 동의로(제291조 제1항), 신주발행 시에는 원칙적으로 이사회의 결의로(제416조) 발행할 수 있다.

(4) 상환의 절차

1) 회사상환주식의 상환

① 상환의 결정 및 재원

상환의 결정은 이사회의 결의로 한다. 다만 배당가능이익이 있어야만 상환을 할 수 있다(제345조 제1항). 따라서 상환주식을 발행한 회사는 보통 매년 이익의 일부를 주식상환적립금 등으로 하여 상환기금으로 적립한다.

② 통지 및 공고

상환 결정 후 회사는 상환대상인 주식의 취득일로부터 2주 전에 그 사실을 그 주식의 주주 및 주주명부에 적힌 권리자에게 따로 통지하여야 한다. 다만 통지는 공고로 갈음할 수 있다(제345조 제2항). 「주식의 취득일」이란 "상환의 효력발생일"을, 「그 주식의 주주」는 "주주명부상의 주주"를, 「주주명부에 적힌 권리자」는 "등록질권자"를 각각 의미한다. 회사는 주권제출기간을 정하여 통지와 공고를 통해 주주 및 등록질권자에게 주권의 제출을 요구하게 된다.

③ 상환의 효력 발생

회사가 설정한 주권제출기간이 경과한 때(제441조 본문) 상환의 효력이 발생한다. 이때 주식은 실효하므로 그 주식은 바로 소각절차를 거쳐야 한다.

2) 주주상환주식

주주가 상환청구권을 행사하면 그 자체로 회사에 상환의무가 발생한다. 따라서 상환청구권은 형성권이다. 회사의 의사결정은 불필요하다. 다만 상환을 위해서는 회사에 이익이 있어야 하므로 회사에 배당가능이익이 없으면 상환이 지연될 수 있다. 주주에 대한 통지 또는 공고 절차는 요구되지 않는다. 정관이나 상환주식인수계약 등에서 특별히 정한 바가 없으면 주주가 회사로부터 상환금을 지급받을 때까지는 상환권을 행사한 이후에도 여전히 주주의 지위에 있다(대판 2020.4.9. 2017다251564).

(5) 현물상환

1) 의의

현물상환이란 회사가 미리 정관에서 정한 바에 따라 주식 상환의 대가로 현금 외의 유가증권이나 그 밖의 자산을 교부하는 것을 말한다(제345조 제4항 본문). 정관에 정함이 없이 주주와의 협의를 통하여 현물을 교부하는 것은 단순한 대물변제에 불과할 뿐 상법상 현물상환은 아니다.

2) 현물상환으로 교부되는 자산

일반적으로 가치가 균일화 된 유가증권, 즉 발행회사의 사채, 모회사 또는 자회사 그리고 계열회사의 주식이나 사채가 이용된다. 다만 발행회사의 종류주식은 현물상환으로 교부될 수 없다(제

345조 제4항 본문). 이는 상환주식이 아니라 전환주식이라는 의미가 되기 때문이다. 발행회사의 종류주식만 제외되므로 자기주식인 보통주식으로 상환하는 것은 허용된다.

3) 제한

현물상환으로 교부되는 자산의 장부가액이 제462조에 따른 배당가능이익을 초과하여서는 아니된다(제345조 제4항 단서). 상법 제345조 제1항에서 이미 상환은 배당가능이익의 범위에서 가능함을 선언하였으므로 이는 불필요한 규정이다.

(6) 상환의 효과

1) 자본금에 미치는 영향

상환주식의 상환은 배당가능이익을 재원으로 하여 주식을 소각하는 것으로 자본금감소절차(제438조 이하)에 의한 주식 소각이 아니므로 자본금이 감소하지 않는다. 따라서 이 경우에는 회사의 발행주식이 액면주식의 경우 자본금은 발행주식의 액면총액이라는 등식이 깨진다. 예를 들어 액면 100원인 주식 10주가 액면가로 발행되었고 회사의 영업이익이 200원 있다고 하자. 그러면 회사의 자본금 계정은 자본금 1,000원과 이익잉여금 200원으로 구성된다. 이때 주주에게 이익잉여금 200원을 주고 상환주식 2주를 상환하여 소각하면 자본금은 그대로 1,000원인데 발행주식의 액면총액은 800원(8주 × 100원)이 되므로 자본금은 발행주식의 액면총액과 같다는 등식은 깨지게 되는 것이다.

2) 미발행주식수에 미치는 영향

상환주식을 상환하여 소각하면 현재의 발행주식수가 감소하므로 발행예정주식총수의 미발행부분이 증가한다. 그러면 그 증가된 미발행주식수만큼 주식을 다시 발행할 수 있는가? 예를 들어 정관상 발행예정주식총수가 100주인데 현재 발행주식총수가 80주이고 이 중 30주가 상환주식이라 하자. 이 상환주식 30주를 상환하면 미발행주식수가 20주에서 50주로 30주 늘어난 것처럼 보인다. 이때 이사회는 신주를 20주까지만 더 발행할 수 있는가 아니면 50주까지 발행할 수 있는가? 견해의 대립이 있으나 통설은 소각된 상환주식 부분은 다시 발행할 수 없다고 한다. 상환하여 소각한 부분만큼 다시 발행할 수 있다면 신주발행에 관한 무한의 수권을 부여하는 결과가 되기 때문이라고 한다. 따라서 위 예에서 미발행주식은 20주에 불과하고 이사회는 신주를 20주까지만 더 발행할 수 있을 뿐이다.

5. 전환주식

(1) 총설

1) 의의

전환주식이란 회사가 종류주식을 발행하는 경우, 주주 또는 회사가 어느 종류의 주식으로부터 다른 종류의 주식으로 전환할 수 있는 권리가 부여된 주식을 말한다(제346조). 상법에서 「종류주식」은 "보통주가 아닌 주식"을 지칭하나(제344조 제1항), 여기서의 「종류주식」은 "보통주"를 포함하는 개념이다. 따라서 보통주가 종류주식으로 전환되는 전환주식이나, 종류주식이 보통주로 전환되는 전환주식 모두 발행이 가능하다.

2) 기능

① 주주전환주식의 경우 과거에는 주로 보통주로 전환할 수 있는 권리가 붙어 있는 우선주의 형태로 많이 발행되었는데, 투자자로서는 일단 안정적으로 우선배당을 받다가 회사의 성과가 좋아져 주가가 상승하면 보통주로 전환하여 시세차익을 얻을 수 있는 장점이 있다.

② 회사전환주식의 경우 회사는 우선배당의 부담을 완화하고 경영권을 방어하는 수단 등으로 전환주식을 활용할 수 있다. 예컨대, 의결권 있는 우선주를 발행하면서 회사가 무의결권주식으로 전환할 수 있는 권리를 갖는다면 그 주식을 적대적 매수자가 취득할 경우 회사는 무의결권주식으로 전환하여 매수세력을 무력화시킬 수 있다.

(2) 발행

1) 정관의 규정

정관에 전환의 조건, 전환의 청구기간(주주전환주식) 또는 전환의 기간(회사전환주식), 전환으로 인하여 발행할 주식의 수와 내용을 정하여야 한다(제346조 제1항, 제2항). 특히 회사전환주식의 경우에는 정관으로 정하는 사유가 발생한 때에 한해 전환할 수 있으므로 정관에 전환의 사유를 정해 두어야 한다(제346조 제2항).

2) 발행의 의사결정

상환주식 발행의 경우와 같다. 즉 설립 시에는 발기인 전원의 동의로(제291조 제1항), 신주발행 시에는 원칙적으로 이사회의 결의로(제416조) 발행할 수 있다.

3) 공시

전환주식을 발행할 때에는 주식청약서 또는 신주인수권증서에 ① 주식을 다른 종류의 주식으로 전환할 수 있다는 뜻, ② 전환의 조건, ③ 전환으로 인하여 발행할 주식의 내용, ④ 전환청구기간 또는 전환의 기간을 기재하여야 한다(제347조). 또 이상의 사항은 등기해야 하며(제317조 제2항 7호), 주주명부에도 기재해야 한다(제352조 제3항).

4) 발행할 주식수의 확보

전환주식이 전환되면 다른 종류의 주식이 발행된다. 이를 위해 회사는 각 종류주식별 발행예정주식총수 중 새로 발행할 주식의 수는 전환청구기간 또는 전환의 기간 내에는 그 발행을 유보하여야 한다(제346조 제4항).

(3) 전환절차

1) 주주전환주식

「주주의 전환 청구」에 의해 전환이 이루어진다. 전환주식의 전환을 청구하고자 하는 주주는 청구서 2통에 전환하고자 하는 주식의 종류·수와 청구 연월일을 기재하고 기명날인 또는 서명한 후 주권을 첨부하여 회사에 제출하여야 한다(제349조). 주주명부의 폐쇄기간 중에도 전환청구가 가능하다. 전환청구기간은 정관으로 자유롭게 정할 수 있다. 예컨대, 「2013년 7월 1일부터 2014년 6월 30일까지」와 같이 정한다. 주주의 전환청구권은 형성권이다. 따라서 전환청구를 한 때에 전환의 효력이 발생한다(제350조 제1항 전단).

2) 회사전환주식

① 전환사유의 발생

정관으로 정한 전환사유가 발생한 때에 한하여 전환할 수 있다. 전환사유의 예로 회사가 적대적 매수의 대상이 되어 경영권 방어가 필요한 경우 등을 들 수 있다.

② 전환의 결정

전환사유가 발생했다고 자동으로 전환이 되는 것은 아니고 회사가 전환의 의사결정을 해야 한다. 전환의 의사결정은 이사회가 한다(제346조 제3항).

③ 전환의 통지

회사가 전환의 결정을 하면 전환주식의 주주 및 주주명부상의 권리자에게 ⓐ 전환할 주식, ⓑ 2주 이상의 일정한 기간 내에 그 주권을 회사에 제출하여야 한다는 뜻, ⓒ 그 기간 내에 주권을 제출하지 아니할 때에는 그 주권이 무효로 된다는 뜻을 통지하여야 한다. 이 통지는 공고로 갈음할 수 있다(제346조 제3항). 전환의 효력은 주권제출기간이 끝난 때에 발생한다(제350조 제1항 후단).

(4) 신주식의 발행가액

전환으로 인하여 신주식을 발행하는 경우에는 전환 전의 주식의 발행가액을 신주식의 발행가액으로 한다(제348조). 여기서 발행가액이란 각 1주당 발행가액이 아니라 전체 주식의 발행가액총액을 의미한다. 이는 액면주식 발행의 경우 전환조건을 통제함으로써 이사회가 자금조달에 급급하여 무모한 조건으로 전환주식을 발행해 자본충실을 해하는 것을 막는 기능을 한다.

예를 들어 액면가 5,000원인 전환주식 10주를 1주당 발행가액을 1만 원으로 하여 발행하였다고 하자. 그러면 전환 전 주식의 발행가액총액이 10만 원이 되므로 전환의 결과 발행되는 신주식의 발행가액총액도 발행주식수와 무관하게 10만 원이 되어야 한다. 그런데 전환으로 20주를 초과하는 보통주를 발행하면 발행가액이 주당 5,000원(10만 원 ÷ 20주) 미만으로 되어 액면미달발행이 된다. 액면미달발행은 상법이 정한 경우(제417조)가 아니면 허용되지 않으므로 신주식의 발행주식수는 20주 이하이어야 하고 결국 이 전환주식의 전환비율은 1:2 이하가 되어야 한다. 다만 회사가 무액면주식을 발행하고 있다면 이러한 문제는 발생하지 않는다.

(5) 전환의 효과

1) 자동전환

전환청구를 한 때(주주전환의 경우) 또는 주권제출기간이 끝난 때(회사전환의 경우)에 자동적으로 전환의 효력이 발생하는 결과 전환주식의 주주는 바로 전환된 신주식을 가지고 주주권을 행사할 수 있다.

주주명부의 폐쇄기간 중에 전환이 이루어진 경우에는 주주는 신주식을 가지고 의결권을 행사할 수 없다(제350조 제2항). 전환 전의 구주식을 가지고 의결권을 행사할 수 있을 뿐이다.

2) 자본금에 미치는 영향

① 하향전환

우월한 조건의 주식을 열후한 조건의 주식으로 전환하면(하향전환) 전환비율이 1:1을 초과하게 되므로(예: 전환비율 1:2 즉 구주식 1주당 신주식 2주 발행) 발행주식수가 증가한다. 그런데 주식의 액면가는 항상 균일하므로(제329조 제2항) 이때는 증가된 주식의 액면총액만큼 자본금이 증가한다. 이와 같은 증자는 정관의 규정에 의한 증자이므로 상법의 해석상 인정된다.

② 상향전환

반대로 열후한 조건의 주식을 우월한 조건의 주식으로 전환하면(상향전환) 전환비율이 1:1에 미달하게 되어(예: 전환비율 2:1 즉 구주식 2주당 신주식 1주 발행) 발행주식수가 감소하고, 감소된 주식의 액면총액만큼 자본금이 감소한다. 이는 상법이 정하는 엄격한 자본금감소절차(주주총회 특별결의와 채권자보호절차, 제438조 제1항, 제439조 제2항)에 의하지 않고 자본금을 감소시키는 것으로서, 통설은 이를 허용되지 않는다고 본다.

3) 발행예정주식총수에 미치는 영향

상환주식의 경우와 같이 전환주식에서도 전환으로 인해 구주식의 종류에 관해서는 전환된 주식수만큼 발행예정주식총수 중 미발행 부분이 증가하는데, 이 부분에 대하여 다시 신주를 발행할 수 있는지가 문제된다. 이에 관해 통설은 소멸된 주식 수만큼 다시 주식을 발행을 할 수 있다고 한다. 상환주식과 반대의 결론이다. 다만 재차 전환주식으로 발행할 수는 없고 전환 전 주식과 같은 종류의 주식으로만 발행할 수 있다고 한다.

(6) 전환의 등기

주식의 전환으로 인한 변경등기는 전환의 효력이 발생한 날이 속하는 달의 마지막 날로부터 2주 내 본점소재지에서 하여야 한다(제351조).

▌제2관 주주·주주권

❶ 의의

주식회사의 사원을 주주라 한다. 주식회사에서는 자본금의 구성단위인 주식을 취득함으로써 사원이 된다. 그리고 주주가 회사에 대해 갖는 사원권을 주주권이라 한다. 주주권은 주주가 회사에 대해 갖는 개개의 권리의 원천을 이룬다.

❷ 주주의 권리

1. 의의

주주의 권리란 의결권·이익배당청구권과 같이 주주가 회사에 대해 갖는 개개의 권리를 말한다.

주주의 권리가 모여서 주주권을 형성하고 이를 주식이라고 부른다고 이해하면 된다.

주주의 권리는 주주의 지위를 전제로 하는 것이기 때문에 주식과 분리하여 양도하거나 담보의 목적으로 할 수 없고 시효에도 걸리지 않는다. 다만 주주의 권리가 채권적 권리로 특정된 이후에는 주주의 지위와 별개로 독립적으로 양도하거나 압류할 수 있고 시효에도 걸린다. 예컨대, 주주가 회사의 이익배당에 참가할 수 있다는 추상적 의미의 이익배당청구권은 주주권의 일부를 구성하나, 특정 영업연도에 주주총회가 이익배당안을 승인함으로써 개개의 주주에게 발생한 구체적인 이익배당청구권은 주주의 지위로부터 분리된 금전채권으로서 독립적으로 양도하거나 압류할 수 있다.

2. 근거 및 제한

주주의 권리는 법률에 의해 주어진 것이다. 따라서 정관이나 주주총회 또는 이사회의 결의로 주주의 권리를 제한할 수 없다. 예컨대, 주주총회 결의로 주주의 의결권을 제한할 수 있도록 한 정관 규정은 무효이다. 다만 신주인수권의 제한(제418조 제2항)과 같이 상법이 유보하는 경우에는 제한이 가능하다.

3. 권리의 분류

(1) 공익권·자익권

1) 자익권

주주가 회사로부터 경제적 이익을 받을 권리를 말한다. ① 「출자에 대한 수익을 얻을 권리」로 이익배당청구권(제462조), 중간배당청구권(제462조의3), 신주인수권(제418조) 등이 있고, ② 「출자의 회수를 위한 권리」로 잔여재산분배청구권(제538조), 주식양도의 자유(제335조), 주권교부청구권(제355조), 명의개서청구권(제337조), 주식매수청구권(제335조의2, 제374조의2) 등이 있다.

2) 공익권

자익권 확보를 위한 권리로서 주로 회사의 경영에 참여하거나 회사의 경영을 감시하는 권리를 말한다. ① 「경영에의 참여를 위한 권리」로는 주주총회에서의 의결권(제369조), 주주제안권(제363조의2), 집중투표청구권(제382조의2) 등이 있고, ② 「경영을 감시하기 위한 권리」로는 대표소송 제기권(제403조) 등 각종 소의 제기권, 해산판결청구권(제520조), 임시주주총회의 소집청구권(제366조), 이사·감사 등의 해임청구권(제385조 제2항, 제415조), 회계장부열람청구권(제466조), 위법행위유지청구권(제402조) 등이 있다.

주주는 위법행위유지청구권과 대표소송 제기권을 가지지만, 주주는 직접 제3자와의 거래관계에 개입하여 회사가 체결한 계약의 무효확인을 구할 이익이 없다(대판 1979.2.13. 78다1117). 이러한 법리는 회사가 영업의 전부 또는 중요한 일부를 양도하는 계약을 체결하는 경우에도 마찬가지이다. 이에 따라 주주총회 결의 없이 이루어진 영업의 전부 또는 중요한 일부양도의 경우, 주주가 영업양도 계약의 무효를 구할 확인의 이익이 없다(대판 2022.6.9. 2018다228462, 2018다228479(병합)).

(2) 단독주주권·소수주주권

1) 단독주주권

1주의 주식을 가진 주주라도 행사할 수 있는 권리를 말한다. 자익권은 모두 단독주주권이고 공익권도 원칙적으로는 단독주주권이다.

2) 소수주주권

① 발행주식총수의 일정률에 해당하는 주식을 보유한 주주만 행사할 수 있는 권리를 말한다. 권리행사를 위해 필요한 주식을 반드시 1인의 주주가 보유해야 하는 것은 아니다. 수 인의 주주가 소유하는 주식을 합하여 일정비율 이상이 되면 그 수 인의 주주에게 소수주주권이 인정된다. ② 소수주주권의 내용은 대부분 공익권 중 주주의 경영 감시를 위한 권리들이다. 이를 단독주주권으로 하지 않은 이유는 개별주주가 불필요한 상황에서 개인적 이익을 노리고 경영에 대한 간섭을 시도하는 것을 방지하기 위함이다. ③ 소수주주권은 권리행사를 위해 보유할 것이 요구되는 주식의 정도에 따라 다음과 같이 분류된다.

03 주주평등의 원칙

1. 의의

주주평등의 원칙이란 주주는 회사와의 법률관계에서 그가 가지고 있는 주식의 수에 따라 평등한 취급을 받아야 한다는 것이다. 주주 개인의 평등이 아니라 주식의 수에 따른 비례적 취급을 의미한다는 점에서 주식평등의 원칙이라고도 한다.

2. 법적 근거

상법은 이에 관한 직접적인 언급은 없으나 이익배당, 잔여재산분배, 의결권, 신주인수권 등 몇 가지 중요한 권리에 관해서 주주평등의 원칙을 선언하고 있다(제464조, 제538조, 제369조 제1항, 제418조 제1항).

3. 위반의 효과

주주평등의 원칙은 강행규범으로서 이에 반하는 정관의 규정, 주주총회 또는 이사회의 결의는 회사의 선의 여부를 불문하고 절대적으로 무효이다. 이에 따라 이를 위반하여 회사가 일부 주주에게만 우월한 권리나 이익을 부여하기로 하는 약정은 특별한 사정이 없는 한 무효이다(대판 2017.1.12. 2015다68355). 다만 불평등한 취급을 당하는 주주가 모두 동의하면 효력이 인정된다. 예컨대, 특정 주주에게만 이익배당을 하는 주주총회 결의는 원칙적으로 무효이나 불평등한 취급을 받는 주주가 그 권리를 포기한 것이면 유효가 된다.

회사가 신주를 인수하여 주주의 지위를 갖게 되는 자와 사이에 신주인수대금으로 납입한 돈을 전액 보전해 주기로 약정하거나, 상법 제462조 등 법률의 규정에 의한 배당 외에 다른 주주들에게는 지급되지 않는 별도의 수익을 지급하기로 약정한다면 이는 회사가 해당 주주에 대하여만 투하자본의 회수를 절대적으로 보장함으로써 다른 주주들에게 인정되지 않는 우월한 권리를 부여하는 것으로서 주주평등의 원칙에 위배되어 무효이다. 이러한 약정의 내용이 주주로서의 지위에서 발생하는 손실의 보상을 주된 내용으로 하는 이상, 그 약정이 주주의 자격을 취득하기 이전에 체결되었다거나, 신주인수계약과 별도의 계약으로 체결되는 형태를 취하였다고 하여 달리 볼 것은 아니다(대판 2020.8.13. 2018다236241).

4. 예외

주주평등의 원칙도 법에 명문의 규정을 두면 배제하거나 제한할 수 있다. 예컨대, ① 내용이 다른 종류주식 상호 간에는 신주인수 등에 관해 서로 다른 취급이 허용된다(제344조 제3항). 물론 동일 종류의 주식 사이에는 주주평등의 원칙이 적용된다. ② 단주는 다른 주식과 다르게 특별한 처리방법이 규정되어 있고(제443조), ③ 감사 선임에는 3%를 초과하는 주식은 의결권이 없다(제409조 제2항). ④ 앞서 본 소수주주권도 주주평등의 원칙의 예외이다.

04 주주의 의무 ― 출자의무

주주는 회사에 대하여 출자의무를 부담한다. 주주는 출자의무 외에는 어떠한 의무도 지지 않으며, 이는 주식의 인수가액을 한도로 하는 유한책임이다(제331조). 이는 주식회사의 본질적인 요소로서 정관이나 주주총회의 결의로써 달리 정할 수 없다. 다만 파산상태에 이른 회사의 주주들이 자발적으로 회사채무를 부담하기로 합의하는 것은 개인법적인 약정으로서 유효하다.

주주의 출자의무는 회사의 성립 이전 또는 신주의 효력발생 이전에 이행되어야 하므로 정확히 말하면 주식인수인의 의무이다. 다만 예외적으로 회사 성립 후 또는 신주의 효력발생 후에 주주가 출자의무를 지는 경우도 있다. ① 주식인수인은 납입의무를 이행하지 않았어도 발기인이 이를 간과하고 설립등기를 하면 주주가 된다. 설립등기 후에도 인수가액에 대한 납입의무는 여전히 부담하므로 이때는 주주가 출자의무를 부담하는 것이 된다. ② 이사와 통모하여 현저하게 불공정한 가액으로 주식을 인수한 자는 공정한 발행가액과의 차액을 회사에 지급해야 할 의무가 있다(제424조의 2). 통설은 이를 추가출자로 보는데, 납입기일이 경과하면 주주가 출자의무를 부담하는 것이 된다.

05 주식불가분의 원칙과 주식의 공유

1. 주식의 불가분성

주식은 균일한 단위로서 하나의 단위를 더 잘게 나눌 수는 없다. 이를 주식불가분의 원칙이라 한다. 주식을 단위 미만으로 세분할 수도 없고, 주식이 표창하는 권리를 분해하여 일부만 양도할 수도 없다. 예컨대, A가 1주를 0.7주와 0.3주로 쪼개어 0.7주는 甲에게 0.3주는 乙에게 양도하는 것은 허용되지 않으며, 또 주식의 권리 중 이익배당청구권만 떼어내 甲에게 양도하는 것도 허용되지 않는다.

2. 주식의 공유

(1) 공유의 원인

하나의 주식을 더 잘게 나눌 수는 없으나 주식을 수인이 공유하는 것은 가능하다. 주식의 공유는 수인이 주식을 공동으로 인수하거나 공동 상속하는 경우, 발기인이나 이사가 인수담보책임을 지는 경우 등에 발생한다.

(2) 공유관계의 특칙

① 수인이 공동으로 주식을 인수한 때에는 연대하여 납입할 책임을 진다(제333조 제1항). ② 주식의 공유자는 주주의 권리를 행사할 대표자 1인을 정해야 한다(제333조 제2항). 이익배당청구권, 의결권 등 주주의 권리 행사는 이 대표자를 통해 해야 하며 개별 공유자가 공유지분에 기초하여 할 수는 없다. ③ 주주의 권리를 행사할 자가 없는 때에는 공유자에 대한 통지나 최고는 공유자 중 1인에게 하면 된다(제333조 제3항).

06 타인명의에 의한 주식인수의 법률관계

출자자가 가설인(假設人) 또는 타인의 명의로 주식을 인수한 경우에는 두 가지 법률적 문제가 발생한다. 즉 실제 주식을 인수한 자와 명의인 중 ① 누가 주금 납입 의무를 부담하는가의 문제와 ② 누가 주주가 되는가의 문제이다.

1. 주금의 납입의무

이에 관하여는 상법에 명문의 규정이 있다. 즉 ① 가설인의 명의로 주식을 인수하거나 타인의 승낙 없이 그 명의로 주식을 인수한 경우에는 실질적인 주식인수인이 납입의무를 진다(제332조 제1항). 가설인이나 명의를 도용 당한 타인에게 책임을 물을 수는 없기 때문이다. ② 타인의 승낙을 얻어 그 명의로 주식을 인수한 경우에는 실제 주식인수인과 명의인이 연대하여 납입할 책임을 부담한다(제332조 제2항). 회사재산을 확보하기 위함이다.

2. 주주의 확정

타인의 명의로 주식을 인수한 경우 명의주주와 실질주주 중 누구를 진정한 주주로 보아야 하는가? 회사와의 관계에서는 누가 이익배당청구권·의결권 등 주주의 권리를 행사할 것인지가 문제되고, 제3자와의 관계에서는, 명의상의 주주가 제3자에게 한 주식 양도는 유효한지, 또 명의주주와 실질주주 중 누구의 채권자가 해당 주식을 압류할 수 있는지 등이 문제된다.

먼저 가설인 명의로 또는 타인의 승낙 없이 그의 명의로 주식을 인수한 경우에는 명의인을 주주로 보아야 할 실익이 없으므로 실제 주식인수인이 주주가 된다는 데 견해가 일치한다.

　문제는 타인의 승낙을 얻어 그의 명의로 주식을 인수한 경우인데 이에 관하여는 견해가 대립한다. 실질설은 실질적인 주식인수인을 주주로 보고, 형식설은 명의상의 주식인수인을 주주로 본다. 판례는 형식설이다. 즉 주주명부의 기재를 단순히 사무처리의 편의를 위한 것이 아니라 주주권을 행사할 수 있는 자를 획일적으로 확정하는 것이고, 회사와의 관계에서 주주권행사의 문제는 주식 양도든 주식발행이든 어느 경우나 주주명부 기재를 기준으로 한다고 하여 형식설을 취한다(대판 2017.3.23. 2015다248342 전원합의체). 이 전원합의체 판결은 종래의 실질설을 형식설로 변경하였다.

　타인의 명의로 주식을 인수한 경우에 누가 주주인지는 결국 주식인수를 한 당사자를 누구로 볼 것인지에 따라 결정하여야 하는바, 주식인수계약의 특성을 고려하여야 한다(대판 2017.12.5. 2016다 265351). 이때 가설인 명의로 또는 타인의 승낙 없이 그 명의로 주식을 인수하는 약정을 한 경우 실제 출자자가 주주가 되며, 타인의 승낙을 얻어 그 명의로 주식을 인수하기로 약정한 경우 계약 내용에 따라 명의자 또는 실제 출자자가 주식인수인이 될 수 있으나, 원칙적으로는 명의자를 주식인수인으로 보아야 한다(대판 2017.12.5. 2016다265351).

제3관 주권과 주주명부

❶ 주권(株券)

1. 의의

　주권이란 주식 또는 주주권을 표창하는 유가증권을 말한다. 주권은 주식 양도의 수단으로써 지분양도를 통한 투하자금 회수를 용이하게 하여 결국 일반 대중으로부터의 투자를 유치하는 기능을 한다. 즉 주식회사는 지분 양도를 통한 투하자금 회수를 용이하게 하여, 일반 대중으로부터 투자를 유치하기 위해 ① 지분을 주식이라는 작은 단위로 쪼개어 양수인을 용이하게 찾을 수 있도록 하였고, 또 ② 그 주식을 주권이라는 유가증권에 표창시켜 단순한 교부에 의해 양도할 수 있게 하였다.

2. 주권의 성질

　① 주권은 이미 존재하는 주식을 표창할 뿐이고 주권의 발행에 의해 비로소 주주권이 창설되는 것이 아니므로 설권증권(設權證券)이 아니다. ② 권리의 발생·행사·이전 중 이전에만 증권의 소지를 필요로 하므로 불완전유가증권이다. ③ 주권의 원인관계인 주주권의 존부에 따라 주권의 효력도 달라지므로 요인증권(要因證券)이다. ④ 주권은 일정한 사항을 기재해야 하므로(제356조 제1항) 요식증권(要式證券)이지만 그 기재사항에 누락이나 오류가 있어도 본질적인 부분이 아닌 한 주권의 효력에는 영향이 없다. 즉 완화된 요식증권이다. ⑤ 주주임의 확인은 주주명부의 기재에 의해 한다. 주주가 주권의 제시를 통해 주주임을 확인 받고 주주권을 행사하는 것이 아니다. 따라서 주권은 제시증권(提示證券)이 아니다. ⑥ 주주는 주주권을 행사할 때 회사에 주권을 반환하지 않는다. 즉 주권

은 상환증권(相換證券)이 아니다. 주권의 성질은 어음·수표의 성질과 비교해서 공부하도록 하자.

3. 주권의 발행

(1) 주권의 발행시기

1) 발행의무

회사는 성립 후 또는 신주의 납입기일 후 지체 없이 주권을 발행하여야 한다(제355조 제1항). 상법은 주식 양도의 자유를 원칙적으로 보장하는데(제335조 제1항) 주식의 양도를 위해서는 주권이 있어야 하기 때문이다. 이는 강행규정이므로 정관으로도 주권을 발행하지 않기로 정할 수 없다. 회사의 주권발행의무에 대응하여 주주는 회사에 대해 주권의 발행 및 교부청구권을 갖는다.

2) 발행제한

① 회사성립 전이나 신주의 납입기일 전에는 주권을 발행하지 못한다(제355조 제2항). 회사의 설립등기 이전 또는 납입기일 이전의 주식인수인의 지위를 권리주라 하는데, 상법은 권리주의 양도를 금지하고 있으므로(제319조) 그 실효성 확보를 위해 그 양도 수단인 주권을 발행하지 못하게 한 것이다. ② 이에 위반하여 발행한 주권은 무효이다(제355조 제3항 본문). 이렇게 무효가 된 주권은 이후 회사가 성립하거나 납입기일이 경과하여도 하자가 치유되지 않고, 회사가 사후적으로 추인하여 그 효력을 인정할 수도 없다. 결국 회사는 성립 후 또는 신주의 납입기일 이후 새로 주권을 발행해야 한다. ③ 그 주권을 취득한 자는 주권을 발행한 발기인·이사 등에게 주권이 무효임으로 인해 생긴 손해에 관하여 발기인·이사의 제3자에 대한 손해배상책임(제322조 제2항, 제401조)이나 불법행위책임을 물을 수 있다(제355조 제3항 단서).

(2) 주권의 효력발생시기

주권의 발행은 종이에 법정기재사항을 적고 대표이사가 기명날인 또는 서명한 다음 이를 주주에게 교부하는 과정을 거친다. 이 과정에서 주권의 효력은 언제부터 발생하는가? 다시 말해 이 과정 중 언제부터 이 종이는 주주권을 표창하는 유가증권이 되는가?

1) 학설

① 작성시설은 회사가 주권을 작성한 때에, ② 발행시설은 회사가 주권을 작성하여 이를 자기의 의사에 기해 누구에게든 교부한 때에, ③ 교부시설(통설)은 회사가 주권을 작성하여 이를 자기의 의사에 기해 주주에게 교부한 때에 각각 이 문서는 주권으로서의 효력이 생긴다고 한다.

2) 판례

판례는 교부시설이다. 즉 "주권발행은 상법 소정의 형식을 구비한 문서를 작성하여 이를 주주에게 교부하는 것을 말하고, 위 문서가 주주에게 교부된 때에 비로소 주권으로서의 효력을 발생한다. 따라서 회사가 주주권을 표창하는 문서를 작성하여 이를 주주가 아닌 제3자에게 교부하여 주었다 하더라도 위 문서는 아직 주권으로서의 효력을 갖지 못한다(대판 1977.4.12. 76다2766)."라고 판시하였다. 교부시설에 따르면 문서가 주주에게 교부되기 전에는 주권으로서의 효력이 발생하지 않는다. 따라서 주권의 법정사항을 기재하고 대표이사가 기명날인 또는 서명하였어도 그 문서가 회사의 의사에 반하여 유출되어 유통되었으면 그 문서의 취득자는 주식을 선의취득 하지 못한다. 그리고 설사 회사가 그 문서를 자신의 의사에 기해 누군가에게 교부하였더라도 주주 아닌 자에게 교부하였으면 그 취득자는 주식을 취득하지 못하고, 그로부터 그 문서를 양수한 자도 주식을 선의취득하지 못한다. 이때 진정한 주주는 여전히 회사에 대하여 주권의 발행·교부청구권을 갖는다.

4. 주권의 불소지제도

(1) 의의

주권은 주식 양도의 수단일 뿐이고 회사에 대한 권리행사는 주주명부의 기재에 의하므로 주식을 장기간 보유하는 주주에게는 주권의 소지가 불필요하다. 오히려 주권을 소지하면 주권을 분실하거나 도난 당할 경우 제3자가 이를 선의취득하여 주주로서의 권리를 잃을 위험성이 있다.

그래서 상법은 주주의 희망에 따라 주권을 소지하지 않을 수 있게 하였다. 즉 주주는 정관에 다른 정함이 있는 경우를 제외하고는 그 주식에 대하여 주권의 소지를 하지 아니하겠다는 뜻을 회사에 신고할 수 있다(제358조의2 제1항). 주권의 불소지제도는 회사에 사무의 번잡을 안겨 주므로 정관의 정함에 따라 이를 채택하지 않을 수 있다.

(2) 불소지신고의 절차

1) 신고자격

불소지신고는 주주명부상의 주주만이 할 수 있고 명의개서를 하지 않은 주주는 할 수 없다. 불소지신고는 주주명부에 기재해야 하기 때문이다. 다만 회사설립 중 또는 신주발행의 효력발생 전의 신주인수인도 사전에 주권발행을 막기 위해 불소지신고를 할 수 있다.

2) 신고의 상대방

회사를 상대로 해야 한다. 다만 회사가 명의개서대리인을 둔 경우에는 명의개서대리인에게 하여야 한다.

3) 신고시기

회사가 주권을 발행하기 전후를 불문하여 할 수 있다. 불소지신고를 주주가 변동되지는 않으므로 주주명부 폐쇄기간 중에도 할 수 있다.

4) 주권의 제출

회사가 주권을 발행한 후에 신고할 경우에는 주권을 회사에 제출하여야 한다(제358조의2 제3항).

5) 일부의 신고

소유주식 중 일부에 대해서만 불소지신고를 할 수도 있다. 소유주식을 구분하여 관리할 필요가 있을 수도 있기 때문이다.

(3) 회사의 조치

1) 주권발행 전에 신고를 한 경우

주주의 불소지신고가 있으면 회사는 지체 없이 주권을 발행하지 아니한다는 뜻을 주주명부와 그 복본에 기재하고, 그 사실을 주주에게 통지하여야 한다. 이 경우 회사는 그 주권을 발행하지 못한다(제358조의2 제2항). 이에 위반해 회사가 발행한 주권은 무효이고 유통되어도 제3자의 선의취득은 불가능하다.

2) 주권발행 후에 신고를 한 경우

이미 발행된 주권이 있는 상태에서 불소지신고를 하는 경우 회사는 제출된 주권을 무효로 하거나 명의개서대리인에게 임치하여야 한다(제358조의2 제3항).

① 주권의 무효처리

「주권을 무효로 한다」함은 주권을 폐기함과 아울러 주주명부에 주권을 발행하지 않는다는 뜻을 기재하는 것을 말한다. 그러면 주권발행 전에 신고한 경우와 같은 결과가 된다.

② 명의개서대리인에 대한 임치

회사가 주권을 명의개서대리인에게 임치하면 그 주권은 계속 유효하다. 따라서 회사는 주주명부에 주권을 발행하지 않는다는 뜻을 기재해서는 안되고, 주권이 유출되어 유통되면 제3자의 선의취득도 가능하다. 주권불소지 제도의 취지가 선의취득으로 인한 주주권 상실의 위험을 제거하는 데에 있음을 이유로 명의개서대리인에 대한 임치는 폐지되어야 한다는 입법론적인 비판이 있다.

(4) 주주의 주권 발행·반환 청구

주식을 양도하거나 입질하기 위해서는 주권이 필요하기 때문에, 불소지신고를 한 주주는 언제든지 회사에 대해 주권의 발행 또는 반환을 청구할 수 있다(제358조의2 제4항). 이는 정관에 의해서도 다르게 정할 수 없다. 주권발행 전 주식양도에서는 주권이 없더라도 지명채권 양도방법에 의한 주식 양도가 가능하나, 주권불소지의 경우에는 반드시 주권을 발행 또는 반환 받아 주권의 교부에 의해서만 주식양도가 가능하다.

5. 주권의 상실과 재발행

주주가 주권을 상실할 경우 만약 그 주권을 제3자가 선의취득하면 주주는 주주권을 잃게 된다. 그래서 상법은 민사소송법상의 공시최고절차를 주권에도 적용하여 상실한 주권을 무효화하고 주권에 표창되었던 주주권을 다시 주주에게 회복시키는 방법을 제공하고 있다(제360조).

(1) 공시최고

공시최고란 법원이 주권의 최후소지자의 신청에 의해 불특정 또는 불분명한 상대편에 대하여 권리의 신고와 증서의 제출을 촉구하고 이를 해태하면 증권을 무효로 한다는 취지의 경고를 붙여 공고하는 재판상의 최고를 말한다. 공시최고기간은 3개월 이상이다(민사소송법 제481조).

(2) 제권판결

1) 효력

공시최고기간이 종료할 때까지 아무런 권리신고가 없으면 법원이 제권판결을 선고하는데(민사소송법 제485조), 제권판결에는 두 가지 효력이 있다. ① 제권판결에 의하여 주권은 효력을 상실한다(민사소송법 제496조). 이를 소극적 효력이라 한다. 따라서 제권판결 이후에는 주권상 권리의 선의취득이 불가능하고, 제권판결 전에 주권을 취득한 정당한 소지인도 그 주권을 가지고는 권리를 행사할 수 없다. ② 제권판결을 얻은 자가 주권상의 권리를 행사할 수 있게 된다. 이를 적극적 효력이라 한다. 다만 이는 제권판결을 얻은 자에게 주권을 소지함과 동일한 지위를 회복시키는 것에 그치고, 제권판결을 얻은 자가 실질상의 권리자임을 확정하는 효력까지 가지지는 않는다.

2) 제권판결과 선의취득

제권판결 이후에 선의취득이 불가능함은 앞에서 보았다. 반면 제권판결 이전에는 선의취득이 가능하고 제권판결 이전에 선의취득한 자가 공시최고기간 내에 권리 신고를 하면 권리를 보호받을 수 있다. 문제는 제권판결 이전에 선의취득한 자가 공시최고기간 내에 권리 신고를 하지 않아 제권판결이 선고된 경우이다. 이때 선의취득자와 제권판결취득자 중 누가 주주권을 갖는지가 문제된다.

① 학설

ⓐ 제권판결취득자우선설(소수설)은 선의취득자도 권리신고를 하지 않는 한 제권판결에 의하여 권리를 잃는다고 한다. ⓑ 반면 선의취득자우선설은 권리신고를 하지 않더라도 선의취득자는 권리를 잃지 않는다고 한다. 주권의 유통성 보호와 제권판결에 의해 실체적 권리자가 좌우되어서는 안 된다는 점을 근거로 한다.

② 판례

어음에 관한 것이긴 하나 판례는 "취득자가 소지하고 있는 약속어음은 제권판결의 소극적 효과로서 약속어음으로서의 효력이 상실되는 것이므로 약속어음의 소지인은 무효로 된 어음을 유효한 어음이라고 주장하여 어음금을 청구할 수 없다. 이는 취득자가 공시최고 전에 선의취득하였다고 하여 달리 볼 것이 아니다(대판 1994.10.11. 94다18614)."라고 판시하였다. 판례의 입장은 제권판결취득자우선설이라는 것이 일반적인 설명이다.

(3) 주권의 재발행

주권을 상실한 자는 제권판결을 얻지 아니하면 회사에 대하여 주권의 재발행을 청구할 수 없다(제360조 제2항). 판례는 "주권을 분실한 것이 원고가 아니고 주권발행 회사라 하더라도 위 주권에 대한 제권판결이 없는 이상 동 회사에 대하여 주권의 재발행을 청구할 수 없다(대판 1981.9.8. 81다141)."고 한다. 재발행을 허용하면 상실된 주권이 유통될 경우 동일한 주식에 기해 복수의 주권이 존재하여 권리가 충돌할 수 있기 때문이다. 판례는 "기존 주권을 무효로 하는 제권판결에 기하여 주권이 재발행되었다고 하더라도 제권판결에 대한 불복의 소가 제기되어 제권판결을 취소하는 판결이 선고·확정되면, 재발행된 주권은 소급하여 무효로 되고, 그 소지인이 그 후 이를 선의취득할 수 없다(대판 2013.12.12. 2011다112247)."고 판시하였다.

6. 주권의 전자등록

(1) 전자등록제도의 채택

회사는 주권을 발행하는 대신 정관으로 정하는 바에 따라 전자등록기관의 전자등록부에 주식을 등록할 수 있다(제356조의2 제1항). 전자등록제도는 회사가 임의로 채택할 수 있고, 그 채택을 위해서는 정관에 규정을 두어야 한다. 전자등록제를 채택한 회사는 주권을 발행할 수 없고 발행하여도 무효이다.

(2) 전자등록 주식의 양도

전자등록부에 등록된 주식의 양도나 입질은 전자등록부에 등록하여야 효력이 발생한다(제356조의 2 제2항). 지명채권의 양도·입질 방식과 같은 다른 방식에 의해서는 양도·입질할 수 없다.

(3) 전자등록의 효력

전자등록부에 주주 또는 질권자로 등록된 자는 그 등록된 주식에 대한 권리를 적법하게 보유한 것으로 추정하며, 이러한 전자등록부의 기록을 중대한 과실 없이 신뢰하고 권리를 취득하여 등록한 자는 양도인 또는 질권설정자가 무권리자이더라도 그 권리를 적법하게 취득한다(선의취득, 제356조의2 제3항). 주식의 전자등록은 주권의 발행 및 그 이전을 갈음하는 것이지 주주명부 및 명의개서를 갈음하는 것이 아니다. 따라서 주식을 전자등록한 회사도 여전히 주주명부를 두어 관리해야 하고, 전자등록부에 주식의 양도를 등록하는 것은 주권 교부의 효력만 있을 뿐 명의개서의 효력은 없으므로 전자등록부에 주주로 등록된 자가 회사에 대하여 주주로서의 권리를 행사하기 위해서는 따로 명의개서를 해야 한다.

02 주주명부

1. 의의

주주명부란 주주 및 주권에 관한 현황을 나타내기 위하여 상법의 규정에 의하여 회사가 작성·비치하는 장부이다. 회사는 정관으로 정하는 바에 따라 전자문서로 주주명부를 작성할 수도 있다(제352조의2 제1항).

주식회사에서는 주주가 정관에 기재되지 않고, 주식의 양도성으로 인해 주주가 수시로 변할 수 있으므로 회사는 특정 시점에서의 주주가 누구인가를 확정할 방법을 마련해야 하는데, 이를 위해 마련한 것이 주주명부이다. 회사는 주주명부에 기초하여 주주를 인식하면 되고, 주식의 양수인도 회사에 대하여 주주임을 주장하려면 후술하는 바와 같이 명의개서를 해야 한다.

2. 기재사항 및 비치·공시

(1) 기재사항

① 주주의 성명과 주소, ② 각 주주가 가진 주식의 종류와 그 수, ③ 각 주주가 가진 주식의 주권을 발행한 때에는 그 주권의 번호, ④ 각 주식의 취득년월일을 기재한다(제352조 제1항). 전자주주명부에는 이 기재사항 외에 전자우편주소를 적어야 한다(제352조의2 제2항).

(2) 비치·공시

이사는 주주명부를 본점에 비치하여야 하고, 주주와 회사채권자는 언제든지 이의 열람 또는 등사를 청구할 수 있다(제396조).

3. 주주명부의 효력

(1) 대항력

주식의 이전은 명의개서를 하지 아니하면 회사에 대항하지 못한다(제337조 제1항). 이를 명의개서의 대항력이라 한다. 주주가 계속 변경되는 상황에서 회사를 둘러싼 법률관계를 간명하게 처리하기 위한 것이다. 따라서 주식이 양도되었더라도 양수인이 명의개서를 하지 않고 있으면 회사와의 관계에서는 여전히 양도인이 주주이다. 그 결과 양수인은 주주권을 행사할 수 없고 주주권은 양도인이 행사할 수 있다.

상법은 주주명부의 기재를 회사에 대한 대항요건으로 정하고 있을 뿐 주식 이전의 효력발생요건으로 정하고 있지 않으므로 명의개서가 이루어졌다고 하여 무권리자가 주주가 되는 것은 아니고, 명의개서가 이루어지지 않았다고 해서 주주가 그 권리를 상실하는 것도 아니다(대판 2018.10.12. 2017다221501). 이와 같이 주식의 소유권 귀속에 관한 권리관계와 주주의 회사에 대한 주주권 행사 국면은 구분되는 것이고, 회사와 주주 사이에서 주식의 소유권 즉 주주권의 귀속이 다투어지는 경우 역시 주식의 소유권 귀속에 관한 권리관계로서 마찬가지라 할 것이다(대판 2020.6.11. 2017다 278385).

(2) 권리추정력

1) 의의

주주명부에 주주로 기재된 자는 회사의 주주로 추정되므로 자신의 실질적 권리를 입증하지 않고도 회사에 대하여 주주로서의 권리를 행사할 수 있다. 주권의 제시도 필요 없다. 이를 주주명부의 권리추정력 또는 자격수여적 효력이라 한다. 상법상 명문의 규정은 없으나 제337조 제1항을 근거로 인정된다.

주주명부에 명의개서를 한 주식양수인은 회사에 대하여 자신이 권리자라는 사실을 따로 증명하지 않고도 의결권, 배당금청구권, 신주인수권 등 주주로서의 권리를 적법하게 행사할 수 있다(대판 2018.10.12. 2017다221501). 회사로서도 주주명부에 기재된 자를 주주로 보고 주주로서의 권리를 인정한 경우 주주명부상 주주가 진정한 주주가 아니더라도 책임을 지지 않는다(대판 2018.10.12. 2017다 221501).

2) 창설적 효력의 부인

주주명부의 기재가 권리를 창설하는 것은 아니다. 따라서 실체법상 주식을 취득하지 못한 자가 명의개서를 하였다고 하여 주주권을 취득하지는 못한다. 그러므로 주주명부에 기재된 자가 무권리자임이 입증되면 그의 주주권은 부인된다. 다만 무권리에 대한 입증책임은 이를 주장하는 자에게 있다.

3) 주권 점유의 추정력(제336조 제2항)과의 구분

주권의 점유에 의해 추정되는 것은 그 점유자가 주권의 적법한 소지인이라는 사실이므로 그 점유자는 자신의 실체적 권리를 증명하지 않고 회사에 대해 명의개서를 청구할 수 있을 뿐이다. 반면 주주명부의 기재에 의해 추정되는 것은 그 기재된 자가 회사에 대하여 주주의 지위에 있다는 사실이므로 주주명부에 기재된 자는 회사에 대하여 실질적 권리의 증명 없이 주주로서의 권리를 행사할 수 있다.

(3) 면책적 효력

1) 의의

회사가 주주명부에 기재된 자를 주주로 인정하여 그에게 주주로서의 권리를 부여하였다면 설사 그가 실제로는 진정한 주주가 아니더라도 회사는 책임을 면한다. 권리추정력의 반사적 효과로 보면 된다. 예컨대, 주주명부상의 주주에게 이익배당을 하였으면 다시 진정한 주주에게 이익배당금을 지급하지 않아도 된다. 또 주주명부상의 주주에게 주주총회에서 의결권을 행사하도록 하였다면 설사 그 자가 진정한 주주가 아니라 하여도 그 주주총회결의에는 아무런 하자가 없는 것이 된다.

2) 면책력의 범위

면책력은 주주가 누구인가뿐만 아니라 주주의 주소 등 주주명부의 다른 기재사항에 관하여도 주어진다. 주주 또는 질권자에 대한 회사의 통지 또는 최고는 주주명부에 기재된 주소 또는 그 자가 회사에 통지한 주소로 하면 되고(제353조 제1항), 이 주소가 사실과 달라 주주가 통지를 받지 못하더라도 회사는 이에 대해 책임이 없다.

3) 면책력의 배제를 부정

판례는 "주주명부상의 주주가 실질주주가 아님을 회사가 알았거나 중대한 과실로 알지 못하였고 이를 용이하게 증명할 수 있었는데도 위 형식주주에게 소집통지를 하고 의결권을 행사하게 하였다면 그 주주총회결의는 취소할 수 있다(대판 1998.9.8. 96다45818)."라고 판시한 바 있으나, 최근에는 "특별한 사정이 없는 한, 주주명부에 적법하게 주주로 기재되어 있는 자는 회사에 대한 관계에서 그 주식에 관한 의결권 등 주주권을 행사할 수 있고, 회사 역시 주주명부상 주주 외에 실제 주식을 인수하거나 양수하고자 하였던 자가 따로 존재한다는 사실을 알았든 몰랐든 간에 주주명부상 주주의 주주권 행사를 부인할 수 없으며, 주주명부에 기재를 마치지 아니한 자의 주주권 행사를 인정할 수도 없다. 주주명부에 기재를 마치지 않고도 회사에 대한 관계에서 주주권을 행사할 수 있는 경우는 주주명부에의 기재 또는 명의개서청구가 부당하게 지연되거나 거절되었다는 등의 극히 예외적인 사정이 인정되는 경우에 한한다(대판 2017.3.23. 2015다248342 전원합의체)."라고 하여 판례를 변경하였다.

4. 주주명부의 폐쇄와 기준일

(1) 서설

주식이 유통됨에 따라 주주명부상의 주주는 수시로 변동된다. 따라서 이익배당이나 주주총회에서의 의결권 행사와 같이 주주권을 행사할 일이 생겼을 때 어느 시점에서의 주주가 이와 같은 주주권을 행사할 것인지를 정해야 할 필요가 있다. 그래서 고안된 제도가 주주명부의 폐쇄와 기준일이다.

(2) 주주명부의 폐쇄

1) 의의

주주명부의 폐쇄란 회사가 의결권을 행사하거나 배당을 받을 자 기타 주주 또는 질권자로서의 권리를 행사할 자를 정하기 위하여 일정 기간 주주명부의 기재를 정지하는 것을 말한다(제354조 제1항).

2) 폐쇄기간 및 공고

① 주주명부의 폐쇄기간은 3월을 초과하지 못한다(제354조 제2항). 지나치게 오랫동안 주주명부를 폐쇄하는 것은 사실상 주식의 양도를 제약하기 때문이다. 이 기간은 정관으로도 연장할 수 없다. ② 회사가 폐쇄기간을 정한 때에는 폐쇄기간 2주 전에 이를 공고하여야 한다(제354조 제4항). 주식을 취득하였으나 아직 명의개서를 하지 않은 자에게 명의개서의 기회를 주기 위함이다. 다만 정관으로 폐쇄기간을 지정한 때에는 공고할 필요가 없다(제354조 제4항 단서).

3) 효과

① 명의개서의 금지

ⓐ 주주명부를 폐쇄하면 폐쇄기간 동안 주주 또는 질권자의 권리를 변동시키는 일체의 기재가 금지되므로 폐쇄 당시 주주명부에 등재된 자가 특정의 주주권을 행사할 자로 확정된다. 예를 들어보자. 회사가 2014. 3. 15. 주주총회를 하면서 의결권을 행사할 자를 정하기 위해 2014. 1. 1.부터 2014. 3. 15.까지 주주명부를 폐쇄하였다. 그런데 주주명부상의 주주 甲이 2014. 1. 18. 乙에게 주식을 양도하였다. 이 경우 주주명부가 폐쇄되었으므로 명의개서를 할 수 없고, 따라서 실제주주는 乙이라도 주주명부상의 주주 甲이 의결권을 행사할 주주로 확정된다. ⓑ 그러나 주소의 변경, 법인 대표자의 변경 등과 같이 권리변동과 무관한 기재사항의 변경이나 정정은 가능하다.

② 회사가 임의로 한 명의개서의 효력

폐쇄기간 중 일부 주주 또는 질권자의 청구를 받아들여 회사가 임의로 명의개서 기타의 기재를 한 경우 그 효력은 어떠한가? 확정적으로 무효로 된다는 무효설도 있으나, 통설은 명의개서 자체는 유효하나 그 효력은 폐쇄기간 경과 후에 발생한다고 한다(유효설). 다시 명의개서의 청구를 해야 하는 번거로움을 피할 수 있고 다른 주주의 이익을 해하는 점도 없다는 점을 논거로 한다.

(3) 기준일

회사는 의결권을 행사하거나 배당을 받을 자 기타 주주 또는 질권자로서의 권리를 행사할 자를 정함에 있어 일정한 날을 정하여 그 날에 주주명부에 기재된 자를 그 권리를 행사할 자로 정할 수 있다(제354조 제1항). 이 일정한 날을 기준일이라 한다. 예컨대, "2014 사업연도의 배당금은 2014. 12. 31. 17:00 현재의 주주에게 지급한다"는 것과 같다.

기준일의 경우에는 주주명부의 기재가 정지되지 않는다. 따라서 기준일 설정의 목적이 되는 권리 이외의 주주권은 명의개서를 경료한 양수인이 행사하게 된다.

기준일은 주주 또는 질권자로서의 권리를 행사할 날에 앞선 3월 내의 날로 정하여야 하고 2주간 전에 공고하여야 한다(제354조 제3항, 제4항 본문). 공고에는 반드시 그 목적을 정해야 하고, 그 목적 이

외에는 기준일이 적용되지 않는다. 정관에 기준일을 정한 때에는 공고할 필요가 없다(제354조 제4항 단서).

(4) 주주명부 폐쇄와 기준일을 병용

실무에서는 주주명부의 폐쇄와 기준일을 함께 사용하는 경우가 많다. 예를 들어 상장회사의 이익배당은 보통 결산기말 주주명부에 기재된 주주에게 이루어지는데, 이를 위해서 결산기말을 이익배당의 기준일로 정함과 동시에 그 다음 날부터 이익배당이 결정되는 정기주주총회일까지 주주명부를 폐쇄하는 방법을 이용한다. 이렇게 되면 주주총회에서 의결권을 행사하는 자와 이익배당을 받는 자가 모두 결산기말의 주주로 일치되는 효과가 있다.

제4관 주주권의 변동

01 주식의 양도

1. 의의

주식의 양도란 법률행위에 의하여 주식을 이전함을 말한다. 주식의 양도로 인해 주주의 지위가 이전하므로 주주의 권리는 공익권이든 자익권이든 모두 양수인에게 이전한다. 다만 주주총회에서의 배당결의에 의해 발생한 특정결산기의 배당금지급청구권과 같이 주주권으로 분리되어 구체화된 채권적 권리는 이전하지 않는다. 주식양도의 효력으로 주주권이 종국적으로 이전하므로 주식양도는 준물권행위이다.

2. 주식의 양도성과 그 제한

(1) 주식의 양도성

주식회사에는 합명회사나 합자회사와는 다르게(제220조, 제269조) 사원을 제명하는 제도가 없다. 설사 이를 정관으로 규정한다 하더라도 무효이다. 판례도 "주주를 제명하고 회사가 그 주주에게 출자금 등을 환급하도록 하는 내용의 정관규정은 물적 회사로서의 주식회사의 본질에 반하고 자기주식 취득 금지 규정에도 위반되어 무효이다(대판 2007.5.10. 2005다60147)."라고 판시하였다. 주식회사의 자본금은 채권자에 대한 유일한 책임재산이므로 이를 함부로 주주에게 반환할 수 없기 때문이다.

결국 주주가 회사의 존속 중에 투하자금을 회수할 수 있는 유일한 방법은 주식의 양도이다. 그래서 상법은 원칙적으로 주식 양도의 자유를 인정하고 있다(제335조 제1항 본문).

(2) 주식 양도의 제한

주식회사가 물적회사라 하여도 주주는 이사를 선임하는 등 회사지배의 주체이므로 그 인적 구성을 전혀 무시할 수는 없다. 따라서 주식양도의 자유를 제한해야 할 필요성이 있을 수 있다. 특히 주주의 개성이 중요시되는 폐쇄회사와 같은 경우에는 그 필요성이 더 크다. 그래서 상법은, 회사는 주식 양도를 제한할 필요가 있는 경우 정관의 규정으로 주식의 양도에 대해서 이사회의 승인을 얻도록 정할 수 있게 하였다(제335조 제1항 단서).

양도를 제한하는 정관의 규정이 있음에도 불구하고 이사회의 승인 없이 주식을 양도한 경우, ① 양수인이 회사에 대하여 주주임을 주장할 수 없을 뿐만 아니라 ② 회사 측에서도 임의로 양수인을 주주로 인정하지 못한다. 그러나 승인 없는 양도행위라도 당사자 간의 채권적 효력은 인정된다(대판 2022.3.31. 2019다274639).

3. 주식의 양도방법

(1) 양도의 합의와 주권의 교부

주식의 양도는 당사자 간의 「양도에 관한 합의」와 「주권의 교부」에 의해 이루어진다(제336조 제1항). 기명증권은 배서·교부에 의해 양도하는 것이 일반법리이나(민법 제508조, 제523조 참조) 주식은 단순한 주권의 교부만에 의해 양도한다. 이러한 양도방법은 정관으로도 다르게 정할 수 없다.

(2) 적용범위

1) 포괄승계

상속·합병 등 포괄승계 시에는 주권의 교부가 없어도 주식이 이전된다. 다만 회사에게 주주임을 대항하기 위해서는 명의개서가 필요하다.

2) 양도계약의 해제 등

주식의 양도계약이 해제되거나(대판 1994.6.28. 93다44906), 주식의 명의신탁계약이 해지된 경우(대판 2013.2.14. 2011다109708) 등에는 주권의 반환이 없더라도 주주권이 양도인이나 신탁자에게 회복된다. 이때도 회복된 주주권을 회사에 대항하기 위해서는 명의개서가 되어야 한다.

3) 기타

주권발행 전의 주식양도(제335조 제3항), 상장회사 주식의 양도, 전자등록된 주식의 양도 시에는 주권의 교부를 요하지 않는다. 반면 주권불소지 신고를 한 경우에는 주권을 교부하는 방식으로만 주식을 양도할 수 있다. 주권을 발행하지 말 것을 주주가 스스로 선택했기 때문이다.

회사 성립 후 또는 신주의 납입기일 후 6개월이 경과한 경우 주권발행 전의 주식은 당사자의 의사표시만으로 양도할 수 있고, 주식양도계약이 해제되면 계약의 이행으로 이전된 주식은 당연히 양도인에게 복귀한다(대판 2002.9.10. 2002다29411). 이 경우 주식양도계약의 해제에 따라 주식이 양도인에게 복귀하기 위해 양수인의 확정일자 있는 회사에 대한 통지가 필요하지 아니하다(대판 2022.5.26. 2020다239366).

(3) 주권점유의 권리추정력

주권의 점유자는 적법한 소지인으로 추정을 받는다(제336조 제2항). 그 결과로 ① 주권의 점유자는 자신이 권리자임을 입증할 필요 없이 회사에 대하여 권리를 행사할 수 있고, ② 그 권리행사에 응한 회사는 악의나 중대한 과실이 없는 한 책임을 면하며, ③ 주식의 양수인은 주권의 점유자로부터 선의로 주권을 교부 받았으면 점유자가 무권리자라 하여도 주권을 선의취득한다.

여기서 주권의 점유만으로 회사에 대하여 적법한 소지인으로서 권리를 행사한다는 것은 주권을 제시하여 명의개서를 청구할 수 있다는 의미이다. 실질적 권리의 증명 없이 의결권 등과 같은 주주의 권리를 행사하기 위해서는 주권의 점유만으로는 부족하고 명의개서를 하여야 한다. 주식이 전자등록된 경우 전자등록부의 기재도 주권의 점유와 같은 추정력이 인정된다(제356조의2 제3항).

4. 명의개서(주식양도의 대항요건)

(1) 의의

주식이 양도된 경우 양수인의 성명과 주소를 주주명부에 기재하는 것을 명의개서라 한다. 주식의 이전은 명의개서를 하지 아니하면 회사에 대항하지 못하므로(제337조 제1항), 양수인이 명의개서를 하지 않고 있으면 양수인은 주주권을 행사할 수 없고 주주권은 양도인이 행사할 수 있다. 이 점은 주주명부의 효력에서 이미 살펴보았다.

(2) 명의개서의 절차

1) 청구권자 및 상대방

① 명의개서는 주식의 양수인이 단독으로 할 수 있다. 양도인의 협력은 필요하지 않다(대판 2000.1.28. 98다17183). 그리고 양도인이 회사에게 양수인의 이름으로 명의개서해 줄 것을 청구하는 것은 유효한 명의개서의 청구가 아니다. 판례도 "기명주식의 취득자는 원칙적으로 취득한 기명주식에 관하여 명의개서를 할 것인지 아니면 명의개서 없이 이를 타인에게 처분할 것인지 등에 관하여 자유로이 결정할 권리가 있으므로, 주식 양도인은 다른 특별한 사정이 없는 한 회사에 대하여 주식 양수인 명의로 명의개서를 하여 달라고 청구할 권리가 없다(대판 2010.10.14. 2009다89665)."라고 판시하였다. ② 명의개서 청구의 상대방은 회사이다. 양도인은 청구의 상대방이 될 수 없다.

주식을 취득한 자는 특별한 사정이 없는 한 점유하고 있는 주권의 제시 등의 방법으로 자신이 주식을 취득한 사실을 증명함으로써 회사에 대하여 단독으로 그 명의개서를 청구할 수 있다(대판 2010.3.11. 2007다51505). 갑이 을 주식회사를 상대로 자신이 주주명부상 주식의 소유자인데 위조된 주식매매계약서에 의해 타인 앞으로 명의개서가 되었다며 주주권 확인을 구한 사안에서, 갑이 을 회사를 상대로 직접 자신이 주주임을 증명하여 명의개서절차의 이행을 구할 수 있으므로, 갑이 을 회사를 상대로 주주권 확인을 구하는 것은 갑의 권리 또는 법률상 지위에 현존하는 불안·위험을 제거하는 유효·적절한 수단이 아니거나 분쟁의 종국적 해결방법이 아니어서 확인의 이익이 없다(대판 2019.5.16. 2016다240338).

2) 주권의 제시

① 명의개서를 청구함에는 회사에 주권을 제시하여야 한다. 양수인이 단순히 회사에 주식의 양수사실을 통지한 것만 가지고는 명의개서를 청구한 것으로 보지 않는다(대판 1995.7.28. 94다25735). 주권의 점유자는 적법한 소지인으로 추정되므로 회사는 청구인이 적법한 양수인이 아니라는 사실을 입증하지 못하는 한 명의개서에 응해야 할 의무가 있다. ② 다만 주권발행 전의 주식양도나 상속·합병 등 포괄승계의 경우에는 주권의 제시 없이도 양도나 상속·합병 사실을 입증하여 명의개서를 청구할 수 있다.

3) 회사의 심사

주권의 점유자는 적법한 소지인으로 추정되므로 주권의 제시와 함께 명의개서를 청구 받은 회사는 주권 자체의 진정 여부만 조사하고 명의개서를 해주면 충분하다. 그가 진정한 주주인가까지 심사할 의무는 없다. 이 경우 설사 점유자가 무권리자라도 회사는 악의 또는 중대한 과실이 없는 한 책임을 면한다.

주권이 발행되어 있는 주식을 양수한 자는 주권을 제시하여 양수사실을 증명함으로써 회사에 대해 단독으로 명의개서를 청구할 수 있다. 이때 회사는 청구자가 진정한 주권을 점유하고 있는가에 대한 형식적 자격만을 심사하면 족하고, 나아가 청구자가 진정한 주주인가에 대한 실질적 자격까지 심사할 의무는 없다. 따라서 주권이 발행되어 있는 주식을 취득한 자가 주권을 제시하는 등 그 취득사실을 증명하는 방법으로 명의개서를 신청하고, 그 신청에 관하여 주주명부를 작성할 권한 있는 자가 형식적 심사의무를 다하였으며, 그에 따라 명의개서가 이루어졌다면, 특별한 사정이 없는 한 그 명의개서는 적법한 것으로 보아야 한다(대판 2019.8.14. 2017다231980).

4) 명의개서 요건의 강화 불가

정관의 규정으로 명의개서 청구시 주권의 제시 외에 인감증명서 등 다른 서류의 제출을 요구하는 경우가 있다. 그러나 이는 주권의 점유에 부여되는 추정력을 부인하는 결과가 되므로 무효라고 본다(대판 1995.3.24. 94다47728).

(3) 명의개서의 효과

명의개서를 하면 주식의 취득자는 회사에 대하여 주주권을 행사할 수 있다(제337조 제1항). 다만 적법한 주주로 추정될 뿐 명의개서에 의해 무권리자가 주주로 되는 것은 아니다. 따라서 명의개서를 한 자가 무권리자임이 밝혀지면 그간의 주주권 행사는 소급해서 효력을 잃는다.

상법은 주주명부의 기재를 회사에 대한 대항요건(제337조 제1항)으로 정하고 있을 뿐 주식이전의 효력발생요건으로 정하고 있지 않으므로 명의개서가 이루어졌다고 하여 무권리자가 주주가 되는 것은 아니고, 명의개서가 이루어지지 않았다고 해서 주주가 그 권리를 상실하는 것도 아니다(대판 2018.10.12. 2017다221501).

(4) 명의개서미필주주의 지위

주식을 양수하거나 기타 원인으로 취득하였음에도 불구하고 명의개서를 하지 않은 자를 명의개서미필주주라 하는데 그의 법적 지위가 문제된다.

1) 회사의 권리 행사 허용 가능성

상법 제337조 제1항은 주식의 취득자는 명의개서를 하지 않으면 회사에 대항하지 못한다고 규정하고 있는데, 그러면 반대로 회사가 명의개서를 하지 않은 취득자(실질주주)를 주주로 인정하는 것은 가능한가?

① 학설

ⓐ 편면적 구속설은 "…회사에 대항하지 못한다"는 법문에 충실하게 회사가 스스로 실질주주를 주주로 인정하는 것은 가능하다고 본다. 상법 제337조 제1항은 회사의 사무처리상 편의를 도모하

기 위한 것이므로 회사 스스로 그 이익을 포기하는 것은 무방하다는 점을 근거로 한다. ⓑ 쌍면적 구속설은 회사가 실질주주를 주주로 인정하는 것도 허용되지 않는다고 한다. 이를 허용하면 회사가 주주명부상의 주주와 실질주주 중 누구를 주주로 인정할 것인지에 대한 선택의 자유를 갖게 되어 부당하다고 한다.

② 판례

판례는 쌍면적 구속설의 입장이다. 즉 "주주명부에 적법하게 주주로 기재되어 있는 자는 회사에 대한 관계에서 주식에 관한 의결권 등 주주권을 행사할 수 있고, 회사 역시 주주명부상 주주 외에 실제 주식을 인수하거나 양수하고자 하였던 자가 따로 존재한다는 사실을 알았든 몰랐든 간에 주주명부상 주주의 주주권 행사를 부인할 수 없으며, 주주명부에 기재를 마치지 아니한 자의 주주권 행사를 인정할 수도 없다. 주주명부에 기재를 마치지 않고도 회사에 대한 관계에서 주주권을 행사할 수 있는 경우는 주주명부에의 기재 또는 명의개서청구가 부당하게 지연되거나 거절되었다는 등의 극히 예외적인 사정이 인정되는 경우에 한한다(대판 2017.3.23. 2015다248342 전원합의체, 판례변경)."라고 판시한 바 있다.

2) 명의개서의 부당거절

회사가 정당한 사유 없이 명의개서를 거절한 경우 취득자는 회사를 상대로 명의개서청구의 소를 제기할 수 있고, 이에 따른 손해배상을 청구할 수도 있다. 그리고 이사 등 명의개서의 거부에 가담한 자에게는 벌칙이 가해지기도 한다(제635조 제1항 7호). 그러면 부당하게 명의개서를 거절당한 취득자가 이러한 구제를 거치지 않고 바로 주주권을 행사할 수도 있는가? 회사의 명의개서 의무 위반의 불이익을 취득자에게 돌리는 것은 신의칙에 반한다는 이유로 통설은 이를 긍정한다. 따라서 취득자는 명의개서 청구 이후의 이익배당, 신주발행에 관해 권리를 행사할 수 있고, 총회 소집 통지를 받을 권리도 있다.

판례도 같은 입장이다. 판례는 회사의 대표이사가 발행주식총수의 68%에 해당하는 주식을 양수한 자의 명의개서 청구를 거절하고 그에게 소집통지를 하지 않은 채 주주총회를 개최한 사건에서, "회사의 대표이사가 정당한 사유 없이 그 명의개서를 거절한 것이라면 회사는 그 명의개서가 없음을 이유로 그 양도의 효력과 주식양수인의 주주로서의 지위를 부인할 수 없다(대판 1993.7.13. 92다40952)."라고 하면서 이 주주총회의 결의는 부존재한다고 판시한 바 있다.

3) 명의개서 지체 중 이익의 귀속 관계

양수인이 명의개서를 게을리하고 있는 동안 이익배당이나 신주발행이 있으면 그 배당금이나 신주는 양도인과 양수인 중 누구에게 귀속되는가?

회사에 대하여 이익배당청구권이나 신주인수권을 행사하는 자는 양도인이다. 회사에 대한 관계에서는 주주명부상 주주인 양도인이 주주로서의 권리를 가지기 때문이다. 이 경우 양수인이 회사에 대해 다시 이익배당이나 신주발행을 청구하여도 주주명부의 면책적 효력에 따라 회사는 이에 응할 필요가 없다. 여기서 명의개서를 하지 않고 있던 주식을 「광의의 실기주」라 하고, 양도인에게 배정된 신주를 「협의의 실기주」라 한다.

양수인은 회사에 대해서는 이익배당이나 신주발행을 청구할 수 없으나, 개인법적인 법률관계에서 양도인에게 배당금이나 신주의 반환을 청구할 수 있다.

(5) 명의개서대리인

1) 의의

명의개서대리인이란 회사를 위하여 명의개서사무를 대행하는 자를 말한다. 회사는 정관이 정하는 바에 의하여 명의개서대리인을 둘 수 있다(제337조 제2항 전단). 명의개서는 회사가 하는 것이 원칙이나 주식이 반복적으로 거래되는 상황에서 회사가 명의개서를 직접 처리하는 것은 번잡스러울 수 있으므로 따로 명의개서대리인을 지정하여 그에게 명의개서 사무를 위임할 수 있도록 한 것이다.

2) 선임

명의개서대리인을 두기 위해서는 정관에 근거가 있어야 하나, 누구를 명의개서대리인으로 할 것인지는 업무집행에 속하므로 이사회 결의로 정하면 된다.

3) 공시

회사가 명의개서대리인을 둘 경우에는 그 상호 및 본점소재지를 등기해야 하고, 주식청약서와 사채청약서에도 기재해야 한다(제317조 제2항 11호, 제302조 제2항 10호, 제420조 2호, 제474조 제2항 15호). 주주, 사채권자 및 그 양수인이 명의개서 대리인이 누구인지를 알아야 하기 때문이다.

4) 명의개서 대행의 효과

회사는 주주명부의 원부 또는 복본을 명의개서대리인의 영업소에 비치하고(제396조 제1항 후단) 여기에 바로 명의개서가 이루어지도록 하면 된다. 명의개서는 명의개서대리인의 영업소에 비치된 복본에 이루어지더라도 회사에 대해서 대항력을 가진다(제337조 제2항 후단). 따라서 회사는 명의개서가 원부에 기재되지 않았다는 이유로 취득자의 주주권 행사를 거부할 수 없다.

5. 주권의 선의취득

(1) 의의

양도인이 주권을 절취한 자이거나 분실한 주권을 습득한 자인 경우와 같이 주권에 대하여 무권리자라 하더라도 양수인이 그로부터 선의로 주권을 교부 받았으면 양수인은 적법하게 주권을 취득하고 나아가 주주의 지위를 취득하게 되는데, 이를 주권의 선의취득이라 한다(제359조 → 수표법 제21조). 주식의 유통성 강화를 위해 인정된 것이다.

(2) 요건

1) 주권의 유효

주권의 선의취득이 성립하기 위해서는 주권이 유효해야 한다. 위조된 주권, 실효된 주권, 불소지 신고된 주권 등은 선의취득의 대상이 되지 않는다. 특히 주권의 효력발생시기에 관해 교부시설을 취할 경우, 작성은 마쳤으나 아직 진정한 주주에게 교부하기 전에 도난·분실 등에 의하여 상실된 주권은 아직 주권으로서의 효력이 발생하지 않아 주권이라 할 수 없으므로 선의취득의 대상이 되지 않는다는 점에 주의해야 한다.

2) 양도인의 무권리

선의취득은 양도인이 주권을 절취한 자이거나 분실한 주권을 습득한 자인 경우와 같이 주권에 대하여 무권리자인 경우에 성립할 수 있다. 이 점은 의문이 없다. 문제는 양도인이 적법한 권리자이긴 하나, 양도인에게 제한능력·의사표시의 하자·무권대리 등의 사유가 있어 양도행위가 무효 또는 취소된 경우에도 선의취득이 가능한지 여부이다.

이에 대해 소수설은 선의취득은 양도인이 무권리자인 경우에 한하여 가능하다고 하나, 다수설은 유권리자의 양도행위가 무효·취소된 때에도 선의취득이 가능하다고 한다. 판례는 다수설과 같은 입장이다. 즉 "주권의 선의취득은 양도인이 무권리자인 경우뿐만 아니라 무권대리인인 경우에도 인정된다(대판 1997.12.12. 95다49646)."라고 판시하였다. 그리고 주권의 선의취득은 양도인이 무권리자 또는 무능력자라거나 대리권이 흠결되었다는 등의 경우에도 가능하다(대판 2018.7.12. 2015다251812).

3) 양도에 의한 취득

선의취득은 거래의 안전을 보호하기 위한 제도이므로 주식의 양도에만 있을 수 있다. 상속·합병에 의해 취득하는 경우에는 선의취득은 있을 수 없다. 그리고 양도 자체는 적법해야 하므로 양수인에게 주권이 교부되어야 한다.

4) 양수인의 주관적 요건

양수인은 선의이며 중과실이 없어야 한다. 즉 양수인은 양도인이 무권리자인 사실이나 양도행위에 하자가 있는 사실을 알지 못하고, 알지 못한 데에 중대한 과실이 없어야 한다. 주권 등을 취득하면서 통상적인 거래기준으로 판단하여 볼 때 양도인이 무권리자임을 의심할 만한 사정이 있음에도 불구하고 상당한 조사를 하지 않은 경우 중대한 과실이 인정된다(대판 2018.7.12. 2015다251812). 주관적 요건 판단은 주권의 취득시점을 기준으로 한다. 주권의 점유자는 적법한 소지인으로 추정되므로(제336조 제2항) 선의취득을 부정하는 자가 양수인의 악의·중과실에 대한 입증책임을 진다.

(3) 효과

선의취득자는 적법하게 주권을 취득하고 나아가 주주권을 취득하게 된다. 반사적으로 원래의 권리자는 주주권을 잃게 되며, 해당 주식에 존재하던 질권 등의 담보권도 소멸한다.

02 정관에 의한 주식양도의 제한

1. 의의

주식회사 가운데는 소수의 주주가 인적 유대를 기초로 하여 조합적으로 운영되는 경우도 많다. 이런 경우 폐쇄적인 주주 구성을 유지하기 위해서는 주식의 자유로운 양도를 제한할 필요가 있다. 그래서 상법은 회사가 정관에 규정을 두어 주식의 양도에 관하여 이사회의 승인을 받도록 할 수 있게 하였다(제335조 제1항 단서). 그리고 한편으로는 이로 인해 주주의 투자자산이 환금성을 상실하지 않도록 주식의 환가방법을 마련해 두기도 하였다.

2. 제한의 요건

(1) 정관의 규정

주식 양도의 제한은 주주의 투하자금 회수와 관련하여 주주의 권리에 대한 매우 중대한 제한이므로 정관의 규정이 있는 경우에만 인정된다(제335조 제1항 단서). 설립 시 원시정관에 의해 양도를 제한할 수도 있음은 물론 설립 후 정관을 개정하여 양도를 제한할 수도 있다.

(2) 공시

주식양도의 제한은 주주 및 그와 주식을 거래하는 자의 이해관계에 중대한 영향을 미치므로 등기하고(제317조 제2항 3호의2), 주식청약서(제302조 제2항 5호의2)·주권(제356조 6호의2) 등에 기재하여 다수인에게 공시해야 한다.

3. 제한의 방법(이사회의 승인)

① 상법에 의해 허용되는 주식 양도의 제한 방법은 주식양도에 대해 「이사회의 승인」을 얻게 하는 것뿐이다. 그 밖의 다른 제한방법은 허용되지 않는다. 따라서 정관으로 주주총회나 특정 주주 또는 대표이사의 승인을 받도록 하더라도 그 정관은 무효이고, 이사회가 승인권한을 대표이사에게 위임할 수도 없다. 또 정관의 규정으로도 주식양도를 전면적으로 금지할 수는 없다(대판 2000.9.26. 99다48429).

② 자본금총액이 10억 원 미만인 회사가 이사를 1명 또는 2명으로 한 경우에는 이사회가 없으므로 주주총회가 승인기관이다(제383조 제1항, 제4항).

4. 적용범위

정관의 양도승인 규정은 주식의 「양도」에 한해 적용된다. 상속·합병과 같은 포괄승계에 대해서는 적용되지 않는다. 주식을 입질·양도담보 등 방법으로 담보로 제공하거나 압류하는 경우는 어떠한가? 담보제공자나 압류채권자가 주식에 담보권을 설정·실행하거나 주식을 압류하는 데에는 이사회의 승인이 필요 없다. 그러나 채권 실현을 위한 경매절차에서 주식을 경락 받은 경락인이 회사와의 관계에서 유효하게 주식을 취득하기 위해서는 이사회의 승인을 받아야 한다. 이 경우는 폐쇄적인 주주구성에 영향을 줄 수 있기 때문이다.

5. 양도승인의 절차

(1) 승인청구

1) 청구권자

이사회에 대한 양도의 승인청구는 양도인이 할 수도 있고(제335조의2) 양수인이 할 수도 있다(제335조의7). 양도인의 청구는 주식을 양도하기 전에 하는 사전청구로서 특정인에게 양도하는 것을 승인해 달라는 의미이고, 양수인의 청구는 당사자 간에 양도를 종결 지은 후에 하는 사후청구로서 주주로부터 주식을 양도받은 사실을 승인해 달라는 의미이다.

2) 청구방법

주식을 양도하고자 하는 주주는 회사에 대하여 양도의 상대방 및 양도주식의 종류와 수를 기재한 서면으로 양도의 승인을 청구할 수 있고(제335조의2 제1항), 주식을 취득한 자는 회사에 대하여 그 주식의 종류와 수를 기재한 서면으로 그 취득의 승인을 청구할 수 있다(제335조의7 제1항). 구두로 한 승인청구는 효력이 없다.

(2) 승인여부의 통지

회사는 승인청구가 있는 날로부터 1월 이내에 이사회의 결의를 거쳐 주주 또는 주식 양수인에게 그 승인 여부를 서면으로 통지하여야 한다(제335조의2 제2항, 제335조의7 제2항). 회사가 이 기간 내에 통지를 하지 아니한 때에는 주식의 양도에 관하여 이사회의 승인이 있는 것으로 본다(제335조의2 제3항, 제335조의7).

6. 양도승인 거부의 후속 절차

회사가 양도를 승인하면 그대로 양도하면 되므로 아무 문제가 없다. 회사가 승인을 거부한 경우가 문제인데, 상법은 회사가 주주구성의 폐쇄성을 유지하면서도 주주는 투하자금을 회수할 수 있는 방법으로 「양도상대방의 지정청구」와 「회사에 대한 주식매수청구」라는 두 가지 방법을 마련하고 있다.

회사가 양도 승인을 거부하면 양도인 또는 양수인은 거부통지를 받은 날부터 20일 내에 회사에 대하여 양도의 상대방의 지정 또는 주식의 매수를 청구할 수 있다(제335조의2 제4항, 제335조의7 제2항). 이 청구는 양도승인의 청구와는 달리 서면으로 할 것이 요구되지 않으므로 구두로도 가능하다.

(1) 양도상대방의 지정청구

1) 양도상대방의 지정 및 통지

양도상대방의 지정청구가 있는 경우에는 이사회는 이를 지정하고, 그 청구가 있은 날로부터 2주간 내에 양도인 또는 양수인(이하 이들을 '지정청구인'이라 칭함) 및 지정된 상대방에게 서면으로 이를 통지하여야 한다(제335조의3 제1항, 제335조의7 제2항). 이 기간 내에 지정청구인에게 양도상대방 지정의 통지를 하지 않은 때에는 주식의 양도에 관하여 이사회의 승인이 있는 것으로 본다(제335조의3 제2항, 제335조의7 제2항).

2) 지정매수인의 매도청구권

이사회의 결의에 의해 양도상대방으로 지정된 자(이하 '지정매수인'이라 칭한다)는 지정통지를 받은 날로부터 10일 이내에 지정청구인에게 서면으로 그 주식을 자기에게 매도할 것을 청구할 수 있다(제335조의4 제1항, 제335조의7 제2항). 이 권리는 형성권이다. 따라서 지정청구인의 승낙은 요하지 않으며 지정매수인의 매수청구만으로 매매계약이 성립한다. 지정매수인이 주식을 매수해야 할 의무가 있는 것은 아니므로 매수청구권을 포기할 수도 있다. 지정매수인이 이 기간 내에 지정청구인에게 매도의 청구를 하지 아니하면 이때에도 주식의 양도에 관하여 이사회의 승인이 있는 것으로 의제된다(제335조의4 제2항, 제337조의 제2항).

3) 매수가격의 결정

지정매수인이 매도청구권을 행사하면 매수가격을 정해야 한다. 매수가격은 지정청구인과 지정매수인 간의 협의에 의해 결정하나(제335조의5 제1항), 매도청구기간이 종료하는 날로부터 30일 내에 협의가 이루어지지 않는 경우에는 지정청구인 또는 지정매수인은 법원에 매수가격의 결정을 청구할 수 있다(제335조의5 제2항 → 제374조의2 제4항). 법원이 매수가격을 결정할 때에는 회사의 재산상태 그 밖의 사정을 참작하여 공정한 가액으로 이를 산정하여야 한다(제335조의5 제2항 → 제374조의2 제5항).

(2) 회사에 대한 매수청구

1) 매수청구

회사가 양도 승인을 거부하여 양도인 또는 양수인(이하 이들을 '매수청구인'이라 칭함)이 회사에 대하여 주식의 매수를 청구하면, 회사는 매수청구기간이 종료하는 날로부터 2월 이내에 그 주식을 매수하여야 한다(제335조의6 → 제374조의2 제2항). 매수청구권은 형성권이므로 회사의 승낙이 없더라도 매수청구만으로 매매계약이 성립한다(다수설).

회사가 주식취득승인을 거부한 경우, 주식을 취득한 자는 취득승인거부의 통지를 받은 날부터 20일 내에 회사에 대하여 그 주식의 매수를 청구할 수 있다(제335조의7 제2항, 제335조의2 제2항, 제4항). 여기에서의 주식매수청구권은 형성권이어서 곧바로 그 행사에 따라 회사의 승낙 여부와 관계없이 주식에 관한 매매계약이 성립한다(대판 2011.4.28. 2010다94953). 그리고 주주의 지위는 주식매수청구권을 행사한 때가 아니라 회사로부터 그 주식의 매매대금을 지급받은 때에 이전된다고 보아야 한다(대판 2018.2.28. 2017다270916).

2) 매수가격의 결정

매수청구를 하면 매수가격을 결정해야 한다. 매수가격은 매수청구인과 회사간의 협의에 의하여 결정하나(제335조의6 → 제374조의2 제3항), 매수청구기간이 종료하는 날로부터 30일 내에 협의가 이루어지지 않는 경우에는 회사 또는 매수청구인은 법원에 매수가격의 결정을 청구할 수 있다(제335조의6 → 제374조의2 제4항). 법원이 매수가격을 결정할 때에는 회사의 재산상태 그 밖의 사정을 참작하여 공정한 가액으로 이를 산정하여야 한다(제335조의6 → 제374조의2 제5항).

7. 승인 없는 양도의 효력 — 상대적 무효

(1) 회사에 대한 효력

이사회의 승인을 얻지 아니한 주식의 양도는 회사에 대하여 효력이 없다(제335조 제2항). 「회사에 대하여 효력이 없다」함은 양수인이 회사에 대하여 주주임을 주장할 수 없을 뿐만 아니라, 회사도 양수인을 임의로 주주로 인정할 수 없다는 의미이다. "명의개서를 하지 않은 주식의 이전은 「회사에 대항하지 못한다」(제337조 제1항)"는 규정과 대비된다.

(2) 당사자 간의 효력

이사회의 승인을 받지 않았어도 양도인과 양수인 사이의 주식양도 계약 자체는 유효하다. 주식의 양수인도 회사에 대해 그 취득의 승인을 청구할 수 있고 승인거절 시 양도상대방의 지정 또는 주식의 매수를 청구할 수 있는데(제335조의7), 이는 당사자 간에는 양도가 유효함을 전제로 한 것이다(통설).

03 주주 간의 양도제한 약정

내외국인 합작회사의 경우 파트너인 상대방 주주가 제3자에게 주식을 양도하면 사실상 일방적으로 동업관계를 파기 당하는 결과가 된다. 그래서 이를 막기 위해 합작회사 설립 시 주주 간 계약으로 일정 기간 주식의 양도를 할 수 없도록 정하는 경우가 흔히 있다. 그런데 상법 제335조 제1항 단서와 관련하여 이와 같은 주주 간 주식양도 제한 약정의 효력이 어떠한지가 문제된다.

(1) 회사에 대한 효력

주주 간의 양도 제한의 합의를 가지고 회사에 대해 그 효력을 주장하거나 회사가 그 효력을 원용할 수는 없다. 상법상 주식의 양도를 단체법적 효력을 가지고 제한할 수 있는 방법으로는「정관으로 정하는 바에 따라 이사회의 승인을 받도록 하는 방식」(제335조 제1항 단서)이 유일하기 때문이다. 따라서 회사는 주식을 양수한 제3자의 명의개서 청구를 거절할 수 없다.

(2) 주주 간의 효력

약정 당사자인 주주 사이의 채권적 효력은 인정된다. 따라서 일방의 주주가 약정을 위반하여 주식을 양도하면 다른 주주에게 계약 위반에 따른 책임을 져야 한다. 판례도 양도제한 약정 위반에 대한 위약금이 문제된 사안에서 "주주들 사이의 주식 양도 제한 약정은 주주의 투하자본회수의 가능성을 전면적으로 부정하는 것이 아니고, 공서양속에 반하지 않는다면 당사자 사이에서는 원칙적으로 유효하다(대판 2008.7.10. 2007다14193)."고 판시한 바 있다.

04 법령에 의한 주식양도의 제한

1. 권리주의 양도제한

(1) 권리주의 의의

권리주란 주식의 인수로 인한 권리 즉 주식인수인의 지위를 말한다. 권리주는 회사의 성립 시 또는 신주의 납입기일까지 존재한다.

(2) 양도의 제한

상법은 회사설립 시이건 신주발행 시이건 "주식의 인수로 인한 권리의 양도는 회사에 대하여 효력이 없다."라고 규정하고 있다(제319조, 제425조 제1항).

아직 주주가 되기 전에 주식인수인의 지위를 자유롭게 양도할 수 있도록 하면 단기차익을 노리는 투기적 행위가 발생하고, 회사설립이나 신주발행의 절차가 번잡해지기 때문에 이를 방지하기 위함이다. 나아가 상법은 이 양도금지의 실효성을 확보하기 위해 권리주인 상태에서는 주권을 발행하지 못하게 하였다(제355조 제2항).

(3) 권리주 양도의 효력

① 양도 당사자 간의 채권적 효력은 인정된다. ② 회사에 대한 효력은 어떠한가? 상법은 명문으로 「…회사에 대하여 효력이 없다」라고 규정하고 있다. 이에 의하면 양수인이 회사에 대하여 양도의 효력을 주장하거나 주주권을 행사할 수 없음은 분명하다. 그러면 반대로 회사가 권리주의 양도를 승인할 수는 있는가? 견해의 대립이 있으나 통설·판례는 회사가 승인하여도 권리주의 양도의 무효라고 한다(대판 1965.12.7. 65다2069).

2. 주권발행 전 주식의 양도제한

(1) 의의

1) 주권발행 전의 주식

주권발행 전의 주식이란 주식의 효력발생일, 즉 회사설립 시에는 설립등기를 필한 때, 그리고 신주발행 시에는 납입기일의 다음날로부터 주권을 발행할 때까지의 상태에 있는 주식을 말한다.

2) 양도의 제한

① 주권발행 전에 한 주식의 양도는 회사에 대하여 효력이 없다(제335조 본문). 주권이 없으므로 적법한 양도방법이 있을 수 없고, 적절한 공시방법이 없어 주식거래의 안전을 기할 수 없기 때문이다. ② 그러나 회사가 설립 또는 신주발행 후 장기간 동안 주권을 발행하지 않을 경우까지 이 원칙을 관철하면 사실상 주주가 투하자금을 회수할 길이 없게 된다. 그래서 상법은 회사성립 후 또는 신주의 납입기일 후 6월이 경과한 때에는 주권 없이도 주식을 양도할 수 있도록 하였다(제335조 제3항).

(2) 6월 경과 전의 주권발행 전 주식양도의 효력

1) 회사에 대한 효력

회사에 대하여 주식양도는 절대무효이다. 즉 양수인이 회사에게 주식양도의 효력을 주장할 수 없을 뿐만 아니라 회사도 임의로 양도의 효력을 인정할 수 없다. 회사가 양도를 승인하여 명의개서를 하거나 주권을 발행하였어도 양도가 무효임은 마찬가지이다. 결국 양수인은 주주가 아니므로, 양수인이 회사에 대하여 자기에게 주권을 발행·교부해 달라고 청구를 할 수 없으며(대판 1981.9.8. 81다141), 회사가 주주권을 표창하는 문서를 작성하여 이를 양수인에게 교부하였더라도 이 문서는 회사의 주권으로서의 효력을 갖지 못한다(교부시설, 대판 1987.5.26. 86다카982). 또 양수인이 참여하여 의결권을 행사한 주주총회는 주주 아닌 자가 의결권을 행사한 것이므로 결의취소 또는 부존재의 사유가 있게 된다.

2) 당사자 간의 효력

당사자 간에 채권적 효력은 있다. 따라서 양수인은 장차 회사가 양도인에게 주권을 발행·교부하면 양도인에 대하여 주권의 교부를 청구할 수 있다. 그리고 회사가 양도인에게 주권을 발행하지 않고 있으면 양도인의 회사에 대한 주권발행 및 교부청구권을 대위 행사하여 회사에 대하여 양도인에게 주권을 발행·교부해 줄 것을 청구할 수도 있다. 그러나 이 경우에도 양수인 자신에게 주권을 발행·교부해 달라고 청구할 수는 없다(대판 1982.9.28. 82다카21). 이 외에 양수인이 주권발행 전인 사실을 알지 못한 경우 등에는 양수인은 양도인에게 손해배상을 청구할 수도 있다.

3) 하자의 치유

통설·판례에 따르면 주권발행 전에 한 주식의 양도가 회사성립 후 또는 신주의 납입기일 후 6월이 경과하기 전에 이루어졌다고 하더라도 그 이후 6월이 경과하고 그 때까지 회사가 주권을 발행하지 않았다면, 그 하자는 치유되어 회사에 대하여도 유효한 주식양도가 된다(대판 2002.3.15. 2000두1850). 어차피 6월이 경과하면 주권 없이 주식을 양도할 수 있으므로, 하자의 치유를 부정하는 것은 똑같은 양도계약을 다시 체결하도록 하는 번거로움만 초래할 뿐이라는 점을 근거로 한다.

(3) 6월 경과 후의 주권발행 전 주식양도의 효력

1) 양도의 허용

당사자 간에는 물론 회사에 대하여도 주식양도는 유효하다. 따라서 양수인은 회사에 대하여 명의개서를 청구할 수 있다. 명의개서 청구 시 양수인은 양도계약서의 제시 등을 통해 양도사실을 입증해야 한다. 주권이 없으므로 주권 점유에 의한 적법한 소지인으로의 추정을 받지 못하기 때문이다. 다만 주권 발행의 청구는 명의개서를 한 후에만 할 수 있다. 주식의 이전은 명의개서를 하지 않으면 회사에 대항하지 못하기 때문이다(제337조 제1항).

2) 양도방법

상법이 주권발행 전 주식양도의 방법을 따로 정하고 있지 않으므로 지명채권의 양도 방법에 따른다. 즉 「당사자의 의사표시」만으로 양도의 효력은 발생한다(대판 2003.10.24. 2003다29661). 다만 주식의 양도를 회사 또는 제3자에게 대항하기 위해서는 별도의 대항요건을 갖추어야 한다.

주식양도청구권이 압류 또는 가압류된 경우, 채무자가 제3채무자를 상대로 주식의 양도를 구하는 소를 제기할 수 있고, 법원이 가압류를 이유로 이를 배척할 수 없으며, 위 주식이 지명채권의 양도방법으로 양도할 수 있는 주권발행 전 주식인 경우, 법원이 위 청구를 인용하려면 가압류의 해제를 조건으로 하여야 하고, 이는 가압류의 제3채무자가 채권자의 지위를 겸하는 경우에도 마찬가지이다(대판 2021.7.29. 2017다3222·3239).

① 회사에 대한 대항요건

A. 통지 또는 승낙　　양수인이 주식의 양도를 회사에 대항하기 위해서는 이를 양도인이 회사에 통지하거나 또는 회사가 승낙하여야 한다(민법 제450조 제1항). 여기서 주식의 양도를 회사에 대항한다는 의미는 양수인이 회사에 대하여 명의개서를 청구할 수 있다는 의미이다.

B. 명의개서의 청구방법　　양수인은 회사법상 주식의 적법한 소유자이므로 자신의 주주권에 기초하여 명의개서를 청구할 수 있다. 결국 양수인이 회사에 명의개서를 청구할 수 있는 방법은 두 가지이다. ⓐ 양도인의 통지 또는 회사의 승낙이라는 지명채권 양도의 대항요건을 갖추는 방법과, ⓑ 양도계약서의 제시 등을 통해 자신이 적법하게 주식을 양수한 사실을 회사에 입증하는 방법이다. 판례도 "주권발행 전 주식을 양수한 사람은 특별한 사정이 없는 한 양도인의 협력을 받

을 필요 없이 단독으로 자신이 주식을 양수한 사실을 증명함으로써 회사에 대하여 그 명의개서를 청구할 수 있다(대판 2006.9.14. 2005다45537)."라고 하여 두 번째 방법에 의한 명의개서 청구를 인정하였다.

② 제3자에 대한 대항요건

양수인이 주식의 양도를 이중의 양수인 또는 양도인의 채권자와 같은 제3자에게 대항하기 위해서는 확정일자 있는 통지 또는 승낙이 있어야 한다(민법 제450조 제2항).

판례도 "주권발행 전 주식의 이중양도가 문제되는 경우, 그 이중양수인 중 일부에 대하여 이미 명의개서가 경료되었는지 여부를 불문하고 누가 우선순위자로서 권리취득자인지를 가려야 하고, 이 때 이중양수인 상호 간의 우열은 지명채권 이중양도의 경우에 준하여 확정일자 있는 양도통지가 회사에 도달한 일시 또는 확정일자 있는 승낙의 일시의 선후에 의하여 결정하는 것이 원칙이다(대판 2006.9.14. 2005다45537)."라고 판시하였다. 여기서 도달이라 함은 사회통념상 상대방이 통지의 내용을 알 수 있는 객관적 상태에 놓여 있는 경우를 가리키는 것으로서, 상대방이 통지를 현실적으로 수령하거나 통지의 내용을 알 것까지는 필요로 하지 않는 것이므로(대판 1983.8.23. 82다카439 등 참조), 상대방이 정당한 사유 없이 통지의 수령을 거절한 경우에는 상대방이 그 통지의 내용을 알 수 있는 객관적 상태에 놓여 있는 때에 그 효력이 생기는 것으로 보아야 한다(대판 2008.6.12. 2008다19973 등 참조).

예를 들어보자. 甲이 주권 발행 전에 乙에게 주식을 양도하였고 乙은 명의개서를 하였다. 그 후 주권이 계속 발행되지 않자, 甲은 乙에게 양도하였던 주식을 丙에게 이중으로 양도하고 丙에 대한 주식양도를 확정일자 있는 증서로 회사에 통지하였다. 이때 乙과 丙 중 누가 주주권을 취득하는가? 丙에 대한 주식양도만이 확정일자 있는 증서로 회사에 통지되었으므로 丙이 주주권을 취득한다. 비록 乙이 명의개서를 하였다 해도 명의개서에 의해 주주의 지위가 창설되지는 않으므로 명의개서를 하였는지는 상관이 없다.

3. 자기주식취득의 제한

(1) 총설

1) 개념

「자기주식」이란 회사가 발행한 주식을 회사 자신이 소유하고 있는 상태에서 부르는 호칭이다. 그리고 「자기주식의 취득」이란 회사가 주식을 발행한 이후에 스스로 발행한 주식을 취득하는 것을 말한다.

2) 주기주식취득의 폐해론과 취득 제한

전통적으로 자기주식취득에는 여러 가지 폐단이 있다고 설명되어 왔다. ① 대표적으로 자기주식취득은 사실상 출자의 환급에 해당하여 자본금충실의 원칙에 반한다. 즉 회사가 자기주식을 취득하면 회사의 유동자산이 유출되어 회사의 지급능력이 저해되고 그러면 결국 회사채권자의 이익을 해하게 된다. 그리고 ② 특정주주에게만 출자를 환급하면 주주평등의 원칙에 반하며 ③ 자기주식에 대한 의결권을 대표이사가 행사하면 출자 없는 회사지배가 가능해진다. 이런 이유로 종래의 상법은 자기주식의 취득을 엄격히 제한하였다(개정 전 제341조).

3) 자기주식취득 허용의 근거

① 자기주식취득의 폐해론에 대한 비판

위와 같은 자기주식취득의 폐해론에 대해서는 ⓐ 자가주식취득의 재원을 배당가능이익으로 한정하면 출자의 환급이라 할 수 없고, ⓑ 주주들의 지분에 비례하여 자기주식을 취득하면 주주평등의 원칙에 반할 이유가 없으며, ⓒ 자기주식에 의결권을 부여하지 않으면 출자 없는 회사지배의 문제는 발생하지 않는다는 비판이 일었다.

② 자기주식취득의 순기능

자기주식취득에는 순기능도 있다. 회사는 자기주식을 취득하여 이를 우호적인 주주에게 처분함으로써 적대적 기업매수로부터 경영권을 방어할 수 있다. 또 회사는 주가 하락 시 자기주식을 취득하여 유통수량을 줄임으로써 주가를 지지할 수도 있다.

③ 자기주식취득의 경제적 본질

자기주식취득은 회사의 재산을 주주에게 반환한다는 점에서는 이익배당과 다를 바가 없다.

4) 입법정책의 변화

상법은 과거 자기주식의 취득을 엄격히 제한하였으나, 2011년 개정에 의해 배당가능이익의 범위에서 자기주식취득을 허용하는 쪽으로 입법정책을 선회하였다. 그러나 배당가능이익 외의 다른 재원으로 취득하는 것에 대해서는 종전의 금지원칙을 유지하고 있다(제341조의2).

(2) 자기주식취득의 원칙적 금지

명문의 규정은 없으나 자기주식취득은 원칙적으로 금지된다. 주식회사에서는 채권자보호를 위해 출자의 환급은 원칙적으로 금지되기 때문이다. 상법 제341조, 제341조의2는 예외적으로 자기주식취득이 허용되는 경우를 한정적으로 열거한 것이다. 이에 해당하지 않는 경우에는 위법한 자기주식취득이 된다. 회사의 명의로 하든 제3자의 명의로 하든 「회사의 계산으로」 하는 자기주식취득은 금지된다. 누구의 명의이든 회사의 계산으로 취득하면 자본금충실을 해하는 결과는 다를 바 없기 때문이다.

(3) 배당가능이익으로 하는 자기주식취득

1) 의의

회사는 배당가능이익을 취득재원으로 하여 자기의 명의와 계산으로 자기의 주식을 취득할 수 있다(제341조 제1항 본문). 자기주식취득의 대표적인 폐단은 출자를 환급하여 자본금충실을 저해한다는 점이다. 그러나 배당가능이익은 어차피 주주들에게 나누어줄 것이 허용된 자산이므로 이를 재원으로 하여 자기주식을 취득하면 이와 같이 채권자의 이익을 해하는 폐단은 생기지 않는다. 이런 이유로 2011년 개정상법은 배당가능이익을 재원으로 한 자기주식취득을 허용하였다.

2) 취득재원

회사가 취득할 수 있는 자기주식의 취득가액의 총액은 직전결산기의 대차대조표상의 순자산액에서 ① 자본금의 액, ② 그 결산기까지 적립된 자본준비금과 이익준비금의 합계액, ③ 그 결산기에 적립하여야 할 이익준비금의 액, ④ 대통령령으로 정하는 미실현이익을 뺀 금액, 즉 배당가능이익을 초과할 수 없다(제341조 제1항 단서). 이것은 단순히 자기주식의 취득금액이 배당가능이익의 금액을 넘어서는 안된다는 의미가 아니라, 배당가능이익을 사용해서 취득해야 한다는 의미이다. 따라서 회사가 자기주식을 취득하면 그만큼 배당가능이익이 줄어든다. 상법 제341조 제1항 단서는 자기주식취득가액의 총액이 배당가능이익을 초과하여서는 안 된다는 것을 의미할 뿐 차입금으로 자기주식을 취득하는 것이 허용되지 않는다는 것을 의미하지는 않는다(대판 2021.7.29. 2017두63337).

즉 배당가능이익이 충분하더라도 회사에 현금이 부족할 수 있고, 이 경우에는 차입을 통하여 현금을 확보하여 자기주식취득을 할 수 있다(대판 2021.7.29. 2017두63337).

3) 취득의 의사결정

배당가능이익으로 자기주식을 취득하려는 회사는 미리 주주총회(또는 이사회)의 결의로 ① 취득할 수 있는 주식의 종류 및 수, ② 취득가액의 총액의 한도, ③ 1년을 초과하지 아니하는 범위에서 자기주식을 취득할 수 있는 기간을 정하여야 한다(제341조 제2항).

배당가능이익에 의한 자기주식취득은 경제적 실질이 이익배당과 같으므로 결정권한도 이익배당과 같게 하였다. 원칙적으로 주주총회의 결의로 결정하고, 예외적으로 이익배당을 이사회의 결의로 할 수 있다고 정관으로 정한 경우에는 이사회의 결의로 결정하도록 하였다. 그리고 이것은 일정한 기간을 정하여 취득할 수 있는 자기주식의 총액을 정한 것으로, 이사회의 자기주식취득에 관한 수권범위를 정한 것이다.

4) 취득의 실행

주주총회의 결의는 이사에 대한 자기주식취득의 승인의 의미를 가질 뿐이므로, 주주총회(또는 이사회)에서 자기주식취득의 결의를 했다고 하여 이사가 반드시 자기주식취득을 해야 하는 것은 아니다. 이사는 회사의 재무현황과 주식의 시세 등을 고려하여 수권범위 내에서 이사회의 결의를 거쳐(상법시행령 제10조 제1항) 취득의 여부, 취득의 시기 등을 임의로 결정할 수 있다. 후술하는 바와 같이 주주총회 결의가 있었어도 이사가 취득을 해서는 안 되는 경우도 있다.

5) 취득의 방법(주식평등의 원칙)

회사가 일부 주주로부터만 자기주식을 취득한다면, 그 외의 주주는 투자의 회수나 투자수익 실현에 있어 차별을 받게 되고 또 취득가격을 얼마로 하는가에 따라 주주 간 이윤배분에 차별이 생길 수도 있다. 그래서 상법은 주주 간 평등을 달성하기 위해 취득방법을 다음과 같이 제한하고 있다. 회사가 특정 주주와 협의하여 그 주주의 주식만 취득하는 것은 주주평등의 원칙에 반하므로 허용되지 않는다.

① 거래소에서의 취득(제341조 제1항 1호)

거래소에 상장된 주식은 시세가 형성되므로 가격 형성이 공정하고 또 어떤 주주나 매도에 참여할 수 있으므로 주주평등이 실현된다. 그래서 상법은 「거래소에서 시세가 있는 주식의 경우에는 거래소에서 취득하는 방법」을 자기주식취득방법의 하나로 제시하고 있다.

② 기타 방법(제341조 제1항 2호)

각 주주가 가진 주식 수에 따라 균등한 조건으로 취득하는 것으로서 대통령령으로 정하는 방법에 의한 취득도 가능하다.

A. 시행령이 정하는 방법　　시행령에서는 ⓐ 회사가 모든 주주에게 자기주식 취득의 통지 또는 공고를 하여 균등한 조건으로 주식을 유상으로 취득하는 방법과 ⓑ 자본시장법 제133조 이하에 따른 공개매수의 방법을 제시하고 있다(상법시행령 제9조 제1항 1, 2호). 앞의 방법은 비상장주식의, 뒤의 방법은 상장주식의 취득 방법이다.

B. 상환주식의 제외　　상환주식은 이와 같은 방법으로 취득할 수 없다. 상환주식의 상환은 배당가능이익으로 한다는 점에서 자기주식취득과 동일한데, 상환주식은 발행조건으로 상환방법을 정해 두었으므로 그에 따라 상환하여야 하며, 자기주식취득의 방법으로 사실상 상환의 효과를 가져와서는 안 되기 때문이다.

C. 종류주식　　주주평등의 원칙상 회사가 균등한 조건으로 매수해야 한다는 것은 어디까지나 같은 종류주식 내에서만 그렇다는 것이고, 서로 다른 종류주식 사이에서는 차별이 가능하다. 예를 들어 보통주에 대해서만 자기주식취득을 하고 우선주는 배제하는 것도 허용된다.

6) 취득의 제한 및 이사의 손해배상책임

자기주식취득은 일단 주주총회(또는 이사회)의 수권이 있은 다음 회사의 재무현황과 주식의 시세를 고려하여 이사회가 임의로 그 취득시기를 정한다. 따라서 배당가능이익이 충분함을 확인하고 자기주식취득의 결의를 하였어도 그 후 자기주식취득의 실행 단계에서는 배당가능이익이 충분한지 여부를 정확히 알 수 없다. 상법은 그 판단을 이사회의 경영판단에 의하도록 하였다.

① 취득의 제한

회사는 해당 영업연도의 결산기에 대차대조표상의 순자산액이 제462조 제1항 각 호의 금액의 합계액에 미치지 못할 우려, 즉 결손이 날 우려가 있는 경우에는 설사 수권 받은 범위 내라 하더라도 자기주식을 취득해서는 아니 된다(제341조 제3항). 결손 여부는 결산을 해야 확인할 수 있으므로 이 규정은 결손이 예측될 경우에는 자기주식을 취득하지 말라는 취지이다.

② 이사의 손해배상책임

ⓐ **책임의 근거**　　해당 영업연도의 결산기에 결손이 났음에도 불구하고 회사가 자기주식을 취득한 경우 이사는 회사에 대하여 연대하여 그 미치지 못한 금액을 배상할 책임이 있다(제341조 제4항 본문). 자기주식을 취득함에 있어 결손을 예측하지 못한 데 대해 책임을 묻는 것이다. 다만 이사가 결손이 날 우려가 없다고 판단하는 때에 주의를 게을리하지 아니하였음을 증명한 경우에는 책임을 지지 않는다(제341조 제4항 단서).

ⓑ **책임의 범위**　　법문상으로는 "미치지 못한 금액", 즉 결손금액을 모두 배상해야 하는 것처럼 되어 있으나 자기주식취득과 인과관계가 없는 결손까지 이사가 책임질 이유는 없으므로 이사의 책임은 자기주식취득금액을 한도로 한다.

ⓒ **자기주식의 처분과 면책**　　회사가 자기주식을 취득한 다음 결산을 하기 전에 이를 처분하

고 처분손실이 발생하지 않았다면, 결산기에 결손이 나더라도 이사는 이에 대해 책임이 없다. 자기주식취득과 인과관계가 없는 결손이기 때문이다.

(4) 특정 목적의 자기주식취득

회사는 배당가능이익을 재원으로 하지 않더라도 특정한 목적을 위해 자기의 주식을 취득할 수 있다(제341조의2). 상법은 그 취득 사유를 구체적으로 열거하고 있는데, 이 외의 사유로는 자기주식을 취득할 수 없다. 설사 정관이나 내부규정으로 정하고 있더라도 이는 무효이다.

1) 회사의 합병 또는 다른 회사의 영업전부의 양수로 인한 경우(1호)

합병의 경우 소멸회사의 재산 중에 존속회사의 주식이 포함되어 있거나 영업 전부를 양수하는 경우 양도목적인 영업재산 중에 양수회사의 주식이 포함되어 있으면 존속회사 또는 양수회사는 자기주식을 취득하게 된다. 다른 회사 영업의 전부가 아니라 일부를 양수하는 경우에는 자기주식취득이 허용되지 않는다.

2) 회사의 권리를 실행함에 있어 그 목적을 달성하기 위하여 필요한 경우(2호)

이와 관련하여 판례는 "회사가 그의 권리를 실행하기 위하여 강제집행, 담보권의 실행 등에 당하여 채무자에 회사의 주식 이외에 재산이 없는 때에 한하여 회사가 자기 주식을 경락 또는 대물변제 등으로 취득할 수 있다고 해석되며 따라서 채무자의 무자력은 회사의 자기 주식취득이 허용되기 위한 요건사실로서 자기주식 취득을 주장하는 회사에게 그 무자력의 입증책임이 있다(대판 1977.3.8. 76다1292)."라고 판시하였다.

3) 단주의 처리를 위하여 필요한 경우(3호)

주주가 회사로부터 원시취득한 주식에 단주가 있을 때 이를 환가하여 주주에게 대금으로 지급하기 위해 단주를 취득하는 경우이다. 자본금감소, 합병 등과 같이 단주의 처리방법이 법정되어 있는 경우에는 그에 따라야 하고 이 규정에 따라 단주를 취득할 수는 없다. 회사가 이 규정에 따라 단주를 취득할 수 있는 경우는 통상의 신주발행과 같이 단주 처리방법이 법정되어 있지 않은 경우이다.

4) 주주가 주식매수청구권을 행사한 경우(4호)

합병의 승인결의 등 일부 특별결의에 반대하는 주주가 주식매수청구권을 행사하는 경우(제374조의2)와 양도 제한 주식에 대해 회사가 양도를 승인하지 않아 양도인 또는 양수인이 회사에 대하여 주식의 매수를 청구한 경우(제335조의2 제4항, 제335조의7 제2항)를 의미한다.

회사가 특정 주주와 사이에 특정한 금액으로 주식을 매수하기로 약정함으로써 사실상 매수청구를 할 수 있는 권리를 부여하여 주주가 그 권리를 행사하는 경우, 상법 제341조의2 4호가 적용되지 아니하고, 이 경우 상법 제341조에서 정한 요건 하에서만 회사의 자기주식취득이 허용되며, 위규정에서 정한 요건과 절차에 의하지 않은 자기주식취득 약정의 효력은 무효이다(대판 2021.10.28. 2020다208058).

(5) 해석상 인정되는 자기주식취득

회사의 재산적 기초를 위태롭게 할 우려가 없는 경우에는 해석상 자기주식취득이 인정된다. ①

무성으로 취득하는 경우, ② 위탁매매업자가 위탁자의 계산으로 자기주식을 매수하는 경우, ③ 신탁회사가 자기주식의 신탁을 인수하는 경우 등이다.

(6) 위법한 자기주식취득

① 배당가능이익이 없거나, 주주총회(또는 이사회) 결의 없이 자기주식을 취득하는 것처럼 제341조의 요건과 절차에 따르지 않고 자기주식을 취득하였거나, 또는 ② 상법 제341조의2가 열거하지 않은 목적을 위하여 자기주식을 취득하면 위법한 자기주식취득이 되는데, 이때 그 취득행위의 효력이 문제된다. 이에 대해 견해의 대립이 있으나 통설·판례는 양도인의 선의·악의를 불문하고 그 취득행위는 절대적으로 무효라고 본다(대판 2003.5.16. 2001다44109).

자본충실의 원칙은 주식회사에 있어 핵심적인 요청이기 때문이다. 이에 따르면 회사가 제3자 명의로 자기주식을 취득하여 양도인이 회사의 자기주식취득 사실을 몰랐다 하더라도 자기주식취득은 무효이므로, 회사는 양도인에게 주권을 반환하고 그로부터 대금을 반환 받아야 한다. 이때 양도 시에 비해 주가가 하락하여 양도인이 손해를 보았으면 회사는 양도인에게 손해배상을 해주어야 한다.

(7) 자기주식의 지위

회사는 적법하게 취득한 자기주식을 가지고 주주권을 행사할 수 있는가? 상법은 "회사가 가진 자기주식은 의결권이 없다"라는 규정만 두고 있다(제369조 제2항). 의결권 이외의 주주권에 대해서는 명문의 규정이 없어 해석으로 해결할 수밖에 없다.

1) 공익권

소수주주권이나 각종 소제기권과 같은 공익권은 성질상 인정되지 않는다는 점에 견해가 일치한다.

2) 자익권

① 이익배당청구권이나 신주인수권 등 일부 자익권은 인정될 수 있다는 견해도 있으나, ② 통설은 어떠한 자익권도 인정되지 않는다고 한다.

결국 자기주식에는 공익권·자익권 할 것 없이 어떠한 주주권도 인정되지 않으므로 자기주식은 소각된 것과 차이가 없다.

(8) 자기주식의 처분

회사는 적법하게 취득한 자기주식을 ① 계속 보유하거나, ② 소각하거나(제343조 제1항 단서), ③ 처분할 수 있다. 자기주식의 소각에 대해서는 「주식의 소각」에서 다루기로 하고 여기서는 처분에 대하여 본다.

1) 처분의 의의

자기주식의 「처분」이란 매매·대물변제와 같이 주식을 타인에게 이전하거나 질권 설정과 같이 주식에 타인을 위한 권리를 설정하는 행위를 말한다. 과거의 상법에 따르면 특정 목적을 위해 취득한 자기주식은 상당한 시기에 처분할 의무가 있었다. 그러나 2011년 개정상법은 이 처분의무에 관한 규정을 삭제하고 자기주식의 처분을 이사회의 결정에 위임하였다. 따라서 현행법 하에서는 회사는 선택에 따라 취득한 자기주식을 처분할 수도 있고 계속 보유할 수도 있다.

2) 처분주체

자기주식의 처분과 관련한 사항은 정관에 규정이 있으면 그에 따르고 그렇지 않으면 이사회가 결정한다. 이사회가 자기주식을 자유롭게 처분할 수 있으므로 취득의 상대방을 누구로 정하느냐에 따라 이사가 회사의 소유구조에 변화를 가져올 수 있게 되었다.

3) 결정사항

① 처분할 주식의 종류와 수, ② 처분할 주식의 처분가액과 납입기일, ③ 주식을 처분할 상대방 및 처분방법을 결정한다. 납입기일은 회사가 처분의 대가를 수령할 날을 의미한다.

4. 주식상호소유의 제한

(1) 의의

1) 개념

「주식의 상호 소유」란 두 회사가 서로 상대방 회사의 주식을 소유하고 있는 상태를 가리킨다. 그리고 이때 서로 소유하고 있는 상대방의 주식을 「상호주」라 한다. 상법은 ① 자회사의 모회사 주식 취득을 금지하고, ② 모자회사 관계가 아닌 경우에는 상호주의 의결권을 제한하는 방법으로 상호주 소유를 제한하고 있다.

2) 상호주 소유 제한의 이론적 근거

① 상호주의 자기주식성

주식을 회사재산에 대한 지분이라고 할 때 상호주 소유는 그 본질이 자기주식의 취득이다. 예컨대, A회사가 B회사 주식을 60%, B회사가 A회사 주식을 40% 가지고 있다고 하자. 그러면 A회사는 B회사의 모든 재산에 대하여 60%의 지분을 가지는 것이므로 B회사가 가진 A회사 주식 40%에 대해서도 60%의 지분을 갖는 셈이다. 그러면 결국 A회사는 40% × 60/100 = 24%의 자기주식을 가지는 셈이 된다.

② 자본충실의 저해

상호주는 그 본질이 자기주식이어서 상호주 소유는 자본금의 공동화 현상을 초래한다. 예컨대, A회사가 1,000만 원을 증자하고 이에 이어 B회사가 1,000만 원을 증자하는데, 발행한 신주를 서로 간에 인수한다고 하자. 양 회사는 자본금이 각각 1,000만 원씩 증가하나 순재산에는 아무런 증가가 없다. 1,000만 원이 B회사에서 A회사로 갔다가 다시 A회사에서 B회사로 돌아왔을 뿐이다. 이러한 결과는 자본금충실의 관점에서 채권자의 이익을 해하게 된다.

③ 회사지배의 왜곡

주식을 상호 소유하면 회사 경영진이 출자 없이 회사를 지배함으로써 회사지배의 왜곡이 일어난다. 즉 회사가 소유하는 주식의 의결권은 대표이사를 비롯한 경영진이 행사하므로, 주식을 상호 소유하면 각 회사의 경영진은 상대방 회사의 주주총회에서 의결권을 행사하게 된다. 그런데 각 회사 경영진은 상대방회사 주주총회에서 의결권을 행사할 때 상대방 회사의 경영진에게 협력하게 마련이다. 왜냐하면 자기 회사의 주주총회에서도 상대방 회사의 경영진이 의결권을 행사할 것이기 때문이다. 이렇게 양 회사의 경영진이 협력을 하게 되면 각 회사의 경영진은 상대방 회사의 의결권을 이용하여 출자 없이 자기 회사를 지배할 수 있게 된다.

④ 적은 지분만으로의 회사 지배

상호주 소유를 제한해야 하는 가장 큰 이유는 상호주 소유는 지배주주가 적은 지분만을 가지고 회사를 지배할 수 있는 유력한 방법이 되기 때문이다. 예를 들어 보자. A회사와 B회사가 서로 상대방 회사의 주식 50%씩을 가지고 있다. 그리고 지배주주 甲은 A·B회사의 주식을 각각 10%씩 가지고 있고 나머지 40%의 지분은 소액투자자가 분산 소유하고 있다. 이와 같은 경우 甲은 10% 지분만으로는 A·B회사를 지배하기에 부족하나, 상호주의 의결권을 이용하면 각 회사의 주주총회에서 60%의 의결권을 행사할 수 있어 A·B회사 모두를 지배할 수 있게 된다.

(2) 자회사의 모회사 주식 취득의 금지

1) 모자회사 관계의 기준

A회사가 B회사 발행주식총수의 50%를 초과하는 주식을 가지고 있는 경우, A회사를 모회사, B회사를 자회사라 한다(제342조의2 제1항 본문). 나아가서 자회사가 다른 회사의 발행주식총수의 50%를 초과하는 주식을 갖고 있거나, 모회사와 자회사가 각기 가지고 있는 다른 회사의 주식의 합계가 다른 회사 발행주식총수의 50%를 초과하는 경우에도 그 다른 회사는 모회사의 자회사로 본다(제342조의2 제3항). 이를 「손회사(孫會社)」라 부르기도 한다.

모자회사 관계는 회사의 지배에 주목하는 법리인데 의결권 없는 주식은 회사 지배와는 무관하므로 여기서 보유비율 50%의 산정은 의결권 있는 주식을 기준으로 하는 것이 이론적으로는 타당하다. 그러나 상법은 단순히 「발행주식총수」라고만 하고 있으므로 의결권이 배제·제한되는 종류주식도 포함하여 50% 보유비율을 산정하여야 한다.

2) 주식취득의 제한

자회사는 모회사 주식을 취득할 수 없다(제342조의2 제1항 본문). 누구의 이름으로 취득하든 자회사의 계산으로 취득하는 한 금지된다. 사채에 관해서는 금지 규정이 없으므로 자회사가 모회사의 전환사채나 신주인수권부사채를 취득하는 것은 가능하다. 다만 전환이나 신주인수권 행사를 통하여 신주를 취득하는 것은 금지된다.

B회사가 이미 A회사의 주식을 50% 이하로 갖고 있던 중 A회사가 B회사의 주식을 50% 초과하여 취득함으로써 사후적으로 자회사(B)가 모회사(A)의 주식을 소유하게 된 경우에는 상법 제342조의2 제1항이 적용되지 않는다. 다만 이때도 모자회사 관계가 발생하였으므로 제342조의2 제2항에 따라 자회사인 B회사는 6개월 내에 모회사인 A회사의 주식을 처분해야 한다.

3) 위반의 효과

자회사가 취득금지에 위반하여 모회사의 주식을 취득하는 경우 그 사법상 효력은 어떠한가? 자기주식취득의 경우와 동일하다. 즉 견해의 대립이 있으나 통설은 양도인의 선의·악의를 불문하고 취득행위는 절대적으로 무효라고 본다.

4) 주식취득 금지의 예외

① 자회사가 모회사의 주식을 취득할 수 있는 경우(제342조의2 제1항)

A. 주식의 포괄적 교환·이전, 회사의 합병, 다른 회사 영업 전부의 양수로 인한 때(1호)　　　포괄적 교환으로 인한 때의 경우로는 B가 A의 주식을 가지고 있던 중 포괄적 교환에 의해 A의 자회사가 된 경우를 들 수 있다. 포괄적 이전으로 인한 때의 경우로는 B_1의 자회사 C가 B_2의 주식을 소유하던 중 B_1과 B_2가 주식이전에 의해 모회사 A를 설립하는 경우를 들 수 있다. 이 경우 C는 A의 자회사(손회사)가 되는데, 자신이 소유하던 B_2주식의 몫으로 A주식을 배정받으므로 결과적으로 모회사의 주식을 취득하게 된다.

B. 회사가 권리를 실행함에 있어 그 목적을 달성하기 위하여 필요한 때(2호)

② 취득한 모회사 주식의 지위

이상의 예외에 해당하여 자회사가 모회사 주식을 취득하더라도 자회사는 그 주식을 취득한 날로부터 6월 이내에 모회사의 주식을 처분하여야 한다(제342조의2 제2항). 모회사주식을 처분할 때까지는 자회사가 취득한 모회사의 주식은 자기주식과 마찬가지로 일체의 권리행사가 휴지된다. 특히 의결권의 경우, 자회사가 가진 모회사 주식은 상법 제369조 제3항의 상호주에 해당하므로 의결권이 없다.

(3) 비모자회사 간 상호주의 의결권 제한

1) 의결권의 제한

① 회사, ② 모회사 및 자회사, ③ 자회사가 다른 회사 발행주식총수의 10%를 초과하는 주식을 가지고 있으면 그 다른 회사가 가지고 있는 회사 또는 모회사의 주식은 의결권이 없다(제369조 제3항). 상호주를 통해 출자 없는 자가 의결권 행사를 함으로써 주주총회결의와 회사의 지배구조가 왜곡되는 것을 방지하기 위함이다(대판 2009.1.30. 2006다31269).

예를 들어 보자. A회사는 S회사의 모회사이다. 이때 ① A회사가 B회사의 지분을 15% 보유하고 있다면 B회사가 가지고 있는 A회사 주식은 의결권이 없다. ② A회사와 S회사가 각각 B회사의 지분을 6%씩 보유하고 있다면 B회사가 가지고 있는 A회사 주식은 의결권이 없다. 이때 B회사가 가지는 S회사의 주식은 의결권이 있다는 점에 주의하자. ③ S회사가 B회사의 지분을 15% 보유하고 있으면, B회사가 가지고 있는 A회사와 S회사의 주식은 모두 의결권이 없다. A회사 주식은 조문의 세 번째 경우에 해당하여 의결권이 없다. 한편 S회사 주식은 조문의 첫 번째에 해당하여 A회사와 상관 없이 상호소유가 성립하기 때문에 의결권이 없는 것이다. ④ A회사와 B회사가 서로 상대방 지분의 15%씩을 보유하고 있다면 양 회사의 주식은 모두 의결권이 없다.

2) 요건

① 지분비율 산정의 기준

상호주가 성립하기 위한 지분비율 10%는 「발행주식총수」를 기준으로 산정한다. 의결권 있는 주식의 수만을 기준으로 하지 않으므로 의결권이 배제·제한된 종류주식도 고려하여 산정한다. 상호주는 의결권의 행사를 통한 회사의 지배에 주목하고 있으므로 의결권 있는 주식만을 기준으로 하는 것이 합리적이기는 하나 상법은 발행주식총수를 기준으로 하고 있다.

② 비모자회사 관계

상호주로 의결권이 부인되기 위해서는 주식을 상호 소유하는 두 회사가 모자회사 관계에 있지 않아야 한다. A회사가 B회사 지분의 50%를 초과하여 소유하게 되면 B회사는 A회사의 주식을 취득할 수 없기 때문에(제342조의2) 상호주가 성립될 여지가 없다.

3) 상호주 판단의 기준

A회사가 B회사 주식의 12%를 취득하였으나 아직 명의개서를 하지 않고 있는 경우 B회사가 보유하는 A회사 주식은 의결권이 있는가?

① 판단의 기준시점

A회사가 B회사 주식을 10%를 초과하여 보유하고 있는지 여부는 A회사 주주총회에서 B회사의 의결권행사를 차단하기 위해 논하는 것이므로 A회사의 주주총회일을 기준으로 판단해야 한다. 판례도 "기준일에는 상법 제369조 제3항이 정한 요건에 해당하지 않더라도, 실제로 의결권이 행사되는 주주총회일에 위 요건을 충족하는 경우에는 상법 제369조 제3항이 정하는 상호소유 주식에 해당하여 의결권이 없다(대판 2009.1.30. 2006다31269)."라고 판시하였다.

② 판단의 기준

그런데 그 판단은 A회사 총회일 현재 B회사의 주주명부를 기준으로 하는가 아니면 실제 주식보유현황을 기준으로 하는가? 만약 B회사 주주명부를 기준으로 한다면 총회일 현재 A회사는 명의개서를 하지 않았으므로 B회사의 지분 12%를 가지고 있다고 할 수 없고, 그러면 B회사는 A회사 주주총회에서 의결권을 행사할 수 있게 된다. 반면 실제 보유현황을 기준으로 한다면 A회사는 총회일 현재 B회사의 지분 12% 가지고 있는 것이고, 그러면 B회사는 A회사 주주총회에서 의결권을 행사할 수 없다. 판례는 실제보유현황을 기준으로 판단한다. 즉 "회사, 모회사 및 자회사 또는 자회사가 다른 회사 발행주식 총수의 10분의 1을 초과하는 주식을 가지고 있는지 여부는 실제로 소유하고 있는 주식수를 기준으로 판단하여야 하며 그에 관하여 주주명부상의 명의개서를 하였는지 여부와는 관계가 없다(대판 2009.1.30. 2006다31269)."라고 판시하였다. 상호주의 의결권을 제한하는 이유는 A회사가 B회사 주식의 10%를 초과하여 갖고 있으면 A회사의 주주총회에서 B회사가 의결권을 행사할 때 A회사가 사실상의 영향력을 행사하여 그 의결권 행사를 왜곡시킬 수 있기 때문이다. 그런데 A회사가 B회사의 주식을 10%를 초과하여 보유하고 있다면 설사 명의개서를 하지 않았다 하여도 B회사의 의결권 행사에 영향력을 행사할 수 있다. 그래서 명의개서와 상관 없이 실제 보유현황을 기준으로 판단하는 것이다.

4) 효과

상호주는 의결권이 박탈되는 결과 의결권을 전제로 한 권리도 박탈된다. 따라서 주주총회의 소집통지를 받을 권리도 없다. 아울러 의결권이 없는 주식은 정족수 계산에서도 제외된다(제371조 제1항). 다만 종류주주총회에서의 의결권은 갖는다고 본다. 의결권만 없어질 따름이고, 의결권 이외의 자익권과 공익권은 어느 것이든 제한되지 않는다.

5. 주식취득의 통지의무

(1) 의의

1) 통지의무

회사가 다른 회사의 발행주식총수의 10분의 1을 초과하여 취득한 때에는 그 다른 회사에 대하여 지체 없이 이를 통지하여야 한다(제342조의3).

2) 취지

A회사가 B회사의 주식을 10%를 초과하여 취득하면 B회사는 A회사의 지배에 복종해야 한다. A회사가 B회사 주주총회에서 기습적으로 의결권을 행사하여 임원을 교체해 버릴 수도 있다. 이때 B회사가 A회사의 복종을 받지 않는 방법은 B회사도 A회사의 주식을 10%를 초과하여 취득하는 것이다. 그러면 상호보유주식의 의결권 제한 규정에 의해 쌍방의 주식이 모두 의결권이 없어지기 때문이다. B회사가 이런 기회를 갖기 위해서는 A회사의 주식 취득 사실을 B회사가 알아야 하므로 상법은 위와 같이 A회사에게 주식취득의 통지의무를 인정한 것이다.

(2) 통지사항 및 통지의 방법·시기

통지해야 할 사항은 취득한 주식의 종류와 수이다. 통지 방법에는 제한이 없으나 통지를 하였다는 사실에 대한 입증책임은 주식을 취득한 회사가 부담한다. 통지는 주식의 취득 후 지체 없이 이루어져야 한다. 명의개서 여부는 상관없다.

(3) 위반의 효과

통지의무 이행을 게을리 한 경우의 효력에 대하여 상법은 아무 규정도 두고 있지 않다. 입법의 불비이다. 다만 입법목적이 기습적인 의결권 행사의 방지에 있는 만큼, 통지를 게을리한 경우에는 의결권을 행사할 수 없다고 해석한다.

(4) 대리권 취득 시의 통지의무 인정 여부

A회사가 B회사의 주식을 취득한 것이 아니라 B회사 주주총회에서의 의결권 행사에 관한 대리권만을 취득한 경우에도 발행주식총수의 10%를 초과하여 취득하면 A회사는 통지의무를 부담하는가?

판례는 이를 부정한다. 즉 "의결권을 위임받아 의결권을 대리행사하는 경우에는 회사가 다른 회사의 발행주식 총수의 10분의 1을 초과하여 의결권을 대리행사할 권한을 취득하였다고 하여도 상법 제342조의3이 유추적용되지 않는다(대판 2001.5.15. 2001다12973)."라고 판시하였다.

판례는 통지의무의 취지를 B회사에게 A회사 주식을 10%를 초과해 취득하여 A회사가 B회사 주식의 의결권을 행사할 수 없도록 함으로써 경영권을 방어할 수 있는 기회를 제공하기 위한 것으로 본다. 그런데 B회사가 A회사의 주식을 취득하여도 A회사의 대리권은 소멸하지 않으므로 대리권 취득 시에는 통지의무를 인정할 이유가 없는 것이다.

05 주식에 대한 담보설정

1. 담보설정의 자유와 제한

주식은 재산적 가치를 가지며 양도 가능하므로 채권의 담보가 될 수 있다. 주식을 담보로 제공하는 것은 원칙적으로 자유이나 다음과 같이 제한되는 경우가 있다.

(1) 권리주의 담보

권리주의 양도가 회사에 대하여 효력이 없는 것과 같이(제319조), 권리주의 입질 또는 양도담보도 당사자 사이에서만 유효하고 회사에 대해서는 효력이 없다.

(2) 주권발행 전 주식의 담보

주권발행 전 주식의 양도가 회사에 대하여 효력이 없는 것과 같이(제335조 제3항), 주권발행 전 주식의 입질 또는 양도담보도 당사자 사이에서만 유효하고 회사에 대해서는 효력이 없다. 그러나 회사 성립 후 또는 신주의 납입기일 후 6월이 경과한 때에는 주권이 없어도 주식에 대하여 담보를 설정하여 회사에 대항할 수 있다(제335조 제3항 단서).

(3) 자기주식의 담보

1) 의의 및 취지

자기주식에 질권을 설정 받는 것은 원칙적으로 자유이나 수량의 제한이 있다. 즉 회사는 발행주식총수의 20분의 1, 즉 5%를 초과하여 자기의 주식을 질권의 목적으로 받지 못한다(제341조의3 본문). 자기계산으로 하는 자기주식의 취득과 비슷한 위험이 있기 때문이다.

2) 제한위반의 효과

회사가 발행주식총수의 20분의 1을 초과하여 자기주식을 질권의 목적으로 받은 경우 그 초과 부분에 대한 질권의 효력은 어떻게 되는가? 이에 대해서도 자기주식 취득금지 위반의 경우와 같이 견해의 대립이 있다. 다만 자기주식취득금지 위반의 경우에는 무효설이 다수설이었으나 이 경우에는 유효설이 다수설이다. 자기주식이라도 담보가 있는 것이 없는 것보다는 낫고, 자기주식의 질취는 수량의 제한이 있을 뿐 원칙적으로는 허용되는 것이기 때문이다. 그러면 회사는 그 제한을 초과하여 취득한 부분을 어떻게 처리해야 하는가? 명문의 규정은 없으나 회사는 상당한 기간 내에 이를 처분하여야 한다고 본다.

3) 제한의 예외

회사는 예외적으로 「회사의 합병 또는 다른 회사의 영업전부의 양수로 인한 때」와 「회사의 권리를 실행함에 있어 그 목적을 달성하기 위하여 필요한 때」에는 발행주식총수의 20분의 1을 초과하여 자기주식을 질권의 목적으로 할 수 있다(제341조의3).

4) 질취한 자기주식의 지위

회사는 질취한 자기주식에 대하여 주식에 대한 일반적인 질권자와 동일하게 권리를 행사할 수 있다. 그리고 의결권 등 공익권은 회사가 행사할 수 없고 질권설정자인 주주가 행사할 수 있다. 자세한 내용은 후술한다. 회사가 취득한 자기주식은 공익권·자익권 할 것 없이 모두 휴지되는 것과 대비된다.

5) 자회사의 모회사 주식 질취

상법에는 이에 대한 제한 규정이 없으므로, 자회사가 모회사 주식에 질권을 설정 받는 것은 아무런 제한 없이 허용된다.

2. 주식의 입질

(1) 질권의 설정 방법

주식에 질권을 설정하는 방법에는 약식질과 등록질 두 가지가 있다. 이 두 가지는 설정 방법뿐만 아니라 효력에서도 차이가 난다.

1) 약식질

① 약실질의 성립

약식질은 질권설정의 합의와 주권의 교부에 의해 성립한다(제338조 제1항).

② 제3자에 대한 대항요건

그 질권으로써 회사를 포함한 제3자에게 대항하기 위해서는 질권자는 주권을 계속하여 점유하여야 한다(제338조 제2항). 따라서 질권자가 회사에게 물상대위권 등 질권의 효력을 주장하기 위해서는 회사에 대하여 주권을 제시해야 하고, 질권설정자의 채권자에게 우선변제권을 주장하기 위해서는 주권을 계속 점유해야 한다.

2) 등록질

① 등록질의 성립

등록질은 질권설정의 합의, 주권의 교부와 더불어 회사가 질권설정자의 청구에 따라 질권자의 성명과 주소를 주주명부에 기재함으로써 성립한다(제340조 제1항). 등록은 질권자가 아니라 질권설정자가 청구한다는 점에 유의하자. 법조문은 「질권자의 성명을 주권에 적을 것」까지 요구하나, 통설은 질권자의 성명을 주권에 기재하지 않아도 등록질은 성립한다고 해석한다. 질권 설정의 회사에 대한 대항요건은 주주명부의 기재로 충분하기 때문이다.

② 제3자에 대한 대항요건

등록질권자는 주주명부에 질권을 등록하였으므로 회사에 대하여 물상대위권, 이익배당청구권 등 권리를 행사하기 위해 주권을 제시하거나 그 밖의 방법으로 권리를 증명할 필요가 없다. 약식질과 다른 부분이다. 다만 등록질권자도 그 질권으로써 회사 이외의 제3자에게 대항하기 위해서는 주권을 계속 점유해야 한다(제338조 제2항).

(2) 질권의 효력

질권자가 민법에 따라 유치권, 우선변제권, 전질권, 물상대위권을 가지는 것은 당연하다. 상법은 이에 더하여 담보로 취득한 주식이 다양하게 변형될 수 있다는 특성을 반영하여 물상대위의 범위를 확대하는 규정을 두고 있고, 또 우선변제에 관해서도 별도의 규정을 두고 있다.

1) 물상대위

① 물상대위의 인정 범위

A. 주식 자체의 변형물에 대한 물상대위

ⓐ 제339조에 의한 물상대위   질권자는 주식의 소각·병합·분할·전환이 있는 때에는 이로 인하여 종전의 주주가 받을 금전이나 주식에 대하여도 종전의 주식을 목적으로 한 질권을 행사할 수 있다(제339조).

ⓑ 제339조의 준용에 의한 물상대위   질권자는 준비금을 자본전입해서 발행하는 신주(제461조 제6항), 신주발행의 무효가 확정되어 주주에게 환급하는 주식납입금(제432조 제3항)에 대하여 질권을 행사할 수 있다. 또 합병 시 존속법인이 소멸법인의 주주에게 지급·발행하는 합병교부금이나 신주에 대하여 소멸법인의 주식에 대한 질권자는 질권을 행사할 수 있다(제530조 제4항). 그리고 주식의 포괄적 교환·이전의 무효판결이 내려진 경우 모회사가 자회사의 주주에게 발행한 모회사의 주식은 무효가 되고 모회사는 자회사 주주에게 자회사의 주식을 반환해야 하는데, 이때 모회사의 주식에 이미 설정된 질권은 반환되는 자회사의 주식에 물상대위한다(제360조의14 제4항, 제360조의23 제4항).

ⓒ 해석상 인정되는 물상대위   명문의 규정은 없으나, 회사분할 시에 분할회사의 주주에게 교부되는 신설회사의 주식 또는 교부금(제530조의5 제1항 4호·5호), 주식양도의 승인이 거부된 주주나 영업양도 등의 결의에 반대한 주주가 주식매수청구권을 행사하여 받은 주식의 대금(제335조의2 제4항, 제374조의2 제1항 등), 주식의 교환이전에 의해 자회사의 주주가 받는 모회사의 주식 또는 교부금(제360조의3 제3항 2호 및 4호, 제360조의16 제1항 2호 및 4호)에도 질권의 효력이 미친다.

B. 자익권에 대한 질권의 효력   질권의 효력은 주식 자체의 변형물이 아니라 이익배당청구권이나 신주인수권과 같은 자익권에도 미치는가? 다시 말해 질권자가 질권설정자의 이익배당금이나 분배 받는 잔여재산, 또는 질권설정자가 주식배당에 의해 배당 받는 주식이나 신주인수권을 행사하여 발행 받는 신주에 질권을 행사하여 그것들로부터 채권의 만족을 얻을 수 있는가의 문제이다. 등록질에 대해서는 일부에 대해 명문의 규정이 있다. 등록질은 주주가 회사로부터 받을 이익배당, 잔여재산의 분배 그리고 주식배당에 대해 그 효력이 미친다(제340조 제1항, 제462조의2 제6항). 그러나 약식질에는 그와 같은 명문의 규정이 없어 해석에 의하고 있다.

ⓐ 이익배당청구권   이익배당청구권에 약식질의 효력이 미치는지에 관해서는 긍정설과 부정설이 대립한다. (a) 긍정설은 이익배당금은 주식의 과실에 준하는데 과실에는 질권의 효력이 미친다는 점을 근거로 하고, (b) 부정설은 약식질은 회사와 무관하게 이루어지고 주식의 교환가치만을 담보로 한다는 점을 근거로 한다.

ⓑ 잔여재산분배청구권   잔여재산분배청구권에 대해서는 이익배당청구권의 경우와는 다르게 약식질의 효력이 미친다는 데 견해가 일치한다. 잔여재산분배청구권은 그 본질이 회사 해산시 주식의 변형물이기 때문이다.

ⓒ 주식배당청구권   주식배당청구권에도 약식질의 효력이 미치는가? 후술하는 바와 같이 주식배당의 성질에 관해서는 주식분할로 보는 견해와 이익배당으로 보는 견해가 대립한다. 주식배당

의 성질을 주식분할로 보면 배당된 주식은 주식의 변형물이므로 약식질의 효력이 이에 미치게 된다. 반면 이익배당으로 보면 이익배당금에 약식질의 효력이 미치는가에 관한 위 논의가 여기에도 적용된다.

ⓓ 신주인수권　신주인수권에 질권의 효력이 미치는가? 예를 들어 甲이 乙로부터 돈을 빌리면서 그에게 보유하고 있던 시가 1만 원짜리 A회사 주식 100주에 질권을 설정해 주었다고 하자. A회사가 종전과 같은 수량의 신주를 발행하였고 주주들이 1주당 5,000원씩에 신주를 인수하였다. 이때 甲이 신주에 대한 납입을 하고 신주를 취득하면 乙은 甲이 취득하는 신주의 주권을 교부해달라고 청구하여 그 신주에 질권을 행사할 수 있는가? 이에 대해서는 약식질 뿐만 아니라 등록질에 대해서도 아무런 규정이 없다. 이에 대해 견해의 대립이 있는데, ⅰ) 부정설은 신주인수권의 행사에는 별도의 주금납입이 필요하므로 신주는 주식의 변형물이라고 보기 어렵고, 긍정설에 따르면 질권설정자에게 추가 담보의 제공을 강요하는 것이 되며, 주주가 반드시 신주인수권을 행사한다고 볼 수 없어 담보권자의 보호가 절실하지 않다는 점을 근거로 한다. ⅱ) 반면 긍정설은 위 예에서 신주가 발행되면 입질된 주식의 주가가 이론상으로 1주당 1만 원에서 7,500원으로 감소하는 것처럼 시가보다 낮은 가격으로 신주가 발행되면 입질된 주식의 담보가치가 감소하므로, 질권자 보호를 위해서는 신주에 질권의 효력이 미쳐야 한다는 점을 근거로 한다. 통설은 부정설을 취한다.

② 물상대위권의 행사 방법

A. 등록질　등록질권자는 주주명부에 권리가 공시되어 있으므로 물상대위의 목적물을 압류하거나 자신의 질권을 입증하지 않아도 바로 회사에 대하여 물상대위권을 행사할 수 있다. 즉 물상대위의 대상이 금전인 때에는 직접 회사로부터 지급 받아 다른 채권자에 우선하여 자기 채권의 변제에 충당할 수 있고(제340조 제1항), 주식인 때에는 회사에 대해 그 주권의 교부를 청구할 수 있다(제340조 제3항).

B. 약식질　약식질권자의 물상대위권 행사방법에 관해서는 상법에 규정이 없다. 통설에 따르면 약식질권자는 민사질의 물상대위에 관한 일반원칙(민법 제355조 → 제342조 후단)에 따라 회사가 주주에게 주권 또는 금전을 교부·지급하기 전에 물상대위의 목적물을 압류하여야 한다. 약식질은 주주명부에 질권자가 드러나지 않아 회사는 주주명부상의 주주에게 주권이나 금전을 교부하거나 지급하게 되는데, 이렇게 되면 물상대위의 목적물이 주주의 일반재산과 합쳐져 질권자로 하여금 추급하게 하는 것이 부적당해지기 때문이다.

2) 우선변제권

① 질물로부터의 우선변제권

질권이 설정된 주식을 경매하여 우선변제 받을 수 있음은 질권의 효력상 당연하다(민법 제355조 → 제338조 제1항).

② 질물상 대위에 의한 우선변제권

등록질이나 약식질이나 물상대위의 목적물이 금전일 때에는 그것을 가지고 우선변제에 충당할 수 있고, 주식일 때에는 경매하여 그 대금을 우선변제에 충당할 수 있다. 한편 등록질권자는 물상대위의 목적물이 금전채권일 때 그 금전채권의 변제기가 질권자의 채권의 변제기보다 먼저 도래한 경우 회사에 대하여 그 변제금액의 공탁을 청구할 수 있고, 이때 질권은 그 공탁금에 존재한다(제340조 제2항 → 제353조). 위의 예에서 乙이 등록질권자라고 하자. 甲의 A회사에 대한 이익배당청구권은 변제기가 도래하였는데 乙의 甲에 대한 대여금반환채권은 아직 변제기가 도래하지 않았다면 乙이 곧바로 A회사로부터 이익배당금을 지급 받아 이를 대여금반환채권의 변제에 충당할 수는 없다. 이를 허용하면 甲에 대하여 변제기 전의 변제를 강요하는 것과 마찬가지이기 때문이다. 이때 乙은 A회사에게 이익배당금을 공탁할 것을 청구할 수 있고, A회사가 공탁을 하면 乙의 질권은 그 공탁금에 존재하게 된다.

3) 기타

① 주주권의 귀속

질권자는 주식의 교환가치만을 장악할 뿐 주주권을 취득하는 것은 아니다. 따라서 의결권 등 공익권은 질권자가 행사할 수 없고 질권설정자가 행사한다. 질권의 효력이 미치는 권리도 이에 대해 질권자가 질권을 행사할 수 있음은 별론으로 하고 그 귀속은 질권설정자인 주주에게 한다.

② 회사의 통지의무

상법은 주식이 변형물화하여 물상대위의 사항이 발생할 경우 질권자가 적시에 권리를 행사할 수 있도록 회사로 하여금 질권자에게 그 사실을 통지하도록 하는 규정도 두고 있다(제440조, 제461조 제6항, 제462조의2 제5항). 이 통지는 등록질권자에게만 하면 족하다. 약식질권자는 회사가 알지 못하기 때문이다.

3. 주식의 양도담보

(1) 성립

주식의 양도담보는 상법에는 규정이 없고 관습법에 의해 인정된 것이나, 채권확보가 질권보다 유리하고 집행이 간편해 실제로는 질권보다 더 자주 이용되고 있다.

양도담보도 질권과 마찬가지로 약식양도담보와 등록양도담보가 있다. ① 약식양도담보는「양도담보 설정의 합의」와「주권의 교부」에 의해 성립하고, ② 등록양도담보는 이 외에「명의개서」까지 함으로서 성립한다.

(2) 양도담보권자의 지위

양도담보권자는 대외적으로 주식의 소유자이다. 따라서 회사와의 관계에서, 등록양도담보권자는 모든 주주권을 행사할 수 있고 약식양도담보권자도 명의개서를 하고 주주권을 행사할 수 있다. 판례도 "채권담보의 목적으로 주식이 양도되어 양수인이 양도담보권자에 불과하다고 하더라도 회사에 대한 관계에는 양도담보권자가 주주의 자격을 갖는다(대판 1993.12.28. 93다8719)."라고 하였다. 또 양도담보권자가 담보된 주식을 제3자에게 양도하면 특별한 사정이 없는 한 제3자는 정당하게 주주권 취득하고 양도담보설정자는 주주권을 상실한다.

(3) 담보권의 실행

민법상 양도담보권자는 채무자의 채무불이행시 우선변제권에 근거하여 담보목적물을 환가하여 청산하는 방식으로 채권의 만족을 얻어야 하며 담보목적물의 소유권을 취득할 수는 없다. 주식의 양도담보권자도 마찬가지로 해석하는 것이 원칙이다. 다만 상행위로 인한 채권의 담보에 관해서는 유질계약이 허용되므로, 같은 취지에서 상행위로 인한 채권의 담보를 위해 양도담보권이 설정된 경우 양도담보권자는 담보목적물의 소유권을 취득하는 방식으로 채권의 만족을 얻을 수 있다고 본다.

06 주식의 소각·분할·병합

1. 총설

앞서 살펴본 주식의 양도는 주주가 교체될 뿐이었으나, 주식의 소각·분할·병합은 주주의 교체 없이 주식이 수량적으로 소멸·증감함으로써 주주권의 변동이 생기는 예이다.

2. 주식의 소각

(1) 의의

주식의 소각이란 회사의 존속 중에 발행주식의 일부를 소멸시키는 회사의 행위이다. 주식 자체가 소멸한다는 점에서 주식에는 영향이 없고 주권만 무효화 시키는 제권판결과 구별된다.

(2) 종류

주식의 소각은 보통 그 주식에 상응하는 회사재산의 감소를 수반한다. 그런데 동일한 금액이 감소하여도, 자본금이 감소하면 채권자의 이익을 침해하므로 채권자보호절차를 밟아야 하나, 자본금이 감소하지 않으면 채권자보호절차를 밟지 않아도 되는 등 자본금 감소 여부는 주식의 소각에서 중요한 의미가 있다. 상법 제343조 제1항은 "주식은 자본금 감소에 관한 규정에 따라서만 소각할 수 있다. 다만 이사회의 결의에 의하여 회사가 보유하는 자기주식을 소각하는 경우에는 그러하지 아니하다"라고 규정하여, 주식의 소각을 ① 자본금을 가지고 하려면 자본금감소의 절차에 따르도록 하고, ② 배당가능이익을 재원으로 하려면 자기주식을 취득한 다음 이사회의 결의로 하도록 하였다.

(3) 제343조 제1항 본문의 주식 소각

자본금 감소에 관한 규정에 따라 소각한다. 즉 ① 주주총회의 특별결의로 소각의 방법을 정해야 하고(제438조, 제439조 제1항), ② 채권자보호절차를 밟아야 하며(제439조 제2항, 제3항), ③ 소각을 위해서는 주주들로부터 주권을 회수해야 하므로 주권 제출을 공고해야 한다(제440조). 그리고 ④ 주식소각의 효력은 주권제출이 완료되고 채권자보호절차가 완료됨으로써 발생한다(제441조).

(4) 자기주식의 소각(제343조 제1항 단서)

1) 의의

자기주식은 배당가능이익으로 취득하는 자기주식(제341조)과 특정 목적을 위해 취득한 자기주식(제341조의2)이 있다. 이 중 제343조 제1항 단서에 따라 이사회의 결의로 소각할 수 있는 자기주식은 배당가능이익으로 취득한 자기주식에 한한다. 특정 목적을 위해 취득한 자기주식은 그 취득의 재원이 이익이 아니어서 소각을 함에 있어서는 그에 상응하는 자본금의 감소가 이루어져야 하므로 제343조 제1항 본문이 적용되어야 하기 때문이다.

2) 배당가능이익의 필요성

회사가 자기주식을 취득할 때는 반드시 회사에 배당가능이익이 있어야 하나, 일단 배당가능이익으로 자기주식을 취득한 이상 주식소각의 시점에는 배당가능이익이 반드시 있어야 하는 것은 아니다.

3) 절차

상법은 자기주식의 소각 절차를 별도로 규정하고 있지 않다. 회사가 보유하고 있는 주식을 소각하는 것이므로 소각을 위한 공고(제440조)나 채권자보호절차(제441조 → 제232조)는 불필요하다. 결국 이사회가 소각할 주식의 종류와 수를 정하는 결의를 하고, 효력발생일을 정하여야 한다. 그리고 소각된 주식이 유통되지 않도록 주권을 폐기해야 하고 주주명부에서도 말소해야 한다.

4) 자본금에 미치는 효과

발행주식수의 감소에도 불구하고 자본금은 변하지 않는다. 그 결과 액면주식에서는 자본금이 주식의 액면총액이라는 등식이 성립하지 않게 된다. 자세한 내용은 상환주식에서 상환의 효과 부분을 참고하기 바란다.

(5) 주식의 소각이 미발행주식수에 미치는 영향

주식을 소각하면 현재의 발행주식수가 감소하므로 발행예정주식총수의 미발행부분이 증가한다. 그러나 통설은 그 증가된 미발행주식수만큼 주식을 다시 발행할 수는 없다고 한다. 소각한 부분만큼 주식을 다시 발행할 수 있다면 신주발행에 관한 무한의 수권을 부여하는 결과가 되기 때문이다. 자세한 내용은 상환주식에서 상환의 효과 부분을 참고하기 바란다.

3. 주식의 분할

(1) 의의

주식의 분할이란 기존의 주식을 나누어 발행주식수를 증가시키는 것을 말한다. 예를 들어 시가 100,000원짜리 주식 1주를 1:10으로 분할하여 10,000원짜리 주식 10주로 만드는 식이다. 주식분할은 일반적으로 주가가 너무 높아서 주식의 유통성이 떨어질 때 주당 가격을 낮춰 주식의 거래를 촉진하기 위해 이루어진다.

액면주식의 분할이란 곧 액면분할을 의미한다. 액면가를 일정비율로 감소시키고, 그 역의 배수로 주식수를 늘리는 것이다. 예컨대, 현재의 액면가 10,000원인 주식 1주를 1:2로 분할하여 액면가

5,000원의 신주 2주를 발행하는 것이다. 반면 무액면주식의 분할은 종전의 주식을 세분하여 발행 주식총수를 증가시키는 의미만을 갖는다.

(2) 요건 — 주주총회의 특별결의

1) 액면주식

① 액면주식의 분할에는 주주총회의 특별결의를 요한다(제329조의2 제1항). 주식분할은 회사의 순자산이나 자본금에 영향을 주지도 않고 주주나 채권자의 이익에도 영향을 주지 않으므로 회사입장에서 그다지 중요한 의사결정이 아니다. 그러나 액면주식의 분할은 액면분할을 의미하고 액면가는 정관의 절대적 기재사항이므로(제289조 제1항 4호), 정관 변경을 위해 주주총회의 특별결의가 요구되는 것이다. ② 주식 분할 후 1주당 액면금액을 100원 미만으로 하지는 못한다(제329조의2 제2항).

2) 무액면주식

무액면주식의 분할에도 주주총회의 특별결의가 있어야 한다. 무액면주식의 분할에 의해서는 정관의 절대적 기재사항이 변하지 않으므로 무액면주식의 분할에 주주총회의 특별결의를 요구할 이유는 없다. 그러나 상법이 액면·무액면을 가리지 않고 주식의 분할에는 주주총회의 특별결의를 요하고 있으므로 해석상으로는 그렇게 볼 수밖에 없다.

(3) 절차

1) 액면주식

① 회사는 1월 이상의 기간을 정하여 주식분할을 한다는 뜻과 그 기간 내에 주권을 회사에 제출할 것을 공고하고 주주명부에 기재된 주주와 질권자에 대하여 각 별로 그 통지를 하여야 한다(제329조의2 제3항 → 제440조). ② 주식분할로 인해 주권의 기재사항이 달라지므로 회사는 주주에게 주주가 제출한 주권에 갈음하여 새로운 주권을 교부해야 한다. 구주권을 회사에 제출할 수 없는 자가 있는 때에는 이해관계인의 이의 제출을 최고하는 소정의 공고 절차를 거쳐 새 주권을 청구자에게 교부할 수 있다(제329조의2 제3항 → 제442조 제1항). ③ 단주가 생기는 경우에는 단주를 매각하여 그 대금을 단주의 주주에게 지급한다(제329조의2 제3항 → 제443조 제1항).

2) 무액면주식

대체로 액면주식의 분할 절차와 같다. 다만 무액면주식은 회사가 주주에게 추가로 신주를 발행하면 그만이고, 주권상의 권리기재가 달라지지 않으므로 주주로부터 주권을 제출 받을 필요는 없다. 따라서 주권 제출의 공고와 통지 규정(제440조)은 무액면주식에는 준용되지 않는다.

(4) 분할의 효력발생시기

1) 액면주식

주식의 분할은 주주에 대한 주권 제출의 공고기간이 만료한 때에 효력이 발생한다(제329조의2 제3항 → 제441조 본문). 제329조의2 제3항이 제441조 단서까지 준용하고 있어 주식의 분할도 채권자보호절차가 종료해야 효력이 발생한다고 오해할 수도 있으나, 주식의 분할에는 채권자보호절차가 필요 없으므로 공고기간의 만료만으로 효력이 발생한다.

2) 무액면주식

무액면주식의 분할에는 주권의 제출이 필요 없으므로 제441조는 준용되지 않는다. 따라서 주권 제출의 공고기간이 만료한 때 효력이 발생한다고 할 수는 없고 주주총회가 분할을 결의할 때 효력 발생일을 정해야 한다.

(5) 효과

① 주식을 분할하면 회사의 발행주식총수가 증가하나 순자산이나 자본금은 변하지 않는다. ② 그리고 발행주식수 증가와 같은 비율로 모든 주주의 소유주식수도 증가하지만 회사의 순자산이 변하지 않으므로 주주가 소유한 주식의 1주당 순자산가치는 주식 수의 증가와 역비례로 감소하고 결국 주주가 소유한 주식의 실질 가치에는 변함이 없다.

분할 전후의 주식은 동일성이 유지되므로 분할 전의 주식에 대한 질권은 분할 후의 신주식에 대해 효력이 미친다(제339조).

4. 주식의 병합

주식의 병합은 여러 주식을 합하여 그보다 적은 수의 주식을 만드는 것을 말한다. 예컨대, 5주를 3주로 하는 것과 같다. 주식의 병합은 통상 단주를 발생시키고 주식의 유통성을 줄여 각 주주의 이해에 영향을 줄 수 있기 때문에 자본감소(제440조), 합병(제530조 제3항)·분할(제530조의11 제1항)의 경우에 한해 인정된다. 상법은 제440조 이하에서 자본금감소의 일부로 주식병합을 규정하고 있으므로 자본금 감소와 관련하여 후술한다.

07 지배주주에 의한 소수주식의 전부취득

1. 총설

2011년 개정상법은 미국과 유럽 제도인 소수주주의 축출방법을 도입하였다. 즉 회사의 발행주식총수의 100분의 95 이상을 보유한 지배주주가 소수주주들에 대하여 그 보유주식의 매도를 청구하거나(제360조의24), 반대로 소수주주들이 지배주주에 대하여 자신이 보유하는 주식의 매수를 청구할 수 있는 제도(제360조의25)를 도입하였다.

2. 지배주주의 매도청구권

(1) 의의 및 성질

회사의 발행주식총수의 100분의 95 이상을 자기의 계산으로 보유하고 있는 주주(지배주주)는 회사의 경영상 목적을 달성하기 위하여 필요한 경우에는 회사의 다른 주주(소수주주)에게 그 보유하는 주식의 매도를 청구할 수 있다(제360조의24 제1항). 지배주주가 매도청구권을 행사하면 소수주주에게 매도의무가 발생하므로 주식매도청구권은 형성권이다.

(2) 요건

1) 발행주식총수의 95% 이상을 자기의 계산으로 보유

① 자기주식을 포함하여 의결권이 없는 주식이 회사의 발행주식총수(분모)에 포함되는지에 관하여 견해의 대립이 있으나, 판례는 분모인 발행주식총수의 산정 시에도 자기주식을 포함시키는 것이 타당하다고 본다. 즉 판례는 분모와 분자에 모두 포함시키는 입장을 취한다(대결 2017.7.14. 2016마230).

② 지배주주에 해당하기 위하여 회사의 발행주식총수의 100분의 95 이상을 자기의 계산으로 보유하여야 하는 바, 모회사와 자회사가 대상회사의 주식을 함께 보유하는 경우에는 모회사와 자회사가 보유하는 주식을 합산한다(제360조의24 제2항).

2) 경영상 목적

매도청구를 위하여는 경영상 목적이 있어야 한다(제360조의24 제1항). 이 때 경영상 목적은 신주 등의 제3자 배정(제418조 제2항 단서)의 경우에서도 등장하는 표현과 동일하지만, 이 경우와는 다르게 이 요건은 부정되는 사례가 거의 없다.

3) 주주총회의 승인

매도청구를 할 때에는 주주총회의 사전승인을 받아야 한다(제360조의24 제3항). 이 경우 지배주주는 제368조 제3항의 특별이해관계인이 아니다(통설).

(3) 공시와 매도청구권의 행사

위의 요건이 갖추어지면 지배주주는 소수주주에게 매도청구권을 행사할 수 있다. 지배주주는 매도청구의 날 1개월 전까지 ① 소수주주는 매매가액의 수령과 동시에 주권을 지배주주에게 교부하여야 한다는 뜻, ② 교부하지 아니할 경우 매매가액을 수령하거나 지배주주가 매매가액을 공탁한 날에 주권은 무효가 된다는 뜻을 공고하고, 주주명부에 적힌 주주와 질권자에게 따로 그 통지를 하여야 한다(제360조의24 제5항). 이러한 공고 및 통지는 그 자체가 매도청구는 아니므로 그 승인을 위한 주주총회의 이전에도 가능하다고 보아야 한다(통설). 그리고 지배주주가 매도청구권을 행사할 때에는 반드시 소수주주가 보유하고 있는 주식 전부에 대하여 권리를 행사하여야 한다(대판 2020.6.11. 2018다224699).

(4) 소수주주의 매도의무

소수주주는 매도청구를 받은 날부터 2개월 내에 지배주주에게 그 주식을 매도하여야 한다(제360조의24 제6항). 지배주주의 매도청구 시에 주식매매계약이 성립되고, 위 2개월은 지배주주의 매수대금 지급의무의 이행기이므로 주주가 2개월이 지난 후에도 매매대금을 지급하지 않으면 이행지체 책임을 진다(통설).

(5) 매도가격의 결정

주식의 매매가액은 매도청구를 받은 소수주주와 매도를 청구한 지배주주 간의 협의로 결정한다(제360조의24 제7항).

주식의 매도청구를 받은 날부터 30일 내에 매매가액에 대한 협의가 이루어지지 아니한 경우에는 매도청구를 받은 소수주주 또는 매도청구를 한 지배주주는 법원에 매매가액의 결정을 청구할 수 있다(제360조의24 제8항). 법원이 주식의 매매가액을 결정하는 경우에는 회사의 재산상태와 그 밖의 사정을 고려하여 공정한 가액으로 산정하여야 한다(제360조의24 제9항).

3. 소수주주의 매수청구권

지배주주가 있는 회사의 소수주주는 언제든지 지배주주에게 그 보유주식의 매수를 청구할 수 있다(제360조의25 제1항). 이것이 소수주주의 주식매수청구권이고, 소수주주에게 경영참가와 관련하여 무의미한 수량의 주식을 계속 보유해야 하는 부담을 덜어주고, 시장성을 상실한 주식의 환가를 가능하게 해주기 위해 인정한 권리이고, 형성권이다. 매수청구를 받은 지배주주는 매수를 청구한 날을 기준으로 2개월 내에 매수를 청구한 주주로부터 그 주식을 매수하여야 한다(제360조의25 제2항). 매매가액은 매수를 청구한 주주와 매수청구를 받은 지배주주 간의 협의로 결정한다(제360조의25 제3항).

매수청구를 받은 날부터 30일 내에 매매가액에 대한 협의가 이루어지지 아니한 경우에는 매수청구를 받은 지배주주 또는 매수청구를 한 소수주주는 법원에 대하여 매매가액의 결정을 청구할 수 있다(제360조의25 제4항). 법원이 주식의 매매가액을 결정하는 경우에는 회사의 재정상태와 그 밖의 사정을 고려하여 공정한 가액으로 산정하여야 한다(제360조의25 제5항).

4. 주식의 이전 등

지배주주의 매도청구권(제360조의24) 행사와 소수주주의 매수청구권(제360조의25) 행사에 따라 주식을 취득하는 경우에는, 지배주주가 매매가액을 소수주주에게 지급한 때에 주식이 이전된 것으로 본다(제360조의26 제1항). 매매가액을 지급할 소수주주를 알 수 없거나 소수주주가 수령을 거부할 경우에는 지배주주는 그 가액을 공탁할 수 있다(제360조의26 제2항).

제4절 주식회사의 기관

제1관 기업지배구조

1. 기관의 의의

회사는 법인으로서 독립된 사회적 실재이므로 그 자체의 의사와 행위를 가진다. 그러나 이는 어디까지나 법적 의제일 뿐 회사가 실제로 자연적 의사를 결정하거나 자연적 행위를 할 수는 없다. 회사의 의사와 행위는 회사조직상의 일정한 지위에 있는 자에 의해 결정되고 실천되는데, 이렇게 회사의 의사를 결정하고 행위를 실천하는 회사조직상의 기구를 기관이라 한다.

2. 우리나라 주식회사 기관의 기본적 구조

공동기업이 원활하게 운영되기 위해서는, ① 어떠한 사업을 어떻게 수행할 것인지에 관한 의사를 결정하고, ② 결정된 의사에 따라 실제로 업무를 집행하며, ③ 업무집행이 제대로 이루어졌는지를 감독하는 세 가지 기능이 반드시 필요하다. 상법상 주식회사는 다소 구분이 불명확한 점이 있기는 하나 일반적으로 이러한 의사결정·집행·감독의 기본적 기능을 서로 다른 기관에 맡기고 있다.

(1) 주주총회

주주총회는 주주들로 구성되며 이사·감사의 선임, 정관변경 등 법 소정의 주요사항을 결정한다 (제361조). 주주총회는 회사 내부의 최고의 의사결정기구이다.

(2) 이사·이사회·대표이사

① 주주총회에서 수인의 이사를 선임하고 이들은 이사회를 구성한다. ② 이사회는 회사의 업무를 집행한다(제393조 제1항). 다만 수인의 이사로 구성된 회의체 기구로서 현실적으로 업무집행을 하기에는 부적당하여 업무집행에 관한 「의사결정」만을 담당한다. 현실적인 「집행행위」는 대표이사(또는 집행임원 이하 같음)를 선임하여 그가 수행하도록 한다. 그리고 이사회는 대표이사 등 이사의 직무집행을 감독한다(제393조 제2항). ③ 대표이사는 회사의 업무를 집행할 뿐만 아니라 대외적으로 회사를 대표한다(제389조 제3항 → 제209조, 제408조의5 제2항).

(3) 감사·감사위원회

상법은 이사회 및 대표이사의 업무집행을 감사하는 기관으로서 감사와 감사위원회를 두고, 개별회사로 하여금 어느 하나를 선택하도록 하고 있다. 감사는 주주총회에서 선임하는 독임제적 기관이고(제409조), 감사위원회는 이사회 내부에 두며 이사들로 구성되는 회의체기관이다(제415조의2).

상법상 주식회사는 의사결정·집행·감독의 기능이 기관별로 어떻게 분화되어 있는지가 다소 불명확하다. 이는 이사회가 업무에 관한 의사결정·집행·감독에 모두 개입하고 있기 때문이다. 이처럼 이사회에 업무집행기능과 감독기능이 함께 부여된 것은 우리나라 상법의 모태가 된 일본법에서 프랑스법을 도입하였기 때문이다.

3. 회사 규모에 따른 기관 구조

상법상 주식회사의 기관구조는 강행적으로 적용되기 때문에 이사회를 두지 않거나 감사나 감사위원회를 두지 않는 것은 허용되지 않는다. 그러나 상법은 회사의 규모에 따라 일부 예외규정을 두고 있다.

(1) 소규모회사

자본금총액 10억 원 미만의 주식회사는, ① 주주총회의 소집절차가 간소화되고(제363조 제4항 ~ 제7항), ② 이사회와 대표이사를 두지 않고 1명 또는 2명의 이사만 선출하여 그 이사가 업무집행기관이 되게 할 수 있으며(제383조 제1항, 제4항 ~ 제6항), ③ 아무런 감사기관을 두지 않을 수도 있는(제409조

제4항) 등 기관의 설계를 유연하게 할 수 있다.

(2) 상장회사

상장회사 기관 구조의 특징은 사외이사를 통한 감독기능의 강화로 요약할 수 있다. 즉 ① 상장회사는 이사 총수의 4분의 1 이상을 사외이사로 선임해야 한다. 다만 자산총액 2조원 이상의 대규모 상장회사는 사외이사가 3인 이상이고 또 이사 총수의 과반수가 되어야 한다(제542조의8 제1항, 상법시행령 제34조 제2항). ② 자산총액 1,000억 원 이상인 상장회사는 감사위원회와 상근감사 가운데 하나를 설치해야 한다(제542조의10 제1항, 상법시행령 제36조 제2항). 한편 자산총액이 2조원 이상이 되면 감사위원회만 설치할 수 있다(제542조의11 제1항, 상법시행령 제37조 제1항).

▌제2관 **주주총회**

01 의의

주주총회란 주주 전원으로 구성되는 필요적 상설기관으로서 법률 및 정관에 정하여진 사항을 결의하는 주식회사 최고의 의사결정기구이다.

02 주주총회의 권한

1. 권한의 범위

(1) 권한의 제한성

주주총회는 법률 또는 정관에 정하는 사항에 한하여 결의할 수 있다(제361조). 상법은 소유와 경영의 분리 원칙에 의거하여 이사회 기능을 확장하고 주주총회 기능을 축소하는 세계적 입법례의 추세에 따라 주주총회의 권한을 제한적으로만 인정하였다.

(2) 상법상의 권한

상법은 ① 정관변경, 합병 등 회사의 기본구조에 관한 사항, ② 이사·감사의 선임 등 회사의 기관을 구성하는 사항, ③ 재무제표의 승인 등 주주에게 재산적 이해관계가 있는 사항 등 특히 중요한 사항을 추려 주주총회의 권한으로 하고 있다.

(3) 정관에 의한 주주총회 권한 확대

주주총회는 법률뿐만 아니라 정관에 정하는 사항도 결의할 수 있다고 하였다. 여기서 결정 권한이 어디에 있는지에 관해 법률에 아무런 규정이 없는 사항과, 원칙적으로는 이사회가 결정하나 법률에 "정관으로 주주총회에서 결정하기로 정한 경우에는 주주총회가 결정한다"는 근거가 있는 사항(예 제416조 단서. 신주발행은 원칙적으로 이사회가 결정하나 정관으로 주주총회가 결정하게 할 수 있다)을 정관으로 주주총회의 권한 사항으로 정할 수 있음은 당연하다. 그러면 상법이 "정관으로 주주총회가 정하도록 할 수 있다"는 유보조항 없이 이사회의 권한으로 정한 사항도 정관에 규정하면 주주총회의 권한 사항(예 제398조 자기거래의 승인)으로 할 수 있는가? 이에 대해서는 견해가 대립한다.

1) 견해의 대립

이를 부정하는 소수설도 있으나, 통설은 주주총회의 최고기관성과 권한배분의 자율성을 이유로 이를 긍정한다. 다만 이사회가 갖는 주주총회의 소집권만은 성질상 주주총회의 권한으로 할 수 없다고 한다.

2) 판례

판례 중에는 자기거래의 승인이 문제된 사안에서 방론으로 "자기거래의 승인은 정관에 주주총회의 권한사항으로 정해져 있다는 등의 특별한 사정이 없는 한 이사회의 전결사항이라 할 것이다(대판 2007.5.10. 2005다4284)."라고 판시한 것이 있다. 표현상으로는 마치 통설과 같은 입장인 듯 보인다. 다만 사건의 쟁점과 무관한 설시이므로 이를 가지고 판례의 입장을 단정하는 것은 부적절하다.

(4) 주주전원 동의의 효력

주주총회의 권한은 법률과 정관에서 정하는 사항에 제한되므로, 주주총회가 법률뿐만 아니라 정관에도 주주총회의 권한으로 정한 바 없는 사항에 관해 결의를 하였다면 그 결의는 무효이다.

그런데 판례는 자기거래에 관하여 이에 관한 중대한 예외를 인정하였다. 상법상 자기거래의 승인은 이사회의 권한임에도(제398조), 주주 전원의 동의가 있으면 이사회의 승인이 없더라도 자기거래가 유효하다고 판시한 것이다. 즉 "회사의 이사에 대한 채무부담행위가 이사의 자기거래에 해당하여 이사회의 승인을 요한다고 할지라도, 상법 제398조의 취지가 회사 및 주주에게 예기치 못한 손해를 끼치는 것을 방지함에 있으므로, 그 채무부담행위에 대하여 사전에 주주 전원의 동의가 있었다면 회사는 이사회의 승인이 없었음을 이유로 그 책임을 회피할 수 없다(대판 1992.3.31. 91다16310)."라고 판시하였다.

2. 권한의 전속성

법률 또는 정관에 의해 주주총회의 권한으로 되어 있는 것은 반드시 주주총회에서 결의하여야 하며 이사회 등 다른 기관이나 개인에게 위임할 수 없다. 예컨대, 이사의 선임(제382조 제1항)을 대표이사의 결정에 위임한다거나, 이사의 보수(제388조)를 이사회에서 결정하도록 위임하는 것은 무효이다. 설사 그 위임을 주주총회의 결의로 하였다 하여도 마찬가지이다.

03 주주총회의 소집

1. 소집권자

(1) 이사회

주주총회의 소집은 상법에 다른 규정이 있는 경우 외에는 이사회가 결정한다(제362조). 이는 강행규정으로서 정관의 규정으로도 주주총회가 결정하도록 할 수 없다. 이사회가 주주총회의 일시·장소·의안 등을 정하며, 그 소집결정의 집행은 업무집행권을 가진 대표이사가 한다.

(2) 소수주주

1) 취지

주주총회는 주주가 의사를 형성하여 회사 경영에 반영할 수 있는 유일한 통로이다. 그런데 이사회가 경영권 분쟁 등의 이유에서 총회 소집을 하지 않으면 주주의 의사 형성이 불가능해진다. 이런 경우에 대한 구제수단으로 상법은 소수주주에게 이사회에 대한 주주총회 소집청구권을 부여하고, 이사회가 소집을 거부하는 경우 소수주주가 법원의 허가를 얻어 스스로 주주총회를 소집할 수 있도록 하였다(제366조).

2) 소집청구의 요건과 절차

① 소수주주의 요건

주주총회의 소집을 청구할 수 있는 주주는 발행주식총수의 100분의 3 이상을 가진 주주이다(제366조 제1항).

상장회사에서는 이 요건이 6월 전부터 계속 보유할 것을 조건으로 「1,000분의 15 이상」으로 완화되어 있다(제542조의6 제1항). 상장회사에서는 소수주주권 행사를 쉽게 하기 위함이다. 따라서 상장회사의 주주는 6월의 보유기간 요건을 갖추지 못하더라도 상법 제366조의 요건을 갖추고 있으면 그에 기하여 주주총회 소집청구권을 행사할 수 있다(대판 2004.12.10. 2003다41715).

「발행주식총수의 100분의 3」을 계산함에 있어 「발행주식수」와 「100분의 3」 속에 자기주식과 의결권 없는 주식이 포함되는가? 의결권이 없는 주식을 가진 주주는 총회를 소집할 실익이 없다는 이유로 부정하는 견해도 있으나, 통설은 이를 긍정한다. 상법은 무의결권 주식을 계산에서 제외하는 경우 "의결권 없는 주식을 제외한 발행주식총수의 100분의 3 이상(제363조의2 제1항)"과 같이 그 사실을 명시하나 제366조 제1항은 그와 같이 규정하고 있지 않다는 점을 근거로 한다.

② 절차

소수주주는 회의의 목적사항과 소집의 이유를 기재한 서면 또는 전자문서를 이사회에 제출하여 임시총회의 소집을 청구할 수 있다(제366조 제1항). 이때 '이사회'는 원칙적으로 대표이사를 의미하고, 예외적으로 대표이사 없이 이사의 수가 1인 또는 2인인 소규모회사의 경우에는 각 이사를 의미한다(제383조 제6항). 한편 여기서의 '전자문서'란 정보처리시스템에 의하여 전자적 형태로 작성·변환·송신·수신·저장된 정보를 의미하고, 이는 작성·변환·송신·수신·저장된 때의 형태 또는 그와 같이 재현될 수 있는 형태로 보존되어 있을 것을 전제로 그 내용을 열람할 수 있는 것이어야 하므로, 이와 같은 성질에 반하지 않는 한 전자우편은 물론 휴대전화 문자메시지·모바일 메시지 등까지 포함된다(대결 2022.12.16. 2022그734).

3) 소수주주의 총회 소집

소수주주의 청구가 있음에도 이사회가 지체 없이 소집절차를 밟지 않으면 소집을 청구한 주주는 법원의 허가를 얻어 직접 총회를 소집할 수 있다. 이 경우 법원은 이해관계인의 청구에 의해 또는 직권으로 의장을 선임할 수 있다(제366조 제2항). 법원이 의장을 선임하지 않으면 주주총회에서 선출한다.

법원은 상법 제366조 제2항에 따라 총회의 소집을 구하는 소수주주에게 회의의 목적사항을 정하여 이를 허가할 수 있다. 이때 법원이 총회의 소집기간을 구체적으로 정하지 않은 경우에도 소집허가를 받은 주주는 소집의 목적에 비추어 상당한 기간 내에 총회를 소집하여야 하고, 총회소집허가결정일로부터 상당한 기간이 경과하도록 총회가 소집되지 않았다면 소집허가결정에 따른 소집권한은 특별한 사정이 없는 한 소멸한다(대판 2018.3.15. 2016다275679).

소수주주가 상법 제366조에 따라 주주총회소집허가 신청을 하는 경우, 정관에서 주주총회 결의사항으로 규정하지 않은 '대표이사의 선임 및 해임'을 회의 목적사항으로 할 수 없다(대결 2022.4.19. 2022그501). 소수주주가 상법 제366조에 따라 임시총회 소집에 관한 법원의 허가를 신청할 때 주주총회의 권한에 속하는 결의사항이 아닌 것을 회의 목적사항으로 할 수는 없다(대결 2022.9.7. 2022마5372). 이때 임시총회소집청구서에 기재된 회의의 목적사항과 소집의 이유가 이사회에 먼저 제출한 청구서와 서로 맞지 않는다면 법원의 허가를 구하는 재판에서 그 청구서에 기재된 소집의 이유에 맞추어 회의의 목적사항을 일부 수정하거나 변경할 수 있고, 법원으로서는 위와 같은 불일치 등에 관하여 석명하거나 지적함으로써 신청인에게 의견을 진술하게 하고 회의 목적사항을 수정·변경할 기회를 주어야 한다(대결 2022.9.7. 2022마5372).

소수주주가 제출한 임시총회소집청구서에 회의의 목적사항이 '대표이사 해임 및 선임'으로 기재되었으나 소집의 이유가 현 대표이사의 '이사직 해임'과 '후임 이사 선임'을 구하는 취지로 기재되어 있고, 회사의 정관에 '대표이사의 해임'이 주주총회 결의사항으로 정해져 있지 않다면, 회의의 목적사항과 소집의 이유가 서로 맞지 않으므로 법원으로서는 소수주주로 하여금 회의의 목적사항으로 기재된 '대표이사 해임 및 선임'의 의미를 정확하게 밝히고 그에 따른 조치를 취할 기회를 갖도록 할 필요가 있다(대결 2022.9.7. 2022마5372).

4) 검사인의 선임

소수주주의 청구에 의해 회사가 총회를 소집하거나 또는 법원의 허가를 얻어 소수주주가 총회를 소집한 경우 그 총회는 회사의 업무와 재산상태를 조사하게 하기 위해 검사인을 선임할 수 있다(제366조 제3항).

(3) 감사·감사위원회

감사 또는 감사위원회도 소수주주와 같은 방법으로 주주총회 소집을 청구할 수 있다. 즉 감사 또는 감사위원회는 회의의 목적사항과 소집의 이유를 기재한 서면을 이사회에 제출하여 임시총회의 소집을 청구할 수 있다. 이 청구가 있은 후 이사회가 지체 없이 총회소집절차를 밟지 않는 경우 감사 또는 감사위원회는 법원의 허가를 얻어 총회를 소집할 수 있다(제412조의3, 제415조의2 제7항). 감사업무의 실효성 확보를 위한 것으로 감사업무와 관련한 긴급한 의견진술을 위해서만 소집을 청구할 수 있다.

(4) 법원의 명령

회사의 업무집행에 부정행위 등이 있음을 의심할 사유가 있으면 소수주주는 회사의 업무와 재산상태의 조사를 위해 법원에 검사인의 선임을 청구할 수 있다(제467조 제1항). 그러면 검사인이 이를 조사하여 그 조사 결과를 법원에 보고하는데(제467조 제2항), 법원은 그 보고 결과 필요하다고 인정하면 대표이사에게 주주총회의 소집을 명할 수 있다(제467조 제3항). 이 경우 대표이사는 이사회에 소집을 청구할 필요 없이 바로 소집 절차를 밟아야 한다.

2. 의제와 의안의 결정

(1) 의제와 의안

1) 개념

의제란 주주총회의 목적으로 삼을 사항을 말한다. 예컨대, 재무제표의 승인, 이익배당, 이사의 선임 등이다. 반면 의안이란 구체적 결의안을 말한다. 예컨대, 현금배당은 주당 2,000원(40%)으로 하자는 안, 김ㅇㅇ을 이사로 선임하자는 안과 같다. 즉 의제는 제목이고 의안은 그 내용이다. 의제와 의안은 실무상으로 사용되는 용어라서 상법 조문상의 용어와 완전히 일치하지는 않는다. 상법 제363조 제2항의 「회의의 목적사항」은 "의제"를 의미하고, 제363조의2 제2항의 「의안의 요령」은 "의안"을 의미한다.

2) 결의의 범위

① 소집 통지에 기재된 회의의 목적사항, 즉 의제는 주주총회를 구속한다. 예를 들어 통지된 의제가 재무제표의 승인인 주주총회에서 이사를 선임하는 결의를 하면 그 결의에는 하자가 있게 된다. 당해 주주총회에 참석한 모든 주주가 의제의 변경에 동의하였어도 총주주가 참석한 것이 아닌 이상 마찬가지이다. ② 반면 의안의 경우에는 그렇지 않다. 예컨대, 이사회가 3%의 이익배당을 의안으로 올린 주주총회에서 주주가 직접 이를 5%로 증액하는 결의를 할 수도 있다. 다만 예외적으로 상장회사가 주주총회에서 이사·감사를 선임하는 경우에는 소집 통지하거나 공고한 후보자 중에서 선임해야 한다(제542조의5).

(2) 주주제안권

1) 의의

① 개념

주주제안권이란 「주주가 주주총회에서 심의할 의제 또는 의안을 제안할 수 있는 권리」를 말한다. 주주총회의 소집결의는 이사회가 하므로 의제와 의안도 이사회가 정한다. 그 결과 주주총회는 이사회의 제안을 거부할 수는 있어도 적극적으로 주주가 원하는 안건을 논의할 기회는 갖지 못할 수 있다. 주주제안권은 이러한 문제를 해결하기 위한 권리이다.

② 주주총회 소집청구권과의 관계

특정 의제나 의안을 주주총회에서 다루고자 하는 주주는 주주총회 소집청구권(제366조)을 행사하여 그 목적을 달성할 수도 있다. 그러나 어차피 주주총회가 개최될 거라면 주주제안권을 행사하여 그 주주총회에 의제 또는 의안을 추가하는 것이 훨씬 간편할 수 있다.

2) 제안권자

주주제안은 의결권 있는 발행주식수의 100분의 3 이상을 소유한 주주에게 허용된다(제363조의2 제1항). 상장회사의 경우에는 그 지분비율이 1000분의 10 이상(자본금이 1,000억 원 이상인 회사는 1,000분의 5 이상)으로 완화된다. 다만 그 수의 주식을 6개월 전부터 계속 보유해야 한다. 지분비율 계산에서 의결권 없는 주식은 제외됨을 주의하자.

3) 제안의 내용

주주제안은 의제제안(제363조의2 제1항)과 의안제안(제363조의2 제2항)으로 나눌 수 있다. 의안은 주주총회에서 즉석으로 추가·변경할 수도 있으므로 의안제안은 별 의미가 없는 것 아닌가? 그렇지 않다. 자주 문제되는 이사선임의 건의 경우, 상장회사에서는 소집 통지하거나 공고한 후보자만 선임할 수 있고(제542조의5), 비상장회사에서도 주주총회에서 즉석으로 제안된 후보자는 선임될 가능성이 거의 없기 때문에 미리 주주제안을 할 필요가 있다.

4) 제안권 행사의 절차

주주는 제안내용을 주주총회일의 6주 전까지 이사에게 서면 또는 전자문서로 제출하여야 한다(제363조의2 제1항). 그리고 주주가 의안제안을 할 경우에는 총회일의 6주 전에 서면 또는 전자문서로 회의의 목적으로 할 사항에 추가하여 당해 주주가 제출하는 의안의 요령을 총회의 소집통지에 기재할 것을 청구할 수 있다(제363조의2 제2항).

그런데 주주총회의 소집은 총회일의 2주 전에 통지가 발송되므로 총회일 6주 전에는 주주총회가 소집될지 여부를 주주로서는 알 길이 없다. 정기주주총회의 경우에는 직전 연도의 정기주주총회일에 해당하는 그 해의 해당일의 6주 전에 주주제안을 하면 되므로(제363조의2 제1항 괄호) 문제가 없다. 임시주주총회의 경우가 문제인데, 주주제안을 임시주주총회일의 6주 전에 하라는 것은, 결국 주주가 먼저 제안을 하면 이를 6주 이후에 열리는 총회에서 다루라는 의미를 갖게 된다. 다만 자주 문제되는 이사선임의 건에 있어서는 이사의 임기가 정해져 있기 때문에 그 선임을 위한 주주총회도 대강 예측할 수 있어 실제로 큰 문제는 되지 않는다.

5) 제안에 대한 회사의 조치

이사는 주주제안이 있을 경우 이를 이사회에 보고하고, 이사회는 제안 내용이 법령·정관에 위반하는 등 주주제안의 제한사유에 해당하지 않는 한 주주총회의 목적사항으로 상정하여야 하며, 제안한 자의 요청이 있을 경우에는 주주총회에서 당해 의안을 설명할 수 있는 기회를 주어야 한다(제363조의2 제3항).

6) 제안의 거부

주주제안이 남용되면 회사가 주주총회에서 불필요한 논의로 시간만 낭비하게 되어 회사의 기업가치가 떨어질 수 있다. 그래서 상법은 주주제안의 내용이 법령 또는 정관에 위반하거나 대통령령으로 정하는 경우에는 이사회가 주주제안을 거부할 수 있도록 하였다(제363조의2 제3항).

상법시행령 제12조는, ① 주주총회에서 의결권의 100분의 10 미만의 찬성밖에 얻지 못하여 부결된 내용과 같은 내용의 의안을 부결된 날로부터 3년 내에 다시 제안하는 경우, ② 주주 개인의 고충에 관한 사항인 경우, ③ 소수주주권에 관한 사항인 경우, ④ 상장회사의 경우 임기 중에 있는 임원의 해임에 관한 사항인 경우, ⑤ 회사가 실현할 수 없는 사항 또는 제안이유가 명백히 허위이거나 특정인의 명예를 훼손하는 사항을 거부사유로 규정하고 있다.

이 중 ④는 많은 비판을 받는다. 주주총회에서 이사를 해임할 수 있도록 하면서(제385조) 이를 내용으로 하는 주주제안을 회사가 거부할 수 있도록 할 합리적 이유가 없으며, 비상장회사의 임원과의 형평에도 맞지 않기 때문이다.

7) 주주제안을 무시한 결의의 효력

① 의안제안을 무시한 경우

회사가 주주의 의안제안을 무시하고 주주총회에서 주주가 제안한 의안과 상충하는 결의를 하는 경우이다. 통설은 그와 같은 결의는 소집절차 또는 결의방법에 하자가 있어 취소할 수 있다고 한다. 예를 들어 이사선임의 건이 의제였는데, 주주가 제안한 甲 후보를 의안에 올리지 않고 통지에 기재하지도 않은 채 乙 후보를 선임하는 결의를 하면 그 결의는 취소할 수 있다는 것이다.

② 의제제안을 무시한 경우

회사가 주주가 제안한 의제를 소집통지에 기재하지도 않고 의제로 상정하지도 않은 채 다른 의제에 대해서만 결의를 하는 경우이다. 예를 들어 주주가 제안한 이사선임의 건은 아예 의제로 다루지도 않고 정관변경의 결의만 한 경우이다. 통설은 이 때는 주주 제안에 대응하는 어떠한 결의도 없었으므로, 정관변경 결의를 취소할 수는 없고 단지 주주가 이사에게 손해배상을 청구할 수 있을 뿐이라고 한다.

3. 주주총회의 시기

(1) 정기총회

정기총회는 재무제표 승인을 위해 매년 1회 일정한 시기에 소집되는 총회를 말한다(제365조 제1항). 연 2회 이상의 결산기를 정한 회사는 매기에 총회를 소집하여야 한다(제365조 제2항). 정기총회는 재무제표의 승인이 주요 의제이나 이사의 선임 등 다른 의제도 함께 다룰 수 있다.

(2) 임시총회

임시총회는 필요에 따라 수시로 소집되는 주주총회를 말한다(제365조 제3항). 정기총회와는 소집의 시기만 다를 뿐 그 권한이나 결의의 효력에는 차이가 없다.

4. 소집의 통지

주주총회를 소집할 때에는 주주총회일의 2주간 전에 각 주주에게 서면으로 또는 주주의 동의가 있으면 전자문서에 의하여 총회의 일시·장소 및 회의의 목적사항을 기재한 통지서를 발송하여야 한다. 주주에게 출석의 기회와 준비의 시간을 주기 위함이다. 이는 이사회의 소집결정을 집행하는 일이므로 대표이사가 행한다.

(1) 통지 방법

① 각 주주에게 「서면으로」 통지를 발송하여야 한다. 주주의 동의가 있는 경우 「전자문서에 의한 통지」로 갈음할 수 있다(제363조 제1항). 이는 강행규정이므로 다른 방법에 의한 통지는 허용되지 않는다. ② 상장회사의 경우 간편한 통지 방법이 인정된다. 즉 의결권 있는 주식총수의 100분의 1 이하를 가진 소액주주에 대하여는 정관에 정하는 바에 따라 회일의 2주간 전에 총회 소집의 뜻과 목적사항을 2개 이상의 일간신문에 각각 2회 이상 공고하거나, 전자적 방법으로 공고함으로써 소

집통지에 갈음할 수 있다(제542조의4 제1항, 상법시행령 제31조 제2항). 이같이 전자공고로 갈음하기 위해서는 반드시 정관에 근거가 있어야 한다.

(2) 통지 기간

통지는 주주총회일의 2주간 전에 발송하여야 한다. 이 기간은 정관의 규정으로 늘릴 수는 있으나 줄일 수는 없다(통설). 발신주의를 취하므로 2주간 전에 발송하면 족하고 주주에게 도달하였는지는 묻지 않는다.

(3) 통지 내용

① 총회의 일시·장소와 회의의 목적사항을 통지해야 한다. 총회에서는 통지서에 기재된 사항에 대해서만 심의·결의할 수 있으므로 회의의 목적사항은 꼭 기재해야 한다. 기재의 정도는 세부적인 내용까지는 필요 없고 "이사 선임의 건", "재무제표 승인의 건"과 같이 무엇을 결의하는지 알 수 있을 정도면 충분하다. ② 다만 정관변경이나 회사합병 등 특별결의사항을 다룰 주주총회를 소집할 때에는 「의안의 요령」도 기재해야 한다(제433조 제2항, 제522조 제2항). 예컨대, 결의사항이, 정관변경이면 변경할 규정과 변경될 내용을, 회사합병이면 합병조건 등 합병계약의 주요 내용을 각각 기재해야 한다. 또 상장회사가 이사·감사의 선임을 목적으로 하는 주주총회를 소집통지 또는 공고하는 경우에는 이사·감사 후보자의 성명, 약력 등 후보자에 관한 사항을 통지 또는 공고해야 한다(제542조의4 제2항).

(4) 통지의 생략

① 의결권 없는 주주에게는 통지를 하지 않아도 된다(제363조 제7항. 다만, 제1항의 통지서에 적은 회의의 목적사항에 제360조의5, 제360조의22, 제374조의2, 제522조의3 또는 제530조의11에 따라 반대주주의 주식매수청구권이 인정되는 사항이 포함된 경우에는 그러하지 아니하다). 여기서 의결권 없는 주주에는 의결권이 배제되는 주식 또는 당해 총회의 의안에 관해 의결권이 제한되는 주식(제344조의3 제1항)뿐만 아니라 자기주식이나 상호주(제369조 제3항) 기타 법률에 의해 의결권이 제한되는 주식을 소유하는 주주가 모두 포함된다. 그러나 특별이해관계 있는 주주(제368조 제4항)는 여기에 포함되지 않는다. 특별이해관계 있는 주주의 주식은 본래 의결권이 없는 주식이 아니라 의안의 내용에 따라 의결권이 제한될 따름이기 때문이다. 특정 안건에 관해서만 의결권이 제한되는 종류주식을 가진 주주에 대한 소집통지는 당해 주주총회에서 그 안건만 다루어지면 생략이 가능하나 그 외의 안건이 다루어지면 생략할 수 없다. ② 총회 소집의 통지가 주주명부상 주주의 주소에 계속 3년간 도달하지 아니한 경우에는 회사는 해당 주주에게 총회의 소집을 통지하지 아니할 수 있다(제363조 제1항 단서). 주주가 장기간 소재불명인 경우 비용을 절감함과 동시에 통지의 하자와 관련한 법적 분쟁을 예방하기 위함이다.

(5) 소규모 회사의 특례

상법이 정하는 주주총회의 소집 및 운영 절차를 준수하는 데는 많은 비용이 소요된다. 그래서 상법은 자본금 총액이 10억 원 미만인 소규모 회사는 간소한 방법으로 주주총회를 운영할 수 있도록 특례를 두고 있다. 즉 자본금 총액이 10억 원 미만인 회사는, ① 주주총회일 10일 전에 통지를 발송하면 족하고(제363조 제3항), ② 주주 전원의 동의가 있으면 소집절차 없이 주주총회를 개최할 수 있다(제363조 제4항 전단).

5. 회의일시·소집장소

회의일시와 소집장소는 주주들의 참석의 편의를 고려하여 결정하여야 한다. 상법은 소집지에 관하여 "총회는 정관에 다른 정함이 없으면 본점소재지 또는 이에 인접한 지에 소집하여야 한다."라고 규정하고 있다(제364조).

6. 소집의 철회·변경

(1) 문제점

주주총회가 개최되기 전에 당초 그 총회의 소집이 필요하거나 가능하였던 기초 사정에 변경이 생기면 소집권자는 소집된 총회를 철회하거나 다른 일시로 변경할 수 있다. 문제는 그 통지의 방식이다.

(2) 판례의 태도

판례는 "주주총회 소집의 통지가 행하여진 후 소집을 철회하거나 연기하기 위해서는 소집의 경우에 준하여 이사회의 결의를 거쳐 대표이사가 그 뜻을 그 소집에서와 같은 방법으로 통지하여야 한다(대판 2009.3.26. 2007도8195)."라고 판시하였다.

(3) 판례에 대한 비판

위 판례의 정당성에 의문을 제기하며, 통지 방법은 소집 철회·변경의 통지가 제대로 이루어 지지 않을 경우 주주가 입게 되는 불이익이 무엇인지를 고려해서 판단해야 한다는 견해가 있다. ① 단순히 소집을 철회한 경우라면 주주가 받는 불이익은 필요 없이 총회장에 나와 시간을 낭비하는 정도에 불과하므로 이때는 간단한 휴대폰 문자만에 의한 통지도 가능하다고 본다. ② 반면 총회 일시를 변경하는 경우라면 변경 통지를 받지 못한 주주는 새로운 주주총회에 참석할 수 없게 되는 불이익을 입게 되므로, 이때는 당초 총회의 소집과 같은 엄격한 절차에 따라 변경된 회일의 2주간 전에 통지를 해야 한다고 본다.

7. 연기와 속행

주주총회의 연기란 총회가 성립한 후 미처 의안을 다루지 못하고 회일을 후일로 다시 정하는 것이고, 속행이란 의안의 심의에 착수하였으나 결의에 이르지 못하고 회일을 다시 정하여 동일 의안을 계속 다루는 것을 말한다. 어느 것이나 일단 총회가 성립한 후에 이루어지는 점에서 소집의 철회·변경과 다르다.

총회에서는 회의의 속행 또는 연기의 결의를 할 수 있다(제372조 제1항). 연기·속행에 따라 후일 다시 여는 총회를 연기회·계속회라 하는데, 연기회·계속회는 의안의 동일성이 유지되는 한 연기·속행을 결의한 총회의 연장으로서 동일한 총회로 다루어진다. 따라서 연기회와 계속회를 위해서는 통지 등 별도의 소집절차를 요하지 않는다(제372조 제2항).

8. 소집절차상 하자의 치유

이사회의 소집 결의가 없거나 그 결의가 무효인 경우, 일부 주주에게 소집통지를 하지 않거나, 통지 기간을 준수하지 않고 통지한 경우와 같이 소집 절차에 하자가 있으면, 이를 간과하고 이루어진 주주총회결의는 판결에 의해 취소되거나 또는 부존재로 확인될 수 있다(제376조, 제380조). 그러나 주주총회 소집절차에 하자가 있더라도 이에 대해 주주가 사전에 동의하였거나 사후에 승인하면 그 하자가 치유되는 것으로 보아야 할 경우가 있다.

(1) 통지절차에 관한 하자

소집통지절차는 주주 개개인의 주주총회 참석권을 보호하기 위한 것이므로 일부 주주에게 통지 기간을 준수하지 않고 소집통지를 하는 등 통지에 하자가 있더라도 당해 주주가 이에 사전에 동의하였거나 사후에 승인하면 그 하자는 치유된다. 같은 논리에서 통지의 하자가 주주 전원에게 존재하는 경우에도 주주 전원의 동의나 승인이 있으면 그 하자는 치유된다.

(2) 소집결의의 하자 ― 전원출석총회

이사회의 소집결의가 없거나 그 결의가 무효인 경우라도 주주총회에 주주 전원이 출석하여 결의를 하면 그 하자가 치유되어 결의는 유효한 것이 되는가?

1) 견해의 대립

소수설은 하자의 치유를 부정한다. 주주총회 소집결정권은 이사회의 권한이므로 이를 주주의 의사로 생략할 수 없다는 점을 근거로 한다. 반면 통설은 전원출석총회의 효력을 인정하여도 어느 누구의 이익도 해치지 않는다는 점을 근거로 하자의 치유를 인정한다.

2) 판례의 태도

판례는 하자의 치유를 인정한다. 즉 "임시주주총회가 이사회의 결의 및 소집절차 없이 이루어졌다 하더라도, 주주명부상의 주주 전원이 참석하여 총회를 개최하는 데 동의하고 아무런 이의 없이 만장일치로 결의가 이루어졌다면 그 결의는 특별한 사정이 없는 한 유효하다(대판 1996.10.11. 96다24309)."라고 판시하였다.

전원출석총회의 법리는 어디까지나 주주 전원이 출석한 경우에만 적용된다. 전원이 출석하지 않았다면 아무리 많은 주주가 출석하였어도 통지절차와 결의절차를 생략할 수 없다. 판례도 발행주식의 98%를 소유한 주주의 의사에 기해 총회 없이 의사록이 작성된 경우 총회결의는 부존재한다고 하였다(대판 2007.2.22. 2005다73020). 자세한 내용은 1인 회사 부분을 참고하기 바란다.

9. 검사인의 선임

(1) 서류검사인

총회는 이사가 제출한 서류와 감사의 보고서를 조사하게 하기 위하여 검사인을 선임할 수 있다 (제367조 제1항). 이는 총회가 이사와 감사로부터 제출 받은 서류, 보고서 자체의 타당성과 정확성을 검증하거나 판단하는 데 있어서 전문가의 조력을 구하는 제도이다.

(2) 총회검사인

회사 또는 발행주식총수의 100분의 1 이상에 해당하는 주식을 가진 주주는 총회의 소집절차나 결의방법의 적법성을 조사하기 위하여 총회 전에 법원에 검사인의 선임을 청구할 수 있다(제367조 제2항). 총회의 운영은 이사와 대표이사가 주도하는데 전문적인 식견을 가진 총회검사인으로 하여금 이를 조사하게 함으로써, ① 이사의 위법한 총회 운영을 예방하고, ② 결의에 관한 다툼에 대비하여 증거를 보전하기 위해 둔 제도이다.

❹ 주주의 의결권

1. 의의

주주의 의결권이란 주주가 주주총회에 출석하여 결의에 참가할 수 있는 권리를 말한다. 의결권은 주주의 권리 가운데 가장 중요한 공익권이고, 고유권이므로 정관으로도 박탈하거나 제한할 수 없고, 나아가 주주도 주식과 분리하여 이를 양도하거나 포기하지 못한다.

주식에 대해 질권이 설정되었다고 하더라도 질권설정계약 등에 따라 질권자가 담보제공자인 주주로부터 의결권을 위임받아 직접 의결권을 행사하기로 약정하는 등의 특별한 약정이 있는 경우를 제외하고 질권설정자인 주주는 여전히 주주로서의 지위를 가지고 의결권을 행사할 수 있다(대판 2017.8.18. 2015다5569).

2. 의결권의 수

의결권은 주식평등의 원칙에 따라 1주마다 1개만이 주어진다(제369조 제1항). 복수의결권 주식이나 거부권부 주식은 허용되지 않는다. 그리고 이는 강행규정이므로 정관으로도 달리 정할 수 없고, 이와 다른 주주 간의 합의는 무효이다.

3. 의결권의 제한

(1) 의결권 없는 주식

무의결권 주식(제344조의3 제1항), 자기주식(제369조 제2항), 상호주(제369조 제3항)는 안건의 내용과 상관없이 항상 의결권이 없다. 다만 자기주식과 상호주는 제3자에게 매각되면 의결권이 되살아난다는 점이 무의결권 주식과 다르다.

(2) 의결권의 일시적 제한

1) 특별이해관계 있는 주주

① 의의

주주총회의 결의에 관하여 특별한 이해관계가 있는 자는 의결권을 행사하지 못한다(제368조 제3항). 특별이해관계가 있으면 그 의결권의 행사가 회사의 이익과 무관하게 이루어질 수 있기 때문이다.

② 특별이해관계의 판단

특별이해관계가 무엇을 의미하는가에 대하여, 통설은 특정한 주주가 주주의 입장을 떠나서 개인적으로 이해관계를 가지는 경우를 의미한다는 개인법설을 취한다. 판례도 같다(대판 2007.9.6. 2007다40000). 개인법설의 핵심은 주주의 개인적 이해관계와 회사의 지배에 관한 이해관계를 구분하자는 것이다.

A. 특별이해관계가 인정되는 예　ⓐ 이사 등의 책임을 면제하는 결의(제400조 제1항 등)에서 그 이사 등인 주주, ⓑ 영업양도·영업양수 등의 결의(제374조 제1항)에서 그 상대방인 주주, ⓒ 임원의 보수를 정하는 결의(제388조, 제415조)에서 그 임원인 주주, ⓓ 주주총회가 재무제표를 승인한 후 2년 내에 이사·감사의 책임을 추궁하는 결의를 하는 경우 그 이사·감사인 주주(대판 2007.9.6. 2007다40000) 등은 특별이해관계인에 해당한다.

B. 특별이해관계가 부정되는 예　ⓐ 이사·감사의 선임·해임결의에서 그 당사자인 주주, ⓑ 재무제표의 승인에서 이사인 주주는 특별이해관계인이 아니다. ⓐ의 경우 그 주주에게 특별이해관계가 있다고 하면 대주주일수록 경영에 참가하기가 어려워지는 불합리한 결과가 발생하기 때문이다.

C. 합병의 상대방 회사　A회사가 B회사의 주주인 경우 B회사가 A회사와의 합병에 관한 결의를 하는데 있어 A회사는 특별이해관계인인가? 견해가 대립한다. 통설은 개인적 이해관계가 없으므로 특별이해관계인이 아니라고 한다. 반면 소수설은 합병과 영업양도는 경제적 실질이 동일한데 영업양도에서 그 상대방인 주주는 특별이해관계인이라고 하므로 합병의 상대방인 주주도 특별이해관계인이라 한다.

③ 적용범위

특별이해관계 있는 주주는 대리의 방식으로도 의결권을 행사할 수 없다. 주주가 아니라 대리인이 특별이해관계인인 경우는 어떠한가? 그 대리인에 의한 의결권 행사도 금지된다. 대리인이 한 의결권 행사는 본인의 의사에 따르지 않더라도 유효하기 때문에 대리인의 이해관계가 반영될 수 있기 때문이다.

1인 회사에서 100%의 지분을 보유한 주주는 특별이해관계가 있어도 의결권 행사가 제한되지 않는다. 주주와 회사와의 이해 상충이 없고, 의결권 행사를 제한하면 회사의 의사결정이 불가능해지기 때문이다.

④ 이해관계 존재의 효과

특별한 이해관계가 있는 주주는 당해 의안에 대해서는 의결권을 행사하지 못하며, 그 의결권의 수는 발행주식총수에서 차감하여야 한다(제371조 제2항). 만약 의결권을 행사하면 결의 취소 사유가 된다.

2) 감사 선임 시의 제한

① 비상장회사의 감사

ⓐ 의결권없는 주식을 제외한 발행주식의 총수의 100분의 3(정관에서 더 낮은 주식 보유비율을 정할 수

있으며, 정관에서 더 낮은 주식 보유비율을 정한 경우에는 그 비율로 한다)을 초과하는 수의 주식을 가진 주주는 그 초과하는 주식에 관하여 제1항의 감사의 선임에 있어서는 의결권을 행사하지 못한다(제409조 제2항). 회사가 제368조의4 제1항에 따라 전자적 방법으로 의결권을 행사할 수 있도록 한 경우에는 제368조 제1항에도 불구하고 출석한 주주의 의결권의 과반수로써 제1항에 따른 감사의 선임을 결의할 수 있다(제409조 제3항). 계산에서 제외되는 의결권 없는 주식에는 무의결권 주식뿐만 아니라 자기주식, 상호주 등 상법상 의결권이 없는 주식이 모두 포함된다. ⓑ 감사의 해임결의에는 위와 같은 제한이 없다.

② 상장회사의 감사

대체적으로 비상장회사의 감사의 경우와 같다. 다만 감사의 선임뿐만 아니라 해임의 결의에서도 위와 같은 제한이 있고, 최대주주의 경우에는 3% 계산시 특수관계인이 보유하는 주식의 수를 포함한다(제542조의12 제4항). 오직 최대주주만 특수관계인의 지분을 합산하고 다른 주주는 그렇지 않다. 그 결과 2대 주주의 지분이 특수관계인에게 분산되어 있으면 감사선임에 있어서는 2대주주가 최대주주보다 더 큰 영향력을 행사할 수 있다. 그러나 이러한 불합리한 점이 있다 하더라도, 이 제한을 최대주주가 아닌 주주에게까지 확대하는 정관이나 주주총회결의는 1주 1의결권 원칙에 반하여 무효이다(대판 2009.11.26. 2009다51820). 다만 최대주주 이외의 주주도 제409조 제2항에 의한 제한은 받는다.

4. 의결권의 불통일행사

(1) 의의

의결권의 불통일행사란 2개 이상의 의결권을 가진 주주가 이를 통일하지 않고 행사하는 것을 말한다(제368조의2 제1항 전단). 예컨대, 100주를 가지고 있는 주주가 30주는 찬성, 70주는 반대로 투표하는 것이다. 명의주주의 배후에 실질적 이해관계자가 여럿인 경우 그 갈리는 의견을 반영하기 위해서 마련된 제도이다.

(2) 절차

주주가 의결권을 불통일 행사하기 위해서는 총회 회일의 3일 전에 회사에 대하여 서면 또는 전자문서로 그 뜻과 이유를 통지하여야 한다(제368조의2 제1항 후단). 3일 전에 회사에 도달해야 한다는 의미이다. 여기서 3일의 기간이라 함은 의결권의 불통일행사가 행하여지는 경우에 회사 측에 그 불통일행사를 거부할 것인가를 판단할 수 있는 시간적 여유를 주고, 회사의 총회 사무운영에 지장을 주지 아니하도록 하기 위하여 부여된 기간이기 때문이다(대판 2009.4.23. 2005다22701).

(3) 회사의 거부

주주가 주식의 신탁을 인수하였거나 기타 타인을 위하여 주식을 가지고 있는 경우 외에는 회사는 의결권의 불통일행사를 거부할 수 있다(제368조의2 제2항). 명의주주와 실질주주가 다른 경우가 아니라면 불통일행사의 실익이 없고 오히려 총회 운영에 혼란만 야기할 우려가 있기 때문이다. 물론 이 경우 회사가 반드시 거부를 해야 하는 것은 아니다. 「타인을 위하여 주식을 가지고 있는 경우」

란 위탁매매인이 위탁자의 주식을 가지고 있는 경우, 공유자 1인이 공유주식을 가지고 의결권을 행사할 경우(제333조 제2항), 주주가 주식의 일부를 매각하였으나 아직 명의개서를 하지 않은 경우 등이다. 거부는 총회의 결의 전에 해야 한다. 결의 후에 거부할 수 있다면 회사가 결의의 결과를 번복할 수 있게 되어 부당하기 때문이다.

(4) 불통일행사의 효과

불통일행사된 의결권은 각기 유효한 찬성표와 반대표가 되어 정족수 계산에 산입된다. 찬성표와 반대표를 상계하고 나머지 표를 유효로 하는 것이 아니다.

5. 의결권의 대리행사

(1) 대리행사의 의의

1) 개념

의결권의 대리행사란 제3자가 특정 주주를 위하여 주주총회에서 의결권을 행사하고, 그것이 주주 본인의 의결권 행사로 간주되는 제도이다. 이는 주주권 행사의 편의를 보장해 주고, 주식이 널리 분산된 회사에서 결의정족수 확보를 용이하게 해주는 의미를 갖는다.

2) 제한 가능성

의결권의 대리행사는 상법에서 명문의 규정으로 허용되고 있고(제368조 제2항 전단), 정관으로도 금지할 수 없다(통설). 또한 판례에 의하면 의결권 대리행사의 재위임도 가능하다(대판 2009.4.23. 2005다22701). 다만 판례는 "의결권의 대리행사로 말미암아 주주총회의 개최가 부당하게 저해되거나 회사의 이익이 부당하게 침해될 염려가 있는 등 특별한 사정이 있는 경우에는 회사가 의결권 행사를 위한 대리인 선임을 거절할 수 있다(대판 2009.4.23. 2005다22701)."고 하면서 甲이 주주총회 결의를 실력으로 저지할 목적으로 乙을 포함한 용역업체 직원 900명에게 각각 1주씩에 대한 의결권을 위임한 후 그 900명과 함께 주주총회에 입장하려하는 것을 저지한 회사의 조치는 정당하다고 하였다.

(2) 대리인의 자격

제한능력자나 법인도 대리인이 될 수 있으며, 대리인의 자격은 원칙적으로 제한이 없다. 그런데 회사가 정관에 대리인의 자격을 주주로 한정하는 예가 많은데, 그 정관 규정의 유효성이 문제된다.

견해의 대립이 있으나, 판례는 "그와 같은 정관 규정은 일반적으로 유효하다. 그러나 그와 같은 정관 규정이 있다 하여도 주주인 국가, 지방공공단체 또는 주식회사 등의 의결권을 그 소속 공무원, 직원 또는 피용자 등이 대리 행사하는 것은 허용되어야 한다. 이 경우에는 주주총회가 제3자에 의해 교란되는 위험이 없고, 이들의 대리권 행사를 거부하는 것은 사실상 국가 등의 의결권 행사 기회를 박탈하는 결과가 되기 때문이다(대판 2009.4.23. 2005다22701)."라는 취지로 판시하였다.

(3) 대리권의 범위 — 포괄위임의 가능여부

대리권은 개별 의제 별로 부여할 필요는 없고 총회를 하나의 단위로 하여 부여할 수 있다. 그러면 하나의 위임장으로 수회의 주주총회에 걸쳐 포괄적으로 대리행사를 위임할 수도 있는가? 통설은 이러한 포괄 위임도 가능하다고 한다. 이를 금지하는 명문의 규정이 없는 한 주주의 의사에 따라 인정하는 것이 타당하다고 한다. 반면 소수설은 포괄 위임을 인정하면 극단적인 경우 의결권만 분리하여 양도하는 결과를 낳을 수도 있다는 점을 들어 포괄 위임은 인정할 수 없다고 한다. 판례는 정면으로 포괄위임의 허용 여부를 다룬 것은 없으나, 7년간의 대리권 수여가 유효하다는 전제에서 판단한 것이 있다(대판 2002.12.24. 2002다54691).

(4) 수권행위의 철회

임의대리의 경우 주주는 결의가 있기 전에는 언제든지 수권행위를 철회할 수 있다(민법 제128조 후단). 판례도 "주주가 일정기간 주주권을 포기하고 타인에게 주주로서의 의결권 행사권한을 위임하기로 약정한 사정만으로는 그 주주가 주주로서의 의결권을 직접 행사할 수 없게 되었다고 볼 수 없다(대판 2002.12.24. 2002다54691)."고 판시한 바 있다.

(5) 대리행사의 방법

1) 대리권을 증명하는 서면

의결권의 대리 행사를 위해서는 대리인은 총회에 대리권을 증명하는 서면을 제출하여야 한다(제368조 제2항 후단). 대리권을 증명하는 서면이란 위임장을 말한다. 대리권 존재에 관한 증명방법을 정형화하여 회사의 총회 관련 사무의 편의를 도모하기 위함이다. 위임장은 위조·변조여부를 쉽게 식별할 수 있도록 원본을 제출해야 한다(대판 2004.4.27. 2003다29616). 다만 위임장이 사본이라 하더라도 주주가 의결권을 위임한 사실이 충분히 증명되었다면 의결권의 대리행사를 제한해서는 안 된다(대판 1995.2.28. 94다34579).

2) 위임장의 진정성 확인

대리인이 위임장 원본을 제출하였음에도 불구하고 회사가 그 진정성을 확인한다는 명목으로 주주에게 신분증 또는 인감증명서 등 추가 서류의 제출을 요구하는 경우가 있다. 이때 추가 서류를 제출하지 못하면 회사는 대리권을 부정할 수 있는가? 판례는 "회사가 위임장과 함께 인감증명서, 참석장 등의 제출을 요구하는 것은 대리인의 자격을 보다 확실하게 확인하기 위함일 뿐이고, 이러한 서류를 지참하지 아니하였어도 주주 또는 대리인이 다른 방법으로 위임장의 진정성 내지 위임의 사실을 증명할 수 있다면 회사는 그 대리권을 부정할 수 없다(대판 2009.5.28. 2008다85147)."라고 판시하였다.

3) 수권 내용과 다른 대리권 행사

대리인은 주주로부터 수권받은 대로 의결권을 행사하여야 한다. 그러나 이에 위반하여 기권하거나 주주의 명시의 의사와 달리 행사하여도 내부적으로 주주에게 손해배상책임을 지게 될 수는 있으나 주주총회 결의의 효력에는 영향이 없다. 판례도 "주식회사의 주주권 행사는 포괄적으로 위임할 수 있고, 수임자는 위임자나 그 회사 재산에 불리한 영향을 미칠 사항에 관하여도 그 주주권을 행사할 수 있다(대판 1969.7.8. 69다688)."라고 판시하였다.

6. 의결권 행사에 관한 주주 간 계약 — 의결권구속계약

(1) 개념

주주 甲과 乙이 이사 선출 시 A와 B를 선임하기로 합의하는 것과 같이 주주 사이에 주주 간

계약의 형태로 의결권을 어떻게 행사할지에 관하여 하는 약정을 의결권구속계약이라 한다. 내외 합작법인의 경우 투자계약에 거의 예외 없이 내외주주 간의 의결권 행사에 관한 합의가 포함되어 있다.

(2) 효력

통설·판례는 의결권구속계약은 회사에 대한 효력은 인정되지 않고 당사자 사이에서 채권적 효력만 있을 뿐이라고 한다(대판 2013.9.13. 2012다80996). 따라서 甲·乙간의 의결권구속계약에서 乙이 계약에 따라 의결권을 행사하지 않더라도, ① 甲이 의사표시를 명하는 판결을 통하여 乙로 하여금 계약대로 의결권을 행사하도록 강제할 수도 없고, ② 그 주주총회 결의에 하자가 있게 되는 것도 아니다. 다만 甲이 乙에게 계약 위반에 따른 손해배상책임을 물을 수는 있다.

05 주주총회의 의사진행

1. 서언

상법은 의장의 선임과 권한에 관한 사항 외에는 주주총회의 의사방법에 관해 명문의 규정을 둔 바 없다. 따라서 의사의 운영은 회의의 관행과 일반원칙에 따른다. 물론 정관의 규정이나 총회의 결의로 의사운영에 관하여 필요한 사항을 정할 수 있다.

2. 의장

(1) 의장의 선임

총회에는 의사진행을 맡을 의장이 있어야 한다. 총회의 의장은 정관에서 정함이 없는 때에는 총회에서 선임한다(제366조의2 제1항). 보통 정관에 대표이사가 의장이 되는 것으로 정한다. 정관에 정해진 의장이 있더라도 총회에서 그를 불신임하고 다른 사람을 선임할 수도 있다. 의장의 선임은 보통결의에 의한다.

의장의 자격에는 제한이 없고 반드시 주주이어야 하는 것도 아니다. 다만 주주가 아닌 의장은 의사진행만 할 수 있고 의결권의 행사는 할 수 없다.

(2) 의장의 의사정리권

의장은 총회의 질서를 유지하고 의사를 정리한다(제366조의2 제2항). 의사의 「정리」란 출석주주의 확인, 개회의 선언, 주주 발언의 정리, 동의의 처리, 표결의 실시, 찬반표의 점검과 가결 또는 부결의 선언, 폐회선언 등 주주들의 단체의사의 수렴을 위해 필요한 일체의 절차를 관장함을 의미한다.

의장은 의사진행에 대한 권한만 가질 뿐 가부동수인 의안의 결정권을 행사하는 등으로 결의에 관여할 수는 없다.

(3) 의장의 질서유지권 — 발언정지·퇴장의 명령

의장은 고의로 의사진행을 방해하기 위한 발언·행동을 하는 등 현저히 질서를 문란하게 하는 자에 대하여 그 발언의 정지 또는 퇴장을 명할 수 있다(제366조의2 제3항).

06 주주총회 결의

1. 의의

결의란 다수결의 원리에 의하여 형성된 주주총회의 의사표시를 말한다. 결의는 주주의 개별적인 의결권행사(의결)와는 다르다. 의결은 결의를 구성하는 요소로서 주주의 의사표시이다. 결의가 성립하면 각 주주가 어떻게 의결하였는지와 무관하게 관계자 전원을 구속한다. 결의에 반대하거나 불참한 주주를 포함한 주주전원을 구속하고, 회사의 각 기관 등도 구속한다. 결의 이후에 주주나 기관이 된 자도 구속한다.

2. 결의의 방법

(1) 출석주주의 결의 방법

주주총회의 결의 방법에 관하여 상법에는 아무런 규정이 없다. 따라서 정관에 이에 관한 규정이 있으면 그에 의하고, 정관에 규정이 없으면 거수·기립·기명 또는 무기명투표 등 어떠한 방법으로 하든 상관 없다.

(2) 서면투표와 전자투표

1) 의의

상법은 주주의 의결권 행사에 편의를 도모하고, 다량의 사표를 방지하여 총회의 성립을 용이하게 하기 위하여 「서면에 의한 의결권의 행사(서면투표)」와 「전자적 방법에 의한 의결권의 행사(전자투표)」를 인정하고 있다.

「서면투표」란 주주가 총회에 출석하지 아니하고 찬반을 기재한 서면을 회사에 제출하여 의결권을 행사하는 것을 말한다(제368조의3 제1항). 그리고 「전자투표」란 주주가 총회에 출석하지 아니하고 인터넷으로 의결권을 행사하는 것을 말한다(제368조의3 제1항). 서면투표와 전자투표는 사용하는 미디어에 차이가 있을 뿐 법적으로 같은 투표방법이다.

2) 총회 소집의 요부

서면투표와 전자투표는 주주가 의결권을 행사하는 방법에 대한 특칙일 뿐이다. 따라서 회사는 서면투표와 전자투표를 채택하여도 주주총회 자체는 개최해야 한다. 이 점은 물리적인 회의를 개최함이 없이 주주총회의 결의 자체를 서면으로 대신하는 「서면결의」와 구별된다. 서면결의는 자본금 총액이 10억 원 미만의 소규모 주식회사와 유한회사에서 인정된다(제363조 제4항, 제577조).

3) 요건

서면투표는 정관에 규정을 둔 경우에 한해 실시할 수 있다(제368조의3 제1항). 반면 전자투표는 정관의 규정이 필요 없이 이사회 결의만으로 채택할 수 있다.

4) 절차

① 서면투표

A. 주주에 대한 자료 송부   회사는 총회소집통지서에 주주가 서면투표에 의한 「의결권을 행

사하는데 필요한 서면」(예 투표용지)과 「참고자료」(예 이사선임에 관한 주주총회인 경우 모든 후보자의 인적 사항이 기재된 서류)를 첨부해야 한다(제368조의3 제2항).

B. 의결권 행사 서면의 제출　　서면으로 의결권을 행사할 주주는 회사가 보낸 의결권을 행사할 서면에 찬반의 의사를 표기하여 이를 회사에 제출해야 한다. 그러면 서면은 언제까지 도달해야 하는가? 명문의 규정은 없으나, 전자투표의 마감이 주주총회의 전날로 정해져 있는 것(상법시행령 제13조 제2항 2호)과의 균형상 서면투표도 총회일의 전일까지 도달해야 한다고 해석한다.

② 전자투표

A. 시행방법　　회사는 전자투표를 채택할 경우 주주총회의 소집통지에 전자투표의 방법으로 의결권을 행사할 수 있음을 기재해야 하고(제368조의4 제2항), 주주에게 의결권 행사에 필요한 양식과 참고자료를 전자적 방법으로 제공하여야 한다(제368조의4 제3항 후단). 즉 주주총회 소집 통지에 전자투표를 할 인터넷 주소, 전자투표를 할 기간(단 전자투표 종료일은 주주총회 전날까지로 해야 한다) 등을 포함해야 한다(상법시행령 제13조 제2항).

B. 투표방법　　전자투표를 하고자 하는 주주는 전자서명법에서 정하는 공인전자서명을 통하여 주주확인을 받아(상법시행령 제13조 제1항), 회사가 통지한 인터넷주소로, 회사가 정한 방법에 따라 전자투표를 해야 한다. 전자투표는 주주총회 전날까지는 완료해야 한다(상법시행령 제13조 제2항). 전자투표를 한 주주는 그 의결권 행사를 철회하거나 변경하지 못한다(상법시행령 제13조 제3항).

5) 투표의 효과

서면투표와 전자투표를 한 주주는 직접 총회에 출석하여 의결권을 행사한 것으로 본다. 따라서 상법 제371조 정족수 계산에서 발행주식총수나 출석한 주주의 의결권의 수에 산입된다.

6) 서면투표·전자투표 동시 채택 시 주주의 선택 의무

회사가 서면투표와 전자투표를 동시에 채택하는 경우 주주는 동일한 주식에 관하여는 서면투표와 전자투표 중 하나만을 선택하여야 한다(제368조의4 제4항). 주주가 동일한 주식을 가지고 서면과 인터넷을 통해 이중으로 투표하는 것을 막기 위함이다.

7) 투표관리자의 비밀유지의무

전자투표관리자는 투표결과에 대해 비밀유지의무를 진다(상법시행령 제13조 제5항). 명문의 규정은 없으나 서면투표도 마찬가지로 해석된다. 서면투표·전자투표는 총회를 열기 전에 투표결과가 확정되는데, 이해관계자가 투표결과에 관한 정보를 얻게 되면 그에 기초하여 전략적으로 행동하여 주주총회 결의의 공정성을 해할 수 있기 때문에 인정한 의무이다.

8) 전자투표의 경우 기록의 보존

회사는 의결권 행사에 관한 전자적 기록을 총회가 끝난 날부터 3개월간 본점에 비치하여 열람하게 하고 총회가 끝난 날부터 5년간 보존하여야 한다(제368조의4 제5항).

(3) 소규모회사의 서면결의

1) 의의

서면결의란 주주들이 대면하여 하는 회의를 생략하고, 표결 전부를 서면으로 하는 결의 방식이

다. 예컨대, 주주 각자에게 찬반을 서면으로 알려주도록 하여 그 결과를 집계해 결론을 얻는 것이다. 자본금 총액이 10억 원 미만인 회사는 서면에 의한 결의로써 주주총회의 결의를 갈음할 수 있다(제363조 제4항). 즉 서면에 의한 결의는 주주총회의 결의와 같은 효력이 있다(제363조 제5항). 상법은 소규모회사의 경우 주주총회의 운영비용을 절감시켜 주고자 서면결의를 허용하였다.

2) 서면동의의 서면결의 간주

소규모회사의 주주 전원이 결의의 목적 사항에 대하여 서면으로 동의한 때에는 서면에 의한 결의가 있는 것으로 본다(제363조 제4항). 서면동의란 개별주주로부터 찬성의 뜻을 얻어낸다는 뜻으로 순차로 동의를 얻어내는 것도 포함한다.

3) 주주총회에 관한 규정의 준용

서면에 의한 결의에 대하여는 주주총회에 관한 규정을 준용한다(제363조 제6항). 소집통지와 같이 현실적인 회의를 전제로 한 규정은 준용될 여지가 없고, 결의 요건(제368조 제1항 등), 의결권의 대리행사(제368조 제3항), 의결권의 불통일행사(제368조의2), 1주1의결권(제368조 제1항) 등 회의를 전제로 하지 않는 규정만 준용된다.

3. 결의의 요건

(1) 보통결의

1) 의의

주주총회의 결의는 상법 또는 정관에 다른 정함이 있는 경우를 제외하고는 출석한 주주의 의결권의 과반수와 발행주식총수의 4분의 1 이상의 수로써 하여야 한다(제368조 제1항). 이를 보통결의라 한다. 특별결의사항이나 특수결의사항을 제외한 모든 주주총회의 관한 사항은 보통결의사항이다.

이 규정은 주주총회의 성립에 관한 의사정족수를 따로 정하고 있지는 않지만, 보통결의 요건을 정관에서 달리 정할 수 있음을 허용하고 있으므로, 정관에 의하여 의사정족수를 규정하는 것은 가능하다(대판 2017.1.12. 2016다217741). 이 사건 주주총회에서 집중투표의 방법으로 이사를 선임하는 결의를 할 당시 피고의 주주 전원이 출석하였다고 봄이 타당하므로 피고 정관 제22조에 규정된 의사정족수는 충족되었고, 이는 원고들을 비롯한 주주 6인이 이 사건 주주총회에 출석하여 실제로 투표를 하지 아니한 채 기권하였다고 하더라도 달리 볼 것이 아니다(대판 2017.1.12. 2016다217741).

2) 정관에 의한 결의 요건의 강화 또는 완화

상법 제368조 제1항이 「정관에 다른 정함이 있는 경우를 제외하고는」이라 하고 있어 보통결의의 요건을 정관으로 가중 또는 완화할 수 있는지가 문제된다.

가중할 수 있다는 데에는 견해가 일치한다. 다만 특별결의 수준보다 가중할 수는 없다. 반면 완화할 수 있는지에 대해서는, 「출석한 주주의 의결권의 과반수」 부분을 완화할 수 없다는 데는 견해가 일치하나, 「발행주식총수의 4분의 1」 부분을 완화할 수 있는지에 대하여는 견해가 대립한다. 통설은 완화할 수 없다고 하나, 소수설은 반대이다.

3) 가부동수

표결의 결과 가부동수가 된 경우 당연히 부결이다. 법문상 가결이 되기 위해서는 과반수의 찬성이 있어야 하기 때문이다. 간혹 정관 가부동수인 경우 의장이 결정한다는 규정을 두는 경우가 있으나 이는 무효이다. 의장이 주주가 아닌 경우에는 주주 아닌 자가 결의에 참가한 것이 되어 위법하고, 의장이 주주인 경우에는 의장에게만 복수 의결권을 부여하는 결과가 되어 주식평등의 원칙에 반하기 때문이다.

(2) 특별결의

1) 의의

특별결의란 출석한 주주의 의결권의 3분의 2 이상의 수와 발행주식총수의 3분의 1 이상의 수로써 하는 결의이다(제434조). 회사의 기초에 중대한 변화가 생기거나 주주의 이해관계에 특히 중요한 영향을 미치는 사항에 대하여 예외적으로 결의 요건을 가중한 것이다.

2) 정관에 의한 결의 요건의 강화 또는 완화

상법 제434조는 제368조 제1항과 달리 "정관으로 결의 요건을 달리 정할 수 있다"는 규정을 두고 있지 않다. 그러면 특별결의요건은 정관으로 변경할 수 없는가? 결의요건을 제434조보다 완화할 수는 없다(통설). 특별결의는 주주의 이익에 특히 중대한 영향을 주는 사항에 대해 대주주의 전횡을 막고 소수자 주주의 이익을 보호하기 위한 제도이기 때문이다. 반면 정관으로 결의요건을 강화할 수는 있다. 다만 그 한계가 문제인데, 다수설은 한계는 없다고 한다. 따라서 총주주의 동의를 요하는 수준까지도 가중할 수 있다고 한다. 반면 소수설은 발행주식총수의 과반수의 출석과 그 3분의 2 이상의 찬성을 한계로 해서만 가중할 수 있다고 한다.

3) 특별결의사항

① 회사의 기초에 구조적 변경을 가져오는 사항으로는, 정관변경(제434조), 자본금의 감소(제438조), 주식의 분할(제329조의2), 합병계약서의 승인(제522조 제3항), 분할·분할합병(제530조의3 제2항), 신설합병에서의 설립위원의 선임(제175조 제2항), 주식의 포괄적 교환·이전(제360조의3, 제360조의16), 영업양도·영업양수(제374조), 회사해산(제518조), 회사계속(제519조)을 들 수 있고, ② 주주의 이해관계에 중요한 영향을 미치는 사항으로는 이사·감사의 해임(제385조 제1항, 제415조), 주식매수선택권의 부여(제340조의2), 사후설립(제375조), 제3자에 대한 전환사채·신주인수권부사채의 발행(제513조 제3항, 제516조의2 제4항), 액면미달의 신주발행(제417조 제1항)을 들 수 있다.

(3) 특수결의

상법이 결의요건을 특별결의보다 더 가중한 경우가 있는데 이를 특수결의라 한다. 특수결의는 「총주주의 동의」를 요하는 경우와 「출석한 주식인수인의 3분의 2 이상의 찬성과 인수된 주식총수의 과반수에 의한 결의」를 요하는 경우 두 가지가 있다.

1) 총주주의 동의를 요하는 사항

① 발기인의 회사설립에 관한 손해배상책임의 면제(제324조 → 제400조)와 이사 또는 집행임원·감사·청산인의 회사에 대한 손해배상책임의 면제(제400조, 제408조의9, 제415조, 제542조 제2항), ② 유한회

사로의 조직변경(제604조 제1항)이다. 이때 의결권이 없거나 제한된 종류주식도 포함하여 총주주의 동의가 있어야 한다.

2) 출석한 주식인수인의 3분의 2 이상, 인수된 주식총수의 과반수의 찬성을 요하는 사항

모집설립·신설합병·분할 또는 분할합병시의 창립총회의 결의사항이다(제309조, 제527조 제3항, 제530조의11 제1항). 이때도 역시 의결권이 없거나 제한된 종류주식의 인수인을 포함한다.

4. 정족수의 계산

결의의 성부를 판단하기 위해서는 「찬성한 의결권의 수」, 「출석한 의결권의 수」, 「발행주식총수」를 헤아려야 하는데, 이때 의결권의 행사가 제한되는 주식을 어떻게 취급할 것인가가 문제된다.

(1) 발행주식총수의 계산

총회의 결의에 관하여 무의결권 주식(제344조의3 제1항), 자기주식(제369조 제2항), 의결권 없는 상호주(제369조 제3항)의 수는 발행주식총수에 산입하지 아니한다(제371조 제1항). 이와 같은 주식은 결의에 있어서 만큼은 발행되지 않은 것으로 간주되고, 따라서 그 주식을 가진 주주가 총회에 출석하더라도 그 주식은 정족수 계산상 출석한 의결권으로 다루어 지지 않는다는 의미이다. 즉 위 주식은 「발행주식수」와 「출석한 의결권의 수」 모두의 계산에서 제외된다.

그러나 주식의 이전 등 관계로 당사자 간에 주식의 귀속에 관하여 분쟁이 발생하여 진실의 주주라고 주장하는 자가 명의상의 주주를 상대로 의결권의 행사를 금지하는 가처분의 결정을 받은 경우, 그 명의상의 주주는 주주총회에서 의결권을 행사할 수 없으나, 그가 가진 주식 수는 정족수 계산의 기초가 되는 '발행주식의 총수'에는 산입된다(대판 1998.4.10. 97다50619).

(2) 출석주식수의 계산

총회의 결의에 관하여 특별이해관계가 있어 의결권을 행사할 수 없는 주식의 수와 감사·감사위원 선임 시 100분의 3을 초과하여 의결권을 행사할 수 없는 주식의 수는 출석한 주주의 의결권의 수에 산입하지 아니한다(제371조 제2항). 문언상으로만 보면 이와 같은 주식은 「출석한 의결권의 수」 계산에는 넣지 않으나 「발행주식총수」 계산에는 넣는다는 의미로 보이나, 해석상 위 주식은 제371조 제1항과 마찬가지로 「발행주식총수」의 계산에서도 제외된다고 본다.

예를 들어 A회사의 발행주식총수 100주 중 80주를 甲이 소유하고 있는데, 甲과 특별이해관계가 있는 보통결의 사항에 관하여 甲과 나머지 주주가 모두 주주총회에 참석하여 찬성 결의를 하였다고 하자. 그리고 甲의 80주를 「출석한 의결권의 수」 계산에서만 공제하고 「발행주식총수」 계산에서는 공제하지 않는다고 해보자. 그러면 위 결의에 출석한 주식은 20주뿐이고 이 중 20주가 찬성하였으므로 위 결의는 「출석한 주주의 의결권의 과반수 찬성」의 요건은 충족하게 된다. 그러나 발행주식총수에서 80주가 공제되지 않으므로 발행주식총수는 100주이고 위 결의는 100주 중 20주가 찬성한 것이 되어 「발행주식총수의 4분의 1 이상의 찬성」 요건은 충족하지 못하게 된다.

모든 주주가 찬성해도 결의가 이루어 질 수 없는 모순이 생기는 것이다. 결국 발행주식총수의 4분의 1 이상 찬성이라는 요건을 계산함에 있어 80주를 발행주식총수에서 공제할 수밖에 없다.

5. 의사록

주주총회의 의사에는 의사록을 작성하여야 한다(제373조 제1항). 의사록에는 의사의 경과요령과 그 결과를 기재하고, 의장과 출석한 이사가 기명날인 또는 서명해야 한다(제373조 제2항). 의사록은 본점과 지점에 비치하여야 하고(제396조 제1항), 주주와 채권자는 영업시간 내에 언제든지 의사록의 열람 또는 등사를 청구할 수 있다(제396조 제2항).

07 주요 특별결의사항

여기서는 주주총회의 특별결의사항 중 상법 제374조와 제375조의 특별결의사항을 설명하고, 나머지 특별결의사항은 각기 관계되는 곳에서 설명한다.

1. 영업의 양도와 양수

(1) 의의

영업의 전부 또는 중요한 일부를 양도하거나(1호), 영업 전부의 임대 또는 경영위임, 타인과 영업의 손익 전부를 같이 하는 계약, 그 밖에 이에 준하는 계약의 체결·변경 또는 해약(2호), 회사의 영업에 중대한 영향을 미치는 다른 회사의 영업 전부 또는 일부의 양수(3호)를 할 때는 주주총회의 특별결의가 있어야 한다(제374조 제1항). 이것은 주식회사가 주주의 이익에 중대한 영향을 미치는 계약을 체결할 때에는 주주총회의 특별결의를 얻도록 하여 그 결정에 주주의 의사를 반영하도록 함으로써 주주의 이익을 보호하려는 강행법규이다(대판 2018.4.26. 2017다288757). 여기서 영업의 양도·양수란 제41조의 영업양도와 같은 개념이다. 한편 영업양수 시의 특별결의는 양도인이 회사인 경우에만 필요하고 개인인 경우에는 필요하지 않다.

주식회사가 영업의 전부 또는 중요한 일부를 양도한 후 주주총회의 특별결의가 없었다는 이유를 들어 스스로 그 약정의 무효를 주장하더라도 주주 전원이 그와 같은 약정에 동의한 것으로 볼 수 있는 등 특별한 사정이 인정되지 않는다면 위와 같은 무효 주장이 신의성실의 원칙에 반한다고 할 수는 없다(대판 2018.4.26. 2017다288757).

(2) 취지

영업양도는 당초 주주의 출자 동기였던 회사의 목적 사업에 대한 폐기·변경을 의미하는 것으로 회사의 기초에 변경을 가져오기 때문에 특별결의사항으로 하였고, 영업양수는 사실상 양도회사를 합병하는 것과 마찬가지로 양수회사에 구조적 변화를 가져오기 때문에 특별결의사항으로 하였다.

(3) 구체적 검토

A회사가 B회사에게 영업을 양도한다고 할 때 언제 주주총회의 특별결의가 필요한지 자세히 살펴보자. ① A회사는, ⓐ 영업의 전부를 양도할 때 특별결의를 거쳐야 하고, ⓑ 영업의 일부를 양도할 때는 그 일부가 A회사에게 중요한 경우에 한하여 특별결의를 거쳐야 한다. ② 반면 B회사는 양

수하는 영업이 A회사 영업의 전부이든 일부이든 상관없이 B회사에게 중요한 경우라면 특별결의를 거쳐야 한다. B회사가 양수하는 영업이 A회사 영업의 전부라 하더라도 그 규모가 작아서 B회사의 영업에 별 영향이 없으면 B회사는 영업양수에 주주총회의 특별결의를 거칠 필요가 없다.

2. 중요재산의 처분 또는 담보제공

(1) 의의

제374조는 「영업」의 양도만을 특별결의의 대상으로 규정하고 있으나, 영업에 해당하지 않는 개별 재산도 그 규모나 성격에 따라서는 영업만큼 중요한 것일 수가 있다. 그런데 이의 처분을 특별결의의 대상으로 하지 않으면 회사의 전 재산이나 다름 없는 중요 재산도 이사회나 대표이사의 결정만으로 처분할 수 있게 되어 회사·주주 및 회사채권자의 이익을 해할 수가 있다. 그래서 영업에 해당하지 않는 개별 재산이라도 영업만큼 중요한 재산의 처분은 특별결의의 대상으로 삼아야 하는 것 아닌가가 논의 되어져 왔다.

(2) 판례의 태도

1) 기본입장

판례는 "상법 제374조 1호 소정의 영업의 양도란 총칙상의 영업양도를 가리키는 것이므로 영업용 재산이 주식회사의 유일한 재산이거나 중요한 재산이라 하여도 그 재산의 양도를 곧 영업의 양도라 할 수는 없다(대판 1988.4.12. 87다카1662)."라고 하여 영업이 아닌 한 중요 재산의 양도에는 원칙적으로 주주총회 특별결의가 필요하지 않다는 입장이다.

2) 양도한 재산이 회사의 존속의 기초가 되는 영업용 재산인 경우의 예외

위 판례는 동시에 개별재산의 양도라도 일정한 경우에는 예외적으로 주총 특별결의가 필요하다고 한다. 즉 "주식회사 존속의 기초가 되는 중요한 재산의 양도는 영업의 폐지 또는 중단을 초래하는 행위로서 영업의 전부 또는 일부 양도와 다를 바 없으므로 상법 제374조 1호를 유추적용하여 주주총회의 특별결의를 요한다(대판 1988.4.12. 87다카1662)."라고 판시하였다.

① 판례가 특별결의를 요한다고 본 경우

광산업을 하는 회사가 광업권을 처분한 경우(대판 1969.11.25. 64다569), 시장에서 점포임대업을 하는 회사가 그 시장 건물을 처분한 경우(대판 1977.4.26. 75다2260), 관광호텔사업을 위해서 설립된 회사가 호텔신축부지를 처분한 경우(대판 1988.4.12. 87다카1662), 암반 절단에 관한 특허권을 가지고 관련 공사의 수주를 주된 사업으로 하는 회사가 그 특허권을 양도한 경우(대판 2004.7.8. 2004다13717), 택시 운송사업을 하는 회사가 운수사업면허를 양도하는 경우(대판 2006.6.2. 2004도7112) 등이다.

② 판례가 특별결의를 요하지 않는다고 본 경우

아파트 건설회사가 분양용으로 지어 놓은 아파트를 처분한 경우(대판 1991.1.15. 90다10308), 주된 영업이 금속제품생산업인 회사가 온천개발사업을 계획하다가 그 부동산을 처분한 경우(대판 1997.7.25. 97다15371), 회사가 전세보증금 반환채권을 양도한 경우(대판 1997.6.27. 95다40977, 40984) 등이다.

3) 사실상 영업 중단 상태에서의 양도의 경우 위 예외에 대한 예외

한편 위 판례는 "주식회사가 회사 존속의 기초가 되는 중요한 재산을 처분할 당시에 이미 사실상 영업을 중단하고 있었던 상태라면 그 처분으로 인하여 비로소 영업의 전부 또는 일부가 폐지 또는 중단됨에 이른 것이라고는 할 수 없으므로 이러한 경우에는 주주총회의 특별결의가 없었다 하여 그 처분행위가 무효로 되는 것은 아니다(대판 1988.4.12. 87다카1662)."라고 하였다.

(3) 회사 존속의 기초 재산에 대한 담보제공

회사 존속의 기초가 되는 중요 재산을 담보로 제공하는 경우에도 주주총회의 특별결의를 요하는가? 판례는 "근저당권을 설정하는 행위는 상법 제374조 각 호의 어느 행위에도 해당하지 않으므로 주주총회의 특별결의를 요하지 않는다(대판 1971.4.30. 71다392)."고 하였다. 반면 "매도담보로 제공하는 행위는 환매기간 내에 환매하지 못하면 영업을 폐지하게 되므로 주주총회 특별결의가 필요하다(대판 1987.4.28. 86다카553)."라고 하였다. 그러나 이 판례에 대해서는, 가등기담보법 시행 이후에는 매도담보도 청산절차를 거치게 되어 근저당권과 차이가 없어졌으므로, 매도담보를 근저당권과 구분하는 위 판례는 이제 실효되었다는 설명이 있다.

3. 영업의 임대·경영위임, 손익공동계약 등

영업 전부의 임대 또는 경영위임, 타인과 영업의 손익 전부를 같이 하는 계약, 그 밖에 이에 준하는 계약의 체결변경 또는 해약을 할 때는 주주총회의 특별결의가 있어야 한다(제374조 제1항 2호). 세가지 모두 우리나라에서는 매우 낯선 형태의 거래로서 실제로는 거의 문제되지 않는다.

4. 사후설립

(1) 의의

사후설립이란 회사가 성립 후 2년 내에 그 성립 전부터 존재하는 재산으로서 영업을 위하여 계속하여 사용하여야 할 것을 자본금의 100분의 5 이상에 해당하는 대가로 취득하는 계약을 말한다. 사후설립에는 주주총회의 특별결의가 있어야 한다(제375조 → 제374조).

상법이 사후설립에 주주총회의 특별결의를 요하도록 한 것은 사후설립이 재산인수의 탈법행위로 악용되는 것을 막기 위함이다. 예를 들어 회사 설립 중에 발기인이 회사가 영업을 위해 계속 사용할 재산을 취득하려 한다고 하자. 그 재산의 양수 계약을 회사 성립 전에 체결하면 재산인수가 되어 정관에 기재해야 하는 등 엄중한 제한을 받게 된다. 그래서 설립 중에는 그런 뜻을 표출하지 않고 있다가 회사 성립 직후 대표이사가 그 재산을 양수하는 방법으로 재산인수에 따르는 제한을 피하려 할 수가 있다. 그러나 이런 방법은 취득가액이 과대평가되었을 때 회사의 자본충실을 해할 수가 있다는 점에서 재산인수와 마찬가지이다. 상법은 이처럼 편법적으로 재산인수의 효과를 달성하는 것을 막기 위해 사후설립에 주주총회의 특별결의를 받도록 하였다.

(2) 요건

① 회사성립 후 2년 내에 이루어지는 계약만을 대상으로 하고, 취득하는 재산은 회사 성립 전부

터 존재하는 것이어야 한다. 특별결의를 요하는 취지가 재산인수의 탈법을 방지하는 데 있기 때문이다. ② 재산은 회사의 영업을 위하여 계속 사용할 것이어야 한다. ③ 취득의 대가가 자본금의 100분의 5 이상이어야 한다. 어느 정도 이상의 고액의 대가가 치러질 때 규제의 필요성이 인정될 수 있기 때문이다.

(3) 주주총회의 특별결의

사후설립에 해당하면 주주총회의 특별결의를 얻어야 한다. 양도인이 주주인 경우 그 주주는 특별이해관계인에 해당하여 의결권을 행사할 수 없다. 결의를 얻지 못하면 상대방의 선의·악의를 불문하고 사후설립은 무효이다.

5. 간이영업양도, 양수, 임대 등

제374조 제1항 각 호의 어느 하나에 해당하는 행위를 하는 회사의 총주주의 동의가 있거나 그 회사의 발행주식총수의 100분의 90 이상을 해당 행위의 상대방이 소유하고 있는 경우에는 그 회사의 주주총회의 승인은 이를 이사회의 승인으로 갈음할 수 있다(제374조의3 제1항).

제1항의 경우에 회사는 영업양도, 양수, 임대 등의 계약서 작성일부터 2주 이내에 주주총회의 승인을 받지 아니하고 영업양도, 양수, 임대 등을 한다는 뜻을 공고하거나 주주에게 통지하여야 한다. 다만, 총주주의 동의가 있는 경우에는 그러하지 아니하다(제374조의3 제2항).

제2항의 공고 또는 통지를 한 날부터 2주 이내에 회사에 대하여 서면으로 영업양도, 양수, 임대 등에 반대하는 의사를 통지한 주주는 그 기간이 경과한 날부터 20일 이내에 주식의 종류와 수를 기재한 서면으로 회사에 대하여 자기가 소유하고 있는 주식의 매수를 청구할 수 있다. 이 경우 제374조의2 제2항부터 제5항까지의 규정을 준용한다(제374조의3 제3항).

08 반대주주의 주식매수청구권

1. 의의

(1) 개념

반대주주의 주식매수청구권이란 주주총회에서 주주의 이해관계에 중대한 영향을 미치는 일정한 사항이 결의된 경우 그 결의에 반대하는 주주가 회사에 대하여 자기의 소유 주식에 대한 매수를 청구할 수 있는 권리를 말한다.

(2) 취지

이것은 소수파 주주에게 출자를 회수하여 회사로부터 나갈 수 있는 퇴사권을 인정한 것이다. 상법 제335조의2 제4항에서의 주식매수청구권은 양도가 제한되는 주식의 환가방법으로 인정된 것이나, 여기서의 주식매수청구권은 다수파 주주의 의사결정으로부터 소수파 주주의 이익을 보호하기 위해 인정된 것이다.

2. 법적 성질

상법 제374조의2 제2항은 주주가 주식매수청구권을 행사한 경우 "회사는 매수청구기간이 종료하는 날로부터 2월 내에「그 주식을 매수하여야 한다」"라고 규정하고 있다. 이에 따르면 반대주주가 주식매수를 청구한 경우 회사가 매수의 의사표시, 즉 승낙을 해야만 주식에 대한 매매가 성립하는가?

견해의 대립이 있으나, 판례는 "반대주주의 주식매수청구권은 형성권으로서 그 행사로 회사의 승낙 여부와 관계없이 주식에 관한 매매계약이 성립한다. 상법 제374조의2 제2항의 '2월'은 주식매매대금 지급의무의 이행기를 정한 것으로 해석된다. 이러한 법리는 위 2월 이내에 주식의 매수가액이 확정되지 아니하였어도 마찬가지이다(대판 2011.4.28. 2009다72667)."라고 판시하였다. 통설도 판례와 같은 입장이다.

3. 요건

(1) 주식매수청구권이 인정되는 결의 사항

회사에 구조적 변화를 가져오는 영업양도 등과 합병, 분할합병, 주식의 포괄적 교환·이전의 승인을 위한 특별결의의 경우에만 반대주주의 주식매수청구권이 인정된다(제374조의2 제1항, 제522조의3, 제530조의11 제2항, 제360조의5, 제360조의22). 특별결의사항이더라도 정관변경, 자본금감소 등 기타의 경우에는 주식매수청구권이 인정되지 않는다.

(2) 주주의 반대

주식매수청구권은 결의에 반대한 주주에게 그 반대에도 불구하고 가결되었을 때에만 주어진다. 반대하는 주주는 후술하는 바와 같이 사전에 회사에 반대의 통지를 해야 한다.

(3) 반대주주

1) 자격

주주총회를 전제로 하므로 주주총회의 특별결의를 거쳐야 하는 회사의 반대주주(의결권이 없거나 제한되는 주주를 포함)에게만 주식매수청구권이 인정된다. 예를 들어 A회사가 B회사에게 영업의 전부를 양도하는데, 그 영업의 규모가 작아서 영업 양수가 B회사의 영업에 중대한 영향을 미치지는 않는다고 하자. 이 경우 A회사는 특별결의를 거쳐야 하나 B회사는 특별결의를 거치지 않아도 되므로 A회사의 반대주주에게만 주식매수청구권이 인정된다.

2) 주주총회 출석 및 반대투표의 요부

주식매수청구권을 인정받기 위해 반대주주가 반드시 주주총회에 출석하여 반대의 투표를 해야 하는 것은 아니다. 사전에 반대의 통지(제372조의2 제1항)를 한 이상 출석하지 않아도 주식매수청구권이 있다. 다만, 반대의 통지를 한 주주가 주주총회에 출석하여 찬성의 투표를 한 경우에는 반대주주라고 볼 수 없으므로 주식매수청구권이 인정되지 않는다.

4. 절차

(1) 주주총회의 소집

이사회에서 합병 등의 결의가 있은 후 주주총회를 소집하는데, 주주는 그 통지에 의해 합병 등이 추진되고 있음을 알게 되고 반대 여부도 결정한다. 따라서 회사는 주주총회 소집 통지 시 주식매수청구권의 내용 및 행사방법을 명시해야 한다(제374조 제2항). 회사가 이를 게을리 하면 주주의 사전 반대가 어려울 수 있으므로 주주는 사전 반대의 통지 없이도 매수청구권을 행사할 수 있다고 본다. 상법 제363조 제7항에 따르면 의결권 없는 주주에게는 주주총회 소집 통지를 하지 않아도 되지만, 의결권 없는 주주에게도 반대주주의 주식매수청구권이 인정되는 사항이 포함된 경우에는 통지하여야 한다.

(2) 서면에 의한 사전반대의 통지

결의에 반대하는 주주는 주주총회 전에 회사에 대하여 서면으로 그 결의에 반대하는 의사를 통지하여야 한다(제374조의2 제1항). 반대의 통지는 회사에 대해 반대주주의 현황을 파악하여 총회결의에 대비하고 매수의 준비를 갖추게 하는 예고적 의미를 갖는다.

(3) 매수청구

반대의 통지를 한 주주는 그 총회의 결의일로부터 20일 이내에 주식의 종류와 수를 기재한 서면으로 회사에 대하여 자기가 소유하고 있는 주식의 매수를 청구할 수 있다(제374조의2 제1항).

1) 일부에 대한 매수청구

주주는 그 소유 주식 가운데 일부에 대해서만 매수청구를 할 수도 있다.

2) 반대통지 후 매수청구 전 양도한 주식

사전 반대의 통지를 한 주주가 매수청구 전에 제3자에게 양도한 주식에 대해서는 양도인과 양수인 모두 매수청구를 할 수 없다. 양도인은 이미 탈퇴를 하였으므로 매수청구를 할 실익이 없고, 양수인은 주식양수로 인해 주식매수청구권까지 양수한 것은 아니기 때문이다.

5. 효과

(1) 회사의 주식매수의무

회사는 매수 청구기간이 종료하는 날로부터 2월 이내에 그 주식을 매수하여야 한다(제374조의2 제2항). 주식매수청구권은 형성권이므로 반대주주의 주식매수청구권 행사에 의해 바로 매매계약은 성립하고, 회사가 2월 이내에 그 주식을 매수해야 한다 함은 "회사가 2월 이내에 대금을 지급할 의무를 진다"는 의미이다(통설·판례).

회사와 주주 사이에 매수가격에 관한 협상이 실패하여 2월 이내에 매수가격이 결정되지 못하였다 하여도, 회사는 2월 이내에 주주에게 대금을 지급할 의무를 진다. 따라서 이후 법원에서 매수가액이 결정되면 회사는 법정기한인 2월이 경과한 시점부터 계산한 지연손해금을 지급해야 한다.

(2) 매수의 효력발생시기

매수청구한 주식은 언제 회사로 이전하는가? 상법 제360조의26 제1항을 유추적용하여 회사가 반대주주에게 매수대금을 지급하는 때에 이전된다고 본다.

(3) 매수가격의 결정

1) 협의

매수가격은 원칙적으로 주주와 회사 간의 협의에 의하여 결정한다(제374조의2 제3항).

2) 법원의 결정

주주가 회사에 매수청구기간이 종료하는 날로부터 30일 이내에 가격결정에 관한 협의가 이루어지지 않을 경우에는 회사 또는 매수청구를 하는 주주는 법원에 대하여 매수가격의 결정을 청구할 수 있다(제374조의2 제4항). 법원이 매수가격을 결정할 경우에는 회사의 재산상태 그 밖의 사정을 참작하여 공정한 가격으로 이를 산정하여야 한다(제374조의2 제5항).

6. 매수주식의 처분

반대주주의 주식을 매수함으로 인해 회사는 예외적으로 자기주식을 취득하게 된다(제341조의2 4호). 이 주식은 자기주식의 처분에 관한 일반원칙에 따라 처분할 수 있다(제342조).

7. 채권자의 보호

주식매수로 인해 상당액의 회사재산이 주주에게 유출되므로 회사채권자를 위한 책임재산이 감소한다. 합병과 같이 채권자보호절차를 거치는 경우에는 매수청구가 있더라도 별문제가 없으나, 상법 제374조의 결의사항에 관해 주식매수가 이루어질 때에는 채권자보호장치가 없어 채권자의 피해가 우려된다. 입법의 보완이 필요한 부분이다.

8. 주식매수청구의 실효

매수청구의 절차가 완료되었다 하더라도 그 원인이 되는 거래가 존재하지 않게 된 경우에는 매수청구는 효력을 잃는다. 예컨대, 회사가 합병 등에 필요한 인가·허가 등을 얻지 못하거나, 합병 등 계약서에 주식매수청구가 일정 금액 이상으로 발생하면 합병계약을 해제할 수 있도록 정하였는데 그와 같은 사유가 발생하여 합병계약을 해제한 경우 주식매수청구도 효력을 잃게 된다.

그렇다면 합병무효의 소 등으로 거래가 사후적으로 취소·무효로 된 경우 주식매수청구의 효력은 어떻게 되는가? 이는 취소·무효에 소급효가 인정되는가에 따라 결론이 달라진다. ① 영업양도를 제외한 합병, 분할합병, 주식의 포괄적 교환·이전은 별도의 무효의 소로써 효력을 다투는데 그 무효판결은 소급효가 제한되므로 매수청구도 장래에 향해서만 실효된다. 따라서 매수대금이 아직 지급되지 않은 경우에는 매수청구가 실효하나, 매수대금이 이미 지급된 상황이라면 이미 이루어진 주식매수에는 아무 영향이 없게 된다. ② 반면 영업양도의 경우에는 단순히 주주총회결의 취소·무효를 주장하게 되는데 이때 주주총회결의 취소·무효의 판결에는 소급효가 인정되므로, 매수청구는 매수대금의 지급여부와 상관없이 소급하여 효력을 상실한다. 따라서 매수대금이 이미 지급되었으면 원상회복의 문제가 남게 된다.

9. 주식매수청구권의 행사기간

투자 관련 계약에서 당사자 일방이 상대방에게 자신이 보유한 주식의 매수를 청구하면 주식에 관한 매매계약이 체결되는 것으로 정한 경우, 이러한 주식매수청구권은 형성권에 해당하고, 이와 같은 주식매수청구권의 행사기간이 제척기간이다(대판 2022.7.14. 2019다271661). 그리고 주식매수청구권의 행사기간에 관한 약정이 없는 때에는 그 기초가 되는 계약의 성격, 주식매수청구권을 부여한 동기나 그로 말미암아 달성하고자 하는 목적, 주식매수청구권 행사로 발생하는 채권의 행사기간 등을 고려하여 주식매수청구권의 행사기간을 정해야 한다(대판 2022.7.14. 2019다271661).

상행위인 투자 관련 계약에서 투자자가 약정에 따라 투자를 실행하여 주식을 취득한 후 투자회사 등의 의무불이행이 있는 때에 투자자에게 다른 주주 등을 상대로 한 주식매수청구권을 부여하는 경우, 이러한 주식매수청구권은 5년의 제척기간이 지나면 소멸하고, 그 행사기간은 투자대상회사 등의 의무불이행이 있는 때부터 기산한다고 보아야 한다(대판 2022.7.14. 2019다271661).

⑨ 주주총회결의의 하자

1. 총설

주주총회결의가 있더라도 결의의 내용이나 절차에 하자가 있을 때에는 당연히 그 효력이 부정되어야 한다. 그러나 주주총회결의는 그 성립 과정에 다수인의 의사와 이해관계가 개재되고, 결의가 이루어지면 결의의 유효를 전제로 각종의 후속행위가 행하여지는 특성을 갖기 때문에, 무효·취소의 일반법리에 따라 해결하면 단체법률관계의 불안정을 초래하여 다수인의 이익을 해하게 된다.

그래서 상법은 단체적 법률관계를 획일적으로 처리하여 법적 안정성을 기하기 위해 ① 하자의 유형을 법정하고, ② 그 하자는 원칙적으로 소를 제기함으로써만 주장할 수 있게 하며, ③ 소의 종류를 하자의 유형에 따라 취소의 소, 무효확인의 소, 부존재확인의 소, 부당결의 취소·변경의 소 4가지로 법정하고, ④ 그에 관한 판결의 효력을 별도로 정하였다.

2. 결의취소의 소

총회의 소집절차 또는 결의방법이 법령 또는 정관에 위반하거나 현저하게 불공정한 때 또는 결의의 내용이 정관에 위반한 때에는 주주, 이사 또는 감사는 결의의 날로부터 2월 내에 결의취소의 소를 제기할 수 있다(제376조 제1항).

(1) 취소원인

1) 소집절차상의 하자

① 이사회 소집결의의 하자

주주총회를 소집하기로 하는 이사회 결의가 있었으나 무효인 경우는 취소사유가 된다(대판 1980.10.27. 79다1264). 그와 같은 이사회 결의가 아예 없었던 경우는 어떠한가? 과거 판례는 부존재사유가 된다고 하였으나, 그 후의 판례는 이 경우도 취소사유가 됨에 불과하다고 하였다(대판 2009.5.28. 2008다85147).

② 소집 권한 없는 자에 의한 소집

이사회의 소집결의는 있었으나 대표이사 또는 정관상의 소집권자가 아닌 자가 소집한 경우는 결의취소의 원인이 된다(대판 1993.9.10. 93도698). 소집권 없는 자의 소집도 그 하자가 중대한 경우에는 후술하는 결의부존재의 원인이 될 수 있다.

③ 소집 통지의 흠결

일부 주주에게 소집통지를 하지 않은 것은 취소사유가 되고(대판 1993.10.12. 92다21692), 그 정도가 현저한 경우에는 부존재사유가 된다(대판 1978.11.14. 78다1269). 그러나 구체적으로 취소와 부존재의 경계를 정하는 것은 쉽지 않은 일이다. 회사가 정당한 이유 없이 주식양수인의 명의개서 청구를 거절하고 소집 통지를 하지 않은 경우에는 취소사유가 된다(대판 1996.12.23. 96다32768).

④ 통지 방법에 관한 하자

통지 기간(총회일 2주 전)을 준수하지 못한 경우(대판 1981.7.28. 80다2745), 소집 통지를 서면으로 하지 않고 구두로 한 경우(대판 1987.4.28. 86다카553), 목적을 기재하지 않거나 시간·장소를 누락하는 등 통지사항의 일부를 미비한 경우, 주주의 참석을 어렵게 할 정도로 현저히 부적당한 일시·장소에 총회를 소집한 경우(대판 2003.7.11. 2001다45584), 총회 소집 통지서에 기재되지 않은 사항에 관하여 결의한 경우(대판 1979.3.27. 79다19) 등도 취소사유에 해당한다.

2) 결의방법의 하자

① 주주 아닌 자의 결의 참가

주주가 아닌 자 또는 적법한 대리권이 없는 자가 결의에 참가하였다면 취소사유가 된다(대판 1983.8.23. 83도748). 그 정도가 심하여 주주 아닌 자가 대부분인 경우에는 부존재 사유가 될 수도 있다.

② 의결권이 제한되는 주주의 의결권 행사

자기주식, 자회사의 모회사 주식, 의결권이 제한되는 상호주를 가지고 의결권을 행사하는 경우, 특별이해관계인이 의결권을 행사하는 경우, 감사 등 선임 시 3% 초과분의 의결권을 행사하는 경우, 의결권을 부적법하게 불통일 행사하는 경우 등은 취소사유가 된다.

③ 결의요건의 위반

찬성주식수가 발행주식총수의 4분의 1 혹은 3분의 1에 미달하는데 의장이 가결된 것으로 선포

한 경우(대판 1996.12.23. 96다32768), 특별결의사항을 보통결의로 가결한 경우 등도 취소사유에 해당한다.

④ 의사 진행의 현저한 불공정

결의에 반대가 예상되는 주주 또는 대리인을 부당하게 퇴장시키거나 아니면 총회장 입장을 방해하는 경우(대판 1996.12.20. 96다39998) 등도 결의취소사유가 된다.

⑤ 의장의 무자격

정관에 기재된 의장 이외의 자가 회의를 진행한 경우 결의의 효력은 어떠한가? 정당한 의장을 제지하고 주주 중 1인이 회의를 진행한 경우(대판 1977.9.28. 76다2386)는 취소사유에 해당하나, 의장이 부당하게 퇴장하였기 때문에 퇴장 당시 회의장에 있던 주주들이 임시의장을 선출하여 진행한 경우의 결의는 적법하다(대판 2001.5.15. 2001다12973).

3) 결의내용의 정관 위반

정관에서 정하는 이사의 자격에 미달하는 자를 이사로 선임하는 결의 등을 생각해 볼 수 있다. 그러나 실제 사례는 그렇게 많지 않다.

(2) 소의 성질

결의취소의 소는 형성의 소이다. 따라서 결의는 하자가 있더라도, ① 판결에 의해 취소되기 전에는 유효로 다루어지고, ② 2개월의 제소기간이 지나면 확정적으로 유효하게 된다. ③ 또 소에 의하지 아니하고 다른 청구의 공격·방어방법으로 결의의 무효를 주장할 수는 없다. 예컨대, 취소원인이 있는 결의에 의해 甲이 이사로 선임되었고 1년간 보수를 받아 왔는데, 감사 乙이 회사를 대표하여 甲에게 그간의 보수를 부당이득으로 반환청구하려 한다고 하자. 이때 甲을 이사로 선임한 결의는 일응 유효한 것으로 취급되므로 乙은 우선 결의취소소송을 제기하여 이사선임결의의 취소 판결을 받고 이에 기초하여 甲에게 부당이득반환 청구의 소를 제기해야 한다. 만약 처음부터 보수 상당액의 부당이득반환 청구 소송을 제기하고 선임결의의 하자는 이 소송에서 공격·방어방법으로만 주장하면, 이사 선임이 유효로 다루어져 부당이득반환 청구는 기각을 면치 못하게 된다.

(3) 제소권자

결의취소의 소를 제기할 수 있는 자는 주주, 이사 또는 감사에 한한다(제376조 제1항).

1) 주주

① 단독주주권이므로 주주 1인에 의한 소제기도 가능하다. ② 소집 및 결의 방법의 하자가 특정의 주주에게만 국한된 경우에도 어느 주주나 소를 제기할 수 있다. 따라서 총회에 참석하여 의결권을 행사한 주주도 다른 주주에 대한 소집절차의 하자를 이유로 취소의 소를 제기할 수 있고(대판 2003.7.11. 2001다45584), 결의에 찬성한 주주가 취소의 소를 제기하더라도 신의성실의 원칙에 반하지 않는다(대판 1979.3.27. 79다19). ③ 주주는 제소 당시의 주주이면 족하고 결의 당시의 주주일 필요는 없다. ④ 의결권 없는 주주도 소를 제기할 수 있다(통설).

갑 주식회사의 주주인 을 등이 주주총회결의 부존재확인 및 취소를 구하는 소를 제기하였는데, 소송 계속 중에 갑 회사와 병 주식회사의 주식교환에 따라 병 회사가 갑 회사의 완전모회사가 되고 을 등은 병 회사의 주주가 된 사안에서 을 등에게 주주총회결의 부존재확인을 구할 이익이 없고, 결의취소의 소를 제기할 원고적격도 인정되지 않는다(대판 2016.7.22. 2015다66397).

2) 이사·감사

제소 당시의 이사·감사임을 요한다. 다만 퇴임한 이사·감사라도 아직 후임이사·감사가 정해지지 않아 이사·감사로서의 권리의무가 있는 경우에는 제소권이 있다(대판 1992.8.14. 91다45141). 하자 있는 결의에 의해 해임당한 이사·감사도 제소권이 있다는 것이 통설이다. 판례도 이사의 자격을 가진 자가 자신을 해임한 주주총회결의에 대하여 주주총회결의의 취소의 소를 제기할 수 있다고 판시한 바 있다(대판 2019.2.14. 2015다255258). 청산 중의 회사에서는 청산인·감사가 소를 제기할 수 있다(제542조 제2항 → 제376조).

3) 소송계속 중의 지위 변동

소를 제기한 자는 소제기 후 변론종결 시까지 그 자격을 유지해야 한다. 소를 제기한 자가 소제기 후 사망, 퇴임 등의 사유 발생으로 주주·이사·감사의 자격을 상실하면 법원은 소를 각하하여야 한다.

이사가 그 지위에 기하여 주주총회결의 취소의 소를 제기하였다가 소송계속 중에 사망하였거나 사실심 변론종결 후에 사망하였다면 그 소송은 이사의 사망으로 중단되지 않고 그대로 종료된다(대판 2019.2.14. 2015다255258).

(4) 피고

명문의 규정은 없으나 회사를 피고로 한다는데 견해가 일치한다. 원칙적으로 대표이사가 회사를 대표하여 소송을 수행하는데, 대표이사가 취소소송의 대상이 된 결의에 의해 선임된 이사라도 그 소송에서 회사를 대표할 수 있다는 것이 판례의 입장이다(대판 1983.3.22. 82다카1810 전원합의체). 다만 이사가 원고인 경우에는 감사가 회사를 대표한다(제394조 제1항).

(5) 제소기간

결의취소의 소는 결의가 있은 날로부터 2월 내에 제기하여야 한다(제376조 제1항). 제소기간을 이와 같이 단기로 한 이유는 취소소송의 경우 하자가 비교적 경미한데 회사의 법률관계를 장기간 불안정한 상태(취소가능한 상태)로 두는 것은 바람직하지 않기 때문이다. 이 기간은 제척기간이다.

판례는 "주주총회결의 취소소송 제기기간 내에 그 결의에 관하여 부존재확인의 소를 제기하였다가 취소소송 제기기간 경과 후 동일한 하자를 원인으로 한 취소소송으로 소를 변경하거나 추가한 경우, 취소소송의 제소기간을 준수한 것으로 보아야 한다(대판 2003.7.11. 2001다45584)."고 하였다. 민사소송의 원칙상 청구변경의 효력은 취소청구를 추가한 시점에서 발생하는 것이어서 이론적으로는 타당하지 않지만, 구체적 타당성을 고려하여 허용한 것으로 보인다.

또한 판례는 "주주총회에서 여러 개의 안건이 상정되어 각기 결의가 행하여진 경우 위 제소기간의 준수 여부는 각 안건에 대한 결의마다 별도로 판단되어야 한다(대판 2010.3.11. 2007다51505)."고 하였다. 이에 의하면, 예컨대, 임시주주총회에서 A를 이사로 선임하는 결의와 정관변경결의를 하였는데, 주주 甲이 결의의 날로부터 2개월 내에 이사선임결의에 대하여 주주총회결의의 취소의 소를 제기하고 2개월이 지난 후 다시 정관변경결의에 대하여 주주총회결의 취소의 소를 제기한 경우, 정관변경결의에 대한 주주총회 결의 취소의 소는 제소기간 경과를 이유로 부적법하게 된다.

(6) 소의 절차

1) 관할

회사의 본점 소재지의 지방법원의 관할에 전속한다(제376조 제2항 → 제186조).

2) 소제기의 공고

소가 제기된 때에는 회사는 지체 없이 공고하여야 한다(제376조 제2항 → 제187조).

3) 소의 병합심리

수개의 결의취소의 소가 제기된 때에는 법원은 이를 병합심리하여야 한다(제376조 제2항 → 제188조). 판결에 대세적 효력이 있으므로 모든 당사자에 대하여 합일확정 되어야 하기 때문이다.

4) 담보제공

주주가 결의취소의 소를 제기한 경우 회사는 주주가 악의임을 소명하여 법원에 주주의 담보제공을 청구할 수 있으며, 법원은 이에 따라 주주에게 상당한 담보를 제공할 것을 명할 수 있다(제377조 제1항 본문, 제2항 → 제176조 제4항). 주주의 남소를 억제하기 위함이다. 주주가 이사·감사인 때에는 담보제공을 명할 수 없다(제377조 제1항 단서). 악의란 취소사유가 없음을 알고 있는 것을 말한다.

5) 화해 등의 가능성

회사가 청구를 인낙하거나 화해조정을 하는 것은 허용되지 않는다(대판 2004.9.24. 2004다28047). 이 경우에도 원고승소 판결과 마찬가지로 대세효를 가져서 제3자도 더 이상 다툴 수 없게 되기 때문이다.

(7) 판결

1) 재량기각

결의취소의 소가 제기된 경우에 결의의 내용, 회사의 현황과 제반 사정을 참작하여 그 취소가 부적당하다고 인정한 때에는 법원은 그 청구를 기각할 수 있다(제379조). 결의를 취소하면 결의를 토대로 축적된 다수 법률관계에 혼란이 오므로 하자가 경미할 때에는 결의의 효력을 유지시킴으로써 기존의 이해관계를 보호하고 기업유지를 도모하기 위함이다.

① 결의취소 소송에서의 재량기각은 다른 소송에서의 재량기각(제189조 외)과 다르게 하자의 보완을 요건으로 규정하지 않고 있다. ② 재량기각 여부는 당사자가 주장하지 않더라도 법원이 직권으로 판단한다(대판 2003.7.11. 2001다45584). ③ 재량기각은 경미한 하자를 대상으로 하는 것이므로 취소의 소에서만 인정되고 무효·부존재확인의 소에서는 인정되지 않는다.

2) 원고승소판결(취소판결)의 효력

① 대세적 효력

취소의 효력은 제소자와 회사는 물론 그 밖의 제3자에게도 미친다(제376조 제2항 → 제190조 본문). 따라서 누구도 새로이 결의의 유효를 주장하지 못한다. 주주총회 결의가 회사와 동종의 법률관계를 맺는 다수인에게 획일적으로 확정되도록 하기 위함이다.

② 소급효

취소 판결이 내려지면 주주총회 결의는 결의 당시로 소급하여 효력을 잃는다. 설립무효(제328조), 신주발행의 무효(제429조), 합병무효(제529조) 등 회사법상의 다른 형성의 소에서는 예외 없이 판결이 장래효만을 가지는 것과 구별된다.

판결이 소급효를 가지는 결과 결의의 유효를 전제로 그 사이에 이루어진 법률관계가 모두 무효가 되는 문제가 생긴다. 특히 이사 선임 결의가 취소된 경우 그 이사들이 선임한 대표이사도 소급하여 자격을 상실하게 되어, 그 대표이사가 행한 모든 대외적 거래가 무효가 되는 문제가 생긴다. 이와 같은 경우 부실등기의 효력(제39조)이나 표현대표이사(제395조) 제도를 통하여 선의의 제3자를 보호해야 할 것이다.

③ 등기

결의한 사항이 등기된 경우 결의 취소의 판결이 확정되면 본점과 지점의 소재지에서 이를 등기하여야 한다(제378조).

3) 원고패소판결의 효력

원고가 패소한 경우, 즉 청구 기각 또는 각하 판결은 대세적 효력이 없다. 따라서 다른 제소권자는 새로이 소를 제기할 수 있다. 이 경우 악의 또는 중과실이 있는 원고는 회사에 대하여 연대하여 손해를 배상할 책임을 진다(제376조 제2항 → 제191조). 기술한 바와 같이 법원은 이 손해배상책임의 이행 담보를 위해 주주인 원고에게 담보제공을 명할 수 있다.

3. 결의무효확인의 소

결의의 내용이 법령에 위반하는 때에는 결의무효확인의 소를 제기할 수 있다(제380조).

(1) 무효원인

결의의 내용이 법령에 위반한 때이다. 결의의 내용이 정관에 위반하는 때는 취소사유이고 법령에 위반하는 때는 무효사유이다.

예컨대, 결의내용이 주주총회의 권한사항이 아닌 때(예 다음 총회 소집의 결의), 주식평등의 원칙에 반하는 때(예 주주에 따라 의결권의 수를 달리하는 결의), 주주유한책임의 원칙에 반하는 때(예 추가출자의 결의), 총회의 전속적 결의 사항을 타인에게 위임하는 때(예 이사선임을 이사회에 위임하는 결의), 강행법규나 사회질서에 반하는 결의(예 이사의 자격을 남자로 제한하는 결의) 등이다. 다만 취소·부존재와 다르게 실제 문제된 사례는 거의 없다.

(2) 소의 성질

법문에서 「확인의 소」라고 명시하고 있음에도 불구하고 확인소송설과 형성소송설이 대립한다. 대립의 실익은 결의의 무효를 다른 소송에서 공격방어방법으로 주장할 수 있는지 여부이다. 확인소송설에 의하면 가능하나 형성소송설에 의하면 그럴 수 없다. 취소의 소의 성질에서 본 예를 다시 들어 보자. 무효인 결의에 의해 선임된 이사를 상대로 보수의 반환을 구할 때, 형성소송설에 의하면 먼저 회사를 상대로 결의무효판결을 받은 후 이사를 상대로 보수에 대한 부당이득 반환 청구의 소를 제기해야 하나, 확인소송설에 의하면 바로 이사를 상대로 부당이득반환 청구의 소를 제기하고 결의의 무효는 그 소송에서 공격방어방법으로 주장할 수 있다.

판례는 확인소송설을 취한다. 즉 "주주총회결의 효력이 회사 아닌 제3자 사이의 소송에서 선결문제로 된 경우에 당사자는 언제든지 당해 소송에서 주주총회결의가 처음부터 무효 또는 부존재한다고 주장하면서 다툴 수 있고, 반드시 먼저 회사를 상대로 주주총회의 효력을 직접 다투는 소송을 제기하여야 하는 것은 아니다(대판 2011.6.24. 2009다35033)."라고 판시하였다.

(3) 제소권자

상법은 취소의 소와 달리 제소권자를 제한하고 있지 않다. 따라서 확인의 이익이 있는 한 누구나 결의무효 확인의 소를 제기할 수 있다.

(4) 피고

취소의 소와 마찬가지로 회사가 피고로 된다.

(5) 제소기간

무효확인의 소에는 제소기간의 제한이 없다. 따라서 이해관계인은 소의 이익이 있는 한 언제든지 소를 제기할 수 있다.

(6) 소의 절차와 판결

취소의 소에서 다룬 내용과 동일하다. 재량기각이 인정되지 않는다는 점만 다를 뿐이다(제380조). 취소의 소에서의 해당 부분을 참고하기 바란다.

4. 결의부존재확인의 소

총회의 소집절차 또는 결의방법에 결의가 존재한다고 볼 수 없을 정도의 중대한 하자가 있는 경우에는 결의부존재확인의 소를 제기할 수 있다(제380조).

(1) 부존재 원인

결의 부존재의 원인은 「총회의 소집절차 또는 결의방법에 총회결의가 존재한다고 볼 수 없을 정도의 중대한 하자가 있을 때」이다. 이는 결의취소의 원인 중 절차상 하자가 그 정도가 심하여 결의가 사실상 존재하지 않는다고 볼 정도에 이른 경우이다. 즉 부존재원인은 취소원인에 포함되며 단지 절차상 하자의 양적인 차이만 있을 뿐이다. 판례에 나타난 결의 부존재 원인의 예를 살펴보면 다음과 같다.

1) 소집절차에 하자가 있는 경우

주주의 대부분에게 소집 통지를 하지 않은 경우(대판 1980.12.9. 80다128), 주주총회가 유효하게 종료한 후 일부 주주가 따로 모여 결의한 경우(대판 1993.10.12. 92다28235), 소집 권한 없는 자가 이사회결의 없이 소집한 경우(대판 2010.6.24. 2010다13541) 등이 있다. 예컨대, 주주총회를 소집할 권한이 없는 자가 이사회의 주주총회 소집결정도 없이 소집한 주주총회에서 이루어진 결의는 특별한 사정이 없는 한 총회 및 결의라고 볼 만한 것이 사실상 존재한다고 하더라도 그 성립과정에 중대한 하자가 있어 법률상 존재하지 않는다고 보아야 한다(대판 2010.6.24. 2010다13541). 판례는 이사회결의가 없는 경우이거나 소집 권한 없는 자가 소집한 경우이거나 하자가 둘 중 하나인 경우는 취소사유로 보지만, 두 하자가 결합하면 부존재 사유로 보는 경향이 있다.

2) 결의방법에 하자가 있는 경우

결의에 참가한 자의 대부분이 주주가 아닌 경우(대판 1968.1.31. 67다2011), 실제로 주주총회가 없었음에도 지배주주가 마치 결의가 있었던 것처럼 의사록을 작성한 경우(대판 2007.2.22. 2005다73020) 등이 있다. 결의 취소·무효·부존재의 원인인 하자의 유형을 그림으로 표현하면 다음과 같다.

(2) 소의 성질

결의무효확인의 소에서의 보았던 확인소송이냐 형성소송이냐 하는 논쟁은 결의부존재확인의 소에도 그대로 적용된다. 다수설·판례는 확인소송설을 취하고 있다.

(3) 제소권자

무효확인의 소에서와 같이 확인의 이익이 있으면 누구나 소를 제기할 수 있다. 판례에서 확인의 이익을 다룬 예로 다음과 같은 것들이 있다.

1) 주주

① 결의에 찬성한 주주도 부존재를 주장할 수 있다(대판 1977.4.26. 76다1440). ② 그러나 단순한 명의대여자에 불과한 주주(대판 1980.12.9. 79다1989), 명의개서를 하지 않은 주식양수인 및 제권판결 이전에 주식을 선의취득한 자는 부존재를 구할 소의 이익이 없다(대판 1991.5.28. 90다6774). 명의개서를 하지 않은 주식양수인은 주주에 대한 채권자에 불과할 뿐 그 양도를 회사에 대항할 수 없기 때문이고, 제권판결 이전에 주식을 선의취득한 자의 경우는 제권판결에 하자가 있다 하더라도 제권판결에 대한 불복의 소에 의하여 그 제권판결이 취소되지 않는 한 회사에 대하여 적법한 주주로서의 권한을 행사할 수 없기 때문이다. ③ 그리고 주식양도인이 주권 교부 의무를 이행하지 않고 있다가 그 후 양수인이 중심이 되어 개최한 주주총회결의의 부존재를 주장하는 것은 의무불이행 상태를 권리로 주장하는 것이어서 신의칙에 반하는 소권의 행사이다(대판 1991.12.13. 90다카1158).

2) 임원

① 사임 등으로 퇴임한 이사·감사는 그 퇴임 이후에 이루어진 주주총회 결의에 하자가 있더라도 이를 다툴 법률상의 이익이 없다(대판 1992.8.14. 91다45141). ② 다만 퇴임한 이사·감사라도 후임 이사·감사의 취임 시까지 이사·감사의 권리의무를 보유하는 경우에는 결의부존재를 주장할 수 있다(같은 판례). 그리고 부존재인 결의에 의해 해임된 이사는 그 결의의 부존재를 주장할 수 있으며(대판 1962.1.25. 4294민상525), 하자 있는 결의에 의하여 선임된 이사라도 재임 중에 있었던 자신에 대한 이사 해임에 관한 총회결의의 부존재를 주장할 수 있다(대판 1969.9.27. 66다980).

3) 채권자

채권자는 그 주주총회 결의가 채권자의 권리 또는 법적 지위를 구체적으로 침해하고 직접적으로 이에 영향을 미치는 경우에 한하여 확인의 이익이 있다. 따라서 채권자가 이사·감사의 선임, 상호변경 및 회사 사업목적의 추가와 같이 회사의 대내적 사항에 관한 결의의 부존재를 주장할 수는 없다(대판 1980.10.27. 79다2267).

4) 누구도 소의 이익을 갖지 못하는 경우

① 총회 결의에 의해 선임된 이사 甲이 이사직에서 사임하였고 그 후 새로운 임원이 선임되었다

면 甲을 이사로 선임한 총회결의의 부존재나 무효의 확인을 구할 법률상 이익이 없다(대판 1982.9.14. 80다2425). ② 그리고 이사의 해임결의가 부존재일지라도 그 후 적법한 절차에 의해 새로운 이사가 선임된 경우에는 당초의 해임결의의 부존재를 다투는 것은 과거의 법률관계의 확인을 구하는 것이므로 원칙적으로 확인의 이익이 없다. 다만 후임이사 선임결의가 부존재하거나 무효 등의 사유가 있어 구이사가 계속 권리의무를 가지게 되는 경우에는 당초의 해임결의의 부존재확인을 구할 법률상의 이익이 있다(대판 1991.12.13. 90다카1158).

(4) 피고, 제소기간

회사를 피고로 해야 하며, 제소기간의 제한은 없다.

(5) 소의 절차와 판결

이 역시 취소의 소에서 다룬 내용과 동일하다. 재량기각이 인정되지 않는다는 점만 다를 뿐이다(제380조). 취소의 소에서의 해당 부분을 참고하기 바란다.

5. 부당결의 취소·변경의 소

(1) 의의 및 성질

① 주주총회 결의에 관하여 특별한 이해관계가 있어 의결권을 행사할 수 없었던 주주가(제368조 제4항) 그 결의의 부당함을 이유로 결의의 취소 또는 변경을 구하는 소이다(제381조). 잔여 주주가 특별이해관계 있는 주주의 의결권 행사 제한을 악용하여 불공정한 결의를 이끌어낸 경우 결의의 공정을 회복하기 위해 인정된 것이다. ② 소의 성질은 형성의 소이다.

(2) 제소요건

① 결의에 특별한 이해관계가 있는 주주가 의결권을 행사하지 못했어야 하며, ② 결의가 현저하게 부당해야 하고, ③ 그 주주가 의결권을 행사하였더라면 결의를 저지할 수 있었어야 한다.

(3) 제소권자·피고

특별이해관계가 있어 의결권을 행사할 수 없었던 자만이 제소할 수 있고, 피고는 회사이다.

(4) 소의 절차와 판결

이 역시 취소의 소에서 다룬 내용과 동일하다. 재량기각이 인정되지 않는다는 점만 다를 뿐이다(제380조). 취소의 소에서의 해당 부분을 참고하기 바란다.

6. 소의 종류와 소송물

제소자가 청구취지를 그르친 경우, 예컨대, 원고가 부존재확인의 소를 제기해야 함에도 무효확인·취소의 소를 제기한 경우 또는 취소의 소를 제기해야 함에도 무효·부존재 확인의 소를 제기한 경우 그 효력은 어떻게 되는가? 결국 소송물이 서로 같은가의 문제이다.

(1) 통설

통설은 신소송물이론의 입장에서 하자 있는 결의의 효력을 해소하고자 하는 소송목적 또는 이익이 동일하므로 모두 소송물이 같다고 본다. 이에 따르면 취소의 소가 제기되었더라도 법원은 무효확인 또는 부존재확인의 판결을 할 수 있고, 반대로 무효확인의 소가 제기되었더라도 취소의 판결을 할 수 있다.

(2) 판례

판례는 일반적으로 구소송물이론을 취하지만 회사소송에서는 다소 유연한 입장을 취하고 있다.

1) 부존재 사유가 있음에도 무효확인의 소를 제기한 경우

판례는 "부존재확인청구나 무효확인청구는 모두 법률상 유효한 결의의 효과가 현재 존재하지 아니함을 확인 받고자 하는 점에서 동일한 것이다(대판 1983.3.22. 82다카1810 전원합의체)."라고 하며, 이와 같은 무효확인 청구는 부존재확인 청구의 의미로 풀이되므로 적법하다고 하였다.

2) 취소사유만 있는 결의에 대해 부존재확인의 소를 제기한 경우

이는 보통 2개월의 제소기간이 지나 어쩔 수 없이 부존재확인의 소를 제기하는 경우이다. 이에 대해 판례는 대체적으로 부존재사유가 없다는 이유로 기각판결을 하고 있으나(대판 1989.5.23. 88다카 16690 외 다수), 소송물이 동일하다고 보더라도 기각판결을 할 수밖에 없으므로, 판례가 취소의 소와 부존재확인의 소의 소송물을 다르게 본다고 단정할 수는 없다.

7. 후속행위 관련 소송과의 관계

(1) 상법상 소에 관한 규정이 있는 경우

주주총회 결의를 하나의 요소로 하여 이루어지는 후속행위에 대하여 따로 그 효력을 다투는 소가 인정되는 경우가 있다. 예컨대, 합병무효의 소, 분할무효의 소, 주식의 포괄적 교환·이전무효의 소, 신주발행무효의 소(신주발행을 주주총회가 결의하는 회사의 경우), 감자무효의 소 등이다. 이 경우 주주총회 결의에 하자가 있으면 이는 결의취소, 무효·부존재 확인의 소의 사유도 되고 합병 등의 무효사유도 되는데, 그 하자를 주장하려면 이 중 어느 소를 제기하여야 하는가?

1) 학설

선택적으로 제기할 수 있다는 병존설도 있으나, 통설은 후속행위에 주어진 효력(예 신주발행무효의 장래효)에 의해 분쟁이 궁극적으로 해결될 수 있으므로 주주총회 결의의 하자는 후속행위의 하자로 흡수되는 것으로 보아 후속행위의 무효를 주장하는 소만을 제기할 수 있다고 한다(흡수설). 다만 흡수설에 따르더라도 아직 합병 등기가 이루어지지 않아 합병무효의 소를 제기할 수 없는 경우 등에는 주주총회결의 자체의 취소, 무효·부존재 확인을 구하는 소를 제기할 수 있다.

2) 판례

판례는 통설과 같이 흡수설을 취한다. 즉 합병에 관하여 "합병등기에 의하여 합병의 효력이 발생한 후에는 합병무효의 소를 제기하는 외에 합병결의무효확인청구만을 독립된 소로서 구할 수 없다(대판 1993.5.27. 92누14908)."라고 하였고, 신주발행무효의 소와 감자무효의 소에서도 같은 입장을 취하고 있다(대판 2004.8.20. 2003다20060, 대판 2010.2.11. 2009다83599).

(2) 청구의 변경

흡수설에 의할 때, 예컨대, 아직 합병등기가 이루어지지 않아 합병의 효력이 발생하기 전에는 합병결의 자체의 하자를 다투는 소를 제기할 수 있다. 합병무효의 소는 합병등기 이후에만 제기할 수 있으므로 합병등기 전에는 합병무효의 소를 제기할 수 없기 때문이다. 다만 합병승인결의의 효력을 다투는 소송의 계속 중 합병등기가 경료되면 원고는 합병무효의 소로 청구를 변경하여야 한다.

⑩ 종류주주총회

1. 의의

(1) 개념

종류주주총회란 종류주식을 발행한 회사의 주주총회결의에 의해 특정한 종류주식의 주주에게 손해가 발생할 경우, 그 주주총회 결의의 효력발생을 위해 요구되는 그 종류주식의 주주들만으로 구성되는 총회를 말한다.

(2) 취지

주식의 종류별로 이해관계를 달리하는 주주총회결의 사안에서 수적으로 우세한 종류주식의 주주가 주주총회결의를 지배함으로써 손해를 입을 수 있는 열세인 종류주식의 주주를 보호하기 위한 것이다.

(3) 성질

종류주주총회는 그 결의가 주주총회 결의의 효력발생을 위해 추가적으로 요구되는 요건일 뿐이다. 그 자체가 독립한 주주총회도 아니고 회사의 기관도 아니다.

2. 종류주주총회의 결의가 필요한 경우

(1) 필요한 사안

1) 정관을 변경함으로써 어느 종류주식의 주주에게 손해를 미치게 될 때(제435조 제1항). 예컨대, 우선주의 배당률을 낮추거나, 참가적 우선주를 비참가적 우선주로 바꾸거나, 누적적 우선주를 비누적적 우선주로 바꾸는 것과 같이 우선주의 권리를 축소하는 경우이다.

2) 주식의 종류에 따라 신주의 인수, 주식의 병합·분할·소각 또는 합병·분할로 인한 주식의 배정에 관하여 특수하게 정함으로써 어느 종류주식의 주주에게 손해를 미치게 될 때(제436조 전단). 예컨대, 우선주에 대하여 보통주보다 신주배정을 적게 한다거나, 주식병합에 있어서 보통주보다 우선주의 병합비율을 불리하게 하는 경우 등이다.

3) 합병·분할·분할합병·주식교환·주식이전으로 인하여 어느 종류의 주주에게 손해를 미치게 될 때(제436조 후단). 예컨대, 합병 시 소멸회사의 우선주에게 보통주보다 적은 합병신주를 배정하는 경우 등이다.

(2) 「어느 종류의 주주에게 손해를 미치게 될 때」의 판단

위에서 본 세가지 종류주주총회가 필요한 사안은 공통적으로 「어느 종류의 주주에게 손해를 미치게 될 때」를 요건으로 하고 있는데, 구체적이 경우 이에 해당하는지에 대한 판단은 쉽지 않다.

이와 관련하여 판례는 "외견상 형식적으로는 평등한 것이라고 하더라도 실질적으로는 불이익한 결과를 가져오는 경우도 포함되며, 나아가 어느 종류의 주주의 지위가 정관의 변경에 따라 유리한 면이 있으면서 불이익한 면을 수반하는 경우도 이에 해당된다(대판 2006.1.27. 2004다44575)."라고 판시한 바 있다. 이 판례는 우선주가 기간이 경과하면 자동으로 보통주로 전환되도록 하는 정관 규정을 삭제하는 정관변경결의가 문제된 것이었다. 판례는 우선주가 보통주로 자동전환될 수 없게 되면 우선주주는 우선배당을 계속 받게 되는 이익도 있지만 의결권을 얻을 수 있는 기회를 잃게 되는 손해도 있으므로, 이 경우 우선주주의 종류주주총회가 필요하다고 하였다.

3. 결의요건

종류주주총회의 결의는 출석한 주주의 의결권의 3분의 2 이상의 다수로써 하되, 찬성한 의결권이 그 종류의 발행주식총수의 3분의 1 이상이어야 한다(제435조 제2항). 이 요건은 가중하지도 감경하지도 못한다(통설). 그리고 종류주주총회에서는 의결권 없는 주식도 의결권을 가진다(제435조 제3항).

4. 소집과 운영

기타 종류주주총회의 소집과 운영 등에 관한 사항에 관해서는 의결권 없는 주식에 관한 규정을 제외하고는 주주총회에 관한 규정을 준용한다(제435조 제3항).

5. 결의의 하자

종류주주총회에 하자가 있으면 그 하자는 어떤 방법으로 다투어야 하는가?

① 소수설은 종류주주총회의 결의는 주주총회결의의 효력발생요건에 지나지 않으므로 주주총회결의의 하자로 다투어야 하며 종류주주총회결의만 독립하여 다툴 수는 없다고 한다. ② 반면 다수설은 종류주주총회결의 취소, 무효·부존재 확인의 소의 형식으로 종류주주총회결의를 주주총회결의와 독립하여 다툴 수 있다고 한다. 종류주주총회에는 주주총회에 관한 규정이 준용되고(제437조 제3항), 주주총회결의 자체에는 아무런 하자가 없기 때문이라고 한다.

6. 종류주주총회가 흠결된 주주총회결의의 효력

종류주주총회의 결의가 필요함에도 불구하고 이를 거치지 않은 경우 주주총회결의의 효력은 어떻게 되는가?

(1) 학설

① 통설은 주주총회결의는 완전한 효력을 발하지 못하고 부동적 무효의 상태 또는 불발효의 상태에 있게 된다고 한다. 그러다가 종류주주총회의 결의가 있으면 확정적으로 유효해지고 종류주주총회의 결의가 없으면 확정적으로 무효가 된다고 한다. 그리고 이러한 하자는 민사소송법상의 확

인의 소로서 주주총회결의 불발효 확인의 소를 제기하여 다투어야 한다고 본다(부동적 무효설). ②
반면 소수설은 종류주주총회의 결의는 주주총회의 결의가 유효하기 위한 절차적 요건이므로 이를
결한 것은 주주총회결의의 취소사유라고 한다(취소설).

(2) 판례

"종류주주총회의 결의는 정관변경이 효력을 발생하기 위해 주주총회결의에 추가로 요구되는 하
나의 특별요건이므로, 종류주주총회의 결의가 아직 이루어지지 않았다면 그러한 정관변경의 효력
이 아직 발생하지 않는 데에 그칠 뿐이고, 그러한 정관변경을 결의한 주주총회결의 자체의 효력에
는 아무런 하자가 없다."고 하면서 "회사가 종류주주총회의 개최를 명시적으로 거부하고 있는 경
우 민사소송법상의 확인의 소로써 이를 다투기 위해서는 정관변경이 무효라는 확인을 구하면 족한
것이지 정관변경을 내용으로 하는 주주총회의 자체가 아직 불발효 상태에 있다는 확인을 구할 필
요는 없다(대판 2006.1.27. 2004다44575)."고 하였다.

(3) 통설과 판례의 차이점

판례는 기본적으로 통설인 부동적 무효설과 차이가 없다. 단지 민사소송법상의 확인의 소로써
다툴 대상이 통설에 의하면 주주총회결의가 불발효 상태에 있다는 점인 반면 판례에 의하면 정관
변경이 무효라는 점이라는 사실이 다를 뿐이다.

▌제3관 이사 · 이사회 · 대표이사

🄐 개관

이사는 이사회의 구성원이다. 이사가 독자적으로 회사의 기관이 되는지에 대해서는 견해의 대립
이 있으나, 다수설은 이사는 회사의 기관이 아니라고 한다. 이사회는 업무집행기관과 감독기관의
이중적 지위를 갖는다. 업무집행기관이라는 의미는 업무에 관한 의사결정을 한다는 것이고 실제
집행은 대표이사가 한다. 회의체 기관이 업무집행이라는 사실행위를 직접 할 수는 없기 때문이다.

대표이사는 대외적인 대표권과 대내적 업무집행권을 갖는다. 상법은 대표이사의 대외적 권한만
규정하고 있고(제389조 제1항) 대내적 업무집행에 관한 규정은 두고 있지 않으나, 대부분의 회사는 관
행적으로 대표권과 업무집행권을 일치시키고 있다. 심지어 업무에 관한 의사결정도 일상적인 업무
에 관한 것은 광범위하게 이사회로부터 대표이사에게 위임되어 있다.

이처럼 대부분의 업무집행이 사실상 대표이사에 의해 이루어지므로 이사회의 이사 직무 집행에
대한 감독기능은(제393조 제2항) 사실상 대표이사의 업무집행을 감독한다는 의미가 된다. 그런데 현
실에서 사내이사는 대표이사의 지휘하에 있고, 그의 지시를 받아 실제 업무집행을 하는 경우도 많
기 때문에 사내이사가 대표이사의 업무집행을 감독한다는 것은 거의 불가능하다. 그래서 이사회의
감독기능은 주로 사외이사를 중심으로 전개된다.

이처럼 대표이사가 업무를 집행하고, 이사회는 이를 감독함과 동시에 직접 중요한 의사결정을

하는 것이 회사의 실제 현실이다.

⑩2 이사

1. 의의

이사는 이사회의 구성원으로서 회사의 업무집행에 관한 의사결정과 이사의 업무집행을 감독하는 데 참여할 권한을 가진 자를 말한다.

(1) 이사의 법적 지위

1) 이사회의 구성원

이사는 주주총회에서 선임되어 이사회를 구성한다. 이사는 이사회의 구성원으로서 회사의 업무집행에 참여하고, 이사회를 통하여 대표이사 등의 직무집행을 감독한다. 현실에서는 회사 내부에서 승진한 자를 상무이사·전무이사로 부르면서 「비등기이사」라고 하는 경우가 많으나 이들은 주주총회에서 선임된 자가 아니므로 상법상 이사가 아니다(대판 2003.9.26. 2002다64681).

2) 회사와의 위임관계

회사와 이사의 관계는 민법의 위임에 관한 규정이 준용된다(제382조 제2항). 따라서 이사는 회사에 대하여 선량한 관리자의 주의로써 업무를 집행할 의무를 진다(민법 제681조). 이사는 주주총회에서 선임되지만 회사의 수임인일 뿐 주주의 대리인이 아니므로 회사에 대하여만 의무를 지고 주주 개인에 대하여는 어떠한 의무도 지지 않는다.

(2) 이사의 종류

상법은 이사를 「사내이사」, 「사외이사」, 「그 밖에 상무에 종사하지 아니하는 이사」로 구분하여 등기하도록 하고 있다(제317조 제2항 8호). 그 밖에 상무에 종사하지 아니하는 이사는 통상 비상근이사 또는 평이사라고 한다.

사내이사는 상무에 종사하는 이사이다. 그리고 사외이사는 해당 회사의 상무에 종사하지 아니하는 이사이다(제382조 제2항 전문). 사외이사는 경영진에 대한 실효성 있는 감독을 통하여 기업경영의 투명성을 제고하기 위해 도입된 제도이다. 사외이사와 비상근이사는 상무에 종사하지 아니함은 공통되나, 사외이사는 일정한 결격사유(제382조 제3항)가 정해져 있다는 점에서 비상근이사와 다르다. 사외이사의 결격사유는 주로 회사나 최대주주와 특수관계가 있는 경우이다. 경영진에 대한 실효성 있는 감독을 위해서는 회사와 최대주주로부터 독립성을 가져야 하기 때문이다.

2. 이사의 선임과 종임

(1) 선임절차

1) 선임기관

이사는 주주총회에서 선임한다(제382조 제1항). 이는 주주총회의 전속적 권한으로서, 정관으로도 제3자에게 위임하거나 특정 주주의 동의를 요하도록 할 수 없다. 설립 시에는 발기설립의 경우 발기인이(제296조 제1항), 모집설립의 경우 창립총회에서(제312조) 이사를 선임한다.

2) 이사 후보의 추천

① 비상장회사

이사회가 후보를 정한다. 이사회가 이사를 소집하는 주주총회의 소집을 결정하기 때문이다. 주주는 주주제안권을 행사하여 후보를 추천할 수도 있고, 이사 후보가 누구인지는 의제가 아니라 의안이므로 총회장에서 소집통지서에 기재되지 않은 후보를 바로 추천할 수도 있다.

② 상장회사

상장회사는 이사를 선임하는 총회를 소집하는 경우 소집 통지·공고에 이사 후보의 성명 등 소정사항을 기재해야 하고(제542조의4 제2항), 주주총회에서는 통지·공고한 후보자 중에서 이사를 선임해야 한다(제542조의5). 그 결과 총회장에서 주주가 다른 후보를 추천할 수는 없고, 주주는 주주제안권을 통해서만 후보를 추천할 수 있다.

자산총액 2조원 이상인 대규모 상장회사에는 또 특칙이 있다. 대규모 상장회사는 이사회에 사외이사가 총위원의 과반수가 되는 사외이사 후보추천위원회를 설치해야 하고(제542조의8 제4항 전문), 주주총회는 이 위원회에서 추천한 자 중에서만 이사를 선임해야 한다(제542조의8 제5항 본문). 주주는 주주제안의 요건·절차에 따라 위원회에 후보를 추천할 수 있고, 이 경우 위원회는 이 후보를 반드시 사외이사 후보에 포함시켜야 한다. 이를 소수주주의 사외이사 후보추천권이라 한다. 주주가 주주제안권을 행사하여 후보를 추천하는 것과 사실상 아무런 차이가 없다.

3) 선임방법

① 단순투표제

통상의 방법에 따르면 이사 선임을 위한 주주총회의 결의는 이사 한 사람에 대하여 한번씩 이루어진다. 이를 단순투표제라 한다. 원칙적으로 주주총회에서 주주는 의안에 대하여 찬성 또는 반대의 투표만을 하기 때문이다. 이러한 단순투표제에서는 50%를 초과하는 지분을 보유하는 지배주주는 모든 이사를 자신이 원하는 자로 선임할 수 있게 된다.

예를 들어 보자. 회사의 발행주식 중 의결권 있는 주식이 100주인데 이 중 75주를 甲이, 25주를 乙이 보유하고 있다. 주주총회에서 이사 4명을 선임하려 하는데 후보는 A, B, C, D, E, F 6명이다. 甲은 A, C, D, E 후보를 지지하고 乙은 B후보를 지지하고 있다. 단순투표제에 의할 때 乙은 B를 이사회에 진출시킬 수 있는가? 불가능하다. 먼저 A 후보에 대하여 찬반투표를 하면 甲의 찬성 75, 乙의 반대 25로 가결될 것이고, 다음 B후보에 대해 찬반투표를 하면 乙의 찬성 25, 甲의 반대 75로 부결될 것이다. 같은 방법으로 C, D, E 후보에 대해 투표를 하면 결국 甲이 원하는 A, C, D, E 4명이 이사로 선임되게 된다.

② 집중투표제

A. 의의   집중투표제란 2인 이상의 이사선임을 하나의 결의로 하는 방법이다. 집중투표제에서 각 주주는 1주마다 선임할 이사의 수와 동일한 의결권을 갖고, 이 의결권을 이사후보 1인 또는 수인에게 집중하여 투표할 수 있다(제382조의2 제3항). 그리고 투표 결과 투표의 최다수를 얻은 자부

터 순차적으로 이사에 선임된다(제382조의2 제4항). 집중투표제를 취하면 소수파 주주도 그 대표를 이사회에 진출시킬 수 있어 50% 초과 지분을 보유한 지배주주도 이사회 전체를 장악할 수 없게 된다. 위 예에서 집중투표제에 의하면 乙은 B를 이사회에 진출시킬 수 있을까? 집중투표제에 의하면 가능하다. 집중투표제를 채택하면 4명의 이사는 하나의 결의로 선임한다. 한번의 투표 결과 4등까지가 이사로 선임되는 것이다(제382조의2 제4항). 이 결의에서 甲은 300개의 의결권을(보유주식수 75주 × 선임할 이사의 수 4명), 乙은 100개의 의결권을(보유주식수 25주 × 선임할 이사의 수 4명) 갖게 되는데, 乙이 100개의 의결권을 B에게 몰아주면 甲이 자신의 300개의 의결권을 A, C, D, E에게 어떻게 배분하더라도 B를 4등 밖으로 밀어낼 수는 없다. 결국 4명의 이사 중 1명은 소수파 주주인 乙이 원하는 사람이 선임될 수 있다.

주식회사의 정관에서 이사의 선임을 발행주식총수의 과반수에 해당하는 주식을 가진 주주의 출석과 출석주주의 의결권의 과반수에 의한다고 규정하는 경우, 이사의 선임을 집중투표의 방법으로 하는 때에도 정관에 규정한 의사정족수가 충족되어야 한다(대판 2017.1.12. 2016다217741).

B. 요건

ⓐ **선임할 이사의 수**　　집중투표제는 2인 이상의 이사를 선임할 때에 한해 채택할 수 있다(제382조의2 제1항).

ⓑ **정관에 다른 정함이 없을 것**　　집중투표를 하기 위해서는 정관에 집중투표를 배제하는 규정이 없어야 한다. 정관에 아무런 언급이 없으면 집중투표제를 시행하는 것이고, 이를 배제하기 위해서는 정관에 규정을 두어야 한다는 것이다(제382조의2 제1항).

ⓒ **주주의 청구**　　의결권 있는 발행주식총수의 100분의 3 이상에 해당하는 주주가 집중투표에 의할 것을 청구하여야 한다(제382조의2 제1항). 이 청구는 이사선임을 위한 주주총회의 7일 전까지 서면 또는 전자문서로 하여야 한다(제382조의2 제2항). 주주의 청구가 있는 한 주주총회에서 집중투표제를 배제하는 결의를 할 수는 없다. 집중투표제는 다수결에서 소외되는 소수주주들을 보호하기 위한 제도인데, 다수결로 배제할 수 있다면 집중투표제를 인정한 보람이 없기 때문이다. 한편 소수주주는 주주제안권의 행사를 통해 자신이 원하는 이사후보를 추천할 수 있는데, 이는 집중투표 청구와 별개이므로 별도로 회사에 제출하여야 한다.

C. 집중투표의 공시　　집중투표의 청구가 있는 경우 주주총회의 의장은 주주총회에서 이사선임결의를 하기에 앞서 집중투표의 청구가 있었음을 알려야 한다(제382조의2 제5항). 그리고 집중투표를 청구한 서면은 주주총회가 종결될 때까지 본점에 비치하고 주주로 하여금 영업시간 내에 열람할 수 있게 하여야 한다(제382조의2 제6항).

D. 상장회사의 특례

ⓐ **모든 상장회사의 특례**　　상장회사에서는 집중투표의 청구를 주주총회일의 7일 전이 아니라 6주 전에 하여야 한다(제542조의7 제1항).

ⓑ **자산총액이 2조원 이상인 상장회사의 특례**　　집중투표를 청구할 수 있는 소수주주의 요건은 의결권 있는 발행주식총수의 100분의 1로 족하다(제542조의7 제2항). 그리고 정관으로 집중투표를 배제하거나 그 배제된 정관을 변경하려는 경우에는 의결권 있는 발행주식총수의 100분의 3

을 초과하는 주식을 소유한 주주의 의결권은 100분의 3까지로 제한된다(제542조의7 제3항 본문). 이 주식보유비율은 정관으로 이보다 낮게 정할 수 있다(제542조의7 제3항 단서). 이처럼 의결권이 제한되므로 집중투표제를 배제하는 정관변경안은 다른 정관변경안과 분리하여 표결하여야 한다(제542조의7 제4항).

4) 임용계약

이사의 선임은 위임관계를 형성하는 행위이므로 이사로 선임될 자의 승낙이 있어야 함은 당연하다. 그러면 이사의 취임을 위해서는 일반 계약과 같이 대표이사를 통한 회사의 청약도 있어야 하는가? 이 문제는 주로 경영권 분쟁 등으로 대표이사가 새로 선임된 이사를 거부하는 상황에서 대표이사가 선임된 자에게 이사취임의 청약을 하지 않는 등의 형태로 등장한다.

① 학설

ⓐ 다수설은 주주총회의 선임결의는 단순한 내부적 의사결정이므로 임용계약의 체결을 위해서는 대표이사의 청약이 있어야 한다고 본다. ⓑ 반면 소수설은 대표이사의 청약은 필요 없고, 이사 선임결의 자체에 청약의 효력이 있다고 한다. 따라서 선임결의가 있으면 피선임자가 이에 승낙함으로써 바로 이사지위를 취득한다고 한다. 대표이사의 청약이 필요하다고 하면 주주총회에서 이사로 선임된 자라도 대표이사가 이사취임의 청약을 하지 않으면 이사로 취임할 수 없다는 부당한 결과가 발생한다는 점을 근거로 한다.

② 판례

판례는 "주식회사의 이사 또는 감사의 지위를 취득하기 위한 요건(=주주총회의 선임결의와 피선임자의 승낙) 및 이때 피선임자가 대표이사와 별도의 임용계약의 체결 없이 주주총회에서 이사나 감사를 선임하는 경우, 선임결의와 피선임자의 승낙만 있으면, 피선임자는 대표이사와 별도의 임용계약을 체결하였는지와 관계없이 이사나 감사의 지위를 취득한다(대판 2017.3.23. 2016다251215))."는 취지로 판시하였다.

5) 등기

이사를 선임한 때에는 본점에서 2주간 내에, 지점에서 3주간 내에 이사의 성명과 주민등록번호를 등기해야 한다(제317조 제1항, 제2항 8호). 그러나 등기에 창설적 효력이 있는 것은 아니므로 주주총회에서 이사로 선임된 자는 등기가 되어 있지 않아도 상법상 이사이며, 반대로 등기가 되어 있어도 주주총회에서 선임되지 않은 자는 이사가 아니다. 다만 법인등기부에 이사로 등재된 자는 정당한 절차에 의하여 선임된 적법한 이사로 추정된다(대판 1983.12.27. 83다카331).

(2) 선임의 제한

1) 이사의 정원

① 이사는 3인 이상이어야 한다(제383조 제1항 본문). ② 상장회사에서는 이사 총수의 4분의 1 이상을 사외이사로 선임해야 하고, 자산총액 2조원 이상인 대규모 상장회사의 경우에는 사외이사를 3인 이상 그리고 이사 총수의 과반수가 되도록 선임해야 한다(제342조의8 제1항, 상법시행령 제34조 제2항). ③ 자본금 총액이 10억 원 미만인 회사는 이사의 수를 1인 또는 2인으로 할 수 있다(제383조 제1항

단서).

2) 이사의 자격

이사의 자격에 관하여 상법에 특별한 제한은 없다. 그러나 정관으로 이사의 자격을 제한할 수는 있다. 상법은 "정관으로 이사가 가져야 할 주식의 수를 정한 경우에 다른 규정이 없는 때에는 이사는 그 수의 주권을 감사에게 공탁하여야 한다(제387조)."라고 규정하고 있는데, 이는 정관으로 이사의 자격을 주주로 제한할 수 있음을 전제로 한 것이다. 한편 사외이사는 독립성을 유지해야 하므로 상법은 그 자격을 엄격하게 제한하고, 재임 중인 사외이사가 그 결격 사유에 해당하면 그 직을 상실하도록 하고 있다(제382조 제3항). 결격사유는 모두 회사, 최대주주 등과 경제적 이해관계가 있는 경우이다.

(3) 임기

1) 임기 결정의 자유와 제한

회사는 이사의 임기를 정할 수도 있고, 정하지 않을 수도 있다. 또한 회사는 3년의 범위 내에서 임의로 이사의 임기를 정할 수 있으며, 회사가 이사의 임기를 정하는 경우 이사의 임기는 3년을 초과하지 못한다(제383조 제2항). 그런데 회사가 임기를 정하지 않은 경우 이사의 임기를 3년으로 본다는 의미는 아니다(대판 2001.6.15. 2001다23928). 이사나 감사를 피신청인으로 하여 그 직무집행을 정지하고 직무대행자를 선임하는 가처분이 있는 경우 가처분결정은 이사 등의 직무 집행을 정지시킬 뿐 이사 등의 지위나 자격을 박탈하는 것이 아니므로, 특별한 사정이 없는 한 가처분결정으로 인하여 이사 등의 임기가 당연히 정지되거나 가처분결정이 존속하는 기간만큼 연장된다고 할 수 없다(대판 2020.8.20. 2018다249148).

2) 정관에 의한 임기 연장

① 이사는 원칙적으로 임기를 초과하여 재임할 수 없으나, 정관으로 임기 중의 최종의 결산기에 관한 정기주주총회의 종결에 이르기까지 임기를 연장할 수 있다(제383조 제3항). 즉 이사의 임기가 최종 결산기의 말일과 그 결산기에 관한 정기주주총회 사이에 만료된 경우 정관으로 임기를 그 정기주주총회 종결일까지 연장할 수 있다는 것이다. 위 규정의 임기 중의 최종의 결산기에 관한 정기주주총회라 함은 임기 중에 도래하는 최종의 결산기에 관한 정기주주총회를 말하고, 임기 만료 후 최초로 도래하는 결산기에 관한 정기주주총회 또는 최초로 소집되는 정기주주총회를 의미하는 것은 아니다(대판 2010.6.24. 2010다13541). 예컨대, 12월 31일이 결산일이고 정기주주총회가 2월 28일에 열리는 회사에서 어느 이사의 임기가 어느 해 1월 15일에 종료하면 그 해 2월 28일까지 임기를 연장한다는 정관규정을 둘 수 있다는 것이다. ② 임기가 만료되는 이사에게는 임기 중의 결산에 대한 책임을 지고 주주총회에서 결산서류에 관한 주주들의 질문에 답변하고 변명할 기회를 주는 한편, 회사에게는 정기주주총회를 앞두고 이사의 임기가 만료될 때마다 임시주주총회를 개최하여 이사를 선임하여야 하는 번거로움을 덜어주기 위함이다.

(4) 종임

1) 일반적 종임사유

이사와 회사는 위임관계에 있으므로 이사는 민법상 위임의 종료사유에 의해 퇴임한다. 각 당사자의 계약해지, 즉 이사의 사임과 회사의 해임에 의해 퇴임하고(민법 제689조 제1항), 회사의 해산·파산, 이사의 사망·파산·성년후견의 개시에 의해 퇴임한다(민법 제690조). 그 밖에 임기의 만료, 정관에서 정한 자격의 상실, 사외이사의 경우 결격사유의 발생 등으로도 퇴임한다.

2) 해임

① 해임결의

A. 해임의 자유 　　회사는 주주총회의 특별결의로 언제든지 이사를 해임할 수 있다(제385조 제1항 본문). ⓐ 반드시 주주총회결의 의해서만 해임할 수 있고, 정관으로도 이사회나 대표이사가 이사를 해임할 수 있도록 정할 수는 없다. 해임결의의 대상인 이사가 주주인 경우 그 주주는 자신에 대한 해임결의에서 특별이해관계인이 아니다. 따라서 의결권을 행사할 수 있다. ⓑ 이사에 대한 해임결의는 언제든지 할 수 있고 정당한 이유가 있어야 하는 것은 아니다. 이사는 주주의 출자 재산을 관리하는 자이므로 그 지위의 유지 여부는 주주가 자유롭게 결정할 문제이기 때문이다. 따라서 이사는 해임결의의 하자를 다툴 수는 있으나 해임의 부당성을 다툴 수는 없다.

상법 제385조 제1항에서 해임대상으로 정하고 있는 이사에는 임기만료 후 이사로서의 권리의무를 행사하고 있는 퇴임이사는 포함되지 아니한다(대판 2021.8.19. 2020다285406).

B. 손해배상

ⓐ **의의** 　　임기가 정해진 이사를 정당한 이유 없이 그 임기만료 전에 해임할 때에는 그 이사는 회사에 대하여 해임으로 인한 손해의 배상을 청구할 수 있다(제385조 제1항 단서). 임기를 정하지 않은 이사를 해임할 때는 정당한 이유가 없더라도 손해배상을 해줄 필요가 없다(대판 2001.6.15. 2001다23928).

ⓑ **손해의 범위** 　　ⅰ) 통설은 해임으로 이사가 입은 손해는 남은 임기 동안 받을 수 있었던 보수라고 한다. 하급심 판례도 같은 입장을 취한 바 있다. 즉 "이사가 주주총회의 결의로 임기만료 전에 해임된 경우 그로 인하여 입게되는 손해는 이사로서 잔여임기 동안 재직하여 얻을 수 있는 소정의 보수상당액인 정기적 급여와 상여금 및 퇴직금이라 할 것이다(서울고법 1990.7.6. 89나46297)."라고 하였다. 그러나 이에 대해서는 그 기간 동안 이사가 업무를 수행하지 않았음에도 보수를 받는 결과가 되는 것은 부당하다는 비판이 있다. ⅱ) 그리고 주주총회는 사유여하를 막론하고 이사를 해임할 수 있으므로 이사의 해임은 적법한 행위이고, 따라서 해임으로 인해 이사가 받은 정신적 고통에 대한 위자료는 배상의 범위에 포함되지 않는다(위 하급심 판례).

ⓒ **과실상계** 　　이 손해배상책임은 채무불이행이나 불법행위책임과는 달리 고의·과실을 요건으로 하지 아니하는 상법상의 법정책임이므로 과실상계의 법리는 적용되지 않는다(위 하급심 판례).

ⓓ **손익상계** 　　판례는 손익상계는 인정한다. 즉 "임기가 정하여져 있는 감사가 임기만료 전에 정당한 이유 없이 해임되었음을 이유로 회사를 상대로 남은 임기 동안 또는 임기 만료 시 얻을 수 있었던 보수 상당액을 해임으로 인한 손해배상액으로 청구하는 경우, 그 감사가 해임으로 인하여

남은 임기 동안 회사를 위한 위임사무 처리에 들이지 않게 된 자신의 시간과 노력을 다른 직장에 종사하여 사용함으로써 얻은 이익이 해임과 사이에 상당인과관계가 인정된다면 해임으로 인한 손해배상액을 산정함에 있어서 공제되어야 한다(대판 2013.9.26. 2011다42348)."라고 하였다.

ⓔ **정당한 이유**   판례는 "「정당한 이유」란 주주와 이사 사이에 불화 등 단순히 주관적인 신뢰관계가 상실된 것만으로는 부족하고, 이사가 법령이나 정관에 위배된 행위를 하였거나 정신적·육체적으로 경영자로서의 직무를 감당하기 현저하게 곤란한 경우, 중요한 사업의 실패로 경영능력에 대한 근본적인 신뢰관계가 상실된 경우 등과 같이 당해 이사가 경영자로서 업무를 집행하는 데 장해가 될 객관적 상황이 발생한 경우를 말한다(대판 2004.10.15. 2004다25611)."라고 하였다. 정당한 이유의 존부에 관한 입증책임은 손해배상을 청구하는 이사가 부담한다(대판 2006.11.23. 2004다49570).

ⓕ **적용범위**   손해배상은 주주총회의 적극적인 결의로 이사를 해임한 경우에 한해 청구할 수 있고, 의원면직의 형식으로 해임한 경우, 즉 이사가 사임의 의사표시를 하여 이를 수리하는 뜻으로 해임한 경우에는 청구할 수 없다(대판 1993.8.24. 92다3298).

② **소수주주의 해임청구**

A. **의의**   이사가 그 직무에 관하여 부정행위 또는 법령이나 정관에 위반한 중대한 사실이 있음에도 불구하고 주주총회에서 그 해임을 부결한 때에는 발행주식총수의 100분의 3 이상을 가진 주주는 총회결의가 있은 날로부터 1월 내에 그 이사의 해임을 법원에 청구할 수 있다(제385조 제2항). 통상 이사는 대주주의 의사에 의해 선임되므로 이사의 부정행위가 있더라도 대주주의 비호를 받아 해임결의가 부결되는 일이 있을 수 있다. 그래서 소수주주가 주도하여 시정할 수 있는 기회를 준 것이다.

B. **청구권자**   해임청구는 의결권 행사를 전제로 하지 않으므로 의결권 없는 주주도 할 수 있다. 상장회사의 경우에는 발행주식총수의 10,000분의 50(자본금이 1,000억 원 이상인 회사는 10,000분의 25) 이상의 주식을 6월간 계속 보유한 주주가 위 해임청구를 할 수 있다(제542조의6 제3항).

C. **해임청구의 사유**   부정행위 또는 법령·정관 위반의 중대한 사실이 있어야 한다. 단순한 임무해태는 해임청구의 사유가 아니다. 이러한 사유는 이사 재임 중에 있으면 족하고 반드시 해임청구 시에 있어야 하는 것은 아니다.

D. **소의 절차**   해임청구는 회사의 본점소재지의 지방법원의 관할에 전속한다(제385조 제3항 → 제186조). 이 소는 회사와 이사의 위임관계의 해소를 구하는 형성의 소이므로, 회사와 이사를 공동피고로 하여야 하고, 원고승소의 판결이 확정되면 회사의 해임행위가 없더라도 바로 해임의 효력이 발생한다. 그리고 소수주주는 해임판결이 있기 전에 법원에 이사의 직무집행을 정지하고 직무대행자를 선임하는 가처분을 신청할 수 있다(제407조 제1항).

③ **이사 결원에 대한 조치**

A. **퇴임이사**   법률 또는 정관에 정한 이사의 원수를 결한 경우에는 임기의 만료 또는 사임으로 인하여 퇴임한 이사는 새로 선임된 이사가 취임할 때까지 이사의 권리의무가 있다(제386조 제1항).

B. **일시이사**   이사의 정원을 결한 경우 법원은 필요하다고 인정할 때 이사·감사 기타 이해

관계인의 청구에 의하여 일시 이사의 직무를 행할 자를 선임할 수 있다(제386조 제2항 전문). 이를 일시이사라 하고, 가이사, 임시이사라고도 한다. 일시이사를 선임한 경우에는 본점의 소재지에서 등기하여야 한다(제386조 제2항 후문). ⓐ 이사의 정원을 결한 사유는 묻지 않는다. 임기만료, 사임뿐만 아니라 이사의 사망·해임 등 어떤 사유라도 정원을 결한 경우이면 일시이사를 선임할 수 있다. ⓑ 이사의 결원이 있더라도 선임이 필요할 때에만 일시이사를 선임할 수 있다. 판례는 "<u>여기서「필요한 때」란 이사가 사망하거나 해임된 경우와 이사가 중병으로 사임한 경우와 같이 퇴임이사로 하여금 이사로서의 권리의무를 가지게 하는 것이 불가능하거나 부적당한 경우를 의미한다</u>(대결 2000.11.17. 2000마5632)."고 하였다.

C. 퇴임이사·일시이사의 권한 범위　　후술하는 바와 같이 가처분에 의해 선임된 직무대행자의 권한은 상무에 속한 것으로 제한되는데, 퇴임이사·일시이사의 권한도 상무에 속한 것으로 제한되는가? 그렇지 않다. 퇴임이사·일시이사는 업무집행의 중단을 방지하여 회사가 정상적으로 운영되도록 하기 위한 것이므로 그 권한은 정상적인 이사의 권한과 같다(대결 1968.5.22. 68마119).

3) 등기

이사가 퇴임한 때에도 본점에서 2주간 내에, 지점에서 3주간 내에 이사의 성명과 주민등록번호를 등기해야 한다(제317조 제1항, 제2항 8호).

(5) 이사의 직무집행정지 및 직무대행자선임의 가처분

1) 의의

특정이사의 지위에 다툼이 있어 장차 당해 이사의 지위가 박탈될 가능성이 있음에도 불구하고 당해 이사로 하여금 직무를 계속 수행하게 한다면 업무집행의 적정을 잃어 회사에 손해를 가져올 위험이 있다. 이런 경우 일시적으로 이사의 직무수행권한을 정지시키는 것이 직무집행정지가처분이다. 그리고 이로 인한 회사운영의 공백을 메우기 위해 직무 수행을 대신할 자로 선임되는 자가 직무대행자이다(제407조 제1항). 주식회사 이사의 직무집행정지 및 직무대행자선임에 관한 규정(제407조)은 감사, 청산인 및 유한회사의 이사·감사·청산인에 대하여 준용되고, 직무대행자의 권한에 관한 규정(제408조)도 감사를 제외하고는 위의 자들 모두에게 준용된다(제415조, 제415조의2 제7항, 제542조 제2항, 제567조, 제570조, 제613조 제2항).

2) 직무집행정지가처분

① 가처분의 요건

A. 본안소송의 제기　　이사의 지위를 다투는 본안소송에 제기되어야 한다. 상법은 그 본안소송으로 이사선임결의의 무효의 소, 취소의 소, 이사해임의 소를 열거하고 있다(제407조 제1항 본문). 그 외에 이사선임결의의 부존재확인의 소도 당연히 이 가처분의 본안소송이 된다.

B. 본안 전의 가처분　　예외적으로「급박한 사정이 있는 때」에는 본안소송의 제기 전에도 가처분을 할 수 있다(제407조 제1항 단서). 급박한 사정이란 이사의 직무수행의 현황에 비추어 본안소송까지 기다릴 여유가 없는 경우이다.

C. 피보전권리의 존재　　가처분신청의 대상인 이사가 가처분시까지 그 지위를 유지해야 한다. 가처분 전에 이사가 사임하거나 기타 사유로 퇴임하면 피보전권리가 없게 되므로 법원은 가처분신

청을 각하하여야 한다. 이사가 사임하면 새로운 주주총회에서 다시 이사로 선임되었다 하더라도, 본안소송은 그 이전의 이사선임결의에 관한 것이므로 피보전권리가 없다고 본다(대판 1982.2.9. 80다 2424).

D. 퇴임이사에 대한 가처분 ⓐ 결원이 발생하여 제386조 제1항에 따라 이사의 권리의무를 행사하고 있는 퇴임이사를 대상으로 한 직무집행정지가처분은 허용되지 않는다. 가처분은 본안소송으로 이사의 지위를 다투는 것을 전제로 하는데, 퇴임이사를 직무에서 배제하고자 하면 제386조 제2항에 따라 법원에 일시이사의 선임을 청구하면 족하고, 따로 이사의 지위를 다투는 본안소송을 할 필요가 없기 때문이다. ⓑ 그러나 결원이 발생하지 않아 퇴임하는 이사가 이사로서의 권리의무를 상실하였음에도 계속 그 권리의무를 행사하고 있는 경우에는 그 권리의무의 부존재확인청구권을 피보전권리로 하여 그의 직무집행 정지를 구하는 가처분신청을 할 수 있다(대결 2009.10.29. 2009마 1311).

E. 보전의 필요 이사가 직무를 계속 수행할 경우 회사에 회복할 수 없는 손해가 발생할 위험이 있어야 한다.

② **당사자**

가처분의 신청인은 본안소송의 원고 또는 원고가 될 수 있는 자이고, 피신청인은 그 지위가 다투어지는 이사이다. 회사는 피신청인이 될 수 없다(대판 1982.2.9. 80다2424). 이로 인해 본안소송의 피고와 가처분신청의 피신청인이 달라지게 된다.

③ **절차**

ⓐ 관할은 본안소송의 관할법원에 속한다. ⓑ 법원은 당사자의 신청에 의하여 가처분을 변경 또는 취소할 수 있다(제407조 제2항). ⓒ 그리고 가처분 또는 가처분의 변경·취소가 있는 때에는 본점과 지점의 소재지에서 등기하여야 한다(제407조 제3항).

④ **효력**

직무집행이 정지된 이사는 일체의 직무집행을 할 수 없다. 이에 반한 직무집행은 절대 무효이므로, 후에 가처분이 취소되더라도 소급하여 유효해질 수 없고(대판 2008.5.29. 2008다4537), 그와 거래한 상대방은 선의라도 유효를 주장할 수 없다. 직무집행이 정지된 이사가 주주총회에서 다시 이사로 선임되더라도 직무집행정지가처분이 취소되지 않는 한 이사의 권한을 행사할 수 없다.

3) 직무대행자

① **선임**

법원은 이사의 직무집행정지가처분과 함께 직무대행자를 선임할 수 있다(제407조 제1항 전단). 이것도 가처분의 내용으로서 하는 것이다. 이사의 직무집행정지로 인한 회사운영의 공백을 메우기 위함이므로 나머지 이사만으로 회사의 업무집행에 지장이 없을 때에는 굳이 선임할 필요가 없다.

② **직무대행자 선임의 효력**

직무대행자가 선임되면 직무집행이 정지된 이사가 퇴임하고 후임이사가 선임되더라도 가처분이 취소되기까지는 직무대행자의 권한이 존속한다. 직무대행자의 권한을 소멸시키기 위해서는 가처분이 취소되어야 하며 그 때까지 후임자는 권한을 행사할 수 없다. 따라서 후임자가 한 대외적 행위는 무효이고 상대방은 선의라도 유효를 주장하지 못한다(대판 1992.5.12. 92다5638).

③ 권한

직무대행자는 가처분명령에 다른 정함이 있는 경우 외에는 회사의 상무에 속하지 아니한 행위를 하지 못한다. 다만 법원의 허가를 얻은 때에는 예외적으로 할 수 있다(제408조 제1항).

A. 상무의 범위　　ⓐ「상무」란 "일상의 업무"의 줄임 말로서 판례에 의하면 "<u>회사가 영업을 계속함에 있어서 통상 행하는 영업범위 내의 사무 또는 회사경영에 중요한 영향을 주지 않는 통상의 업무 등</u>(대판 2007.6.28. 2006다62362)."을 의미한다. 따라서 신주발행·사채발행·영업양도와 같은 조직법적 변경을 가져오는 행위나, 중요재산의 처분·목적사업의 변경과 같이 비일상적인 위험을 수반하는 행위는 상무가 아니다. ⓑ 주주총회의 소집은 상무에 속하는가? 판례는 "<u>정기주주총회를 소집함에 있어 그 안건에 상법 제374조의 특별결의사항에 해당하는 행위 등 회사의 경영 및 지배에 영향을 미칠 수 있는 것이 포함되어 있다면 그 안건의 범위에서 정기주주총회의 소집은 상무에 속하지 않는다</u>(대판 2007.6.28. 2006다62362)."고 판시한 바 있다.

B. 위반행위의 효력　　직무대행자가 법원의 허가 없이 상무에서 벗어난 행위를 한 경우에도 회사는 선의의 제3자에 대하여 책임을 진다(제408조 제2항). 제3자가 자신이 선의이었음을 주장·입증하여야 한다(대판 1965.10.26. 65다1677).

3. 이사의 보수

(1) 의의

보수란 월급·상여금·연봉 등 명칭 여하를 불문하고 이사의 직무수행에 대한 보상으로 지급되는 일체의 대가를 뜻한다. 정기적이든 부정기적이든 불문한다. 이사와 회사의 관계는 위임이므로 무상이 원칙이지만(민법 제686조 제1항) 이사에게 보수를 지급하는 것이 통례이다.

상법 제388조는 "이사의 보수는 정관에 그 액을 정하지 아니한 때에는 주주총회의 결의로 이를 정한다."라고 규정하고 있고, 위 규정의 보수에는 연봉, 수당, 상여금 등 명칭을 불문하고 이사의 직무수행에 대한 보상으로 지급되는 모든 대가가 포함된다. 이는 이사가 자신의 보수와 관련하여 개인적 이익을 도모하는 폐해를 방지하여 회사와 주주 및 회사채권자의 이익을 보호하기 위한 강행규정이다(대판 2020.4.9. 2018다290436).

(2) 보수의 결정

1) 원칙

이사의 보수는 정관에서 정하지 않은 때에는 주주총회에서 정한다(제388조). 실무에서 정관으로 정하는 경우는 거의 없고 대부분 회사가 주주총회에서 정한다.

2) 정관·주주총회결의가 없는 경우의 보수청구권

판례는 과거에는 "정관이나 주주총회결의로 보수액을 결정한 바 없더라도 주주총회결의로 상무

이사로 선임되고 그 임무를 수행한 자에 대하여는 보수지급의 특약이 있다고 보아야 한다(대판 1964.3.31. 63다715)."고 하는 등 보수를 정관이나 주주총회에서 정한다는 원칙을 유연하게 해석하였다. 그러나 최근에는 엄격한 해석으로 선회하여 "정관 등에서 이사의 보수는 주주총회의 결의로 정한다고 규정되어 있는 경우 그 금액·지급방법·시기 등에 관한 주주총회의 결의가 있었음을 인정할 증거가 없는 한 이사는 보수청구권을 행사할 수 없다(대판 2004.12.10. 2004다25123)."고 하며 정관이나 주주총회결의가 없는 경우 바로 이사의 보수청구권을 부정하고 있다.

정관에서 이사의 보수에 관하여 주주총회의 결의로 정한다고 규정한 경우 그 금액·지급방법·지급시기 등에 관한 주주총회의 결의가 있었음을 인정할 증거가 없는 한 이사는 보수청구권을 행사할 수 없다. 이때 '이사의 보수'에는 월급, 상여금 등 명칭을 불문하고 이사의 직무수행에 대한 보상으로 지급되는 대가가 모두 포함되고, 회사가 성과급, 특별성과급 등의 명칭으로 경영성과에 따라 지급하는 금원이나 성과 달성을 위한 동기를 부여할 목적으로 지급하는 금원도 마찬가지이다(대판 2020.4.9. 2018다290436).

이사가 중간정산의 형태로 퇴직금을 지급받을 수 있는지 여부는 퇴직금의 지급시기와 지급방법에 관한 매우 중요한 요소이다. 따라서 정관 등에서 이사의 퇴직금에 관하여 주주총회의 결의로 정한다고 규정하면서 퇴직금의 액수에 관하여만 정하고 있다면, 퇴직금 중간정산에 관한 주주총회의 결의가 있었음을 인정할 증거가 없는 한 이사는 퇴직금 중간정산금 청구권을 행사할 수 없다(대판 2019.7.4. 2017다17436).

3) 결정의 위임

이사의 보수액을 각 이사 별로 정할 필요는 없다. 정관 또는 주주총회결의로는 이사 전원에 대한 보수의 총액 또는 한도액만을 정하고 각 이사에 대한 배분의 결정은 이사회에 위임하는 것은 가능하다. 그러나 보수액의 결정 및 지급을 전적으로 이사회나 대표이사에게 위임하는 내용의 정관 규정이나 주주총회 결의는 무효이다.

정관 또는 주주총회에서 임원의 보수 총액 내지 한도액만을 정하고 개별 이사에 대한 지급액 등 구체적인 사항을 이사회에 위임하는 것은 가능하지만 이사의 보수에 관한 사항을 이사회에 포괄적으로 위임하는 것은 허용되지 아니한다(대판 2020.6.4. 2016다241515, 241522). 그리고 1인 회사가 아닌 주식회사에서는 특별한 사정이 없는 한 주주총회의 의결정족수를 충족하는 주식을 가진 주주들이 동의하거나 승인하였다는 사정만으로 주주총회에서 그러한 내용의 결의가 이루어질 것이 명백하다거나 또는 그러한 내용의 주주총회결의가 있었던 것과 마찬가지라고 볼 수는 없다(대판 2020.6.4. 2016다241515, 241522).

(3) 보수의 범위

1) 사용인 겸직 이사의 보수

회사에 따라서는 이사가 이사회의 구성원으로서 결의에 참여할 뿐만 아니라 지배인이나 일부 부서의 장 등 사용인의 지위를 겸하면서 일정한 업무를 담당하는 경우도 많다. 이때 이사는 그 한도에서 회사와 고용관계에 있고 이사가 그 직무수행의 대가로 받는 보수는 근로기준법상의 임금의 성격을 가진다. 그러면 이사가 이와 같이 받는 임금도 제388조의 보수에 포함된다고 보아 정관 또는 주주총회의 결의로 정해야 하는가? 이에 대해서는 ① 근로에 대한 대가인 임금은 상법상 이사의 보수와 법적 성질이 다르므로 제388조의 보수에 포함되지 않는다는 불포함설과, ② 이를 포함시키지 않으면 제388조의 탈법을 허용하여 이사가 과도하게 보수를 책정할 수 있으므로 포함된다고 보는 포함설이 대립한다.

2) 퇴직위로금

판례는 "이사 또는 감사에 대한 퇴직위로금은 그 직에서 퇴임한 자에 대하여 그 재직 중 직무집행의 대가로써 지급되는 보수의 일종으로서 상법 제388조에 규정된 보수에 포함된다(대판 1999.2.24. 97다38930)."고 판시하였다. 그리고 정관 등에서 이사의 퇴직금에 관하여 주주총회의 결의로 정한다고 규정하면서 퇴직금의 액수에 관하여만 정하고 있는 경우, 이사가 퇴직금 중간정산금 청구권을 행사하기 위하여는 퇴직금 중간정산에 관한 주주총회의 결의가 있어야 하는 바, 이에 따라 중간정산에 관한 주주총회의 결의가 있었음을 인정할 증거가 없는 한 이사는 퇴직금 중간 정산금 청구권을 행사할 수 없다(대판 2019.7.4. 2017다17436).

3) 해직보상금

해직보상금은 회사와 이사 간의 약정에 의해, 이사가 그 의사에 반하여 해임될 경우 퇴직위로금과 별도로 회사로부터 지급받는 금원을 말한다. 상법 제388조 제1항 단서에 따라 지급해야 할 손해배상액의 예정이라 할 수 있다. 그러면 해직보상금은 제388조의 보수에 포함되는가? 판례는 "해직보상금은 형식상으로는 보수에 해당하지 않으나, 주주총회의 결의를 요하지 않는다고 하면 이사가 고용계약 체결 시 과다한 해직보상금을 약정하여 사익을 도모하는 폐해를 막을 수 없으므로, 상법 제388조를 적용 또는 유추적용하여 이사는 정관 또는 주주총회의 결의가 있을 때에만 해직보상금을 청구할 수 있다(대판 2006.11.23. 2004다49570)."고 판시하였다. 그리고 정관 등에서 이사의 퇴직금에 관하여 주주총회의 결의로 정한다고 규정하면서 퇴직금의 액수에 관하여만 정하고 있는 경우, 이사가 퇴직금 중간정산금 청구권을 행사하기 위하여는 퇴직금 중간정산에 관한 주주총회의 결의가 있어야 하는바, 이에 따라 중간정산에 관한 주주총회의 결의가 있었음을 인정할 증거가 없는 한 이사는 퇴직금 중간정산금 청구권을 행사할 수 없다(대판 2019.7.4. 2017다17436).

4. 주식매수선택권

(1) 의의

주식매수선택권이란 회사의 임원이나 직원이 장래 일정한 시기에 이르러 예정된 가격으로 일정수량의 회사 주식을 회사로부터 신주인수 또는 회사가 보유하고 있는 자기주식의 매수의 방법으로 취득할 수 있는 권리를 말한다(제340조의2 제1항). 주식매수선택권(이하 "선택권"이라 약칭함)은 회사에 요긴한 임원이나 종업원에게 장차의 주식매수로 인한 이득을 유인동기로 삼아 직무에 충실하도록 유도하기 위해 부여하는 권리이다.

예컨대, A회사가 이사 甲에게 3년 후로부터 5년 이내의 기간 중에 지금의 시세인 1주당 1,000원씩에 100주를 회사의 신주발행을 통해 취득할 수 있는 권리를 부여하였다고 하자. 3년 후 주가가 상승하여 1주당 1,500원이 되었다면, 甲은 주당 1,500원의 가치가 있는 주식 100주를 주당 1,000원만 치르고 취득할 수 있다. 그리고 주가가 하락하거나 제자리에 있다면 甲은 신주발행을 청구하지 않으면 된다.

(2) 선택권의 유형과 정산

1) 유형

① 자기주식양도형

회사가 보유하는 자기주식을 예정된 가격(주식매수선택권 행사가격, 이하 "행사가액"이라 약칭함)으로 양수할 수 있는 권리를 부여하는 방법이다(제340조의2 제1항 본문).

② 신주발행형

선택권의 행사에 응하여 회사가 행사가액을 발행가액으로 하여 신주를 발행하는 방법이다(제340조의2 제1항 본문).

2) 차액정산

이상 2가지 중 어느 유형으로 선택권을 부여하든 선택권의 행사에 응해 회사는 자기주식의 양도나 신주발행에 갈음하여 주식의 실질가액과 행사가액의 차액을 정산하는 방법을 취할 수 있다. 즉 주식의 실질가액이 행사가액을 상회할 경우 그 차액을 회사가 주식매수선택권자(이하 "선택권자"로 약칭함)에게 금전으로 지급하거나, 차액상당액의 자기주식을 이전해 주는 방법이다(제340조의2 제1항 단서). 이때 이전해 주는 자기주식은 선택권의 행사시점에서의 실질가액으로 평가하여야 한다(제340조의2 제1항 후단).

(3) 요건

1) 정관의 규정

선택권을 부여하기 위하여는 정관에 근거를 두어야 한다(제340조의2 제1항). 정관에 규정할 사항은 ① 일정한 경우 선택권을 부여할 수 있다는 뜻, ② 선택권의 행사로 발행하거나 양도할 주식의 종류와 수, ③ 선택권을 부여받을 자의 자격요건, ④ 선택권의 행사기간, ⑤ 일정한 경우 이사회결의로 선택권을 취소할 수 있다는 뜻이다(제340조의3 제1항).

2) 권리자의 자격

① 선택권자로 선정될 수 있는 자는 원칙적으로 회사의 설립·경영과 기술혁신 등에 기여하거나 기여할 수 있는 당해 회사의 이사·집행임원·감사 또는 피용자이다(제340조의2 제1항 본문). 상장회사의 경우에는 관계회사(상법시행령 제30조 제1항)의 이사·집행임원·감사 또는 피용자도 포함된다(제542조의3 제1항). ② 한편 회사의 지배력을 가지는 자 및 특수관계인에 대한 선택권 부여는 금지된다.

즉 ⓐ 의결권 있는 발행주식총수의 100분의 10 이상의 주식을 가진 주주, ⓑ 이사·집행임원·감사의 선임과 해임 등 회사의 주요경영사항에 대하여 사실상 영향력을 행사하는 자, ⓒ ⓐ, ⓑ에 해당하는 자의 배우자와 직계존비속에게는 선택권을 부여할 수 없다. 지배주주가 주식매수선택권을 사익 추구의 방법으로 사용하는 것을 막기 위함이다.

3) 선택권부여총량의 제한

① 선택권의 행사로 발행할 신주 또는 양도할 자기주식은 발행주식총수의 100분의 10을 초과할 수 없다(제340조의2 제3항). 정관으로 「선택권의 행사로 발행하거나 양도할 주식의 수」를 정할 당시와 선택권을 부여할 당시 양 시점 모두에서의 발행주식총수의 100분의 10을 초과하지 못한다. 예컨대, 정관으로 정할 당시의 발행주식총수가 1,000주여서 100주를 부여한도로 정했는데, 이후 300주를 자본감소하여 부여시점의 발행주식총수는 700주인 경우 부여한도는 70주이다.

② 상장회사는 부여할 수 있는 총량이 확대된다. 발행주식총수의 100분의 20의 범위에서 대통령령으로 정하는 한도까지 선택권을 부여할 수 있다(제542조의3 제2항).

(4) 부여절차

선택권을 부여하는 정관 규정은 선택권 부여의 근거일 뿐이고, 특정의 임원 또는 피용자에게 선택권을 부여하기 위해서는 「주주총회의 특별결의」를 거치고 「계약서를 작성」해야 한다.

1) 주주총회의 결의

선택권은 주주총회의 특별결의에 의해 부여할 수 있다(제340조의2 제1항). 상장회사는 발행주식총수의 100분의 10의 범위에서 이사회의 결의로 부여하고 이후 최초로 소집되는 주주총회에서 승인을 받는 방법이 허용된다(제542조의3 제3항). 주주총회결의로 정할 사항은 다음과 같다(제340조의3 제2항).

① 주식매수선택권을 부여 받을 자의 성명

② 주식매수선택권의 부여방법

선택권 행사에 응해 신주를 발행할 것인지, 회사가 보유하는 자기주식을 양도할 것인지를 정해야 한다.

③ 주식매수선택권의 행사가액과 그 조정에 관한 사항

A. 행사가액의 제한　　행사가액은 다음의 가액 이상이어야 한다. ⓐ 신주발행형인 경우 선택권 부여일을 기준으로 한 주식의 실질가액과 주식의 권면액 중 높은 금액, 단 무액면주식을 발행한 경우에는 자본으로 계상되는 금액 중 1주에 해당하는 금액을 권면액으로 본다. ⓑ 자기주식양도형인 경우 선택권 부여일을 기준으로 한 주식의 실질가액

B. 행사가액의 조정　　행사가액의 조정은 자본거래가 있더라도 선택권의 가치를 동일하게 유지하기 위해 행사가액을 증액하거나 감액하는 것을 말한다. 예를 들어 무상증자로 회사의 주식이 2배로 늘어났다면 주가는 2분의 1로 감소하므로 선택권의 가치를 유지하기 위하여 행사가액을 2분의 1로 감액하는 것이다.

④ 주식매수선택권의 행사기간

A. 의의　　선택권을 행사할 수 있는 기간을 말한다. 예컨대, "주주총회결의일로부터 3년 후 5년 내에 행사하여야 한다."는 것과 같다.

B. 행사기간의 제한　　주식매수선택권은 주주총회 결의일로부터 2년 이상 재임 또는 재직하여야 행사할 수 있다(제340조의4 제1항). 상장회사에서 이사회결의로 선택권을 부여하는 경우에는 이 기

간의 기산을 이사회 결의일로부터 한다(제542조의3 제4항). 주식매수선택권은 기업가치 및 주식가치의 상승으로 인한 차익을 유인으로 하여 임직원의 충실한 직무 수행을 도모함이 목적이므로 어느 정도의 직무 수행 기간을 요구한 것이다.

회사는 주식매수선택권을 부여받은 자의 권리를 부당하게 제한하지 않고 정관의 기본 취지나 핵심 내용을 해치지 않는 범위에서 주주총회 결의와 개별 계약을 통해서 주식매수선택권을 부여받은 자가 언제까지 행사할 수 있는지를 자유롭게 정할 수 있다고 보아야 하고, 주식매수선택권 부여에 관한 계약을 체결할 때 주식매수선택권의 행사기간 등을 일부 변경하거나 조정한 경우 그것이 주식매수선택권을 부여받은 자, 기존 주주 등 이해관계인들 사이의 균형을 해치지 않고 주주총회 결의에서 정한 본질적인 내용을 훼손하는 것이 아니라면 유효하다(대판 2018.7.26. 2016다237714).

⑤ 주식매수선택권을 부여 받을 자 각각에 대하여 주식매수선택권의 행사로 발행하거나 양도할 주식의 종류와 수

2) 계약의 체결

주주총회에서 특정인에 대해 선택권을 부여하는 결의가 이루어지면 회사는 결의내용에 따라 선택권자와 계약을 체결하고, 상당한 기간 내에 그에 관한 계약서를 작성하여야 한다(제340조의3 제3항). 주주총회결의는 선택권 부여에 관한 회사의 의사결정절차에 불과하고 선택권은 계약에 의하여 주어지는 것이다. 회사는 이 계약서를 주식매수선택권의 행사기간이 종료할 때까지 본점에 비치하고 주주로 하여금 영업시간 내에 열람할 수 있도록 하여야 한다(제340조의3 제4항). 선택권 행사는 주식가치를 변동시키므로 주식거래에 임하는 자들에게 변동의 가능성에 관한 예측가능성을 부여하기 위함이다.

(5) 주식매수선택권의 법적 성격

주식매수선택권은 형성권이다. 주식매수선택권을 행사하면 회사는 자기주식의 양도 또는 신주 발행 혹은 이에 갈음하여 차액정산을 선택하여 이행할 의무를 부담한다.

(6) 선택권의 양도제한

선택권은 양도할 수 없다(제340조의 4 제2항 본문). 다만 선택권을 행사할 수 있는 자가 사망한 경우에는 그 상속인이 이를 행사할 수 있다(제340조의 4 제2항 단서).

(7) 선택권의 상실

1) 2년 내의 퇴임(퇴직)

선택권은 주주총회 결의일로부터 2년 이상 재임 또는 재직해야 행사할 수 있으므로(제340조의4 제1항), 선택권자가 2년 내에 퇴임 또는 퇴직하면 선택권을 상실한다. 그러나 상장회사에는 특례가 있다. 상장회사에서는 선택권자가 사망, 그 밖에 본인의 책임이 아닌 사유로 퇴임 또는 퇴직한 경우에는 2년 이상의 재임 또는 재직 요건을 충족하지 못하였더라도 선택권을 상실하지 않는다. 이 경우 정년에 따른 퇴임이나 퇴직은 본인의 책임이 아닌 사유에 포함되지 아니한다(제542조의3 제4항 → 상법시행령 제30조 제5항).

그러면 비상장회사에서도 정관이나 주주총회의 특별결의가 있으면 위 상장회사의 특례와 같이

정할 수 있는가? 판례는 이를 부정한다. 즉 "정관이나 주주총회의 특별결의를 통해서도 상법 제340조의4 제1항의 요건을 완화하는 것은 허용되지 않는다. 따라서 본인의 귀책사유가 아닌 사유로 퇴임 또는 퇴직하게 되더라도 퇴임 또는 퇴직일까지 상법 제340조의4 제1항의 '2년 이상 재임 또는 재직' 요건을 충족하지 못한다면 위 조항에 따른 주식매수선택권을 행사할 수 없다(대판 2011.3.24. 2010다85027)."라고 하였다.

2) 기타 정관의 규정

정관에「일정한 경우 이사회결의로 선택권을 취소할 수 있다는 뜻」을 기재할 수 있으므로(제340조의3 제1항 5호), 회사가 자치적으로 선택권의 취소사유를 정할 수 있고, 그 사유가 발생하여 이사회가 선택권을 취소하면 선택권은 소멸한다.

(8) 선택권의 행사

1) 행사절차

① 청구

선택권을 행사하려는 자는 청구서 2통에 선택권을 행사할 주식의 종류와 수를 기재하고 기명날인 또는 서명을 하여 회사에 제출하여야 한다(제340조의5 → 제516조의9 제1항).

② 회사의 결정

선택권 행사에 응하여 회사는 선택권의 내용대로 자기주식을 양도하거나 신주를 발행할 것인지, 아니면 이에 갈음하여 차액정산을 할 것인지를 결정해야 한다. 중요한 자본거래이므로 이사회의 결의를 요한다(제393조).

③ 납입

회사의 결정에 의해 선택권의 행사가 자기주식의 양도청구권 또는 신주인수권으로 확정된 경우 선택권자는 행사가액 전액을 납입하여야 한다(제340조의5 → 제516조의9 제1항, 제3항). 신주발행형의 경우에는 행사가액은 회사가 정한 납입금보관은행에 납입하여야 하고(제340조의5 → 제516조의9 제3항), 자기주식형의 경우에는 회사에 납입하면 된다.

2) 행사의 효과

① 주주가 되는 시기

신주발행형의 경우에는 선택권자는 행사가액을 납입한 때에 주주가 된다(제340조의5 → 제516조의10 전단). 자기주식양도형의 경우에는 명문의 규정은 없으나, 해석상 통상의 주식양도의 법리에 따라 회사로부터 주권을 교부받음으로써 주식을 취득하고(제336조 제1항), 명의개서를 하면 회사에 대항할 수 있다(제337조)고 본다.

② 주주명부 폐쇄기간 중의 선택권 행사

신주발행형의 경우 주주명부 폐쇄기간 중에 선택권을 행사하여 주주가 된 자는 폐쇄기간 중의 총회의 결의에 관하여 의결권을 행사할 수 없다(제340조의5 → 제350조 제2항).

③ 변경등기

선택권 행사로 신주를 발행하면 발행주식수와 자본금이 변동된다. 선택권을 행사한 날로부터 2주 내에 그 변경등기를 하여야 한다(제340조의5 → 제351조).

03 이사회

1. 의의

이사회는 이사 전원으로 구성되어 회사의 업무집행에 관한 의사결정과 이사의 직무집행의 감독을 담당하는 주식회사의 필수적 상설기관이다.

이사는 별도의 절차 없이 당연히 이사회의 구성원이 된다. 이사회는 회의체기관이므로 업무집행에 관하여 의사결정만 하고, 구체적인 업무집행은 대표이사가 한다. 기관으로서의 이사회는 상설기관이지만 그 활동은 정기 또는 임시의 회의로 한다.

2. 이사회의 권한

(1) 업무집행에 관한 의사결정권

1) 이사회 권한에 관한 규정의 유형

① 기본 규정

회사의 중요한 업무집행은 이사회의 결의로 결정한다. 즉 중요한 재산의 처분 및 양도, 대규모 재산의 차입, 지배인의 선임 또는 해임과 지점의 설치·이전 또는 폐지 등 회사의 업무집행은 이사회의 결의로 한다(제393조 제1항). 여기 열거되어 있지 않은 업무라도 중요한 업무는 이사회가 결정한다.

이사회가 일반적·구체적으로 대표이사에게 위임하지 않은 업무로서 일상 업무에 속하지 아니한 중요한 업무에 대해서는 이사회의 결의를 거쳐야 하고(대판 2010.1.14. 2009다55808). 그리고 중요한 자산의 처분에 해당하는 경우에는 이사회 규정상 이사회 부의사항으로 정해져 있지 아니하더라도 반드시 이사회의 결의를 거쳐야 한다(대판 2011.4.28. 2009다47791). 또한 주식회사의 회생절차개시신청은 대표이사의 업무권한인 일상 업무에 속하지 아니한 중요한 업무에 해당하여 이사회결의가 필요하다(대판 2019.8.14. 2019다204463).

② 기타 고유권한에 관한 규정

주주총회의 소집(제362조), 이사의 경업·겸직의 승인(제397조), 이사의 자기거래의 승인(제398조) 등은 상법이 별도의 규정에서 "이사회가 결정한다"라고 정하고 있다.

③ 정관에 의한 권한의 전환

ⓐ 대표이사의 선임(제389조), 준비금의 자본금전입(제461조) 등은 원칙적으로 이사회의 권한이지만 정관으로 주주총회의 권한으로 할 수 있고, ⓑ 반대로 재무제표의 승인(제449조의2), 이익배당(제462조

제2항) 등은 원칙적으로 주주총회의 권한이나 정관으로 이사회의 권한으로 할 수 있다.

2) 이사회 권한 사항의 타기관 결정

① 주주총회 결정의 허용 여부

상법 또는 정관에서 이사회의 권한으로 정한 사항을 주주총회가 결정할 수 있는가? 앞서 본 바와 같이 견해의 대립이 있으나, 정관의 규정이 있는 경우에는 가능하다는 확장설이 다수설이다(제2관 02 1. (3)「정관에 의한 주주총회 권한 확대」참조). 다만 정관의 규정도 없이 주주총회가 결정할 수는 없다.

② 이사회 권한의 대표이사에 대한 위임

ⓐ 상법 또는 정관에서 명시적으로 이사회의 권한으로 정한 사항은 이사회의 결의로도 그 결정권한을 대표이사에게 위임할 수 없다. 본래 주주총회의 권한으로 열거한 사항을 제외한 모든 사항에 대한 의사결정은 이사회의 권한에 속함에도, 상법 또는 정관이 특별히 "이사회의 권한으로 한다"는 규정을 둔 이유는 대표이사에게 위임할 수 없음을 말하고자 하는 것이기 때문이다. ⓑ 반면 이사회의 권한 사항일지라도 상법 또는 정관에 열거되어 있지 않은 것에 대한 결정권한은 대표이사에게 위임할 수 있다.

(2) 이사회의 감독권

1) 의의

① 이사회는 이사의 직무의 집행을 감독한다(제393조 제2항). 이사회는 업무집행에 관한 모든 결정권을 가지고, 그 집행을 대표이사 또는 업무담당이사에게 맡기므로 당연히 이사의 업무집행을 감독할 권한을 갖는다. 일상의 업무집행은 대표이사가 행하므로 감독의 주된 대상은 대표이사의 행위이다. ② 감독이란 이사에게 질문하고 보고를 청취하는 것은 물론이고, 이사의 업무집행의 방법·내용 등이 위법하거나 정관의 규정·이사회의 결의에 위배되거나 부당할 때에는 그 중단을 명하고 다른 방법·내용으로 할 것을 지시하는 것을 포함한다.

2) 감독의 범위

이사회의 감독권은 상하관계에서 행사되고, 업무집행의 적법성뿐만 아니라 타당성 또는 합목적성의 지적에도 미친다. 개별 이사의 감시권이나 감사 또는 감사위원회의 감사권이 수평적 지위에서 행사되고 적법성 판단에만 한정되는 것과 구별된다.

3) 감독권의 행사방법

감독권의 행사는 이사회 차원에서 이루어지는 것이므로 이사회를 소집하여 그 결의로써 하여야 한다. 이사의 감시권이 개별 이사 단위에서 이루어지는 것과 구별된다.

(3) 이사·이사회의 정보접근권

이사회가 감독권을 실효적으로 행사하기 위해서는 이사들이 회사의 업무에 관해 충분한 정보를 가지고 있어야 하기 때문에, 상법은 이사의 정보요구권을 규정하고 있다. 즉 이사는 대표이사로 하여금 다른 이사 또는 피용자의 업무에 관하여 이사회에 보고할 것을 요구할 수 있다(제393조 제3항). 또 이사는 3월에 1회 이상 업무의 집행상황을 이사회에 보고하여야 한다(제393조 제4항). 이사의 정보요구에 대해 대표이사는 기업비밀임을 이유로 정보제공을 거절하지 못한다. 이로 인해 회사의 기입비밀이 누설될 우려가 있으나, 상법은 이사의 비밀준수의무를 신설하여 기입비밀의 유지를 보장하고 있다(제382조의4).

3. 이사회의 운영

(1) 이사회의 소집

1) 소집권자

① 이사

이사회의 소집은 각 이사가 한다. 그러나 이사회의 결의로 소집할 이사를 정한 때에는 그 이사가 한다(제390조 제1항). 이는 주주총회의 소집권자와는 달리 단순히 소집 사무를 담당한다는 정도의 의미만을 갖는다. 따라서 다른 이사도 언제든지 소집권자인 이사에게 이사회 소집을 요구할 수 있고, 소집권자인 이사가 정당한 이유 없이 이사회 소집을 거절할 경우에는 자신이 직접 이사회를 소집할 수 있다(제390조 제2항).

② 감사

감사는 필요하면 회의의 목적사항과 소집이유를 적은 서면으로 이사(소집권자가 정해진 경우는 그 소집권자)에게 이사회의 소집을 청구할 수 있다(제412조의4 제1항). 여기서 「필요하면」이란 감사가 상법 제391조의2에 의해 이사회에 의견을 진술하거나 보고하기 위해 필요한 경우를 의미한다. 이사회의 소집권자가 감사의 소집청구를 받고도 지체 없이 이사회를 소집하지 아니하면 그 청구를 한 감사가 직접 이사회를 소집할 수 있다(제412조의4 제2항).

③ 집행임원

집행임원은 필요하면 회의의 목적사항과 소집이유를 적은 서면으로 이사(소집권자가 정해진 경우는 그 소집권자)에게 이사회의 소집을 청구할 수 있다(제408조의7 제1항). 여기서 「필요하면」이란 집행임원 자신의 업무집행을 위해 필요한 경우를 말한다. 예컨대, 사채를 발행하기 위해 이사회의 결의가 필요한 때 등이다. 이사회의 소집권자가 집행임원의 소집청구를 받고도 지체 없이 이사회 소집의 절차를 밟지 아니하면 소집을 청구한 집행임원은 법원의 허가를 받아 이사회를 소집할 수 있다. 이경우 법원은 이해관계인의 청구에 의하여 또는 직권으로 이사회 의장을 선임할 수 있다(제408조의7 제2항).

2) 소집절차

이사회를 소집함에는 회일을 정하고 그 1주간 전에 각 이사 및 감사에 대하여 통지를 발송하여야 한다. 이 기간은 정관으로 단축할 수 있다(제390조 제3항). 감사에게도 통지하게 한 이유는 감사도 이사회에 출석하여 의견을 진술할 수 있기 때문이다(제391조의2). 다만 감사의 출석이나 기명날인이 이사회 결의의 유효요건은 아니다(대판 1992.4.14. 90다카22698).

이사회의 소집절차는 다음에서 보는 바와 같이 주주총회의 그것과 비교하여 대단히 완화되어 있다. ① 소집통지기간이 더 짧을 뿐만 아니라 정관으로 단축할 수도 있다. ② 통지 방법에 제한이 없으므로 반드시 서면이나 전자문서에 의할 필요 없이 구두로 통지하여도 무방하다. ③ 통지에 회의의 목적사항을 기재해야 하는가에 대해 견해의 대립이 있으나 판례는 "특별한 사정이 없는 한 주주총회 소집 통지의 경우와 달리 회의의 목적사항을 함께 통지할 필요는 없다(대판 2011.6.24. 2009다35033)."고 하였다. 통설도 판례와 같은 입장이다. 이사는 이사회에 출석할 의무가 있기 때문에 회의의 목적에 따라 출석 여부를 선택할 지위에 있지 않기 때문이라고 한다. ④ 이사 및 감사 전원의 동의가 있으면 소집절차를 생략하고 언제든지 회의를 개최할 수 있다(제390조 제4항). 업무집행의 의사결정은 기동성을 요하는 경우가 많음을 고려한 것이다. ⑤ 일부의 이사에게 통지하지 않고 소집하여 행한 결의는 무효이다. 그 이사가 출석하여 반대하였어도 결의에는 영향이 없었을 것이라 하여도 마찬가지이다. 다만 일부 이사 또는 감사에게 소집 통지가 이루어지지 않았더라도 이사 또는 감사가 이의를 유보하지 않고 전원 출석하여 결의하면 전원출석총회와 마찬가지로 그 결의는 유효하게 된다.

(2) 이사회의 결의

1) 결의요건

이사회의 결의는 이사 과반수의 출석과 출석이사 과반수로 해야 한다(제391조 제1항 본문). 이사회에서의 의결권은 이사 1인에 대해 1개씩 주어진다. 정관에 의해서도 이에 대한 예외를 둘 수 없다. 결의요건은 정관으로 그 비율을 높일 수 있다(제391조 제1항 단서). 반대로 완화하는 것(예 3분의 1 출석에 과반수 찬성)은 허용될 수 없다(대판 1995.4.11. 94다33903). 이사회의 출석정족수(과반수 출석)는 이사회의 개회 시뿐만 아니라 회의의 전 과정에서 유지되어야 한다.

① 가부동수

A. 의의   정관의 규정 또는 이사회결의로 이사회결의가 가부동수인 경우 의장 등 특정인이 결정권을 행사하도록 할 수 있는가?

B. 학설   소수설은 이사회에서는 주주총회에서와 같은 의결권의 평등을 강조할 필요가 없다는 이유로 긍정하나, 통설은 부정한다. 법적 근거 없이 특정인에게 복수의결권을 주거나 결의요건을 완화하는 결과가 되고, 다수결의 일반원칙에 반하기 때문이라고 한다.

C. 판례   이를 정면으로 다룬 판례는 없으나 판례 중에는 가부동수인 경우 부결됨을 전제로 한 것이 있다. 즉 "재적 6명의 이사 중 3인이 참석하여 전원의 찬성으로 한 이사회의 결의는 과반수에 미달하는 이사가 출석하여 상법상의 의사정족수가 충족되지 아니한 이사회에서 이루어진 것으로 무효이다. 정관에 이사회의 결의는 이사 전원의 과반수로 하되 가부동수인 경우에는 이사회 회장이 결정하도록 규정되어 있고, 위 이사회결의에 회장이 참석하였다 하여도 마찬가지이다(대판 1995.4.11. 94다33903)."라고 한 것이 있다.

② 결의요건의 요구시점

결의요건을 충족하는지 여부는 결의 당시를 기준으로 판단한다. 따라서 결의 당시에 그 요건을 충족하였다면 그 후 이사의 수가 늘어나 결의의 집행이 실제로 이루어지는 시점에서는 결의요건을 갖추지 못하였다 하여도 그 결의의 효력에는 영향이 없다(대판 2003.1.24. 2000다20670).

2) 특별이해관계인의 의결권 제한

① 의의

이사회의 결의에 대하여 특별한 이해관계가 있는 이사는 의결권을 행사할 수 없다(제391조 제3항 → 제368조 제3항). 예컨대, 자기거래를 하고자 하는 이사는 그 승인 여부를 다루는 이사회에서 특별한 이해관계 있는 자이다(대판 1992.4.14. 90다카22698). 여기서의 특별이해관계도 개인적 이해관계로 국한된다. 따라서 대표이사의 선임 또는 해임 결의에서 그 대상이 되는 이사는 특별이해관계인이 아니다.

② 계산방법

특별이해관계 있는 이사는 이사회 성립정족수(과반수 출석)에는 포함되나 의결정족수 계산에서는 출석이사 속에 산입하지 아니한다(제391조 제3항 → 제371조 제2항). 예를 들어 甲, 乙, 丙 3인이 이사인 회사에서 甲이 특별이해관계인이라 하자. 甲, 乙 2명이 참석한 이사회는 3분의 2가 출석한 것으로 되어 성립정족수를 충족한다. 그리고 여기에서 乙이 찬성하였으면 100% 찬성으로 의결정족수도 충족한다.

3) 결의방법

이사회는 회사의 경영에 관한 실무적인 문제를 다루므로 여러 가지로 변환이 가능한 의안을 놓고 상호 의견을 교환함으로써 최적의 결론을 내야 하는 집단적 의사결정 방식을 취해야 한다. 이 점에서 단지 의안의 찬성 여부만 묻는 주주총회 결의와 본질적으로 다르다.

① 의결권의 대리행사

이사회는 토론과정이 중시되므로 의결권의 대리행사는 허용되지 않는다(통설). 판례도 "이사회는 원칙적으로 이사 자신이 직접 출석하여 결의에 참가하여야 하며 대리인에 의한 출석은 인정되지 않고 따라서 이사가 타인에게 출석과 의결권을 위임할 수도 없는 것이니 이에 위배된 이사회의 결의는 무효이다(대판 1982.7.13. 80다2441)."라고 판시하였다.

② 서면결의

이사회에서는 서면결의도 허용되지 않는다(통설). 서면결의를 하게 되면 이사들 사이에 의견교환이 이루어질 수 없기 때문이다.

③ 투표방법

투표방법에는 상법에 특별한 제한이 없으므로 거수·기립·일반 찬반투표 등 적절한 방법으로 하면 된다. 다만 무기명투표는 허용되지 않는다. 결의에 찬성한 이사는 책임을 져야 하므로(제399조 제2항 참조) 각 이사의 찬반이 드러나야 하기 때문이다.

4) 원격통신회의

최근에는 외국인이 이사인 경우도 많고 국내에서도 출석이 곤란한 경우도 있어 상법은 이사가 특정 장소에 모두 모이지 않고 통신수단을 이용한 원격회의로 이사회를 개최할 수 있도록 하였다. 즉 정관에서 달리 정하는 경우를 제외하고 이사회는 이사의 전부 또는 일부가 직접 회의에 출석하지 아니하고 모든 이사가 음성을 동시에 송수신하는 원격통신수단에 의하여 결의에 참가하는 것을 허용할 수 있다. 이 경우 당해 이사는 이사회에 직접 출석한 것으로 본다(제391조 제2항).

과거에는 법문에서 「동영상 및 음성」을 송수신할 것을 요구하여 "화상회의" 방식만 가능하다고 해석되었으나, 2011년 개정상법에서 이를 「음성」으로 개정하여 이제는 음성을 동시에 송수신하기만 하면 "전화회의" 방식도 가능하게 되었다.

5) 연기·속행

주주총회에서와 같이 연기·속행이 가능하다(제392조 → 제372조).

(3) 이사회의 의사록의 작성

이사회의 의사에 관하여는 의사록을 작성하여야 한다(제391조의3 제1항). 의사록에는 의사의 안건, 경과요령, 그 결과, 반대하는 자와 그 반대이유를 기재하고 출석한 이사 및 감사가 기명날인 또는 서명하여야 한다(제391조의3 제2항). 반대한 자를 기재하게 한 이유는, 이사회결의의 집행행위에 관해 이사의 책임을 추궁할 때에는 결의에 찬성한 이사도 책임을 묻는데, 반대자의 기재는 찬성한 자의 추정근거가 되기 때문이다.

(4) 의사록의 공시와 제한

주주는 영업시간 내에 이사회 의사록의 열람 또는 등사를 청구할 수 있다(제391조의3 제3항). 회사는 주주의 의사록 열람·등사 청구에 대하여 이유를 붙여 이를 거절할 수 있다(제391조의3 제4항 전문). 이 경우 주주는 법원의 허가를 얻어 이사회 의사록을 열람 또는 등사할 수 있다(제391조의3 제4항 후문).

과거에는 이사회 의사록을 주주총회 의사록과 함께 제396조에서 규정하였다. 그 결과 이사회 의사록은 회사에 비치해야 하고 주주와 채권자가 언제든지 열람·등사를 청구할 수 있었다. 그러나 이사회의 결의사항에는 회사의 중요한 정보나 영업비밀이 포함되는 경우가 많아 이사회 의사록을 주주총회 의사록과 같이 주주와 채권자에게 항시 공개하게 함은 기업의 경쟁력에 치명적인 장애를 준다는 비판이 많았다. 그래서 1999년 상법 개정에서 이와 같은 비판을 수용하여 이사회 의사록을 주주총회 의사록과 분리하여 ① 비치의무를 없애고, ② 열람·등사의 청구권자에서 채권자를 제외하여 청구권자를 주주로 한정하였으며, ③ 회사는 정당한 이유가 있으면 열람·등사청구를 거부할 수 있도록 하였다.

4. 이사회결의의 하자

(1) 결의의 효력

주주총회결의의 하자는 그 유형에 따라 결의취소·무효·부존재의 원인이 되고 상법이 정하는 방법으로만 다툴 수 있다. 그러나 상법은 이사회 결의의 하자에 관하여는 유형을 구분하지 않고 이를 다투는 소를 별도로 인정하지도 않았다. 따라서 하자 있는 이사회 결의의 효력 및 그에 대한 다툼은 민법의 일반 원칙에 따라 해결해야 한다.

그 결과 ① 하자 있는 이사회 결의는 그 하자가 무엇이든 간에 무효이다. ② 무효의 주장방법에는 제한이 없으므로 무효확인의 소를 제기할 수도 있고 다른 소송에서 공격방어방법으로 주장할 수도 있다. 그리고 ③ 무효확인의 소는 확인의 이익이 있으면 누구나 제기할 수 있으며 제소기간의 제한도 없다. ④ 무효확인의 소의 판결에는 대세적 효력이 없고, 소급효는 제한되지 않는다. 이 중 확인의 이익과 관련하여 판례는 "이사회의 결의로써 대표이사직에서 해임된 사람이 그 이사회결의가 있은 후에 개최된 유효한 주주총회 결의에 의하여 이사직에서 해임된 경우, 대표이사 해임에 관한 이사회결의의 부존재나 무효 확인 또는 그 결의의 취소를 구하는 것은 과거의 법률관계 내지 권리관계의 확인을 구하는 것에 귀착되어 확인의 소로서 권리보호요건을 결여한 것으로 보아야 한다(대판 2007.4.26. 2005다38348)."고 판시한 바 있다.

(2) 이사회결의에 기초한 행위의 효력

회사의 행위에 이사회의 결의가 필요한 경우가 있다. 이때 이사회 결의가 없거나 무효가 되면 이사회 결의에 기초하여 이루어진 행위의 효력은 어떻게 되는가?

1) 다툼의 방법이 별도로 있는 경우

후속행위의 효력을 다투는 방법이 따로 마련되어 있는 경우에는 그 방법으로 다투어야 하고, 이사회결의의 무효를 독립하여 다툴 수는 없다. 예를 들어 하자 있는 이사회결의에 의해 소집된 주주총회의 결의는 주주총회결의 취소의 소에 의해 효력을 다투어야 하고, 하자 있는 이사회결의에 의한 신주발행은 신주발행무효의 소에 의해 그 효력을 다투어야 한다. 이 경우 거래상대방의 선의 여부는 효력에 영향을 미치지 않는다.

2) 다툼의 방법이 별도로 있지 않은 경우

① 내부적 성격의 행위

후속행위가 순수하게 내부적인 성격을 갖는 경우에는 절대적으로 무효이다. 예컨대, 이사회의 대표이사 선임 결의가 무효이면 그 대표이사 선임은 절대적으로 무효이다. 그 결과 그 대표이사는 소급하여 자격을 상실하고, 그가 선임 이후 행한 제3자와의 모든 거래도 대표권이 없는 자의 행위로서 무효가 된다(대판 2004.2.27. 2002다19797). 이는 후술하는 대표이사의 전단적 행위와는 명확히 구별해야 한다.

대표이사 선임 결의가 부존재로 확정된 경우 상대방에게 발생하는 부당이득반환청구권의 소멸시효와 관련하여 유념해야할 판례가 있다. A회사가 B법인의 대표자 甲과 부동산매매계약을 체결하고 B법인에게 매매대금을 지급하였는데, 이 후 甲의 선임에 관한 B법인의 이사회 결의가 부존재하는 것으로 확정되어 B법인에게 위 매매계약의 무효를 이유로 기지급한 매매대금 상당액을 부당이득으로서 반환을 구하는 사안에서, 판례는 그 부당이득반환청구권의 소멸시효기간은 10년이고 소멸시효의 기산점은 객관적으로 청구권의 발생을 알 수 있게 된 때라고 판시하였다(대판 2003.4.8. 2002다64957).

구체적으로, ① 소멸시효기간과 관련하여 "위 부당이득반환청구권에는 상거래 관계와 같은 정도로 신속하게 해결할 필요성이 있다고 볼 만한 합리적인 근거도 없으므로 상법 제64조가 적용되지 아니하고, 그 소멸시효기간은 10년이다."라고 하였고, ② 소멸시효의 기산점과 관련하여서는 "법인의 이사회결의가 부존재함에 따라 발생하는 제3자의 부당이득반환청구권처럼 법인이나 회사의 내부적인 법률관계가 개입되어 있어 청구권자가 권리의 발생 여부를 객관적으로 알기 어려운 상황에 있고 청구권자가 과실 없이 이를 알지 못한 경우에도 청구권이 성립한 때부터 바로 소멸시효가 진행한다고 보는 것은 정의와 형평에 맞지 않을 뿐만 아니라 소멸시효제도의 존재이유에도 부합한다고 볼 수 없으므로, 이러한 경우에는 이사회결의부존재확인판결의 확정과 같이 객관적으로 청구권의 발생을 알 수 있게 된 때로부터 소멸시효가 진행된다고 보는 것이 타당하다."라고 하였다.

② 대외적 거래 행위

이에 관해서는 대표이사의 전단적 대표행위에서 상세히 설명하기로 한다.

5. 이사회 내 위원회

(1) 의의

이사회는 정관이 정하는 바에 따라 이사회 내에 하나 또는 수개의 위원회를 두고 이사회의 권한을 위원회에 위임할 수 있다(제393조의2 제1항, 제2항). 기능별로 소위원회를 두고 그 기능에 적합한 이사를 배치하여 그들로 하여금 이사회 업무를 결정하게 함으로써 의사결정의 전문성과 신속성을 기하기 위함이다. 상법은 감사위원회에 관해서는 제415조의2에서 별도로 규정하고 있다. 이에 관해서는 후술한다.

(2) 위원회의 설치

1) 설치 근거

이사회는 「정관이 정하는 바에 따라」 위원회를 둘 수 있다(제393조의2 제1항). 즉 위원회 설치는 강제되지 않으며 회사의 선택에 따라 정관으로 설치할 수도 있고 설치하지 않을 수도 있다. 다만 자산총액 2조원 이상의 대규모 상장회사는 사외이사 후보추천위원회(제542조의8 제4항)와 감사위원회(제542조의11 제1항)를 설치하여야 한다.

2) 위원회의 구성

위원회는 2인 이상의 이사로 구성한다(제393조의2 제3항). 다만 감사위원회는 3인 이상의 이사로 구성한다. 특정 위원회의 위원의 선임과 해임은 이사회가 결정한다. 위원의 퇴임으로 위원회의 인원이 2인 미만 또는 정관이 정한 위원회 정원에 미달하게 된 경우에는 퇴임한 위원은 새로운 위원이 취임할 때까지 위원으로서의 권리와 의무를 갖는다(제393조의2 제5항 → 제386조 제1항).

(3) 위원회의 권한

1) 위임의 범위

이사회는 ① 주주총회의 승인을 요하는 사항의 제안(예 정관변경, 재무제표의 승인, 합병 등), ② 대표이사의 선임 및 해임, ③ 위원회의 설치와 그 위원의 선임 및 해임, ④ 정관에서 정하는 사항을 제외하고는 그 권한을 위원회에 위임할 수 있다(제393조의2 제2항). 「정관으로 정하는 사항」이란 "정관으로 위임을 불허한 사항"을 뜻한다.

2) 위원회 결의의 효력

이사회로부터 위임 받은 사항에 관한 위원회의 결의는 이사회의 결의와 같은 효력이 있다. 그리고 하자 있는 위원회 결의는 이사회 결의와 마찬가지로 무효이고, 그 하자는 누구나·언제든지·소외의 방법으로도 주장할 수 있다.

3) 이사회의 수정결의

위원회는 위임 받은 사항에 관하여 결의한 경우, 결의된 사항을 각 이사에게 통지하여야 한다. 이 통지를 받은 각 이사는 이사회 소집권자에게 이사회의 소집을 요구할 수 있고, 이사회는 위원회가 결의한 사항에 대하여 다시 결의할 수 있다(제393조의2 제4항). 다만 감사위원회가 결의한 사항에 대하여는 이사회가 다시 결의할 수 없다(제415조의2 제6항). 이사회의 다른 결의가 있으면 위원회의 결의는 효력을 잃는다.

(4) 위원회의 운영

위원회의 소집과 결의, 의사록의 작성 등은 이사회에 관한 규정이 준용된다(제393조의2 제5항 → 제390조, 제391조, 제391조의3, 제392조).

04 대표이사

1. 의의

대표이사는 회사를 대표하고 업무를 집행하는 권한을 가진 이사로서 주식회사의 필요적 상설기관이고 독립기관이다.

회사의 업무집행결정권은 이사회가 가지나, 이사회는 회의체기관으로서 현실적인 집행을 담당하기에는 부적합하므로 그 집행을 담당할 자연인이 필요하다. 또 회사는 권리능력을 갖지만 실제로 행동을 할 수는 없으므로 자연인이 실제 행위를 하고 이를 회사의 행위로 보는 의제가 필요하다. 이러한 필요에서 상법은 이사 중에서 대표이사를 선정하게 하고, 대내적 업무집행권과 회사의 대표권을 분리하지 않고 대표이사에게 집중시켰다.

2. 선임과 종임

(1) 선임

① 대표이사는 이사회에서 선정한다. 그러나 정관으로 주주총회에서 선정할 것으로 정할 수 있다(제389조 제1항). ② 대표이사는 이사 중에서 선정한다(제389조 제1항 본문). 그 밖의 자격제한은 없으나 정관으로 대표이사의 자격을 정하는 것은 무방하다. ③ 대표이사의 임기에 관해서는 상법에는 아무 규정이 없다. 그러나 대부분의 회사에서는 정관으로 정하고 있다. ④ 대표이사는 1인을 선정하는 예가 보통이나 그 수는 제한이 없다. 따라서 이사 전원을 대표이사로 선정할 수도 있다. ⑤ 대표이사를 선정하면 그 성명·주민등록번호·주소를 등기하여야 한다(제317조 제2항 9호). 다만 등기는 선임의 효력발생요건은 아니므로 등기하지 않았다고 하더라도 대표이사의 자격에는 아무 영향이

없다.

(2) 종임

1) 퇴임사유

대표이사의 퇴임에 관해 상법에 특별한 규정은 없으나 대표이사와 회사는 위임관계에 있으므로 대표이사는 민법상 위임의 종료사유에 의해 퇴임한다. 각 당사자의 계약해지, 즉 대표이사의 사임과 회사의 해임에 의해 퇴임하고(민법 제689조 제1항), 회사의 해산·파산, 대표이사의 사망·파산·성년후견개시에 의해서도 퇴임한다(민법 제690조). 그 밖에 임기의 만료, 정관에서 정한 자격의 상실 등으로도 퇴임한다.

대표이사는 이사의 자격을 전제로 하므로 이사의 자격을 상실하면 대표이사의 자격도 상실하게 된다. 따라서 이사회가 선임한 대표이사를 주주총회에서 해임하고자 하는 경우에는 주주총회 특별결의로 이사의 지위를 박탈하는 방법이 있다.

2) 해임

① 해임의 요건

회사는 해임에 정당한 이유가 없더라도 언제든지 대표이사를 해임할 수 있다. 해임의 의사결정은 선임기관이 하므로, 일반적으로는 이사회결의로 해임하고 정관으로 주주총회가 대표이사를 선임하도록 한 경우에는 주주총회 보통결의로 해임한다. 주주총회에서 해임할 때에 이사의 자격까지 포함하여 박탈하려면 특별결의를 요하나(제385조 제1항), 이사의 자격은 유지하고 대표권만을 박탈하는 데에는 보통결의로 족하다.

② 손해배상청구권 인정 여부

회사가 대표이사를 임기 만료 전에 정당한 이유 없이 해임하는 경우 제385조 제1항 단서를 유추적용하여 대표이사는 회사에게 해임으로 인한 손해의 배상을 청구할 수 있다고 보아야 하는가? ① 판례는 "상법 제385조 제1항은 주주의 회사에 대한 지배권 확보와 경영자 지위의 안정이라는 주주와 이사의 이익을 조화시키려는 규정이고, 이사의 보수청구권을 보장하는 것을 주된 목적으로 하는 규정이라 할 수 없으므로, 이를 이사회가 대표이사를 해임한 경우에도 유추 적용할 것은 아니다(대판 2004.12.10. 2004다25123)."라고 하여 이를 부정하였다. ② 반면 통설은 대표이사도 회사와 위임관계에 있고, 경영자 지위의 안정이라는 요구는 대표이사에도 해당된다는 이유로 이를 긍정한다.

3) 사임

대표이사는 언제든지 사임할 수 있다. 다만 부득이한 사유 없이 회사에 불리한 시기에 사임하면 회사에 생긴 손해를 배상해야 한다(제382조 제2항 → 민법 제689조 제2항).

(3) 대표이사의 결원

대표이사의 퇴임으로 대표이사가 없게 되거나 정관상의 정원을 결한 경우에는 퇴임한 대표이사는 새로운 대표이사가 취임할 때까지 대표이사로서의 권리의무가 있으며(제389조 제3항 → 제386조 제1항), 법원이 필요하다고 인정할 때에는 이해관계인의 청구로 일시 대표이사의 직무를 행할 자를 선정할 수 있다(제389조 제3항 → 제386조 제2항 전문). 이에 관한 상세한 내용은 이사의 결원에 관해 설명한 바와 같다.

임기 만료 당시 이사 정원에 결원이 생기거나 후임 대표이사가 선임되지 아니하여 퇴임이사 또는 퇴임대표이사의 지위에 있던 사람이 특정경제범죄 가중처벌 등에 관한 법률 제3조 제1항에 따라 가중처벌되는 특정재산범죄로 유죄판결을 받아 판결이 확정된 경우, 유죄판결된 범죄행위와 밀접한 관련이 있는 기업체의 퇴임이사 또는 퇴임대표이사로서의 권리의무를 상실한다(대판 2022. 11.10. 2021다271282).

3. 대표이사의 업무집행권

대표이사는 대내적·대외적으로 회사의 업무를 집행할 권한이 있다. 그리고 대외적인 업무집행을 위하여 대표권이 인정된다. 대표이사의 업무집행권은 단순히 이사회의 결의사항을 집행할 권한에 그치지 않고 그에 필요한 세부사항 및 일상업무에 대한 의사결정권과 그 집행권을 포함한다.

4. 대표권

(1) 의의

대표이사는 회사의 영업에 관하여 재판상·재판외의 모든 행위를 할 권한이 있다. 그리고 대표권을 내부적으로 제한하더라도 선의의 제3자에게 대항하지 못한다(제389조 제3항 → 제209조). 전자를 대표권의 포괄성이라 하고 후자를 획일성이라 한다. 대표이사가 대표권에 기해서 한 행위는 바로 회사의 행위가 되며, 따라서 대표이사의 대표권은 회사의 권리능력의 범위와 일치한다. 대표는 능동대표(의사표시를 하는 것)와 수동대표(의사표시를 수령하는 것) 모두에 미치고, 대리와 달리 사실행위나 불법행위에도 미친다.

(2) 대표권의 제한

상법이 대표이사의 대표권을 제한하는 전형적인 경우는 이사와 회사 사이의 소송에서의 대표권 제한이다. 그리고 이 외에 대표이사의 대표권 제한이 문제되는 경우는 대부분 대표권의 행사를 위해서 주주총회 또는 이사회의 결의를 거쳐야 하는 경우이다.

1) 이사와의 소송에서의 대표

① 감사의 소대표권

이사가 회사를 상대로 소를 제기하거나 반대로 회사가 이사를 상재로 소를 제기하는 경우에는 대표이사는 회사를 대표하지 못하고 감사가 회사를 대표한다(제394조 제1항 전문). 따라서 소수주주가 회사에 대하여 이사의 책임을 추궁할 소의 제기를 청구할 경우 그 청구는 감사를 상대로 하여야 한다(제394조 제1항 후문. 제403조).

갑 주식회사의 일시대표이사인 을이 갑 회사를 대표하여 갑 회사의 소수주주가 소집한 주주총회에서 이사로 선임된 병을 상대로 이사선임결의의 부존재를 주장하며 이사 지위의 부존재확인을 구하자, 병이 회사와 이사 사이의 소는 상법 제394조 제1항에 따라 감사가 회사를 대표하여야 한다고 주장한 사안에서, 판례는 소 제기 전 갑 회사의 주주가 갑 회사를 적법하게 대표할 사람이 없다는 이유로 일시대표이사 및 이사의 선임을 구하는 신청을 하여 변호사인 을이 갑 회사의 일시대표이사 및 이사로 선임된 것이어서 일시대표이사인 을로 하여금 갑 회사를 대표하도록 하였더라도 그것이 공정한 소송수행을 저해하는 것이라고 보기는 어려우므로, 위 소에 상법 제394조 제1항은 적용되지 않는다고 판시하였다(대판 2018.3.15. 2016다275679).

② 취지

원래 대표이사가 대표하여야 하나, 대표이사가 상대방이면 바로 이해상충이 생기고, 다른 이사가 상대방이라도 이사들 간의 이해의 동질성으로 인해 회사의 권리실현이 어려워질 수 있으므로, 감사라는 지위의 중립성과 객관성을 신뢰하여 감사에게 소송수행을 맡긴 것이다.

③ 감사위원회를 둔 경우

감사에 갈음하여 감사위원회를 둔 경우에는 이사와 회사의 소에서는 감사위원이 회사를 대표하는데(제415조의2 제7항 → 제394조 제1항), 감사위원회의 위원이 회사와의 소의 당사자인 경우에는 감사위원회 또는 이사가 법원에 회사를 대표할 자를 선임해 줄 것을 신청하여야 한다(제394조 제2항).

④ 퇴임한 이사 상대의 소

이미 퇴임한 이사를 상대로 하고 그 사람을 이사의 자격으로 제소하는 것이 아니라면 그 사람의 재직 중의 사유로 인한 권리관계에 관한 소라 하여도 그 소에서는 감사가 아니라 대표이사가 회사를 대표한다(대판 2002.3.15. 2000다9086).

2) 전단적 대표행위의 효력

대표이사가 대표권을 행사하기 위해서는 주주총회 또는 이사회의 결의를 거쳐야 하는 경우가 있다. 주주총회나 이사회의 결의는 상법의 규정(예 영업양도·신주발행)에 의해 요구되기도 하고, 정관·이사회규칙 등 회사의 내부 규정에 의해 요구되기도 한다(예 정관에 "1억 원 이상의 채무부담행위는 이사회의 결의를 거쳐야 한다."는 규정을 두는 경우).

대표이사가 이러한 법률 또는 내부규정에 위반하여 주주총회 또는 이사회의 결의를 거치지 않고 한 대표행위를 전단적 대표행위라고 한다. 대표권을 행사한 이후 주주총회 또는 이사회의 결의가 취소·무효로 된 경우도 마찬가지이다. 전단적 대표행위는 대표권의 제한을 위반하였으므로 위법함은 분명한데 그 효력은 어떻게 되는지가 문제된다. 그 행위가 대내적인 행위(예 주주총회의 결의 없는 정관변경)인 경우에는 언제나 무효이나, 그 행위가 대외적인 행위인 경우에는 거래의 안전과 관련하여 그 효력이 특히 문제된다.

① 내부적 제한의 위반

회사는 대표권의 내부적 제한을 선의의 제3자에게 대항하지 못하므로(제389조 제3항 → 제209조 제2항), 대표이사가 이 제한을 위반하여 대표행위를 하였을 때 상대방이 대표권에 제한이 있음을 알지 못하였다면 회사는 거래의 무효를 주장할 수 없다.

A. 주주총회결의의 흠결　　정관에 의해 주주총회의 결의를 요하는 행위를 대표이사가 주주총회결의 없이 한 경우 그 행위의 효력에 관하여, 무효라는 견해도 있으나, 다수설은 선의의 제3자에게는 유효하다고 본다. 제3자가 회사의 정관 등 내부규칙을 예견하고 있을 것을 기대하기 어렵고, 이러한 정관

은 어디까지나 내부적 제한이므로 제389조 제3항, 제209조 제2항이 적용되어야 하기 때문이라고 한다.

B. 이사회결의의 흠결   정관·이사회규정 등에서 일정한 사항에 대하여 이사회의 결의를 요하고 있는 경우도 대표권의 내부적 제한에 해당하므로 이사회결의를 흠결한 대표이사의 대표행위는 선의의 제3자와의 관계에서는 유효하게 된다. 지배권의 내부적 제한과 같다고 보면 된다. 따라서 선의의 제3자의 범위에, 단순 과실이 있는 제3자는 포함되지만 중과실이 있는 제3자는 포함되지 않는다. 그리고 제3자의 악의 또는 중과실에 대한 입증책임은 회사가 부담한다.

판례는 선의의 제3자에게 중과실이 있는 경우뿐만 아니라 단순 과실이 있는 경우에도 대표행위가 무효라고 하였으나, 최근에는 "거래행위의 상대방인 제3자가 상법 제209조 제2항에 따라 보호받기 위하여 선의 이외에 무과실까지 필요하지는 않지만, 중대한 과실이 있는 경우에는 제3자의 신뢰를 보호할 만한 가치가 없다고 보아 거래행위가 무효라고 해석함이 타당하다(대판 2021.2.18. 2015다45451 전원합의체)."라고 판시하여 판례를 변경하였다.

② **법률상 제한의 위반**

A. 주주총회결의의 흠결   영업양도·사후설립과 같이 법률상 주주총회의 결의를 요건으로 하는 행위를 대표이사가 주주총회결의 없이 한 경우 그 행위는 무효이다(통설). 제3자가 선의이더라도 마찬가지이다. 이는 법률상의 제한이지 내부적 제한이 아니고, 법률에서 주주총회의 결의를 요건으로 하는 사항은 대체로 회사의 이익을 위해 매우 중요한 것들이어서 제3자보다는 회사를 보호하는 것이 이익교량의 면에서 타당하며, 주주총회의 결의가 법률에 의해 요구되는 이상 제3자가 그 결의의 필요성을 충분히 예견할 수 있어 제3에 대한 보호의 필요성은 그다지 크지 않기 때문이다.

B. 이사회결의의 흠결   법률상 대표권 행사에 이사회의 결의를 요건으로 하는 행위를 대표이사가 이사회결의 없이 한 경우 그 대표행위의 효력은 어떠한가? 대표권의 내부적 제한이 아니므로 그 효력은 회사의 이익과 거래의 안전을 이익교량하여 정할 수밖에 없다.

ⓐ **중요한 재산의 처분 등 대외적 거래행위**   (a) 이사회결의를 거치지 않고 한 중요한 자산의 처분 등 행위는 대표권의 내부적 제한과 같이 제3자에게 악의 또는 중과실이 없는 한 유효하다고 본다. 이 경우에는 회사의 이익과 거래의 안전을 모두 고려해야 하기 때문이다. (b) 그러나 판례는 이사회의 결의를 요하는 경우 그것이 법률상의 제한인지 아니면 내부적 제한인지 구분하지 않고 "거래행위의 상대방인 제3자가 상법 제209조 제2항에 따라 보호받기 위하여 선의 이외에 무과실까지 필요하지는 않지만, 중대한 과실이 있는 경우에는 제3자의 신뢰를 보호할 만한 가치가 없다고 보아 거래행위가 무효이다(대판 2021.2.18. 2015다45451 전원합의체, 판례변경)."라고 한다. 과거 판례에서는 거래상대방이 선의이나 단순 과실이 있는 경우에 그 거래행위를 무효로 하는 점에서 비판을 받아 왔으나, 선의·무중과실의 입장으로 변경하였다. (c) 거래의 상대방이 이사회의 결의가 없었음을 알았거나 알 수 있었음은 이를 주장하는 회사측이 주장·입증하여야 한다(대판 2005.7.28. 2005다3649).

ⓑ **신주발행과 사채발행**   신주발행과 사채발행은 이사회 결의에 흠결이 있더라도 언제나 유효하다고 본다. 신주발행이나 사채발행과 같은 집단적 행위의 효력은 제3자의 선의·악의에 따라 개별적으로 달라져서는 안 되고 모든 이해관계자에 대하여 획일적으로 확정되어야 하기 때문이다.

판례도 "이사회의 결의는 회사의 내부적 의사결정에 불과하므로 신주발행에 관한 이사회의 결의가 없거나 그 결의에 하자가 있더라도 대표이사가 그 권한에 기하여 한 신주발행은 유효하다(대판 2007.2.22. 2005다77060)."라고 판시하였다. 신주발행과 사채발행은 회사의 이익보다 거래의 안전을 우선적으로 고려한다고 이해하면 된다.

ⓒ 이사회결의 없이 한 준비금의 자본금 전입은 당연히 무효이다. 신주발행무효의 소로 다툴 필요도 없다. 무상증자는 주주를 새로 모집하는 것이 아니라 기존의 주주에게 배정하는 것이므로 거래의 안전을 고려할 필요가 적기 때문이다.

(3) 대표권의 남용

1) 개념

대표권의 남용이란 외관상으로는 대표이사의 권한 내의 적법한 행위이지만, 주관적으로는 자기 또는 제3자의 이익을 도모하는 행위로서 회사에 손실을 끼치는 행위를 말한다. 예컨대, 대표이사가 자기 개인의 채무를 변제하기 위하여 회사명의로 어음을 발행하거나(대판 1990.3.13. 89다카24360), 대표이사가 자기의 친지가 발행한 어음을 회사명의로 보증하여 주거나(대판 1988.8.9. 86다카1858), 대표이사가 자기의 친지에게 회사의 재산을 저렴하게 양도함으로써 시가와의 차액만큼 회사에는 손실을, 제3자에게는 이익을 주는 것 등을 들 수 있다.

2) 효력

① 대표이사의 행위가 객관적으로 대표권의 범위에서 이루어진 이상 원칙적으로 그 행위는 회사의 행위로서 유효하다. 그러나 자기 또는 제3자의 이익을 위한다는 대표이사의 주관적 의도를 거래 상대방이 알았거나 알 수 있었으면 회사는 그 행위의 무효를 주장할 수 있다. ② 회사가 무효를 주장할 수 있는 근거에 관해 판례는 1987년 처음 대표권남용에 관한 판례를 선보일 때는 권리남용설을 취했으나, 이 후 일관되게 비진의표시설을 취하고 있다.

주식회사의 대표이사가 대표권의 범위 내에서 한 행위는 설사 대표이사가 회사의 영리 목적과 관계없이 자기 또는 제3자의 이익을 도모할 목적으로 권한을 남용한 것이라도 일응 회사의 행위로서 유효하다. 그러나 행위의 상대방이 그와 같은 정을 알았던 경우에는 그로 인하여 취득한 권리를 회사에 대하여 주장하는 것이 신의칙에 반하므로 회사는 상대방의 악의를 입증하여 행위의 효과를 부인할 수 있다(대판 2016.8.24. 2016다222453).

3) 증명책임

대표권남용을 이유로 대표행위의 무효를 주장할 때에는 그 무효를 주장하는 자(주로 회사)가 대표권의 남용이라는 사실과 상대방이 악의라는 사실을 입증해야 한다.

대표이사의 대표권남용과 배임죄의 성립 여부의 관계에 관한 판례(대판 2017.7.20. 2014도1104 전원합의체)는 주목할 만하다. 동 판례에 의하면, 대표이사의 대표권남용에 의한 약속어음 발행행위가 무효인 경우에도 현실적으로 약속어음이 제3자에게 유통되지 아니한다는 특별한 사정이 없는 한 배임미수죄가 성립한다.

5. 대표이사의 불법행위

대표이사가 업무집행으로 인하여 타인에게 손해를 가한 때에는 회사는 대표이사와 연대하여 배상할 책임이 있다(제389조 제3항 → 제210조). 대표이사가 아닌 이사의 행위로 인해서는 회사의 불법행위란 있을 수 없고 사용자배상책임(민법 제756조)만이 문제될 수 있을 뿐이다.

6. 공동대표이사

(1) 의의

공동대표이사란 2인 이상이 공동으로써만 회사를 대표할 수 있는 대표이사를 말한다. 주식회사는 수인의 대표이사를 둘 경우 이들이 공동으로 회사를 대표할 것을 정할 수 있다(제389조 제2항).

대표이사가 회사의 이름으로 행한 행위에 관해서는 회사가 모두 책임을 져야 하므로 대표이사가 전횡을 일삼으면 회사와 주주는 큰 손실을 입을 수 있다. 이를 방지하기 위해 회사가 대표권을 제한할 수도 있지만 대표권의 제한은 선의의 제3자에게 대항할 수 없으므로 실효성이 적다. 이와 달리 대표이사를 2인 이상으로 선정하고, 이들을 공동대표이사로 해 둔다면 이들이 서로를 견제하고 이를 위반한 단독의 대표행위는 무효가 되므로 대표이사의 전횡을 방지하고 회사의 손해를 예방할 수 있다.

(2) 공동대표이사의 선정

대표이사로 수인을 선정할 경우 이들은 각자 회사를 대표하는 것이 원칙이다. 따라서 공동대표이사로 하려면 대표이사의 선정 이외에 이들을 「공동」대표이사로 한다는 별도의 결의가 있어야 한다.

공동대표이사를 정한 때에는 그 내용을 등기하여야 한다(제317조 제2항 10호). 이를 등기하지 아니한 때에는 선의의 제3자에게 대항하지 못한다(제37조 제1항). 즉 1인의 대표이사가 단독으로 회사를 대표하여 거래하였더라도 회사는 그 무효를 주장하지 못하는 것이다.

(3) 적용범위

1) 능동대표

회사가 제3자에게 하는 의사표시, 즉 능동대표는 대표이사들이 공동으로만 할 수 있다(제389조 제2항). 1인의 대표이사에 의한 거래는 무효이다. 상대방의 선의·악의를 불문한다. 이 점은 소송행위도 같다.

2) 수동대표

거래상대방이 회사에 대하여 하는 의사표시는 공동대표이사 중 1인에게만 하여도 효력이 있다(제389조 제3항 → 제208조 제2항). 이른바 수동대표는 공동대표이사 각자가 할 수 있는 것이다. 의사표시의 수령에는 권한남용의 소지가 없기 때문이다.

3) 불법행위

공동대표제도는 거래행위에만 적용되고 불법행위에는 적용되지 않는다. 즉 공동대표이사 중의

1인의 불법행위이더라도 회사의 업무집행으로 인하여 타인에게 손해를 가한 때에는 회사가 연대하여 책임을 진다.

(4) 공동대표권의 위임

1) 포괄적 위임

공동대표이사의 일부가 다른 공동대표이사에게 대표권의 행사를 포괄적으로 위임하는 것은 실질적으로 단독대표를 가능하게 하는 일이므로 공동대표의 취지에 비추어 볼 때 허용될 수 없다(통설). 판례도 "공동대표이사의 1인이 일반적·포괄적으로 그 대표권의 행사를 위임함은 허용되지 아니한다(대판 1989.5.23. 89다카3677)."라고 하여 통설과 같은 입장이다.

같은 취지에서 대표권의 범위를 정하여 포괄적으로 위임하는 것도 허용되지 않는다(예컨대, 1억 원 이하의 거래는 전부 위임한다든지, 구입업무는 전부 위임한다는 것과 같이 대표업무를 양 또는 질에 따라 구분하여 포괄위임하는 식이다).

2) 개별적 위임

대표행위의 사안별로 특정 거래에 관해 개별적인 위임을 할 수는 있는가? 거래의 내용을 정하는 문제와 의사표시를 하는 문제를 나누어 ① 소극설, ② 백지위임설, ③ 적극설, ④ 위임표시설이 대립하고 있는데 적극설이 다수설이다. 적극설은 공동대표이사 사이에 거래의 내용에 관한 의사의 합치가 있다면 그 의사표시는 단독으로 할 수 있도록 위임할 수 있다고 한다.

판례는 공동대표이사 중 1인이 작성해 준 동의서가 옥외광고물표시 허가신청 시 요구되는 건물 소유자의 승낙서류에 해당하는지 여부가 문제된 사안에서, "회사의 공동대표이사 2명 중 1명이 단독으로 동의한 경우 나머지 1명의 대표이사가 그로 하여금 건물의 관리에 관한 대표행위를 단독으로 하도록 용인 내지 방임하였고 또한 상대방이 그에게 단독으로 회사를 대표할 권한이 있다고 믿은 선의의 제3자에 해당한다면 이를 회사의 동의로 볼 수 있다(대판 1996.10.25. 95누14190)."고 판시한 바 있다. 적극설을 취한 듯 하나, 단독대표의 가능성에 대한 상대방의 신뢰를 조건으로 하고 있어 적극설이라 보기는 어렵다.

(5) 단독대표행위의 효력

1) 원칙

공동대표이사 가운데 1인이 다른 공동대표이사의 동의 없이 단독으로 한 대표행위는 무효이다. 거래상대방이 선의이더라도 무효이다. 이 점에서 선의의 제3자에 대하여는 대항할 수 없는 대표권의 내부적 제한과 구별된다.

2) 제3자의 보호

공동대표이사제도는 선의의 거래상대방까지 희생시키면서 회사의 이익을 보호하는 것이 특징이다. 그 결과 거래의 안전을 해하는 문제가 있다. 그러면 공동대표라는 사실을 모른 채 공동대표이사 중 1인의 단독대표행위를 적법한 대표행위로 믿고 그와 거래한 상대방은 어떻게 보호받을 수 있는가?

① 거래상 책임의 추궁

A. 등기를 하지 않은 경우　　공동대표이사를 정한 때에는 그 내용을 등기하여야 하고(제317조 제2항 10호), 이를 등기하지 아니한 때에는 선의의 제3자에게 대항하지 못한다(제37조 제1항). 따라서 회사가 공동대표이사를 등기하지 않았으면 선의의 거래상대방은 회사에 대하여 공동대표이사 중 1인이 한 단독대표행위의 유효를 주장할 수 있다.

B. 등기를 한 경우　　회사가 공동대표이사를 등기한 경우에는 등기를 확인하지 않은 거래상대방은 공동대표라는 사실에 대하여 선의라 하여도 보호를 받지 못하게 된다(제317조 제2항 10호, 제37조 제1항). 그러나 회사와 거래를 할 때마다 등기를 확인할 수는 없는 일이므로 등기의 효력을 가지고 거래상대방을 보호하는 것은 불완전할 수밖에 없다. 그래서 판례는 단독대표행위가 표현대표이사의 요건을 충족하는 경우 제395조에 따른 회사의 책임을 인정하고 있다(대판 1992.10.27. 92다19033). 즉 공동대표이사 중 1인이 단독으로 대표권이 있는 듯한 직함을 사용하여 거래하고, 그 직함사용에 회사가 책임이 있는 경우 선의의 거래상대방은 회사에 대하여 거래상의 책임을 물을 수 있다(상세는 후술).

② 손해배상책임의 추궁

등기의 효력이나 표현대표이사는 모두 거래의 유효를 전제로 회사에 대하여 거래상의 책임을 묻는 것이다. 그러나 이 요건을 충족하지 못하여 거래상의 책임은 묻지 못하더라도 거래상대방은 회사 또는 단독대표행위를 한 공동대표이사에게 손해배상책임을 추궁할 수 있다.

A. 단독대표행위를 한 공동대표이사 개인에 대한 손해배상청구　　거래상대방은 월권하여 단독대표행위를 한 공동대표이사 개인에게, ⓐ 민법상의 불법행위에 기한 손해배상책임이나(민법 제750조), ⓑ 이사의 제3자에 대한 책임(제401조)을 추궁할 수 있다.

B. 회사에 대한 손해배상청구　　회사는 대표이사의 업무집행으로 인한 손해를 그 대표이사와 연대하여 배상할 책임이 있다(제389조 제3항. 제210조). 따라서 거래상대방은 회사에 대하여 이에 기한 책임을 물을 수 있다.

3) 단독대표행위의 추인

공동대표이사 중 1인이 한 단독대표행위는 회사에 대하여 효력이 없다. 하지만 그 법률관계는 무권대리에 준하는 것으로 보아 나머지 공동대표이사 전원이 추인을 하면 하자가 치유되어 유효하게 된다. 추인의 의사표시는 거래상대방 또는 단독의 대표행위를 한 대표이사 중 누구에게든 할 수 있다(대판 1992.10.27. 92다19033).

7. 표현대표이사

(1) 의의

회사의 대외적 거래는 대표권 있는 자가 행했을 때에만 회사에 대하여 효력이 있다. 그래서 상법은 회사와 거래하려는 자가 적법한 거래 상대자를 식별할 수 있도록 대표이사의 성명을 등기하도록 하였다. 그런데 현실에서는 대표권이 없는 자가 회사의 승인을 받아 사장, 부사장 등 대표권이 있는 듯한 명칭을 사용해 대표행위를 하고, 거래상대방은 등기부를 조회해 보지 않은 채 그 명칭만 보고 그에게 대표권이 있다고 믿고 그와 거래하는 경우가 많다. 이 거래는 대표권 없는 자와의 거래이므로 무효인가? 이 거래를 대표권 없는 자와의 거래이고 거래상대방은 등기부 조회를 통해 그에게 대표권이 없다는 사실을 알 수 있었다는 이유로 무효라고 하는 것은 거래상대방 보호의 관점에서 매우 부당하다. 거래상대방에게 회사와의 거래 시마다 등기부의 조회를 요구하는 것은 거래의 신속을 추구하는 상거래에서 비현실적일 뿐만 아니라, 회사가 대표권이 있는 듯한 명칭의 사용을 승인한 점을 고려하면 이 거래를 무효로 하는 것은 신의칙에도 반하기 때문이다.

상법은 위와 같은 경우 거래상대방 보호를 위하여 회사에게 거래상의 책임을 묻고 있다. 즉 "사장·부사장·전무·상무 기타 회사를 대표할 권한이 있는 것으로 인정될 만한 명칭을 사용한 이사의 행위에 대하여는 그 이사가 회사를 대표할 권한이 없는 경우에도 회사는 선의의 제3자에 대하여 그 책임을 진다(제395조)."라고 규정하고 있다. 이때 이 요건을 충족하며 대표행위를 한 자를 「표현대표이사」라 한다. 즉 표현대표이사라 함은 대표이사가 아니면서 회사를 대표할 권한이 있는 것으로 인정될 만한 명칭을 사용하여 행위를 함으로써 회사에게 표현책임을 지게 하는 자를 말한다. 표현대표이사제도는 외관법리 또는 금반언의 법리에 근거한 이론이다.

(2) 상업등기와의 관계

상업등기의 측면에서만 본다면 회사는 대표이사를 등기한 이상 표현대표이사와 거래한 상대방이 선의였다 하여도 그에게 대항할 수 있어야 한다(제37조 제1항, 적극적 공시의 원칙). 등기를 확인했다면 표현대표이사가 진정한 대표이사가 아니라는 사실을 알 수 있었으므로 거래상대방을 보호할 필요가 없다는 것이다. 그러나 표현대표이사제도는 대표이사를 등기하였더라도 회사는 선의의 제3자에게 책임을 진다는 점에서 위와 같은 상업등기의 취지와 모순된다. 그러면 두 제도의 관계는 어떻게 이해해야 하는가?

1) 학설

① 제395조와 제37조는 서로 차원을 달리한다는 이차원설과 ② 제395조는 제37조의 예외라는 예외규정설이 대립한다. 예외규정설이 다수설이나 결론에서는 두 학설 간에 아무런 차이가 없다.

2) 판례

판례는 "상법 제395조는 상업등기와는 다른 차원에서 회사의 표현책임을 인정한 규정이라고 해야 옳으리니 이 책임을 물음에 상업등기가 있는 여부는 고려의 대상에 넣어서는 아니된다(대판 1979.2.13. 77다2436)."라고 하여 이차원설로 설명하고 있다.

(3) 적용요건

1) 외관의 존재

① 표현적 명칭의 사용

대표이사 아닌 자가 「회사를 대표할 만한 권한이 있는 것으로 인정될 만한 명칭」(표현적 명칭)을 사용하였어야 한다. 표현적 명칭으로 법문은 「사장, 부사장, 전무, 상무 기타…」라고 규정하고 있으나, 이는 예시적인 열거일 뿐이고 회장·부회장·이사장 등 일반적인 거래통념에 비추어 회사를 대표할 권한이 있는 것으로 보이는 명칭은 모두 포함된다. 결국 어떠한 명칭이 표현적 명칭에 해당하는지는 구체적 상황과 거래통념에 따라 결정해야 한다.

ⓐ 일반적으로 전무·상무는 회사의 비등기이사 또는 임원에 불과한 경우가 많고 대표이사인 경우는 거의 없다. 제395조에서 전무·상무를 표현적 명칭으로 열거하고 있으므로 전무·상무가 대표권이 있는 듯한 외관에 해당함은 인정된다. 그러나 판례는 일반인도 회사의 대표이사 제도에 대한 인식이 높아졌음을 지적하며 상장회사의 전무·상무에게 대표권이 있다고 신뢰한 제3자에게 중과실이 있다고 보아 표현대표이사의 성립을 부정한 바 있다(대판 1999.11.12. 99다19797). ⓑ 그리고 판례 중에는 회사의 「경리담당이사」라는 직함을 가진 자가 그 명칭을 사용하여 자금을 차용한 사건에서 「경리담당이사」는 회사를 대표할 권한이 있는 것으로 인정될 만한 명칭에 해당하지 않는다고 한 예도 있다(대판 2003.2.11. 2002다62029).

② 이사 자격의 요부

상법 제395조가 "사장, 부사장 등 명칭을 사용하는 「이사」의 행위에 대하여는…" 이라고 규정하여 표현대표이사가 성립하려면 최소한 행위자가 이사 자격만큼은 진실하게 갖추어야 하는 것처럼 보인다. 그러나 통설은 표현대표이사의 성립에 이사의 자격을 요하지 않는다. 표현적 명칭을 사용하는 자가 실제로 이사인지 여부는 상대방이 그가 대표권을 가진다고 신뢰하는데 대하여 아무런 영향을 미치지 않기 때문이다.

판례도 같은 입장이다. 즉 "상법 제395조는 표현대리이사가 이사의 자격을 갖출 것을 형식상의 요건으로 하고 있으나, 이사의 자격이 없는 자에게 회사의 표현대표이사의 명칭을 사용케 한 경우나 이사자격 없이 표현대표이사의 명칭을 사용하는 것을 회사가 알고도 그대로 두거나 아무런 조치도 쓰지 않고 용인상태에 놓아둔 경우에도 위 규정이 유추적용되는 것으로 해석함이 상당하다(대판 1985.6.11. 84다카963)."라고 판시한 바 있다.

③ 대표이사의 권한 내의 행위

외관이 존재하기 위해서는 대표이사의 권한 내의 행위이어야 한다. 대표이사가 하더라도 회사를 구속할 수 없다면 그것을 표현대표이사가 한다고 하여 회사를 구속할 수는 없기 때문이다.

따라서 ⓐ 대표이사로서도 할 수 없는 행위(예 이사의 선임)에는 적용되지 않는다. ⓑ 전단적 대표행위이론은 표현대표이사에도 적용된다. 판례 중에는 "제3자의 신뢰의 대상이, 표현대표이사의 행위에 있어서는 대표권의 존재인 반면 이사회의 결의를 거치지 아니한 대표이사의 행위에 있어서는 대표권의 범위이므로, 표현대표이사의 행위로 인정이 되는 경우라도 만일 그 행위에 이사회의 결의가 필요하고 거래의 상대방인 제3자의 입장에서 이사회의 결의가 없었음을 알았거나 알 수 있었다면 회사로서는 그 행위에 대한 책임을 면한다(대판 1998.3.27. 97다34709)."라고 한 것이 있다. ⓒ 표현대표이사를 대표이사로 바꾸어 행위의 효력을 따지는 것이므로 대표권의 내부적 제한을 위반한 표현대표이사의 행위는 선의의 제3자에게는 대항할 수 없다.

2) 외관에 대한 귀책사유

① 명칭 사용의 허용

표현대표이사의 행위가 성립하려면 표현적 명칭의 사용을 회사가 명시적 또는 묵시적으로 허용하였어야 한다.

회사의 승인 없이 자의적으로 표현적 명칭을 사용하여 한 대표행위에 대하여는 회사는 책임을 지지 않는다. 판례는 "그 명칭사용을 알지 못하고 제지하지 못한 점에 있어서 회사에게 과실이 있다고 할지라도 회사는 선의의 제3자에게 책임을 지지 않는다(대판 1975.5.27. 74다1366)."라고 하였다. 회사가 적극적으로 표현적 명칭을 부여하였거나 그 사용을 허락한 경우에는 회사의 책임이 인정된다. 판례는 A회사의 지배주주 겸 대표이사인 甲이 건강상 이유로 乙에게 경영권 일체를 위임한 경우 乙의 표현대표행위에 대하여 A회사의 책임을 인정한 바 있다(대판 1994.12.2. 94다7591).

두 경우의 중간 형태로, 이사 또는 이사의 자격이 없는 자가 임의로 표현대표자의 명칭을 사용하고 있는 것을 회사가 알면서도 이에 동조하거나 아무런 조치를 취하지 아니한 채 그대로 방치한 경우는 어떻게 되는가? 판례는 이 경우도 회사가 표현대표자의 명칭사용을 묵시적으로 승인한 경우에 해당한다고 보아 회사의 책임을 인정하였다(대판 2005.9.9.. 2004다17702).

② 명칭 사용 허용의 주체

판례는 "회사가 표현대표를 허용하였다고 하기 위해서는, 진정한 대표이사가 허용하거나, 이사회 결의의 성립을 위해 회사의 정관에서 정한 이사의 수, 그와 같은 정관 규정이 없다면 최소한 이사 정원의 과반수의 이사가 허용한 경우이어야 할 것이다(대판 1992.9.22. 91다5365)."라고 판시하였다.

3) 외관에 대한 제3자의 신뢰

제3자는 표현대표이사에게 대표권이 없다는 점에 대하여 선의이어야 한다.

① 제3자의 범위

제3자의 범위는 거래의 직접상대방에 한하지 않고 표현적 명칭을 신뢰한 모든 제3자를 포함한다. 따라서 회사가 책임을 지는 선의의 제3자의 범위에는 표현대표이사로부터 직접 어음을 취득한 상대방뿐만 아니라, 그로부터 어음을 다시 배서양도 받은 제3취득자도 포함된다(대판 2003.9.26. 2002다65073).

② 제3자의 무과실의 요부

선의의 제3자에는 과실로 대표권 없음을 모른 제3자도 포함되는가? 판례는 "제3자의 선의 이외에 무과실까지도 필요로 하는 것은 아니지만 제3자에게 중대한 과실이 있는 경우에는 회사는 그 제3자에게 책임을 지지 아니한다(대판 1999.11.12. 99다19797)."라고 하였다. 통설도 같은 입장이다.

③ 입증책임

회사가 제3자의 악의·중과실에 대한 입증책임을 부담한다(대판 1971.6.29. 71다946).

(4) 효과

표현대표이사의 행위가 제395조의 요건을 갖추면 마치 대표이사가 한 행위처럼 되어 회사는 제3자에 대하여 권리를 취득하고 의무를 부담한다.

그러나 표현대표이사의 행위로 인정이 되는 경우라고 하더라도 만일 그 행위에 이사회의 결의가 필요하고 거래의 상대방인 제3자의 입장에서 이사회의 결의가 없었음을 알았거나 알 수 있었을 경우라면 회사로서는 그 행위에 대한 책임을 면한다(대판 1998.3.27. 97다34709). 제3자의 신뢰의 대상이, 표현대표이사의 행위에 있어서는 대표권의 존재인 반면 이사회의 결의를 거치지 아니한 대표이사의 행위에 있어서는 대표권의 범위이기 때문이다.

(5) 적용범위

1) 불법행위

제395조는 불법행위에는 적용되지 않는다는 것이 통설이다. 제395조는 외관에 대한 신뢰를 보호하려는 것인데, 불법행위에는 제3자가 표현대표이사에게 대표권이 있음을 신뢰하여 피해자가 된 것이 아니기 때문이다. 물론 회사가 민법상의 사용자책임을 질 수는 있다.

2) 소송행위

판례 중에는 전무이사가 한 소취하를 표현대표이사의 행위로서 유효라고 한 것이 있으나(대판 1970.6.30. 70후7), 통설은 표현지배인에 관한 제14조 제1항 단서가 재판상의 행위를 예외로 하고 있음에 비추어 제395조 역시 소송행위에는 적용되지 않는다고 한다.

(6) 표현대표이사의 유추적용

1) 선임이 무효·취소된 대표이사의 행위

대표이사를 선임한 이사회결의가 무효인 경우 또는 그 이전에 당해 이사를 선임한 주주총회결의가 취소·무효·부존재 등으로 소급하여 효력을 상실한 경우, 그 대표이사가 대표이사 선정 이후 무효판결 시까지 대표이사로서 한 행위의 효력은 어떻게 되는가?

어느 경우이든 대표이사가 소급하여 자격을 상실하므로 그가 한 거래는 대표권 없는 자의 행위로서 소급적으로 무효가 된다(대판 2004.2.27. 2002다19797). ① 그러나 통설·판례는 이러한 사안에서 선의의 제3자를 보호하기 위해서 제395조의 유추적용을 인정한다. 즉 판례는 부존재인 주주총회결의에 의해 선임된 이사가 대표이사로 선정된 후 회사의 부동산을 제3자에게 매도한 사안에서 그 부동산 매도 행위를 표현대표이사의 행위로 보아 효력을 인정한 바 있다(대판 1985.6.11. 84다카963). ② 또 대표이사 선임결의가 무효로 확정되면 결국 대표이사 등기는 소급하여 부실등기로 되므로 제3자는, 제395조에 기해 회사의 책임을 묻는 것과는 별도로, 상법 제39조 부실등기의 효력을 주장하여 회사의 책임을 물을 수도 있다. 주식회사의 법인등기의 경우 회사는 대표자를 통하여 등기를 신청하지만 등기신청권자는 회사 자체이므로 취소되는 주주총회결의에 의하여 이사로 선임된 대표이사가 마친 이사 선임 등기는 상법 제39조의 부실등기에 해당된다(대판 2004.2.27. 2002다19797).

2) 공동대표이사의 단독대표행위

공동대표이사 중 1인이 회사로부터 허락을 받아 「사장」, 「대표이사사장」 등 단독으로 회사를 대표할 권한이 있는 듯한 명칭을 사용하면서 한 대표행위에 표현대표이사에 관한 규정인 상법 제395조가 적용된다는 점에는 의문이 없다. 문제는 공동대표이사 중 1인이 단순히 「대표이사」라는 명칭을 사용한 경우에도 제395조를 적용할 것인가이다. 본래 공동대표이사는 등기를 하면 선의의 제3자에게도 대항할 수 있도록 하려는 제도인데, 표현대표이사의 성립을 인정하면 결국 공동대표이사를 등기하더라도 선의의 제3자에게는 대항할 수 없게 되어 공동대표이사 제도를 둔 취지에 정면으로 배치되기 때문이다.

① 학설

ⓐ 부정설은 대표이사란 명칭은 법이 인정한 것인데 「공동」대표이사라고 명시하지 않았다 하여 회사의 귀책사유가 될 수는 없다는 이유로 적용을 부정한다. ⓑ 반면 긍정설은 회사의 대표는 단독대표가 원칙이고 공동대표는 예외적인 현상인데 대표이사란 명칭은 가장 뚜렷한 대표권의 외관이므로 제395조가 당연히 적용된다고 한다. 긍정설이 다수설이다.

② 판례

판례는 긍정설을 취하고 있다. 즉 "회사가 공동대표이사에게 단순한 대표이사라는 명칭을 사용하여 법률행위를 하는 것을 용인 내지 방임한 경우에도 회사는 상법 제395조에 의한 표현책임을 면할 수 없다(대판 1992.10.27. 92다19033)."라고 판시하였다.

3) 표현대표이사가 진정한 대표이사의 이름으로 한 행위

표현대표이사로서의 요건을 갖춘 자가 정작 대표행위는 자기의 이름으로 하지 않고 진정한 대표이사의 이름으로 한 경우에도 제395조가 유추적용되는가?

① 판례

판례는 "상법 제395조는 표현대표이사가 자신의 이름으로 행위한 경우는 물론이고 대표이사의 이름으로 행위한 경우에도 적용된다(대판 2011.3.10. 2010다100339)."라고 하여 이를 긍정하였다. 그리고 위 판례는 "이 경우에 상대방의 악의 또는 중대한 과실은 표현대표이사의 대표권이 아니라 대표이사를 대리하여 행위를 할 권한이 있는지에 관한 것이다."라고 하였다.

② 판례에 대한 비판

행위의 형식이 달라지면 제3자의 신뢰의 대상도 달라진다는 이유로, 즉 거래 상대방의 신뢰의 대상이, 표현대표이사가 대표행위를 자기 이름으로 하는 경우에는 그 명칭에 의한 「대표권」임에 반해 진정한 대표이사 이름으로 하는 경우에는 그 명칭과는 무관한 「대행권」이라는 점을 이유로, 이와 같은 경우는 제395조를 유추적용할 수 없고 민법상 표현대리로 해결해야 한다는 부정설도 있다.

05 소규모회사의 관리구조

1. 의의

상법은 자본금 총액이 10억 원 미만인 회사에 대하여 일부 특례를 인정하고 있다. 상법은 소규모회사라는 표현을 쓰고 있지 않으나 이 책에서는 자본금 총액이 10억 원 미만인 회사를 소규모회사라 칭한다. 소규모회사는 이사를 1인 또는 2인으로 할 수 있고, 감사를 두지 않을 수 있다(제383조 제1항 단서, 제409조 제4항).

2. 대표권의 귀속

이사가 1인인 경우에는 달리 회사를 대표할 자가 없으므로 이사가 당연히 대표기관이 된다. 그리고 이사가 2인인 때에는 원칙적으로 각 이사가 회사를 대표하지만, 정관에 규정을 두어 달리 대표이사를 선임할 수도 있다(제383조 제6항).

3. 이사회의 기능대체

소규모회사제를 채택함으로 인한 가장 중요한 변화는 이사회가 없다는 점이다. 그러므로 상법상의 이사회의 기능은 다른 기관으로 대체되어야 한다. 상법은 이사회의 결정 사항 중 어떤 것은 이사가 단독 결정할 수 있게 하고 어떤 것은 주주총회가 결정하도록 하였는데, 대체로 이사의 권한남용이 우려되는 것은 주주총회의 권한으로 하고 있다.

(1) 대표이사의 단독결정사항

이사회가 없음으로 인해 이사회가 갖는 업무집행결정권은 대표이사가 갖는다(제383조 제6항 → 제393조 제1항).

그리고 주주총회의 소집결정에 관한 권한(제383조 제6항 → 제362조, 제366조 제1항), 주주제안의 수리(제383조 제6항 → 제363조의2 제3항)도 대표이사가 단독으로 갖는 권한이다. 감사가 주주총회의 소집을 요구할 때에는 대표이사에게 해야 한다(제383조 제6항 → 제412조의3 제1항).

(2) 주주총회로 대체되는 사항

주식양도에 제한을 둘 경우 주주총회가 이사회를 갈음하여 승인기관이 되고(제383조 제4항 → 제335조 제1항 단서), 이사의 경업·회사기회의 이용·자기거래의 승인기관도 주주총회로 갈음한다(제383조 제4항 → 제397조 제1항, 제397조의2 제1항, 제398조). 그리고 신주의 발행결정, 사채의 발행결정도 주주총회의 권한이다(제383조 제4항 → 제416조 본문, 제469조, 제513조 제2항 본문, 제516조의2 제2항 본문).

(3) 적용하지 않는 제도

흡수합병 시에 이사회의 결의로 주주총회를 갈음할 수 있는 간이합병이나 소규모합병에 관한 제도는 적용하지 않는다(제383조 제5항 → 제527조의2, 제527조의3 제1항, 제527조의5 제2항).

4. 감사의 기능대체

소규모회사는 감사를 두지 않을 수 있다(제409조 제4항). 감사를 두지 않는 경우에는 주주총회가 이사에 대한 업무감사권(제409조 제6항, 제412조), 자회사에 대한 조사권(제409조 제6항, 제412조의5)을 행사하고, 회사에 현저한 손해를 미칠 염려가 생겼을 때에 이사는 감사에 갈음하여 주주총회에 즉시 보고하여야 한다(제409조 제6항, 제412조의2).

회사가 이사에 대하여 또는 이사가 회사에 대하여 소를 제기한 경우 원칙적으로 감사가 회사를 대표해 소송을 수행하지만, 소규모회사가 감사를 선임하지 않은 경우에는 이사 또는 이해관계인이 법원에 회사를 대표할 자를 선임해 줄 것을 신청하여야 한다(제409조 제5항).

06 이사의 의무

1. 선관주의의무와 경영판단의 원칙

(1) 선량한 관리자로서의 주의의무(선관주의의무)

회사와 이사의 관계는 위임에 관한 민법 제681조가 준용되므로 이사는 회사에 대해 이사선임의 본지에 따라 선량한 관리자의 주의로써 사무를 처리할 의무를 진다(제382조 제2항 → 민법 제681조). 그리하여 이사는 직무를 수행함에 있어 법령에 위반하지 않도록 주의할 의무(소극적 의무)를 짐은 물론 항상 회사에 최선의 이익이 되는 결과를 추구해야 할 의무(적극적 의무)를 부담한다. 회사는 영리를 목적으로 하는 단체이므로(제169조) 회사에 최선의 이익이 된다고 함은 회사의 이윤을 극대화함을 말한다.

(2) 경영판단의 원칙

1) 의의

선관주의의무는 그 내용이 너무 추상적이어서 이사에게 무엇을 어떻게 해야 의무를 이행한 것으로 되는지에 대한 지침을 제공하지 못한다. 그래서 그 추상적인 내용을 구체화하기 위해 마련된 법칙이 경영판단의 원칙이다. 경영판단의 원칙이란 이사가 충분한 정보를 기초로 내린 의사결정이 그 당시를 기준으로 합리적이었다면 사후적으로 그 경영판단이 잘못되었음이 밝혀졌다 하더라도 이사는 선관주의의무를 다한 것이고, 따라서 이사에게 책임을 물을 수 없다는 원칙을 말한다.

판례도 "금융기관이 그 임원을 상대로 대출과 관련된 임무해태를 내세워 손해배상책임을 물음에 있어 임원이 한 대출이 결과적으로 회수곤란 또는 회수불능이 되었다 하여도 그것만으로 그러한 대출결정을 내린 임원의 판단이 선관주의의무 내지 충실의무를 위반한 것이라고 단정할 수 없고, 그 상황에서 합당한 정보를 가지고 적합한 절차에 따라 회사의 최대이익을 위하여 신의성실에 따라 대출결정을 하였다면 그 경영판단은 재량의 범위 내의 것으로서 회사에 대한 선관주의의무 내지 충실의무를 다한 것이다(대판 2002.6.14. 2001다52407)."라고 판시한 바 있다.

2) 법령위반행위에 대한 적용 — 부정

① 문제점

법령에 위반한 행위에도 경영판단의 원칙이 적용되는가? 예를 들어 보자. 회사가 담합을 하는 경우 100원의 독점이윤을 얻을 수 있는데, 만약 담합이 적발되면 400원의 과징금이 부과된다. 담합에 의해 100원의 독점이윤을 얻을 확률은 100%이고 담합이 적발될 확률은 20%이다. 담합에 의해 20원의 기대이익{(100원×100%) − (400원×20%)}이 발생하므로 甲 이사는 담합을 결정하였다. 그러나 이 담합은 결국 적발되었고 회사는 400만 원의 과징금을 부과 받았다. 이때 회사가 甲 이사를 상대로 400원의 손해배상을 청구한다면 甲 이사는 경영판단의 원칙을 주장하여 책임을 면할 수 있는가? 다시 말해 담합은 비록 위법하기는 하나 이에 의해 회사에는 20원의 기대이익이 발생하였으므로, 설사 사후적으로 회사에 400원의 손해가 발생하였더라도 행위 당시를 기준으로 하면 甲 이사의 담합 결정은 합리적이었다고 볼 수 있는가?

② 통설·판례

통설은 법령에 위반한 행위에는 경영판단의 원칙이 적용되지 않는다고 한다. 따라서 법령위반은 그 자체로 이사의 선관의무위반이 된다. 판례도 같은 입장이다. 즉 판례는 이사가 정부요인에게 뇌물을 주어 회사가 이사를 상대로 뇌물액 상당의 손해배상을 청구한 사건에서 "<u>법령에 위반한 행위에 대하여는 이사가 임무를 수행함에 있어서 선관주의의무를 위반하여 임무해태로 인한 손해배상책임이 문제되는 경우에 고려될 수 있는 경영판단의 원칙은 적용될 여지가 없다.</u>"고 하며, 뇌물 공여와 같은 법령위반은 그 자체로 선관주의의무 위반이 되고 이사는 회사에게 뇌물액 상당의 손해를 배상할 책임이 있다고 하였다(대판 2005.10.28. 2003다69638). 이에 의하면 위 사례에서 甲 이사는 회사에 400원의 손해를 배상할 책임이 있다.

2. 이사의 감시의무

(1) 의의

1) 개념

이사는 이사회 참석과 이사회에서의 의결권 행사를 통하여 대표이사와 다른 이사의 업무집행이 법령 또는 정관에 위반됨이 없이 적절하게 이루어지고 있는지를 감시하고 감독할 의무가 있다.

2) 법적 근거

이와 관련되는 명문의 규정은 없으나, 통설·판례는 이견 없이 이사의 감시의무를 인정한다. 그 근거는 이사회의 감독권(제393조 제2항) 또는 대표이사에 대한 이사의 보고청구권(제393조 제3항)에서 찾거나, 아니면 단순히 선관주의의무의 하나라고 설명하기도 한다.

3) 내용

주식회사의 이사는 선량한 관리자의 주의로써 대표이사 및 다른 이사들의 업무집행을 전반적으로 감시할 권한과 책임이 있고, 이사의 직무집행을 감독할 권한을 가진다. 따라서 이사는 이사회 참석 및 이사회에서의 의결권 행사를 통해 대표이사 및 다른 이사들의 업무집행을 감시·감독할 의무가 있다. 이러한 의무는 사외이사라거나 비상근이사라고 하여 달리 볼 것이 아니다(대판 2014.12.24. 2013다76253).

이사의 감시권 또는 감시의무는 대등한 이사들 상호 간에 있어서 서로의 위법을 발견하여 감독·감사기관에 그 시정을 호소하는 수단이다. 예컨대, 그 문제를 다루기 위해 이사회를 소집하여 감독권을 발휘하게 하거나 감사에게 제보하여 감사권을 발동하게 하는 것이다. 이사의 감시권은 다른 이사에 대해 어떤 작위나 부작위를 명하거나 제재를 가하는 것은 아니다. 반면 이사회의 감독권은 각 이사와 상하관계에서, 감사의 감사권은 이사 및 이사회에 대해 제3자적 지위에서, 그 대상이 되는 이사 또는 이사회에 대하여 직접 행사하는 것이다. 이사들은 감독권·감사권에 수인·승복할 법적 의무를 진다. 이사의 감시의무의 구체적인 내용은 회사의 규모나 조직, 업종, 법령의 규제, 영업상황 및 재무상태에 따라 크게 다를 수 있는데, 고도로 분업화되고 전문화된 대규모 회사에서 대표이사 및 업무담당이사들이 내부적인 사무분장에 따라 각자의 전문 분야를 전담하여 처리하는 것이 불가피한 경우라 할지라도 그러한 사정만으로 다른 이사들의 업무집행에 관한 감시의무를 면할 수 없다(대판 2021.11.11. 2017다222368).

대표이사가 다른 대표이사나 업무담당이사의 업무집행이 위법하다고 의심할 만한 사유가 있음에도 고의 또는 과실로 인하여 감시의무를 위반하여 이를 방치한 때에는 이로 말미암아 회사가 입은 손해에 대하여 상법 제399조 제1항에 따른 배상책임을 진다(대판 2021.11.11. 2017다222368).

(2) 대표이사와 업무담당이사의 감시의무

1) 대표이사

대표이사는 대내외적인 회사업무의 전체를 집행하는 기관이므로 이사 전원의 업무집행을 감시·감독할 의무를 진다. 공동대표이사는 상호 감시할 의무를 진다. 대표이사는 모든 직원의 직무집행을 감시할 의무를 부담함은 물론, 이사회의 구성원으로서 다른 대표이사를 비롯한 업무담당이사의 전반적인 업무집행을 감시할 권한과 책임이 있다(대판 2021.11.11. 2017다222368). 따라서 대표이사는 다른 대표이사나 업무담당이사의 업무집행으로 작성된 재무제표의 중요사항에 허위기재 등을 의심할 만한 사유가 있는데도 적절한 조치를 취하지 않고 방치해서는 안 된다(대판 2022.7.28. 2019다202146).

2) 대표권 없는 업무담당이사

구체적으로 업무집행을 담당하는 이상 그 직무와 관련하여서는 당연히 대표이사에 준하는 감시의무를 진다. 문제는 대규모 공개회사와 같이 이사가 서로 업무를 분장하고 있는 경우에 자신의 업무와 관련이 없는 다른 이사의 업무집행에 대하여도 감시의무를 지는가 하는 것이다. 이와 관련하여 판례는 "고도로 분업화되고 전문화된 대규모 회사에서 공동대표이사 및 업무담당이사들이 내부적인 사무분장에 따라 각자의 전문 분야를 전담하여 처리하는 것이 불가피한 경우라 할지라도 그러한 사정만으로 다른 이사들의 업무집행에 관한 감시의무를 면할 수는 없다(대판 2008.9.11. 2007다31518)."라고 판시하였다. 이렇게 본다면 대표이사와 업무담당이사의 감시의무는 아무런 차이가 없다.

(3) 평이사(및 사외이사)의 능동적 감시의무

평이사는 이사회에 참석하여 법상의 결의사항에 대해 의결권을 행사할 뿐이고 일상적인 업무집행에서는 배제되어 있다. 이렇게 대표권도 없고 업무집행도 담당하지 않는 평이사·사외이사도 다른 이사에 대한 감시의무를 지는가? 평이사가 이사회에 부의된 사항에 대해 감시의무(수동적 감시의무)를 진다는 데에는 이론이 없다. 그러면 이사회에 부의되지 않은 회사의 업무 전반에 대한 일반적인 감시의무(능동적 감시의무)도 부담하는가? 통설·판례는 이러한 일반적·능동적 감시의무도 인정한다. 문제는 평이사가 어느 정도까지 감시활동을 하여야 하느냐이다. 학설은 소극설과 적극설이 대립하는데, 판례는 소극설과 적극설의 절충적 입장을 취하고 있다. 즉 "업무담당이사의 업무집행이 위법하다고 의심할 만한 사유가 있음에도 불구하고 평이사가 감시의무를 위반하여 이를 방치한 때에는, 평이사는 이로 말미암아 회사가 입은 손해에 대하여 배상책임을 면할 수 없다(대판 1985.6.25. 84다카1954)."라고 판시하였다.

3. 기업비밀유지의무

이사는 재임 중 뿐만 아니라 퇴임 후에도 직무상 알게 된 회사의 영업상 비밀을 누설하여서는 아니된다(제382조의4). 이사의 경우에는 회사의 비밀에 접근하기 용이하고 스스로 비밀을 창출하는 경우도 많으므로 상법은 주의적으로 이사의 비밀유지의무를 규정하였다.

이사의 재임 중의 비밀유지의무는 제382조의4가 없더라도 선관주의의무의 내용으로서 인정된다. 제382조의4는 이사가 퇴임 후에도 비밀유지의무를 진다는 점을 명확히 한 데에 의의가 있다. 이사의 비밀유지의무가 퇴임 후에도 부담하는 의무라는 점은 대리상(제92조의3), 가맹상(제168조의8 제2항), 집행임원(제408조의9), 감사(제415조), 준법지원인(제542조의13 제8항)의 비밀유지의무와 공통된다.

4. 보고의무

(1) 이사회에 대한 보고의무

이사는 3월에 1회 이상 업무의 집행상황을 이사회에 보고해야 한다(제393조 제4항). 대표이사에 한하지 않고 업무집행을 담당하는 이사는 모두 보고의무를 진다. 이사회의 활성화를 위한 조치이다. 그 결과 이사회는 적어도 3월에 1회 이상 열어야 한다.

(2) 감사·감사위원회에 대한 보고의무

1) 의의

이사는 회사에 현저하게 손해를 미칠 염려가 있는 사실을 발견한 때에는 즉시 감사 또는 감사위원회에 이를 보고하여야 한다(제412조의2, 제415조의2 제7항). 감사의 실효성 확보를 위함이다. 감사 또는 감사위원회의 특별한 요구가 없더라도 부담하는 적극적 보고의무라는 점에서 감사 또는 감사위원회의 요구가 있을 때 부담하는 소극적 보고의무(제412조 제2항, 제415조의2 제7항 참조)와 구별된다.

2) 내용

① 보고의무를 지는 이사

대표이사나 업무담당이사에 한하지 않는다. 어떠한 경위로든 회사에 현저한 손해를 미칠 염려가 있는 사실을 발견한 이사는 모두 보고의무를 진다.

② 보고할 사항

회사에 현저하게 손해를 미칠 염려가 있는 사실이 발생한 때란 예컨대, 회사의 중요한 거래처가 도산한 때, 공장 등이 화재로 소실한 때, 회사재산에 대한 횡령이 있는 때 등이다. 보고할 사항이 반드시 위법행위를 원인으로 해서 발생하였을 필요는 없다.

③ 보고의 방법

보고방법에는 제한이 없으므로 구두 또는 서면으로 할 수 있다. 감사 또는 감사위원이 여럿인 경우에는 그 가운데 1인에게 보고하면 충분하다.

5. 충실의무

상법은 이사에게 회사의 수임인으로서의 「선량한 관리자의 주의의무」를 부여하고 있으면서, 이와 별도로 제382조의3에서 「이사의 충실의무」라는 표제 하에 "이사는 법령과 정관의 규정에 따라 회사를 위하여 그 직무를 충실하게 수행하여야 한다"는 규정을 두고 있다.

이 규정의 성격에 관하여 ① 선관주의의무를 구체적으로 부연 설명한 것에 불과하다는 견해와 ② 선관주의의무와는 다른 영미법상의 충실의무를 규정한 것이라는 견해가 대립한다. 판례는 "… 그러한 대출결정을 내린 임원의 판단이 선량한 관리자로서의 주의의무 내지 충실의무를 위반한 것이라고 단정할 수 없고, … (대판 2002.6.14. 2001다52407)."라는 표현을 사용함으로써, 충실의무를 주의의무와 별개로 인정하고 있지는 않다. 그러나 선관주의의무와 충실의무를 구별해야 한다는 주장이 점차 높아지고 있는 상황에서, 최근 대법원 판례도 충실의무의 독자성을 암시하는 입장을 제시하는 경향을 보인다.

6. 의무와 책임의 독자성

(1) 위법·부당한 주주총회 또는 이사회의 결의에 따른 행위

이사의 직무수행은 주주총회나 이사회의 결의에 좇아 행해지는 경우가 많고, 이사가 주주총회 또는 이사회의 결의를 준수해야 하는 것은 당연하다. 그러면 이사는 그 결의 내용이 법령·정관에 위반하거나 불공정·부당하여 회사채권자나 주주의 이익을 해칠 경우에도 이를 준수해야 하는가? 즉 이를 준수하여 직무를 수행하였으면 이사의 행위가 위법·불공정한 것이라 하여도 이사는 책임을 면하는가?

통설은 이를 부정한다. 판례도 같다. 비록 배임죄 성립에 관한 형사 판례이기는 하나, 판례는 "이사회 또는 주주총회의 결의가 있었다고 하더라도 그 결의내용이 회사채권자를 해하는 불법한 목적이 있는 경우에는 이에 맹종할 것이 아니라 회사를 위하여 성실한 직무수행을 할 의무가 있다

(대판 1989.10.13. 89도1012).”라고 판시하였다.

(2) 대표이사 또는 지배주주의 지시에 따른 행위

이사의 업무집행이 대표이사 또는 지배주주의 지시에 따라 이루어진 경우는 어떠한가? 그 지시가 위법한 것이었다 하여도 이사는 선관주의의무를 다한 것으로 인정되는가?

통설·판례는 이 역시 부정한다. 즉 판례는 "회사와 대주주 겸 대표이사는 법인격이 별개이고 임직원은 대주주 겸 대표이사의 위법한 지시에 따를 의무가 없으므로, 회사의 임직원이 대주주 겸 대표이사의 지시에 따라 위법한 분식회계 등에 고의·과실로 가담함으로써 회사에 손해를 입힌 경우 회사의 그 임직원에 대한 손해배상청구가 신의칙에 반하는 것이라고 할 수 없다. 이는 위법한 분식회계로 회사가 유형·무형의 경제적 이익을 얻은 사정이 있다고 하여 달리 볼 것은 아니다(대판 2007.11.30. 2006다19603).”라고 판시하였다.

07 이사와 회사의 이익충돌방지

1. 경업피지의무

(1) 의의

이사는 이사회의 승인이 없으면 자기 또는 제3자의 계산으로 회사의 영업부류에 속하는 거래를 하거나 동종영업을 목적으로 하는 다른 회사의 무한책임사원이나 이사가 되지 못한다(제397조 제1항). 이사가 직무수행 과정에서 얻은 정보 등을 이용하여 자기 또는 제3자의 이익을 도모함으로써 회사의 이익을 침해하는 것을 방지하기 위함이다.

(2) 금지 내용

1) 경업

자기 또는 제3자의 계산으로 회사의 영업부류에 속하는 거래를 하는 것이다.

① 자기 또는 제3자의 계산

거래의 경제적 효과에 주목하므로 거래의 명의가 누구인가는 묻지 않는다. 제3자의 계산으로 할 경우란 이사가 제3자의 위탁을 받거나 제3자의 대리인으로 거래하는 경우이다.

A회사의 이사 甲이 별도의 회사 B를 설립하여 B회사로 하여금 경업을 수행하게 하거나, 이미 경업을 하고 있는 C회사의 주식을 취득하여 지배주주가 되는 경우에도 제397조가 적용 되는가? 甲이 B·C회사의 이사나 대표이사라면 제397조의 「겸직」에 해당하므로 동규정이 적용됨에 의심이 없다. 그러나 이사나 대표이사가 아니라 단순히 지배주주에 불과하다면 경업은 B·C회사가 하는 것이지 甲이 하는 것이 아니기 때문에 제397조 적용 여부가 문제되는 것이다.

판례는 제397조의 적용을 긍정하였다. 즉 "이사는 경업 대상 회사의 이사, 대표이사가 되는 경우뿐만 아니라 그 회사의 지배주주가 되어 그 회사의 의사결정과 업무집행에 관여할 수 있게 되는 경우에도 자신이 속한 회사 이사회의 승인을 얻어야 한다(대판 2013.9.12. 2011다57869).”라고 판시한 바 있다. 판례의 이 결론은 일반적으로 지지를 받고 있다. 이사의 경업을 금지하는 이유는 이사가 회사와 경쟁하지 못하도록 하기 위함인데, 甲이 지배하는 B·C회사가 A회사와 경쟁관계에 있다면 甲 역시 A회사와 경쟁관계에 있다고 봐야 하기 때문이다.

② 회사의 영업부류에 속하는 거래

A. 정관상 목적과의 관계 영업부류에 속하는 거래인지는 회사가 실제로 하고 있는 영업을 기준으로 판단하며, 정관에서 정하고 있는 목적이 무엇인가와는 상관이 없다. 예컨대, 정관에 목적으로 열거되어 있더라도 아직 착수하지 않았거나 이미 폐지한 사업은 회사의 영업부류에 포함되지 않는다.

B. 이익충돌의 가능성 경업 여부는 회사와 이사 사이에 이익충돌의 여지가 있는지를 가지고 판단해야 한다. 위 판례는 "C회사가 이사가 속한 A회사의 영업부류에 속한 거래를 하고 있더라도, C회사가 실질적으로 A회사의 지점 내지 영업부문으로 운영되고 공동의 이익을 추구하는 관계에 있다면 두 회사 사이에는 서로 이익충돌의 여지가 없다. 따라서 이사가 C회사의 주식을 인수하여 지배주주가 되려는 경우에는 상법 제397조가 정하는 바와 같은 이사회의 승인을 얻을 필요가 없다(대판 2013.9.12. 2011다57869)."라고 판시하였다.

2) 겸직

이사는 동종영업을 목적으로 하는 다른 회사의 무한책임사원이나 이사가 되지 못한다. 동종영업의 판단 역시 정관의 규정에 얽매이지 않고, 실제로 수행하는 영업을 가지고 판단한다.

「동종영업을 목적으로 하는 다른 회사」란 반드시 실제 영업을 수행하는 회사여야 하는 것은 아니다. 개업을 준비하는 단계에 있는 회사의 이사를 겸하더라도 겸직금지의무 위반에 해당한다. 이 점이 실제 거래를 수행하여야 요건이 충족되는 경업금지와 다르다. 판례도 마찬가지 입장이다. 즉 "A회사의 이사가 주주총회의 승인이 없이 그 회사와 동종 영업을 목적으로 하는 B회사의 이사 겸 대표이사가 되었다면, 설령 B회사가 영업활동을 개시하기 전에 그 직을 사임하였다고 하여도 이는 분명히 상법 제397조 제1항 소정의 경업금지의무를 위반한 행위로서 이사의 해임에 관한 상법 제385조 제2항 소정의 "법령에 위반한 중대한 사실"이 있는 경우에 해당한다(대결 1990.11.2. 90마745)."라고 판시한 바 있다. 한편 판례는 겸직이 금지되는 다른 회사의 「이사」의 범위에 "지배주주"를 포함시킨다. 즉 "이사는 경업 대상 회사의 이사, 대표이사가 되는 경우뿐만 아니라 그 회사의 지배주주가 되어 그 회사의 의사결정과 업무집행에 관여할 수 있게 되는 경우에도 자신이 속한 회사 이사회의 승인을 얻어야 하는 것으로 볼 것이다(대판 2013.9.12. 2011다57869)."라고 판시하였다.

(3) 이사회의 승인

1) 승인기관

이사가 경업 또는 겸직을 하기 위해서는 이사회의 승인이 있어야 한다. 자본금 총액이 10억 원 미만으로서 이사가 1명 또는 2명인 회사는 주주총회가 승인기관이다(제383조 제1항 단서, 제4항).

2) 승인의 시기

이사회가 경업 또는 겸직을 사후적으로 추인할 수 있는가? 견해의 대립이 있으나 사후추인은 할 수 없다고 본다. 추인은 손해배상책임을 면제하는 효과를 가져오는데, 이사회의 결의로 책임을 면제할 수 있다는 것은 이사의 책임 면제에 총주주의 동의를 요하도록 한 상법 제400조와 균형이 맞지 않기 때문이다.

3) 승인방법

통상의 이사회결의, 즉 과반수 출석과 과반수 찬성으로 승인한다. 경업 또는 겸직의 승인을 구하는 이사는 특별이해관계인으로서 이사회 승인 결의에 참여할 수 없다(제391조 제3항, 제368조 제3항).

(4) 위반의 효과

1) 거래의 효력

이사가 이사회의 승인을 받지 않고 경업 또는 겸직을 하더라도 그 거래 자체는 유효하다. 거래의 상대방 또는 겸직한 회사가 위반사실을 알고 있더라도 마찬가지이다.

2) 손해배상책임·해임

① 금지위반으로 회사에 손해가 발생한 경우 이사는 회사에 손해를 배상해야 한다(제399조).

② 그리고 이사회 승인 없이 한 경업 또는 겸직은 손해배상 없이 이사를 해임할 수 있는 정당한 사유가 되고(제385조 제1항), 소수주주가 법원에 이사의 해임을 청구할 수 있는 사유가 된다(제385조 제2항).

3) 개입권

① 의의

회사는 이사의 경업거래가 이사 자신의 계산으로 한 것인 때에는 이를 회사의 계산으로 한 것으로 볼 수 있고, 제3자의 계산으로 한 것인 때에는 그 이사에 대하여 이로 인한 이득의 양도를 청구할 수 있다(제397조 제2항). 이를 개입권이라 한다. 이사가 겸직을 한 때는 인정되지 않고 경업을 한 때에만 인정된다.

② 인정이유

회사가 입은 손해는 소극적 손해여서 입증이 곤란하기 때문에 손해배상청구권은 회사에 대한 충분한 구제수단이 되지 못하고, 이사에 대해서는 경업거래를 무익하게 함으로써 경업을 예방할 수 있어 인정한 것이다.

③ 개입권의 성질과 행사

ⓐ 개입권은 형성권이다. 따라서 이사에 대한 의사표시만으로 효력이 발생한다. ⓑ 개입권의 행사 자체는 대표이사가 하나 이사회의 결의가 있어야 한다(제397조 제2항). 개입권은 거래가 있은 날로부터 1년을 경과하면 소멸한다(제397조 제3항). 이는 제척기간이다.

④ 개입의 효과

A. 이사의 계산으로 한 경우　　「회사의 계산으로 할 수 있다」고 함은 이사가 거래의 경제적 효과를 회사에게 귀속시켜야 함을 뜻한다. 즉 이사는 거래로 인한 비용을 회사의 부담으로 하고 취득한 권리나 물건을 회사에 이전해야 할 채권적 의무를 부담한다. 그러나 거래 상대방에 대한 법률행위의 당사자는 여전히 이사이지 회사가 아니다.

B. 제3자의 계산으로 한 경우　　이사가 양도할 「이득」이란 이사가 계산의 주체인 제3자로부터

받은 보수를 말한다. 거래 자체로부터 발생한 이득을 말하는 것이 아니다.

⑤ 개입권과 손해배상청구

회사는 개입권을 행사하였어도, 아직 별도의 손해가 있으면 다시 손해 배상을 청구할 수 있다(제 17조 제3항 유추적용).

2. 자기거래 금지의무

(1) 의의

이사, 주요주주 및 그 소정의 특수관계인이 자기 또는 제3자의 계산으로 회사와 거래하기 위하여는 이사회의 승인을 받아야 한다(제398조). 이사가 그 지위를 이용하여 회사와 거래를 함으로써 이사 자신의 이익을 도모하고 회사 또는 주주에게 손해를 입히는 것을 방지하기 위함이다(대판 2013.9.12. 2011다57869). 상법 제398조는 이사 등이 그 지위를 이용하여 회사와 거래를 함으로써 자기 또는 제3자의 이익을 도모하고 회사와 주주에게 예기치 못한 손해를 끼치는 것을 방지하기 위한 것으로, 이사와 지배주주 등에게까지 확대하고 이사회 승인을 위한 결의요건도 가중하여 정하였다(대판 2020.7.9. 2019다205398).

(2) 자기거래의 개념

상법 제398조의 규율 대상인 자기거래는 「이사, 주요주주 및 그 소정의 특수관계인(이하 "이사 등")이 자기 또는 제3자의 계산으로 회사와 하는 거래로서 회사의 이익을 해할 염려가 있는 모든 재산적 거래」를 말한다.

1) 거래주체의 범위

이사, 주요주주 및 그 특수관계인이다.

① 이사(제398조 1호)

여기에서 이사라 함은 거래 당시의 이사와 이에 준하는 자(이사직무대행자, 퇴임이사, 일시이사, 청산인 등)에 한정한다. 거래 당시 이사의 직위를 떠난 사람은 여기에 포함되지 않으며, 이사가 회사에 투자를 하였다가 위 투자금을 반환 받는 거래의 경우에도 마찬가지다(대판 1989.9.13. 88다카9098).

② 주요주주(제398조 1호)

자기의 계산으로 의결권 있는 발행주식총수의 100분의 10 이상을 소유하거나, 이사·감사의 선임·해임 등 회사의 주요 경영사항에 대하여 사실상의 영향력을 행사하는 주주를 의미한다(제542조 의8 제2항 6호). 상장회사의 주요주주로 국한되지 않는다.

③ 특수관계인(제398조 2호 ~ 5호)

ⅰ) 이사 또는 주요주주의 배우자 및 직계존비속, ⅱ) 이사 또는 주요주주의 배우자의 직계존비속, ⅲ) 이사 또는 주요주주와 ⅰ)ⅱ)의 자들이 단독 또는 공동으로 의결권 있는 발행주식총수의 100분의 50 이상을 가진 회사 및 그 자회사, 그리고 ⅳ) 이사, 주요주주, 위 ⅰ)ⅱ)의 자가 ⅲ)의 회사와 합하여 의결권 있는 발행주식총수의 100분의 50 이상을 가진 회사이다.

2) 자기 또는 제3자의 계산

누구의 이름으로 회사의 상대방이 되어 거래하였느냐는 묻지 않는다.

3) 회사와의 거래

이사 등의 거래상대방은 이사 등과 제398조의 관계로 연결되는 회사이어야 한다. 판례도 같은 취지에서 "모회사의 이사와 자회사의 거래는 모회사와의 관계에서 상법 제398조가 규율하는 거래에 해당하지 아니하고, 모회사의 이사는 그 거래에 관하여 모회사 이사회의 승인을 받아야 하는 것이 아니다(대판 2013.9.12. 2011다57869)."라고 판시한 바 있다. 모회사와 자회사는 상법상 별개의 법인격을 가진 회사이고, 그 거래로 인한 불이익이 있더라도 그것은 자회사에게 돌아갈 뿐 모회사는 간접적인 영향을 받는 데 지나지 않기 때문이다. 예컨대, A주식회사의 대표이사인 甲은 A회사의 이사회 승인을 얻지 않고도 개인적으로 A회사의 완전 자회사인 B주식회사로부터 제품을 시가보다 50% 저렴한 가격으로 구입할 수 있다.

4) 회사에 불이익이 생길 염려가 있는 행위

형식적으로는 이사 등과 회사와의 거래라도 실질적으로 회사에 불이익이 생길 염려가 없는 행위는 제398조의 자기거래에 해당하지 않는다. 예컨대, 회사에 대한 부담 없는 증여, 회사에 대한 무이자·무담보의 금전대여, 상계, 채무의 변제, 보통거래약관에 의하여 정형적으로 체결되는 거래, 회사채무의 보증 등이다.

(3) 자기거래의 유형

이사 등의 자기거래는 ① 형식적으로 이사 등과 회사 사이의 거래일 수도 있고(직접거래), ② 형식적으로는 회사와 제3자 사이의 거래이나 실질적으로는 이사 등에게 유리하고 회사에 불리한 거래일 수도 있다(간접거래). 그리고 이러한 직접거래와 간접거래에는 각각 「자기계약의 형태」와 「쌍방대리의 형태」가 있다.

1) 직접거래

① 자기계약의 형태

X회사의 대표이사 甲이 X회사로부터 그 회사 소유의 재산을 양수하거나, 금전을 차용하는 경우이다. 이때 X회사와 甲 사이에 이익충돌이 생길 염려가 있으므로 甲은 제398조에 따라 X회사 이사회의 승인을 받아야 한다.

② 쌍방대리의 형태

X회사와 Y회사의 대표이사를 겸하고 있는 甲이 그 양 회사를 대표하여 X회사에게는 불리하고 Y회사에게는 유리한 계약을 체결하는 경우이다. 이를 위해서는 불리한 입장에 있는 X회사 이사회의 승인을 받아야 한다(대판 1969.11.11. 69다1374).

2) 간접거래

① 자기계약의 형태

X회사의 대표이사 甲이 그 회사를 대표하여 자신의 채권자 乙과의 사이에 X회사가 甲의 乙에 대한 개인적인 채무를 인수하는 내용의 계약을 체결하는 경우이다. 이는 형식적으로는 X회사와 乙

사이의 거래이나 실질적으로는 이사 甲에게 유리하고 X회사에 불리하므로, 이를 위해서는 제398조에 따라 X회사 이사회의 승인을 받아야 한다.

② 쌍방대리의 형태

X회사와 Y회사의 대표이사를 겸하고 있는 甲이 X회사를 대표하여 Y회사에 대한 채권자 乙과의 사이에 X회사가 Y회사의 乙에 대한 채무를 연대보증하는 내용의 계약을 체결하는 경우이다. 이는 형식적으로는 X회사와 乙 사이의 거래이나 실질적으로는 Y회사에게는 유리하고 X회사에게는 불리하므로, 이를 위해서는 제398조에 따라 X회사 이사회의 승인을 받아야 한다.

(4) 적용범위

1) 어음행위

어음를 발행하거나 배서하는 행위도 제398조의 거래에 포함되는가? 견해의 대립이 있으나, 통설은 이를 긍정한다. 즉 어음행위는 원인관계와는 다른 새로운 채무를 발생시키고, 항변의 절단, 채무의 독립성 등으로 어음행위자에게 더욱 엄격한 책임이 따르는 거래이므로 이사회의 승인을 요한다고 본다. 판례도 마찬가지이다. 판례는 "본건 약속어음의 발행에 관하여는 상법 제398조에 의하여 피고 회사의 이사회의 승인이 있어야 할 터임으로…(대판 1966.9.6. 66다1146)."라고 판시하였다.

2) 자본거래

신주발행, 사채발행, 합병 등 회사와 주주 사이의 거래, 즉 자본거래도 자기거래에 해당하는가? 종래에는 제398조가 이사의 자기거래만 다루었으나, 개정상법은 주요주주 및 그 특수관계인과의 거래도 제398조의 적용 범위에 포함하였기 때문에 이러한 자본거래도 자기거래가 될 여지가 있게 되었다. 자본거래라 하더라도 이익충돌의 우려가 있으므로 자기거래가 되면 이사회의 승인을 받아야 한다. 예를 들어 이사 등이 제3자 배정 방식으로 신주를 인수거나, 실권주를 인수하는 것 또는 사채를 인수하는 것 등은 자기거래에 해당하므로 이사회의 승인을 받아야 한다.

3) 1인 주주인 이사의 거래

자기거래를 하는 이사 등이 1인 주주인 경우에도 이사회의 승인이 필요한가? 견해의 대립이 있으나, 판례는 자기거래에 해당하는 회사의 채무부담행위에 주주 전원의 사전 동의가 있었으면 이사회의 승인이 없었어도 그 행위는 유효하다고 판시하였는바(대판 2002.7.12. 2002다20544), 1인 주주가 이사인 경우는 사실상 주주 전원의 동의가 있는 것과 마찬가지이므로 이 판례의 취지에 따르면 1인 주주의 자기거래는 이사회의 승인을 얻을 필요가 없다고 하겠다. 자세한 내용은 1인 회사에서 상술하였다.

(5) 이사회의 승인

1) 승인기관

자기거래의 승인기관은 이사회이다. 다만 자본금 총액이 10억 원 미만으로서 이사가 1명 또는 2명인 회사는 주주총회가 승인기관이다(제383조 제1항 단서, 제4항). 이와 같이 2인 이하의 이사만을 둔 소규모회사의 경우 이사회의 승인을 주주총회의 승인으로 대신하도록 한다. 이 규정을 해석·적용하는 과정에서 이사 등의 자기거래를 제한하려는 입법취지가 몰각되지 않도록 해야 한다. 일반적으로 주식회사에서 주주총회의 의결정족수를 충족하는 주식을 가진 주주들이 동의하거나 승인하였다는 사정만으로 주주총회에서 그러한 내용의 주주총회 결의가 있는 것과 마찬가지라고 볼 수 없다(대판 2020.7.9. 2019다205398).

따라서 자본금 총액이 10억 원 미만으로 이사가 1명 또는 2명인 회사의 이사가 자기 또는 제3자의 계산으로 회사와 거래를 하기 전에 주주총회에서 해당 거래에 관한 중요사실을 밝히고 주주총회의 승인을 받지 않았다면, 특별한 사정이 없는 한 그 거래는 무효라고 보아야 한다(대판 2020.7.9. 2019다205398).

① 정관에 의한 주주총회 권한 확대

소규모회사가 아닌 경우 정관의 규정에 의해 자기거래의 승인을 주주총회의 권한으로 할 수 있는가? 견해의 대립이 있으나, 통설은 이를 긍정하고, 판례는 방론으로 "자기거래의 승인은 정관에 주주총회의 권한사항으로 정해져 있다는 등의 특별한 사정이 없는 한 이사회의 전결사항이라 할 것이다(대판 2007.5.10. 2005다4284)."라고 판시한 바 있다. 자세한 내용은 주주총회의 권한에서 상술하였다.

② 주주전원의 동의의 효력

정관에 아무런 규정이 없는 상황에서 주주 전원이 자기거래에 동의한 경우 그 거래의 효력은 어떠한가? 판례는 이와 같은 경우 이사회의 승인이 없더라도 자기거래는 유효하다고 하였다. "자기거래에 해당하는 회사의 이사에 대한 채무부담행위에 대하여 사전에 주주 전원의 동의가 있었다면 회사는 이사회의 승인이 없었음을 이유로 그 책임을 회피할 수 없다(대판 1992.3.31. 91다16310)."라고 판시하였다. 자세한 내용은 주주총회의 권한에서 상술하였다.

2) 승인의 시기

이사회의 승인은 거래 이전에 이루어져야 한다. 2011년 개정상법은 자기거래의 승인은 「미리… 이사회의 승인을 받아야 한다」고 하여 이를 분명히 명시하였다.

3) 중요사실의 고지

자기거래의 당사자는 승인 이전에 이사회에서 거래에 관한 자신의 이해관계 및 중요사실을 밝혀야 한다. 종래 통설·판례가 인정하던 의무를 2011년 개정상법에서 명문화한 것이다. 판례는 "만일 이를 밝히지 않아 그 거래가 이익상반거래로서 공정한 것인지가 심의되지 않고 단순히 통상의 거래로서 이를 허용하는 이사회의 결의가 이루어진 것에 불과하다면 이를 가리켜 상법 제398조 소정의 이사회의 승인이 있다고 할 수는 없다(대판 2007.5.10. 2005다4284)."라고 하였다.

4) 승인 방법

이사회의 승인은 이사 전원의 3분의 2 이상의 찬성으로 한다(제398조). 종래에는 이사회의 보통결의로 하였으나 2011년 개정상법에서 그 결의 요건을 이와 같이 강화하였다. 거래당사자인 이사는 특별이해관계인으로서 이사회 승인 결의에 참여할 수 없다(제391조 제3항, 제368조 제4항).

5) 승인의 효과와 이사의 책임

회사와 이해가 상충하는 자기거래라도 이사회의 승인이 있으면 유효하다. 그러나 이사회의 승인은 자기거래의 유효요건일 뿐이고 거래한 자의 책임을 면제하는 것은 아니다. 따라서 거래가 불공정하여 회사에 손해가 발생하였다면 거래당사자인 이사와 그 승인결의에 찬성한 이사는 회사에 대하여 연대하여 손해배상책임을 진다(제399조 제1항, 제2항).

(6) 거래의 공정성

제398조는 "그 거래의 내용과 절차는 공정하여야 한다"라고 규정하고 있다. 2011년 개정상법에서 도입된 규정이다.

(7) 위반의 효과

1) 승인 없는 거래의 효력

이사회의 승인을 받지 않고 행해진 이사 등의 자기거래의 사법적 효력은 어떻게 되는가? 이에 관해서는 무효설, 유효설도 있으나, 통설·판례는 일관되게 상대적 무효설을 취해 왔고 현재는 상대적 무효설이 정설화 되었다.

상대적 무효설은 자기거래는 회사와 이사 등 사이에서는 무효이나, 자기거래에 관련되는 선의의 제3자와의 사이에서는 유효라고 한다. 제3자가 선의였다 하여도 중과실이 있었으면 악의와 마찬가지로 거래는 무효이고, 이사회의 승인이 없었다는 점과 이 점에 대한 상대방의 악의 또는 중과실의 입증책임은 무효를 주장하는 회사에게 있다. 그리고 거래를 무효로 하는 것은 회사의 이익을 보호하기 위함이므로 거래의 무효는 회사만이 주장할 수 있고, 거래의 상대방이나 제3자(예 전득자)는 무효를 주장할 이익이 없다. 따라서 거래의 상대방인 당해 이사 스스로가 위 규정 위반을 내세워 그 거래의 무효를 주장하는 것은 허용되지 않는다(대판 2012.12.27. 2011다67651).

2) 이사 등의 책임

이사 등이 이사회의 승인 없이 자기거래를 하거나, 승인을 받았더라도 그 거래의 내용이나 절차가 불공정한 경우 관련 당사자는 회사에 대하여 손해배상책임을 진다.

① 거래당사자인 이사

이사회의 승인 없는 자기거래는 법령위반에, 승인을 받았더라도 불공정한 자기거래는 임무해태에 각각 해당하므로, 자기거래를 한 이사는 회사에 손해배상책임을 진다(제399조 제1항).

② 거래당사자인 주요주주 및 특수관계인

이들은 회사에 대하여 의무를 부담하지 않으므로 원칙적으로 회사에 손해배상책임을 지지 않는다. 다만 이들이 업무집행지시자 등에 해당하는 경우에는 이사와 같은 책임을 진다(제401조의2, 제399조 제1항).

③ 승인한 이사

불공정한 자기거래의 승인 결의에 찬성한 이사는 거래당사자인 이사 등과 연대하여 회사에 손해배상책임을 질 수 있다(제399조 제2항, 제3항).

(8) 상장회사의 특례

1) 신용공여의 금지

상장회사는 ① 주요주주 및 그의 특수관계인, ② 이사·업무집행관여자(제401조의2 제1항 각 호의 자)

및 집행임원, ③ 감사 및 감사위원회의 위원에게 신용공여를 하거나, 이들을 위하여 신용공여를 하여서는 아니 된다. 신용공여란, ① 금전 등 경제적 가치가 있는 재산의 대여, ② 채무이행의 보증, ③ 자금지원적 성격의 증권 매입, ④ 그 밖에 거래상의 신용위험이 따르는 직접적·간접적 거래로서 대통령령으로 정하는 거래를 말한다(제542조의9 제1항). 신용공여는 회사의 자본충실과 재무 건전성을 해할 위험이 크다고 보아 금지한 것이다. 상법 제542조의9 제1항을 위반하여 이루어진 신용공여는 상법 제398조가 규율하는 이사의 자기거래와 달리, 이사회의 승인 유무와 관계없이 금지되는 것이므로, 이사회의 사전승인이나 사후추인이 있어도 유효로 될 수 없다(대판 2021.4.29. 2017다261943). 이사회의 승인을 요구하지 않고 아예 금지하고 있다는 점, 그리고 주요주주 등에 대한 보증을 금지하고 있다는 점을 주의하자.

2) 대규모 거래의 특례

자산총액 2조원 이상의 상장법인이 최대주주 또는 특수관계인과 대규모의 거래를 하거나 이들을 위하여 거래하고자 할 경우에는 이사회의 승인을 받아야 하고(제542조의9 제3항), 이후 최초로 소집되는 정기주주총회에 거래목적, 상대방, 거래내용 등을 보고하여야 한다(제542조의9 제4항). 자산총액 2조원 이상의 상장회사에만 적용된다는 점, 거래상대방이 주요주주가 아니라 최대주주라는 점을 주의하자.

3. 회사기회유용 금지의무

(1) 의의

1) 개념

이사는 이사회의 승인 없이는 현재 또는 장래에 회사의 이익이 될 수 있는 소정의 회사의 사업기회를 자기 또는 제3자의 이익을 위하여 이용하여서는 아니 된다(제397조의2 제1항). 상법은 이전부터 경업금지와 자기거래금지를 통해 이사와 회사의 이익충돌을 방지해 왔는데, 2011년 법개정을 통해 제3유형의 이익충돌행위로서 「회사의 사업기회의 이용」을 규정하고 이를 금지하고 있다.

2) 경업·겸직·자기거래와 기회이용의 포섭관계

겸직은 기회유용과 교차하는 부분이 없다. 그러나 경업은 기회유용의 한 형태이고, 자기거래는 기회유용을 겸할 수 있다.

(2) 회사기회의 개념(제397조의2 제1항)

1) 직무를 수행하는 과정에서 알게 되거나 회사의 정보를 이용한 사업기회(1호)

사업기회에 관한 정보의 취득경위를 기준으로 한 정의로서, 결국 회사의 비용으로 얻은 사업기회라는 의미이다. 회사의 영업부류에 속하는지는 묻지 않는다.

예를 들어 금융회사의 이사가 대출을 집행하면서 부동산을 담보로 확보하였는데, 그 소유자가 해당 부동산을 매우 저렴한 가격에 양도할 의사가 있음을 알고 자신이 개인적으로 이를 취득하는 경우, 회사가 조사비용을 지출하여 발굴한 투자대상회사의 지분 일부를 대표이사가 개인자금으로 인수하는 경우 등을 들 수 있다.

2) 회사가 수행하고 있거나 수행할 사업과 밀접한 관계가 있는 사업기회(2호)

회사가 수행하고 있거나 수행할 사업이란 제397조의 「회사의 영업부류에 속하는 거래」에 준하는 것으로 생각할 수 있다. 그러나 「밀접한 관계」의 판단 기준은 아직 정립되지 못한 실정이다.

(3) 적용요건

1) 회사의 이익가능성

회사의 사업기회는 현재 또는 장래에 회사의 이익이 될 수 있어야 한다. 위 회사기회의 개념 1호·2호에 포함되더라도 회사의 이익이 될 수 없는 것은 회사의 사업기회라 할 수 없고, 따라서 이사의 이용이 금지되지 않는다(제397조의2 제1항 본문).

2) 자기 또는 제3자의 이익

경업금지에서의 「자기 또는 제3자의 계산」과 같은 의미이다.

3) 이용행위

계속적·영업적으로 하는 것뿐만 아니라 1회의 비영업적 거래라 하더라도 회사의 사업기회를 유용하면 본조에 포섭된다. 예컨대, 건설회사의 이사가 회사가 구입할 대지를 물색하던 중 매우 좋은 조건의 대지를 발견하고 이를 자기가 구입한다면 영업으로 한 것이 아니라도 본조에 위반하는 행위가 된다.

(4) 이사회의 승인

1) 승인 기관

이사회의 승인이 있으면 회사기회의 이용이 가능하다(제397조의1항 전단). 자본금 총액이 10억 원 미만으로서 이사가 1명 또는 2명인 회사는 주주총회가 승인기관이다(제383조 제1항 단서, 제4항).

2) 승인의 시기

이사회의 승인은 사전승인을 뜻한다. 그 이유는 경업의 승인에서 설명한 바와 같다.

3) 승인 방법

이사회의 승인은 이사 전원의 3분의 2 이상의 찬성으로 한다(제397조의2 제1항 후단). 회사기회 이용의 승인을 구하는 이사는 특별이해관계인으로서 이사회 승인 결의에 참여할 수 없다(제391조 제3항, 제368조 제4항). 소규모 회사에서의 주주총회의 승인은 보통결의로 하면 족하다.

(5) 위반의 효과

1) 거래의 효력

이사회의 승인 없이 회사의 사업기회를 유용하여 한 거래의 효력은 경업의 경우와 마찬가지로 완전히 유효하다. 승인을 얻지 못한 것은 이사와 제3자 사이의 거래에 존재하는 하자가 아니기 때문이다.

2) 개입권의 불인정

상법은 이 의무를 위반한 경우에는 회사의 개입권을 인정하지 않고 있다. 경업금지의무 위반의 경우와 다른 점이다.

3) 손해배상책임

이 의무에 위반하여 회사에 손해를 발생시킨 이사 및 승인한 이사는 연대하여 손해를 배상할 책임이 있다(제397조의2 제2항 전단).

① 책임의 주체

이사회의 승인 없이 회사기회를 이용한 경우에는 「기회를 이용한 이사」가 책임을 지고, 이사회의 승인을 얻어 기회를 이용한 경우에는 「기회를 이용한 이사」뿐만 아니라 「기회 이용을 승인해 준 이사」도 책임을 진다.

② 손해의 추정

이 의무위반에 의해 이사 또는 제3자가 얻은 이익은 회사의 손해액으로 추정된다(제397조의2 제2항 후단). 회사기회의 유용으로 생긴 손해는 회사의 입장에서는 일실이익의 형태를 취하기 때문에 그 입증이 곤란하다는 점을 고려한 것이다. 이와 같은 추정으로 인해 간접적으로 그 이익을 반환하도록 하는 개입권의 효과를 얻을 수 있다.

08 이사의 책임

1. 의의

이사는 회사와 위임관계에 있으므로 회사에 대하여 위임계약 불이행에 따른 손해배상책임을 질 수 있고, 이사의 행위가 불법행위요건을 충족하면 회사 또는 제3자에게 불법행위로 인한 손해배상책임을 질 수도 있다. 그런데 상법은 이와 별도로 이사의 회사 및 제3자에 대한 손해배상책임을 규정하고 있다(제399조, 제401조).

이사의 책임이란 넓게는 손해배상책임과 자본충실책임(제428조)을 말하는데, 좁게는 이사가 직무수행상의 부주의로 인해 회사 또는 제3자에게 손해를 가하였을 때 지는 손해배상책임(제399조, 제401조)만을 가리킨다. 여기에서는 후자의 책임을 다룬다.

2. 회사에 대한 손해배상책임

(1) 의의

이사가 고의 또는 과실로 법령 또는 정관에 위반한 행위를 하거나 그 임무를 게을리(임무해태)한 때에는 그 이사는 회사에 대하여 연대하여 손해를 배상할 책임을 진다(제399조 제1항).

(2) 법적 성질

통설·판례는 이 책임의 법적 성질을 위임계약의 불이행으로 인한 채무불이행책임이라고 한다(대판 1985.6.25. 84다카1954). 따라서 이사의 행위가 제399조의 요건과 함께 불법행위(민법 제750조)의 요건도 충족하면 이사의 회사에 대한 제399조의 책임과 불법행위책임이 경합하게 된다. 민법 제750조에 의한 불법행위책임은 주주 전원의 동의에 의한 책임면제(제400조 제1항 참조)의 범위에 포함되지 않는다는 점에서 제399조의 책임과 차이가 있다.

(3) 책임의 주체

1) 이사

제399조에 따른 책임은 적법하게 선임된 이사만이 진다. 선임행위에 흠이 있어 이사의 지위가 부정되는 자는 회사에 손해를 가하더라도 회사에 대해 불법행위책임을 짐은 별론으로 하고 이 규정에 따른 손해배상책임은 지지 않는다. 퇴임이사(제386조 제1항), 일시이사(제386조 제2항)는 임시적으로나마 이사의 지위를 가지므로 제399조의 적용대상이 된다.

2) 공동행위자의 연대책임

법령·정관에 위반한 행위 또는 임무해태를 수인의 이사가 한 경우 그 이사들은 연대책임을 지고(제399조 제1항), 감사도 책임을 질 경우에는 이사와 연대하여 책임을 진다(제414조 제3항). 이 연대책임은 부진정연대책임이다.

3) 책임의 확장(찬성이사의 책임)

법령·정관에 위반한 행위 또는 임무해태가 이사회의 결의에 의한 것인 때에는 그 결의에 찬성한 이사도 연대하여 책임을 진다(제399조 제2항). 결의에 참가한 이사로서 이의를 한 기재가 의사록에 없는 자는 그 결의에 찬성한 것으로 추정한다(제399조 제3항). 「이의」란 의안에 대한 반대뿐만 아니라 기권 등 찬성이 아니라는 의사도 포함한다.

(4) 책임의 원인

1) 법령 또는 정관의 위반

① 유형

예컨대, 필요한 주주총회 또는 이사회의 결의를 거치지 않고 업무집행을 한 경우, 배당가능이익이 없음에도 불구하고 재무제표를 허위로 작성하여 이익배당을 한 경우(대판 2007.11.30. 2006다19603), 위법한 방법으로 자기주식을 취득한 경우, 경업 또는 자기거래를 하면서 이사회의 승인을 받지 않은 경우, 법정한도를 넘어 신주발행 또는 사채발행을 결의한 경우, 주식인수인과 통모하여 현저하게 불공정한 발행가액으로 주식을 인수시킨 경우, 회사자금으로 뇌물을 공여한 경우(대판 2005.10.28. 2003다69638) 등이 법령 위반에 해당한다.

이사가 이사회에 출석하여 결의에 기권하였다고 의사록에 기재된 경우에 그 이사는 "이의를 한 기재가 의사록에 없는 자"라고 볼 수 없으므로, 상법 제399조 제3항에 따라 이사회 결의에 찬성한 것으로 추정할 수 없고, 따라서 같은 조 제2항의 책임을 부담하지 않는다고 보아야 한다(대판 2019.5.16. 2016다260455).

② 과실의 요부

이 책임이 과실책임인가 무과실책임인가에 관해 종래 견해 대립이 있었으나, 2011년 개성상법은 「…고의 또는 과실로…」라고 하여 과실책임임을 명확히 하였다. 예를 들어 이사가 전문자의 조언을 얻는 등 모든 확인을 거쳤음에도 결과적으로 법령을 위반한 경우라면 이사의 과실을 인정하기 어려울 것이다. 다만 법령위반이 입증되면 이사의 고의·과실은 추정되고, 이사는 자신의 과실 없음을 입증해야 책임을 면할 수 있다.

2) 임무해태

① 유형

이사가 직무수행과 관련하여 선량한 관리자로서의 주의의무를 게을리하는 것이다. 예를 들어, 금융기관이 동일인 대출한도를 초과하여 대출하면서 충분한 담보를 확보하지 않은 경우(대판 2002.3.15. 2000다9086), 이사가 업무담당이사의 업무집행이 위법하다고 의심할 만한 사유가 있음에도 감시의무를 위반하여 방치한 경우(대판 1985.6.25. 84다카1954), 대표이사가 개인적으로 지급의무를 부담해야 할 사저 근무자의 급여를 회사의 자금으로 지급하도록 한 경우(대판 2007.10.11. 2007다34746), 이사회의 승인을 받아 자기거래를 하였으나 거래가 불공정한 경우 등이다. 또 이사가 정당한 이유 없이 이사회에 참석하지 않고 사후적으로 이사회의 결의를 추인하기만 하는 등 실질적으로 이사의 임무를 전혀 수행하지 않았다면 그 자체로서 임무해태가 된다(대판 2008.12.11. 2005다51471).

② 입증책임

임무해태로 인한 책임도 과실책임이다. 그런데 경영판단의 원칙을 고려하면 임무해태와 과실은 분리될 수 없다. 단순히 결과만 가지고는 임무해태라고 판단할 수 없고 과실과 결합된 경우에만 임무해태가 되기 때문이다. 따라서 과실을 포함한 임무해태를 이사의 책임을 주장하는 원고가 입증해야 한다. 법령위반의 경우에는 원고가 법령위반을 입증하면 과실은 추정되고, 피고인 이사가 무과실에 대한 입증책임을 부담하는데, 이와 구별된다. 판례도 같은 입장이다. 즉 "단기금융업자인 회사 대표이사의 직무수행상의 채무는 결과채무가 아니므로 회사에게 대출금 중 미회수금 손해가 발생하였다는 결과만을 가지고 곧바로 채무불이행사실을 추정할 수는 없다(대판 1996.12.23. 96다 30465)."고 판시한 바 있다.

(5) 회사의 손해

1) 손해의 발생

회사의 손해가 발생해야 한다. 이사가 법령위반 등의 행위를 하였어도 회사에 손해가 발생한 바 없다면, 이사는 회사에 대하여 손해배상책임을 지지 않는다. 형사판례이기는 하나 판례도 "법인의 대표자가 그 법인 명의로 한 채무부담행위가 관련 법령에 위배되어 법률상 효력이 없는 경우에는 그로 인하여 법인에게 어떠한 손해가 발생한다고 할 수 없으므로, 특별한 사정이 없는 한 그 대표자 행위는 배임죄를 구성하지 아니한다(대판 2010.9.30. 2010도6490)."라고 판시한 바 있다.

상법 제399조 제1항에 따라 주식회사의 이사가 회사에 대한 임무를 게을리하여 발생한 손해배상책임은 위임관계로 인한 채무불이행책임이다. 따라서 주식회사의 이사가 회사에 대하여 위 조항에 따라 손해배상채무를 부담하는 경우 특별한 사정이 없는 한 이행청구를 받은 때부터 지체책임을 진다(대판 2021.5.7. 2018다275888). 그리고 자본금 감소를 위한 주식소각 절차에 하자가 있고 이사가 주식소각 과정에서 법령을 위반하여 회사에 손해를 끼친 사실이 인정되는 경우, 감자무효 판결의 확정 여부와 관계없이 상법 제399조 제1항에 따라 회사에 대하여 손해배상책임을 부담한다(대판 2021.7.15. 2018다298744).

2) 인과관계

손해배상의 일반원칙에 따라 이사는 법령·정관위반 또는 임무해태와 상당인과관계 있는 손해에 한하여 책임을 진다(대판 2007.7.26. 2006다33609).

3) 입증책임

손해의 발생 및 인과관계에 대한 입증책임은 이사의 책임을 주장하는 자가 부담한다.

(6) 책임의 범위

1) 책임의 경감

① 의의

회사는 제399조에 따른 이사의 책임을 그 보수를 기준으로 하여 일정한 금액으로 경감할 수 있다(제400조 제2항 본문). 근래 대표소송이 빈번해지면서 경영자들이 거액의 책임추궁이 두려워 공격적·모험적 경영을 회피하는 경향을 보이자, 손해배상금을 낮은 수준으로 제한하여 모험적 경영을 장려하기 위해 2011년 개정법에서 도입한 제도이다.

② 책임 경감의 범위

회사는 정관으로 정하는 바에 따라 제399조에 따른 이사의 손해배상책임을 이사가 원인된 행위를 한 날 이전 최근 1년간의 보수액의 6배를 초과하는 금액에 대하여 면제할 수 있다. 사외이사의 책임은 연간보수의 3배로까지 제한할 수 있다. 1년간의 보수에는 상여금과 주식매수선택권의 행사로 인한 이익이 포함된다(제400조 제2항 본문). 주식매수선택권의 행사로 인한 이익은 손해의 원인된 행위 이전 최근 1년간에 실제 행사하여 얻은 이익을 가리키고, 미행사 중의 평가이익은 포함되지 않는다.

(7) 이사가 지체책임을 지는 시기

상법 제399조 제1항에 따른 이사의 회사에 대한 손해배상채무는 채무불이행으로 인한 손해배상채무로서 이행 기한의 정함이 없는 채무이므로 이사는 이행청구를 받은 때부터 지체책임을 진다(대판 2021.7.15. 2018다298744).

③ 책임 경감의 절차

A. 책임 경감의 근거　　정관에 근거를 마련해야 한다. 정관에 책임의 일부를 면제할 수 있다는 뜻과 제400조 제2항의 한도 내에서 구체적인 면제의 규모를 정해야 한다. 예컨대, 「이사가 배상해야 할 손해액이 당해 이사의 연간 보수액의 6배(또는 "7배", "8배" 등)를 초과할 경우 배상액은 보수액의 6배(또는 "7배", "8배" 등)로 감액할 수 있다.」는 식이다.

B. 책임 경감의 결정　　정관에는 책임 경감의 근거와 범위만 규정할 뿐이고, 이사가 손해배상을 져야 할 구체적인 사건이 발생했을 때 누군가가 책임 경감의 결정을 해야 이사의 책임이 경감된다. 그러나 상법은 그 결정을 누가 할 것인가에 관한 규정을 두고 있지 않다. 입법의 불비이다. 그래서 이사회의 결의로 족하다는 견해, 주주총회의 보통결의로 경감할 수 있다는 견해, 주주총회의 특별결의가 있어야 한다는 견해가 대립한다.

④ 적용 제외

A. 고의·중과실　　이사가 고의 또는 중과실로 손해를 발생시킨 경우에는 책임을 경감할 수 없다(제400조 제2항 단서). 경영자의 경영 위축을 막는다는 데에 제도의 취지가 있기 때문이다.

B. 사익추구행위　　승인의 유무에 관계 없이 이사의 경업(제397조), 기회이용(제397조의2), 자기거래(제398조)로 인해 회사가 손해를 입은 경우에는 이사의 책임을 경감할 수 없다(제400조 제2항 단서). 이로 인해 회사가 입은 손해는 곧 이사가 얻은 이익을 의미하는데, 이사의 이익이 현존하는 터에 배상책임을 경감할 이유가 없기 때문이다.

2) 책임의 면제

① 총주주의 동의에 의한 면책

A. 방법　　제399조에 따른 책임은 주주 전원의 동의로 면제할 수 있다(제400조 제1항). 총주주에는 의결권 없는 주주도 포함된다. 총주주의 동의란 반드시 주주총회 결의의 형식을 취할 필요는 없다. 총주주가 개별적으로 동의할 수도 있고, 심지어 묵시적 동의도 인정된다. 유책한 이사가 수인 있는 가운데 일부의 이사에 대해서만 책임을 면제할 수도 있다.

B. 불법행위책임과의 경합　　이사의 임무해태가 제399조의 책임 외에 불법행위책임의 요건도 갖춘 경우 두 책임은 경합하는데, 총주주가 면책에 동의하면 제399조의 책임뿐만 아니라 불법행위책임도 소멸하는가? 판례는 이를 부정한다. 즉 판례는 "대표이사가 대표권을 남용하면 상법 제399조의 손해배상책임 이외에 불법행위로 인한 손해배상책임도 지는데, 총주주의 동의로 상법 제399조에 의한 이사의 책임을 면제하더라도 불법행위로 인한 책임은 소멸하지 않는다. 불법행위책임의 면제는 민법 제506조의 방법과 효력에 의하도록 되어있기 때문이다(대판 1989.1.31. 87누760)."라고 판시하였다.

② 재무제표의 승인에 의한 면책

정기주주총회에서 재무제표를 승인한 후 2년 내에 다른 결의가 없으면 회사는 이사와 감사의 책임을 해제한 것으로 본다. 다만 부정행위에 대하여는 그러하지 아니하다(제450조). 상법 제450조는 이사 등의 회사에 대한 책임에 관한 규정이고 이사 등의 제3자에 대한 책임에 대하여는 적용되지 아니한다(대판 2009.11.12. 2007다53785).

A. 원칙　　정기주주총회에서 재무제표를 승인하면 회사는 이사와 감사의 책임을 해제한 것으로 본다.

B. 해제의 범위　　통설·판례는 상법 제450조에 따른 이사의 책임해제는 재무제표 등에 기재되어 정기총회에서 승인을 얻은 사항에 한정된다고 한다(대판 2007.12.13. 2007다60080). 판례는 이런 이유에서 "상호신용금고의 대표이사가 충분한 담보를 확보하지 아니하고 동일인 대출 한도를 초과하여 대출한 것은 재무제표 등을 통하여 알 수 있는 사항이 아니므로, 정기총회에서 재무제표 등을 승인한 후 2년 내에 다른 결의가 없었다고 하여 대표이사의 손해배상책임이 해제되었다고 볼 수 없다(대판 2002.2.26. 2001다76854)."라고 판시한 바 있다. 이렇게 본다면 재무제표 등에 책임사유가 드러나는 경우란 거의 생각할 수 없으므로, 실제로는 재무제표의 승인에 의한 면책은 거의 인정되

지 않는다.

  C. 적용 제외

  ⓐ 2년 내에 다른 결의가 있는 경우　　승인결의 후 2년 내에 다른 결의가 있는 경우에는 책임이 해제되지 않는다(제450조 본문). (a) 여기서 「다른 결의」란 책임해제를 부정하는 결의나 승인을 철회하는 결의뿐 아니라 이사와 감사의 책임추궁을 위한 결의 등 널리 이사·감사의 책임이 존속함을 전제로 하는 결의를 의미한다. 주주총회결의뿐만 아니라 이사회결의나 회사의 제소 행위 등도 포함된다. (b) 재무제표의 승인결의와 동시에 이사나 감사의 책임해제유보결의를 하는 경우에 당사자인 이사나 감사가 주주인 때에 당해 주주는 특별이해관계인으로서 의결권을 행사할 수 없다.

  ⓑ 부정 행위　　이사·감사의 부정행위에 대해서는 책임해제가 있을 수 없다(제450조 단서). 「부정행위」란 악의의 가해행위뿐만 아니라 이사의 권한 내의 행위일지라도 당해 사정 하에서 정당시될 수 없는 모든 행위를 뜻한다. 그리고 부정행위에는 손해배상책임의 발생 원인이 부정행위인 경우(예 뇌물공여행위)뿐만 아니라, 재무제표의 승인을 구함에 있어 부정행위를 한 경우(예 외부감사인을 매수하여 적정의견을 받아내는 것)도 포함된다. 이사 또는 감사가 부정한 수단으로 승인을 얻었다면 그 승인결의에 책임해제의 의사가 있다고 볼 수 없기 때문이다.

  ⓒ 이사회가 재무제표를 승인한 경우　　일정한 요건을 갖춘 경우에는 재무제표의 승인을 이사회가 할 수도 있다(제449조의2 제1항). 그런데 제450조는 "「정기총회」에서 재무제표를 승인한 경우" 이사·감사의 책임을 해제한 것으로 본다고 하였으므로, 반대해석으로 이사회에서 재무제표를 승인하는 경우에는 이사·감사 등의 책임은 면제되지 않는다.

  3) 손해배상액을 제한할 수 있는지 여부

  이사가 법령 등을 위반한 행위를 하거나 임무를 게을리하여 회사에 손해배상책임을 지는 경우, 임무위반의 경위 등 제반사정을 참작하여 손해배상액을 제한할 수 있고, 이때에 손해배상액 제한의 참작 사유에 관한 사실인정이나 그 제한의 비율을 정하는 것은 그것이 형평의 원칙에 비추어 현저히 불합리한 것이 아닌 한 사실심의 전권사항이다(대판 2022.5.12. 2021다279347).

  (8) 소멸시효

  판례에 따르면 이사 회사에 대한 임무해태로 인한 손해배상책임은 위임관계로 인한 채무불이행책임이므로 그 소멸시효기간은 일반채무의 경우와 같이 10년이다(대판 1985.6.25. 84다카1954).

3. 제3자에 대한 책임

  (1) 개설

  1) 의의

  이사가 고의 또는 중대한 과실로 인하여 그 임무를 게을리한 때에는 그 이사는 제3자에 대하여 연대하여 손해를 배상할 책임이 있다(제401조 제1항). 예컨대, 대표이사가 회사 경영을 지나치게 방만하게 하다가 회사가 도산상황에 이르게 된 경우, 대표이사는 회사에 대하여도 책임을 지지만 회사가 채권자에게 채무를 변제하지 못하는 부분에 대하여는 채권자에 대하여도 손해배상책임을 진다.

2) 취지

이사는 회사에 대해서만 수임자로서 선관주의의무를 지고 제3자에 대하여는 그와 같은 의무를 지지 않는다. 따라서 이사가 회사에 대한 선관주의의무에 위반하여 제3자에게 손해를 가하였다 하여도 제3자에 대하여는 어떠한 의무위반도 없었으므로 그 이사가 당연히 제3자의 손해를 직접 배상해 주어야 한다고 볼 수는 없다. 회사가 책임을 지거나, 이사가 제3자에게 직접 책임을 진다면 민법 제750조에 의한 불법행위책임을 질 뿐이다. 그러나 상법은 경제사회에 있어서 중요한 지위에 있는 주식회사의 활동이 그 기관인 이사의 직무집행에 의존하는 것을 고려하여, 제3자를 보호하고 이사의 직무집행을 신중하게 하기 위해 이사가 회사에 대한 임무를 해태하여 제3자가 입은 손해를 이사가 직접 배상하도록 하였다.

3) 법인격부인론의 대체적 기능

이사의 제3자에 대한 책임은 법인격부인론의 대체적 기능을 할 수 있다. 주로 지배주주가 이사를 겸하고 지배주주의 개인사업처럼 운영되는 소규모의 회사에서 회사재산의 부족으로 채권자가 채권회수를 하지 못할 때, 상법 제401조가 적용되는 경우라면 이사, 즉 지배주주의 개인재산에까지 책임재산을 확대하는 효과를 가져올 수 있기 때문이다.

(2) 책임의 법적 성질

본조의 책임을 불법행위책임으로 보는 소수설도 있으나(불법행위책임설), 통설은 불법행위와는 무관한 법정책임으로 본다(법정책임설). 다만 양 학설간에 실질적 차이는 별로 없고 소멸시효기간을 어떻게 보는가 정도이다. 법정책임설은 10년이라 하고, 불법행위책임설은 민법 제766조 제1항이 정한 3년의 단기소멸시효가 적용된다고 한다. 판례는 통설과 같이 법정책임설을 취한다. 즉 "상법 제401조에 기한 이사의 제3자에 대한 손해배상책임은 제3자를 보호하기 위하여 상법이 인정하는 특수한 책임이다(대판 2008.2.14. 2006다82601)."라고 하였다.

(3) 책임의 원인

1) 고의·중과실의 소재

고의·중과실은 회사에 대한 이사의 임무해태에 대하여 있어야 한다(법정책임설). 제3자에 대한 가해에 있어야 하는 것이 아니다. 임무를 게을리한다고 함은 이사의 회사에 대한 책임(제399조 제1항)에서와 달리 법령·정관의 위반도 포함하는 개념이다. 임무해태는 단순히 결과만 가지고는 판단할 수 없고 고의·중과실과 결합된 경우에만 임무해태가 된다. 따라서 임무해태의 판단에는 경영판단의 법칙이 적용되고, 고의·중과실에 의한 임무해태가 있었다는데 대한 입증책임은 원고인 제3자가 부담한다.

2) 행위유형

회사에 대한 임무해태가 있어야 한다는 점에서 이사의 회사에 대한 책임의 행위유형과 유사하다. 판례는, 대표이사가 감사에게 업무 일체를 위임하고 그 직무를 전혀 수행하지 않아 감사의 부정행위를 간과한 경우(대판 2003.4.11. 2002다70044), 대표이사가 다른 이사의 업무집행이 위법하다고 의심할 만한 사유가 있음에도 악의 또는 중과실로 감시의무를 위반하여 이를 방치한 경우(대판

2008.9.11. 2006다68636) 등에서 이사의 임무해태를 인정한바 있다.

3) 회사의 제3자에 대한 채무의 불이행

이사가 회사의 제3자에 대한 채무를 이행하지 않아 제3자에게 손해를 끼친 경우, 이를 제401조의 요건인 임무해태라고 볼 수 있는가? 판례는 ① 회사채무에 대한 단순한 이행지체는 임무해태행위에 해당하지 않는다고 한다. ② 그러나 단순한 채무불이행이 아니라 이사의 충실 및 선관의무 위반행위로서 위법한 사정이 있으면 임무해태행위에 해당한다고 한다. 예를 들어 회사의 경영상태로 보아 계약상 채무의 이행기에 이행이 불가능하거나 불가능할 것을 예견할 수 있었음에도 이를 감추고 상대방과 계약을 체결하고 일정한 급부를 미리 받았으나 그 이행불능이 된 경우이다(대판 1985.11.12. 84다카2490).

(4) 책임의 내용

1) 제3자의 손해

이사는 「제3자의 손해」를 배상해야 한다. ① 제3자는 채권자 이외에 주주도 포함되며, ② 손해는 직접손해 이외에 간접손해도 포함된다. 직접손해란 회사에는 손해가 발생하지 않고 제3자에게 직접 발생한 손해를 말하고, 간접손해란 일단 회사에 손해가 발생하고 그 결과 경제적으로 제3자가 손해를 입는 효과가 생기는 것을 말한다.

2) 제3자의 손해의 유형

위 두 가지를 결합하면 ① 채권자의 직접손해(예 회사가 지급능력이 없음에도 약속어음을 발행하여 어음소지인이 어음 부도로 입은 손해), ② 채권자의 간접손해(예 이사가 회사재산을 횡령한 결과 회사 재산상태가 악화되어 회사가 채무를 변제하지 못함에 따라 회사 채권자가 입은 손해), ③ 주주의 직접 손해(예 이사가 부실 공시를 하여 회사 재무구조 악화를 모르고 주식을 매수한 주주가 이후 주가 하락으로 입은 손해), ④ 주주의 간접손해(예 이사의 횡령으로 인하여 회사 재산이 감소한 결과 주주의 보유 주식가치가 감소한 손해)로 유형화할 수 있다.

3) 주주의 간접손해

위 유형 중 ①, ②, ③ 유형이 제401조의 손해의 개념에 포함된다는 데에는 의문이 없다. 그러나 ④ 주주의 간접손해가 제401조의 손해에 포함되는지에 대하여는 견해의 대립이 있다.

① 학설

A. 제외설은 ⓐ 회사가 손해배상을 받으면 주주의 간접손해는 자동으로 전보되고, ⓑ 회사가 손해배상을 청구하지 않으면 주주는 대표소송을 통하여 마찬가지 결과를 얻을 수 있다는 점과, ⓒ 회사의 손해가 회사로 회복되는 것이 아니라 주주에게 직접 배상되면 주주가 회사채권자보다 우선 변제를 받는 결과가 된다는 점을 근거로 한다. B. 그러나 통설인 포함설은 대표소송은 소수주주권으로 되어 있고 담보제공 등의 요건이 있어 사실상 주주의 보호에 충분하지 않다는 점을 들어 이사는 주주의 간접손해에 대해서도 제401조에 따라 배상책임을 진다고 한다.

② 판례

판례는 제외설의 입장이다. 즉 "이사가 회사의 재산을 횡령하여 회사의 재산이 감소함으로써 회사가 손해를 입고 결과적으로 주주의 경제적 이익이 침해되는 손해와 같은 간접적인 손해는 상법

제401조 제1항에서 말하는 손해의 개념에 포함되지 아니한다(대판 2012.12.13. 2010다77743)."라고 판시한 바 있다.

(5) 불법행위책임과의 경합

법정책임설에 의하면 이사의 제3자에 대한 책임은 불법행위와는 무관하므로 이사가 불법행위의 요건까지 구비하면 불법행위책임과의 경합이 인정된다.

(6) 책임을 부담하는 자

「고의 또는 중과실로 임무를 게을리한 이사 자신」이 책임을 부담하고, 그가 수 인인 때에는 연대하여 책임을 진다(제401조 제1항). 이사의 책임이 이사회의 결의에 의한 행위로 인한 때에는 결의에 찬성한 이사도 연대하여 책임을 지며, 결의에 참가한 이사로서 의사록에 이의를 한 기재가 없는 자는 찬성한 것으로 추정한다(제401조 제2항 → 제399조 제2항, 제3항).

(7) 소멸시효

판례는 "이사의 제3자에 대한 손해배상책임은 제3자를 보호하기 위하여 상법이 인정하는 특수한 책임임을 감안할 때 그 소멸시효기간은 민법 제162조 제1항에 따라 10년이다(대판 2008.2.14. 2006다82601)."라고 판시하였다.

4. 업무집행관여자(업무집행지시자 등)의 책임

(1) 개설

1) 의의

회사에 대한 자신의 영향력을 이용하여 이사에게 업무집행을 지시하거나 이사의 이름으로 직접 회사의 업무를 집행한 자는 그 지시하거나 집행한 업무에 관하여 제399조(이사의 회사에 대한 책임), 제401조(이사의 제3자에 대한 책임), 제403조(대표소송) 및 제406조의2(다중대표소송)를 적용하는 경우에는 그 자를 "이사"로 본다(제401조의2 제1항).

2) 취지

지배주주는 주주총회에서의 의결권 행사를 통하여 회사의 의사결정에 참여함이 원칙이다. 그러나 우리나라 대규모 기업집단의 지배주주는 주주총회를 거치지 않고도 사실상의 이사선임권을 배경으로 하여 이사에게 업무집행을 지시하거나 또는 직접 업무 집행을 함으로써 사실상 회사의 의사결정을 좌우한다. 그럼에도 지배주주가 직접 이사의 지위를 가지는 경우는 별로 없기 때문에, 과거 지배주주는 주의의무나 충실의무를 부담하지 않았고 이사의 회사에 대한 책임(제399조)과 이사의 제3자에 대한 책임(제401조)도 부담하지 않았다. 그리하여 1998년 개정상법은 이렇게 사실상의 영향력을 행사하는 지배주주에게 이사에 준하는 책임을 부과하기 위해 제401조의2를 신설하였다.

(2) 요건

1) 업무집행지시자

회사에 대한 자신의 영향력을 이용하여 이사에게 업무집행을 지시한 자를 말한다(1호).

① 업무집행지시자의 범위

영향력이란 회사의 의사결정을 자신이 의도하는 바대로 유도하는 사실상의 힘을 말한다. 업무집행지시자의 범위에 관하여는, 지배주주뿐만 아니라 주거래은행·노동조합·도급업체와 공법적·정치적으로 우월한 힘을 가진 자(예 정부, 국회의원)도 이에 포함된다고 넓게 해석하는 견해도 있으나, 입법배경을 고려할 때 지배주주에 한정된다고 본다. 다만 기업집단의 소유구조를 고려하여, 여기서 지배주주는 주식의 보유만으로 판단할 것이 아니라 사실상 회사를 지배하는 자를 포함한다. 또한 영향력을 행사하는 업무집행지시자는 자연인에 한하지 않고 지배회사도 포함한다.

② 업무집행의 지시

지시를 받는 자는 법문에서 이사로만 규정하고 있으나, 회사의 업무집행을 담당하는 이상 이사에 한하지 않고 부장·과장 등 상업사용인도 포함한다. 지시하는 업무집행의 내용은 법률행위뿐만 아니라 사실행위나 불법행위일 수도 있다.

2) 무권대행자

이사의 이름으로 직접 업무를 집행한 자를 말한다(2호).

법문에서는 영향력의 행사를 요건으로 규정하고 있지 않으나, 통설·판례는 2호는 1호의 업무집행지시자의 요건을 갖춘 자가 이사에게 지시하는 대신에 자신의 영향력을 이용하여 이사의 이름으로 직접 업무를 집행한 경우를 뜻하는 것으로 본다(대판 2009.11.26. 2009다39240). 따라서 무권대행자도 회사에 대한 영향력을 갖춘 자, 즉 지배주주로 국한된다.

3) 표현이사

이사가 아니면서 명예회장·회장·사장·부사장·전무·상무·이사 기타 회사의 업무를 집행할 권한이 있는 것으로 인정될 만한 명칭을 사용하여 회사의 업무를 집행한 자를 말한다(3호).

① 취지

1호와 2호는 지배주주에게 책임을 지운다는 데 의미가 있는 반면, 3호는 대규모 공개회사에서 업무집행을 담당하는 사장·부사장·전무·상무 등 비등기이사에게 직접 책임을 추궁할 수 있도록 한다는데 의미가 있다. 이들은 이사가 아니기 때문에 제399조, 제401조가 적용되지 않기 때문이다.

② 표현대표이사와의 비교

표현이사제도는 표현대표이사제도와는 다른 제도이다. ⓐ 제도의 취지가 전자는 표현이사 개인에게 그의 행위에 대한 책임을 묻는 데 있는 반면, 후자는 거래의 효력을 유지시켜 회사 대표의 외관을 신뢰한 자를 보호하는 데 있다. ⓑ 따라서 대표소송에 의한 책임추궁은 전자에서는 가능하나 후자에서는 성질상 가능하지 않다. ⓒ 책임의 주체는 전자는 표현이사 개인이나 후자는 회사이다. ⓓ 외관의 형성에 대한 회사의 귀책사유와 외관에 대한 제3자의 신뢰가 요구되는가를 보면, 전자는 외관법리에 따른 것이 아니므로 요구되지 않으나, 후자에서는 요구된다.

③ 회사에 대한 영향력의 요부

업무집행지시자와 무권대행자와는 달리 표현이사는 회사에 대해 영향력을 가진 자일 필요가 없다. 그 직명 자체에 업무집행권이 표상되어 있기 때문이다(대판 2009.11.26. 2009다39240).

④ 이사와 동등한 권한의 요부

표현이사는 전무·상무 등 명칭을 사용한 자에게 이사와 동등한 책임을 부과하는 것이므로, 그 업무를 집행한 것으로 충분하고 이사와 동등한 권한이 있을 것을 요하지 않는다.

(3) 책임의 내용

1) 업무집행지시자의 책임

업무집행지시자의 지시를 받은 이사가 임무를 해태하여 회사 또는 제3자에게 손해를 가한 경우 업무집행지시자는 지시한 업무에 관하여 이사에 준하여 회사(제399조) 및 제3자(제401조)에게 손해배상책임을 진다. 이때 지시를 받아 실제로 업무를 집행한 이사도 회사 및 제3자에게 손해배상책임을 지는데(제399조, 제401조), 그 이사와 업무집행지시자는 연대하여 책임을 진다(제401조의2 제2항).

2) 무권대행자·표현이사의 책임

무권대행자와 표현이사는 집행한 업무에 관하여 회사 및 제3자에게 이사에 준하여 손해배상책임을 진다. 무권대행자가 업무를 집행한 경우에는 명목상의 이사도 같은 손해배상책임을 질 수 있는데, 그 이사와 무권대행자는 연대하여 책임을 진다(제401조의2 제2항).

3) 대표소송을 통한 책임 추궁

주주는 업무집행지시자 등의 위 책임을 추궁하기 위하여 대표소송을 제기할 수 있다.

⑩ 이사의 업무집행에 대한 주주의 직접감독

1. 개설

선관의무 등 이사의 의무는 주주가 아니라 회사에 대한 것이므로, 이사의 의무위반에 대한 사전적인 견제나 사후적인 책임추궁은 회사가 담당함이 타당하다. 문제는 이사 사이의 인적 관계로 인하여 이사가 적극적으로 나서지 못한다는 점이다. 감사에게 의존하는 것도 문제의 해결방법이 되기는 어렵다. 그래서 상법은 감독의 인센티브가 있는 주주에게 직접 이사를 견제할 수 있도록 하고 있는데, 사전적인 조치로서 유지청구권과 사후적인 조치로서 대표소송이 바로 그것이다.

2. 유지청구권

(1) 의의

이사의 법령 또는 정관에 위반한 행위로 인하여 회사에 회복할 수 없는 손해가 생길 염려가 있는 경우에는 감사(감사위원회를 두는 경우에는 감사위원회. 이하 같음)(제415조의2 제7항) 또는 소수주주(발행주식총수의 100분의 1 이상)는 회사를 위하여 이사에 대하여 그 행위를 유지할 것을 청구할 수 있다(제402

조).

주주 또는 감사의 이러한 권리를 유지청구권이라 한다. 이것은 이사의 위법행위를 사전에 예방할 수 있도록 하기 위해 인정된 것이다. 주주의 유지청구권은 회사를 위하여 행사하는 것이므로 공익권이다.

(2) 유지청구의 요건

1) 법령·정관 위반 행위

이사가 법령 또는 정관에 위반한 행위를 해야 한다. 불법행위는 물론이고 법률행위나 준법률행위, 그리고 사실행위도 유지청구의 대상이 될 수 있다. 행위가 법령·정관에 위반하면 족하고 이사의 고의·과실이나 권한범위 내인지는 묻지 않는다. 그러나 법령·정관에 위반하지 않는 한 임무해태가 있더라도 유지청구의 원인은 될 수 없다.

2) 회복할 수 없는 손해 발생의 염려

회복할 수 없는 손해가 발생할 염려가 있어야 한다. 「회복할 수 없는」 손해인지는 사회통념에 따라 판단한다. 예컨대, 대표이사가 정관상 요구되는 이사회의 승인 없이 회사 재산을 처분하려 할 때, 일단 처분하면 제3자에 대한 대항력 제한 때문에 회수할 수 없고 대표이사는 자력이 없어 그로부터 손해배상을 받을 수도 없다면 회복할 수 없는 손해에 해당할 것이다. 회복이 법적으로 불가능한 경우뿐만 아니라 회복을 위한 비용이나 절차 등에 비추어 회복이 곤란하거나 상당한 시일이 요구되는 경우도 회복할 수 없는 손해에 해당한다.

(3) 유지청구의 당사자

1) 청구권자

유지청구를 할 수 있는 자는 감사 또는 발행주식총수의 100분의 1 이상에 해당하는 주식을 가진 주주이다. 소수주주의 소유주식수 계산에는 의결권 없는 주식도 포함한다. 주주는 유지청구 여부가 그의 임의이지만, 감사는 유지청구의 요건이 충족되면 반드시 유지청구를 해야 하고 이를 게을리하면 임무해태가 된다.

2) 피청구자

유지청구의 상대방은 법령·정관에 위반한 행위를 하려는 이사이다.

(4) 유지청구의 방법

유지청구는 이사가 그 행위를 하기 전에 하여야 한다. 소에 의하여 할 수도 있으나 단순히 이사에 대한 의사표시로 할 수도 있다. 소에 의하여 하는 경우에는 이 소를 본안으로 하여 가처분으로 그 행위를 유지시킬 수 있다(민사집행법 제300조).

유지청구의 소는 대표소송과 마찬가지로 주주가 회사의 대표기관적 지위에서 제기하는 것이므로 소의 관할·참가, 패소주주의 책임 등에 관하여 대표소송에 관한 규정을 유추적용해야 한다. 그리고 유지청구의 소는 회사를 위하여 제기하는 것이므로 판결의 효과는 당연히 회사에 미친다.

(5) 의사표시에 의한 유지청구의 효과

유지청구를 소로써 하는 경우에는 판결에 따라 그 효과가 주어질 것이나, 단순히 이사에 대한 의사표시로 하는 경우에는 그 효과가 문제된다.

1) 이사의 순응의무 — 부정

감사 또는 소수주주가 유지청구를 한다고 하여 이사가 반드시 이에 따라야 하는 것은 아니다. 유지청구가 부당할 수도 있기 때문이다. 이사는 유지청구를 받으면 자신의 행위가 법령이나 정관에 위반하는지 여부를 숙고하여 유지 여부를 결정하여야 한다.

2) 유지하지 않은 경우

① 이사의 책임

유지청구에도 불구하고 이사가 행위를 하였는데, 사후적으로 그 행위가 법령 또는 정관에 위반한 것으로 확정되면 이사는 회사에 대하여 그 행위로 인한 손해를 배상하여야 한다(제399조 제1항). 그러나 이는 법령 또는 정관에 위반한 행위를 하였기 때문이지 유지청구를 받아들이지 않았기 때문이 아니다. 다만 이사가 유지청구에 불응하고 위법행위를 하면 중과실이 의제된다. 따라서 제399조의 책임을 물음에 있어 무과실증명에 의한 면책은 허용되지 않는다.

② 행위의 효력

유지청구를 무시하고 한 행위의 사법적 효력은 어떻게 되는가? 이는 행위가 법령·정관에 위반하여도 유효한 경우에만 제기되는 문제이다. 견해의 대립이 있기는 하나, 다수의 견해는 유지청구와 상관 없이 그 행위는 항상 유효하고, 상대방이 유지청구 사실을 알았다 하더라도 마찬가지라고 한다.

3) 유지한 경우

유지청구가 정당한 때에는 행위를 유지함이 당연하다. 그러나 유지청구가 부당함에도 그에 좇아 이사가 행위를 유지한 때에는 사안에 따라 그 유지가 오히려 법령·정관에 위반하거나 임무를 해태한 경우에 해당하여 이사가 회사에 대하여 책임을 져야 할 수도 있다(제399조 제1항).

(6) 유지청구권의 실효성

유지청구는 실효성의 면에서는 큰 의미가 없다. 의사표시에 의한 유지청구가 실효성이 없음은 위에서 살펴보았고, 소로써 하는 유지청구도 실효성이 없기는 마찬가지이다. 먼저 위법행위 유지청구의 소의 대부분의 경우 판결이 나기 전에 이사가 유지청구의 대상인 행위를 종료하기 때문에 그 소는 소의 이익이 없어 각하된다. 그리고 위법행위유지판결이 난다 하더라도 이사가 이에 불응하고 한 행위가 무효가 되지는 않기 때문에 판결도 별다른 실효성은 없다. 위법행위유지 가처분이 있으면 어떠한가? 실효성이 없기는 마찬가지이다. 이사가 위법행위유지 가처분에 불응하여 한 행위도 역시 유효하기 때문이다.

3. 대표소송

(1) 의의

1) 개념

대표소송이란 회사가 이사에 대한 책임추궁을 게을리할 경우 주주가 회사를 위하여 이사의 책임을 추궁하기 위해 제기하는 소이다(제403조).

2) 취지

이사의 책임은 어디까지나 회사에 대한 것이므로 이사의 책임을 추궁하기 위한 소는 원칙적으로 감사가 회사를 대표하여 제기하는 것이 원칙이다. 그러나 동료임원 간의 인적 관계로 인하여 이를 기대하기는 사실상 어렵고, 책임 추궁이 지연되면 시효완성이나 이사의 고의적인 무자력화로 회사의 권리실현이 불가능해질 수가 있다. 그래서 주주가 회사의 권리실현을 선도할 수 있도록 하기 위해 마련한 것이 주주의 대표소송이다.

이런 이유에서 주주의 대표소송제도는 파산절차가 진행 중인 경우에는 그 적용이 없다. 이사·감사에 대한 책임을 추궁하는 소의 제기 여부가 파산관재인의 판단에 위임되어 있기 때문이다. 따라서 회사에 대하여 파산선고가 있은 후 주주가 파산관재인에 대하여 이사 또는 감사에 대한 책임을 추궁할 것을 청구하였는데 파산관재인이 이를 거부하였다고 하더라도 주주는 대표소송으로서 이사 또는 감사의 책임을 추궁하는 소를 제기할 수 없다(대판 2002.7.12. 2001다2617).

3) 적용범위

주주의 대표소송은 이사 외에 발기인, 업무집행관여자, 감사, 청산인 등의 책임을 추궁하기 위하여도 제기할 수 있고(제324조, 제401조의2 제1항, 제415조, 제415조의2 제7항, 제542조 제2항), 불공정한 가액으로 신주를 인수한 자(제424조의2), 주주권의 행사와 관련하여 이익을 공여 받은 자(제467조의2)에 대한 회사의 권리를 실현하기 위해서도 제기할 수 있다. 다만 여기서는 이사의 책임을 추궁하기 위한 대표소송에 관해서만 설명한다.

(2) 법적 성질

대표소송은 실질적으로는 주주가 회사의 대표기관의 지위에서 제기하는 소이지만, 형식적으로는 주주가 타인인 회사의 이익을 위하여 스스로 원고가 되어 제기하는 소로서, 제3자의 소송담당에 해당한다.

(3) 요건

1) 이사의 책임의 범위

대표소송은 이사의 회사에 대한 책임을 추궁하는 소송인데, 대표소송에 의해 추궁할 수 있는 이사의 책임의 범위에 대하여 견해의 대립이 있다.

① 학설

ⓐ 소수설은 이사의 지위에서 발생한 책임, 즉 제399조의 이사의 회사에 대한 손해배상책임과 제428조의 신주발행 시 이사의 인수담보책임만 대표소송으로 추궁할 수 있다고 한다. ⓑ 반면 통설은 이 뿐만 아니라 이사가 회사에 대하여 부담하는 모든 채무를 대표소송에 의해 추궁할 수 있다고 한다. 인적 관계로 인해 소송이 이루어지지 못할 수 있는 사정은 다른 채무의 경우도 마찬가지이기 때문이라고 한다.

② 통설에 의할 때 이사 책임의 범위

제399조와 제428조의 책임뿐만 아니라 이사의 회사에 대한 대여금채무, 이사가 상속 또는 채무

인수에 의하여 승계취득한 채무 등과 같이 이사가 제3자로서 회사에 대하여 부담하는 채무도 모두 대표소송으로 그 이행을 구할 수 있다. 그리고 이사가 취임하기 전에 이미 회사에 대하여 부담하던 채무도 대표소송의 대상이 되며, 일단 발생한 책임은 이사가 퇴임하더라도 대표소송에 의해 추궁할 수 있다.

2) 주주의 소제기 청구 및 회사의 해태

① 회사에 대한 소제기의 청구

소수주주는 대표소송을 제기하기 전에 먼저 이유를 기재한 서면으로 회사에 대하여 이사의 책임을 추궁할 소의 제기를 청구하여야 한다(제403조 제1항, 제2항). 상법 제403조 제2항에 따른 서면에 기재되어야 하는 이유에 책임추궁 대상 이사, 책임발생 원인사실에 관한 내용이 포함되어야 하고, 서면에 책임추궁 대상 이사의 성명이 기재되어 있지 않거나 책임발생 원인사실이 다소 개략적으로 기재되어 있더라도, 회사가 서면에 기재된 내용, 회사 보유 자료 등을 종합하여 이를 구체적으로 특정할 수 있는 경우, 그 서면은 상법 제403조 제2항에서 정한 요건을 충족하였다고 보아야 한다(대판 2021.7.15. 2018다298744). 그리고 주주가 대표소송에서 주장한 이사의 손해배상책임이 상법 제403조 제2항에 따른 서면에 적시된 것과 차이가 있으나 위 서면의 책임발생 원인사실을 기초로 하면서 법적 평가만을 달리한 것인 경우, 그 대표소송이 적법하고 주주가 대표소송 계속 중에 위와 같은 청구를 추가할 수 있다(대판 2021.7.15. 2018다298744). 이사에 대한 책임 추궁은 원래 회사의 권리이기 때문이다. 이사를 상대로 하는 소송에서는 감사(감사위원회를 두는 경우에는 감사위원회. 제415조의2 제7항. 이하 같음)가 회사를 대표하므로 이 청구는 감사에게 하여야 한다. 이 청구는 대표소송의 요건이므로 주주가 이 청구를 하지 않고 바로 대표소송을 제기하면 법원은 소를 각하해야 한다.

② 회사의 해태

감사가 이 청구를 받은 날로부터 30일 내에 소를 제기하지 아니한 때에는 소수주주는 즉시 회사를 위하여 소를 제기할 수 있다(제403조 제3항).

③ 회복할 수 없는 손해 발생의 염려가 있는 경우

30일을 기다리면 회사에 회복할 수 없는 손해가 생길 염려가 있는 경우에는 소수주주는 즉시 소를 제기할 수 있다(제403조 제4항). 이사가 재산을 은닉하려 하거나 채권의 시효가 곧 완성하는 경우가 이에 해당한다. 이런 염려가 있으면, 회사에 소제기의 청구를 한 경우 30일을 기다리지 않고 즉시 소를 제기할 수 있을 뿐만 아니라, 아예 회사에 대한 소제기의 청구를 하지 않고 즉시 소를 제기할 수도 있다.

(4) 당사자

1) 원고

① 주주의 판단기준

대표소송을 제기할 수 있는 주주인지는 일반원칙에 따라 판단한다. 판례는 "甲이 주식을 인수하면서 타인 乙의 승낙을 얻어 乙의 명의로 출자하여 주식대금을 납입한 경우 명의차용인인 甲이 주주가 되고, 이 경우 상법 제403조 제1항의 대표소송을 제기할 수 있는 주주에 해당하는 자도 역시 명의차용인인 甲이다(대판 2011.5.26. 2010다22552).”라고 하였다.

② 주주의 판단시점

대표소송의 원고는 제소 당시에 주주의 지위에 있으면 되고, 이사의 책임원인이 발생할 당시에는 주주의 지위에 있지 않았어도 문제되지 아니한다.

③ 소수주주권

ⓐ 발행주식총수의 100분의 1 이상의 주식을 가진 주주, 즉 소수주주에 한해 소를 제기할 수 있다. 소수주주권으로 규정한 이유는 남소를 방지하기 위함이다. 100분의 1의 주식에는 의결권 없는 주식도 포함된다. 주주가 제소 당시 소수주주의 요건을 갖추었다면 제소 후 보유 주식이 100분의 1 미만으로 감소하였어도 제소의 효력에는 영향이 없다. 그러나 원고가 주식을 전혀 보유하지 아니하게 된 경우에는 원고적격을 상실하므로(제403조 제5항) 법원은 해당 원고의 소를 각하해야 한다. ⓑ 상장회사의 경우에는 6개월 전부터 계속하여 발행주식총수의 1만분의 1 이상에 해당하는 주식을 보유한 자가 대표소송을 제기할 수 있다(제542조의6 제6항).

주주가 대표소송을 제기하기 위하여는 회사에 대하여 이사의 책임을 추궁할 소의 제기를 청구할 때와 회사를 위하여 그 소를 제기할 때 상법 또는 금융회사의 지배구조에 관한 법률이 정하는 주식보유요건을 갖추면 되고, 소 제기 후에는 보유주식의 수가 그 요건에 미달하게 되어도 무방하다. 그러나 대표소송을 제기한 주주가 소송의 계속 중에 주식을 전혀 보유하지 아니하게 되어 주주의 지위를 상실하면 특별한 사정이 없는 한 그 주주는 원고적격을 상실하여 그가 제기한 소는 부적법하게 되고, 이는 그 주주가 자신의 의사에 반하여 주주의 지위를 상실하였다 하여 달리 볼 것은 아니다(대판 2019.5.10. 2017다279326). 이 판례는 2020년 상법개정에 의한 다중대표소송이 도입되기 이전의 입장이었으나, 동 제도가 도입된 현재에는 이 사안에서 원고적격은 상실되지 않고 유지된다고 볼 수 있다.

④ 다중대표소송

자회사의 이사의 임무해태로 자회사에 손해가 발생한 경우 모회사의 주주가 자회사의 이사를 상대로 대표소송을 제기할 수 있는가? 판례는 이를 부정하였으나, 2020년 상법개정을 통해 다중대표소송이 도입되었다(제406조의2). 해당 조문은 다음과 같다.

상법 제406조의2(다중대표소송) ① 모회사 발행주식총수의 100분의 1 이상에 해당하는 주식을 가진 주주는 자회사에 대하여 자회사 이사의 책임을 추궁할 소의 제기를 청구할 수 있다.

② 제1항의 주주는 자회사가 제1항의 청구를 받은 날부터 30일 내에 소를 제기하지 아니한 때에는 즉시 자회사를 위하여 소를 제기할 수 있다.

③ 제1항 및 제2항의 소에 관하여는 제176조 제3항·제4항, 제403조 제2항, 같은 조 제4항부터 제6항까지 및 제404조부터 제406조까지의 규정을 준용한다.

④ 제1항의 청구를 한 후 모회사가 보유한 자회사의 주식이 자회사 발행주식총수의 100분의 50 이하로 감소한 경우(발행주식을 보유하지 아니하게 된 경우를 제외한다)에도 제1항 및 제2항에 따른 제소의 효력에는 영향이 없다.

⑤ 제1항 및 제2항의 소는 자회사의 본점소재지의 지방법원의 관할에 전속한다.

⑤ 다른 주주의 소송참가

주주대표소송 도중 판결의 효력을 받는 다른 주주가 참가한 경우 그 관계는 유사필수적 공동소송이다. 주주들 사이에 공동소송이 법률상 강제되지는 않으나 판결의 합일확정은 필요하기 때문이다.

2) 피고

회사에 대해 책임이 있는 이사 또는 이사이었던 자이다. 이사가 퇴임하여도 재임 중에 발생한 책임에 대하여는 대표소송이 가능하므로 이사이었던 자도 포함된다.

(5) 절차

1) 관할

대표소송은 회사 본점소재지의 지방법원의 관할에 전속한다(제403조 제7항 → 제186조). 그러나 회사가 직접 소를 제기하는 경우에는 회사의 본점소재지뿐만 아니라 이사의 주소지 또는 불법행위지 관할법원에 제소할 수 있으므로 대표소송의 경우와 관할법원이 다를 수 있다.

2) 회사의 참가와 소송고지

① 회사는 주주의 대표소송에 참가할 수 있다(제404조 제1항). 주주가 소를 제기한 다음 소송 수행을 제대로 하지 못하거나 피고인 이사와 결탁하여 회사의 이익을 해할 수 있으므로, 권리주체인 회사가 자신의 권리를 보호할 수 있도록 하기 위함이다. ② 주주가 대표소송을 제기한 때에는 지체 없이 회사에 대하여 그 소송의 고지를 하여야 한다(제404조 제2항). 회사의 참가 기회를 보장하기 위함이다. 따라서 대표소송의 고지는 제소 주주의 의무이다. ③ 회사의 소송참가의 법적 성질에 대하여는 견해의 대립이 있으나, 판례는 공동소송참가로 본다(대판 2002.3.15. 2000다9086). ⓐ 회사의 공동소송참가는 항소심에서도 할 수 있고, ⓑ 전 이사들을 상대로 하는 주주대표소송에 회사가 참가하는 경우 회사를 대표하는 자는 감사가 아닌 대표이사이다. ⓒ 그리고 비록 원고 주주들이 사실심 변론종결시까지 대표소송상의 원고 주주요건을 유지하지 못하여 소가 각하되는 운명에 있다고 할지라도 그 각하판결 선고 이전에 회사가 원고 공동소송참가를 신청하였다면 그로 인하여 참가가 부적법하게 된다고 볼 수는 없다(대판 2002.3.15. 2000다9086).

3) 주주의 담보제공의무

이사가 대표소송을 제기하는 주주의 악의를 소명하여 청구할 때에는 법원은 주주에게 상당한 담보의 제공을 명할 수 있다(제403조 제7항 → 제176조 제3항, 제4항). 여기서 「악의」란 이사의 임무해태 등이 없었음을 안다는 의미이고, 「담보」는 원고가 패소할 경우 피고인 이사가 대표소송의 수행으로 입은 손해의 배상에 대한 담보를 의미한다.

(6) 소송의 종결

1) 판결에 의한 종료

① 기판력의 범위

대표소송은 제3자의 소송담당에 해당하므로 판결이 선고되면 그 판결의 효력은 원고인 소수주주가 승소한 경우이든 패소한 경우이든 당연히 회사에 대하여 미친다(민사소송법 제218조 제3항 참조). 원고가 승소한 경우 회사는 승계집행문을 받아 강제집행을 할 수 있다(민사집행법 제31조 참조).

② 원고 승소이익의 귀속

대표소송에서 원고 승소의 이익은 항상 회사에만 귀속한다. 따라서 피고가 회사 주식의 대부분을 소유하는 경우에는 결국 승소이익이 간접적으로 다시 피고에게 돌아가는 결과가 되는 문제가 있다.

2) 소의 취하, 청구의 포기·인락·화해의 제한

① 회사가 소수주주의 청구에 따라 이사의 책임을 추궁할 소를 제기하거나 소수주주가 이사를 상대로 대표소송을 제기한 경우 당사자는 법원의 허가가 없으면 소의 취하, 청구의 포기·인락·화해를 할 수 없다(제403조 제6항). 소송수행자인 감사나 제소주주가 피고인 이사와 통모하여 이사를 면책시키거나 가벼운 배상책임만 지우고 소송을 종료할 염려가 있기 때문이다. ② 회사가 주주의 청구에 의하지 않고 스스로 소를 제기한 경우도 소의 취하, 청구의 포기·인락·화해를 위해서는 법원의 허가를 요하는가? 소송의 공정한 수행을 위해서는 그렇다고 해야 할 것이나 명문의 규정이 없으므로 그렇게 볼 수 없다.

3) 재심의 소

주주가 대표소송을 제기한 경우 원고인 주주와 피고가 공모하여 소송의 목적인 회사의 권리를 사해할 목적으로서 판결을 하게 한 때에는 회사 또는 주주는 확정된 종국판결에 대하여 재심의 소를 제기할 수 있다(제406조 제1항). 예컨대, 원·피고가 공모하여 부당하게 청구금액을 줄이거나 고의로 원고가 패소하게 하는 경우가 회사의 권리를 사해하는 경우에 해당한다.

① 제소권자

회사 또는 주주이다. 주주에는 제한이 없으므로 소수주주가 아니라도 제기할 수 있고, 재심청구 당시의 주주이면 족하다.

② 재심의 허용범위

재심은 주주의 대표소송에 한하여 허용된다. 따라서 회사가 직접 이사를 상대로 제기한 소송은 설사 소송수행자인 감사와 피고인 이사가 공모하여 회사가 패소하도록 하였어도 재심의 대상이 되지 않는다.

(7) 제소주주의 권리와 책임

1) 승소주주의 비용청구권

① 의의

대표소송 또는 재심의 소에서 주주가 승소한 경우 그 주주는 회사에 대하여 소송비용 및 그 밖에 소송으로 인하여 지출한 비용 중 상당한 금액의 지급을 청구할 수 있다(제405조 제1항 전문, 제406조 제2항).

② 취지

대표소송에서 승소이익은 모두 회사에 귀속되는 점을 고려한 것이다. 승소한 주주는 소송비용 패소자 부담 원칙(민사소송법 제98조 참조)에 따라 피고로부터 소송비용을 지급받을 수 있으나, 만일 피고인 이사가 무자력이면 현실적으로 그로부터 지급받을 수 없게 되므로, 이와 별도로 회사에 대하여 비용을 청구할 수 있도록 한 것이다.

③ 비용의 범위

ⓐ 「소송으로 인하여 지출한 비용」은 변호사보수 외에도 인지대·감정비용·자료수집비·교통비 등을 포함하여 회사가 직접 소송을 제기·수행하였다면 지출되었을 모든 유형의 비용을 의미한다.

ⓑ 「상당한 금액」은 소송관련비용 중 특히 변호사보수가 과다하게 약정되는 경우에 대비한 것이다.

④ 구상권

원래 소송비용은 패소한 당사자인 이사가 부담하게 되므로 소송비용을 지급한 회사는 피고였던 이사에 대하여 구상권을 갖는다(제405조 제1항 후문).

2) 패소주주의 책임

대표소송에서 패소한 주주는 과실이 있다 하더라도 악의인 경우 외에는 회사에 대하여 손해배상책임을 지지 않는다(제405조 제2항). 대표소송제도의 이용을 너무 곤란하게 하지 않기 위한 배려이다. 여기서 악의란 회사를 해할 것을 아는 것을 의미한다. 처음부터 승소가능성 없는 소를 제기하는 경우와 고의로 불성실하게 소송을 수행하여 패소에 이르게 된 경우를 모두 포함한다.

❿ 집행임원

1. 개설

(1) 의의

집행임원이란 회사의 선택에 따라 대표이사에 갈음하는 기구로 설치되어 회사의 업무집행과 회사 대표에 관한 권한을 행사할 수 있는 기관이다(제408조의2 제1항, 제408조의4). 2011년 상법개정에서 신설된 제도이다.

(2) 입법배경

상법상 이사회는 업무집행기능과 감독기능을 동시에 담당하고 있다. 그러나 이사회는 회의체기관이어서 직접 업무를 수행하기에는 어려움이 있고, IMF 금융위기 이후 대규모 상장회사에서는 사외이사의 선임이 강제되고 감사위원회가 일반화 되는 등 이사회의 감독기능이 강화되면서, 사실상 업무집행기능과 감독기능이 분리되는 현상이 일어났다.

한편 상법상 회사의 업무집행기관은 이사회와 대표이사이나, 상장회사 실무에서는 이사가 아닌 단순한 사용인에 불과한 자에게 부사장·전무·상무 등의 명칭을 부여하며 이들 임원조직으로 하여금 회사의 경영을 담당하도록 하는 예가 흔히 있다. 이들을 실무에서 비등기이사, 집행임원, 경영임원 등으로 부른다.

2011년 개정상법은 이처럼 업무집행기능과 감독기능의 사실상 분리라는 현실을 수용하고, 그 과정에서 실제로 업무를 수행하는 비등기이사의 권한과 책임을 명확히 함으로써 경영의 책임성을 구현하기 위해 집행임원제도를 도입하였다.

(3) 집행임원제도의 평가

집행임원제도 입법 취지의 핵심은 기존의 비등기이사를 상법상의 기관으로 부상시키고, 그 권한과 책임을 조직법적으로 관리한다는 데에 있으나, 2011년 개정상법에서 실제로 조문화된 내용은 단순히 종전의 대표이사 제도를 표현만 달리한 것이라고 평가될 정도로 그 입법 취지와는 거리가 멀다.

집행임원이 종래의 대표이사와 차별화 되지도 않고, 집행임원의 설치 여부는 회사가 임의로 선택할 수 있으며, 비등기이사를 집행임원으로 전환하도록 강제하고 있지도 않다. 따라서 집행임원을 두지 않고 종전과 같이 비등기이사가 경영 관련 업무집행을 하는 것도 가능하고, 심지어 집행임원 설치회사라 하더라도 집행임원이 아닌 부사장·전무·상무·상무보 등을 두어 그들로 하여금 업무집행을 담당하도록 할 수 있다.

2. 집행임원의 설치 — 임의적 설치

집행임원을 둘 것인지 여부는 회사가 임의로 정할 수 있다(제408조의2 제1항). 상법은 단순히 "회사는 집행임원을 둘 수 있다."고만 하고 있고 집행임원의 설치절차 및 결정권한에 관한 규정은 두고 있지 않다. 그러나 집행임원의 설치는 회사의 지배구조를 변경하는 것이므로 정관에 근거가 필요하다고 해석해야 한다. 집행임원을 둔 회사(집행임원 설치회사)는 대표이사를 두지 못한다(제408조의2 제1항).

3. 집행임원

(1) 선임·해임

1) 선임·해임기관

집행임원의 선임과 해임은 이사회가 한다(제408조의2 제3항 1호).

2) 원수

집행임원은 수인을 선임할 수도 있고, 회의체기관을 구성하지 않으므로 1인만 선임할 수도 있다(제408조의5 제1항).

3) 임기

집행임원의 임기는 이사회가 정하는데 원칙적으로 2년을 초과할 수 없다. 다만 정관에 규정이 있으면 이보다 장기로 정할 수 있다(제408조의3 제1항). 이사의 임기는 정관으로도 3년을 초과하게 정할 수 없는 것과 다르다(제383조 제2항). 그리고 그 임기는 정관에 그 임기 중의 최종 결산기에 관한 정기주주총회가 종결한 후 가장 먼저 소집하는 이사회의 종결 시까지로 정할 수 있다(제408조의3 제2항). 예컨대, 결산기가 12월 31일인 회사의 집행임원의 임기가 2015. 1. 10.에 만료하는데, 정기주주총회가 2015. 3. 20.이고 이후 가장 먼저 소집하는 이사회가 2015. 3. 30.이면, 정관의 규정으로 2015. 3. 30.에 임기가 만료하는 것으로 할 수 있다. 이 점 이사의 임기연장과 같다(제383조 제2항).

4) 자격·겸직

집행임원의 자격에는 특별한 제한이 없다. 집행임원은 이사를 겸임할 수 있는가? 가능하다고 본다. 업무집행기능과 감독기능의 분리라는 취지에 반하기는 하나 명시적으로 금지하는 규정이 없기 때문이다. 감사를 겸임할 수도 있는가? 이를 금지하는 명문의 규정은 없으나 겸임할 수 없다고 본다. 자신이 집행한 업무를 자신이 감사하는 것은 감사의 의미가 없기 때문이다. 제411조가 감사의 겸직금지의 범위에 집행임원을 포함하고 있지 않은 것은 입법의 불비이다.

5) 해임 시의 손해배상청구

이사회는 정당한 사유의 유무와 상관없이 집행임원의 임기 중에 언제든지 집행임원을 해임할 수 있다. 이때 집행임원에 대하여 제385조 제1항 단서는 준용되지 않으므로(제408조의9), 이사회가 임기만료 전에 정당한 이유 없이 집행임원을 해임하더라도 집행임원은 회사에 대하여 해임으로 인한 손해의 배상을 청구할 수 없다.

6) 직무집행정지 및 직무대행자선임 가처분

집행임원 선임결의 무효의 소 등이 제기된 경우 집행임원에 대하여 직무집행정지 및 직무대행자선임 가처분을 할 수 있다(제408조의8 → 제407조, 제408조).

(2) 권한

1) 업무집행권

상법 제408조의4는 집행임원의 권한으로서, ① 집행임원 설치회사의 업무집행, ② 정관이나 이사회의 결의에 의하여 위임 받은 업무집행에 관한 의사결정을 규정하고 있다.

이 중 ①의 업무집행이란 대표이사의 권한으로 인정되는 회사의 관리업무를 말하고, 이 점에서 집행임원은 대표이사와 동일한 권한을 갖는다.

문제는 ②의 의사결정이다. 집행임원 설치회사의 이사회는 집행임원에게 업무집행에 관한 의사결정을 위임할 수 있다(제408조의2 제3항 4호). 그러나 「상법에서 이사회 권한사항으로 정한 경우」에 관한 의사결정은 위임할 수 없다(제408조의2 제3항 4호 괄호). 「상법에서 이사회 권한사항으로 정한 경우」란 신주발행의 결정(제416조 본문), 사채발행의 결정(제469조), 경업의 승인(제397조) 등 상법이 구체적인 사항에 관해 이사회를 의사결정주체로 규정한 사항과 제393조 제1항의 「중요한 자산의 처분, 대규모 재산의 차입, 지배인의 선임과 해임, 지점의 설치·이전 또는 폐지」를 의미한다고 해석한다. 그리고 이와 같은 사항은 정관으로도 집행임원에게 위임할 수 없다고 본다. 이렇게 본다면 이사회의 권한 사항 가운데 집행임원에게 의사결정을 위임할 수 있는 사항은 그렇게 많지 않다. 결국 집행임원은 의사결정권한의 면에서도 대표이사와 차별성을 인정하기 어렵다.

2) 이사회 소집권

집행임원은 필요하면 이사에게 이사회의 소집을 청구할 수 있고, 이사가 지체 없이 이사회 소집절차를 밟지 않으면 일정한 절차를 밟아 직접 이사회를 소집할 수 있다(제408조의7). 이에 관한 자세한 내용은 이사회 부분에서 이미 서술하였다.

(3) 의무와 책임

1) 집행임원의 의무

집행임원은 기존의 비등기이사를 상법상의 기관으로 부상시키는 데 그 취지가 있는데, 비등기이사가 수행하는 직무는 원래 이사의 직무이므로 집행임원의 의무는 이사의 의무와 완전히 동일하다. 즉 집행임원과 회사와의 관계는 위임이므로(제408조의2 제2항) 집행임원은 선관주의의무를 지고(민법 제681조), 나아가 충실의무(제382조의3), 비밀유지의무(제382조의4), 경업금지의무(제397조), 회사기회유용 금지의무(제397조의2), 자기거래 금지의무(제398조), 앞으로 살펴볼 정관 등의 비치·공시의무(제396조)에 관한 규정과 감사에 대한 적극적·소극적 보고의무(제412조의2, 제412조)에 관한 규정이 모두 집행임원에게 준용되어 집행임원은 이에 관해 이사와 같은 의무를 부담한다(제408조의9).

2) 집행임원의 책임

집행임원의 책임도 아래의 두 가지를 제외하고는 이사의 책임과 완전히 동일하다. 집행임원도 이사와 마찬가지로 회사 또는 제3자에 대하여 손해배상책임을 지고(제408조의8), 기타 업무집행관여자의 책임(제401조의2), 유지청구권(제402조), 대표소송(제403조 ~ 제406조), 총주주의 동의에 의한 책임의 면제(제400조 제1항), 정관의 규정에 의한 책임 감경(제400조 제2항)도 해당 규정이 모두 집행임원에게 준용되어(제408조의9), 이사의 그것과 같다.

이사의 책임과 다른 점은, ① 집행임원의 회사 및 제3자에 대한 책임에 관하여, 제408조의9가 제399조와 제401조를 준용하지 않고 제408조의8에서 별도의 규정을 두면서 연대책임으로 규정하지 않았다는 점과 ② 제408조의9가 제450조를 준용하지 않고 있어 법문상으로는 재무제표 승인에 의한 책임 해제가 집행임원에게는 적용되지 않는다는 점이다. ① 연대책임으로 규정하지 않은 것은 집행임원은 회의체를 구성하지 않고 각자 업무를 집행하기 때문이나, ② 제450조를 준용하지 않은 것은 그래야 할 이유가 없으므로 입법의 불비로 봐야 한다.

(4) 대표집행임원

집행임원 설치회사는 대표이사를 둘 수 없고(제408조의2 제1항) 대표집행임원이 회사를 대표한다. 집행임원이 2명 이상이면 이사회 결의로 회사를 대표할 대표집행임원을 선임하여야 하고, 집행임원이 1명이면 그 집행임원이 대표집행임원이 된다(제408조의5 제1항). 대표집행임원에 관하여는 상법에 다른 규정이 없으면 대표이사에 관한 규정이 준용되므로(동조 제2항), 대표집행임원의 대표권에 관한 법률관계는 대표이사와 차이가 없다. 표현대표이사에 관한 규정도 준용된다(동조 제3항).

(5) 이사회

1) 이사회의 권한

집행임원 설치회사에서 이사회의 권한은 대부분 집행임원에 대한 감독에 관한 것이다.

① 일반적 감독

집행임원 설치회사의 이사회는 집행임원의 업무집행을 감독한다(제408조의2 제3항 2호). 이는 일반 주식회사에서 이사회가 대표이사를 감독하는 것과 차이가 없다(제393조 제2항).

② 수인의 집행임원의 관리

집행임원이 여러 명인 경우 이사회는 집행임원의 직무 분담 및 지휘·명령관계, 그 밖에 집행임원의 상호관계에 관한 사항을 결정할 수 있다(제408조의2 제3항 5호).

③ 집행임원의 보수결정

이사회는 정관에 규정이 없거나 주주총회의 승인이 없는 경우 집행임원의 보수를 결정할 수 있다(제408조의2 제3항 6호). 이사 보수의 결정과의 균형상 정관이나 주주총회결의로 정하는 것을 원칙으로 하였다. 후순위로나마 이사회가 정할 수 있도록 한 것은 이사회가 집행임원에 대한 실적 평가를 통해 집행임원을 감독·통제할 수 있도록 하기 위해서이다.

④ 기타의 권한

이사회는 집행임원과 회사의 소송에서 회사를 대표할 자를 선임할 권한이 있다(제408조의2 제3항 3호). 그리고 집행임원 설치회사는 이사회의 회의를 주관하기 위하여 이사회 의장을 두어야 하는데, 이사회의 의장은 정관의 규정이 없으면 이사회 결의로 선임한다(제408조의2 제4항).

2) 집행임원의 이사회에 대한 보고의무

집행임원은 3개월에 1회 이상 업무의 집행상황을 이사회에 보고하여야 한다(제408조의6 제1항). 이 외에도 집행임원은 이사회의 요구가 있으면 언제든지 이사회에 출석하여 요구한 사항을 보고하여야 한다(동조 제2항). 그리고 이사는 대표집행임원으로 하여금 다른 집행임원 또는 피용자의 업무에 관하여 이사회에 보고할 것을 요구할 수 있다(동조 제3항).

▌제4관 감사제도(監査制度)

➊ 감사제도의 설계

1. 업무감사와 회계감사

주식회사에서는 주주가 직접 경영자를 감독하는 것이 사실상 불가능하기 때문에 주주를 대신하여 경영자를 감독하는 감사제도를 두게 된다. 감사는 크게 업무감사와 회계감사로 나눌 수 있는데, 업무감사란 경영자의 업무집행의 적법성과 타당성에 대한 감사이고, 회계감사란 회계장부 등이 회사의 재무상황이나 경영실적을 적정하게 표시하고 있는지에 대한 감사이다. 이사회나 주주 등도 일정 부분 감사 기능을 수행하기는 하나, 업무감사와 회계감사 모두를 담당하는 상법상 명실상부한 감사기관은 감사 또는 감사위원회이다.

2. 감사·감사위원회

상법은 이사회로부터 독립한 감사를 내부감사기관으로 하고 있다. 그러나 그 동안 감사제도는 그 실효성이 부족하다는 지적이 계속되었고, 그러다가 IMF 금융위기를 맞아 1999년 상법 개정으로 감사를 대체할 수 있는 감사위원회를 도입하게 되었다. 감사위원회는 이사로 구성되는 이사회의 하부위원회의 성격을 가지는 것으로 감사위원회가 감사 기능을 수행한다는 것은 결국 이사회의 감독기능이 강화되었음을 의미한다.

❷ 감사

1. 의의

감사는 회사의 업무 및 회계의 감사를 주된 임무로 하는 주식회사의 필요적 상설기관이다. 다만 자본금 총액이 10억 원 미만인 회사는 감사를 두지 않을 수 있다(제409조 제4항). 소규모회사에서는 대부분 회사 경영을 출자자가 직접 하기 때문에 독립적인 감독의 필요가 적고, 영세기업에게 경영조직의 설치 및 유지에 관한 비용의 부담을 덜어주기 위함이다.

2. 선임 및 종임

(1) 선임

① 감사는 주주총회의 보통결의로 선임한다(제409조 제1항). 의결권 없는 주식을 제외한 발행주식의 총수의 100분의 3(정관에서 더 낮은 주식 보유비율을 정할 수 있으며, 정관에서 더 낮은 주식 보유비율을 정한 경우에는 그 비율로 한다)을 초과하는 수의 주식을 가진 주주는 그 초과하는 주식에 관하여 제1항의 감사의 선임에 있어서는 의결권을 행사하지 못한다(동조 제2항). 회사가 제368조의4 제1항에 따라 전자적 방법으로 의결권을 행사할 수 있도록 한 경우에는 제368조 제1항에도 불구하고 출석한 주주의 의결권의 과반수로써 제1항에 따른 감사의 선임을 결의할 수 있다(동조 제3항). 자세한 내용은 의결권의 제한 부분을 참고하기 바란다. 그러나 감사의 해임에 있어서는 이와 같은 제한이 없다. ② 상장회사는 주주총회에서 이사를 선임한 후 선임된 이사 중에서 감사위원회위원을 선임하여야 한다. 다만, 감사위원회위원 중 1명(정관에서 2명 이상으로 정할 수 있으며, 정관으로 정한 경우에는 그에 따른 인원으로 한다)은 주주총회 결의로 다른 이사들과 분리하여 감사위원회위원이 되는 이사로 선임하여야 한다(제542조의12 제2항). ③ 감사위원회위원은 제434조에 따른 주주총회의 결의로 해임할 수 있다. 이 경우 제2항 단서에 따른 감사위원회위원은 이사와 감사위원회위원의 지위를 모두 상실한다(제542조의12 제3항). ④ 감사와 회사의 관계는 위임이다(제415조 → 제382조 제2항).

주주총회에서 감사를 선임하려면 우선 '출석한 주주의 의결권의 과반수'라는 의결정족수를 충족하여야 하고, 나아가 의결정족수가 '발행주식총수의 4분의 1 이상의 수'이어야 하는데, 상법 제371조는 제1항에서 '발행주식총수에 산입하지 않는 주식'에 대하여 정하면서 상법 제409조 제2항의 의결권 없는 주식(이하 '3% 초과 주식'이라 한다)은 이에 포함시키지 않고 있고, 제371조 제2항에서 '출석한 주주의 의결권 수에 산입하지 않는 주식'에 대하여 정하면서는 3% 초과 주식을 이에 포함시키고 있다.

그런데 만약 3% 초과 주식이 상법 제368조 제1항에서 말하는 '발행주식총수'에 산입된다고 보게 되면, 어느 한 주주가 발행주식총수의 78%를 초과하여 소유하는 경우와 같이 3% 초과 주식의 수가 발행주식총수의 75%를 넘는 경우에는 상법 제368조 제1항에서 말하는 '발행주식총수의 4분의 1 이상의 수'라는 요건을 충족시키는 것이 원천적으로 불가능하게 되는데, 이러한 결과는 감사를 주식회사의 필요적 상설기관으로 규정하고 있는 상법의 기본 입장과 모순된다. 따라서 감사의 선임에서 3% 초과 주식은 상법 제371조의 규정에도 불구하고 상법 제368조 제1항에서 말하는 '발행주식총수'에 산입되지 않는다. 그리고 이는 자본금 총액이 10억 원 미만이어서 감사를 반드시 선임하지 않아도 되는 주식회사라고 하여 달리 볼 것도 아니다(대판 2016.8.17. 2016다222996).

(2) 자격 및 원수

상법상 감사의 자격과 인원수에는 제한이 없다. 감사는 1인으로 족하지만, 회사가 임의로 2인 이상의 감사를 둘 수도 있다. 다만 감사는 회의체기관이 아니므로 여러 명 있더라도 각자가 독립해서 권한을 행사한다.

(3) 임기

감사의 임기는 취임 후 3년 내의 최종의 결산기에 관한 정기총회의 종결일까지로 한다(제410조). 3년 내에 도래하는 「정기총회일」이 아니라 「결산기의 말일」이 기준이 됨을 주의하자. 그 결과 감사의 임기는 3년을 초과할 수도 있고 이에 미달할 수도 있다. 예를 들어 사업연도가 1년이고 12월 말이 결산인 회사에서 감사가 2015. 2. 25. 취임하였다고 하자. 이 감사의 임기만료일은 취임으로부터 3년 후인 2018. 2. 25. 이전에 도래하는 최종의 결산기인 2017년도 결산기에 관한 정기총회 종료일이다. 따라서 이 감사의 임기는 그 정기총회 종료일이 2018. 3. 8.이면 3년을 초과하게 되고, 2018. 2. 15.이면 3년에 미달하게 된다.

(4) 보수

감사의 보수도 이사의 보수와 같이 정관으로 정하거나 주주총회에서 정하여야 한다(제415조 → 제388조).

(5) 종임

임기만료와 위임의 종료사유로 퇴임한다. 그리고 이사에 관한 주총특별결의에 의한 해임, 소수주주에 의한 해임청구의 소, 결원의 처리(퇴임이사·일시이사), 직무집행정지·직무대행자선임의 가처분(직무집행자의 권한은 제외)에 관한 규정은 모두 감사에게 준용되므로(제415조 → 제385조, 제386조, 제407조), 이에 관해 감사는 이사와 같은 방법에 의한다.

감사위원회위원을 선임 또는 해임할 때에는 상장회사의 의결권 없는 주식을 제외한 발행주식총수의 100분의 3(정관에서 더 낮은 주식 보유비율을 정할 수 있으며, 정관에서 더 낮은 주식 보유비율을 정한 경우에는 그 비율로 한다)을 초과하는 수의 주식을 가진 주주(최대주주인 경우에는 사외이사가 아닌 감사위원회위원을 선임 또는 해임할 때에 그의 특수관계인, 그 밖에 대통령령으로 정하는 자가 소유하는 주식을 합산한다)는 그 초과하는 주식에 관하여 의결권을 행사하지 못한다(제542조의12 제4항).

제4항은 상장회사가 감사를 선임하거나 해임할 때에 준용한다. 이 경우 주주가 최대주주인 경우에는 그의 특수관계인, 그 밖에 대통령령으로 정하는 자가 소유하는 주식을 합산한다(제542조의12 제7항).

회사가 제368조의4 제1항에 따라 전자적 방법으로 의결권을 행사할 수 있도록 한 경우에는 제368조 제1항에도 불구하고 출석한 주주의 의결권의 과반수로써 제1항에 따른 감사위원회위원의 선임을 결의할 수 있다(제542조의12 제8항).

3. 겸직 제한

감사는 당해 회사 및 자회사의 이사, 지배인 또는 그 밖의 사용인을 겸하지 못한다(제411조). 실질적으로 감사가 자신의 행위를 감사하는 결과가 되어 감사의 객관성을 확보할 수 없기 때문이다. 따라서 자회사의 감사가 모회사의 이사를 겸하거나, 모자회사의 감사를 겸하는 것은 자기감사의 문제가 생기지 않으므로 허용된다. 이와 같이 제한되는 겸직을 하면 어떻게 되는가? 예컨대, 감사가 당해 회사 이사나 지배인으로 선임되거나, 반대로 이사나 지배인이 당해 회사 감사에 선임되는 경우이다. 이에 관해 판례는 "그 선임행위는 각각의 선임 당시에 있어 현직을 사임하는 것을 조건으로 하여 효력을 가지고, 피선임자가 새로이 선임된 지위에 취임할 것을 승낙한 때에는 종전의 직을 사임하는 의사를 표시한 것으로 해석하여야 한다(대판 2007.12.13. 2007다60080)."라고 판시하였다.

4. 감사의 권한

(1) 업무감사권

감사(監事)는 이사의 직무의 집행을 감사(監査)한다(제412조 제1항). 회계감사권은 당연히 업무감사권에 포함된다. 감사의 업무감사권이 미치는 범위는 어떻게 되는가? 이사의 업무집행의「적법성 감사」에 미친다는 점에는 이견이 없으나,「타당성 감사」에도 미치는지에 대하여는 견해가 대립한다. ① 일반적으로 타당성 감사에도 미친다는 견해, ② 원칙적으로는 적법성 감사에 한하나 현저히 부당한 업무집행에 대해서는 타당성 감사도 할 수 있다는 견해도 있으나, ③ 통설은 감사의 권한은 원칙적으로 적법성 감사에 한정되고, 예외적으로 명문의 규정이 있는 경우에만(제413조, 제447조의4 제2항 5호, 8호) 타당성 감사도 할 수 있다고 한다. 타당성 감사는 이사회의 권한에 속하고, 이사와 감사의 경영판단이 충돌하는 경우 감사의 판단을 우선시하는 것은 권한 배분의 취지에 맞지 않는다는 것이다.

(2) 감사의 실효성 확보를 위한 권한

1) 보고요구·조사권

업무감사를 위하여 감사는 언제든지 이사에 대하여 영업에 관한 보고를 요구하거나 회사의 업무와 재산상태를 조사할 수 있다(제412조 제2항). 정기적인 결산감사를 위해 이사로부터 재무제표와 영업보고서를 제출 받아 감사를 실시할 때도(제447조의3), 필요한 사항에 관해 보고를 요구하거나 조사할 수 있음은 물론이다.

2) 보고수령권

이사는 회사에 현저한 손해를 미칠 염려가 있는 사실을 발견한 때에는 즉시 감사에게 이를 보고하여야 한다(제412조의2).

3) 전문가의 조력

감사는 회사의 비용으로 전문가의 도움을 구할 수 있다(제412조 제3항). 감사업무를 수행함에 있어 법률·회계·세무 등의 전문가의 조력이 필요한 경우 회사의 비용을 사용할 수 있다는 것이다.

4) 자회사에 대한 보고요구·조사권

① 의의

모회사의 감사는 그 직무를 수행하기 위하여 필요한 때에는 자회사에 대하여 영업의 보고를 요구할 수 있다(제412조의5 제1항). 이 경우 자회사가 지체 없이 보고를 하지 아니할 때 또는 그 보고의 내용을 확인할 필요가 있는 때에는 모회사의 감사는 자회사의 업무와 재산상태를 조사할 수 있다(동조 제2항). 자회사는 정당한 이유가 없는 한 이상의 보고 및 조사를 거부할 수 없다(동조 제3항).

② 적용 범위

자회사에 대하여 보고를 요구하거나 조사를 할 수 있는 사항은 모회사의 감사에 필요한 범위로 한정되며, 자회사의 영업에 관한 포괄적인 보고요구나 조사는 할 수 없다. 이 권한은 자회사에 대한 감사권이 아니고, 모회사 감사의 직무는 어디까지나 모회사의 감사에 국한되기 때문이다.

5) 이사회출석·의견진술권

감사는 이사회에 출석하여 의견을 진술할 수 있다(제391조의2 제1항). 감사업무 수행을 위해서는 이사회 결의사항을 알 필요가 있고, 감사의견을 이사회에 표시할 필요가 있기 때문이다. 의견을 진술한다 함은 평소 행한 감사결과에 대한 의견이나 이사회에서 다루고 있는 의안의 적법성에 관한 의견을 진술함을 의미한다. 따라서 이사회를 소집할 때에는 감사에게도 소집 통지를 하여야 하고(제390조 제3항), 소집 통지를 생략하고자 할 때에는 감사 전원의 동의도 얻어야 한다(제390조 제4항). 다만 감사의 이사회 출석은 감사권의 수행을 위한 것일 뿐, 이사회의 의사형성을 위해 필요한 것은 아니므로, 감사에게 소집 통지를 하지 않았다고 하여 이사회결의에 하자가 있는 것은 아니다(대판 1992.4.14. 90다카22698).

6) 이사회의사록의 기명날인·서명권

이사회에 출석한 감사도 이사회의 의사록에 기명날인 또는 서명해야 한다(제391조의3 제2항). 감사의 출석을 보장하고 의사록 작성의 공정·정확을 기하기 위함이다.

7) 이사회소집청구권

감사는 필요하면 이사에게 이사회의 소집을 청구할 수 있고, 이사가 지체 없이 소집하지 않으면 직접 소집할 수 있다(제412조의4). 여기서 「필요하면」이란 감사가 상법 제391조의2에 의해 이사회에 의견을 진술하거나 보고하기 위해 필요한 경우를 의미한다. 자세한 내용은 이사의 소집에서 서술하였다.

8) 주주총회소집청구권

감사는 이사회에 임시총회의 소집을 청구할 수 있고, 이사회가 지체 없이 소집절차를 밟지 않으면 법원의 허가를 얻어 직접 소집할 수 있다(제412조의3, 제415조의2 제7항). 감사업무의 실효성 확보를 위한 것으로 감사업무와 관련한 긴급한 의견진술을 위해서만 허용된다. 자세한 내용은 주주총회의 소집에서 서술하였다.

(3) 위법행위의 시정을 위한 권한

감사는 업무 및 회계감사와 별개로 위법행위를 시정하는 권한을 갖는다.

1) 위법행위유지청구권

소수주주뿐만 아니라 감사도 이사의 위법행위에 대하여 유지청구권을 가진다(제402조). 자세한 내용은 유지청구권에서 서술하였다.

2) 각종 소제기권

감사는 설립무효의 소(제328조), 주주총회결의 취소의 소(제376조 제1항), 신주발행무효의 소(제429조), 감자무효의 소(제445조), 합병무효의 소(제529조)에 관하여 소제기권을 가진다.

(4) 감사해임에 관한 의견진술권

감사는 주주총회에서 감사의 해임에 관하여 의견을 진술할 수 있다(제409조의2). 감사해임결의가 주주에게 보다 접근의 기회가 많은 이사들에 의해 오도될 우려가 있으므로 감사에게 결의의 공정을 촉구할 기회를 준 것이다. 감사는 자신의 해임에 관해서는 물론 다른 감사의 해임에 관해서도 의견을 진술할 수 있다. 감사가 의견진술을 원함에도 기회를 부여하지 않은 경우 결의취소사유에 해당한다.

(5) 회사와 이사 간의 소대표권

회사와 이사 간의 소송에 관하여는 대표이사가 아니라 감사가 회사를 대표한다(제394조 제1항). 자세한 내용은 대표이사의 대표권에서 서술하였다.

5. 감사의 의무

감사는 회사와 위임관계에 있으므로 회사에 대하여 선관주의의무를 부담하고(제415조 → 제382조 제2항), 재임 중·퇴임 후 할 것 없이 회사에 대하여 영업비밀유지의무를 부담한다(제415조 → 제382조의4). 그 외에 다음과 같은 개별적인 의무를 부담한다.

(1) 이사회에 대한 보고

감사는 이사가 법령 또는 정관에 위반한 행위를 하거나 그 행위를 할 염려가 있다고 인정한 때에는 이사회에 이를 보고하여야 한다(제391조의2 제2항). 이사회에 대한 감독권 발동을 촉구하는 의미를 가진다. 손해가 발생하였는지 여부와 관계없이 보고하여야 한다.

(2) 주주총회에서의 의견진술

감사는 이사가 주주총회에 제출할 의안 및 서류를 조사하여 법령 또는 정관에 위반하거나 현저하게 부당한 사항이 있는지의 여부에 관하여 주주총회에 그 의견을 진술하여야 한다(제413조).

(3) 감사록의 작성

감사(監事)는 감사(監査)에 관한 감사록을 작성하여야 한다(제413조의2 제1항). 감사록에는 감사의 실시요령과 그 결과를 기재하고 감사를 실시한 감사가 기명날인 또는 서명하여야 한다(동조 제2항).

(4) 감사보고서의 작성·제출

결산감사를 할 때에는 감사보고서를 작성하여 이사에게 제출하여야 한다(제447조의4 제1항).

그러나 감사는 회사에 대하여 ① 경업금지의무, ② 회사기회 유용금지의무, ③ 자기거래금지의무는 부담하지 않는다. 따라서 이사회의 승인이 없어도 이와 같은 거래를 할 수 있다(제415조는 397조, 제397조의2, 제398조를 준용하지 않고 있다). 감사는 회사의 업무집행에 관여하지 않기 때문에 회사와 이해상충이 발생할 염려가 적기 때문이다.

6. 감사의 책임

감사의 회사 또는 제3자에 대한 책임은 이사의 그것과 아무 차이가 없다. 즉 ① 감사가 그 임무를 해태한 때에는 그 감사는 회사에 대하여 연대하여 손해를 배상할 책임이 있다(제414조 제1항). ② 감사가 고의 또는 중대한 과실로 인하여 그 임무를 해태한 때에는 그 감사는 제3자에 대하여 연대하여 손해를 배상할 책임이 있다(동조 제2항). ③ 감사가 회사 또는 제3자에 대하여 손해를 배상할 책임이 있는 경우에 이사도 그 책임이 있는 때에는 그 감사와 이사는 연대하여 배상할 책임이 있다(동조 제3항). ④ 감사의 책임은 소수주주가 대표소송으로 추궁할 수 있으며(제415조 → 제403조 ~ 제406조, 제406조의2), 총주주의 동의로 면제하거나(제400조 제1항), 정관에 규정을 두어 경감할 수 있다(제400조 제2항). ⑤ 비상근감사라고 하여 상근감사의 책임과 다른 요건을 적용하지 않는다. 판례도 "비상임 감사는 감사로서의 선관주의의무 위반에 따른 책임을 지지 않는다는 주장은 허용될 수 없다(대판 2007.12.13. 2007다60080)."라고 판시하였다.

⑬ 감사위원회

1. 개설

(1) 의의

감사위원회는 이사회의 하부위원회로서 감사를 대체하는 감사기관을 말한다. 회사의 감사기관으로는 감사가 원칙이지만 정관에 규정을 둘 경우 감사위원회를 설치할 수 있다. 감사위원회를 설치한 경우에는 감사는 둘 수 없다(제415조의2 제1항). 결국 소규모회사를 제외한 주식회사는 감사와 감사위원회 중 하나를 선택하여 반드시 두어야 한다.

감사위원회는 종래 감사제도가 법에서 기대하는 기능을 다하지 못한 데 기인하여 1999년 개정 상법에서 도입되었으나, 종래의 감사보다 나은 기능을 할 것인지는 의문이다. 감사위원회는 그 위상이 이사회의 하부기관으로 자래매김되어 있기 때문이다.

(2) 감사와의 비교

① 감사는 주주총회에서 선임하고 이사회로부터 독립하여 대등한 지위에 있는 기관이다. 따라서 타인기관으로서 업무집행기관의 업무수행을 객관적인 입지에서 감사할 수 있다. ② 반면 감사위원은 대규모상장회사를 제외하고는 이사회가 이사 중에서 선임하고 해임한다. 따라서 이론상으로 감사위원은 이사회에 대해 완전한 독립성을 가질 수 없고, 감사위원은 이사회의 업무집행결정에 관여하므로 감사위원회의 감사는 자기가 관여하여 결정한 업무의 집행행위에 대한 감사가 되어 그 객관성에 한계가 있을 수밖에 없다.

2. 감사위원의 선임·종임

감사위원회는 3인 이상의 이사로 구성되며, 사외이사가 위원의 3분의 2 이상이어야 한다(제415조 의2 제2항). 감사위원은 이사회가 선임하고 해임한다. 선임은 이사회 결의로 하고, 해임은 요건을 가중하여 이사 총수의 3분의 2 이상의 결의로 한다(제415조의2 제3항).

3. 감사위원회의 운영

감사위원회는 감사와는 달리 회의체기관이므로 권한행사는 위원회의 결의를 통하여 한다. 감사위원회는 이사회의 하부 위원회이므로 소집이나 결의방법 등 감사위원회의 운영은 제393조의2 제4항, 제5항에서 정하는 이사회 내 위원회의 운영방법에 따라야 한다. 다만 운영에 있어 일반 위원회와 다른 점은 감사위원회는 그 결의로 위원회를 대표할 자를 선정하여야 한다는 점이다. 이 경우 수 인의 위원이 공동으로 위원회를 대표할 것을 정할 수 있다(제415조의2 제4항). 이 같이 대표위원을 둔 결과, 감사위원회는 감사업무에 관한 의사결정을 하고, 그 결정의 집행은 대표위원이 하게 된다. 감사위원회는 회사의 비용으로 전문가의 조력을 구할 수 있다(동조 제5항).

감사위원회는 이사회의 하부위원회이기는 하나 기능적으로 감사를 대신하는 기관이므로 이사회로부터 독립하여 감사업무를 수행한다. 따라서 감사위원회가 결의한 사항에 대하여는 이사회가 다시 결의할 수 없다(동조 제6항). 다시 말해 감사위원회의 결정을 이사회가 번복하는 것은 허용되지 않는다.

4. 감사위원회의 권한·의무·책임

상법은 감사의 권한과 의무에 관한 규정을 감사위원회에 준용하고 있다(제415조 제7항). 따라서 감사위원회의 권한과 의무는 감사의 그것과 동일하다. 그리고 감사위원의 책임도 제414조가 준용되므로(제415조의7) 감사의 책임과 동일하다.

04 상장회사의 특례

1. 상근감사

(1) 의의

상근감사란 회사에 상근하면서 감사업무를 수행하는 감사를 말한다. 과거 상장회사 중에는 비상근감사를 두는 예가 많았는데, 이같이 해서는 감사가 회사의 업무에 대한 정보접근이 어려워 실효적인 감사가 불가능하다. 그래서 상법은 최근 사업연도 말 현재의 자산총액이 1천억 원 이상인 상장회사는 주주총회 결의에 의하여 상근감사를 1명 이상 두어야 하는 것으로 하였다(제542조의10 제1항 본문, 상법시행령 제36조 제1항).

(2) 회사 규모에 따른 상장회사의 감사기관의 설치의무

자산총액 1천억 원 이상인 상장회사라도 제542조의11의 감사위원회를 설치한 경우에는 상근감사를 두지 않아도 된다(제542조의10 제1항 단서). 그리고 후술하는 바와 같이 대규모상장회사, 즉 최근 사업연도 말 현재의 자산총액이 2조원 이상인 상장회사는 감사위원회를 설치하여야 한다(제542조의11 제1항, 상법시행령 제37조 제1항).

정리하면, ① 최근 사업연도 말 현재의 자산총액이 1천억 원 이상 2조원 미만인 상장회사는 상근감사 또는 감사위원회 중 하나를 반드시 두어야 한다. 여기서의 감사위원회는 제415조의2에 의한 감사위원회로는 부족하고, 요건이 강화된 제542조의11의 감사위원회이어야 한다. 따라서 후술하는 대규모상장회사의 감사위원회에 관한 설명은 여기의 감사위원회에 그대로 적용된다. ② 최근 사업연도 말 현재의 자산총액이 2조원 이상인 상장회사는 감사를 둘 수 없고 반드시 제542조의11에 따른 감사위원회를 두어야 한다.

(3) 상근감사의 결격사유

① 미성년자 등 제한능력자, ② 주요주주, 즉 의결권 있는 발행주식의 100분의 10 이상을 소유하거나 이사·감사의 선임·해임 등 회사의 경영사항에 사실상 영향력을 행사하는 주주, ③ 현재 또는 최근 2년 이내에 회사의 상무에 종사하고 있거나 종사하였던 이사·집행임원 및 피용자(감사위원으로 재임 중이거나 재임하였던 이사는 제외), ④ 기타 회사의 경영에 영향을 미칠 수 있는 일정한 자로서 대통령령으로 정하는 자 등은 상근감사가 되지 못한다. 그리고 상근감사가 재임 중에 이에 해당하게 되는 경우에는 상근감사직을 상실한다(제542조의10 제2항). 감사의 독립성을 확보하기 위함이다.

2. 감사위원회

(1) 대규모 상장회사의 경우 감사위원회의 의무적 설치

대규모상장회사(최근 사업연도 말 현재의 자산총액이 2조원 이상인 상장회사)는 감사를 둘 수 없고 반드시 감사위원회를 두어야 한다(제542조의11 제1항).

(2) 감사위원의 선임 및 해임에 관한 권한

1) 대규모상장회사

① 주주총회

감사위원회는 이사회 내 위원회의 하나이므로 감사위원의 선임·해임 권한은 이사회에 있는 것이 원칙이나(제393조의2 제2항 3호 참조), 대규모상장회사의 경우에는 주주총회가 감사위원회 위원을 선임하거나 해임한다(제542조의12 제1항). 그리고 주주총회에서 감사위원을 선임할 때는 이사를 선임한 후 선임된 이사 중에서 감사위원을 선임하여야 한다(동조 제2항). 이를 일괄선출방식이라 한다.

② 의결권의 제한

선임된 이사 중에서 감사위원을 선임할 때 주주의 의결권 제한이 적용된다. ⅰ) 사외이사 아닌 감사위원을 선임 또는 해임할 때에는 주주 1인의 의결권이 발행주식총수의 100분의 3으로 제한되는 외에 최대주주의 경우 특수관계인의 소유주식을 포함하여 의결권이 100분의 3으로 제한된다(제542조의12 제3항). ⅱ) 그러나 사외이사인 감사위원을 선임할 때에는 단지 주주 1인의 의결권이 100분의 3으로 제한된다(동조 제4항). 이 경우는 선임에 대해서만 의결권이 제한되고 해임에 관해서는 언급이 없다.

2) 최근 사업연도 말의 자산총액이 1,000억 원 이상 2조원 미만인 상장회사

이에 해당하는 회사는 상근감사를 대신하여 오직 "이 절에 의한" 감사위원회를 둘 수 있을 따름이므로(제542조의10 제1항 단서) 감사위원회 위원의 선임해임 절차는 대규모상장회사와 같다. 따라서 주주총회에서 감사위원을 선임하고 의결권의 제한도 똑같이 적용된다.

3) 최근 사업연도 말의 자산총액이 1,000억 원 미만인 상장회사

비상장회사와 마찬가지로 감사위원의 선임과 해임은 이사회가 하고(제415조의2 제2항), 감사위원을 해임하는 결의는 이사 총수의 3분의 2 이상의 결의로 하여야 한다(제415조의2 제3항).

(3) 대규모상장회사 감사위원의 자격제한

감사위원의 자격에는 원칙적으로 제한이 없으나 감사위원회를 의무적으로 두어야 하는 대규모상장회사의 경우에는 감사위원의 3분의 2 이상이 소정의 자격을 갖춘 사외이사이어야 하며 동시에 위원 중 1명 이상이 회계 또는 재무전문가이어야 한다(제542조의11 제2항 본문, 제415조의2 제2항) 사외이사가 아닌 감사위원에 관해서는 상근감사와 같은 자격제한이 있다(제542조의11 제3항).

(4) 대표감사위원

상장회사의 대표감사위원은 사외이사의 자격을 갖추어야 한다(제542조의11 제2항 2호).

▎제5관 준법통제(준법통제기준 및 준법지원인)

1. 의의

① 최근 사업연도 말 현재의 자산총액이 5천억 원 이상인 상장회사는 법령을 준수하고 회사경영을 적정하게 하기 위하여 임직원이 그 직무를 수행할 때 따라야 할 준법통제에 관한 기준 및 절

차(준법통제기준)를 마련하여야 한다(제542조의13 제1항, 상법시행령 제39조). 준법통제기준은 이사회의 결의로 작성한다. ② 이 준법통제기준의 준수에 관한 업무를 담당하는 사람(준법지원인)을 1명 이상 두어야 한다(제542조의13 제2항).

2. 준법지원인

(1) 선임과 퇴임

준법지원인은 이사회의 결의로 선인 및 해임할 수 있다(제542조의13 제4항). 변호사 등 법률지식이 풍부한 사람으로 자격이 제한되며(동조 제5항), 임기는 3년이고, 상근으로 한다(동조 제6항). 다른 법률에서 준법지원인의 임기를 3년보다 단기로 정하더라도 상법 제542조의13 제6항을 그에 우선 적용하므로 그 임기는 3년이다(동조 제11항 단서).

(2) 직무

1) 직무의 범위

준법지원인은 준법통제기준의 준수 여부를 점검하여 그 결과를 이사회에 보고하여야 한다(동조 제3항).

2) 직무수행방법

회사는 준법지원인이 그 직무를 독립적으로 수행할 수 있도록 하여야 한다(동조 제9항 전단). 따라서 준법지원인은 이사회나 대표이사의 감독을 받지 않는다. 회사의 임직원은 준법지원인이 그 직무를 수행할 때 자료나 정보의 제출을 요구하는 경우 이에 성실하게 응하여야 한다(동조 제9항 후단).

3) 준법지원인의 의무

준법지원인은 선량한 관리자의 주의로 그 직무를 수행하여야 하고(동조 제7항), 재임 중뿐만 아니라 퇴임 후에도 직무상 알게 된 회사의 영업상 비밀을 누설하여서는 아니 된다(동조 제8항).

제5절 　자본금의 변동

제1관 서설

회사 설립 시에 설정된 자본금은 설립 후의 소정의 절차와 방법으로 증액 또는 감액할 수 있다. 전자를 「자본금의 증가」, 후자를 「자본금의 감소」라 할 수 있다.

1. 액면주식을 발행하는 회사

액면주식을 발행하는 경우 자본금은 발행주식의 액면총액이다(제451조 제1항). 따라서 계산식으로만 보면, 자본금의 증가는 ① 액면가를 늘리는 방법과 ② 발행주식수를 늘리는 방법으로 할 수 있고, 자본금의 감소는 ③ 액면가를 줄이는 방법과 ④ 발행주식수를 줄이는 방법으로 할 수 있다. 그러나 이 중 ①의 방법은 법적으로 불가능하다. 액면가를 늘린다면 모든 주주가 그 만큼 주금을 추가로 납입해야 하는데, 이는 주주유한책임의 원칙과 충돌하기 때문이다. 따라서 자본금의 증가는 신주를 발행하는 방법이 유일하고, 그래서 상법에서는 자본금의 증가는 신주발행이란 말로 대신하여 부른다.

2. 무액면주식을 발행하는 회사

무액면주식을 발행하는 경우 자본금은 주식 발행가액의 2분의 1 이상의 금액으로서 이사회에서 자본금으로 계상하기로 한 금액의 총액이다(제451조 제2항). 자본금의 증가는 ⅰ) 신주발행으로 수령한 발행가의 일부 또는 전부를 자본금의 액에 추가로 계상하거나, ⅱ) 준비금을 전입하여 자본금의 액을 증액하는 방법으로 할 수 있다. 자본금의 감소는 주식의 병합 또는 소각을 수반하지 않고, 단지 자본금의 수치를 축소시키는 결정만으로 할 수 있다. 무액면주식의 발행가를 자본금에 계상한 후에는 발행주식수와 자본금의 관계는 절연되기 때문이다. 자본금이 과거 발행가액총액의 2분의 1 미만이 되도록 자본금을 감소하여도 무방하다.

▌제2관 신주발행

❶ 개설

1. 신주발행의 의의

(1) 개념

신주발행이란 회사설립 후에 정관에서 정한 수권주식의 범위 내에서 새로이 주식을 발행하는 것을 말한다.

(2) 통상의 신주발행과 특수한 신주발행

1) 통상의 신주발행

자금조달 목적의 신주발행을 통상의 신주발행이라 하고, 제416조 이하에서 규정하고 있는 제도를 말한다. 신주의 인수인으로부터 새로운 납입이 이루어지기 때문에 회사의 순자산이 증가하며, 이러한 의미에서 유상증자라고 한다. 일반적으로 신주발행이라고 하면 통상의 신주발행을 의미한다.

2) 특수한 신주발행

회사가 자금조달을 목적으로 하지 않고 신주를 발행하는 경우를 특수한 신주발행이라 한다. 준비금의 자본전입, 주식배당, 전환주식의 전환, 전환사채의 전환, 신주인수권부사채의 신주인수권 행사, 주식매수선택권의 행사, 합병·분할·주식교환·주식이전, 주식분할, 주식병합 등에 의한 신주발행이 이에 해당한다. 특수한 신주발행은 신주인수권부사채의 신주인수권 행사와 주식매수선택권의 행사의 경우를 제외하면 실제로 납입이 이루어지지 않기 때문에 회사의 순자산에는 아무런 영향을 미치지 않는다는 점 등 여러 면에서 통상의 신주발행과 다르다.

이하에서는 통상의 신주발행에 대하여만 설명하기로 하고, 특수한 신주발행은 각각 해당 부분에서 설명하기로 한다.

2. 자본조달방법으로서의 신주발행

신주발행은 사채발행과 함께 회사의 대표적인 자금조달수단이다. 신주발행은 영구적인 자기자본이므로 상환의 부담이 없다. 그러나 이익배당의 부담이 늘고 누가 얼마를 인수하느냐에 따라 회사의 지배구조에 영향을 주므로 회사로서는 중대한 조직법적 변화이다.

3. 신주발행과 회사설립의 비교

신주발행은 이미 설립된 회사가 행하는 것으로 신주발행이 예정대로 이루어지지 않더라도 회사의 실체가 없어지는 것은 아니기 때문에 회사설립에 비하여 규제가 완화된다.

(1) 발행하는 주식총수에 대한 인수·납입의 불필요

회사설립 시에는 발행하는 주식 총수에 대한 인수와 납입이 필요하지만 신주발행에서는 그렇지 않다. 인수와 납입이 이루어지지 않은 부분은 발행되지 않은 것으로 보면 되기 때문이다.

(2) 실권절차의 불요

회사설립 시에는 납입이 이루어지지 않으면 실권절차를 두어 납입을 독려하나(제307조), 신주발행에서는 따로 실권절차를 두지 않고 납입기일의 경과로 당연히 실권시킨다(제423조 제2항).

(3) 현물출자에 대한 규제 완화

현물출자를 위하여 검사인의 조사를 요하는 점은 동일하나, 회사설립 시에는 정관의 규정과 창립총회의 승인이 필요함에 반해, 신주발행 시에는 이사회의 결의로 충분하다.

(4) 액면미달 발행에 대한 규제 완화

액면미달발행은 회사설립 시에는 완전히 금지되나(제330조), 신주발행 시에는 회사설립으로부터 2년이 경과하고 주주총회 특별결의와 법원의 인가를 받으면 허용된다(제417조).

(5) 담보책임

회사설립 시에 발기인은 인수담보책임과 납입담보책임을 지나, 신주발행 시에 이사는 인수담보책임만을 진다. 그 근거도 자본충실 보다는 등기에 대한 신뢰 보호에 있다.

(6) 주주가 되는 시기

규제완화는 아니지만 주식인수인이 주주가 되는 시기도 다르다. 즉 회사설립 시에는 설립등기 시에 주주가 되나 신주발행에서는 납입기일의 다음날 주주가 된다(제423조 제1항).

4. 신주발행의 근본문제

회사의 자금조달은 필요한 시점에 즉시 이루어져야 하므로 신주발행은 기동성이 매우 중요하다. 그래서 상법은 이사회가 주주의 간섭을 받지 않고 신주발행을 결정할 수 있도록 하였다.

한편 신주발행은 주주의 이해에 중대한 영향을 미친다. 발행가액이 얼마인가에 따라 주주간에 부의 이전이 발생할 수도 있고, 신주발행이 기존 주주의 지분비율에 따라 이루어지지 않으면 주주간 지분비율이 변동될 수도 있다. 전자를 「부의 희석화」라 하고, 후자를 「지배권의 희석화」라 한다.

예를 들어 액면가액 5,000원, 총발행주식 1만주, 순자산이 1억 원인 회사가 있다고 하자. 현재이 회사 1주당 순자산가치는 1만 원(1억 원÷1만주)이다. 이 회사가 발행가를 액면가로 정하여 1만주를 새로 발행한다면 발행 후 회사의 순자산은 5,000만 원(발행가 5,000원 × 신주 1만주) 증가하여 1억 5,000만 원이 되고 주당 순자산가치는 7,500원(1억 5,000만 원÷ 발행주식총수 2만주)이 된다.

이에 따라 구주주는, 신주발행 전 1만 원이었던 주식이 신주발행 후 7,500원으로 가치가 하락하였으므로 기존 주식 1주당 2,500원의 손실을 입게 되고, 신주를 인수한 자는 5,000원을 납입하고 발행 받은 주식이 7,500원이 되었으므로 1주당 2,500원의 이익을 얻게 된다. 이렇게 신주발행에 의해 구주주의 부가 신주주에게 이전되는데, 이를 부의 희석화라 한다.

한편 원래 이 회사의 주식 1만주는 甲이 6,000주(60%), 乙이 2,000주(20%), 나머지 군소주주들이 2,000주를 나누어 가지고 있었다고 하자. 그런데 신주 1만주를 전부 乙 또는 제3자가 인수한다면 甲의 지분은 30%(甲의 보유주식수 6,000주÷ 발행주식총수 2만주)로 떨어지고 甲은 이 회사에 대한 지배력을 잃게 된다. 이를 지배권의 희석화라 한다.

신주발행의 근본문제는 자금조달의 기동성 확보를 위해 이사회가 주주의 간섭을 받지 않고 신주발행을 결정할 수 있도록 한 결과 주주의 이익이 침해될 수가 있다는 점이다. 이 문제를 해결하기 위하여 상법은 여러 방법을 채택하고 있다. ① 신주를 주주에게만 지분에 비례하여 발행하면 발행가액과 상관 없이 지배권이나 부의 희석화가 일어나지 않으므로, 주주에게 신주인수권을 부여하고 있고(제418조), ② 정관으로 신주발행을 주주총회가 결정할 수 있도록 하여(제416조 단서), 주주의 이익을 해칠 수 있는 제3자에 대한 신주의 저가발행을 이해관계 주체인 주주가 스스로 결정할 수 있는 길을 열어 놓는 등이다.

❷ 신주인수권

1. 의의

(1) 개념

신주인수권이란 회사가 신주를 발행할 경우 그 전부 또는 일부를 타인에 우선하여 인수할 수 있는 권리를 말한다.

(2) 추상적 신주인수권과 구체적 신주인수권

상법상 신주인수권이란 용어는 다의적으로 사용된다. 추상적 신주인수권을 의미할 때도 있고 구체적 신주인수권을 의미할 때도 있다.

1) 추상적 신주인수권

추상적 신주인수권이란 회사가 신주를 발행하는 경우에 소정 수량의 주식을 다른 사람에 우선하여 인수할 수 있는 권리를 말한다. 상법 제418조 제1항에서 말하는 "신주의 배정을 받을 수 있는 권리"는 추상적 신주인수권을 의미한다. 추상적 신주인수권은 원칙적으로 주주에게 부여되며, 주주권의 내용을 이룬다. 따라서 주식과 분리하여 양도·포기하거나 담보에 제공할 수 없고, 시효에 걸리지도 아니한다.

2) 구체적 신주인수권

구체적 신주인수권이란 회사가 실제 신주를 발행할 때 그 신주를 청약하고 배정받을 수 있는 권리를 말한다. 이사회에서 정한 신주배정기준일에 발생한다. 상법 제416조 5호의 "신주인수권", 제419조 제1항의 "신주의 인수권" 등은 구체적 신주인수권을 의미하는 것이다. 추상적 신주인수권에 근거하여 발생하나 회사에 대한 채권적 권리이므로 원칙적으로 주식과 독립하여 양도·처분할 수 있다.

2. 추상적 신주인수권

(1) 주주의 신주인수권

상법은 "주주는 그가 가진 주식 수에 따라서 신주의 배정을 받을 권리가 있다"라고 하여, 추상적 신주인수권은 원칙적으로 지분비례에 따라 주주에게 귀속되도록 하였다(제418조 제1항). 회사가 제3자에게 신주를 발행하면 주주의 지배권의 희석화가 발생하고 발행가액이 시가보다 낮을 경우 부의 희석화도 발생할 수 있기 때문이다. 이에 따라 회사가 신주를 발행할 경우에 주주가 각자 가진 주식수에 비례하여 신주를 인수할 수 있는 권리를 주주의 신주인수권이라 한다. 주주의 신주인수권은 정관이나 이사회의 결의에 의해서 생기는 권리가 아니라 법률의 규정에 의하여 주주에게 당연히 생기는 권리이다. 그리고 신주가 주주의 지분 비례로 발행되는 경우를 주주배정이라 한다.

(2) 주주의 신주인수권의 배제

신주인수권은 주주가 가짐이 원칙이나, 예외적으로 주주의 신주인수권이 배제되고 제3자에게 신주인수권이 부여되는 경우가 있다.

1) 법령에 의한 배제

법령으로 주주의 신주인수권이 배제되는 경우로는, 전환주식 또는 전환사채의 전환, 신주인수권부사채의 신주인수권 행사, 주식매수선택권의 행사 등 신주인수권자가 구체적으로 미리 특정되어 있는 경우 등을 생각할 수 있다.

2) 제3자 배정

① 개념

회사는 정관에 정하는 바에 따라 주주 외의 자에게 신주를 배정할 수 있다(제418조 제2항 본문). 주주들이 자력이 없어 신주를 인수하지 못하여 자력 있는 출자자를 확보해야 할 필요가 있는 경우도 있으므로, 상법은 정관으로 주주의 신주인수권을 제한할 수 있는 길을 열어놓은 것이다. 이에 따라 신주가 주주 이외의 자에게 발행되는 경우를 제3자 배정이라 한다. 주주가 신주를 인수하더라도 소유주식수에 비례한 자기 몫을 초과하여 신주를 인수한다면 이 역시 제3자 배정이다.

② 제3자 배정의 요건

A. 정관의 근거 규정   제3자 배정을 하기 위하여는 정관에 근거규정이 있어야 한다. 제3자에 대한 신주인수권 부여는 바로 주주의 신주인수권에 대한 제한을 뜻하기 때문이다. 정관에 규정을 둔다면 주주의 신주인수권을 완전히 박탈하는 것도 가능하다.

B. 경영상 목적   제3자 배정에는 합리적인 사유가 있어야 한다. 즉 제3자 배정은 신기술의 도입, 재무구조의 개선 등 회사의 「경영상 목적」을 달성하기 위하여 필요한 경우에 한하여 할 수 있다(제418조 제2항 단서). 그러나 경영상 목적은 대단히 포괄적인 불확정개념이어서 자금조달이 필요한 경우라면 거의 언제나 이 요건을 충족한다고 보아야 한다. 문제는 회사의 경영권에 관한 분쟁이 벌어진 상황에서 현재의 지배주주나 경영자가 그 우호세력에게 제3자 배정으로 신주를 발행한 경우 경영상 목적이 인정되는지 여부이다. 이와 관련하여 판례는 "회사의 경영권 분쟁이 현실화된 상황에서 경영진의 경영권이나 지배권 방어라는 목적을 달성하기 위하여 제3자에게 신주를 배정하는 것은 상법 제418조 제2항을 위반하여 주주의 신주인수권을 침해하는 것이다(대판 2009.1.30. 2008다50776)."라고 판시한 바 있다.

③ 제3자 신주인수권의 성질

제3자의 신주인수권은 정관의 규정만으로 발생하지 않고, 회사와 제3자간의 계약이 있어야만 비로소 발생한다(통설). 회사의 규칙인 정관의 효력이 사단관계 이외의 자인 제3자에게 당연히 미친다고 볼 수는 없기 때문이다. 따라서 제3자의 신주인수권은 계약상의 권리이다. 주주의 신주인수권이 주주 자격으로부터 사단법상의 관계에서 법률상 당연히 인정되는 권리인 것과 구별된다.

④ 주주에 대한 공시

제3자 배정 방식으로 신주를 발행하는 경우 신주발행 자체 및 제3자 배정에 관해 주주도 중대한 이해를 가지므로 신주의 발행사항을 주주들에게도 알려주어야 한다. 따라서 이 경우 회사는 신주의 종류와 수 등 제416조 1호 내지 4호 소정의 사항을 납입기일의 2주 전까지 주주에게 통지하거나 공고하여야 한다(제418조 제4항). 이는 제3자 배정이 불공정할 경우 다른 주주들에게 신주발행유지청구권을 행사할 기회를 주기 위함이다. 따라서 이 통지·공고를 게을리 한 경우에는 주주의 신주발행유지청구권의 행사 기회를 박탈한 것이므로 원칙적으로 신주발행은 무효라고 본다.

(3) 예외

1) 현물출자와 신주인수권

① 신주발행 시 현물출자의 문제점

현물출자를 받을 때는 출자하는 재산의 가치를 금액으로 평가하여 그 금액에 상응하는 주식을 배정하므로 신주발행 시에 현물출자를 받으면 각 주주의 신주인수권에 따른 주식수를 정확히 안배하기가 어렵다. 또 회사는 흔히 특정인으로부터 특정 재산을 출자 받기 위해 신주발행을 하는데 이런 경우에는 다른 주주에게는 신주 배정을 전혀 하지 않을 수도 있다. 그래서 현물출자에 대해 배정하는 주식의 일부 또는 전부는 부득이 주주의 신주인수권의 예외를 이루게 된다. 그렇다면 이와 같은 현물출자에 대한 주식의 배정을 정당화하기 위해서는 어떤 법적 근거가 있어야 하는가?

② 현물출자에 대한 주식 배정의 정당화 근거

A. 학설

ⓐ 다수설　　　상법 제416조 4호가 신주발행에 관한 이사회의 결정사항의 하나로 현물출자에 관한 사항을 열거하고 있으므로, 이사회결의(정관상 신주발행을 주주총회가 결정해야 한다면 주주총회의 결의)만 있으면 현물출자를 받을 수 있고, 주주의 신주인수권을 무시한 채 현물출자자에게 현물출자에 상응하는 신주를 발행할 수 있다고 한다.

ⓑ 소수설　　　주주의 신주인수권에 변동을 가져오는 현물출자에는 제418조 제2항의 요건을 갖추어야 한다고 본다. 즉 정관의 근거가 있어야 한다는 것이다. 다수설과 같이 해석하면, 주주의 신주인수권은 법률이나 정관의 규정만으로 제한할 수 있다는 원칙에 대한 예외가 되고, 이사회가 현물출자의 형태로 회사의 지배구조를 바꿔놓을 수 있게 되어 주주권에 대한 중대한 침해가 발생하는 문제가 있다고 한다.

B. 판례　　　A회사의 주주 중 1인인 甲이 현물출자를 하고 신주를 발행 받았는데, 과세관청이 이를 나머지 주주들이 신주인수권을 포기하여 현물출자자인 甲에게 이익을 증여한 것으로 보고 甲에게 증여세를 부과하자, 甲이 증여세부과처분의 취소를 구하는 소송을 제기한 사건에서 판례는, "현물출자자에 대하여 발행하는 신주에 대하여는 일반주주의 신주인수권은 미치지 않는다고 보는 것이 타당하다."라고 하며, 나머지 주주들에게 신주인수권이 있음을 전제로 한 과세관청의 증여세부과처분을 위법하다고 하였다(대판 1989.3.14. 88누889). 이 판례는 대체적으로 다수설을 지지하는 판례로 인용되고 있다.

2) 종류주식

회사가 그 내용이 다른 종류주식을 발행한 경우에는 정관에 다른 정함이 없더라도 신주의 인수에 관하여 서로 다르게 정할 수 있다(제344조 제3항).

(4) 실권주의 처분

1) 의의

주주의 신주인수권은 권리일 뿐 의무는 아니므로 주주는 신주를 인수하지 않을 수 있다. 이렇게 주주배정에 의한 신주발행에서 인수나 납입이 되지 않은 주식을 실권주라 한다. 실권주는 신주인수권자가 청약을 하지 아니하거나(제419조 제3항), 신주인수인이 납입기일에 납입을 하지 아니하는 경우(제423조 제2항) 발생한다.

2) 실권주의 처리

신주발행 시에는 자본금의 전액확정을 요하지 않으므로 실권주는 미발행부분으로 유보하여도 관계 없으나, 이사회의 결의로 제3자에게 배정할 수도 있다. 이때 이사회의 결의로 제3자에게 하는 신주발행은 주주배정방식인가 제3자배정방식인가? 즉 실권된 신주를 제3자에게 발행하기 위해 정관의 규정이 있어야 하는가? 판례는 이때의 신주발행은 주주배정방식이고 정관의 규정은 필요하지 않다고 한다. 즉 "신주 등의 발행에서 주주배정방식과 제3자배정방식을 구별하는 기준은 회사가 신주 등을 발행함에 있어서 주주들에게 그들의 지분비율에 따라 신주 등을 우선적으로 인수할 기회를 부여하였는지 여부에 따라 객관적으로 결정되어야 하고, 신주 등의 인수권을 부여받은 주주들이 실제로 인수권을 행사함으로써 신주 등을 배정받았는지 여부에 좌우되는 것은 아니다. 회사가 주주배정방식에 의하여 신주를 발행하려는데 주주가 인수를 포기하거나 청약을 하지 아니함으로써 그 인수권을 잃은 때에는 회사는 이사회의 결의에 의하여 그 인수가 없는 부분에 대하여 자유로이 이를 제3자에게 처분할 수 있고, 이 경우 그 실권된 신주를 제3자에게 발행하는 것에 관하여 정관에 반드시 근거 규정이 있어야 하는 것은 아니다(대판 2012.11.15. 2010다49380)."라고 판시하였다.

3) 처분조건의 변경

발행가를 저렴하게 하여 주주배정방식으로 신주를 발행하였는데 실권주가 발생하여 이를 제3자에게 배정하는 경우, 발행가를 기존과 동일하게 유지하면 결과적으로 제3자에게 불공정한 가격으로 신주를 발행하는 것과 같아진다. 이 경우 주주의 지분가치가 희석되는 결과가 발생하는데, 이의 방지를 위해 실권주를 제3자에게 배정하는 때에는 처분조건을 변경하여야 하는 것인가?

학설 중에는 시가가 당초 발행가액을 상회하는 경우에는 발행가를 시가로 수정하여 실권주를 배정해야 한다는 견해도 있다. 그러나 판례는 "단일한 기회에 발행되는 전환사채의 발행조건은 동일하여야 하므로, 주주배정으로 전환사채를 발행하는 경우에 주주가 인수하지 아니하여 실권된 부분에 관하여 이를 주주가 인수한 부분과 별도로 취급하여 전환가액 등 발행조건을 변경하여 발행할 여지가 없다(대판 2009.5.29. 2007도4949 전원합의체)."고 판시하였다(에버랜드 전환사채 발행 사건). 일부 학설은 주주의 지분가치 희석화는 주주가 포기한 이익이므로 명문의 근거 없이 이를 회복시킬 이유는 없다며 위 판례의 태도에 찬성한다.

4) 실권한 법인주주의 이사의 책임

실권주를 저가로 제3자에게 처분하면 실권한 주주의 부가 실권주를 취득한 주주에게 이전하는 효과가 생기는데, 이때 실권한 주주가 법인인 경우 신주인수 포기의 의사결정을 한 이사의 책임이 문제된다. 이와 관련하여 에버랜드 전환사채 발행 사건에서 에버랜드의 주주의 하나였던 제일모직이 신주인수를 실권하였던바, 하급심 법원은 그 결정을 유도한 이사에게 제일모직에 대하여 전환사채의 발행가액과 평가액의 차액에 상당하는 손해배상을 하도록 명한 바 있다(대구고법 2012.6.11. 2011나2372).

(5) 신주인수권의 침해

1) 주주의 신주인수권을 무시한 신주발행

주주의 신주인수권을 무시하고 신주를 발행하는 경우, 주주는 ⅰ) 사전적으로 신주발행 유지청구권을 행사할 수 있고(제424조), ⅱ) 사후적으로는 신주발행무효의 소를 제기할 수 있다(제429조). 또한 주주는 ⅲ) 회사에 대하여 손해배상을 청구할 수 있으며(제389조 제3항 → 제210조), ⅳ) 고의 또는 중과실을 입증하여 이사에게 손해배상을 청구할 수도 있다(제401조).

2) 제3자의 신주인수권을 무시한 신주발행

법령 또는 정관에 의해 주주의 신주인수권이 배제되는 경우, 즉 제3자가 신주인수권을 가지는 경우 회사가 제3자의 신주인수권을 무시하고 신주를 발행하면, 제3자는 채무불이행을 이유로 회사에 대하여 손해배상을 청구하거나(민법 제390조), 고의 또는 중과실을 입증하여 이사에 대하여 손해배상을 청구할 수 있다(제401조). 그러나 제3자에게 신주발행유지청구권이나 신주발행무효의 소는 인정되지 않는다. 신주발행유지청구권은 주주만이 행사할 수 있고, 신주발행무효의 소는 주주·이사·감사만이 제기할 수 있기 때문이다.

3. 구체적 신주인수권

(1) 의의

구체적 신주인수권이란 이사회가 구체적으로 주주배정 또는 제3자 배정의 신주발행을 결정함으로써 주주 또는 제3자가 신주인수를 청약하고 배정받을 수 있는 권리를 말한다.

(2) 구체적 신주인수권의 양도

1) 양도성

① 주주배정의 경우

주주의 구체적 신주인수권을 양도할 수 있다는 점에는 의문이 없다. 상법 제416조 5호, 6호는 명문으로 이를 인정하고 있다.

상법 제416조에 의하여 주식회사가 주주총회나 이사회의 결의로 신주를 발행할 경우에 발생하는 구체적 신주인수권은 주주의 고유권에 속하는 것이 아니고 위 상법의 규정에 의하여 주주총회나 이사회의 결의에 의하여 발생하는 구체적 권리에 불과하므로, 그 신주인수권은 주주권의 이전에 수반되어 이전되지 아니하는바, 회사가 신주를 발행하면서 그 권리의 귀속자를 주주총회나 이사회의 결의에 의한 일정 시점에 있어서의 주주명부에 기재된 주주로 한정할 경우, 그 신주인수권은 그 일정 시점에 있어서의 실질상의 주주인가의 여부와 관계없이 회사에 대하여 법적으로 대항할 수 있는 주주, 즉 주주명부에 기재된 주주에게 귀속된다(대판 1995.7.28. 94다25735).

② 제3자배정의 경우

ⅰ) 주식매수선택권이나 전환사채·신주인수권부사채와 같이 법령에 의해 제3자가 신주인수권을 가지는 경우에는 당해 법령에서 정하는 바에 따르면 된다. ⅱ) 문제는 제3자 배정에서 이사회가 제3자를 특정하여 그에게 신주를 발행하기로 한 경우 그 특정된 제3자가 구체적 신주인수권을 타인에게 양도할 수 있는지 여부이다. 학설의 대립이 있으나, 다수설은 회사가 특정한 제3자에게 신주를 발행하기로 한 데에는 그만한 이유가 있을 것이므로 그 제3자는 함부로 그 지위를 타인에게 양도할 수 없다고 한다.

이하 구체적 신주인수권의 양도에 관한 문제는 주주배정의 경우에 국한하여 설명한다.

2) 신주인수권양도의 기능

신주인수는 사실상 인수권자에게 출자를 강요하는 셈이 되어 인수권자에게 경제적 부담을 준다. 물론 주주는 신주 인수를 포기할 수도 있으나, 통상적으로 신주의 발행가는 시가보다 낮기 때문에 이를 포기하면 구주식의 가치가 희석되어 손실을 보게 된다. 그런데 신주인수권을 양도할 수 있으면 주주는 출자를 강요당하지 않고도 그와 같은 손실을 피할 수 있다. 예컨대, 총발행주식 1만주인 회사의 기존주식의 가치가 주당 1만 원인데 발행가를 5,000원으로 하여 1만주의 신주를 발행한다고 하자. 그러면 신주발행 후 1주당 가치는 7,500원이 된다. 1주를 가지고 있던 주주 甲은 신주 1주를 인수할 수 있는 권리를 가지는데, 신주를 인수하면 구주식의 가치는 1만 원에서 7,500원으로 하락하나 5,000원을 납입하고 취득한 신주식의 가치가 7,500원이 되므로 구주식 가치하락의 손실은 이에 따른 이익으로 상쇄된다. 그러나 甲이 신주를 인수하지 않으면 2,500원의 구주식 가치하락의 손실만을 보게 된다. 甲이 이 손실을 피하려면 5,000원을 출자해야 하는데 이는 경제적으로 부담이 된다. 이때 만약 甲이 자신의 신주인수권을 제3자에게 2,500원(7,500원 - 5,000원)에 매각할 수 있다면 甲은 5,000원을 납입할 부담 없이 위 손실을 피할 수 있다.

3) 요건

① 양도성 부여의 임의성

주주는 회사가 정관 또는 이사회결의(정관상 주주총회의 결의로 신주발행을 할 수 있도록 규정된 경우에는 주주총회의 결의, 이하 '이사회결의 등'이라 한다)로 신주인수권을 양도할 수 있음을 정한 경우에 한하여 회사에 대한 관계에서 유효하게 신주인수권을 양도할 수 있다(제416조 5호). 발행사항으로 신주인수권의 양도를 정하면 신주인수권증서를 발행해야 하는 등 회사의 사무부담이 늘어나므로 양도의 허부를 회사의 자율에 맡긴 것이다.

② 양도방법

이사회결의 등으로 신주인수권을 양도할 수 있음을 정한 경우 신주인수권의 양도는 회사가 발행한 신주인수권증서의 교부에 의하여서만 할 수 있다(제420조의3 제1항). 신주인수권의 양도방법을 정형화하기 위함이다.

4) 이사회의 정함이 없는 경우의 양도가능성

이사회결의 등으로 양도할 수 있음을 정하지 않은 경우에는 신주인수권을 양도할 수 없는가?

판례는 그러한 정함이 없더라도 회사가 양도를 승낙하면 지명채권양도의 방법과 효력으로 양도할 수 있다고 한다. 즉 "신주인수권의 양도성을 제한할 필요성은 주로 회사측의 신주발행사무의 편의를 위한 것이므로, 회사가 정관이나 이사회의 결의로 신주인수권의 양도에 관한 사항을 결정하지 아니하였다 하여 신주인수권의 양도가 전혀 허용되지 아니하는 것은 아니고, 회사가 그와 같은 양도를 승낙한 경우에는 회사에 대하여도 그 효력이 있다. 신주인수권증서가 발행되지 아니한 신주인수권의 양도는 지명채권 양도의 일반원칙에 따른다고 보아야 한다(대판 1995.5.23. 94다36421)." 라고 판시하였다.

학설 중에는 이에 찬성하는 견해도 있으나, 다수설은 신주인수권증서 이외의 방법에 의한 양도를 인정하는 것은 "신주인수권의 양도는 신주인수권증서의 교부에 의하여서만 이를 행한다"고 하는 제420조의3 제1항의 문언에 반한다는 이유로 그러한 양도는 회사에 대항할 수 없다고 한다.

(3) 신주인수권증서

1) 의의

신주인수권증서란 주주의 신주인수권을 표창한 유가증권이다. 이를 가지고 신주의 청약과 신주인수권의 양도를 한다. 이미 발생한 신주인수권을 표창할 따름이므로 비설권증권이고, 이의 교부만으로 신주인수권이 양도되므로 무기명증권이다.

신주인수권증서는 주주의 신주인수권에 대해서만 발행할 수 있고, 제3자의 신주인수권에 대해서는 발행할 수 없다(제416조 5호, 6호). 제3자의 신주인수권은 양도성 자체가 부정되기 때문이다.

2) 발행

① 발행을 요하는 경우

이사회결의 등에 의해 주주의 신주인수권을 양도할 수 있음을 정한 경우 회사는 모든 주주에게 신주인수권증서를 발행해야 한다(제416조 5호). 다만 주주의 청구가 있는 때에만 신주인수권증서를 발행한다는 것과 청구기간을 정한 경우에는 그 기간 내에 발행을 청구한 주주에게만 발행할 수 있다(제416조 6호). 회사의 신주인수권증서 발행의 부담을 경감해 주기 위함이다.

② 발행시기

ⅰ) 신주인수권증서는 성질상 신주인수권자가 확정된 후에 발행할 수 있는 것이므로 신주배정기준일(제418조 제3항) 이후에 발행하여야 한다. ⅱ) 그리고 신주인수권증서는 원칙적으로 신주의 청약기일 2주간 전에 발행하여야 한다(제420조의2 제1항 후단). 주주의 신주인수권 양도의 기회를 최소한 2주간은 보장하기 위함이다. 「주주의 청구가 있는 때에만 신주인수권증서를 발행한다는 것과 그 청구기간」을 정한 때에는(제416조 6호) 그 청구기간에 주주의 청구를 받아 발행해야 한다(제420조의2 제1항 전단). 다만 이때도 주주의 신주인수권 양도의 기회를 2주간 이상 보장해야 함은 마찬가지이므로 그 청구기간은 신주의 청약기일로부터 2주간 전에 청구 및 발행이 가능하도록 정하여야 한다.

(4) 신주인수권증서의 효력

신주인수권증서는 신주인수권의 양도나 신주의 청약에 이용된다.

1) 권리추정력

신주인수권증서의 점유자는 적법한 소지인으로 추정된다(제420조의3 제2항 → 제336조 제2항). 그 결과 점유자는 실질적 권리의 증명 없이 신주인수권을 행사할 수 있고, 신주인수권증서는 선의취득도 가능하다(제420조의3 제2항 → 수표법 제21조).

2) 신주인수권의 양도방법

신주인수권은 신주인수권증서의 단순한 교부만으로 양도할 수 있다(제420조의3 제1항).

3) 신주의 청약방법

ⅰ) 신주인수권증서를 발행한 경우에는 신주인수권증서에 의하여 주식의 청약을 한다(제420조의5 제1항 전문). ⅱ) 그러면 신주인수권증서를 상실한 경우에는 신주의 청약을 어떻게 해야 하는가? 원래 공시최고절차를 밟아 제권판결을 얻어 신주의 청약을 해야 할 것이나, 신주인수권증서는 신주 청약기일의 2주 정도 전에 발행되는데 그의 상실 시 3개월 이상의 공시최고기간을 거쳐 제권판결을

받아 청약기일에 신주의 청약을 한다는 것은 사실상 불가능하다. 그래서 상법은 신주인수권증서를 상실한 자는 주식청약서에 의하여 주식의 청약을 할 수 있도록 하였다(제420조의5 제2항 전문). 그러나 그 청약은 신주인수권증서에 의한 청약이 있는 때에는 효력을 잃는다(제420조의5 제2항 후문).

(5) 신주인수권의 전자등록

회사는 신주인수권을 발행하는 대신 정관으로 정하는 바에 따라 전자등록기관의 전자등록부에 신주인수권을 등록할 수 있다. 전자등록을 하면 신주인수권의 양도·입질은 등록에 의해 해야 한다. 그리고 전자등록에는 권리추정력이 있고, 전자등록된 신주인수권은 선의취득도 가능하다(제420조의4).

03 액면미달발행

(1) 의의

액면주식을 발행하는 회사에서 신주를 발행하면 신주의 액면총액만큼 자본금이 증가하므로 자본금충실의 원칙상 그만큼의 순자산도 늘어나야 한다. 따라서 신주의 발행가액은 액면가액 이상이 되어야 함이 원칙이다.

그러나 회사의 실적부진 등으로 신주에 대한 투자자의 수요가 낮은 데도 액면가액을 고집하면 청약이 발행주식수에 미달하여 자금조달에 실패할 수가 있기 때문에, 원만한 자금조달을 위해 액면가액보다 낮은 발행가액으로 신주를 발행해야 할 경우가 있다.

그래서 상법은 액면미달발행을, 회사설립 시에는 전면적으로 금지함에 반해(제330조 본문), 신주발행 시에는 엄격한 요건하에 허용하고 있다(제417조).

(2) 요건

회사가 성립한 날로부터 2년을 경과한 후에 주식을 발행하는 경우에는 회사는 주주총회의 특별결의와 법원의 인가를 얻어서 주식을 액면미달의 가액으로 발행할 수 있다(제417조 제1항).

1) 회사 성립 후 2년 경과

액면미달발행으로 발생한 자본금의 결손은 조만간 해소해야 하는데, 그 해소가능 여부는 회사의 영업이 어느 정도 본궤도에 오른 다음에야 예측이 가능하므로, 그에 필요한 기간으로 2년을 정한 것이다.

2) 주주총회의 특별결의

신주를 액면미달로 발행하면 신·구주의 순자산가치가 혼용되어 액면가 이상으로 발행된 구주의 가치가 희석되기 때문에 요구되는 것이다. 주주총회는 액면미달발행 여부뿐만 아니라 최저발행가액도 정하여야 한다(제417조 제2항).

3) 법원의 인가

액면미달발행은 자본금충실 해하므로 법원의 인가를 받도록 하였다. 법원은 회사의 현황과 제반 사정을 참작하여 최저발행가액을 변경하여 인가할 수 있고, 이 경우 회사의 재산상태 기타 필요한 사항을 조사하기 위하여 검사인을 선임할 수 있다(제417조 제3항).

(3) 발행시기

액면미달의 신주 발행은 법원의 인가를 얻은 날로부터 1월 내에 하여야 한다(제417조 제4항 전문). 액면미달발행은 어느 시점에서의 특수한 상황을 참작하여 허용하는 것이기 때문이다. 법원은 이 기간을 연장하여 인가할 수 있다(제417조 제4항 후문).

04 신주발행일정

(1) 발행사항의 결정

1) 결정기관

신주발행은 원칙적으로 이사회가 결정한다(제416조 본문). 다만 신주발행은 주주에게 중대한 이해가 걸린 사항이므로 정관에 규정을 두어 주주총회가 결정하도록 할 수 있다(제416조 단서).

2) 결정사항

① 결정해야 할 사항

ⅰ) 신주의 종류와 수, ⅱ) 신주의 발행가액과 납입기일, ⅲ) 무액면주식의 경우 신주의 발행가액 중 자본금으로 계상하는 금액, ⅳ) 신주의 인수방법, ⅴ) 현물출자를 하는 자의 성명과 그 목적인 재산의 종류·수량·가액과 이에 대하여 부여할 주식의 종류와 수, ⅵ) 주주가 가지는 신주인수권을 양도할 수 있는 것에 관한 사항, ⅶ) 주주의 청구가 있는 때에만 신주인수권증서를 발행한다는 것과 그 청구기간(제416조 1호~6호)을 정해야 한다. ⅰ)~ⅴ)의 사항은 주주배정, 제3자 배정 및 모집에 공통하는 사항이나. ⅵ), ⅶ)은 주주배정의 경우에만 해당하는 사항이다.

② 신주의 인수방법(3호)

ⅰ) 주주배정, 제3자배정 또는 모집 중 어느 방법에 의하여 신주를 발행할 것인가를 정해야 한다. 주주배정 방식으로 정하였으면 신주인수권을 행사할 수 있는 주주를 정하기 위해 배정기준일(제418조 제3항이 규정하는 「일정한 날」)을 정해야 하고, 제3자배정 방식으로 정하였으면 신주인수권을 행사할 자를 정해야 한다. ⅱ) 어느 방식으로 발행하든 신주의 청약과 배정, 그리고 납입의 일정과 요령을 정해야 한다. 실권주 및 단주의 처리방법도 정해야 한다.

(2) 발행의 절차

1) 배정기준일공고

주주배정의 경우 회사는 신주인수권을 가지는 주주를 확정하기 위해 일정한 날(신주배정기준일)을 정하여 그 날의 주주명부에 기재된 주주가 신주인수권을 가진다는 뜻을 그 날의 2주간 전에 공고하여야 한다. 신주인수권을 양도할 수 있을 경우에는 그 뜻도 같이 공고한다(제418조 제3항 본문). 배정기준일이 주주명부폐쇄기간 중인 때에는 폐쇄기간의 초일의 2주간 전에 공고하여야 한다(제418조 제3항 단서, 제354조 제1항). 이와 같이 공고를 하는 이유는 주식의 양수인에게 명의개서를 할 수 있는 시간을 주기 위함이다. 배정기준일의 결정공고가 있으면 기준일 경과 당시의 주주명부상의 주주가 신주인수권을 가지며, 그 이후에 주식을 취득한 자는 신주인수권을 갖지 못한다. 한편 제3자 배정의 경우에는 이사회의 결의에 의해 신주인수권을 행사할 자가 확정됨은 기술하였다.

2) 신주인수권자에 대한 최고

회사는 일정한 기일(청약기일)을 정하고 그 기일의 2주간 전에 신주인수권자에게 그가 인수권을 가지는 주식의 종류와 수, 그 기일까지 주식인수의 청약을 하지 아니하면 그 권리를 잃는다는 뜻을 통지해야 한다. 신주인수권을 양도할 수 있는 것에 관한 사항과 주주의 청구가 있는 때에만 신주인수권증서를 발행한다는 것과 그 청구기간을 정한 때에는 그 내용도 통지하여야 한다(제419조 제1항, 제2항). 이러한 통지는 신주인수권자가 확정된 상태에서만 가능하므로 주주배정의 경우에는 신주배정기준일 이후에 이루어질 수밖에 없다. 따라서 신주배정기준일과 청약기일은 최소한 2주의 간격이 있게 된다.

위와 같은 통지에도 불구하고 청약기일까지 주식인수의 청약을 하지 아니한 때에는 신주의 인수권을 가진 자는 그 권리를 잃는다(제419조 제3항). 이 경우 실권주가 발생한다.

3) 주주에 대한 제3자 배정의 통지·공고

이에 관해서는 제3자 배정에서 기술하였다.

4) 신주인수권증서의 발행

이에 관해서도 앞에서 기술하였다.

5) 인수

회사설립 시와 같이 청약과 배정에 의해 주식인수가 이루어진다. 그 법적 성질은 입사계약이다(통설).

① 청약

이사는 주식청약서를 작성하여야 하고, 모집설립 시와 마찬가지로 주식을 인수하고자 하는 사람은 이 주식청약서에 의하여 청약을 하여야 한다(제420조, 제425조 → 제302조 제1항). 다만 기술한 바와 같이 신주인수권증서를 발행한 경우에는 이에 의해 청약을 해야 한다(제420조의5 제1항). 모집설립 시와 같이 민법 제107조 제1항 단서의 적용이 배제되므로(제425조 → 제302조 제3항), 청약인이 주식인수의 진의 없이 청약을 한 경우 설사 이사가 청약인에게 주식 청약의 진의가 없음을 알았다 하더라도 그 청약은 유효하다.

② 배정

이사가 배정하나(제421조), 주주이든 제3자이든 신주인수권을 가진 자에 대한 배정에 있어서는 이사에게 재량은 없다. 다만 공모부분의 배정에 있어서는 이사에게 재량이 있다.

6) 납입 및 현물출자의 이행

① 주금의 납입

ⅰ) 인수인은 인수가액을 납입할 의무를 지며(제425조 → 제303조), 이사는 신주인수인으로 하여금 그 배정한 주식수에 따라 납입기일에 그 인수한 각 주식에 대한 인수가액의 전액을 납입시켜야 한다(제421조 제1항). ⅱ) 신주의 인수인은 회사에 대하여 이행기가 도래한 금전채권을 가지고 있더라도

회사의 동의가 없으면 주금의 납입채무와 상계할 수 없다(제421조 제2항). 즉 회사의 동의가 있어야 상계할 수 있고 주주가 일방적으로 하는 상계는 허용되지 않는다.

② 현물출자의 이행

현물출자를 하는 자는 납입기일에 지체 없이 출자의 목적인 재산을 인도하고 권리의 설정 또는 이전에 등기나 등록을 요하는 것은 그 서류를 완비하여 교부하여야 한다(제425조 → 제305조 제3항 → 제295조 제2항). 납입장소, 납입금보관자 등의 변경, 납입금보관자의 증명과 책임은 모집설립 시와 같다(제425조 → 제306조, 제305조 제2항, 제318조).

7) 현물출자의 검사

① 원칙

현물출자를 하는 자가 있는 경우 이사는 현물출자에 관한 사항(제416조 4호)을 조사하게 하기 위하여 법원에 검사인의 선임을 청구하여야 한다. 검사인의 조사는 공인된 감정인의 감정으로 갈음할 수 있다(제422조 제1항).

법원은 검사인의 조사보고서 또는 감정인의 감정결과를 심사하여 현물출자에 관한 사항을 부당하다고 인정한 때에는 이를 변경하여 이사와 현물출자자에게 통고할 수 있다(동조 제3항). 현물출자자는 이에 불복하여 주식의 인수를 취소할 수 있다(동조 제4항). 통고 후 2주 내에 취소하지 않으면 통고한 내용대로 변경된 것으로 본다(동조 제5항). 그러나 이와 같은 검사인의 조사 및 법원의 보고서 심사 등의 절차를 거치지 않았다 하여 신주발행 및 변경등기가 당연무효가 되는 것은 아니다(대판 1980.2.12. 79다509).

② 검사의 면제

현물출자하는 재산이, 그 가액이 소액이어서 자본금충실을 해할 위험이 적거나, 시세가 있는 재산이어서 출자가액의 평가가 불공정해질 염려가 없는 경우에는 검사가 면제된다. 면제 사유는 다음과 같다(제422조 제2항).

A. 소액출자(1호)　　현물출자의 목적인 재산의 가액이 자본금의 5분의 1을 초과하지 아니하고 대통령으로 정한 금액(5,000만 원, 상법시행령 제14조 제1항)을 초과하지 아니하는 경우

B. 시세와의 균형(2호)　　현물출자의 목적인 재산이 거래소의 시세 있는 유가증권인 경우 이사회가 정한 평가액이 시행령으로 정한 방법으로 산정된 시세를 초과하지 아니하는 경우

C. 출자전환(3호)　　변제기에 이른 회사에 대한 금전채권을 출자의 목적으로 하는 경우로서 그 가액이 회사장부에 적혀 있는 가액을 초과하지 아니하는 경우. 회사의 동의가 있는 경우의 회사에 대한 채권으로 상계하는 방식으로 출자하는 경우(제421조 제2항)가 이에 해당한다. 변제기에 이른 채권은 가액의 평가에 문제가 없기 때문에 검사를 면제한 것이다. 이는 신주발행 시에만 인정되고 회사설립 시에는 인정되지 않는 면제사유이다. 회사설립 시에는 회사에 대한 채권이 있을 수 없기 때문이다.

8) 납입 및 현물출자 이행의 해태

신주의 인수인이 납입기일에 납입 또는 현물출자의 이행을 하지 아니한 때에는 인수인으로서의

권리를 잃는다(제423조 제2항). 모집설립 시와 달리 실권절차 없이 납입기일의 경과로 당연히 실권한다. 이 부분은 발행을 포기하고 미발행부분으로 남겨둘 수도 있고, 다시 인수인을 모집할 수도 있다. 회사는 실권한 주식인수인에게 손해배상을 청구할 수 있다(제423조 제3항).

9) 실권주와 단주의 처리

① 실권주의 처리

신주인수권에서 기술하였다.

② 단주의 처리

단주는 1주 미만의 주식을 말한다. 신주발행 시에는 신주인수권자의 지주수에 비례하여 배정하는 과정에서 생긴다. 예컨대, 10주를 가진 주주가 주당 15%의 신주인수권을 갖는다면 그의 신주는 1.5주가 되어 0.5주의 단주가 생긴다. 통설은 단주는 시가로 처분하여 발행가와의 차액을 단주의 주주에게 돌려주어야 한다고 본다. 실무도 같은 방법으로 하고 있다.

10) 등기

① 변경등기사항

신주발행으로 인해 등기사항인 회사의 발행주식총수, 주식의 종류와 수, 자본금의 액이 변동되므로 변경등기를 하여야 한다(제317조 제2항 2호, 3호, 동조 제4항 → 제183조).

② 변경등기의 효력

신주발행으로 인한 변경등기를 하면, 그 날부터 1년을 경과하거나 그 주식에 대하여 주주의 권리를 행사한 후에는 신주인수인은 주식청약서 또는 신주인수권증서의 요건 흠결을 이유로 하여 그 인수의 무효를 주장하거나 사기·강박 또는 착오를 이유로 하여 그 인수를 취소하지 못한다(제427조).

(3) 신주발행의 효력발생

1) 효력발생시기

신주의 인수인은 납입 또는 현물출자의 이행을 한 때에는 납입기일의 다음 날로부터 주주의 권리의무가 있다(제423조 제1항). 즉 이날부터 신주의 주주가 된다.

① 주식의 양도

신주발행 시에도 주식인수인의 지위, 즉 권리주의 양도는 금지되나(제425조 → 제319조), 이날부터는 주주가 되므로 주식의 양도가 가능해 진다.

② 이익배당

납입기일의 다음 날부터 신주발행의 효력이 발생하므로 주주는 그날이 속하는 영업연도의 이익배당에 참여하게 된다. 그런데 이익배당의 방법이 문제된다. 예를 들어 12월 말 결산인 회사에서 2015. 6. 1. 신주발행의 효력이 발생한 경우, 신주에 대하여 2015년 이익배당을 함에 있어 구주식과 동등하게 하여야 하는가 아니면 구주식의 12분의 7만을 하여야 하는가? 전자를 동액배당 또는 균등배당이라 하고, 후자를 일할배당이라 한다.

2) 일부 미인수의 영향

회사설립 시에는 발행주식총수가 인수·납입되어야 하는 자본금확정의 원칙이 적용된다. 그러나 신주발행 시에는 자본금확정의 원칙이 관철되지 않으므로 이사회에서 결의한 발행주식수가 모두 인수·납입되지 못하더라도 기일 내에 인수·납입된 주식의 범위 내에서는 신주발행의 효력이 발생하고, 나머지는 실권주로 된다.

(4) 이사의 책임

1) 자본금충실책임 — 인수담보책임

① 의의

신주의 발행으로 인한 변경등기가 있은 후에 아직 인수하지 아니한 주식이 있거나 주식인수의 청약이 취소된 때에는 이사가 이를 공동으로 인수한 것으로 본다(제428조 제1항). 이사는 당연히 인수가 의제된 주식에 대하여 연대하여 납입할 책임을 진다(제333조 제1항). 무과실책임이고 총주주의 동의로도 면책되지 않는다.

② 취지

신주발행은 인수·납입된 주식을 한도로 그 효력이 발생하므로 일부 인수·납입이 이루어지지 않아도 원칙적으로 이사에게 담보책임을 부담시킬 이유는 없다. 그러나 일단 인수가 이루어진 것 같이 등기된 이상 그 공시에 부합하는 자본충실을 기하기 위하여 이사에게 담보책임을 지우는 것이다.

③ 담보책임의 범위

이사는 인수담보책임만을 질 뿐 납입담보책임은 지지 않는다. 신주발행 시에는 납입기일에 납입이 되지 않으면 인수 자체가 실효되므로 이 부분도 인수가 되지 않은 것으로 취급되기 때문이다(제423조 제2항). 결국 인수가 되었으나 납입되지 않은 주식에 대하여 이사는 인수담보책임의 형태로 담보책임을 지게 된다. 인수는 되었으나 납입되지 않은 주식에 대하여, 회사설립 시 발기인이 납입담보책임을 지는 경우와 신주발행 시 이사가 인수담보책임을 지는 경우는 결과에 있어 어떤 차이가 있는가? 전자의 경우에는 주식인수인이 주주가 되나 후자의 경우에는 이사가 주주가 된다는 차이가 있다.

2) 손해배상책임

이사는 인수담보책임과는 별도로, 이로 인하여 회사에 손해가 발생한 경우에는 회사에 대하여 손해배상책임을 진다(제428조 제2항). 이 책임은 제399조에 따른 책임이다.

05 위법·불공정한 신주발행에 대한 구제수단

1. 신주발행유지청구권

(1) 의의

회사가 법령 또는 정관에 위반하거나 현저하게 불공정한 방법에 의하여 주식을 발행함으로써 주주가 불이익을 받을 염려가 있는 경우에는 그 주주는 회사에 대하여 그 발행을 유지할 것을 청구할 수 있다(제424조). 이것은 회사의 위법·불공정한 신주발행에 대하여 개별 주주의 이익을 보호하기 위한 것이다.

(2) 신주발행유지청구의 요건

1) 신주발행의 위법·불공정

ⅰ) 발행이 위법한 사례로는 주주의 신주인수권을 무시하고 제3자에게 배정하거나, 신주인수권자에 대한 최고절차 없이 불청약을 이유로 실권시킨 경우 등을 들 수 있다. 경영권 방어를 위한 제3자배정은 제418조 제2항의 경영상 목적을 갖추지 못하였다는 것이 판례이므로(대판 2009.1.20. 2008다50776), 역시 위법한 신주발행이 된다. ⅱ) 발행이 현저하게 불공정한 사례로는 현물출자를 과대하게 평가한 경우, 청약증거금을 청약자 사이에 차별을 두어 납부하게 하는 경우 등이다.

2) 주주의 불이익

위법·불공정한 신주발행으로 인하여 특정주주가 불이익을 받을 염려가 있어야 한다. 회사에 손해가 발생하고 그에 따라 주주에게 생기는 간접손해는 여기서 말하는 불이익이 아니다(예 액면미달발행). 이러한 경우는 주주의 공익권의 문제이므로 주주는 사전적으로는 신주발행유지청구권이 아니라 위법행위유지청구권에 의해 구제될 수 있고, 사후적으로는 신주발행무효의 소(제429조)나 이사의 책임추궁(제399조)에 의해 구제될 수 있다.

(3) 청구권자와 상대방

ⅰ) 불이익을 받을 염려가 있는 주주가 행사할 수 있다. 1주만 가진 주주도 행사할 수 있으며, 신주인수권이나 의결권의 유무는 묻지 않는다. 주주가 아닌 제3자는 비록 구체적 신주인수권이 있는 자라 하더라도 청구권자가 아니다. ⅱ) 상대방은 회사이다. 이사가 상대방인 위법행위유지청구권과 구별된다.

(4) 행사방법

ⅰ) 신주발행의 효력이 발생하기 전에 청구해야 한다. 즉 납입기일까지 청구할 수 있다. 즉 신주발행의 효력이 발생하는 날인 납입기일의 다음날을 기준으로 하여 그 전날인 납입기일까지는 사전적 구제수단인 신주발행유지청구권을 행사할 수 있고, 납입기일의 다음날부터는 사후적 구제수단인 신주발행무효의 소를 제기할 수 있다. ⅱ) 청구방법에는 제한이 없다. 회사에 대한 직접적인 의사표시로도 할 수 있고, 회사를 피고로 하는 신주발행유지청구의 소를 제기할 수도 있다. 이 소를 본안으로 하여 신주발행 유지의 가처분을 구할 수도 있다.

(5) 신주발행유지청구의 효과

유지청구는 회사에 다시 생각할 기회를 주는 것에 불과하다. 회사는 위법 또는 불공정 여부를 판단하여 절차를 중단할 수도 있고, 그 사유를 시정하여 절차를 속행할 수도 있다.

회사가 유지청구를 무시하고 위법·불공정한 신주발행을 감행하면 어떻게 되는가?

1) 신주발행의 효력

신주발행무효의 소를 제기할 수 있을 것이나, 이것은 신주발행이 위법하기 때문이지 유지청구에 불응했기 때문은 아니다. 하급심 판례 중에 "단지 재판외에서 원고가 유지의 청구를 하였다는 점만으로 이에 반하여 이루어진 신주발행을 무효라고 할 수는 없다(대판 1977.4.7. 76나2887)"고 한 것이 있다.

2) 이사의 책임

신주발행유지청구를 무시한 신주발행이 위법 또는 불공정한 경우에는 이사의 회사 또는 제3자에 대한 손해배상책임이 발생한다. 제3자에 대한 책임에 있어서는 유지청구를 무시한 이사에게 중과실이 있는 것으로 의제된다고 해석한다.

2. 불공정한 가액으로 인수한 자의 책임

(1) 의의

이사와 통모하여 현저하게 불공정한 발행가액으로 주식을 인수한 자는 회사에 대하여 공정한 발행가액과의 차액에 상당한 금액을 지급할 의무가 있다(제424조의2 제1항). 통설은 이를 자본금충실을 위한 추가출자의무로 구성하며, 주주 유한책임원칙의 예외를 이룬다고 한다.

(2) 책임발생의 요건

1) 이사와의 통모

인수인이 이사와 통모했을 것을 요한다. 통모하지 않는 한 현저하게 불공정한 가액으로 인수하였다 하더라도 인수인의 책임은 생기지 않는다.

2) 현저하게 불공정한 발행가액

ⅰ) 여기서 「발행가액」이란 인수인이 실제 납입한 「인수가액」(제421조)을 뜻한다. 이사회에서 발행사항으로 정하는 발행가액(제416조 2호)을 의미하는 것이 아니다. ⅱ) 「현저하게 불공정」한지 여부는 주식에 시가가 있으면 구주의 시가를, 시가가 없으면 주식의 순자산가치·수익가치 등을 참작하여 계산한 가액을 기준으로 결정한다.

(3) 적용범위

이 책임은 인수인이 제3자 배정을 받은 경우에만 인정되고, 발행주식 전부를 주주가 신주인수권에 기해 인수할 때, 즉 주주배정의 경우에는 인정되지 않는다. 이 책임은 특정의 주식인수인이 불공정하게 유리한 가격으로 신주를 인수함으로써 다른 주주의 주식가치를 희석시키는 것을 막기 위해 인정한 것이기 때문이다.

(4) 책임의 추궁

인수인의 책임은 회사가 추궁함이 원칙이나, 주주가 대표소송을 제기하여 추궁할 수도 있다(제424조의2 제2항 → 제403조 ~ 제406조). 인수인의 책임은 이사와의 통모를 전제로 하므로 이사들에 의한 책임추궁을 기대하기란 사실상 어렵기 때문에 주주가 직접 책임 추궁을 할 수 있도록 한 것이다.

(5) 이사의 책임과의 관계

인수인의 책임은 이사의 회사 또는 주주에 대한 손해배상책임(제399조, 제401조)에 영향을 미치지 않는다(제424조의2 제3항). 통설은 인수인의 지급책임과 이사의 손해배상책임은 부진정연대책임의 관계에 있다고 한다.

3. 신주발행무효의 소

(1) 총설

1) 의의

신주가 발행되면 회사에 새로운 자금이 유입되고 이는 회사채권자에 대한 책임재산이 된다. 또 발행된 주식이 유통되어 새로운 주주가 생기기도 한다. 이처럼 신주가 발행되면 많은 새로운 이해관계가 창출되기 때문에, 신주발행의 내용이나 절차에 하자가 있는 경우 그 하자 주장을 누구든지, 언제라도 할 수 있게 하면 신주발행의 유효를 전제로 하여 이루어진 법률관계의 안정을 도모할 수가 없게 된다.

그래서 상법은 신주발행상의 하자를 단체적·획일적으로 처리하여 신주와 관련된 법률관계의 안정을 기하기 위해, 신주발행의 하자는 신주발행무효의 소에 의해서만 주장하게 하고, 소의 제기권자와 제기기간을 제한하였으며, 무효판결에 대세적 효력을 인정하는 한편 소급효를 제한하는 등 특수한 효과를 인정하고 있다(제429조 등). 그리고 신주발행무효의 소는 형성의 소이다.

2) 구별개념

① 신주발행의 부존재

신주발행의 부존재는 신주발행의 내용 또는 절차의 하자가 극히 중대하여 사실상 신주발행이 존재하지 않는다고 볼 수밖에 없는 경우를 말한다. 예컨대, 주주 아닌 자들이 이사를 선임하여 이사회와 대표이사를 구성하고 이들이 신주발행절차를 밟은 경우는 부존재하는 신주발행이다(대판 1989.7.25. 87다카2316). 신주발행의 부존재는 상법 제429조의 제한 없이 누구라도, 언제든지, 어떤 방법으로든 그 부존재를 주장할 수 있다. 소로써 주장할 때는 일반 확인의 소로서 부존재확인의 소를 제기할 수 있다. 부존재확인판결은 신주발행무효판결과 달리 대세효가 없고 소급효가 제한되지도 않는다.

② 개별 주식인수의 무효·취소

신주인수는 주주와 회사간의 법률행위이므로 인수인이나 회사의 의사표시상의 하자, 무권대리 등으로 무효가 되거나 취소될 수 있다. 그러나 나머지 유효하게 인수된 부분에 대해서는 신주발행의 효과가 생긴다는 점에서 신주발행의 무효와 다르다.

(2) 무효원인

이에 관해 판례는 "신주발행 무효의 소를 규정하는 상법 제429조에는 그 무효원인이 따로 규정되어 있지 않으므로 신주발행유지청구의 요건으로 상법 제424조에서 규정하는 '법령이나 정관의 위반 또는 현저하게 불공정한 방법에 의한 주식의 발행'을 신주발행의 무효원인으로 일응 고려할 수 있겠으나 다른 한편, 신주가 일단 발행되면 그 인수인의 이익을 고려할 필요가 있고 또 발행된 주식은 유가증권으로서 유통되는 것이므로 거래의 안전을 보호하여야 할 필요가 크다고 할 것인데, 신주발행유지청구권은 위법한 발행에 대한 사전 구제수단임에 반하여 신주발행 무효의 소는 사후에 이를 무효로 함으로써 거래의 안전과 법적 안정성을 해칠 위험이 큰 점을 고려할 때, 그 무효원인은 가급적 엄격하게 해석하여야 한다. 따라서 법령이나 정관의 중대한 위반 또는 현저한 불공정이 있어 그것이 주식회사의 본질이나 회사법의 기본원칙에 반하거나 기존 주주들의 이익과 회사의 경영권 내지 지배권에 중대한 영향을 미치는 경우로서 신주와 관련된 거래의 안전, 주주 기타 이해관계인의 이익 등을 고려하더라도 도저히 묵과할 수 없는 정도라고 평가되는 경우에 한하여 신주의 발행을 무효로 할 수 있을 것이다(대판 2010.4.29. 2008다65860)."라고 판시하였다.

1) 수권자본제의 한계 일탈

발행예정주식총수를 초과한 경우, 정관에서 인정하고 있지 아니한 종류주식을 발행한 경우에는 무효원인이 된다.

이사회의 결의 없이 대표이사가 신주를 발행한 경우 신주발행의 효력은 어떠한가? 학설은 유효설과 무효설이 대립하는데, 판례는 유효설을 취하고 있다. 즉 "대표이사가 그 권한에 기하여 신주를 발행한 이상 신주발행은 유효하고, 설령 신주발행에 관한 이사회의 결의가 없거나 이사회의 결의에 하자가 있더라도 이사회의 결의는 회사의 내부적 의사결정에 불과하므로 신주발행의 효력에는 영향이 없다고 할 것이다(대판 2007.2.22. 2005다77060)."라고 판시하였다.

2) 자본금충실의 위반

상법 제417조의 절차를 거치지 않고 액면미달발행을 한 경우, 현물출자가 과대평가된 경우 신주발행은 무효이다. 그러나 출자된 재산의 평가가 부당하지 않는 한 현물출자의 검사를 거치지 않았다는 이유만으로 신주발행이 당연무효가 되는 것은 아니다(대판 1980.2.12. 79다509).

회사가 대여금을 실질적으로 회수할 의사 없이 제3자에게 주식인수대금 상당을 대여하고 제3자는 그 대여금으로 주식인수대금을 납입한 경우 회사에 자본의 유입이 없으므로 그 신주발행은 무효이다(대판 2003.5.16. 2001다44109).

3) 주주의 신주인수권을 무시한 경우

주주의 신주인수권을 무시하고 제3자에게 신주를 발행한 경우에도 당연히 무효가 된다. 예컨대, 회사의 경영권 분쟁이 현실화된 상황에서 경영진의 경영권 방어를 위하여 제3자에게 신주를 배정하는 것은 경영상 목적이 인정되지 않아 주주의 신주인수권을 침해하는 것이다(대판 2009.1.30. 2008다50776). 그리고 배정기준일을 공고하지 않거나 신주인수권자에게 청약의 최고를 하지 아니하고 청약기일에 청약이 없었다고 실권을 시킨 경우는 주주의 신주인수권을 무시한 것과 같다.

4) 현저하게 불공정한 방법에 의한 신주발행

판례는 "A회사의 대주주 甲이 경영권을 잃지 않을 목적으로 A회사의 해외 자산을 처분해 300억 원을 횡령하고 그 자금으로 페이퍼 컴퍼니 B회사를 설립한 다음, B회사가 그 자금을 A회사에 출자하고 A회사가 B회사에게 300억 원 상당의 신주를 발행하게 한 사안에서, "이 신주발행은 대주주의 범죄행위를 수단으로 하여 행하여진 선량한 풍속 기타 사회질서에 반하는 현저히 불공정한 방법으로 이루어진 신주발행으로서 무효로 보아야 한다(대판 2003.2.26. 2000다42786)."라고 판시한 바 있다.

(3) 타소송과의 관계

신주발행을 위한 이사회 또는 주주총회 결의에 하자가 있는 경우에는 그 하자는, 그 하자가 극히 중대하여 신주발행이 존재하지 아니하는 정도에 이르는 등의 특별한 사정이 없는 한, 신주발행의 하자에 흡수되어 신주발행무효의 소에 의해서만 다툴 수 있다(대판 2004.8.20. 2003다20060).

(4) 당사자

주주·이사·감사에 한하여 소를 제기할 수 있으며, 회사를 피고로 하여야 한다. ⅰ) 주주는 1주만 보유해도 제소권을 가지며, 무효주장의 대상인 신주의 주주이든 구주의 주주이든 무방하다. 신주발행무효의 소 계속 중 원고가 주식을 모두 양도한 경우 그 양수인은 제소기간 등의 요건이 충족된다면 새로운 주주의 지위에서 신소를 제기할 수 있도 있고 양도인이 이미 제기한 기존의 위 소송을 적법하게 승계할 수도 있다. 승계참가를 하는 경우 제소기간의 준수 여부는 승계참가 시가 아니라 원래의 소 제기 시를 기준으로 판단하여야 한다(대판 2003.2.26. 2000다42786). 따라서 신주발행무효의 소가 적법하게 제기된 이상 양수인은 언제든지 승계참가를 할 수 있다. ⅱ) 이사·감사는 제소 당시의 이사·감사이면 족하다.

(5) 제소기간

소는 신주를 발행한 날로부터 6월 내에 제기하여야 한다. 제소기간의 제한과 관련해 판례는 "이는 신주발행에 수반되는 복잡한 법률관계를 조기에 확정하고자 하는 것이므로, 새로운 무효사유를 출소시간의 경과 후에도 주장할 수 있도록 하면 법률관계가 불안정하게 되어 위 규정의 취지가 몰각된다는 점에 비추어 위 규정은 무효사유의 주장시기도 제한하고 있는 것이라고 해석함이 상당하고, 한편 상법 제429조의 유추적용에 의한 전환사채발행무효의 소에 있어서도 전환사채를 발행한 날로부터 6월의 출소기간이 경과한 후에는 새로운 무효사유를 추가하여 주장할 수 없다고 보아야 한다(대판 2004.6.25. 2000다37326)."라고 판시하였다. 여기서 신주를 발행한 날이란 신주발행의 효력발생일, 즉 납입기일의 다음 날을 뜻한다(제423조 제1항).

(6) 소의 절차

상법 제430조는 전속관할(제186조), 소제기의 공고(제187조), 소의 병합(제188조), 하자보완 시 재량기각(제189조), 패소원고의 손해배상책임(제191조), 무효판결의 등기(제192조), 원고의 담보제공의무(제377조)에 관한 규정을 준용하고 있다. 그 내용은 동규정에 관해 설명한 바와 같다.

(7) 무효판결의 효과

1) 대세적 효력

신주발행무효의 판결은 제3자에게도 효력이 있다(제430조 → 제190조 본문). 신주발행을 토대로 한 법률관계의 획일적 확정을 위함이다.

2) 주식의 실효

신주발행무효의 판결이 확정된 때에는 신주는 장래에 대하여 그 효력을 잃는다(제431조 제1항).

① 소급효의 제한

무효판결의 효력은 소급하지 않으므로, 무효인 신주발행 이후 판결이 확정될 때까지 이루어진 이익배당, 의결권의 행사, 주식의 양도 또는 입질 등은 무효판결의 영향을 받지 않고 모두 유효하다.

② 판결확정 후의 효력

무효판결이 확정되면 신주가 효력을 상실하므로, 그 주주는 주주권을 잃고 주권도 무효가 된다. 무효판결이 확정된 경우 회사는 지체 없이 그 뜻과 일정한 기간 내에 신주의 주권을 회사에 제출할 것을 공고하고 주주명부에 기재된 주주와 질권자에 대하여는 각별로 그 통지를 하여야 한다. 그 기간은 3월 이상으로 하여야 한다(제431조 제2항).

3) 주금액의 반환

신주발행무효의 판결이 확정된 때에는 회사는 신주의 주주에 대하여 그 납입한 금액을 반환하여야 한다(제432조 제1항).

① 반환청구권자

「신주의 주주」란 무효판결 확정 당시의 주주를 의미한다. 따라서 신주가 양도되었으면 양수인에게 반환하여야 한다.

② 반환할 금액

반환하여야 할 금액은 납입한 금액이다. 그러나 납입한 금액을 반환하는 것이 무효판결확정 시의 회사의 재산상태에 비추어 현저하게 부당한 때에는 법원은 회사 또는 주주의 청구에 의하여 그 금액의 증감을 명할 수 있다(제432조 제2항). 주주가 그간 이익배당 등을 통해 어느 정도 투자를 회수했을 수도 있고, 회사가 증가된 자본금을 토대로 상당한 이윤을 축적했을 수도 있는데, 이런 경우 원래의 인수가액을 반환하는 것은 형평에 반할 수 있기 때문이다.

③ 질권의 물상대위

실효된 주식에 질권을 가진 자는 주주가 받을 주금액에 대하여 질권을 행사할 수 있다(제432조 제3항 → 제339조). 특히 등록질권자는 그 금전의 지급을 받아 다른 채권자에 우선하여 자기채권의 변제에 충당할 수 있고, 일정한 경우 회사에 공탁을 청구하여 공탁금에 질권을 행사할 수 있다(제432조 제3항 → 제340조 제1항, 제2항 → 민법 제353조 제3항).

4) 발행주식총수 및 자본금에 미치는 영향

무효판결의 확정으로 신주가 실효되고 납입금액이 반환되면 신주발행에 의해 늘어났던 회사의 발행주식총수와 자본금이 신주발행 전의 상태로 되돌아간다. 따라서 발행예정주식총수의 미발행부분이 부활하고, 이 부분에 대해서는 다시 신주발행이 가능하다. 그리고 이미 이루어진 변경등기는 그 내용이 실제와 상위하게 되었으므로 경정해야 한다.

(8) 원고패소판결의 효과

원고가 패소한 경우는 판결의 효과는 당사자간에만 미치고, 원고가 손해배상책임을 질 수가 있다(제430조 → 제191조).

▌제3관 **자본금의 감소**

⑪ 의의

　　자본금의 감소(이하 '감자'라 한다)란 자본금의 금액을 축소시키는 것을 말한다. 자본금은 회사에 유보할 것이 요구되는 순재산액으로서 이익배당 등 회사 재산의 사외 유출 시 공제항목이 되어 회사 재산의 사외 유출을 통제하는 기능을 한다. 그런데 자본금을 감소하면 그 통제 기준이 낮아져 회사의 잠재적인 자금력과 사업능력이 축소될 수 있으므로 자본금 감소는 주주들에게 중대한 변화가 된다. 한편 자본금 감소는 회사의 지급능력 내지 책임재산을 감소시키는 요인이 되어 채권자들의 이익에도 관련이 된다. 이처럼 자본금 감소에는 주주와 채권자의 이해가 관련되므로 상법은 주주총회에 자본금감소의 의사결정권을 부여하고 채권자에게 이의제출의 기회를 주고 있다.

⑫ 감자의 구분

1. 실질감자와 명목감자

(1) 실질적인 자본금 감소

　　자본금의 감소와 더불어 일정한 금액을 주주에게 되돌려 줌으로써 순자산도 같이 감소시키는 것을 말한다. 실질감자, 유상감자라고도 한다. 실질감자는 사업규모상 현재의 자본금이 과다하여 일부를 주주에게 되돌려 줄 필요가 있는 경우 등에 해당한다.

(2) 명목적인 자본금 감소

　　자본금의 수액만 줄이고 순자산은 사외에 유출시키지 않는 것이다. 명목감자, 무상감자라고도 한다. 명목감자는 자본금의 결손이 있으나, 당분간 회복할 가망이 없는 회사에서 그대로 방치하면 이익배당도 어렵거니와 회사의 신용도 떨어지므로 자본금을 순자산에 접근시키기 위하는 등의 목적으로 한다. 이는 액면주식을 발행한 경우에 생기는 분류이고, 무액면주식을 발행한 회사에서는 주식의 수와 연계 없이 자본금만 감소시키므로 주주에게 일정한 주금을 환급하는 실질감자가 있을 수 없다.

2. 결손보전감자와 통상의 감자

　　실정법상으로는 이 구분이 더 중요하다. 자본금 감소의 실행 절차가 전혀 다르기 때문이다. 통상의 감자는 주주에게 출자액을 반환하므로 주주총회의 특별결의를 요하고 채권자보호절차를 밟아야 한다. 반면 결손보전감자는 회사 자산의 사외 유출이 없으므로 이를 실행함에는 주주총회의 보통결의로 족하고 채권자보호절차도 요하지 않는다.

(1) 결손보전감자

　　결손의 보전을 위하여 보전되는 결손액과 일치하는 금액의 자본금을 무상으로 감소시키는 것을 말한다. 명목감자와 대체로 같은 의미이다. 예컨대, 호텔업을 목적으로 설립된 A회사의 2014년 말

대차대조표에 의하면 총자산 1,300만 원, 부채 300만 원, 자본금 1,000만 원이다. 주식의 액면가는 1,000원, 발행주식수는 1만주이다. 그런데 사업지연과 인건비 과다 지출로 현재 총자산 900만 원, 부채 500만 원, 자본금 1,000만 원, 이익잉여금 −600만 원인 상태가 되었다. 즉 600만 원의 결손이 생긴 것이다. 자금 조달을 해야 하는데 결손이 난 상태이므로 은행과의 거래는 불가능하다. 신주를 발행하려 해도 1주당 순자산가치가 400원{(총자산 9,000만 원 − 부채 500만 원) ÷ 발행주식총수 1만주} 밖에 되지 않으므로 액면미달발행을 할 수밖에 없다. 그래서 주주에게 비례적으로 6,000주를 무상으로 소각하여 자본금 600만 원을 감소시킴으로써 결손금 600만 원을 보전하기로 하였다. 이를 결손보전감자라 한다. 그러면 재산상태가 총자산 900만 원, 부채 500만 원, 자본금 400만 원, 이익잉여금 0원이 되어 결손이 보전된다. 그 결과 은행거래가 가능해지고, 1주당 순자산가치가 1,000원{(900만 원 − 500만 원) ÷ 발행주식총수 400주}이 되어 액면발행에 의한 신주발행도 가능해진다.

(2) 통상의 감자

결손보전감자 이외의 감자를 통상의 감자라 한다. 예컨대, 호텔업을 목적으로 설립된 A회사의 2014년 말 대차대조표에 의하면 총자산 1,300만 원, 부채 300만 원, 자본금 1,000만 원이다. 그런데 2015년 초순 업종을 모텔업으로 변경하기로 하여 500만 원 정도의 자금은 불필요하게 되었다. 그래서 자본금 감소를 통해 500만 원을 주주에게 반환하기로 하였다. 이 경우 자본금 500만 원이 줄면서 동시에 현금 500만 원이 사외 유출되는데, 이는 통상의 감자이다.

⑬ 자본금 감소의 방법

1. 액면주식을 발행한 경우

액면주식을 발행하는 경우 자본금은 발행주식의 액면총액이므로, 자본금의 감소는 액면가를 감액하거나 발행주식수를 감소시켜 할 수 있다. 그런데 액면가는 정관의 절대적 기재사항이므로 액면가 감액에 의한 자본금 감소는 정관변경절차를 밟아야 하는 어려움이 있어 일반적으로 자본금 감소는 발행주식수를 줄이는 것을 의미한다.

발행주식수 감소에 의한 자본금 감소에는 주식의 병합과 주식의 소각, 두 가지 방법이 있다. ⅰ) 주식의 병합은 여러 주식을 합하여 그보다 적은 수의 주식을 발행하는 방법이다. 예컨대, 5주를 3주로 하는 것과 같다. ⅱ) 주식의 소각은 발행주식 중 일부를 소멸시키는 방법이다. 이것은 소각에 동의한 주주의 주식에 대해서만 할 수도 있고(임의소각), 동의에 관계 없이 회사가 일방적으로 할 수도 있다(강제소각). 또 주식의 소각에 따라 주주에게 주금을 지급할 수도 있고(유상소각), 하지 않을 수도 있다(무상소각).

2. 무액면주식을 발행한 경우

무액면주식을 발행한 경우에는 단지 회사가 자본금 감소의 의사결정을 함으로써 감자를 할 수 있다. 액면가가 없으므로 액면가를 감액하는 방식의 감자는 불가능하고, 자본금의 액을 주식을 발행할 때마다 회사가 임의로 정하기 때문에(제451조 제2항), 자본금과 발행주식총수가 무관해져 자본금 감소를 위해 주식의 병합이나 소각을 할 필요도 없기 때문이다.

④ 자본금 감소의 절차

(1) 주주총회의 결의

1) 통상의 감자

자본금의 감소에는 주주총회의 특별결의가 있어야 한다(제438조 제1항). 감자는 회사의 자본구조의 변화를 초래할 뿐만 아니라, 감자를 하면 주주들에게 출자액을 반환하고 그만큼 영업이 축소될 것인데, 이는 회사의 일부를 해산하고 청산하는 것과 같아 주주의 이해에 큰 영향을 미치기 때문이다.

2) 결손보전감자

결손의 보전을 위한 자본금의 감소는 주주총회의 보통결의로 족하다(제438조 제2항). 회사 재산의 사외 유출이 없고 일부청산의 의미를 갖지 않기 때문에 특별결의까지는 요구하지 않은 것이다.

통상의 감자이든 결손보전감자이든, 주주총회를 소집함에는 자본금의 감소에 관한 의안의 주요 내용을 통지하여야 하고(제438조 제3항), 감자결의에서는 그 감소의 방법을 정해야 한다(제439조 제1항).

(2) 채권자보호절차

통상의 감자는 채권자에 대한 책임재산의 감소를 초래하므로 다음과 같은 채권자보호절차를 밟아야 한다(제439조 제2항 본문). 그러나 결손보전감자는 회사 재산의 사외 유출이 없어 책임재산의 감소를 초래하지 않으므로 채권자보호절차를 요하지 않는다(제439조 제2항 단서).

1) 공고와 최고

회사는 자본금 감소의 결의가 있은 날로부터 2주 내에 회사채권자에 대하여 자본금 감소에 이의가 있으면 일정한 기간(1월 이상) 내에 이를 제출할 것을 공고하고 알고 있는 채권자에 대하여는 따로따로 이를 최고하여야 한다(제439조 제2항 본문 → 제232조 제1항).

2) 이의가 없을 경우

채권자가 이의제출기간 내에 이의를 제출하지 아니한 때에는 자본금 감소를 승인한 것으로 본다(제439조 제2항 본문 → 제232조 제2항).

3) 이의를 제출한 경우

이의를 제출한 채권자가 있는 때에는 회사는 그 채권자에 대하여 변제 또는 상당한 담보를 제공하거나 이를 목적으로 하여 상당한 재산을 신탁회사에 신탁하여야 한다(제439조 제2항 본문 → 제232조 제3항). 사채권자가 이의를 제기하려면 사채권자집회의 결의가 있어야 한다. 이 경우 법원은 이해관계인의 청구에 의해 사채권자를 위하여 이의 제기 기간을 연장할 수 있다(제439조 제3항).

(3) 자본금 감소 방법 별 요구절차 — 액면주식의 병합·소각, 액면가의 감액

1) 주식병합의 절차

① 주권제출을 위한 공고·통지

회사는 1월 이상의 기간을 정하여 주식병합을 한다는 뜻과 그 기간 내에 주권을 회사에 제출할 것을 공고하고 주주명부에 기재된 주주와 질권자에 대하여는 각 별로 그 통지를 하여야 한다 (제440조).

② 병합의 효력발생시기

주식의 병합은 주권제출기간이 만료한 때에 효력이 발생한다. 그러나 채권자의 이의제출기간 및 이의에 따른 변제 등 후속절차가 종료하지 않은 때에는 그 기간 또는 절차가 종료한 때에 효력이 발생한다(제441조).

③ 신주권의 교부

회사는 주권을 제출한 주주에게 신주권을 교부한다. 주주 중에 주권의 분실 등을 이유로 구주권을 제출할 수 없는 자가 있는 때에는 회사는 그 자의 청구에 의하여 3월 이상의 기간을 정하여 이해관계인에 대해 그 주권에 대한 이의가 있으면 그 기간 내에 제출할 뜻을 공고하고, 그 기간이 경과하도록 이의가 없으면 신주권을 청구자에게 교부할 수 있다(제442조 제1항). 이때 공고의 비용은 청구자의 부담으로 한다(제442조 제2항). 그러나 청구자가 실체법상의 권리 유무에 불구하고 주주권을 취득하는 것은 아니고, 실체법상의 권리관계는 별도로 다투어져야 한다. 아래와 같이 단주의 금액을 배분할 경우에도 주권을 제출할 수 없는 자가 있을 때에는 이 같은 절차에 의한다(제443조 제2항 → 제442조).

④ 단주의 처리

병합에 적당하지 아니한 주식이 있는 때{예컨대, 10주를 7주로 병합하는 경우 19주를 가진 주주의 경우 13주로 병합이 되고 0.3주의 단주가 생긴다(19주 × 7/10 = 13.3)}에는 그 병합에 적당하지 아니한 부분에 대하여 발행한 신주를 경매하여 그 대금을 단주의 소유비율에 따라 종전의 주주에게 지급하여야 한다(제443조 제1항 본문). 그러나 거래소의 시세 있는 주식은 거래소를 통하여 매각하고 거래소의 시세 없는 주식은 법원의 허가를 얻어 경매 이외의 방법으로 매각할 수 있다(제443조 제1항 단서). 단주 처리과정에서 소수주주가 지위를 상실하는 것은 상법에서 명문으로 인정한 주주평등의 원칙의 예외이고, 상법이 주식병합의 목적을 제한하지 않고 있다는 점에서 보면, 결과적으로 주식병합으로 소수주주가 주주의 지위를 상실했다 할지라도 그 자체로 위법이 아니다(대판 2020.11.26. 2018다283315).

2) 주식소각절차

주식소각의 절차에 관해서는 따로이 규정을 두지 않고 주식병합절차에 관한 규정을 준용한다(제343조 제2항 → 제440조, 제441조).

3) 액면금의 감액

액면가는 정관기재사항이므로 액면가를 감액하는 방법을 취할 때에는 정관변경을 요한다. 이 경우도 주권을 제출시켜 신주권과 교환해야 하며, 그 절차와 효력발생 등은 주식병합의 경우와 같다(제440조~제442조). 단주는 발생하지 않으므로 제443조는 유추적용될 여지가 없다.

(4) 등기

자본금 감소로 인해 자본금의 액, 액면금액, 발행주식총수 등 등기사항에 변동이 생기므로(제317조 2) 변경등기를 하여야 한다.

05 감자무효의 소

1. 의의

자본금 감소의 무효는 주주·이사·감사·청산인·파산관재인·자본금감소를 승인하지 아니한 채권자만이 자본금 감소로 인한 변경등기가 된 날로부터 6개월 내에 회사를 피고로 하여 소만으로 주장할 수 있다(제445조). 회사법상의 다른 소와 마찬가지로 자본금 감소의 절차나 내용상의 하자도 단체법적 법률관계의 안정과 획일적 처리를 위하여 소로써만 주장할 수 있도록 하였다.

(1) 제소기간

6개월의 제소기간이 특히 문제되는데, 판례는 "이 규정은 무효사유의 주장시기도 제한하고 있는 것으로 자본감소로 인한 변경등기가 있는 날로부터 6월의 출소기간이 경과한 후에는 새로운 무효사유를 추가하여 주장할 수 없다(대판 2010.4.29. 2007다12012)."라고 판시하였다.

(2) 기타의 절차

전속관할, 소제기의 공고, 소의 병합, 하자의 보완과 재량기각, 패소원고의 책임, 제소자의 담보제공의무 등은 신주발행무효의 소에서와 같다(제446조). 재량기각과 관련하여, 법문상으로는 감자무효의 소에서 재량기각을 하기 위해서는 하자의 보완이 필요하나(제446조 → 제189조), 판례는 하자의 보완 없이 재량기각을 할 수 있다고 한다(대판 2004.4.27. 2003다29616).

(3) 무효사유가 주주총회결의의 하자인 경우

감자를 결의한 주주총회결의에 하자가 있는 경우 그 하자는 자본금 감소의 효력 발생 전에는 주주총회결의 취소의 소 등에 의해 주장해야 하나, 자본금 감소의 효력 발생 후에는 감자무효의 소에 의해서만 주장해야 한다. 판례도 "설령 주주총회의 자본감소 결의에 취소 또는 무효의 하자가 있다고 하더라도 그 하자가 극히 중대하여 자본감소가 존재하지 아니하는 정도에 이르는 등의 특별한 사정이 없는 한 자본감소의 효력이 발생한 후에는 자본감소 무효의 소에 의해서만 다툴 수 있다(대판 2010.2.11. 2009다83599)."고 하였다.

2. 판결의 효력

(1) 원고승소판결

1) 대세효·소급효

감자무효판결에는 대세효가 있다. 감자무효판결에 소급효는 인정되는가? 과거법에서는 소급효가 제한되었으나, 현행법에서는 소급효가 인정된다. 제446조가 소급효를 제한하는 제190조 단서를 제외하고 본문만 준용하고 있기 때문이다.

2) 자본금감소 이전상태로의 회복

감자무효판결의 확정에 의하여, 병합된 주식은 병합 전의 주식으로 분할되고, 자기주식을 소각한 경우에는 소각된 주식이 부활하며, 액면가를 감액한 경우에는 감자 전의 액면가로 회복되는 등과 같이 감자 이전의 상태로 돌아간다.

3) 지급액의 회수

자본금의 감소를 유상으로 한 경우와 무상으로 하였더라도 단주의 대금을 지급한 경우, 감소 전의 상태로 회복하기 위해서는 주주에게 지급한 금액을 회수하여야 하는데 주식이 양도된 경우 누구로부터 회수하여야 하는지가 문제된다. 현재의 주주로부터 회수한다면 추가출자를 요구하는 결과가 되어 주주유한책임의 원칙에 반하므로 자본금 감소 당시의 주주로부터 회수하여야 할 것이다. 따라서 무효판결의 확정으로 인해 감소 당시의 주주는 회사에 대해 감소대가로 받은 금전을 반환할 의무가 생긴다.

4) 이사의 손해배상책임

감자무효판결에 따른 지급액의 회수가 주주의 무자력 등으로 불가능하게 되어 회사나 회사채권자가 손해를 입는 경우 이사는 회사나 회사채권자에게 손해배상책임을 진다(제399조, 제401조). 이때 손해배상책임을 지는 이사는 감자무효판결 당시의 이사가 아니라 자본금 감소 당시의 이사이다.

(2) 원고패소판결

원고패소판결의 경우에는 대세적 효력이 없고, 패소한 원고는 악의 또는 중과실이 있는 경우 회사에 대하여 연대하여 손해를 배상할 책임이 있다(제446조 → 제191조).

제6절 정관의 변경

01 총설

1. 정관변경의 개념

정관변경이란 정관의 기재사항을 추가·삭제·수정하는 것을 말한다. 정관은 그 규범 자체를 뜻하는 실질적 의의의 정관과 그것이 씌어진 서면을 뜻하는 형식적 의의의 정관으로 구분하는데, 정관변경은 실질적 의의의 정관을 변경함을 뜻한다(통설). 절대적 기재사항이건 임의적 기재사항이건 정관에 기재된 사항의 변경은 모두 정관변경이다.

2. 정관변경의 범위와 회사의 동일성

(1) 정관변경의 범위

정관변경의 범위에는 제한이 없다. 목적·상호 등 모든 사항을 변경할 수 있다. 원시정관에 정관규정의 전부 또는 일부는 변경할 수 없다는 규정이 있더라도 이는 무효이며 어떠한 사항이라도 자유롭게 변경할 수 있다. 변경되는 내용도 사회질서 또는 강행법규에 위반하거나 주식회사의 본질이나 주주권을 침해하는 등의 내용이 아닌 한 원칙적으로 제한이 없다.

(2) 회사의 동일성

정관이 변경된다고 하여 회사의 동일성에 변화가 오는 것은 아니다.

02 정관변경의 절차

1. 주주총회의 특별결의

정관변경은 주주총회의 특별결의에 의하여야 한다(제433조 제1항, 제434조). 정관변경을 위한 주주총회를 소집할 경우에는 정관변경에 관한 의안의 요령도 소집 통지에 기재하여야 한다(예컨대, 정관 몇 조를 어떠한 내용으로 변경한다는 식이다, 제433조 제2항).

2. 종류주주총회

회사가 종류주식을 발행한 경우에 정관을 변경함으로써 어느 종류주식의 주주에게 손해를 미치게 될 때에는 주주총회의 결의 외에 그 종류주식의 주주총회의 결의가 있어야 한다(제435조).

3. 등기

정관변경 자체는 등기할 필요가 없으나, 정관변경으로 등기사항이 변동된 때에는 변경등기를 하여야 한다(제317조 제4항 → 제183조). 그렇다고 등기가 정관변경의 효력발생요건이 되는 것은 아니다.

03 정관변경의 효력발생

정관변경은 주주총회의 결의로 즉시 효력이 발생한다. 변경된 내용을 문서화하거나 등기할 때에 효력이 생기는 것이 아니다. 회사설립 시의 원시정관(제292조 참조)과는 다르게 공증인의 인증도 필요 없다(대판 2007.6.28. 2006다62362). 주주총회에서 정관변경의 소급적용을 결의하더라도 소급효는 인정되지 않는다.

04 정관변경의 한계

1. 액면주식에서 주금액의 변경

(1) 주금액의 인하

주식의 액면가액을 일정한 분할비율로 나눔으로써 주식수를 증가시키는 주식 분할을 실무에서는 액면분할이라 한다. 예를 들어 액면가액 5,000원짜리 1주를 둘로 나누어 2,500원짜리 2주로 만드는 경우이다. 액면분할을 할 때는 정관기재사항인 액면가를 인하해야 하는데 인하를 하더라도 법정최저액 100원 미만으로 인하할 수는 없다(제329조 제3항).

(2) 주금액의 인상

주금액을 인상하면 인상분만큼 주주에게 주금을 추가 납입하게 하거나 주식을 병합해야 한다. 예컨대, 액면가 5,000원을 1만 원으로 인상하려면 주주에게 주당 5,000원씩 추가 납입을 하게 하거나 2주를 1주로 병합해야 하는 것이다. 통설은 주금을 추가 납입하게 함은 주주유한책임의 원칙에 반하고, 주식의 병합은 단주를 발생시킬 수 있으므로 주금액의 인상에는 총주주의 동의가 필요하다고 한다.

2. 역사적 사실

설립 당시의 정관에 기재하는 사항 중 회사의 설립 시에 발행하는 주식의 총수(제289조 제1항 5호), 발기인의 성명·주민등록번호 및 주소(동항 8호), 변태설립사항(제290조)은 역사적 사실에 속하므로 이는 변경할 수 없다.

제7절 회사의 회계

제1관 총설

1. 「회사의 회계」의 의의

「회사의 회계」라 함은 회사가 주체가 되어 ⅰ) 일정한 기간(결산기)을 단위로 하여 대차대조표와 손익계산서의 작성 등을 통해 회사의 재산상태와 손익을 인식·평가하고, ⅱ) 이를 기초로 이익 또는 손실을 어떻게 처리할 것인가, 즉 주주에게 배당할 것인가, 준비금을 적립할 것인가, 결손을 전보할 것인가, 이월할 것인가 등에 관한 의사결정을 하는 일련의 행위를 말한다.

이렇게 회사의 회계는 ⅰ) 회사가 일정한 기간을 단위로 하여 회사의 재산상태와 손익을 평가하여 「이해관계자에게 정보를 제공하는 측면」과, ⅱ) 주주에게 영업의 성과를 배분함에 있어서 「채권자보호의 관점에서 그 한도를 규제하는 측면」, 두 가지로 구분할 수 있다. 전자가 후자의 전제가 됨은 물론이다.

2. 「회사의 회계」의 목적과 기능

회사의 회계는 회사와 이해관계인들에게 다각적인 의의를 갖는다. ⅰ) 회사의 경영자는 회계를 통해 과거의 경영성과를 분석·평가하고 이를 토대로 기업의 목표와 방향을 효과적으로 설정한다. ⅱ) 주주는 회사의 회계를 통해 이익배당을 받음으로써 투자수익을 현실화할 수 있고, 또 이사들의 능력을 평가하고 그 인사에 관한 정책적 판단을 할 수 있다. ⅲ) 채권자들은 회계를 통해 밝혀진 회사의 재산상태를 기초로 하여 채권의 회수 여부, 보존조치의 요부 등을 결정한다.

▌제2관 재무제표 및 영업보고서

🄌1 의의와 종류

1. 재무제표

(1) 의의
1) 개념

재무제표란 회사의 경영과 재산상태를 명확히 표시하기 위한 서류이다. 재무제표는 대차대조표, 손익계산서, 자본변동표 또는 이익잉여금처분계산서(결손금처리계산서)로 구성된다(제447조 제1항, 상법시행령 제16조 제1항 본문). 주식회사의 외부감사에 관한 법률 제2조에 따른 외부감사 대상 회사의 경우에는 현금흐름표 및 주석이 포함된다(상법시행령 제16조 제1항 단서).

2) 재무재표와 상업장부의 관계

재무제표와 상업장부(제29조 이하)는 재산과 손익의 상태를 표시함을 목적으로 하는 점에서는 같지만 그 범위는 일치하지 않는다. 대차대조표는 재무제표이자 상업장부이다. 그러나 회계장부(일기장)는 상업장부이지만 재무제표는 아니고, 손익계산서와 이익잉여금처분계산서(결손금처리계산서)는 재무제표이지만 상업장부가 아니다.

(2) 종류

ⅰ) 대차대조표란 일정시점 현재 회사가 보유하고 있는 자산·부채·자본에 대한 정보를 제공하는 재무제표이고, ⅱ) 손익계산서는 일정기간 동안 회사의 경영성과에 대한 정보를 제공하는 재무제표이다. ⅲ) 자본변동표는 회사의 일정시점에서의 자본의 크기와 일정기간 동안의 자본의 변동에 관한 정보를 제공하는 재무제표이고, ⅳ) 이익잉여금처분계산서는 처분전이익잉여금의 처분내용, 즉 기업의 전기이월이익잉여금과 당기순이익의 처분사항을 명확히 보고하기 위하여 처분전이익잉여금의 총변동사항을 표시한 재무제표이다. ⅴ) 현금흐름표는 일정기간 동안 회사의 현금유입과 현금유출에 대한 정보를 제공하는 재무제표이다. ⅵ) 부속명세서는 재무제표에 첨부되는 서류로서 대차대조표나 손익계산서에 기재된 항목 중에서 중요한 항목에 대한 보조적인 자료를 내용으로 하는 것이고, ⅶ) 주석은 대차대조표, 손익계산서, 자본변동표, 현금흐름표에 표시하는 정보에

추가하여 제공된 정보를 말한다. ⅷ) 연결재무제표란 지배회사와 종속회사로 이루어지는 경제적
실체(연결실체)의 재무상태, 경영성과, 자본변동 및 현금흐름에 관한 정보를 제공하기 위하여 지배회
사가 작성하는 재무제표를 말한다.

2. 영업보고서

영업보고서는 당해 영업연도 내의 회사의 영업상태 등 숫자로 표현되지 않는 현황(예 회사의 목적
및 중요한 사업내용)을 설명하는 보고서를 말한다. 영업보고서에는 대통령령으로 정하는 바에 의하여
영업에 관한 중요한 사항을 기재하여야 한다(동조 제2항). 상장회사가 결산기말에 공시하는 사업보고
서와 대체로 같은 것이다. 영업보고서는 재무제표는 아니다.

02 재무제표의 승인절차

1. 재무제표·영업보고서의 작성 및 이사회 승인

이사는 매 결산기에 재무제표와 그 부속명세서 및 영업보고서를 작성하여 이사회의 승인을 얻
어야 한다(제447조 제1항, 제447조의2 제1항). 외감법에 따른 외부감사 대상회사 중 지배회사의 이사는 연
결재무제표를 작성하여 이사회의 승인을 받아야 한다(제447조 제2항). 법문에는 이사의 의무로 되어
있으나 업무집행사항이므로 대표이사가 하여야 한다. 이사회의 승인은 감사와 정기주주총회에 제
출하기 위한 재무제표, 영업보고서안의 내용을 확정하는 절차이다.

2. 감사(監査)

(1) 감사의 감사(監事의 監査)

이사는 정기총회회일의 6주간 전에 재무제표와 그 부속명세서 및 영업보고서를 감사(또는 감사위
원. 이하 같음)에게 제출하여야 한다(제447조의3). 감사는 재무제표 등의 서류를 받은 날로부터 4주 내
에 감사보고서를 이사에게 제출하여야 한다(제447조의4 제1항).

(2) 외부감사

외부감사를 받아야 하는 회사는 주주총회 6주일 전에 재무제표 등을 외부감사인에게 제출하여
야 하고, 외부감사인은 정기총회일 1주일 전에 회사에 감사보고서를 제출하여야 한다(외부감사법 제8
조, 외부감사법 시행령 제7조).

3. 재무제표 등의 비치·공시

이사는 정기총회일의 1주간 전부터 재무제표 및 그 부속명세서, 영업보고서 그리고 감사보고서
를 본점에 5년간, 그 등본을 지점에 3년간 비치하여야 한다(제448조 제1항). 외부감사를 받는 회사는
외부감사인의 감사보고서도 비치·공시하여야 한다(외부감사법 제14조 제1항).

주주와 회사채권자는 영업시간 내에 언제든지 재무제표 및 그 부속명세서·영업보고서·감사보

고서를 열람할 수 있으며, 회사가 정한 비용을 지급하고 서류의 등본이나 초본의 교부를 청구할 수 있다(제448조 제2항).

4. 재무제표의 승인

(1) 승인기관

재무제표의 승인은 원칙적으로 주주총회가 한다. 다만 일정한 요건을 갖춘 경우 이사회가 할 수도 있다.

1) 주주총회의 승인

대표이사는 이사회의 승인과 감사의 감사를 경유한 후 정기총회에 ⅰ) 재무제표를 제출하여 그 승인을 요구하여야 하며(제449조 제1항), ⅱ) 영업보고서를 제출하여 그 내용을 보고하여야 한다(동조 제2항). 재무제표 승인 결의 요건은 보통결의이다. 영업보고서는 주주총회에 그 내용을 보고할 뿐이고 주주총회의 승인은 요하지 않는다는 점에 유의하자.

2) 이사회의 승인

회사는 정관에 규정을 두어 이사회의 결의로 재무제표를 승인할 수 있다(제449조의2 제1항 본문). 다만 이사회가 승인하기 위해서는 정관의 규정 외에 재무제표가 법령 및 정관에 따라 회사의 재무상태 및 경영성과를 적정하게 표시하고 있다는 외부감사인의 의견이 있어야 하고(제449조의2 제1항 1호), 감사(또는 감사위원회) 전원의 동의가 있어야 한다(제449조의2 제1항 2호). 이러한 요건을 구비하여 이사회가 승인한 경우에는 이사는 재무제표의 내용을 주주총회에 보고하여야 한다(동조 제2항). 이사회가 재무제표를 승인할 수 있다는 것은 이익배당을 이사회가 결정하기 위한 전제가 된다는 점에서 큰 의의를 갖는다.

(2) 승인의 효력

1) 회사의 회계의 확정

정기총회(또는 이사회)에서 재무제표를 승인한 때에는 당해 결산기에 관한 회사의 회계는 대내외적으로 확정되고, 이사는 이에 기하여 준비금을 적립하는 등 승인 내용을 실행하게 된다. 재무제표를 승인하지 않을 경우 그대로 실행할 수 없음은 물론이다.

2) 대차대조표의 공고

주주총회(또는 이사회)에서 재무제표를 승인한 때에는 이사는 지체 없이 대차대조표를 공고하여야 한다(제449조 제3항).

3) 이사 · 감사의 책임해제

정기총회에서 재무제표를 승인한 후 2년 내에 다른 결의가 없으면 회사는 이사와 감사의 책임을 해제한 것으로 본다. 그러나 이사 또는 감사의 부정행위에 대하여는 그렇지 않다(제450조). 이에 관해서는 이사의 책임에서 기술하였다.

▌제3관 준비금

① 총설

1. 의의

준비금이란 영업연도 말에 회사가 보유하는 순자산액 중 자본금을 초과하는 금액으로서 회사가 주주에게 배당하지 않고 사내에 적립하는 금액을 말한다. 장래 영업부진 등에 대비하여 기업의 계속을 위한 물적 기초를 마련하고 채권자 보호를 위한 자본유지의 원칙을 실현하기 위한 것이다.

2. 성질

준비금이란 회사가 일정한 금액을 준비금 계정으로 분류하는 것일 뿐이다. 따로 그 재산이 특정되는 것도 아니고, 별도로 금고에 예치·보관되는 것도 아니다.

3. 종류

상법 또는 특별법의 규정에 의하여 의무적으로 적립하는 것을 「법정준비금」이라 하고, 상법에서 강제되지 않음에도 회사가 정관 또는 주주총회의 결의에 의해 임의적으로 적립하는 것을 「임의준비금」이라 한다.

② 법정준비금

1. 종류

손익거래(영업거래)로부터 발생하는 이익(이익잉여금)을 재원으로 하여 적립하는 것을 「이익준비금」이라 하고, ⅱ) 자본거래, 즉 주주와의 거래에서 발생한 이익(자본잉여금)을 재원으로 하여 적립하는 것을 「자본준비금」이라 한다.

2. 법정준비금의 적립

(1) 이익준비금

주로 자본금의 결손을 전보할 목적으로 적립이 요구되는 준비금이다. ⅰ) 회사는 그 자본금의 2분의 1이 될 때까지 매 결산기 금전 또는 현물에 의한 이익배당액의 10분의 1 이상을 이익준비금으로 적립하여야 한다(제458조 본문). 준비금은 회사재산의 유출을 규제하기 위한 것이므로 재산 유출의 정도에 비례하여 적립하도록 하였다. ⅱ) 주식배당의 경우에는 회사 재산의 사외 유출이 없으므로 준비금을 적립할 의무가 없다(동조 단서). ⅲ) 회사가 자본금의 2분의 1을 초과하여 적립한 경우 그 초과액은 임의준비금의 성격을 갖는다.

(2) 자본준비금

1) 무제한 적립

회사는 자본거래에서 발생한 잉여금을 자본준비금으로 적립하여야 한다(제459조 제1항). 여기서 자본거래란 주주와의 거래를 말한다. 자본거래로부터 발생한 이익은 손익거래상의 이익과는 달리 본질적으로 납입자본의 일부이므로 상법은 이를 주주에게 이익배당 등으로 반환하는 것을 금지하고 무제한 적립하도록 하였다.

2) 합병·분할에 의한 자본준비금의 승계

합병차익 중 소멸회사의 이익준비금 기타 법정준비금은 존속회사 또는 신설회사가 승계할 수 있다. 그리고 회사분할에서의 신설회사 또는 분할합병에서의 존속회사 또는 신설회사에 분할차익이 생기고 이에 분할회사의 이익준비금 기타 법정준비금이 포함되어 있는 경우 신설회사나 존속회사는 그 준비금을 승계할 수 있다(제459조 제2항). 이를 허용하지 않는다면 합병·분할차익을 전액 자본준비금으로 적립해야 하므로, 소멸회사가 적립한 이익준비금이나 다른 법에 의한 준비금을 존속회사나 신설회사가 다시 적립해야 하는 불평이 생긴다. 그래서 존속회사나 신설회사가 소멸회사의 법정준비금을 같은 형태로 승계할 수 있게 한 것이다.

3. 법정준비금의 사용

법정준비금은 자본금의 결손의 보전에 충당하거나(제460조), 자본금에 전입하는(제461조) 것 외에는 이를 처분할 수 없다.

(1) 결손의 보전

자본금과 준비금은 회사에 실제로 존재하는 금액이 아니라 채권자 보호를 위해서 존재해야만 하는 금액이다. 그런데 영업부진 등으로 회사에 손실이 누적되면 회사의 순자산액이 이에 미치지 못할 수가 있다. 이처럼 결산기 말의 회사의 순자산액이 자본금과 법정준비금(자본준비금 + 이익준비금)의 합계에 미달하는 상태를 자본금의 「결손」이라 한다. 결손이 발생하면 회사는 준비금을 가지고 결손 보전에 사용할 수 있다(제460조). 여기서 결손보전의 개념에 오해가 없어야 한다. 준비금에 의한 결손 보전은 회계상 계정간의 이동에 불과하며, 부족한 것이 채워지는 것도 회사의 재산상태가 바뀌는 것도 아니다. 회사가 채권자 보호를 위해 확보해야 할 재산의 한도를 낮춤으로써 부족한 상태를 충분한 상태로 변경시키는 것에 지나지 않는다.

(2) 자본금 전입

1) 의의

준비금의 자본금전입이란 준비금 계정의 금액을 차감하고 같은 금액을 자본금 계정에 가산하는 것을 말한다. 이 역시 계정의 재분류가 일어나는 것에 불과하고 회사의 재정상태는 변하지 않는다.

준비금도 사외유출이 금지되는 것은 자본금과 마찬가지인데 굳이 준비금을 자본금으로 전입하는 이유는 무엇인가? 당분간 결손이 예상되지 않는다면 이를 자본금으로 전환하더라도 아무 차이가 없고, 주식분할처럼 주식수가 증가하여 유동성이 좋아지기 때문이다.

2) 액면주식을 발행한 회사의 자본금 전입

① 전입의 결정

전입의 의사결정은 이사회의 결의로 한다. 다만 정관으로 주주총회에서 결정하기로 정한 경우에는 주주총회의 결의로 한다(제461조 제1항).

② 전입의 재원

법정준비금만 자본금에 전입할 수 있고, 임의준비금은 자본금에 전입하지 못한다. 임의준비금은 주주에게 배당할 이익인데, 이를 배당할 수 없는 자본금에 전입하면 주주의 이익배당청구권을 해하기 때문이다.

③ 전입의 효과

A. 신주발행　　i) 준비금을 자본금에 전입하면 자본금이 증가하고 전입액을 액면가로 나눈 수의 신주가 발행된다. 이를 「무상증자」라 하고 이로 인해 발행되는 신주를 「무상주」라 한다. 여기서 무상이란 신주가 발행되나 주금납입이 없다는 의미이다. 따라서 자본금과 발행주식총수가 늘어나지만 순자산에는 변동이 없다. ii) 이 신주는 각 주주에게 그가 가진 주식수에 비례하여 발행해야 하고(제461조 제2항 전문), 제3자에게 배정할 수는 없다. iii) 단주가 생길 경우에는 이를 매각한 금액을 단주의 주주에게 분배해야 한다(동조 후문). vi) 신주발행으로 자본금과 발행주식총수가 증가하므로 변경등기를 해야 한다(제317조 제4항 → 제183조).

B. 신주의 효력발생시기

ⓐ **이사회에서 결의하는 경우**　　회사는 일정한 날(배정기준일)을 정하여 그 날에 주주명부에 기재된 주주가 신주의 주주가 된다는 뜻을 배정기준일의 2주간 전에 공고하여야 한다(제461조 제3항 본문). 배정기준일이 주주명부폐쇄기간 중에 들어 있는 경우에는 폐쇄기간 초일의 2주간 전에 공고해야 한다(동항 단서). 주주는 이 배정기준일에 신주의 주주가 된다.

ⓑ **주주총회에서 결의하는 경우**　　주주는 주주총회의 자본금 전입에 관한 결의가 있는 때로부터 신주의 주주가 된다(제461조 제4항). 주주총회의 소집 통지에 의해 주주에게 자본전입의 사실이 예고되므로 배정기준일을 따로 정할 필요가 없기 때문이다.

C. 통지　　신주가 효력을 발생하면 이사는 지체 없이 신주를 받은 주주와 주주명부에 기재된 질권자에게 그 주주가 받은 주식의 종류와 수를 통지하여야 한다(동조 제5항).

D. 질권의 효력　　종전의 주식을 목적으로 하는 질권은 등록질이건 약식질이건 신주 및 단주의 매득금에 대해서 물상대위가 인정된다(제461조 제6항 → 제339조).

3) 무액면주식을 발행한 회사의 자본금 전입

무액면주식을 발행한 회사에서는 자본금과 발행주식 수간에 관련이 없으므로 신주발행 없이 이사회 또는 주주총회의 의사결정만으로 준비금의 자본금 전입을 할 수 있다. 다만 준비금의 자본금 전입을 계기로 신주를 발행할 경우에는 제461조가 전부 적용된다.

4. 법정준비금의 감소

회사는 적립된 자본준비금 및 이익준비금의 총액이 자본금의 1.5배를 초과하는 경우에 주주총회의 결의에 따라 그 초과한 금액 범위에서 자본준비금과 이익준비금을 감액할 수 있다(제461조의2). 이에 의해 향후 배당가능이익의 산출을 위한 공제항목이 감소하고, 결국 배당가능이익이 증액되는 효과가 발생한다. 법정준비금은 사외유출이 엄격히 금지되고, 원칙적으로 자본금의 결손보전과 자본금 전입으로만 사용할 수 있으나, 우리나라 회사는 자본준비금을 너무 많이 쌓아두고 있다는 지적에 따라, 과다하게 적립된 준비금을 배당재원으로 활용할 수 있도록 하기 위해 2011년 개정 상법에서 인정한 것이다.

03 임의준비금

임의준비금은 보통 사용목적이 특정되어 있으므로 그 용도에 사용하지만 배당의 재원으로 사용할 수도 있다. 임의준비금은 이익잉여금 항목이므로 그 금액이 실제로 존재하고 있는 이상 결손이나 결손보전이라는 개념은 생각할 수 없다.

▌제4관 이익배당

01 총설

이익배당이란 광의로는 주식회사가 그 영업에 의하여 얻은 이익을 주주에게 분배하는 것을 말한다. 이익의 분배는 영리법인의 존재목적이고, 주주는 자본이윤을 향유하기 위해 회사에 출자를 한 것이므로, 이익배당은 주식회사의 본질이고 주주의 이익배당청구권은 주주의 권리 중 가장 본질적인 고유권이다. 광의의 이익배당은 그 방법에 따라 금전배당·현물배당·주식배당으로 나뉘는데, 이 중 금전배당을 협의의 이익배당이라 한다. 한편 이익배당은 정기주주총회에서의 결정에 따라 하는 정기배당이 원칙이나, 상법은 영업연도 중간에 추가로 하는 중간배당을 인정하고 있다. 이하에서는 협의의 이익배당, 현물배당, 주식배당, 중간배당의 순으로 설명한다.

02 협의의 이익배당(금전배당)

1. 의의

협의의 이익배당이란 주식회사가 그 영업에 의하여 얻은 이익을 주주에게 금전으로 분배하는 것을 말한다.

2. 이익배당의 요건 — 배당가능이익

이익배당을 하기 위해서는 우선 이익이 있어야 하는데, 여기서의 이익이란 배당가능이익을 의미한다. 배당가능이익이란 대차대조표의 순자산액으로부터, {자본금의 액 + 그 결산기까지 적립된 자본준비금과 이익준비금의 합계액 + 그 결산기에 적립하여야 할 이익준비금의 액 + 소정의 미실현이익(예 단기매매증권에 대한 미실현보유이익)}을 공제한 금액을 말한다. 회사는 배당가능이익을 한도로 하여 이익배당을 할 수 있다(제462조 제1항). 순자산액(총자산 − 부채)을 배당가능이익 산정의 기초로 삼은 것은 채권자를 위한 책임재산의 확보를 위함이고, 자본금과 준비금을 공제한 것은 회사가 계속기업으로서 요구되는 재산적 기초를 확보한 후 그 잉여재산으로 배당해야 함을 밝힌 것이다.

3. 이익배당의 확정

(1) 결정기관

이익배당은 주주총회의 결의로 정한다. 다만 제449조의2 제1항에 따라 재무제표를 이사회가 승인하는 경우에는 이사회의 결의로 정한다(제462조 제2항). 상법은 재무제표의 승인과 이익배당결의의 권한을 일치시키고 있는데, 이는 이익잉여금처분계산서가 재무제표인 회사도 있고(상법시행령 제16조 제1항), 그렇지 않더라도 자본변동표에 이익배당의 내역이 기재된다는 점에서, 재무제표의 승인과 이익배당결의는 분리할 수 없기 때문이다.

(2) 구체적 이익배당청구권의 발생

주주총회 또는 이사회에서 재무제표 승인 및 이익배당안에 대한 결의를 하면 회사의 이익배당은 확정되고, 주주는 회사에 대하여 구체적인 이익배당청구권을 취득한다.

주주의 이익배당청구권은 장차 이익배당을 받을 수 있다는 의미의 권리에 지나지 아니하여 이익잉여금처분계산서가 주주총회에서 승인됨으로써 이익배당이 확정될 때까지는 주주에게 구체적이고 확정적인 배당금지급청구서가 주주총회에서 승인됨으로써 이익배당이 확정될 때까지는 주주에게 구체적이고 확정적인 배당금지급청구권이 인정되지 아니한다(대판 2010.10.28. 2010다53792). 다만 정관에서 회사에 배당의무를 부과하면서 배당금의 지급조건이나 배당금액을 산정하는 방식 등을 구체적으로 정하고 있어 그에 따라 개별주주에게 배당할 금액이 일의적으로 산정되고, 대표이사나 이사회가 경영판단에 따라 배당금 지급 여부나 시기, 배당금액 등을 달리 정할 수 있도록 하는 규정이 없다면, 예외적으로 정관에서 정한 지급조건이 갖추어지는 때에 주주에게 구체적이고 확정적인 배당금지급청구권이 인정될 수 있다. 그리고 이러한 경우 회사는 주주총회에서 이익배당에 관한 결의를 하지 않았다거나 정관과 달리 이익배당을 거부하는 결의를 하였다는 사정을 들어 주주에게 이익배당금의 지급을 거절할 수 없다(대판 2022.8.19. 2020다263574).

4. 이익배당의 기준

(1) 주주평등의 원칙

이익배당은 각 주주의 소유주식수에 따라 평등하게 하여야 한다(제464조 본문). 이는 정관이나 주주총회의 결의에 의해서도 달리 정할 수 없다. 다만 이익배당에 관해 내용이 다른 종류주식, 즉 우선주·열후주를 발행했을 경우에는 정관의 규정에 따라 차등배당을 할 수 있다(제464조 단서, 제344조 제1항). 이때도 같은 종류의 주식 간에는 주식평등의 원칙이 지켜져야 한다.

(2) 대·소주주의 차등배당

대주주에게 더 많은 배당을 주는 형태의 차등배당은 주주총회에서 결의를 하더라도 당연히 허용되지 않는다. 그러면 대주주는 5%, 일반주주는 10%와 같이 소액주주를 대주주보다 우대하는 형태의 차등배당은 할 수 있는가? 판례는 차별 받는 대주주가 모두 주주총회에 출석하여 찬성한 사안에서 "주주가 배당 받을 몫의 일부를 스스로 포기하여 소액주주들에게 고루 나누어 주기로 한 것이므로 유효하다(대판 1980.8.26. 80다1263)."라고 하였다. 이처럼 차등배당의 적법성 근거는 주주가 자신의 이익을 포기하였다는 데에 있으므로, 차등배당으로 불이익을 받는 대주주가 반대하거나 주주총회에 참석하지 않았다면 당해 대주주에게는 일반 주주와 같은 배당률로 배당을 해주어야 한다. 그리고 이익배당을 이사회의 결의로 정하는 경우에는 주주의 의사가 반영될 수 없으므로 차등배당은 허용되지 않는다.

5. 이익배당금의 지급

(1) 이익배당청구권

1) 추상적 이익배당청구권

회사가 이익배당을 결정한다면 이익배당을 받을 수 있는 추상적 지위를 말한다. 이는 주주권의 일부로서 주식과 분리하여 양도하거나 강제집행의 대상이 되지 않는다. 이에 근거하여 개별 주주가 회사에 대하여 배당결의를 할 것을 청구할 수도 없다.

2) 구체적 이익배당청구권

주주총회 또는 이사회에서 배당의안을 승인함에 따라 주주에게 발생하는 특정액의 배당금 지급청구권을 말한다. 이는 주식과는 독립된 금전채권으로서 주식과 별개로 양도·압류·전부명령 등의 목적이 될 수 있고, 소멸시효에도 걸린다.

(2) 배당금의 지급시기

회사는 주주총회나 이사회에 의한 이익배당의 결의가 있은 날로부터 1개월 내에 배당금을 지급해야 한다(제464조의2 제1항 본문). 배당금의 지연을 막기 위함이다. 그러나 배당결의 시 배당금의 지급시기를 따로 정할 수 있다(제464조의2 제1항 단서). 배당금지급청구권은 5년의 소멸시효에 걸린다(제464조의2 제2항). 배당결의 시가 아니라, 배당결의로부터 1개월이 경과한 때 또는 배당결의 시 따로 정한 기한이 경과한 때로부터 기산한다.

6. 위법배당의 효과

(1) 위법배당의 의의

법령·정관에 위반하여 행해진 이익배당을 위법배당이라 한다. 배당가능이익이 없음에도 불구하고 배당을 하거나, 배당가능이익을 초과하여 배당하는 경우가 전형적인 위법배당에 해당한다. 배당가능이익이 없음에도 분식회계를 하여 형식적으로 배당가능이익이 있는 것처럼 하여 이익배당을 하는 경우도 마찬가지로 본다. 이 밖에도 배당절차·기준·시기·방법 등에 하자가 있는 경우 등도 위법배당에 해당한다.

(2) 위법배당금의 반환청구

1) 배당가능이익이 없는 배당

① 회사 및 채권자의 반환청구

A. 위법배당의 효력   배당가능이익에 관한 제한을 위반한 이익배당은 무효이다. 따라서 주주가 배당 받은 이익은 부당이득이 되므로 회사는 위법배당을 받은 주주에게 그 반환을 청구할 수 있다.

B. 회사채권자의 반환청구권   회사뿐만 아니라 회사채권자도 주주에게 배당 받은 이익을 회사에 반환할 것을 청구할 수 있다(제462조 제3항). 배당가능이익이 없는 위법배당은 채권자를 위한 책임재산을 감소시키므로 채권자 보호를 위해 상법이 특별히 인정한 권리이다. 채권자의 반환청구권은 채권자가 회사를 대위하여 행사하는 것이 아니라 자신의 권리를 행사하는 것이므로 채권자대위권의 요건을 구비할 필요가 없다. 따라서 회사의 반환청구권 행사와 무관하게 청구할 수 있고, 회사의 변제자력이 부족하지 않아도 청구할 수 있으며, 자기의 채권액에 국한하지 않고 위법배당된 금액 전액의 반환을 청구할 수 있다. 다만 회사에 대한 반환을 청구할 수 있을 뿐 자신에게 반환하라는 청구는 할 수 없다. 채권자는 위법배당 당시에는 채권자가 아니었어도 상관 없다. 반환청구를 소송의 방법으로 하는 경우에는 채권자는 본점소재지를 관할하는 지방법원에 소를 제기해야 한다(제462조 제4항 → 제186조).

C. 청구상대방의 범위   위법배당은 당연 무효이므로 회사 또는 채권자는 주주의 선의·악의를 불문하고 반환청구를 할 수 있다.

② 배당결의에 대한 무효확인의 소 제기의 필요성

A. 문제점   위법한 배당이라도 주주총회 또는 이사회의 결의에 의해 행해진다. 그렇다면 회사 또는 채권자가 위법배당을 받은 주주에게 배당의 무효를 주장하여 위법배당금의 반환을 청구하기 위해서는 먼저 주주총회결의 또는 이사회결의의 무효확인의 소를 제기하여 무효판결을 받아야 하는가, 아니면 무효확인의 소 제기 없이도 바로 반환청구를 할 수가 있는가?

B. 학설   ⅰ) 다수설은 배당결의를 주주총회에서 하는 경우에는 주주총회결의 무효의 소의 성질을 어떻게 보는가에 따라 달라진다고 한다. 즉 형성의 소로 보면 무효판결을 받아야만 반환청구를 할 수 있고, 확인의 소로 보면 무효확인의 소를 제기하지 않고도 바로 반환청구를 할 수 있다

고 한다. 이에 의하면 통설·판례는 주주총회결의 무효의 소의 성질을 확인의 소로 보므로 회사나 채권자는 주주총회결의무효의 소를 제기하지 않고도 주주에게 배당금의 반환을 청구할 수 있을 것이다. 그리고 이 논리에 따르면 이사회 결의로 이익배당을 결정한 경우에는 무효확인의 소 제기 없이 바로 반환 청구를 할 수 있다. ⅱ) 반면 소수설은 주주총회결의 무효확인의 소의 성질을 어떻게 보느냐와 무관하게 배당결의에 대한 무효확인의 소 제기 없이 바로 반환청구를 할 수 있다고 한다. 배당가능이익 없는 이익배당은 그 자체로 강행법규(제462조 제1항)에 어긋나므로 그 위법성 판단은 배당결의와 무관하게 독자적으로 해야 한다는 이유에서이다.

2) 기타의 위법

배당가능이익의 범위 내에서 배당이 이루어졌더라도 주주총회결의 자체에 취소사유(예 소집절차위반)가 있거나, 기타 배당절차·기준·시기·방법 등에 하자가 있거나 주식평등의 원칙에 어긋나는 경우(예 정관의 근거 없이 중간배당을 한 경우, 이사회의 승인이나 감사의 감사 없이 배당결의를 한 경우, 주주간에 차등배당을 결의한 경우 등)도 위법한 배당으로서 그 효력이 부정된다.

그러나 이 경우에는 회사채권자는 반환청구권을 갖지 않는다. 배당가능이익의 범위 내에서 배당이 이루어진 이상 회사 책임재산에 대한 침해가 없어 채권자가 그 배당의 효력을 문제 삼을 이익이 없기 때문이다.

(3) 이사 등의 책임

위법한 내용의 배당의안을 작성·집행한 이사는 회사·주주·채권자 등에 대하여 손해배상책임을 지며(제399조, 제401조), 이사회에서 위법한 배당안을 승인한 이사들, 그리고 감사를 게을리한 감사(또는 감사위원회)도 손해배상책임을 진다(제399조, 제414조, 제415조의2 제7항).

⓸ 현물배당

1. 의의

현물배당이란 회사가 소유하고 있는 금전 이외의 자산으로 하는 배당을 말한다. 배당할 수 있는 현물의 범위에 관해 상법에 특별한 제한은 없으나, 현물은 가분적이어야 하므로 일반적으로 회사가 보유하는 다른 회사(예 모회사, 자회사, 계열회사)의 주식이나 사채 등이 현물배당의 소재가 될 수 있을 것이다. 회사가 발행하는 주식을 배당하는 것은 신주발행이 되므로 현물배당으로 허용되지 않지만, 회사가 보유하고 있는 자기주식을 현물배당하는 것은 가능하다.

2. 요건

현물배당을 하기 위해서는, ⅰ) 정관에 그에 관한 근거 규정이 있어야 하고(제462조의4 제1항), ⅱ) 이익배당을 결정하는 주주총회 또는 이사회 결의에서 특정 배당을 현물로 한다는 의사결정을 하여야 한다.

3. 현물배당의 제한

현물배당을 결정한 회사는 주주가 배당되는 현물 대신 금전의 지급을 회사에 청구할 수 있도록 정할 수 있다. 이 경우에는 그 금액 및 청구할 수 있는 기간을 정하여야 한다(제462조의4 제2항 1호). 또 회사는 일정 수 미만의 주식을 보유한 주주에게 현물 대신 금전을 지급하기로 정할 수 있다. 이 경우에는 그 일정 수 및 금액을 정해야 한다(제462조의4 제2항 2호). 예를 들어 배당할 현물이 1주당 시가 20만 원인 모회사 주식인데, 어느 주주가 배당 받을 금액이 3,000원에 불과하다면 현물배당은 불가능하다. 이와 같은 사정 등에 대비하기 위해 현물배당을 하는 중에도 일부 소액주주에게는 금전배당을 할 수 있게 한 것이다.

현물배당을 결정하면 주주가 당연히 금전배상에 대한 선택권을 가지는 것은 아니다. 주주가 이 선택권을 갖기 위해서는 배당을 결정하는 주주총회 또는 이사회의 결의에서 이에 관한 별도의 정함이 있어야 한다.

04 주식배당

1. 의의 및 성질

(1) 의의

주식배당이란 금전 대신 새로이 발행하는 주식으로 하는 이익배당을 말한다. 주식배당은 배당할 이익을 자본금으로 전입하고, 신주를 발행해 이를 주주에게 지분비율에 따라 무상으로 분배하는 것이다. 따라서 회사 재산의 사외 유출이 없고, 발행주식수는 증가하나 주주의 지분비율은 그대로 유지된다. 주식배당은 배당가능이익을 사내에 유보하기 위해 주로 이용된다. 그리고 주식배상은 새로이 발행하는 주식으로써만 할 수 있고, 회사가 이미 보유하고 있는 자기주식으로 하는 배당은 현물배당이지 주식배당이 아니다. 주식배당에 관한 상법 제462조의2는 기본적으로 무액면주식에는 적용할 수 없는 조문이다. 주식배당제도는 배당할 이익을 「액면가」로 나눈 수의 주식을 발행하는 구조이기 때문이다(제462조의2 제2항 전문). 따라서 이하에서는 액면주식을 발행한 경우를 전제로 서술한다.

(2) 주식분할·준비금의 자본금전입·주식배당의 구별

1) 공통점

주식분할·준비금의 자본금전입·주식배당은 모두 주주가 새로운 대가를 지급함이 없이 주주에게 신주가 발행된다는 점에서 흡사하다. 그리고 회사 순자산에 변화가 없다는 점과 발행주식수의 증가에도 불구하고 주주들의 지분비율이 그대로 유지된다는 점에서도 공통점이 있다. 즉 위 세가지 모두 이에 의해 회사에 실질적인 변화는 일어나지 않는다.

2) 차이점

차이점도 있으나 계정간 금액 변동이 전부이다. 액면주식을 발행한 회사에서 주식분할은 액면분할을 의미하는데, 액면분할과 준비금의 자본금전입 및 주식배당 사이에는, 액면분할은 자본금에 변동이 없음에 반해 준비금의 자본금전입과 주식배당은 자본금을 증가시킨다는 차이가 있을 뿐이다. 그리고 준비금의 자본금전입과 주식배당 사이에는 자본금 증가의 재원이 무엇인가의 차이만이 있다. 준비금의 자본금전입은 법정준비금을 자본금을 전환시킨 것이고, 주식배당은 배당가능이익을 자본금으로 전환시킨 것이다. 그러나 이와 같은 차이는 이해관계자의 이해관계에 영향을 미치지 않기 때문에 회사법의 시각에서 보면 매우 사소한 것이다.

(3) 성질

1) 이익배당설

통설은 주식배당을 이익배당으로 본다. 주식배당에 의해 배당금의 지급으로 감소될 재산이 주식의 발행가로 환수되므로 이익배당의 실질이 있다는 점 등을 근거로 한다.

2) 주식분할설

소수설은 주식배당을 배당가능이익을 자본금으로 전입하는 주식분할이라 한다. 회사재산이나 지분비율에 아무 변화를 가져오지 않는다는 점, 회사법에서 배당을 다루는 이유는 채권자보호의 측면에서 회사재산의 유출이 문제될 수 있기 때문인데, 주식배당은 그런 문제가 없기 때문에 이익배당과 같이 취급하는 것은 타당하지 않다는 점 등을 근거로 한다.

2. 주식배당의 요건

(1) 배당가능이익의 존재

주식배당은 이익의 배당을 주식으로 하는 것이므로 금전배당과 마찬가지로 배당가능이익(제462조 제1항)이 있어야 한다. 다만 회사재산이 유출되지는 않으므로 이익준비금을 적립할 필요는 없다(제458조 단서).

(2) 미발행 수권주식의 존재

주식배당을 하면 신주가 발행되므로 당연히 발행예정주식총수 중 미발행부분에 여유가 있어야 한다. 발행예정주식총수 중 미발행부분이 배당주식수에 미치지 못할 때에는 먼저 정관을 변경하여 발행예정주식총수를 늘려놓아야 한다.

(3) 주식배당의 제한

주식배당은 이익배당총액의 2분의 1을 초과하지 못한다(제462조의2 제1항 단서). 환금성이 없는 주식이 과도하게 배당되지 않게 하기 위한 제한이다. 제한은 배당가능이익이 아니라 이익배당총액의 2분의 1이다. 따라서 주식배당은 금전배당(또는 현물배당)과 함께 이루어질 수밖에 없다.

3. 주식배당의 절차

(1) 주주총회의 결의

주식배당의 의사결정은 주주총회의 결의로 한다(제462조의2 제1항 본문). 주주총회에서는 주식배당을 할 것인지, 금전배당(또는 현물배당)과 주식배당은 어떻게 나눌 것인지 등을 결의한다. 이익배당을 이사회의 결의로 정하는 경우에도 이를 주식배당으로 하고자 할 경우에는 다시 주주총회의 결의를 요한다. 상법 제462조 제2항 단서는 주식배당에까지는 적용되지 않기 때문이다.

(2) 신주의 발행

주식배당결의가 있으면 회사는 이에 따라 이익잉여금을 자본금에 전입하고 그에 해당하는 신주를 발행한다. 신주의 발행가액은 주식의 권면액으로 하고(제462조의2 제2항 본문), 단주가 생길 경우 단주는 경매하여 그 대금을 주주에게 지급하되, 거래소의 시세가 있는 주식은 거래소를 통하여 매각하고 그 대금을 지급하여야 한다(제462조의2 제3항 → 제443조 제1항).

(3) 배당통지

이사는 주식배당의 결의가 있는 때에는 지체 없이 배당을 받을 주주와 주주명부에 기재된 질권자에게 그 주주가 받을 주식의 종류와 수를 통지하여야 한다(제462조의2 제5항).

4. 주식배당의 효과

(1) 자본금과 발행주식수의 증가

주식배당을 하면 배당가능이익이 자본화되어 자본금이 증가하고, 증가한 자본금을 액면가로 나눈 수만큼 발행주식수도 증가한다. 이에 따라 자본금과 발행주식수에 관한 변경등기도 하여야 한다(제317조 제4항 → 제183조, 제317조 제2항 2호, 3호).

(2) 신주의 효력발생시기

주식배당을 받은 주주는 주식배당의 결의가 있는 주주총회가 종결한 때부터 신주의 주주가 된다(제462조의2 제4항).

(3) 등록질권의 효력

등록질권자의 권리는 주주가 배당받은 주식에 미친다(제462조의2 제6항 전문). 그리고 등록질권자는 회사에 대하여 주권의 교부를 청구할 수 있다(제462조의2 제6항 후문 → 제340조 제3항). 약식질에 관해서는 후술한다.

5. 주식배당에 관한 특수 문제

(1) 종류주식과 주식배당

1) 문제점

종류주식을 발행한 회사가 주식배당을 하는 경우 다른 종류의 주식간에 배당주식의 종류를 달리하여야 하는가, 아니면 같은 종류주식으로 배당하여야 하는가? 이에 관해 상법은 "회사가 종류주식을 발행할 때에는 각각 그와 같은 종류의 주식으로 배당할 수 있다(제462조의2 제2항 후단)"라는 규정을 두고 있는데, 그 해석과 관해 학설의 대립이 있다.

2) 학설

ⅰ) 문언에 충실하게, 모두 단일한 종류의 주식으로 배당할 수도 있고, 기존의 주식과 같은 종류의 주식으로 배당할 수도 있다는 견해, ⅱ) "배당할 수 있다"를 "배당하여야 한다"로 해석하여 기

존의 주식과 같은 종류의 주식으로만 배당할 수 있다는 견해, iii) 위 규정에도 불구하고 모두 단일한 보통주로만 배당할 수 있다는 견해가 대립한다.

(2) 자기주식에 대한 주식배당

자기주식에도 주식배당을 하여야 하는가? 주식배당의 성질에 관해 어떤 학설을 취하는가에 따라 결론이 달라진다. ⅰ) 주식분할설을 취하면 다른 주식이 분할되면 자기주식도 분할되야 하므로 자기주식에 대하여도 주식배당을 하여야 한다. ⅱ) 이익배당설을 취하면 자기주식에 이익배당청구권이 인정되는가에 따라 결론이 달라지는데, 통설은 자기주식에는 이익배당청구권이 인정되지 않는다고 하므로 이에 의하면 자기주식에 대하여는 주식배당을 해서는 안된다.

(3) 약식질의 효력

주식배당으로 배당된 신주에 약식질의 효력이 미치는가? 상법은 등록질에 관해서는 규정을 두고 있으나(제462조의2 제6항), 이에 관해서는 아무 규정도 두고 있지 않다. 이 역시 주식배당의 성질에 관한 학설에 따라 결론이 달라진다. ⅰ) 이익배당설에 의하면 약식질의 효력이 이익배당청구권에 미치는가에 관한 학설(적극설·소극설)에 따라 결론이 달라진다. 적극설에 의하면 약식질의 효력이 미치고, 소극설에 의하면 효력이 미치지 않는다. ⅱ) 주식분할설에 의하면 배당된 주식은 본래 주식의 변형물이므로 약식질의 효력이 당연히 미친다.

6. 위법한 주식배당의 효과

(1) 배당가능이익 없이 이루어진 주식배당

1) 신주발행의 효력

배당가능이익이 없음에도 주식배당에 의해 이루어진 신주발행의 효력은 어떠한가? 통설은 이는 결과적으로 납입 없는 신주발행과 같게 되어 자본금충실을 해한다는 이유로 무효라고 한다. 그리고 그 무효 주장은 신주발행무효의 소에 관한 제429조를 유추적용하여 소에 의해서만 할 수 있다고 한다.

2) 신주발행의 무효에 따른 법률관계

주주가 주금을 납입하지 않았으므로 주주에게 주금을 환급해주는 문제는 생기지 않는다(제432조). 그리고 주식배당으로 회사재산이 주주에게 유출된 바 없으므로 채권자는 주주에게 배당 받은 이익을 회사에 반환할 것을 청구할 수 없다(제462조 제3항). 회사가 주주에게 부당이득반환청구를 할 수 없음은 물론이다. 이렇게 본다면 결국 신주가 무효로 되는 것으로 법률관계가 정리된다. 다만 신주의 무효는 소급효가 없으므로(제431조 제1항), 무효가 확정되기 전에 신주발행의 유효를 전제로 이루어진 행위는 여전히 유효하다.

(2) 기타 절차나 내용이 위법한 주식배당

주식배당에 의한 신주발행이 주식평등의 원칙에 위반하거나, 발행예정주식수를 초과하는 등, 주식배당의 절차나 내용이 위법한 경우에도 신주발행무효의 소를 제기할 수 있고, 그 법률관계는 위에서 본 바와 같다. 이익배당 자체는 유효한데 이를 주식으로 환산하여 신주를 발행하는 절차

가 무효인 경우(예 발행예정주식총수를 초과하는 발행)에는 주식이 무효가 되는 대신 배당금을 지급해야
할 것이다.

7. 이사 등의 책임

이사 등의 책임은 협의의 이익배당에서 설명한 바와 같다. 다만 회사재산의 유출이 없었기 때문
에 사실상 회사 또는 제3자의 손해를 생각하기는 어렵다.

05 중간배당

1. 의의

중간배당이란 사업연도 중간에 이익을 주주에게 분배하는 것을 말한다. 주주에 대한 배당 증가
로 투자자를 주식시장으로 유도하고, 결산기의 현금배당으로 인한 일시적인 자금수요를 분산시킴
으로써 회사의 재무관리에 편의를 제공하는 기능을 한다.

중간배당은 회사의 이익을 주주에게 분배한다는 점에서 그 경제적 실질은 이익배당이나, ⅰ) 결
정권한이 주주총회가 아니라 이사회에 있고, ⅱ) 주식배당이 허용되지 않으며, ⅲ) 배당재원을 당
해 결산기가 아닌 직전 결산기의 대차대조표를 기준으로 산정한다는 점에서 이익배당과 구별된다.

2. 요건

(1) 형식적 요건

ⅰ) 연 1회의 결산기를 정한 회사는 ⅱ) 정관에 규정이 있는 경우 ⅲ) 영업연도 중 1회에 한하
여 ⅳ) 이사회의 결의로 일정한 날을 정하여 그 날의 주주에 대하여 이익을 배당할 수 있다(제462조
의3 제1항). 중간배당에 관한 이사회의 결의가 성립하면 추상적으로 존재하던 중간배당청구권이 구
체적인 중간배당금 지급청구권이 확정되므로, 상법 제462조의3이 정하는 중간배당에 관한 이사회
결의가 있으면 중간배당금이 지급되기 전이라도 당해 영업연도 중 1회로 제한된 중간배당은 이미
결정된 것이고, 같은 영업연도 중 다시 중간배당에 관한 이사회 결의를 하는 것은 허용되지 않는
다. 이사회 결의로 주주의 중간배당금 지급청구권이 구체적으로 확정된 이상 그 청구권의 내용을
수정 내지 변경하는 내용의 이사회 결의도 허용될 수 없다(대판 2022.9.7. 2022다223778).

1) 중간배당 기준일의 결정

중간배당을 받는 주주를 확정하기 위한 「일정한 날」(중간배당 기준일)을 어떻게 정하는가에 관하여
견해의 대립이 있다. ⅰ) 사안의 중요성을 고려하여 이사회가 정할 수는 없고 정관으로 정해야 한
다는 견해도 있으나, ⅱ) 법문에서 "이사회의 결의로 일정한 날을 정하여"라고 하고 있고(제462조의3
제1항), 주주명부폐쇄 및 기준일에 관한 규정을 준용하고 있으므로(제462조의3 제5항 → 제354조 제1항) 이
사회의 결의로 정한다고 본다. 따라서 이사회의 결의로 정한 중간배당 기준일의 주주는 회사에 대
하여 구체적인 중간배당청구권을 취득한다.

2) 주식배당

주식배당은 주주총회의 결의를 요하기 때문에(제462조의2 제1항) 이사회의 결의로 실시하는 중간배당에서는 주식배당은 할 수 없다. 따라서 중간배당은 금전배당과 현물배당만 가능하다.

(2) 배당의 재원

중간배당은 직전 결산기에 관한 정기총회에서 이익잉여금을 처분하고 남은 잔액을 한도로 하여 할 수 있다. 다시 말해 중간배당은 직전 결산기의 대차대조표상의 순자산액에서, {직전 결산기의 자본금의 액 + 직전 결산기까지 적립된 자본준비금과 이익준비금의 합계액 + 직전 결산기의 정기총회에서 이익으로 배당하거나 또는 지급하기로 정한 금액 + 중간배당에 따라 당해 결산기에 적립하여야 할 이익준비금}을 공제한 잔액을 한도로 한다(제462조의3 제2항). 아직 당해 연도 대차대조표가 확정되지 않았기 때문에 직전 결산기를 기준으로 배당가능이익을 산정하는 것이다. 2011년 개정상법에서는 배당가능이익 산정 시 미실현이익을 공제하는 규정을 신설하였는데(제462조 제1항 4호), 중간배당에는 이 점이 반영되지 않았다. 입법의 착오이므로 미실현이익은 중간배당에서도 공제항목으로 새겨야 한다.

3. 배당의 제한

회사는 당해 결산기의 대차대조표상의 순자산액이 제462조 제1항 각호의 금액의 합계액에 미치지 못할 우려가 있는 때(즉 당해 결산기에 배당가능이익이 존재하지 않을 우려가 있을 때)에는 중간배당을 하여서는 아니된다(제462조의3 제3항).

4. 이사의 책임

1) 책임의 발생

중간배당을 하였는데 당해 결산기에 가보니 결국 회사에 배당가능이익이 없는 것으로 확정된 경우 이사는 회사에 대하여 연대하여 그 차액(배당액이 그 차액보다 적을 경우에는 배당액)을 배상할 책임이 있다(제462조의3 제4항 본문). 위 「배당의 제한」의 실효성을 확보하기 위함이다.

2) 책임의 면제

이사가 당해 결산기에 배당가능이익이 존재하지 않을 우려가 없다고 판단함에 있어 주의를 게을리하지 아니하였음을 증명한 때에는 이사는 배상책임을 면한다(제462조의3 제4항 단서). 이 규정상의 이사의 책임은 과실책임이나, 이사가 자신의 무과실에 대한 입증책임을 진다. 따라서 이 책임은 회사가 이사의 과실을 입증해야 책임 추궁이 가능한 제399조의 이사의 회사에 대한 책임보다 가중된 책임이다.

5. 채권자의 반환청구

상법 제462조의3 제6항은 동조 「제3항」에 위반하여 중간배당을 한 경우 제462조 제3항과 제4항을 준용한다고 규정하고 있다. 이에 따르면 중간배당을 한 결과 당해 결산기에 결손이 생긴 경우 채권자는 주주에게 배당금을 회사에 반환하라고 청구할 수 있다.

6. 기타의 법률관계

ⅰ) 등록질권자는 입질된 주식에 대한 중간배당을 받아 자기 채권에 충당할 수 있고(제462조의3 제5항 → 제340조 제1항), ⅱ) 회사는 중간배당에 관해 내용이 다른 주식을 발행할 수 있으며(제462조의3 제5항 → 제344조 제1항), ⅲ) 중간배당을 할 때에도 그 10분의 1에 해당하는 금액을 이익준비금으로 적립하여야 한다(제462조의3 제5항 → 제458조).

▌제5관 재무제표 등의 공시와 주주 · 채권자의 권리

⑪ 서설

공시란 회사경영의 국외에 존재하는 이해관계자들의 자기방어가 가능하도록, 회사의 업무와 재산에 관한 제반 정보를 전달하는 것을 말한다.

기업내용의 공시를 통해, 주주는 투자의 수익성을 판단하고, 투자회수 및 이사교체 여부를 결정하는데 필요한 정보를 얻을 수 있고, 회사채권자는 회사의 변제가능성을 판단하여 채권회수여부를 결정하는데 필요한 자료를 얻을 수 있다. 또한 상장회사가 발행한 유가증권의 공정한 거래질서 유지를 위해서도 기업공시는 필수적이다. 그러나 기업의 공시에는 한계가 있을 수밖에 없다. 회사의 정보를 전부 공시하면 기업비밀의 유지가 불가능해지고 이는 결국 경쟁의 포기를 뜻하기 때문이다. 그래서 상법은 소수주주·일반주주·회사채권자에 따라 공시범위에 차등을 두고 있다.

⑫ 공시제도

1. 정관 등 서류의 열람청구

이사 또는 집행임원은 회사의 정관, 주주총회의 의사록을 본점과 지점에, 주주명부, 사채원부를 본점에 비치하여야 한다. 이 경우 명의개서대리인을 둔 때에는 주주명부나 사채원부 또는 그 복본을 명의개서대리인의 영업소에 비치할 수 있다. 주주와 회사채권자는 영업시간 내에 언제든지 이 서류의 열람 또는 등사를 청구할 수 있다(제396조, 제408조의9).

2. 재무제표 등의 공시(제448조)

이사는 일정기간 재무제표 및 그 부속명세서, 영업보고서, 감사보고서를 본점과 지점에 비치하여야 하고(제448조 제1항), 주주와 회사채권자는 이의 열람 및 등·초본의 교부청구를 할 수 있다(제448조 제2항). 재무제표의 승인절차에서 기술하였다.

3. 대차대조표의 공고(제449조 제3항)

재무제표의 승인절차에서 기술하였다.

03 재무 관련 소수주주권

1. 주주의 회계장부열람권

(1) 의의

소수주주(발행주식총수의 100분의 3 이상)는 이유를 붙인 서면으로 회계의 장부와 서류의 열람 또는 등사를 청구할 수 있다(제466조 제1항).

재무제표 등(제448조)은 회사가 공시를 의식하고 작성한 것이어서 분식의 가능성이 있을 뿐만 아니라 간접적인 정보를 제공함에 그친다. 그래서 상법은 주주가 재무제표 등의 기재가 진실하고 정확한지를 알 수 있도록, 주주에게 그 원시기록인 회계의 장부와 서류에 대한 열람·등사청구권을 인정한 것이다. 단독주주에게는 인정하지 않고 소수주주에게만 인정한 이유는 회계장부는 기밀도가 높은 서류이기 때문이다.

회사에 대하여 채무자 회생 및 파산에 관한 법률에 따른 회생절차가 개시된 경우에도 소수주주의 회계장부 등에 대한 열람·등사청구권을 규정한 상법 제466조 제1항의 적용은 배제되지 아니한다(대결 2020.10.20. 2020마6195).

(2) 열람·등사 청구

1) 청구권자

발행주식총수의 100분의 3 이상에 해당하는 주식을 가진 주주이다. 열람과 등사에 시간이 소요되는 경우에는 열람·등사를 청구한 주주가 전 기간을 통해 발행주식총수의 100분의 3 이상의 주식을 보유하여야 하고, 회계장부의 열람·등사를 재판상 청구하는 경우에는 소송이 계속되는 동안 위 주식 보유요건을 구비하여야 한다(대판 2017.11.9. 2015다252037). 상장회사의 경우에는 6개월 전부터 계속하여 상장회사 발행주식총수의 1만분의 10(최근 사업연도 말 자본금이 1,000억 원 이상인 상장회사의 경우에는 1만분의 5) 이상에 해당하는 주식을 보유한 주주이다(제542조의6 제4항, 상법시행령 제32조).

주식매수청구권을 행사한 주주도 회사로부터 주식의 매매대금을 지급받지 아니하고 있는 동안에는 회계장부 열람·등사권을 가지고, 주식매수청구권을 행사하였다는 사정만으로 청구가 정당한 목적을 결하여 부당한 것이라고 볼 수 없다(대판 2018.2.28. 2017다270916).

2) 청구방식

청구는 이유를 붙인 서면으로 하여야 한다. 그리고 그 이유는 구체적으로 기재해야 한다. 회계의 장부 및 서류를 열람·등사시키는 일은 회계운영상 중요한 일이므로 그 절차를 신중하게 함과 동시에, 회사가 열람·등사를 허용해야 할 회계의 장부와 서류의 범위를 쉽게 판단할 수 있도록 하기 위함이다(대판 1999.12.21. 99다137). 그 이유가 사실일지도 모른다는 합리적 의심이 생기게 할 정도로 기재하거나 그 이유를 뒷받침하는 자료를 첨부할 필요는 없다(대판 2022.5.13. 2019다270163).

(3) 열람·등사의 대상

열람·등사의 대상인 회계의 「장부」란 재무제표와 그 부속명세서의 작성의 기초가 되는 회계에 관한 모든 장부이다(제29조). 원장·전표 등이 그 예이다. 회계의 「서류」란 회계장부의 기재의 원재료가 되는 서류로서, 계약서·영수증·납품서 등을 의미한다. 자회사의 회계장부라 할지라도 그것이 모회사에 보관되어 있고, 모회사의 회계상황을 파악하기 위한 근거자료로서 실질적으로 필요한 경우에는 모회사의 회계서류로서 모회사 소수주주의 열람·등사청구의 대상이 될 수 있다(대판 2001.1.26. 99다58051).

(4) 열람·등사의 거부

회사는 주주의 열람·등사청구가 부당함을 증명하지 아니하면 이를 거부하지 못한다(제466조 제2항). 청구의 정당성은 회사의 경영상태에 대한 주주의 알권리와 열람을 허용할 경우 우려되는 회사의 불이익(예 기업기밀의 누설)을 비교형량하여 판단하여야 한다. 판례는 "주주의 이와 같은 열람·등사권의 행사가 회사업무의 운영 또는 주주 공동의 이익을 해치거나 주주가 회사의 경쟁자로서 그 취득한 정보를 경업에 이용할 우려가 있거나, 또는 회사에 지나치게 불리한 시기를 택하여 행사하는 경우 등에는 정당한 목적을 결하여 부당한 것이라고 보아야 한다(대결 2004.12.24. 2003마1575)."라고 판시한 바 있다. 한편 주주로부터 열람·등사청구를 받은 회사는 상법 제466조 제2항에 따라 열람·등사청구의 부당성, 이를테면 열람·등사청구가 허위사실에 근거한 것이라든가 부당한 목적을 위한 것이라든가 하는 사정을 주장·증명함으로써 열람·등사의무에서 벗어날 수 있다(대판 2022.5.13. 2019다270163).

(5) 가처분

1) 허용여부

판례는 "상법 제466조 제1항 소정의 소수주주의 회계장부열람등사청구권을 피보전권리로 하여 당해 장부 등의 열람·등사를 명하는 가처분이 실질적으로 본안소송의 목적을 달성하여 버리는 면이 있다고 할지라도, 나중에 본안소송에서 패소가 확정되면 손해배상청구권이 인정되는 등으로 법률적으로는 여전히 잠정적인 면을 가지고 있기 때문에 임시적인 조치로서 이러한 회계장부열람등사청구권을 피보전권리로 하는 가처분도 허용된다고 볼 것이다(대판 1999.12.21. 99다137)."라고 판시하였다.

2) 방법

위 판례는 또 "이러한 가처분을 허용함에 있어서는 피신청인인 회사에 대하여 직접 열람·등사를 허용하라는 명령을 내리는 방법뿐만 아니라, 열람·등사의 대상 장부 등에 관하여 훼손, 폐기, 은닉, 개찬이 행하여질 위험이 있는 때에는 이를 방지하기 위하여 그 장부 등을 집행관에게 이전 보관시키는 가처분을 허용할 수도 있다(대판 1999.12.21. 99다137)."라고 하였다.

2. 검사인 선임청구권

회사의 업무집행에 관하여 부정행위 또는 법령이나 정관에 위반한 중대한 사실이 있음을 의심할 사유가 있는 때에는 발행주식총수의 100분의 3 이상에 해당하는 주식을 가진 주주는 회사의 업무와 재산상태를 조사하게 하기 위하여 법원에 검사인의 선임을 청구할 수 있다(제467조 제1항). 상장회사의 경우에는 6개월 전부터 계속하여 상장회사 발행주식총수의 1,000분의 15 이상에 해당하는 주식을 보유한 주주가 청구할 수 있다(제542조의6 제1항).

법원이 검사인을 선임한 경우, 검사인은 업무와 재산상태를 조사하고 그 결과를 법원에 보고하여야 한다(제467조 제2항). 법원은 검사인의 보고에 의하여 필요하다고 인정한 때에는 대표이사에게 주주총회의 소집을 명할 수 있다(동조 제3항 전문). 주주총회가 소집되는 경우 검사인은 주주총회에 보고서를 제출하여야 한다(동조 제3항 후문 → 제310조 제2항). 이때 이사와 감사는 지체 없이 검사인의 조사보고서의 정확 여부를 조사하여 주주총회에 보고하여야 한다(동조 제4항).

법원의 명령에 의해 소집된 주주총회에서는 소집목적에 구애되지 아니하고 이사의 해임과 선임 등 필요한 결의를 할 수 있다.

제6관 주주권행사와 관련한 이익공여금지

1. 의의

회사는 누구에게든지 주주의 권리행사와 관련하여 재산상의 이익을 공여할 수 없다. 이에 위반하여 회사로부터 이익을 공여 받은 자는 그 이익을 회사에 반환하여야 한다(제467조의2).

과거 상장회사 주주총회의 운영실태를 보면 소량의 주식을 가진 총회꾼들이, 주주총회에서 장시간 발언하거나 소동 피우는 일을 삼가는 대가로 회사로부터 이익을 제공받거나, 반대로 임원과 결탁하여 임원에 반대하는 주주의 발언을 봉쇄하는 등의 방법으로 임원의 연임에 협력하고 그 대가로 회사로부터 이익을 제공받는 폐단이 있었다. 이 규정은 이와 같은 총회꾼과 회사의 불건전한 거래를 근절하고, 이들에게 제공된 이익을 회사에 회복시킬 사법적 수단을 마련하기 위해 둔 것이다.

판례는 회사가 주주들에게 주주의 권리행사와 관련하여 1회에 한하여 양도가능한 골프장 예약권과 20만 원 상당의 상품권을 제공한 것은 사회통념상 허용되는 범위를 넘어서는 것으로 보고 있다(대판 2018.2.8. 2015도7397).

상법 제467조의2 제1항에서 정한 '주주의 권리'란 법률과 정관에 따라 주주로서 행사할 수 있는 모든 권리를 의미하고, 공익권뿐만 아니라 자익권도 포함하지만, 임원추천권과 같은 회사에 대한 계약상의 특수한 권리는 포함되지 아니한다(대판 2017.1.12. 2015다68355).

2. 금지내용

(1) 주주권행사와의 관련한 이익공여

① 주주권의 행사·불행사·행사방법 등을 합의하고, 이에 관해 이익을 공여함을 의미한다. 주주총회에서의 주주권행사뿐만 아니라, 결의취소의 소를 제기하지 않는다든지, 유지청구를 하지 않는

등과 같이 의결권 이외의 주주권행사와 관련한 이익공여도 금지된다. 주주권행사와 결부된 경제거래를 규율 대상으로 하므로, 주주권의 행사 또는 불행사 자체가 위법할 필요는 없다. ② 회사가 특정한 주주에게 재산상 이익을 무상으로 공여하거나, 유상으로 공여하더라도 회사가 얻은 이익이 공여한 이익에 비하여 현저히 적은 경우에는, 주주권행사와 관련하여 이익을 공여한 것으로 추정한다(제467조의2 제2항).

(2) 이익공여의 상대방

상대방에는 제한이 없다. 통상은 주주일 것이나, 주주가 운영하는 회사, 주주에게 영향력을 미치는 제3자 등도 상대방이 될 수 있다.

(3) 「회사」에 의한 이익공여

회사의 계산으로 한 이익의 공여만이 금지되고, 회사 이외의 자가 이익을 제공하는 것은 본조와 무관하다. 예컨대, 이사가 연임을 위해 자신의 개인재산으로 주주에게 이익을 제공하는 것은 본조의 금지 대상이 아니다.

3. 위반의 효과

(1) 이익반환의무

회사가 주주의 권리행사와 관련하여 재산상의 이익을 공여한 때에는 그 이익을 공여 받은 자는 이를 회사에 반환하여야 한다(제467조의2 제3항 전문). 이익의 반환청구는 회사가 하여야 하나, 주주가 대표소송을 제기하여 할 수도 있다(제467조의2 제4항 → 제403조 내지 제406조). 회사가 스스로 이익을 공여한 만큼 청구를 게을리할 수가 있어 주주의 대표소송을 인정한 것이다.

(2) 회사의 대가반환

회사가 이익을 공여하고 그 대가를 받은 것이 있다면 이를 반환하여야 한다(제467조의2 제3항 후문).

(3) 주주권행사의 효력

주주권행사와 관련하여 주주가 회사로부터 이익을 공여 받았다 하여도, 주주의 권리 행사 그 자체의 효력에는 아무런 영향이 없다. 그러나 주주의 의결권 행사와 관련하여 위법한 이익이 공여된 경우 해당 주주총회의 결의방법에 법령에 위반한 하자가 있다고 보아 주주총회결의취소의 사유에 해당한다(대결 2014.7.11. 2013마2397).

(4) 주주권 행사에 관한 이익공여의 죄

이사, 집행임원, 감사 등은 위법한 이익공여가 이루어진 경우 형사책임을 진다(제634조의2). 상법상 주주의 권리행사에 관한 이익공여의 죄는 주주의 권리행사와 관련 없이 재산상 이익을 공여하거나 그러한 관련성에 대한 범의가 없는 경우에는 성립할 수 없다(대판 2018.2.8. 2015도7397).

제8절 사채(社債)

① 총설

1. 사채의 의의

사채란 주식회사가 일반공중으로부터 비교적 장기의 자금을 집단적·대량적으로 조달할 목적으로 단위화된 증권인 채권(債券)을 발행하는 형식으로 부담하는 정형화된 채무를 말한다.

상법은 사채에 관한 규정을 주식회사에만 두고 있어, 다른 종류의 회사에서도 사채를 발행할 수 있는지가 문제된다. 통설은 상법 제600조 제2항과 제604조 제1항의 규정은 유한회사가 사채를 발행할 수 없음을 전제로 한 것이고, 제604조 제1항은 유한책임회사에 준용되므로(제287조의44), 유한회사와 유한책임회사는 사채를 발행할 수 없으나, 합명회사와 합자회사는 사채발행을 금지하는 규정이 특별히 없으므로 사채를 발행할 수 있다고 한다. 다만 실제로 합명·합자회사 사채를 발행한 예는 없다.

2. 주식과의 비교

(1) 유사점

사채와 주식은 모두 불특정의 투자자로부터 다액의 자금을 조달하는 수단이다. 그 결과 ⅰ) 권리 양도를 통한 투자금 회수를 쉽게 하기 위해 권리를 세분화하여 단위화된 유가증권(주권·사채권)에 표창시켜 유통성을 높이고 있고, 유가증권상 권리의 양도방법이나 회사에 대한 대항요건도 유사하다. ⅱ) 동일한 이해관계를 가진 다수의 투자자가 존재하기 때문에, 주주총회나 사채권자집회와 같은 집단적 의사결정 수단을 마련하고 있다. ⅲ) 발행사항을 이사회가 결정하고, 주식청약서·사채청약서를 가지고 청약을 하는 등 발행 절차도 유사하다.

(2) 차이점

사채는 일종의 금전채권이나 주식은 사단구성원으로서의 지위를 뜻하는 사원권이다. 따라서 ⅰ) 사채권자는 회사의 이익 유무에 상관없이 확정율의 이자를 받는데 반해, 주주는 회사에 이익이 있는 경우에 한해 이익배당을 받고, ⅱ) 사채권자는 외부의 제3자로서 회사의 운영에 관여할 수 없는데 반해, 주주는 의결권 기타의 공익권을 통해 회사의 지배·경영·감독의 권한을 갖는다. 그리고 ⅲ) 회사 입장에서, 사채발행으로 조달한 자금은 타인자본, 즉 부채가 되므로 상환기에 상환해야 하나, 주식발행으로 조달한 자금은 자기자본을 형성하므로 상환할 의무가 없다.

(3) 주식과 사채의 접근

주식회사의 거대화에 따라 대중주주들은 회사에 경영에 관심을 잃어가고, 동시에 주주에 대한 배당률은 평준화되는 등 사회적·경제적 측면에서 주주가 사채권자화 되는 현상을 보이고 있다. 이에 따라 법상으로도 무의결권주식, 상환주식, 누적적 우선주식과 같이 주식의 사채화라고 할 수 있는 제도가 마련되어 있고, 반대로 전환사채, 신주인수권부사채, 이익참가부사채와 같이 사채의 주식화 현상도 일어나고 있다.

3. 사채의 종류

(1) 기명사채와 무기명사채

사채권에 사채권자의 성명이 기재되어 있는 것을 기명사채라 하고, 기재가 없는 것을 무기명사채라 한다. 양도방법 등에서 차이가 있다. 우리나라에서 발행되는 사채는 대부분 무기명사채이다.

(2) 보통사채와 특수사채

사채권자에게 특수한 권리가 부여되어 있는 사채를 특수사채라 하고, 그렇지 않는 사채를 보통사채라 한다. 상법은 이익참가부사채, 교환사채, 전환사채, 신주인수권부사채 등의 특수사채를 규정하고 있다.

⑫ 사채의 발행

1. 사채발행의 방법

상법은 사채발행의 방법을 사채청약서의 작성을 요하는지에 따라 총액인수(제475조)와 공모발행(제474조)으로 나누고 있다.

(1) 총액인수

특정인이 회사와의 계약에 의하여 발행하는 사채의 총액을 인수하는 방법이다. 인수인(주로 금융투자업을 하는 회사)은 이를 일반공중에게 사채권을 매출하여 인수가액과 매출가액과의 차이로 얻어지는 이득을 기대하고 인수하는 것이다. 발행의 상대방이 특정되어 있으므로 사채청약서의 작성은 요하지 않는다(제475조 전단).

(2) 공모

사채를 일반공중으로부터 모집하는 방법으로서, 원칙적으로 사채청약서의 사용을 요한다(제474조). 공모는 크게 세가지로 나뉜다. ⅰ)「직접공모」는 발행회사가 인수인을 매개하지 않고 직접 불특정의 투자자로부터 모집하는 방법이다. 거의 이용되지 않는 방법이다. ⅱ)「위탁모집」은 발행절차를 수탁회사에 위탁하는 형태를 말한다(제476조 제2항). 수탁회사는 발행회사를 위하여 자기의 명의로 사채청약서의 작성이나 납입 등 모든 절차를 진행한다. ⅲ)「도급모집」(인수모집·위탁인수모집·위탁도급모집)은 위탁모집에 있어 사채응모액이 총액에 달하지 않을 때에는 수탁회사가 그 잔액을 인수할 것을 약정하는 방법이다(제474조 제2항 14호). 수탁회사가 인수하는 부분에 대하여는 사채청약서를 요하지 않는다(제475조 후문). 실제 사채를 발행할 때에는 금융투자업자(증권회사)가 수탁회사로 되는 동시에 잔액을 인수하기로 하는 도급모집의 형태를 취하는 경우가 대부분이다.

2. 사채발행의 절차

(1) 발행의 결정

1) 원칙

사채의 발행은 이사회의 결의로 한다(제469조 제1항). 이것은 신주발행의 경우와 마찬가지로 자금조달의 기동성을 확보하기 위함이다. 이 결의에서 사채의 종류·총액, 각 사채의 금액·이율·상환방법·발행방법 등을 정하여야 한다.

2) 발행의 위임

이사회는 정관으로 정하는 바에 따라 대표이사에게 사채의 금액 및 종류를 정하여 1년을 초과하지 아니하는 기간 내에 사채를 발행할 것을 위임할 수 있다(제469조 제4항). 사채발행의 기동성 확보를 위해 2011년 개정법에서 신설한 것이다. 회사가 집행임원을 둔 경우 대표집행임원에게도 위임이 가능한가? 상법 제408조의2 제3항 제4호에 따르면 사채발행과 같이 상법에서 이사회의 권한으로 정한 사항은 이사회가 집행임원에게 그에 관한 의사결정을 위임할 수 없으므로, 문언상으로는 대표집행임원에 대한 위임은 불가하다고 해석할 수밖에 없다. 상법 개정 과정에서 집행임원제도가 도입되었음을 잊은 데서 비롯된 입법의 착오이다.

(2) 수탁계약

위탁모집, 도급모집의 경우 회사는 사채를 발행하기 위해서 수탁회사와 수탁계약을 체결한다. 수탁회사는 자신의 명의로 발행회사를 위하여 사채를 모집한다(제476조 제2항). 예를 들어 사채청약서를 작성하고, 청약을 받고, 사채를 배정하고, 납입을 받는 것을 모두 수탁회사가 자신의 명의로 한다.

(3) 사채계약

사채모집에 응하고자 하는 자의 청약과 회사(또는 수탁회사)의 배정에 의해 인수가 확정되고 사채계약이 성립한다. 청약은 원칙적으로 사채청약서를 작성하여 한다. 즉 사채모집에 응하고자 하는 자는 사채청약서 2통에 인수할 사채의 수와 주소를 기재하고 기명날인 또는 서명하여야 한다(제474조 제1항). 다만 총액인수의 경우와 도급모집에서 수탁회사가 인수하는 부분에 대해서는 사채청약서를 작성하지 않는다(제475조).

사채발행에서는 신주발행에서와 같은 마감발행(제423조)에 관한 규정이 없어 모집총액에 대한 응모가 없는 경우 사채발행의 효력이 어떠한지가 문제된다. 사채발행 전부가 무효라는 견해도 있으나, 통설은 사채발행도 신주발행과 마찬가지로 자금조달의 수단이므로 응모가 있는 범위에서 사채발행의 효력이 발생한다고 한다.

(4) 납입

사채의 모집을 완료하면 대표이사는 지체 없이 인수인에 대하여 각 사채의 전액 또는 제1회의 납입(분납의 경우)을 시켜야 한다(제476조 제1항). 상계·대물변제에 의한 납입도 가능하다.

(5) 등기

사채의 발행은 등기를 요하지 않는다. 다만 전환사채, 신주인수권부사채, 이익참가부사채, 교환사채 등 특수사채는 등기를 요한다.

03 사채의 유통

사채의 상환기간은 보통 장기이므로 사채권자에게 만기 이전에 투하자금을 회수할 수 있는 길을 열어줄 필요가 있다. 그래서 사채의 유통을 위해 사채권으로 유가증권화하고 사채원부를 두어 이를 관리하고 있다. 주식에 있어서 주권과 주주명부에 해당한다.

1. 채권(債券)(=사채권)

사채를 표창하는 유가증권으로서, 사채총액에 대한 분할채무증서이다. 사채권은 요식증권으로서 일정한 법정사항을 기재하고 대표이사가 기명날인 또는 서명하여 발행한다(제478조 제2항). 사채권은 사채전액의 납입이 완료한 후가 아니면 발행하지 못한다(제478조 제1항). 그러나 이에 위반하여 발행한 사채권도 효력은 있다.

사채권자는 언제든지 회사에 대하여 사채권을 기명식에서 무기명식으로, 무기명식에서 기명식으로 전환해 줄 것을 청구할 수 있다. 그러나 어느 하나로 한정할 것을 정한 경우에는 그렇지 않다(제480조). 회사는 사채권을 발행하는 대신 정관으로 정하는 바에 따라 전자등록기관의 전자등록부에 사채를 등록할 수 있다(제478조 제3항 전문).

2. 사채원부

사채원부는 사채·사채권 및 사채권자에 관한 사항을 명백하게 하기 위하여 작성되는 장부이다. 주식의 주주명부에 해당한다. 회사는 사채원부를 작성해서(제488조) 본점 등에 비치하여 주주와 회사채권자가 열람할 수 있도록 하여야 한다(제396조). 사채원부는 기명사채 이전의 대항요건(제479조), 통지 및 최고(제489조 제1항 → 제353조) 등에 관해서 법률상 의의를 갖는 것이나, 실제로 유통되는 사채는 대부분 무기명사채이므로 사채원부는 거의 의미가 없다.

3. 양도·입질

(1) 무기명사채의 양도·입질

무기명사채의 양도나 입질에 관해서는 상법에 아무런 규정이 없으므로 민법의 규정에 따른다. 따라서 양수인 또는 질권자에게 사채권을 교부함으로써 양도와 입질의 효력이 생긴다(민법 제523조, 제351조).

(2) 기명사채의 양도·입질

① 기명채권의 양도는 양도의 의사표시와 사채권의 교부에 의해 효력이 생기고, 사채원부에 명

의개서를 하면 회사 기타 제3자에게 대항할 수 있다(제479조 제1항). ② 기명채권의 입질은 질권설정의 의사표시와 사채권의 교부에 의해 효력이 생긴다(민법 제346조, 제347조). 그런데 회사 기타 제3자에 대한 대항요건에 관해서는 견해의 대립이 있다. 민법 제349조에 따라 질권설정자가 회사에 대하여 질권설정의 사실을 통지하거나 회사가 이를 승낙해야 한다는 견해와 민법 제346조에 따라 상법 제479조를 유추적용하여 사채원부에 질권을 등록해야 한다는 견해가 있다.

(3) 전자등록한 사채의 양도·입질

발행회사가 사채권의 발행에 갈음하여 전자등록기관의 전자등록부에 사채를 등록한 경우에는 사채의 양도·입질은 전자등록부에 등록하는 방법으로 한다(제478조 제3항 후문 → 제356조의2 제2항 ~ 제4항).

(4) 자기사채의 취득·질취

주식의 경우와는 달리 발행회사가 자기사채를 취득 또는 질취하는 데는 아무런 제한이 없다.

04 사채의 원리금상환

1. 이자와 이권(利券)

(1) 이자

사채는 이자를 붙이지 않고 발행 시 액면가에서 이자 상당액을 할인하여 발행할 수도 있고, 이자를 붙여 발행할 수도 있다. 현재 우리나라에서 발행되는 사채는 대부분 이자를 3개월 후급으로 지급하는 확정금리부사채이다.

(2) 이권(利券, coupon)

이권은 무기명사채에서 기간(보통 3개월)별 이자청구권을 표창하는 독립된 무기명 유가증권이다. 우리나라에서는 회사들이 예외 없이 무기명사채를 발행하고 있는데, 사채권에 이권을 붙여 발행하고 이자지급 시마다 이 이권과 상환하여 이자를 지급한다. 이권이 없으면 이자지급 시마다, 사채권자는 사채권을 제시해야 하는 번거로움이 있고, 회사는 2중 지급을 막기 위해 사채권에 이자가 지급되었음을 기재해야 하는 번거로움이 있기 때문이다. 이권은 사채와 별개로 유통될 수 있으며, 이권의 소지인은 사채권을 제시함이 없이 이자를 지급받을 수 있다.

(3) 이권 흠결의 경우의 상환

이권 있는 무기명사채를 상환함에 있어 이권이 흠결된 때에는 상환액에서 그 이권에 상당하는 금액을 공제한다(제486조 제1항). 이권소지인은 언제든지 이권과 상환하여 공제액의 지급을 청구할 수 있다(동조 제2항). 이 규정은 회사가 사채를 조기 상환하는 경우에 이자지급시기가 아직 도래하지 않은 이권에 대해서 적용되는 규정이다. 사채를 조기 상환하는 경우 회사는 향후 이자는 부담할 이유가 없다. 그러나 조기상환 전에 이미 이자지급시기가 도래하지 않은 이권이 사채와 분리되어 유통되고 있었다면, 회사가 사채원금을 조기 상환한 한 후라 하여도 그 이권의 이자지급시기가 도래하여 이권 소지인이 이권을 제시하며 이자지급을 청구하는 경우 회사는 그에게 그 이권에 대한 이자를 지급하여야 한다. 하지만 이 이자는 회사가 아니라 이권을 처분하고 대가를 취득한 사채권소지인이 부담해야 할 몫이다. 그래서 상법은 회사가 사채원금을 조기 상환하는 경우 상환액에서 그 이권에 상당하는 금액을 공제하도록 하고, 이권소지인은 언제든지 이권과 상환하여 그 공제액을 지급받을 수 있게 한 것이다.

2. 사채의 상환

(1) 의의

사채의 상환이란 발행회사가 사채권자에 대하여 부담하는 채무를 변제하는 것을 말한다. 사채는 자기사채 취득에 제한이 없으므로, 발행회사는 증권시장에서 자기사채를 시가로 매입하여 사채권을 파기함으로써 사채의 상환에 갈음할 수도 있다. 이를 매입소각이라 한다. 사채의 시세가 하락했을 때는 매입소각이 만기상환보다 회사에 유리하다.

(2) 불공정한 변제 등에 대한 취소의 소

1) 사채관리회사에 의한 취소의 소

발행회사가 어느 사채권자에 대하여 한 변제, 화해 기타의 행위가 현저하게 불공정한 때에는 사채관리회사는 그 행위의 취소를 청구할 수 있다. 단 이 취소는 소에 의해서만 할 수 있다(제511조 제1항). 모든 사채권자에게 충분히 변제할 자력이 없는 발행회사가 어느 특정의 사채권자에게 우선변제를 하는 등 그를 우대하여 다른 사채권자들에 대한 변제능력을 저하시키는 것을 막기 위함이다. 이 취소의 소는 사채관리회사가 취소의 원인인 사실을 안 때로부터 6개월, 행위가 있은 때로부터 1년 내에 제기하여야 한다(동조 제2항). 취소청구를 함에 있어 「발행회사가 사채권자를 해함을 알 것」은 요하지 않으나, 변제 등을 받은 사채권자가 그 당시에 다른 사채권자를 해함을 알지 못한 경우에는 취소할 수 없다(동조 제3항 → 제406조 제1항 단서).

2) 대표자 등에 의한 취소의 소

사채권자집회의 결의가 있는 때에는 사채권자집회의 대표자 또는 집행자도 취소의 원인된 행위가 있은 때로부터 1년 내에 이 취소의 소를 제기할 수 있다(제512조).

3. 시효

사채의 상환청구권의 소멸시효기간은 10년이다(제487조 제1항). 사채도 상행위채무이므로 5년의 상사소멸시효에 걸리는 것이 원칙이나(제64조) 사채의 공중성을 고려하여 10년으로 하였다. 이자지급청구권과 이권소지인의 이권공제액지급청구권(제486조 제2항)의 소멸시효기간은 5년이다(동조 제2항).

⑤ 사채 관련 기구

1. 사채관리회사

(1) 의의

사채관리회사란 사채의 발행회사에 의해 선임되어 사채권자를 위해 사채의 상환청구, 변제수령,

채권보전 등 사채의 관리에 필요한 업무를 수행하는 회사를 말한다. 사채권자를 일반 대중투자자로 상정하면 사채권자는 일반적으로 자신의 권리행사에 익숙하지 못할 것이므로, 상법은 사채거래에 전문적인 기술을 가진 자를 사채관리회사로 두어, 그로 하여금 사채권자 전체를 위하여 사채권관리 사무를 관장하도록 한 것이다.

2011년 개정 전에는 사채관리사무를 수탁회사가 담당하였다. 그러나 수탁회사는 발행회사로부터 보수를 받고 사채모집을 주선하는 자로서 수탁회사가 사채권자의 이익을 적극적으로 보호할 것을 기대하기는 어렵다는 지적에 따라, 개정법에서는 사채관리사무를 분리하여 이를 사채관리회사가 독립적으로 수행하도록 하였다.

(2) 사채관리회사의 지정

1) 지정의 임의성

사채관리회사의 업무는 사채권자를 위한 것이지만, 그 지정은 사채의 발행회사가 한다(제480조의2). 그러나 그 지정이 의무는 아니기 때문에 사채관리회사를 두지 않는 것도 허용된다. 사채관리회사의 보수는 발행회사가 부담한다는 점에서(제507조 제1항) 발행회사가 사채관리회사를 지정할 것인지는 의문이다.

2) 자격

은행, 신탁회사, 그 밖에 대통령령으로 정하는 자가 아니면 사채관리회사가 될 수 없다(제480조의3 제1항). 사채관리업무는 다수의 사채권자를 위한 공익적 성격의 업무이므로 고도의 신용과 금융사무의 전문성을 갖춘 자로 제한한 것이다. 이러한 자격을 갖추었어도 발행회사와 특수한 이해관계가 있는 자로서 대통령령으로 정하는 자는 사채관리회사가 될 수 없다(동조 제3항). 공정한 사채관리가 어렵기 때문에 부적격자로 본 것이다. 상법은 사채의 인수인도 그 사채의 사채관리회사가 될 수 없다고 규정하고 있으나(동조 제2항), 그 필요성에는 의문이 제기된다.

(3) 사채관리회사의 권한

1) 사채상환을 위한 권한

① 의의

사채관리회사는 사채권자를 위하여 사채에 관한 채권을 변제받거나 채권의 실현을 보전하기 위하여 필요한 재판상·재판외의 모든 행위를 할 권한이 있다(제484조 제1항). 구체적으로 사채원리금의 상환청구, 변제의 수령, 상환을 위한 소의 제기, 시효중단을 위한 조치, 가압류신청, 강제집행신청 등을 할 수 있다. 이는 일종의 법정대리권이다. 다만 사채관리회사가 대리권을 갖는다고 하여 사채권자의 개별적인 상환청구권이 소멸하는 것은 아니다. 각 사채권자는 사채관리회사와 별개로 발행회사에 상환청구를 할 수 있다.

② 사채권자에 대한 상환

사채관리회사는 발행회사로부터 사채의 상환을 받으면 지체 없이 그 뜻을 공고하고, 알고 있는 사채권자에게 개별로 통지하여야 한다(제484조 제2항). 사채관리회사가 사채를 상환받으면 사채권자의 발행회사에 대한 지급청구권은 소멸하고, 사채권자는 사채관리회사에 대하여 사채 상환액 및 이자의 지급을 청구할 수 있다. 사채권 또는 이와 더불어 이권이 발행된 경우에는 이와 상환하여 청구하여야 한다(제484조 제3항).

③ 공동사채관리회사

사채관리회사가 둘 이상 있을 때에는 그 권한에 속하는 행위는 공동으로 하여야 하며, 발행회사로부터 사채를 상환받은 때에는 사채권자에 대하여 연대하여 상환액을 지급할 의무가 있다(제485조).

④ 행위제한

상법은 사채관리회사의 월권으로 사채권자의 권리가 침해될 우려가 있는 행위에 대해서는 사채관리회사의 권한을 제한하고 있다. 즉 사채관리회사는, 사채에 관한 채권을 변제 받거나 채권의 실현을 보전하기 위한 행위를 제외하고, ⅰ) 해당 사채 전부에 대한 지급의 유예, 그 채무의 불이행으로 발생한 책임의 면제 또는 화해, ⅱ) 해당 사채 전부에 관한 소송행위 또는 채무자회생 및 파산에 관한 절차에 속하는 행위를 하는 경우에는, 사채권자집회의 결의에 의하여야 한다(제484조 제4항 본문). 다만 사채 발행회사는 위 행위 중 ⅱ)의 행위는 사채관리회사가 사채권자집회의 결의를 얻지 아니하고 할 수 있음을 정할 수 있다(동조 동항 단서). 이에 따라 사채관리회사가 사채권자집회의 결의에 의하지 아니하고 위 ⅱ)의 행위를 한 때에는 지체 없이 그 뜻을 공고하고, 알고 있는 사채권자에게는 따로 통지하여야 한다(동조 제5항).

2) 조사권

사채관리회사는 그 관리를 위탁받은 사채에 관하여 채권을 변제받거나 채권의 실현을 보전하기 위한 행위를 할 때(제484조 제1항) 또는 사채 전부에 대한 지급의 유예, 책임의 면제 또는 화해, 사채 전부에 관한 소송 또는 채무자 회생 및 파산에 관한 절차에 속하는 행위(동조 제4항 각 호)를 하고자 할 경우에는 법원의 허가를 받아 사채를 발행한 회사의 업무와 재산상태를 조사할 수 있다(동조 제7항). 사채관리회사가 사채권자들을 위한 최적을 판단을 내리기 위해서는 채무자인 발행회사의 지급능력을 파악할 필요가 있기 때문이다.

3) 채권자집회소집권 등

사채관리회사는 사채권자집회의 소집, 출석 및 의견진술, 결의집행 등의 권한을 갖는다(제491조 제1항, 제493조 제1항, 제501조).

4) 발행회사의 불공정행위에 대한 취소의 소 제기권(제511조)

사채의 상환에서 기술하였다

(4) 사채관리회사의 의무·책임

사채관리회사는 사채권자에 대하여 선량한 관리자의 주의로 사채를 관리하여야 하고(제484조의2 제2항), 사채권자를 위하여 공평하고 성실하게 사채를 관리하여야 한다(동조 제1항). 그리고 사채권자가 상법이나 사채권자집회결의를 위반한 행위를 한 때에는 사채권자에 대하여 연대하여 이로 인하여 발생한 손해를 배상할 책임이 있다(동조 제3항). 사채관리회사는 사채권자와 위임관계를 가지 아니하므로 사채관리회사의 의무와 책임은 사채권자의 보호를 위해 상법이 특히 마련한 법정책임으로 풀이된다.

(5) 사채관리회사의 지위의 종료

1) 사임·해임

사채관리회사는 상법의 규정에 의해 사채권자를 위한 공익적 성격의 업무를 수행하므로 사임·해임이 자유롭지 않다. ⅰ) 사채관리회사는 사채의 발행회사와 사채권자집회의 동의를 받거나, 부득이한 사유가 있어 법원의 허가를 받은 경우에만 사임할 수 있다(제481조). ⅱ) 그리고 사채관리회사의 해임은, 사채관리회사가 그 사무를 처리하기에 적임이 아니거나 그 밖에 정당한 사유가 있을 때에 한하여 사채발행회사 또는 사채권자집회의 청구에 의하여 법원이 할 수 있다.

2) 사무승계자

사채관리회사의 사임·해임으로 사채관리회사가 없게 된 경우에는 사채발행회사는 그 사무를 승계할 사채관리회사를 정하여 사채 관리를 위탁해야 한다. 그리고 지체 없이 사채권자집회를 소집하여 동의를 받아야 한다(제483조 제1항). 부득이한 사유가 있는 때에는 이해관계인이 사무승계자의 선임을 법원에 청구할 수 있다(동조 제2항).

2. 사채권자집회

(1) 의의

사채권자집회는 같은 종류의 사채권자로 구성되며, 사채권자의 이익에 중대한 영향을 미치는 사항에 관하여 사채권자의 집단적인 의사를 결정하기 위한 임시적 의결기관이다. 주식에서의 주주총회와 유사하나, 회사 바깥에 존재하므로 회사의 기관은 아니고, 수 종의 사채가 발행된 경우 같은 종류의 사채별로 사채권자집회가 있을 뿐, 모든 종류의 사체에 공통된 사채권자집회는 없다(제509조). 사채권자집회는 사채발행회사의 비용부담 하에 운영된다(제508조 제1항). 그러나 사채권자집회는 실제로는 거의 이용되지 않고 있다.

(2) 권한

사채권자집회의 권한은, 자본금감소·합병의 이의(제439조 제3항, 제530조 제2항), 사채의 지급유예 등에 관한 결의(제484조 제4항), 사채권자집회의 대표자 및 결의집행자의 선임과 해임(제500조 제1항, 제501조, 제504조), 발행회사의 불공정한 행위를 취소하기 위한 소제기(제512조), 사채관리회사의 사임동의·해임청구(제481조, 제482조), 사채관리회사 사무승계자에 대한 동의(제483조) 등이다. 이 외에도 사채권자에게 이해관계가 있는 사항에 관하여 결의할 수 있다(제490조).

(3) 소집

1) 소집권자

발행회사 또는 사채관리회사가 소집한다(제491조 제1항). 해당종류의 사채총액의 10분의 1 이상에 해당하는 사채권자는 회의의 목적사항과 소집의 이유를 기재한 서면 또는 전자문서를 발행회사 또는 사채관리회사에 제출하여 소집을 청구할 수 있고(동조 제2항), 발행회사나 사채관리회사가 이 소집청구에 응하지 않을 때에는 법원의 허가를 얻어 직접 소집할 수 있다(동조 제3항 → 제366조 제2항).

이때 무기명식의 사채권을 가진 자는 그 사채권을 공탁하여야 한다(동조 제4항).

2) 소집의 통지·공고

사채권자집회를 소집할 때에는 기명사채권자에게는 회일의 2주간 전에 서면으로 통지하여야 하고, 무기명사채권자에게는 회일의 3주(소규모회사는 2주) 전에 사채권자집회를 소집하는 뜻과 회의의 목적사항을 공고하여야 한다(제491조의2).

(4) 결의

1) 의결권

각 사채권자는 그가 가지는 해당 종류의 사채 금액의 합계액(상환받은 액 제외)에 따라 의결권을 가진다(제492조 제1항). 사채권자집회에는 주주총회의 의결권행사에 관한 규정이 대부분 준용된다(제510조 제1항). 따라서 의결권의 대리행사가 가능하고(제368조 제2항), 특별이해관계인의 의결권은 제한되며(제368조 제3항), 자기사채는 의결권이 없다(제369조 제2항). 무기명식의 사채권자는 회일로부터 1주간 전에 사채권을 공탁해야 의결권을 행사할 수 있다(제492조 제2항).

2) 결의방법

원칙적으로 주주총회 특별결의에 해당하는 방법으로 결의한다. 즉 출석한 의결권의 3분의 2 이상의 찬성과 전체 의결권의 3분의 1 이상의 찬성으로 결의한다(제495조 제1항 → 제434조). 다만 비교적 중요하지 않은 사항은 출석한 사채권자 의결권의 과반수로 결정할 수 있다(제495조 제2항). 2011년 개정법은 사채권자집회의 활성화를 위해 주주총회에서 인정되는 사면투표와 전자투표를 사채권자집회에 도입하였다(제495조 제3항, 제6항).

3) 결의의 위임

사채권자집회는 해당 종류의 사채총액(상환받은 금액은 제외)의 500분의 1 이상을 가진 사채권자 중에서 1명 또는 여러 명의 대표자를 선임하여 그 결의할 사항의 결정을 위임할 수 있다(제500조 제1항). 대표자가 수인인 때에는 그 과반수로 결정한다(동조 제2항).

4) 결의의 효력

사채권자집회의 결의는 그 자체로 바로 효력이 생기는 것이 아니라, 소집자가 결의한 날로부터 1주간 내에 법원에 인가를 청구하여(제496조), 법원의 인가를 받아야만 비로소 효력이 생긴다(제498조 제1항 본문). 다만 해당 종류의 사채권자 전원이 동의한 결의는 법원의 인가가 필요하지 않다(동조 동항 단서). 소수 채권자 보호를 위해 결의의 하자를 법원의 인가를 통해 해결하도록 한 것이다. 그래서 사채권자집회의 결의에 대해서는 그 하자를 다투는 소가 마련되어 있지 않다. 법원의 인가가 있으면 사채권자집회의 결의는 그 종류의 사채를 가진 모든 사채권자에게 효력이 있다(제498조 제2항).

5) 결의의 불인가 사유

법원은, ⅰ) 사채권자집회의 소집절차·결의방법이 법령 또는 사채모집계획서에 위반한 때, ⅱ) 결의가 부당한 방법에 의하여 성립하게 된 때, ⅲ) 결의가 현저하게 불공정한 때, ⅳ) 결의가 사채권자의 일반의 이익에 반하는 때에는 사채권자집회의 결의를 인가하지 못한다(제497조 제1항). 다만 위 ⅰ)ⅱ)의 경우에는 법원은 결의의 내용 기타 모든 사정을 참작하여 인가할 수 있다(동조 제2항).

6) 결의 인가·불인가의 공고

법원의 인가·불인가의 결정이 있으면 사채발행회사는 지체 없이 그 뜻을 공고하여야 한다(제499조).

7) 결의의 집행

사채권자집회의 결의는 사채관리회사가 집행하고, 사채관리회사가 없는 때에는 제500조의 절차로 선임한 대표자가 집행한다(제501조 본문). 다만 사채권자집회의 결의로써 따로 집행자를 정할 수 있다(동조 단서).

8) 의사록

사채권자집회의 의사에는 의사록을 작성해야 하고(제510조 제1항 → 제373조 제1항), 의사록은 발행회사가 그 본점에 비치해야 한다(제510조 제2항). 사채관리회사와 사채권자는 영업시간 내에 언제든지 의사록의 열람을 청구할 수 있다(동조 제3항).

3. 사채관리 관련자의 보수·비용

(1) 발행회사의 지급의무

사채관리회사, 사채권자집회의 대표자 또는 사채권자집회 결의의 집행자에게 줄 보수와 그 사무 처리에 필요한 비용은 발행회사와의 계약에 의해 약정된 경우에는 그에 따를 것이지만, 약정이 없거나 약정된 것 이상의 보수나 비용이 지급되어야 할 경우에는 법원의 허가를 받아 사채를 발행한 회사로 하여금 부담하게 할 수 있다(제507조 제1항). 사채관리회사 등의 직무수행은 주로 사채권자들의 이익을 위한 것이긴 하나 발행회사에게도 이익이 되는 측면이 있어 발행회사가 부담하게 한 것이다.

(2) 우선변제

사채관리회사, 대표자 또는 집행자는 사채에 관한 채권을 변제받은 금액에서 사채권자보다 우선하여 보수와 비용을 변제받을 수 있다(제507조 제2항).

06 특수한 사채

1. 전환사채

(1) 총설

1) 의의 및 경제적 기능

전환사채(convertible bond; CB)란 발행회사의 주식으로 전환할 수 있는 권리가 인정된 사채를 말한다. 전환사채는 투자자에게는 처음에는 안정적인 현금흐름을 누리다가 점차 기업이 성장하여 주식가치가 커지면 주식으로 전환하여 그 수익을 누릴 수 있는 장점이 있고, 회사에게는 전환권을 부여하는 대신 일반사채보다 이율을 낮게 책정함으로써 저렴한 비용으로 자금을 조달할 수 있는 장점이 있다.

2) 법적 쟁점

전환사채는 주식으로 전환되면 신주가 발행되는 것과 같은 효과가 생겨 주주의 신주인수권을 잠식할 수가 있다. 따라서 전환사채의 발행에는 주주의 보호가 고려되어야 한다. 상법은 원칙적으로 주주에게 전환사채의 인수권을 부여하고, 제3자에게 전환사채를 발행할 경우에는 주주총회의 특별결의를 거치게 하는 등 주주의 이해관계에 미치는 영향을 고려하고 있다.

(2) 발행
1) 발행의 결정
① 결정기관

ⅰ) 전환사채의 발행 및 구체적인 발행사항은 정관으로 정한 경우 외에는 이사회가 결정한다(제513조 제2항 본문). 그러나 정관으로 주주총회에서 결정하도록 할 수 있다(제513조 제2항 단서). ⅱ) 회사의 정관에 전환사채의 발행을 주주총회의 권한으로 하는 명문의 규정은 없으나, 신주발행에 관한 사항을 주주총회에서 결정하도록 규정되어 있는 경우, 전환사채 발행의 결정은 이사회 결의만으로 충분한가 아니면 주주총회의 결의가 있어야 하는가? 판례는 주주총회이 결의를 요한다는 입장이다. 즉 "회사의 정관에 신주발행 및 인수에 관한 사항은 주주총회에서 결정하도록 규정되어 있는 경우, 전환사채는 전환권의 행사에 의하여 장차 주식으로 전환될 수 있어 이를 발행하는 것은 사실상 신주발행으로서의 의미를 가지므로, 회사가 전환사채를 발행하기 위하여는 주주총회의 결의를 요한다(대판 1999.6.25. 99다18435)."고 판시하였다.

② 발행사항

ⅰ) 전화사채의 총액, ⅱ) 전환의 조건, ⅲ) 전환으로 인하여 발행할 주식의 내용, ⅳ) 전환을 청구할 수 있는 기간, ⅴ) 주주에게 전환사채의 인수권을 준다는 뜻과 인수권의 목적인 전환사채의 액, ⅵ) 주주 외의 자에게 전환사채를 발행하는 것과 이에 대하여 발행할 전환사채의 액(제513조 제2항 각 호)이다. 몇 가지만 구체적으로 본다.

A. 전환의 조건　　전환사채와 전환에 의해 발행되는 주식의 비율을 의미한다. 예컨대, "사채 1만 원을 보통주식 1주로 전환할 수 있다"는 것과 같다. 흔히 전환가액이라고도 한다. 전환사채의 총발행가와 전환으로 인해 발행할 주식의 총발행가는 동액이어야 한다(제516조 제2항 → 제348조).

B. 전환으로 인하여 발행할 주식의 내용　　예컨대, 우선주·보통주, 의결권의 유무 등을 말한다.

C. 전환을 청구할 수 있는 기간　　사채권자가 전환청구권을 행사할 수 있는 시기와 종기를 의미한다. 예컨대, "발행일로부터 1년 후부터 2년 내"라는 것과 같다.

2) 주주배정과 제3자배정
① 주주의 인수권

전환사채는 사채권자가 주식으로 전환할 수 있기 때문에 신주발행과 마찬가지로 주주에게 지배권의 희석화와 부의 희석화의 효과가 발생할 수 있다. 그래서 상법은 주주에게 신주인수권을 인정한 것과 마찬가지로, 전환사채의 인수권도 인정하고 있다. 주주의 전환사채 인수권에 관하여는 주주에게 신주인수권을 부여한 제418조 제1항과 같은 명문의 근거 규정은 없으나, 제513조 제3항은 주주의 전환사채 인수권을 전제로 한 규정이다.

② 제3자 배정

A. 제3자 배정의 요건　　　제3자 배정을 하려면 정관에 근거가 있거나 주주총회의 특별결의를 거쳐야 하고, 또 신기술의 도입 등 경영상 목적 달성에 필요한 경우이어야 한다. 즉 주주 외의 자에게 전환사채를 발행하는 경우에는 그 발행할 수 있는 전환사채의 액, 전환의 조건, 전환으로 인하여 발행할 주식의 내용과 전환을 청구할 수 있는 기간에 관하여 정관에 규정을 두거나, 규정이 없으면 주주총회의 특별결의를 거쳐야 한다. 이 경우 신기술의 도입, 재무구조의 개선 등 경영상 목적을 달성하기 위해 필요한 경우에 한한다(제513조 제3항, 제418조 제2항 단서). 전환사채발행의 결정을 이사회가 하는 경우는 물론 제513조 제2항 단서에 따라 주주총회의 보통결의로 하는 경우라도 제3자 배정을 할 때는 다시 정관의 근거가 있거나 주주총회의 특별결의를 거쳐야 한다.

B. 정관·주주총회결의의 구체성의 정도　　　정관이나 주주총회 특별결의의 내용은 구체적·확정적이어야 하고 제3자 배정의 권한을 이사회에 포괄위임하는 식이어서는 안된다. 그러면 어느 정도로 구체적이어야 하는가? 자금조달에는 기동성이 요구되므로 이사회에 적절한 재량을 허용할 필요도 있기 때문에 문제가 된다. 판례는 "전환가액은 주식의 액면금액 또는 그 이상의 가액으로 사채발행 시 이사회가 정한다."는 내용의 정관 규정(이 규정은 상장회사 표준정관에 따른 것이다)이 문제된 사안에서, "정관에 일응의 기준을 정해 놓은 다음 이에 기하여 실제로 발행할 전환사채의 구체적인 전환의 조건 등은 그 발행 시마다 정관에 벗어나지 않는 범위에서 이사회에서 결정하도록 위임하는 방법을 취하는 것도 허용된다."라고 하면서 "이러한 정관의 규정은 그 기준 또는 위임방식이 지나치게 추상적이거나 포괄적이어서 무효라고 볼 수는 없다(대판 2004.6.25. 2000다37326)."라고 판시한 바 있다.

3) 발행의 절차

① 배정기준일 공고

ⅰ) 주주배정의 경우 주주가 인수할 전환사채의 액(제513조 제2항 5호)이 결정됨에 따라 주주는 그가 가진 주식의 수에 따라서 전환사채를 배정받을 권리를 가진다(제513조의2 제1항 본문). 다만 각 전환사채의 금액 중 최저액에 미달하는 단수에 대하여는 인수권이 미치지 않는다(동조 동항 단서). 예컨대, 주주에게 100주당 최저액의 전환사채(100만 원)의 인수권을 준다고 할 경우, 99주를 소유한 주주는 인수권을 갖지 못한다. ⅱ) 인수권을 행사할 주주를 확정하기 위하여 배정기준일을 정하고, 그 2주간 전에 배정기준일에 주주명부에 기재된 주주가 인수권을 갖는다는 뜻을 공고하여야 한다(제513조의2 제2항 → 제418조 제3항).

② 주주에 대한 최고·실권

배정기준일에 의해 인수권을 가진 주주가 확정되면 그 주주에게 인수권을 가지는 전환사채의 액, 발행가액, 전환의 조건, 전환으로 인하여 발행할 주식의 내용, 전환을 청구할 수 있는 기간과 일정한 기일(청약기일)까지 전환사채의 청약을 하지 아니하면 권리를 잃는다는 뜻을 청약기일의 2주간 전에 통지하여야 한다(제513조의3 제1항, 제2항 → 제419조 제2항). 회사가 정한 청약기일에 청약을 하지 않으면 실권한다(제513조의3 제2항 → 제419조 제3항).

③ 인수·납입

일반사채와 같은 절차에 의한다.

④ 등기

일반사채와 달리, 전환사채를 발행하면 납입이 완료된 날로부터 2주간 내에 본점소재지에서 등기를 하여야 한다(제514조의2 제1항). 잠재적인 신주발행이기 때문이다.

4) 수권주식과의 관계

전환사채는 잠재적으로 주식으로의 전환이 예정되어 있으므로 발행예정주식총수에 미발행부분이 있는 경우에만 발행할 수 있고, 이 부분에 대해서는 전환청구기간 동안 신주를 발행해서는 아니된다(제516조 제1항 → 제346조 제4항).

5) 위법·불공정한 신주인수권부사채 발행에 대한 구제수단

① 유지청구권

회사가 법령 또는 정관에 위반하거나 현저하게 불공정한 방법으로 전환사채를 발행함으로써 주주가 불이익을 받을 염려가 있는 경우 그 주주는 회사에 대하여 전환사채 발행의 유지를 청구할 수 있다(제516조 제1항 → 제424조). 유지청구권은 사전적 구제수단이므로 전환사채발행의 효력 발생 전, 즉 전화사채의 납입기일까지 행사해야 한다(대판 2004.8.16. 2003다9636).

② 통모인수인의 책임

불공정한 발행가액으로 전환사채를 인수한 자는 공정한 발행가액과의 차액에 상당한 금액을 지급할 의무가 있고, 그 지급청구에 관해서는 대표소송이 인정된다(제516조 제1항 → 제424조의2).

③ 이사의 책임

이사는 회사 또는 주주에게 손해배상책임을 지며, 제3자배정 방식으로 현저한 저가로 전환사채를 발행하였다면 이사에게 배임죄가 성립할 수도 있다(대판 2009.5.29. 2007도4949 전원합의체).

④ 전환사채발행의 무효 주장

A. 신주발행무효의 소 규정의 유추적용　　　상법은 전환사채의 발행에 무효원인이 있는 경우 이를 다투는 무효의 소를 따로 인정하고 있지 않다. 그러나 판례는 "<u>전환사채의 발행은 주식회사의 물적 기초와 기존 주주들의 이해관계에 영향을 미친다는 점에서 사실상 신주를 발행하는 것과 유사하므로, 전환사채의 발행의 경우에도 신주발행무효의 소에 관한 상법 제429조가 유추적용된다</u>(대판 2004.6.25. 2000다37326)."라고 판시하여, 전환사채발행을 효력은 다른 소송에서의 공격방어 방법이나 일반적인 확인의 소로써는 다툴 수 없고, 제429조의 요건을 갖춘 전환사채발행무효의 소로써만 다툴 수 있다는 입장이다. 따라서 6개월의 제소기간의 제한이 있고, 그 무효 판결은 형성판결로서 대세적 효력을 가지며 소급효는 없다. 그리고 하자가 이사회결의나 주주총회결의에 존재하는 것이라 하여도 그 하자는 전환사채발행무효의 소로써 다투어야지, 이사회결의나 주주총회결의의 하자를 다투는 소로써 다툴 것은 아니다.

B. 전환사채발행의 부존재 판례는 신주발행의 부존재라는 개념을 인정하듯이, 사채의 납입이 없는 등 전환사채발행의 실체가 없는 경우 이를 「전환사채발행의 부존재」라고 하며, 이를 주장하는 전환사채발행 부존재확인의 소에는 제429조(특히 6개월의 제소기간)가 적용되지 않는다고 한다(대판 2004.8.16. 2003다9636).

(3) 전환

1) 전환의 청구

전환사채는 전환권을 사채권자가 가진다. 전환주식의 경우 전환권을 회사가 가질 수도 있는 것과 구별된다. 사채권자는 전환청구기간 중에 청구서 2통에 사채권을 첨부하여 이를 회사에 제출함으로서 전환을 청구할 수 있다. 사채권을 발행하지 않고 전자등록한 경우에는 채권(債權)에 대한 증명자료를 첨부한다(제515조 제1항).

2) 전환의 효력

① 효력발생시기

전환권은 형성권이므로 사채권자가 청구서를 회사에 제출하여 전환을 청구한 때 전환의 효력이 발생한다. 즉 이 시점에 사채권자의 지위를 상실하고 주주의 지위를 취득한다. 회사의 승낙은 요하지 않는다. 따라서 전환사채권자가 전환 청구를 한 이후에는 아직 전환된 주식을 교부받기 전이라도 주식전환의 금지를 구할 법률상 이익이 없게 된다(대판 2004.8.16. 2003다9636).

② 주주명부 폐쇄기간 중의 전환

주주명부 폐쇄기간 중에도 전환은 가능하나 그 기간 중의 주주총회의 결의에 관해서는 의결권을 행사할 수 없다(제516조 제2항 → 제350조 제2항).

③ 질권의 물상대위

전환사채에 대한 질권자는 전환 후의 주식에 대하여 질권을 행사할 수 있다(제516조 제2항 → 제339조).

2. 신주인수권부사채

(1) 의의

1) 개념

신주인수권부사채(bond with warrant; BW)란 사채권자에게 신주인수권이 부여된 사채를 말한다. 여기서의 신주인수권은 사채발행회사에 대하여 신주의 발행을 청구할 수 있는 권리를 의미한다. 신주발행에서의 주주의 신주인수권, 즉 회사가 신주를 발행할 경우 소정 수량의 신주를 다른 사람에 우선하여 배정받을 수 있는 권리(제418조 제1항)를 의미하는 것이 아니다.

사채권자가 신주인수권을 행사하면 회사의 승낙을 요하지 않고 주금납입을 함으로써 주주가 되므로(제516조의10), 신주인수권은 전환사채와 마찬가지로 형성권이다.

2) 경제적 기능

신주인수권부사채는, 투자자에게는 사채의 안정성을 유지하면서 주가가 상승하면 신주인수권을 행사하여 주식의 양도차익을 얻을 수 있는 이점이 있고, 회사에게는 신주인수권을 부여하는 대신 일반사채보다 이율을 낮춤으로써 저렴한 비용으로 자금을 조달할 수 있는 장점이 있다.

3) 종류

신주인수권부사채는 비분리형과 분리형이 있다. ⅰ) 비분리형은 사채권(社債權)과 신주인수권을 모두 하나의 사채권(社債券)에 표창하여 발행한 것이고, ⅱ) 분리형은 사채권(社債權)을 표창하는 유가증권인 사채권(社債券)과 신주인수권을 표창하는 유가증권인 신주인수권증권을 별도로 발행하여 두 권리가 개별적으로 유통될 수 있도록 한 것이다. 상법은 두 가지를 모두 인정하고 있다.

4) 전환사채와의 비교

ⅰ) 전환사채의 전환시에는 주금이 납입되지 않으나, 신주인수권부사채의 신주인수권 행사시에는 주금이 납입된다(대용납입의 경우 제외). 이 차이로 인하여, ⅱ) 전환사채의 경우에는 전환으로 인해 발행할 주식의 총발행가가 전환사채의 총발행가와 동액이어야 하나(제516조 제2항 → 제348조), 신주인수권부사채의 경우에는 일정한 제한(제516조의2 제3항) 내에서 신주의 총발행가를 자유롭게 정할 수 있고, ⅲ) 신주의 효력발생시기가, 전환사채의 경우에는 전환을 청구한 때이나 신주인수권부사채의 경우에는 납입을 완료한 때이며, ⅳ) 전환사채의 질권자는 전환으로 발행되는 신주에 물상대위권을 행사할 수 있으나, 신주인수권부사채의 질권자는 원칙적으로 신주인수권행사에 의해 발행되는 신주에 물상대위권을 행사할 수 없다(단, 대용납입의 경우에는 물상대위 가능)는 차이가 발생한다. ⅴ) 그리고 전환사채는 전환권을 사채와 분리하여 양도할 수 없어 사채권자만이 전환권을 행사할 수 있으나, 신주인수권부사채는 분리형인 경우 신주인수권을 사채와 분리하여 양도할 수 있으므로 사채권자 아닌 자가 신주인수권을 행사할 수도 있다.

(2) 발행

신주인수권부사채는 전환사채와 위와 같은 차이가 있기는 하나 그 차이는 그다지 중요한 것들은 아니고, 양자는 본질적인 면에서는 차이가 없다. 특히 주주에게 미치는 영향은 거의 동일하다. 이런 이유에서 신주인수권부사채의 발행에 관한 사항은 전환사채의 그것과 거의 동일하므로, 이하에서는 전환사채와 공통된 부분은 설명은 생략하고 목차와 법조문만 표시하기로 한다.

1) 발행의 결정

결정기관 및 발행사항(제516조의2 제2항). 다만 신주인수권부사채의 경우에는 발행사항으로, 신주인수권만을 양도할 수 있다는 뜻(4호), 신주인수권자의 청구에 의해 사채의 상환에 갈음하여 그 발행가액으로 신주의 납입에 충당할 수 있다는 뜻(5호)을 정할 수 있다.

2) 주주배정과 제3자배정

주주의 인수권 및 제3자 배정의 요건(제516조의2 제4항).

3) 발행의 절차

① 배정기준일 공고(제516조의11 → 제513조의2 → 제418조 제3항), ② 주주에 대한 최고·실권(제516조의3 제1항, 제2항 → 제419조 제2항, 제3항), ③ 인수·납입, ④ 등기(제516조의8 제1항, 제2항 → 제514조의2 제1항)

다만 신주인수권부사채의 경우에는, 주주에 대한 최고·실권의 통지를 함에 있어, 신주인수권만을 양도할 수 있다는 뜻, 신주인수권자의 청구에 의해 사채의 상환에 갈음하여 그 발행가액으로 신주의 납입에 충당할 수 있다는 뜻의 정함이 있는 때에는 그 내용도 통지하여야 한다(제516조의3 제1항 후문).

4) 수권주식과의 관계(제516조의11 → 제516조 제1항 → 제346조 제4항).

5) 위법·불공정한 신주인수권부사채 발행에 대한 구제수단

① 유지청구권(제516조의11 → 제516조 제1항 → 제424조), ② 통모인수인의 책임(제516조의11 → 제516조 제1항 → 제424조의2), ③ 이사의 책임, ④ 신주인수권부사채발행무효의 소

판례는 전환사채발행에 신주발행무효의 소를 유추적용하는 것과 같이, 신주인수권부사채의 발행의 경우에도 신주발행무효의 소를 유추적용하여 신주인수권부사채발행무효의 소를 제기할 수 있다고 한다(대판 2015.12.10. 2015다202919). 이에 따라 신주인수권부사채 발행일로부터 6월 내에 신주인수권부사채발행무효의 소가 제기되지 않거나 6월 내에 제기된 신주인수권부사채발행무효의 소가 적극적 당사자의 패소로 확정된 경우, 이후 신주인수권부사채 발행의 무효를 주장할 수 없다. 이 경우에도 신주인수권부사채에 부여된 신주인수권의 행사나 그로 인한 신주 발행에 대해서는 상법 제429조를 유추적용하여 신주발행무효의 소로써 다툴 수 있고, 이때 특별한 사정이 없는 한 신주인수권부사채 발행의 무효나 이를 전제로 한 주장을 할 수 없다(대판 2022.10.27. 2021다201054).

주식회사가 정관이 정한 사유가 없는데도 대주주 등의 경영권이나 지배권을 방어할 목적으로 제3자에게 신주를 배정하여 회사의 지배구조에 심대한 변화가 초래된 경우, 그러한 신주 발행은 무효이고, 이러한 법리는 신주인수권부사채를 제3자에게 발행하는 경우에도 마찬가지로 적용된다(대판 2022.10.27. 2021다201054). 주식회사가 대주주 등의 경영권이나 지배권을 방어할 목적으로 제3자에게 신주인수권부사채를 발행한 경우, 발행일로부터 6월 이내에 신주인수권부사채발행무효의 소로써 다툴 수 있고, 대주주 등이 위와 같은 경위로 발행된 신주인수권부사채나 그에 부여된 신주인수권을 양수한 다음 신주인수권부사채 발행일부터 6월이 지난 후 신주인수권을 행사하여 신주를 취득한 경우, 신주발행무효의 소로 신주 발행의 무효를 주장할 수 있고, 이 경우 제소기간의 기산점은 신주 발행일이다(대판 2022.10.27. 2021다201054).

(3) 신주인수권증권

1) 의의

신주인수권증권이란 분리형 신주인수권부사채에서 사채권자에게 부여된 신주인수권을 표창하는 무기명의 유가증권이다.

2) 신주인수권증서와의 비교

① 공통점

양자 모두 무기명 유가증권으로서 권리의 행사·양도에 증권이 요구되고, 증권의 소지에 권리추정력이 있으며 선의취득이 인정된다.

② 차이점

A. 표창하는 권리　　　신주인수권증서가 표창하는 신주인수권은 신주발행절차가 시작된 다음 주주가 그 신주를 배정받을 권리이나, 신주인수권증권이 표창하는 신주인수권은 회사에 신주발행을 청구할 수 있는 권리이다. 따라서 신주인수권증권의 경우는 그 소지인이 신주인수권을 행사하지

않으면 신주발행절차는 개시조차 되지 않는다.

B. 경제적 의의　　신주인수권증서는 주주배정에 의한 신주발행 시 주금납입의 여력이 없는 주주가 이를 통해 신주인수권을 양도함으로써 주식의 시가와 발행가의 차액을 취득하여 종전 지분의 비례적 이익을 누릴 수 있도록 할 목적으로 발행되는 것이나, 신주인수권증권은 신주인수권을 사채와 분리하여 유통시킬 수 있도록 할 목적으로 발행되는 것이다.

C. 기타의 차이점　　위 두 가지 차이로 인해 기타 여러 가지 면에서 차이가 발생한다. ⅰ) 신주인수권증서는 모든 주주에게 발행하지 않고 주주의 청구가 있을 때만 발행할 수도 있으나(제416조 6호), 신주인수권증권은 신주인수권부사채를 분리형으로 발행한 경우 모든 사채권자에게 의무적으로 발행해야 한다(제516조의5 제1항). ⅱ) 신주인수권증서는 발행일 이후 청약기일까지 2주 남짓의 단기간만 유통될 뿐이므로 이를 상실했을 경우에도 공시최고에 의한 무효나 제권판결에 의한 재발행이 인정되지 않으나(제420조의3 제2항), 신주인수권증권은 신주인수권의 행사기간 동안 장기에 걸쳐 유통되므로 이를 상실했을 경우 공시최고에 의한 무효나 제권판결에 의재발행이 인정된다(제516조의6 제2항 → 제360조). ⅲ) 신주인수권증서는 이에 의하여 주식인수의 청약을 하나(제420조의5 제1항), 신주인수권증권은 이에 의하여 신주인수권을 행사하지 않는다. 신주인수권 행사는 청구서에 의해 하고 신주인수권증권은 이때 단순히 첨부될 뿐이다(제516조의9 제2항).

3) 발행

신주인수권부사채의 발행을 결정하면서 신주인수권만을 양도할 수 있도록 정한 때(제516조의2 제2항 4호)에는 신주인수권증권을 발행하여야 한다(제516조의5 제1항). 회사는 신주인수권증권을 발행하는 대신 정관의 규정에 따라 신주인수권을 전자등록할 수 있다. 이 경우 신주인수권의 양도·입질은 전자등록부에의 등록으로 한다(제516조의7).

4) 신주인수권증권 발행의 효력

신주인수권증권을 발행하면 신주인수권을 사채와 분리하여 별개로 양도할 수 있다. 그리고 그 양도는 신주인수권증권의 교부에 의하여서만 행한다(제516조의6 제1항). 신주인수권증권을 점유한 자는 적법한 소지인으로 추정하며(동조 제2항 → 제336조 제2항), 선의취득도 인정된다(동조 제2항 → 수표법 제21조). 상실의 경우 공시최고와 제권판결이 인정됨은 기술하였다(동조 제2항 → 제360조).

(4) 신주인수권의 행사

비분리형의 경우 사채권자, 분리형의 경우 신주인수권증권의 소지인은 신주인수권 행사기간 내에 언제든지 신주인수권을 행사할 수 있다. 주주명부 폐쇄기간 중에도 가능하다. 다만 이 경우에는 그 기간 중 총회 결의에 대하여 의결권 행사가 제한된다(제516조의10 → 제350조 제2항).

1) 행사방법

ⅰ) 청구서를 회사에 제출하고 신주발행가액 전액을 납입하여야 한다(제516조의9 제1항). 통상의 신주발행과는 달리 주금의 납입이 신주인수권행사의 요소가 된다. 이때 분리형의 경우에는 신주인수권증권을 첨부하고, 비분리형의 경우에는 사채권을 제시하여야 한다. ⅱ) 납입은 금전으로 함이 원칙이나, 사채발행 시에 「신주인수권을 행사하려는 자의 청구가 있는 때에는 신주인수권부사채의 상환에 갈음하여 그 발행가액으로 납입이 있는 것으로 본다는 뜻」을 정한 때에는(제516조의2 제2항 5

호) 사채의 발행가로 「대용납입」(代用納入)할 수 있다. 사채의 상환기한이 도래하지 않아도 무방하다. 이 경우 사채가 소멸하므로 사채권을 회사에 제출하여야 한다. 이 점 전환사채의 전환과 유사한 효과를 발휘한다.

2) 발행가액의 제한

각 신주인수권부사채에 부여된 신주인수권의 행사로 인하여 발행할 주식의 발행가액의 합계액은 각 신주인수권부사채의 금액을 초과할 수 없다(제516조의2 제3항). 소액의 사채에 다량의 신주인수권을 부여하는 것은 사실상 신주발행이나 마찬가지인데, 신주발행을 하면서 신주발행절차에 의하지 않으면 주주의 이익이 침해될 우려가 있기 때문에 이와 같은 제한을 둔 것이다.

3) 효력발생시기

신주인수권을 행사한 자는 주금을 납입한 때에 주주가 된다(제516조의10 전문). 대용납입의 경우에는 주금납입이 없으므로 신주발행 청구서를 제출한 때 주주가 된다고 본다. 신주인수권은 형성권이므로 회사의 승낙은 요하지 않는다.

4) 질권의 효력

신주인수권부사채에 설정된 질권의 효력은 인수권 행사로 발행된 신주에는 미치지 않는다. 인수권을 행사하여도 사채는 존속하기 때문이다. 그러나 사채상환에 갈음하여 대용납입한 경우에는 사채가 소멸하므로 신주에 대해 질권의 효력이 미친다고 보아야 한다.

3. 기타의 특수사채

1) 이익참가부사채

사채권자가 이익배당에 참가할 수 있는 사채를 말한다(제469조 제1항 1호). 자본시장법에 의해 상장회사에 도입된 지 10년이 지났으나 아직 발행된 예는 없다.

2) 교환사채·상환사채

ⅰ) 교환사채란 사채권자가 회사 소유의 주식이나 그 밖의 다른 유가증권으로 교환할 수 있는 사채를 말하고, 상환사채란 회사가 그 소유의 주식이나 그 밖의 다른 유가증권으로 상환할 수 있는 사채를 말한다(제469조 제2항 2호, 상법시행령 제22조 제1항, 제23조 제1항). ⅱ) 교환사채와 상환사채는, 교환사채의 교환은 사채권자의 청구에 의하여 하나, 상환사채의 상환은 회사의 선택 또는 일정한 조건의 성취·기한의 도래에 의하여 한다(제469조 제3항, 상법시행령 제23조 제1항 3호)는 차이가 있다. ⅲ) 교환 또는 상환의 대상은 사채발행회사가 발행하는 신주를 제외한 모든 주식과 유가증권이다. 보통은 발행회사가 소유하고 있는 다른 회사의 주식이나 전환사채·신주인수권부사채 등이 될 것이나, 발행회사가 보유하는 자기주식도 포함된다. 그러나 신주를 발행하여 교환·상환을 할 수는 없다. 신주를 발행하여 교환하면 이는 전환사채가 된다.

3) 파생결합사채

유가증권이나 통화 또는 그 밖에 대통령령으로 정하는 자산이나 지표 등의 변동과 연계하여 미리 정하여진 방법에 따라 상환 또는 지급금액이 결정되는 사채를 말한다(제469조 제2항 3호). 파생결합사채는 매우 다양한 유형이 가능하여 구체적으로 그 내용을 규제하는 것은 불가능하다. 상법이 이에 관한 규정을 둔 이유도 규제를 위해서가 아니라, 사채발행의 근거를 상법에 마련하여 실무상의 법적 불안정성을 제거하기 위함일 뿐이다.

제9절 회사의 조직개편

제1관 합병

합병에 관해 각 회사에 공통된 문제는 통칙에서 다루었으므로 여기서는 주식회사의 합병에 특유한 것만 살펴보기로 한다.

1. 합병의 절차

(1) 합병계약서의 작성

합병당사회사의 대표기관에 의해 합병에 필요한 사항이 합의되어야 하는데, 주식회사의 합병에는 법정사항을 기재한 합병계약서를 작성하여야 한다(제522조 제1항). 계약서에 기재할 사항은 대체로 합병조건, 합병실시를 위한 필요조치 및 합병절차의 진행에 관한 것이다. 구체적 내용은 법전을 참조하도록 하고, 여기서는 중요한 몇 가지만 보도록 한다.

1) 흡수합병의 경우(제523조)

① 신주의 배정사항(3호)

A. 합병비율 소멸회사 주식 1주를 가지고 있는 주주에게 존속회사 또는 신설회사의 주식을 몇 주나 지급할 것인지를 말한다. 이는 합병의 대가로서의 의미를 가지는 것으로, 합병비율의 결정은 합병계약의 핵심적인 내용으로서, 소멸회사와 존속회사의 기업가치에 기초하여 합병 당사자 사이의 협상에 의해 결정된다. 합병비율이 불공정한 경우 합병무효의 원인이 되는가에 관해 견해의 대립이 있는데 이에 관해서는 후술한다.

B. 자기주식의 처리 소멸회사의 주주에게 합병신주를 발행함에 있어서는 자기주식에 관한 문제가 발생한다.

ⓐ **소멸회사가 보유하던 자기주식** 소멸회사가 보유하던 주기주식에 대하여 합병신주를 배정할 수 있는가? 그렇지 않다. 합병으로 소멸회사와 소멸회사 주식 모두 사라지므로 합병신주의 귀속주체가 없어졌기 때문이다.

ⓑ **존속회사가 보유하던 소멸회사의 주식** 이를 실무상 포합주식이라 한다. 모회사가 자회사를 흡수합병하는 경우 등에 발생한다. 포합주식에 대하여도 합병신주를 배정할 수 있는가? 포합주식에 대한 합병신주의 배정은 실질적으로 신주발행에 의한 자기주식취득과 다르지 않아 문제가 된다. 다수설은 배정할 수 있다고 한다. 존속회사가 보유하고 있던 자산이 합병으로 인하여 다른 종류의 자산으로 변한 것이라고 이해하는 것이다. 판례도 "존속회사가 보유하던 소멸회사의 주식에 대하여 반드시 신주를 배정하여야 한다고 볼 수 없다(대판 2004.12.9. 2003다69355)."고 판시하여, 합병

신주의 배정 여부는 당사자들이 자유롭게 정할 수 있다는 입장을 취하고 있다.

ⓒ **소멸회사가 존속회사의 주식을 가진 경우**　소멸회사가 가지고 있던 존속회사의 주식은 합병에 의하여 존속회사가 승계하므로 자기주식이 된다. 이는 특정 목적에 의한 자기주식취득으로서 허용된다(제341조의2 1호). 존속회사는 이를 계속 보유해도 무방하고, 제342조에 따라 처분할 수도 있다.

② **합병교부금(4호)**

A. 의의　존속회사는 소멸회사의 주주에게 배정할 신주의 일부 또는 전부를 금전 기타 재산으로 갈음하여 지급할 수도 있다. 그 합병대가를 합병교부금이라 하고, 교부금 지급 방식에 의한 합병을 교부금합병이라 한다. 2011년 상법 개정에 의하여, 합병대가의 「전부」를 교부금으로 지급하는 것도 가능하게 되었고, 또 교부금으로 금전뿐만 아니라 「금전 이외의 재산」도 지급할 수 있게 되었다. 「금전 이외의 재산」의 범위에는 사채나 주식 등 증권도 포함되는 것으로 해석된다.

B. 소수주주의 축출 수단　교부금합병은 지배주주의 소액주주 축출 수단으로 이용될 수 있다는 문제가 있다. 예를 들어 A회사의 주식 60%를 보유하고 있는 지배주주 甲이 다른 주주들을 축출하고 A회사를 자신만의 회사로 만들려 하는 경우, 甲은 X라는 회사를 설립하여 A회사를 X회사에 흡수합병시키면서 A회사의 소수주주들에게 합병대가로 금전을 지급함으로써 그 목적을 달성할 수 있다.

C. 모회사주식에 의한 합병교부금 지급

ⓐ **모회사주식 취득의 예외적 허용**　2011년도 개정상법에 의하면 합병교부금으로 금전뿐만 아니라 「그 밖의 재산」도 지급할 수 있게 되었으므로, 존속회사는 합병대가로 모회사의 주식을 지급할 수도 있게 되었다. 그런데 이를 위해서는 자회사가 미리 모회사 주식을 취득해 두어야 하므로 2011년 개정상법은 합병대가의 지급을 위한 경우에는 예외적으로 자회사의 모회사 주식 취득을 허용하였다(제523조의2 제1항). 다만 존속하는 회사는 제1항에 따라 취득한 모회사의 주식을 합병 후에도 계속 보유하고 있는 경우 합병의 효력이 발생하는 날부터 6개월 이내에 그 주식을 처분하여야 한다(제523조의2 제2항).

ⓑ **삼각합병**　제523조의2 신설로 미국에서 흔히 활용되는 삼각합병이 가능하게 되었다. 삼각합병이란 타회사를 흡수하고자 하는 회사가 자회사를 합병당사회사(존속회사)로 만들어 타회사를 흡수하게 하고 합병대가는 모회사인 자기 회사의 주식을 배정하게 하는 방식을 말한다. 예를 들어 A회사가 X회사를 흡수하려 한다고 하자. A회사는 자신의 자산을 현물출자하여 자신이 지분의 100%를 소유하는 자회사 B회사를 만들고, B회사가 X회사를 흡수합병하도록 한다. 그리고 이때 B회사는 X회사의 주주들에게 합병대가로 B회사의 주식이 아니라 모회사인 A회사의 주식을 교부한다. 그러면 A회사는 B회사를 통하여 X회사를 흡수한 결과가 되고, X회사의 주주는 A회사의 주주가 된다. 이와 같은 방식이 삼각합병이다. 삼각합병은 A회사 입장에서 여러 장점이 있다. X회사를 흡수하되 B회사를 매개함으로써, ⅰ) 합병과정에서 A회사에서는 주주총회결의를 얻거나 주주들에게 주식매수청구권을 부여할 필요가 없고, ⅱ) 합병 이후 X회사의 채무에 대하여 유한책임의 이익을 누릴 수 있다.

③ **합병을 할 날(6호)**

합병을 할 날이란 소멸회사의 재산을 존속회사에 이전하고 소멸회사의 주주에게 주권을 발행하는 등 실질적으로 양 회사를 합체하기 위한 실무적인 절차를 완료하기로 예정한 날을 의미한다.

2) 신설합병의 경우(제524조)

흡수합병의 경우와 대체로 같다. 법전을 참조하기 바란다.

(2) 합병계약서 등의 공시

이사는 합병승인결의를 위한 주주총회의 2주 전부터 합병을 한 날 이후 6월이 경과하는 날까지 합병계약서, 소멸회사의 주주에게 발행하는 주식의 배정사항과 그 이유를 기재한 서면, 합병당사회사의 최종의 대차대조표와 손익계산서를 본점에 비치하여야 한다(제522조의2 제1항). 주주 및 회사채권자는 영업시간 내에는 언제든지 이 서류의 열람 또는 등·초본의 교부를 청구할 수 있다(동조 제2항).

(3) 합병승인결의

합병계약은 존속회사와 소멸회사 모두 주주총회의 특별결의에 의한 승인을 얻어야 효력을 발생한다(제522조 제3항). 회사가 종류주식을 발행한 경우에는 불이익을 받게 될 종류주식의 주주의 총회(종류주주총회)의 결의도 필요하다(제436조).

(4) 주식매수청구

합병계약서에 대한 주주총회 승인에 관하여 이사회의 결의가 있는 때에 그 결의에 반대하는 주주(의결권이 없거나 제한되는 주주를 포함)는, 주주총회 전에 회사에 대하여 서면으로 그 결의에 반대한다는 의사를 통지한 경우, 그 총회의 결의일로부터 20일 이내에 주식의 종류와 수를 기재한 서면으로 회사에 대하여 자기가 소유하고 있는 주식의 매수를 청구할 수 있다(제522조의3 제1항). 자세한 내용은 제2관 주주총회, 제8 반대주주의 주식매수청구권 부분을 참조하기 바란다.

(5) 채권자보호절차(제527조의5)

제1장 통칙, 제5절 합병에서 기술하였으므로 이를 참조하기 바란다.

(6) 총회의 개최

1) 흡수합병의 보고총회

흡수합병의 경우 존속회사의 이사는 채권자보호절차의 종료 후 지체 없이 주주총회(보고총회)를 소집하여 합병에 관한 사항을 보고하여야 한다(제526조 제1항). 이 보고에 관해서는 승인결의가 필요하지 않다(통설). 신주인수인이 된 소멸회사의 주주는 아직 존속회사의 주주는 아니지만 이 총회에서는 주주와 동일한 권리를 갖는다(동조 제2항). 그러나 보고총회는 사실상 불필요한 절차이므로 1995년 개정에 의해 이사회의 공고로써 갈음할 수 있게 하였다(동조 제3항).

2) 신설합병의 창립총회

신설합병의 경우 설립위원은 채권자보호절차의 종료 후 지체 없이 창립총회를 소집하여야 한다(제527조 제1항). 창립총회에서는 소집통지서에 기재가 없어도 정관변경을 할 수 있다. 그러나 합병계약의 취지에 위반하는 결의(예 설립폐지 결의)는 할 수 없다(동조 제2항). 창립총회에서는 설립위원으로부터 보고를 들으며, 임원을 선임해야 한다(동조 제3항 → 제311조, 제312조). 창립총회 역시 이사회의 공고로 갈음할 수 있다(동조 제4항). 그러나 창립총회에서는 이사·감사를 선임해야 하므로 이를 생략하고 이사회의 공고로 갈음하고자 한다면 합병계약에서 신설회사의 이사·감사를 정하여야 한다(제524조 6호). 이사·감사를 기재한 합병계약서가 주주총회에서 승인되면 신설회사의 이사·감사 선임이 이루어지므로 굳이 창립총회를 열어 그 선임절차를 새로이 거칠 필요가 없다(대판 2009.4.23. 2005다22701).

(7) 등기

위의 합병절차가 끝난 때에는 합병등기를 하여야 한다. 합병은 등기에 의하여 그 효력이 생긴다. 자세한 내용은 제1장 통칙, 제5절 합병 부분을 참조하기 바란다.

(8) 임원의 임기

흡수합병의 경우 존속회사의 이사나 감사로서 합병 전에 취임한 자는 합병계약에 다른 정함이 있는 경우를 제외하고는 합병 후 최초로 도래하는 결산기의 정기총회가 종료한 때에 퇴임한다(제527조의4 제1항). 합병에 의해 주주구성에 변화가 생기므로 새로운 주주들의 의사에 터잡아 경영진을 새로이 구성할 수 있도록 하기 위함이다.

(9) 사후공시

합병 후 존속회사 또는 신설회사는 채권자보호절차의 경과, 합병을 한 날, 소멸회사로부터 승계한 재산과 채무의 액, 기타 합병에 관한 사항을 기재한 서면을 합병을 한 날로부터 6개월간 본점에 비치하여야 한다(제527조의6 제1항). 주주 및 채권자는 언제든지 이 서류의 열람 또는 등·초본의 교부를 청구할 수 있다(동조 제2항 → 제522조의2 제2항).

2. 특수절차(간이합병과 소규모합병)

(1) 총설

합병절차에서 주주총회의 승인결의는 주주 보호를 위한 절차이나, 회사에게는 가장 번거롭고 비용도 많이 드는 절차이므로 사실상 의미가 없는 경우까지 강제할 것은 아니다. 그래서 상법은 주주총회의 승인결의 없이 이사회 결의만으로 합병을 할 수 있는 두 가지 예외를 인정하고 있다. 간이합병과 소규모합병이 그것이다. 그러나 양자는 주주총회를 요하지 않는 취지가 다르기 때문에, ⅰ) 어느 회사의 주주총회를 요하지 않는지, ⅱ) 반대주주의 주식매수청구권이 인정되는지 등에서 차이를 보인다.

(2) 간이합병

1) 의의

흡수합병 시 ⅰ) 소멸회사의 총주주의 동의가 있을 경우, 또는 ⅱ) 소멸회사의 발행주식총수의 100분의 90 이상을 이미 존속회사가 소유하고 있는 경우에는 소멸회사의 주주총회의 승인결의는 이사회의 결의로 갈음할 수 있다(제527조의2 제1항). 이러한 요건을 충족하면 소멸회사의 주주총회는 사실상 형식에 불과하므로 굳이 개최할 필요가 없다는 것이다.

2) 적용범위

「흡수합병 시」에 「소멸회사」에서만 적용된다. 따라서 신설합병을 할 경우에는 간이합병을 할수 없고, 흡수합병을 하더라도 존속회사에서는 주주총회의 승인결의를 생략할 수 없다.

3) 주식매수청구

ⅰ) 소멸회사의 총주주가 동의하는 경우에는 반대주주가 없으므로 주식매수청구의 문제가 생기지 않는다(제527조의2 제2항 단서). ⅱ) 그러나 존속회사가 소멸회사 주식의 100분의 90 이상을 소유하

였음을 이유로 하는 간이합병의 경우에는 반대주주가 있을 수 있으므로 반대주주에게 주식매수청구권을 보장해 주어야 한다. 따라서 소멸회사는 합병계약서를 작성한 날로부터 2주 내에 주주총회의 승인을 얻지 않고 합병한다는 뜻을 공고하거나 주주들에게 통지하여야 하고(제527조의2 제2항 본문), 주주(의결권이 없거나 제한되는 주주를 포함)는 이 공고 또는 통지를 한 날로부터 2주간 내에 회사에 대하여 합병에 반대하는 의사를 통지할 수 있으며, 반대의 통지를 한 주주는 위 2주가 경과한 날로부터 20일 이내에 주식의 종류와 수를 기재한 서면으로 회사에 대하여 자기가 소유하는 주식의 매수를 청구할 수 있다(제522조의3 제2항).

(3) 소규모합병

1) 의의

흡수합병 시 존속회사가 발행하는 합병신주 및 이전하는 자기주식이 존속회사 발행주식총수의 100분의 10 이하인 경우 그 존속회사의 주주총회의 승인은 이사회의 승인으로 갈음할 수 있다(제527조의3 제1항 본문). 소규모합병은 「흡수합병」을 하는 경우 「존속회사」에 관해서만 인정되는 특례이다.

2) 취지

합병신주 및 이전하는 자기주식이 존속회사 발행주식총수의 10% 이하라는 것은 소멸회사의 기업가치가 존속회사 기업가치의 10% 이하라는 의미이므로, 이와 같은 합병은 존속회사 입장에서는 규모가 너무 작아 주주의 이해관계에 영향을 줄 정도의 유의미한 변화가 아니라는 것이다.

3) 제도적 문제점

소규모합병은 주주 보호의 측면에서 매우 위험한 제도이다. 존속회사가 발행하는 합병신주나 이전하는 자기주식의 수는 보통 소멸회사의 규모가 아니라 순자산을 기준으로 정하기 때문에 자본잠식이 심한 대규모 부실회사를 흡수합병할 때에도 이 제도가 적용될 수 있다. 회사가 이런 회사를 합병하여 거대한 부채를 떠안게 됨에서 주주총회 결의를 생략할 수 있고, 반대주주에게 주식매수청구권도 부여하지 않는다는 것은 주주 보호의 관점에서 문제가 있는 것이다.

4) 절차

존속회사의 합병계약서에는 주주총회의 승인을 얻지 아니하고 합병한다는 뜻을 기재해야 한다(제527조의3 제2항). 그리고 존속회사는 합병계약서를 작성한 날부터 2주 내에 「소멸회사의 상호, 본점소재지, 합병을 할 날, 주주총회의 승인을 얻지 아니하고 합병을 한다는 뜻」을 공고하거나 주주에게 통지하여야 한다(동조 제3항).

5) 제한

ⅰ) 합병대가로 합병교부금을 지급하는 경우 교부금이 존속회사의 최종대차대조표상 순자산액의 100분의 5를 초과하는 경우(제527조의3 제1항 단서)와 ⅱ) 존속회사 발행주식총수의 100분의 20 이상에 해당하는 주식을 소유한 주주가 위 공고 또는 통지를 한 날로부터 2주 내에 회사에 대하여 서면으로 합병에 반대한다는 의사를 통지한 때(제527조의3 제4항)에는 소규모합병을 할 수 없다.

6) 반대주주의 주식매수청구권

존속회사의 반대주주에게는 주식매수청구권이 인정되지 않는다(제527조의3 제5항). 이 점이 소규모합병을 이용할 가장 큰 실익이 되는 점이다.

3. 합병의 무효

합병의 무효는 주주·이사·감사·청산인·파산관재인 또는 합병을 승인하지 않은 채권자에 한하여 소만으로 주장할 수 있다(제529조 제1항). 소의 제기는 합병등기일로부터 6개월 내에 하여야 한다(동조 제2항). 기타 자세한 사항은 제1장 통칙, 제5절 합병 부분을 참조하기 바라고, 항을 바꾸어 합병비율의 불공정에 관해서만 본다.

4. 합병비율의 불공정과 합병무효의 소

(1) 합병비율의 불공정이 문제되는 경우

합병비율의 불공정으로 인한 문제는 주로 상장회사와 비상장회사간의 합병시에 일어난다. 상장·비상장회사간의 합병은 대체로 동일 대주주의 지배를 받는 계열회사간의 합병인데, 거의 예외 없이 비상장회사를 소멸회사로 하면서 비상장회사의 주주에게 유리한 합병비율을 정한다. 그 이유는 대주주는 상장회사에서는 낮은 비율의 지분을, 비상장회사에서는 높은 비율의 지분을 갖고 있어, 상장회사 주주로서 입은 손실보다 비상장회사 주주로서 얻은 이익이 크기 때문이다. 결국 불공정한 합병비율로 인해 상장회사의 소액주주들의 부가 대주주에게 이전하는 결과가 발생한다.

(2) 합병무효의 소

합병비율의 불공정은 합병무효의 사유가 될 수 있는가? 즉 합병비율이 불공정하여 손해를 입은 주주들(위 예에서 A회사 주주들)은 합병비율의 불공정을 이유로 합병무효의 소를 제기할 수 있는가?

1) 학설

ⅰ) 반대하는 주주는 주식매수청구권을 통해 구제받을 수 있다는 이유로 이를 부정하는 견해와, ⅱ) 합병비율은 합병대가를 의미하는 것으로서 합병에서 가장 중요한 요소이므로 이를 인정해야 한다는 견해가 있다.

2) 판례

판례는 합병비율의 「현저한」 불공정은 합병무효의 사유로 보고 있다. 즉 "현저하게 불공정한 합병비율을 정한 합병계약은 사법관계를 지배하는 신의성실의 원칙이나 공평의 원칙 등에 비추어 무효이고, 따라서 합병비율이 현저하게 불공정한 경우 합병할 각 회사의 주주 등은 상법 제529조에 의하여 소로써 합병의 무효를 구할 수 있다(대판 2009.4.23. 2005다22701)."라고 판시하였다.

▌제2관 회사분할

❶ 총설

1. 의의

회사분할이란 하나의 회사의 영업을 둘 이상으로 분리하고 그 분리된 영업재산을 자본으로 하여 회사를 신설하거나 다른 회사와 합병시켜 그 영업에 관하여 발생한 권리·의무를 신설회사나 그 다른 회사에 승계시키는 것을 목적으로 하는 회사의 행위를 말한다. 이에 의해 본래의 회사(분할회사)는 소멸하거나 규모가 축소된 상태로 존속하고, 그 주주는 분할회사의 권리·의무를 승계한 회사의 주식을 취득한다. 회사분할은 주식회사에서만 인정된다.

2. 용어의 정리

회사분할과 관련해서는 용어가 통일되어 있지 않은데, 이 책에서는 회사분할을 거론하는 바로 당사자가 되는 회사를 「분할회사」로, 분할로 인해 신설되는 회사를 「신설회사」로 부르고, 분할합병의 경우 분할회사의 분할된 일부와 합병을 하는 상대방회사를 「분할합병의 상대방회사」라 부르기로 한다. 다만 분할합병의 상대방회사는 분할합병을 논의할 때는 그냥 「상대방회사」라고만 부르기로 한다.

3. 회사분할의 경제적 효용

수개의 사업을 영위하는 대기업에서 일부를 분리시켜 경영의 전문화와 효율화를 도모할 수 있고, 위험도가 높은 사업부문을 모기업으로부터 분리시켜 위험부담의 범위를 한정시킬 수 있다. 또 동일한 기업 내에서는 임금의 차별화가 어려운데, 회사를 분할하면 고임금의 인력과 저임금의 인력을 다른 회사로 구분 배치함으로써 인건비의 절감과 인사관리의 효율을 기할 수 있다.

02 분할의 유형

1. 단순분할과 분할합병

(1) 의의
회사분할은 「분할된 영업이 독립성을 유지하는지」에 따라 단순분할과 분할합병으로 구분된다.

1) 단순분할
단순분할은 회사의 영업을 수개로 분할하고 분할된 영업 중의 1개 또는 수개를 각각 출자하여 1개 또는 수개의 회사를 신설하는 것을 말한다(제530조의2 제1항). 분할된 영업이 독립하여 신설회사로 남는다.

2) 분할합병
분할합병은 회사의 영업을 분할하는 동시에 분할되는 일부 영업을 다른 회사에 합병시키는 방법이다(동조 제2항). 분할된 영업이 독립성을 잃고 다른 회사에 승계된다.

(2) 단순분할의 유형
「분할회사가 소멸하는지 여부」에 따라 소멸분할과 존속분할로 나뉜다.

1) 소멸분할
소멸분할은 분할회사의 영업을 분할하고 이를 출자하여 2개 이상의 회사를 신설하면서 분할회사는 해산하는 방법이다. 예컨대, 가전제품 제조판매 사업(이하 '甲 사업'이라 한다)과 반도체 제조판매 사업(이하 '乙 사업'이라 한다), 두 가지 사업을 영위하는 A회사가 甲 사업을 출자하여 X회사를, 乙 사업을 출자하여 Y회사를 각각 신설하고 A회사는 소멸하는 것이다.

2) 존속분할

존속분할은 분할회사의 영업 중 일부를 신설회사에 출자하고 분할회사는 나머지 영업을 가지고 존속하는 방법이다. 예컨대, 甲·乙 두 가지 사업을 하는 A회사가 乙 사업을 떼어내 신설회사인 X회사가 운영하도록 하고 자기는 甲 사업만 영위하면서 존속하는 것이다.

(3) 분할합병의 유형

1) 소멸분할합병·존속분할합병

「분할회사가 소멸하는지 여부」에 따라 소멸분할합병과 존속분할합병으로 나뉜다.

① 소멸분할합병

분할회사가 자기의 영업을 분할하여 존속 중인 2개 이상의 회사와 각각 합병시키고 자기는 소멸하는 방법이다. 예컨대, 甲·乙 두 가지 사업을 하는 A회사가 甲은 X회사와 합병시키고, 乙은 Y회사와 합병시키면서 자기는 소멸하는 것이다.

② 존속분할합병

분할회사가 자식의 영업의 일부를 다른 회사에 출자하고 자신은 나머지 영업으로 존속하는 방법이다. 예컨대, 甲·乙 두 사업을 영위하는 A회사가 乙 사업부문을 떼어내 X회사에 출자하고 자기는 甲 사업만 영위하면서 존속하는 것이다.

2) 흡수분할합병·신설분할합병

① 흡수분할합병

분할회사의 영업의 일부를 다른 기존의 회사에 출자하여 그 다른 회사의 일부로 만드는 식으로 자기의 사업을 분할하는 방법이다. 위 소멸분할합병과 존속분할합병의 예로 든 것은 모두 흡수분할합병이다.

② 신설분할합병

분할회사의 영업의 일부와 다른 기존의 회사의 영업의 전부 또는 일부를 합해 새로운 회사를 설립하는 방법이다. 예컨대, 甲·乙 두 사업을 하는 A회사에서 乙 사업을 분리하여 이를 기존의 X회사와 합해 신설합병의 방법으로 Z회사를 설립하는 것이다.

3) 분할합병방법의 조합

위 두 가지 분류를 조합하면 분할합병은 소멸흡수분할합병·소멸신설분할합병·존속흡수분할합병·존속신설분할합병 4가지 형태가 있을 수 있다.

(4) 단순분할과 분할합병의 병용

단순분할과 분할합병 두 가지를 병행하여, 분할한 영업의 일부로는 회사를 신설하고 다른 일부로는 다른 존립 중의 회사와 합병시키는 방법도 가능하다(제530조의2 제3항). 예컨대, 甲·乙 사업을 영위하는 A회사가 甲 사업은 X라는 기존회사에 합병시키고 乙 사업은 Z라는 회사를 신설하면서 출자하는 것이다.

2. 인적분할과 물적분할

회사분할을 하면 신설회사 또는 분할합병의 상대방회사는 분할신주를 발행하는데, 이 분할신주는 분할회사의 주주들에게 귀속시킴이 원칙이다. 그런데 상법은 분할신주를 분할회사 주주들이 아니라 분할회사에게 귀속시키는 형태의 회사분할도 인정하고 있다. 이를 물적분할이라 한다. 그리고 상법이 쓰고 있는 용어는 아니지만 물적분할에 대응하여 물적분할 이외의 회사분할, 즉 원칙적 형태의 회사분할을 통상 인적분할이라 부른다. 상법은 제530조의2 이하에서 인적분할을 규정하고, 이를 제530조의12에서 물적분할에 준용하고 있다.

단순분할 중 존속분할을 예로 들어보자. 주주가 甲·乙·丙 3인인 A회사가 회사분할을 하여 B회사를 신설하였다고 하자. 인적분할을 하였다면 B회사의 분할신주는 A회사의 주주인 甲·乙·丙에게 A회사 지분보유비율에 따라 교부된다. 따라서 甲·乙·丙은 A회사의 주주이자 B회사의 주주가 된다. 물적분할을 하면 어떻게 되는가? B회사의 신주는 甲·乙·丙이 아니라 A회사에게 교부된다. 따라서 A회사는 B회사의 완전모회사가 되고 甲·乙·丙은 그대로 A회사만의 주주로 머문다. 다만 A회사가 B회사를 소유하므로 甲·乙·丙의 지분가치는 인적분할을 했을 때와 동일하다.

3. 해산회사의 분할 제한

해산 후의 회사는 존립 중의 회사를 존속하는 호사로 하거나 새로 회사를 설립하는 경우에 한하여 분할 또는 분할합병할 수 있다(제530조의2 제4항). 즉 해산회사는 분할 또는 분할합병을 하더라도 자신을 존속회사로 하는 분할 또는 분할합병은 할 수는 없다는 의미이다. 해산한 회사는 이미 청산을 예정하고 있으므로 해산회사가 존속하는 분할을 하거나 타회사를 흡수분할합병을 하는 것은 무의미하기 때문이다.

⑬ 분할과 채권자보호

1. 개관

(1) 채무의 승계 및 채권자보호의 필요성

회사분할의 경우에는 합병의 경우와 같은 채무의 포괄승계는 일어나지 않는다. 신설회사 또는 흡수분할합병의 상대방회사는 단지 분할계획 또는 분할합병계약에 의해 분할회사의 채무 중 어떤 채무를 분할회사에 그대로 남기고 어떤 채무를 신설회사나 흡수분할합병의 상대방회사가 승계할 것인지를 정하고, 그 정함에 의해 특정된 채무를 승계할 뿐이다(제530조의10).

그러나 이렇게 되면 분할회사 채권자의 지위는 약화될 수밖에 없다. 자신의 채권이 분할회사에 남아 있든 신설회사 등에게 승계되든 책임재산의 감소를 피할 수 없고, 영업의 다각화를 통한 도산위험의 감소효과도 사라지기 때문이다. 따라서 회사분할의 경우에는 분할회사 채권자에 대한 보호수단이 필요하다.

(2) 채권자보호의 수단

상법은 분할회사 채권자의 보호를 위해 두 가지 제도를 두고 있다. ⅰ) 분할회사·신설회사·흡수분할합병의 상대방회사가 분할 전 분할회사의 채무의 변제에 대하여 「연대책임」을 지도록 하였고, ⅱ) 연대책임을 분할회사의 주주총회 결의에 의해 배제하는 경우에는 「채권자보호절차」를 밟도록 하였다.

2. 연대책임

(1) 의의

분할회사, 단순분할신설회사, 분할승계회사 또는 분할합병신설회사는 분할 또는 분할합병 전의 분할회사 채무에 관하여 연대하여 변제할 책임이 있다(제530조의9 제1항). 분할당사회사 간의 채무승계가 어떻게 이루어지든 분할 전 분할회사 채권자의 입장에서는 책임재산이 감소되는 일이 없도록 하기 위함이다.

(2) 연대책임의 내용

1) 연대책임의 주체

연대책임을 지는 회사는 분할회사, 단순분할신설회사, 분할승계회사 또는 분할합병신설회사이다.

2) 연대책임을 져야 할 채무의 범위

연대책임을 져야 할 채무는 「분할 전 분할회사의 채무」이다. ⅰ) 여기서 분할 전이란 「분할등기 전」을 의미한다. 분할의 효력은 분할등기에 의하여 발생하기 때문이다. 분할 전에 채무가 발생하면 되고 그 변제기가 분할 전에 도래할 것은 요하지 않는다(대판 2008.2.14. 2007다73321). ⅱ) 분할회사의 채무만을 의미하므로, 흡수분할합병의 경우 상대방회사의 채무는 설사 분할합병 전의 채무라 하여도 연대책임의 대상이 아니다.

3) 책임의 성질 및 한도

ⅰ) 판례는 이 연대책임의 성질을 부진정연대책임으로 본다(대판 2010.8.26. 2009다95769). 분할당사회사 사이에 주관적 공동관계가 있다고 보기 어렵다는 이유에서이다. ⅱ) 분할당사회사는 분할 전의 분할회사 채무 전부에 대하여 책임을 져야 한다. 승계한 재산의 가액을 한도로 책임이 제한되는 것이 아니다. 따라서 분할회사로부터 승계한 재산을 월등히 초과하는 책임을 져야 할 수도 있다.

분할합병신설회사 등이 채권자에게 부담하는 연대채무의 소멸시효 기간과 기산점은 분할 또는 분할합병 전의 회사가 채권자에게 부담하는 채무와 동일하고, 결국 채권자는 해당 채권의 시효기간 내에서 분할로 인하여 승계되는 재산의 가액과 무관하게 연대책임을 물을 수 있다(대판 2017.5.30. 2016다34687).

부진정연대채무에서는 채무자 1인에 대한 이행청구 또는 채무자 1인이 행한 채무의 승인 등 소멸시효의 중단사유나 시효이익의 포기가 다른 채무자에게 효력을 미치지 않는다(대판 2011.4.14. 2010다91886). 따라서 채권자가 분할 또는 분할합병이 이루어진 후에 분할회사를 상대로 분할 또는 분할합병 전의 분할회사 채무에 관한 소를 제기하여 분할회사에 대한 관계에서 시효가 중단되거나 확정판결을 받아 소멸시효 기간이 연장된다고 하더라도 그와 같은 소멸시효 중단이나 연장의 효과는 다른 채무자인 분할 또는 분할합병으로 인하여 설립되는 회사 또는 존속하는 회사에 효력이 미치지 않는다(대판 2017.5.30. 2016다34687). 그리고 분할 또는 분할합병으로 인하여 설립되는 회사 또는 존속하는 회사가 채권자에게 부담하는 연대채무의 소멸시효 기간과 기산점은 원래의 채무를 기준으로 기산한다(대판 2017.5.30. 2016다34687).

(3) 연대책임의 배제

1) 의의

ⅰ) 제1항에도 불구하고 분할회사가 제530조의3 제2항에 따른 결의로 분할에 의하여 회사를 설립하는 경우에는 단순분할신설회사는 분할회사의 채무 중에서 분할계획서에 승계하기로 정한 채무에 대한 책임만을 부담하는 것으로 정할 수 있다. 이 경우 분할회사가 분할 후에 존속하는 경우에는 단순분할신설회사가 부담하지 아니하는 채무에 대한 책임만을 부담한다(제530조의9 제2항). ⅱ) 분할합병의 경우에 분할회사는 제530조의3 제2항에 따른 결의로 분할합병에 따른 출자를 받는 분할승계회사 또는 분할합병신설회사가 분할회사의 채무 중에서 분할합병계약서에 승계하기로 정한 채무에 대한 책임만을 부담하는 것으로 정할 수 있다. 이 경우 제2항 후단을 준용한다(제530조의9 제3항).

2) 요건

ⅰ) 분할회사 주주총회의 특별결의로 연대책임 배제에 관한 정함이 있어야 한다. 이 연대책임 배제에 관한 주주총회 특별결의는 보통 분할계획·분할합병계약의 승인결의와 같은 기회에 이루어질 것이나, 개념적으로는 구분된다. ⅱ) 분할회사가 채권자보호절차를 밟아야 한다(제530조의9 제4항, 제530조의11 제2항, 제527조의5). 이에 관해서는 뒤에서 상술한다.

3) 효과

분할회사에서 연대책임 배제의 정함이 있으면 신설회사 등은 분할회사가 분할로 인하여 출자한 재산에 관한 채무만을 부담한다. 그리고 이때 분할회사가 분할 후 존속하는 경우에는 분할회사는 신설회사 등이 부담하지 않는 채무만을 부담한다(제530조의9 제2항, 제3항 각 단서).

① 출자한 재산에 관한 채무

그러면 여기서 "분할회사가「출자한 재산에 관한 채무」"란 무엇을 의미하는가? 판례는 "분할되는 회사가「출자한 재산」이라 함은 분할되는 회사의 특정재산을 의미하는 것이 아니라 조직적 일체성을 가진 영업, 즉 특정의 영업과 그 영업에 필요한 재산을 의미하며,「출자한 재산에 관한 채무」라 함은 신설회사가 분할되는 회사로부터 승계한 영업에 관한 채무로서 당해 영업 자체에 직접적으로 관계된 채무뿐만 아니라 그 영업을 수행하기 위해 필요한 적극재산과 관련된 모든 채무가 포함된다(대판 2010.8.19. 2008다92336)."라고 판시하였다.

② 분할계획·분할합병계약과의 관계

신설회사 등이 승계할 채무의 범위는 분할계획이나 분할합병계약에서 정함이 원칙이다. 그러면 분할계획이나 분할합병계약으로 '신설회사 등이 분할회사가 출자한 재산에 관한 채무 조차도 승계하지 않는 것'으로 정하고, 이에 관해 주주총회 특별결의와 채권자보호절차를 거치면, 신설회사 등은 채권자에 대하여 출자한 재산에 관한 채무조차도 부담하지 않을 수 있는가? 그럴 수는 없다. 상법 제530조의9 제2항, 제3항은 「출자한 재산에 관한 채무만을 부담할 것을 정할 수 있다」고 하고 있기 때문이다. 판례 또한 이를 부정한다. 즉 "<u>분할합병의 경우 존립회사가 분할합병 전의 회사의 채무를 승계하지 않기로 하는 내용의 합의는 상법 제530조의9에 위반한 것이어서 채권자에 대한 관계에서 효력이 없다</u>(대판 2009.4.23. 2008다96291)."라고 판시하였다. 결국 주주총회 특별결의와 채권자보호절차를 거치더라도 「출자한 재산에 관한 채무」에 대한 책임까지 배제하는 것은 허용되지 않는다.

3. 채권자보호절차

(1) 의의

회사는 주주총회의 승인결의일로부터 2주 내에 채권자에 대하여 이의가 있으면 1월 이상의 기간 내에 이를 제출할 것을 공고하고 알고 있는 채권자에 대하여는 따로따로 최고하여야 한다. 그리고 회사는 이의제출 기간 내에 이의를 제출한 채권자에 대하여 변제 또는 상당한 담보를 제공하거나 이를 목적으로 하여 상당한 재산을 신탁회사에 신탁해야 한다. 이의제출 기간 내에 이의를 제출하지 않은 채권자는 합병을 승인한 것으로 본다(제530조의9 제4항, 제530조의11 제2항, 제527조의5, 제232조 제2항, 제3항). 회사가 알고 있는 채권자의 범위가 문제된다. 판례는 "<u>회사의 장부 기타 근거에 의하여 그 성명과 주소가 회사에 알려져 있는 자는 물론이고 회사 대표이사 개인이 알고 있는 채권자도 포함된다</u>(대판 2011.9.29. 2011다38516)."고 하였다 한편 다른 판례는 "<u>상법 제530조의9 제2항에 의한 회사분할에서, 채권자가 회사분할에 관여되어 있고 회사분할을 미리 알고 있는 지위에 있는 등 예측하지 못한 손해를 입을 우려가 없다고 인정되는 경우, '알고 있는 채권자에 대한 개별최고의 절차'를 누락하였다는 사정만으로 신설회사와 분할되는 회사의 채권자에 대한 연대책임이 부활한다고 할 수 없다</u>(대판 2010.2.25. 2008다74963)."고 판시하였다.

(2) 채권자보호절차가 필요한 경우

1) 단순분할

단순분할의 경우에는 분할회사와 신설회사가 분할 전 분할회사 채무에 대하여 연대책임을 지므로 원칙적으로는 채권자보호절차가 필요하지 않고, 예외적으로 연대책임이 배제되는 경우에만 채권자보호절차가 요구된다(제530조의9 제4항 → 제527조의5). 종전의 책임재산이 분할 후 수개 회사로 분리 소유되므로 책임주체가 특정회사로 제한된다면 채권자를 위한 책임재산이 감소되기 때문이다. 채권자보호절차를 밟지 않으면 당사회사들은 제530조의9 제1항에 따라 채권자에 대하여 연대책임을 져야 한다.

2) 분할합병

분할합병의 경우에는 연대책임의 배제와 상관 없이 항상 채권자보호절차를 밟아야 한다(제530조의11 제2항 → 제527조의5). 양합병당사회사의 채권자가 책임재산을 공유하게 되므로 채권자에 대해서는 담보재산에 관한 중대한 변화가 생기기 때문이다. 분할합병에서는 분할회사뿐만 아니라 분할합병의 상대방회사도 채권자보호절차를 밟아야 한다.

❹ 분할절차

단순분할은 분할회사에서 회사의 분할과 이를 근거로 한 회사의 신설이라는 두 가지 단계로 이루어진다. 이 중 회사 분할을 위한 절차는 분할계획서를 작성하여 주주총회의 승인을 얻는 것이다.

분할합병은 분할회사의 분할과 이를 근거로 한 회사의 합병이라는 두 가지 절차로 이루어진다. 그러나 회사분할을 위한 절차와 회사합병을 위한 절차는 분할회사와 합병할 상대방회사의 대표기관간에 분할합병계약서를 작성하여 이사회와 주주총회의 승인을 받는 것으로 합체되어 행해진다.

1. 분할의 의사결정(단순분할·분할합병의 공통절차)

(1) 분할계획·분할합병계약

회사분할을 위해서는 먼저 분할의 법률관계를 정한 분할계획서(단순분할의 경우)·분할합병계약서(분할합병의 경우)를 작성해야 한다. 제530조의5, 제530조의6에 그 기재사항이 자세히 열거되어 있다. 대부분 합병계약서의 기재사항을 가져온 것이다.

(2) 분할의 공시

분할회사와 분할합병의 상대방회사의 이사는 분할 또는 분할합병의 승인을 위한 주주총회 회일의 2주간 전부터 분할의 등기를 한 날 이후 6개월간 분할계획서, 분할합병계약서, 분할회사의 분할되는 부분의 대차대조표 등을 각자 회사의 본점에 비치하여야 한다(제530조의7 제1항, 제2항). 주주 및 회사채권자는 언제든지 이 서류의 열람 및 등·초본의 교부를 청구할 수 있다(동조 제3항 → 제522조의2 제2항).

(3) 분할결의

1) 분할회사 주주총회의 승인결의

분할계획서(단순분할의 경우) 또는 분할합병계약서(분할합병의 경우)는 분할회사 주주총회의 특별결의에 의하여 승인을 얻어야 한다(제530조의3 제1항, 제2항).

2) 의결권

분할·분할합병의 승인결의를 위한 주주총회에서는 의결권이 배제되는 주식을 가진 주주도 의결권이 있다(동조 제3항). 그러나 이는 입법의 착오로 보인다. 의결권 없는 주식을 가진 주주는 다른 구조조정, 즉 합병, 주식의 포괄적 교환·이전을 할 때는 의결권이 없는데, 회사분할에서만 의결권을 인정해야 할 이유가 없기 때문이다.

3) 종류주주총회

분할회사가 종류주식을 발행한 경우, 분할로 인하여 어느 종류의 주식의 주주에게 손해를 미치게 될 때에는 종류주주총회의 결의를 얻어야 한다(제530조의3, 제436조).

(4) 주주부담 가중을 위한 특별절차

분할 또는 분할합병으로 인하여 분할 또는 분할합병에 관련되는 각 회사의 주주의 부담이 가중되는 경우에는 주주총회의 승인결의 및 종류주주총회의 결의 외에 그 주주 전원의 동의가 있어야 한다(제530조의3 제6항). 여기서 주주의 「부담의 가중」이란 추가출자를 의미한다.

2. 단순분할·분할합병 각각에서의 특유 절차

(1) 단순분할에서의 특유절차 — 회사 설립

단순분할은 회사분할을 위한 절차와 회사설립의 위한 절차를 밟아야 하는데, 이 중 회사 분할을 위한 절차는 분할계획서를 작성하여 주주총회의 승인을 얻는 것으로서 위에서 살펴보았다. 그리고 신설회사의 설립을 위한 절차는 회사설립에 관한 상법의 규정이 그대로 준용된다(제530조의4 제1항).

(2) 분할합병에서의 특유 절차

분할합병의 절차에서 특별히 살펴볼 절차로는 상대방회사의 의사결정과 간이·소규모분할합병이 있다.

1) 분할합병의 상대방회사의 의사결정

단순분할의 경우에는 분할회사의 주주총회결의만으로 분할절차가 진행될 수 있으나, 분할합병의 경우에는 분할회사뿐만 아니라 분할ㅊ회사도 주주총회의 특별결의를 거쳐야 한다.

2) 간이분할합병·소규모분할합병

① 간이분할합병

분할회사의 총주주의 동의가 있거나, 흡수분할합병의 상대방회사가 이미 분할회사의 주식을 100분의 90 이상 소유할 경우에는 분할회사의 주주총회 승인결의는 이사회 결의로 갈음할 수 있다(제530조의11 제2항 → 제527조의2).

② 소규모분할합병

흡수분할합병의 상대방회사가 분할회사의 일부를 흡수한 결과 발행하는 신주가 상대방회사의 발행주식총수의 100분의 10을 초과하지 않는 경우에는, 상대방회사에서 주주총회의 승인결의를 이사회의 결의로 갈음할 수 있다. 그리고 이때는 분할합병에 반대하는 주주의 주식매수청구권은 인정되지 않는다(제530조의11 제2항 → 제527조의3). 그러나 소규모합병 규정을 분할합병에 준용한 것은 잘못된 입법이라는 비판이 거세다. 단순한 합병과는 달리 흡수분할합병의 상대방회사는 분할회사의 채무「총액」에 대하여 분할회사와 연대책임을 지므로 발행하는 주식이 소량이라도 분할합병으로 인한 위험은 매우 클 수 있기 때문이다.

3. 반대주주의 주식매수청구권

주식매수청구권은 단순분할의 경우에는 인정되지 않고 분할합병의 경우에만 인정된다(제530조의11 제2항 → 제522조의3). 단순분할의 경우에는 회사의 재산·영업이 신설회사로 나누어질 뿐 주주의 권리가 신설회사에 그대로 미쳐 주주의 권리에 구조적인 변화가 없는 반면, 분할합병의 경우에는 회사의 재산·영업이 다른 회사와 통합되므로 주주의 권리에 합병과 같은 구조적 변화가 생기기 때문이다.

4. 채권자보호절차

채권자보호절차는, 단순분할의 경우에는 원칙적으로는 필요 없고 예외적으로 연대책임이 배제되는 경우에만 밟아야 한다. 반면 분할합병의 경우에는 연대책임과 상관 없이 항상 필요한 절차이다. 앞에서 상술하였다.

5. 사후공시

합병의 경우와 같다(제530조의11 제1항 → 제527조의6 제1항).

05 분할의 등기(효력발생시기)

회사가 분할 또는 분할합병을 한 때에는 일정한 기간 내에 분할회사는 변경등기(존속분할의 경우) 또는 해산등기(소멸분할의 경우)를 해야 하고, 신설회사는 회사설립등기를 해야 하며, 흡수분할합병의 상대방회사는 변경등기를 해야 한다(제530조의11 제1항 → 제528조).

회사분할의 모든 효력은 분할의 등기를 함으로써 발생한다(제530조의11 → 제234조). 분할신주의 효력발생도 마찬가지이다.

06 분할의 효과

1. 권리와 의무의 이전

단순분할신설회사, 분할승계회사 또는 분할합병신설회사는 분할회사의 권리와 의무를 분할계획서 또는 분할합병계약서에서 정하는 바에 따라 승계한다(제530조의10). ⅰ) 영업재산을 승계하는데 있어 개별재산에 대한 별도의 이전행위나 공시방법은 요하지 않으며, 분할로 인한 등기를 한 때 자동으로 이전한다. ⅱ) 채무를 승계하는데 있어서도 마찬가지이다. 민법 제454조의 채무인수절차는 요하지 않고 분할등기를 한 때 자동으로 승계된다. 분할회사의 채권자는 연대책임, 채권자보호절차 등에 의해 보호되기 때문이다.

2. 분할회사의 채무에 대한 연대책임

분할회사·신설회사·흡수분할합병의 상대방회사는 분할회사 채무에 대하여 연대책임을 진다. 앞에서 상술하였다.

3. 주식의 귀속

회사분할을 하면 분할회사의 주주는 신설회사 또는 흡수분할합병의 상대방회사의 주식을 취득한다. 물적분할의 경우에는 분할회사의 주주가 아니라 분할회사가 주식을 취득한다.

07 분할의 무효

분할의 내용이나 절차의 하자는 법률관계의 획일적 확정을 위하여 분할무효의 소로써만 다툴 수 있다. 분할무효의 소는 형성의 소이다. 분할무효의 소에 관해서는 합병무효의 소에 관한 규정이 준용된다(제530조의11 → 제529조, 제239조, 제240조). 따라서 소제기의 요건, 절차, 무효판결의 효력 등은 모두 합병무효의 소와 같다. 몇 가지만 본다.

1. 피고

분할에 관련된 모든 회사가 판결의 효력을 받고 또 그 효력은 합일 확정되어야 하므로 분할로 인해 신설된 회사, 존속하는 회사 모두를 공동피고로 하는 필수적 공동소송이 되어야 한다.

2. 분할 무효의 원인

이에 대해 상법에는 아무런 규정이 없으나, 분할계획 또는 분할합병계약의 내용이 강행법규에 위반하거나 현저하게 불공정한 경우, 승인결의에 무효 또는 취소사유가 있는 경우, 분할합병에서 채권자보호절차를 거치지 않은 경우 등을 생각해 볼 수 있다.

3. 무효판결의 효력

① 단순분할이 무효가 되는 경우에는 신설회사는 무효가 된다. 그리고 분할회사가 소멸하였다면 분할회사가 부활한다. 신설회사의 채무는 분할회사에 복귀하고 분할 후 발생한 채무는 분할회사의 채무가 된다. ② 분할합병이 무효가 되는 경우에는 일반합병이 무효가 된 경우의 해결 법리를 그대로 원용해야 할 것이다.

제3관 주식의 포괄적 교환과 이전

01 주식의 포괄적 교환

1. 의의

주식의 포괄적 교환(이하 '주식교환'이라 약칭함)이란, 이미 존재하는 A회사와 B회사의 계약에 의해 B회사의 주주가 소유하는 B회사의 주식을 전부 A회사에 이전하고, 그 주식을 재원으로 하여 A회사가 B회사의 주주에게 신주를 발행하거나 자기주식을 교부하는 것을 말한다. 이에 의해 A회사는 B

회사의 주식 전부를 소유하는 완전모회사가 되고, B회사의 주주는 A회사의 주주로 수용된다. 주식교환의 당사자가 되는 모회사는 성질상 한 개의 회사이어야 하지만, 자회사는 수개의 회사라도 무방하다.

2. 절차

(1) 주식교환계약서의 작성

주식교환을 하려면 우선 모회사로 예정된 회사와 자회사로 예정된 회사가 주식교환계약을 체결하고, 주식교환계약서를 작성하여야 한다. 그 기재사항은 제360조의3 제3항에 열거되어 있다. 몇 가지만 본다.

1) 교환교부금(4호)

모회사는 자회사의 주주들로부터 이전 받을 주식의 일부에 관해서는 신주를 발행하지 않고 금전으로 지급할 수 있다. 다만 단주처리를 위한 경우 등 예외적으로 허용될 뿐 교부금합병에서와 같이 교환 대가의 상당부분 또는 전부를 교부금으로 지급할 수는 없다. 제360조의2 제2항에서 자회사의 주주는 "완전모회사의 주주가 된다"고 규정하고 있기 때문이다.

2) 주식교환을 할 날(6호)

주식교환의 효력이 발생하는 날이다(후술).

(2) 주식교환계약서 등의 공시

이사는 주식교환의 승인을 위한 주주총회일의 2주 전부터 주식교환의 날 이후 6월이 경과하는 날까지 주식교환계약서 등을 본점에 비치하여야 한다(제360조의4 제1항). 주주는 영업시간 내에 언제든지 이 서류의 열람 또는 등사를 청구할 수 있다(동조 제2항 → 제391조의3 제3항). 채권자의 열람은 허용되지 않는다. 주식의 교환은 회사의 재산에 변동을 가져오지 않아 채권자의 이해와는 무관하기 때문이다.

(3) 주주총회의 승인

1) 주주총회의 특별결의

주식교환계약서는 완전모회사가 될 회사(이하 '모회사'라고 약칭)와 완전자회사가 될 회사(이하 '자회사'라고 약칭)에서 각각 주주총회의 특별결의에 의한 승인을 얻어야 한다(제360조의3 제1항, 제2항). 주식의 포괄적 교환은 합병과 같은 조직법적 행위로서, 주주의 의사와 상관없이 주식을 이전시키기 때문에 주주의 집단적 동의를 구하는 절차가 필요한 것이다.

2) 종류주주총회

주식교환으로 인하여 어느 종류의 주주에게 손해를 미치게 될 경우에는 해당 종류주식의 주주들의 종류주주총회의 결의도 얻어야 한다(제360조의3 제5항, 제436조).

3) 주주부담 가중을 위한 특별절차

주식교환으로 인하여 주식교환에 관련되는 각 회사의 주주의 부담이 가중되는 경우에는 주주총회의 승인결의와 종류주주총회의 결의 외에 그 주주 전원의 동의가 있어야 한다(제360조의3 제5항).

그러나 주식교환으로 주주의 부담이 가중되는 경우를 생각하기는 쉽지 않아서 그 입법취지가 무엇인지 확실하지 않다.

(4) 반대주주의 주식매수청구권

주식교환을 위한 이사회의 결의가 있는 때에 그 결의에 반대하는 자회사 또는 모회사의 주주(의결권이 없거나 제한되는 주주를 포함)는 회사에 대하여 자기가 소유하고 있는 주식의 매수를 청구할 수 있다(제360조의5 제1항).

(5) 채권자보호절차 ― 불필요

주식교환에 있어서는 자회사, 모회사 어느 쪽 회사에서도 채권자보호절차는 요구되지 않는다. 자회사에서는 주주의 변동만 있을 뿐 회사 자산의 변동은 없으며, 모회사에서는 자회사의 주식이 이전되어 오히려 재산이 늘어나기 때문에, 주식교환에 의해 채권자에게 손해가 발생할 일이 없기 때문이다.

(6) 사후공시

이사는, ⅰ) 주식교환의 날, ⅱ) 주식교환의 날에 자회사에 현존하는 순자산액, ⅲ) 주식교환으로 모회사에 이전한 자회사 주식의 수, ⅵ) 그 밖의 주식교환에 관한 사항을 기재한 서면을 주식교환의 날로부터 6개월간 본점에 비치하여야 한다(제360조의12 제1항). 주주들은 이 서면의 열람 또는 등사를 청구할 수 있다(동조 제2항).

(7) 등기

상법에 명문의 규정은 없으나 주식교환의 경우 신주발행으로 자본금과 발행주식수가 증가하므로 변경등기를 하여야 한다.

3. 특수절차(간이교환과 소규모교환)

(1) 간이주식교환

완전자회사가 되는 회사의 총주주의 동의가 있거나, 그 회사의 발행주식총수의 100분의 90 이상을 이미 완전모회사가 되는 회사가 소유하고 있는 때에는 완전자회사가 되는 회사의 주주총회의 승인은 이사회의 승인으로 갈음할 수 있다(제360조의9 제1항). 자회사에서도 반대주주의 주식매수청구권은 인정된다.

(2) 소규모주식교환

1) 요건

ⅰ) 모회사가 되는 회사가 주식교환을 위하여 발행하는 신주 및 이전하는 자기주식 총수가 그 회사의 발행주식총수의 100분의 10를 초과하지 아니하는 경우에는 그 회사에서의 주주총회의 승인은 이사회의 승인으로 갈음할 수 있다(제360조의10 제1항 본문). ⅱ) 교환교부금을 지급하는 경우 그 금액이 최종 대차대조표에 의해 모회사에 현존하는 순자산액의 100분의 5를 초과하는 때에는 주주총회결의를 생략할 수 없다(제360조의10 제1항 단서).

2) 적용 제외

모회사의 발행주식총수의 100분의 20 이상에 해당하는 주식을 가지는 주주가 소규모교환에 반대하는 의사를 통지한 때에는 주주총회의 결의 없이 주식교환을 할 수 없다(제360조의10 제5항).

3) 반대주주의 주식매수청구권

소규모교환의 경우 모회사의 반대주주에게는 주식매수청구권이 인정되지 않는다(동조 제7항).

4. 효과

(1) 주식의 이전과 신주발행

1) 주식의 이전

① 이전방법

주주총회에서 주식교환계약서의 승인결의가 이루어지면, 교환계약에 정한「주식을 교환하는 날」에 자회사의 주주가 소유하는 자회사의 주식은 모회사로 이전된다(제360조의2 제2항). 주권의 교부와 같은 이전행위는 필요 없다.

② 주권의 실효절차

주식을 교환하는 날에 자회사의 주식이 주권의 교부 없이 모회사에 이전되므로 주주가 보유하는 주권은 효력을 잃는다. 따라서 주식교환에 의해 완전자회사가 되는 회사는 주주총회에서 주식교환에 대한 승인결의가 있는 때에는 일정한 사항을 주주들에게 알려주어야 한다. 즉 주식교환의 날로부터 1개월 전에 ⅰ) 주주총회에서 교환을 승인하였다는 뜻, ⅱ) 주식교환의 날의 전날까지 주권을 회사에 제출하여야 한다는 뜻, ⅲ) 주식교환의 날에 주권이 무효가 된다는 뜻을 공고하고, 주주명부에 기재된 주주와 질권자에게는 따로 통지해주어야 한다(제360조의8 제1항).

2) 신주의 발행

① 신주발행의 성질

모회사는 교환계약서에 정해진 바에 따라 자회사의 주주에게 신주를 발행하여야 한다(제360조의2 제2항). 이 신주발행은 통상의 신주발행이 아니고 자회사의 주주들로부터 이전된 자회사 주식을 재원으로 하여「주식을 교환하는 날」에 자동으로 발행되는 것이다. 따라서 자회사의 주주는 주식을 교환하는 날에 당연히 모회사의 주주가 된다. 후술하는 바와 같이 자기주식을 대체교부 하는 경우에도 주권의 교부와 상관 없이 자기주식은 자동으로 자회사 주주에게 이전한다.

② 교환교부금의 지급과 자기주식의 대체교부

ⅰ) 모회사는 자회사의 주주들에게 이전 받을 주식의 일부에 관해서는 신주발행에 갈음하여 교부금을 지급할 수 있다(제360조의3 제3항 4호). ⅱ) 모회사는 주식교환을 함에 있어서 신주발행에 갈음하여 회사가 소유하는 자기주식을 자회사의 주주에게 이전할 수 있다(제360조의6). 따라서 주식의 포괄적 교환의 경우에는 주식발행절차를 진행하지 않을 수도 있다.

③ 모회사 자본금 증가의 한도

신주발행으로 인해 모회사의 자본금이 증가하는데, 상법은 자본충실의 고려에서 모회사의 자본금 증가분은 실제 유입된 재산의 가액을 넘지 않도록 하였다. 즉 모회사의 자본금은, 주식교환의 날에 자회사에 현존하는 순자산액에서, 자회사 주주에게 신주발행에 갈음하여, 교부금을 지급할 때에는 교부금의 액수를, 자기주식을 교부하는 경우에는 자기주식의 장부가액을 각각 공제한 금액을 초과하여 증가시킬 수 없다(제360조의7 제1항). 교부금 또는 자기주식을 지급·교부할 때는 그 금액만큼 주식교환으로 인한 모회사에서의 자산증가분이 감소하기 때문이다. 모회사가 주식교환 이전에 이미 자회사 주식을 일부 가지고 있는 경우에는, 모회사의 자본금은 주식교환의 날에 자회사에 현존하는 순자산액에 그 회사의 발행주식총수에 대한 주식교환으로 모회사에 이전하는 주식수의 비율을 곱한 금액에서 교부금의 액수와 자기주식의 장부가를 뺀 금액을 초과하여 증가시킬 수 없다(동조 제2항). 자회사 순자산에서 모회사가 주식교환 전부터 가지고 있던 자회사 주식의 지분비율만큼은 이미 모회사의 소유였으므로 이에 기초하여 신주를 발행해서는 안되기 때문이다.

자본금 증가의 한도를 공식으로 표현하면 다음과 같다.

모회사의 자본금증가액 ≤ 자회사의 순자산액 × 모회사에 이전되는 자회사 주식수/자회사의 발행주식총수 − (교부금＋자기주식의 장부가액)

④ 질권자의 권리

모회사가 자회사의 주주에게 발행하는 신주 또는 교부하는 자기주식에 관하여는 자회사의 주식에 대한 질권자의 권리가 미치며, 질권자는 모회사에 대하여 자기에게 주권을 교부할 것을 청구할 수 있다(제360조의11 제2항 → 제339조, 제340조 제3항).

(2) 효력발생시기

주식교환의 효력은 「주식을 교환하는 날」에 발생한다. 즉 주식을 교환하는 날에, 자회사 주주가 가지는 그 회사 주식은 별도의 이전절차 없이 모회사에 이전하고, 자회사의 주주는 청약·배정과 같은 절차 없이 당연히 모회사의 주주가 된다(제360조의2 제2항). 여기서 주식을 교환하는 날이란 주식교환계약서에 기재한 「주식교환을 할 날」을 의미한다(제360조의3 제3항 6호).

주식교환에 의해 모회사는 신주발행에 따른 변경등기를 하지만, 그 등기 시에 주식교환의 효력이 발생하는 것이 아니다. 이 점에서 주식교환은 다른 구조조정과 다르다. 합병이나 회사분할의 경우에는 합병등기·분할등기 시에 효력이 발생하고, 후술하는 주식의 포괄적 이전의 경우도 주식이전계획서 상의 「주식이전을 할 날」(제360조의16 제1항 5호)이 아니라 「모회사의 설립등기 시」에 효력이 발생한다.

(3) 모회사 이사·감사의 임기

모회사의 이사 및 감사로서 주식교환 전에 취임한 자는 주식교환계약서에 다른 정함이 있는 경우를 제외하고는 주식교환 후 최초로 도래하는 결산기에 관한 정기총회가 종료하는 때에 퇴임한다(제360조의13).

5. 주식교환무효의 소

(1) 제소권자 등

주식교환의 무효는 주식교환무효의 소에 의해서만 주장할 수 있다. 따라서 이는 형성의 소이다. 이 소는 각 회사의 주주·이사·감사·감사위원회의 위원 또는 청산인에 한하여 제기할 수 있고, 피고는 법에 규정은 없으나 모회사가 되어야 한다. 주식교환의 날로부터 6개월 내에, 모회사 본점소재지를 관할하는 지방법원에 제기해야 한다(제360조의14 제1항, 제2항).

(2) 판결의 효력

1) 대세적 효력·비소급효

주식교환을 무효로 하는 판결은 대세적 효력이 있고(제360조의14 제4항 → 제190조 본문), 소급효는 제한된다(제360조의14 제4항 → 제431조).

2) 자회사 주식의 처리

주식교환을 무효로 하는 판결이 확정된 때에는 모회사는 주식교환을 위하여 발행 또는 교부한 신주 또는 자기주식의 주주에 대하여 그가 소유하였던 자회사의 주식을 이전하여야 한다(제360조의14 제3항). 모회사가 자회사 주식을 이전할 상대방은 「주식교환이 이루어졌던 시점」의 주주가 아니라 「판결확정시점」의 주주이다. 판결에 소급효가 없어 주식교환 후 무효판결 확정 시까지의 주식양도는 유효하기 때문이다. 예컨대, 모회사가 교환 당시 자회사 주주인 甲에게 모회사의 신주를 발행하였는데 甲이 그 주식을 乙에게 양도하였고, 乙이 주식을 소유하고 있는 상태에서 주식교환이 무효라는 판결이 확정된 경우, 모회사가 자회사 주식을 반환해야 할 상대방은 甲이 아니라 乙이다.

3) 모회사 주식의 처리

모회사가 발행한 신주는 무효가 되고, 모회사가 자회사의 주주에게 교부한 자기주식은 모회사에 반환되어야 한다. 그러므로 모회사는 지체 없이 모회사의 주식을 발행 또는 교부 받은 주주들에게 주식교환이 무효라는 뜻 및 일정한 기간 내에 주권을 제출할 것을 공고해야 한다(제360조의14 제4항 → 제431조 제2항).

02 주식의 포괄적 이전

1. 의의

주식의 포괄적 이전(이하 '주식이전'이라 약칭)은 B회사의 계획에 의해 A회사를 신설하되, 그 신설방법은 B회사 주주가 가진 B회사 주식 전부를 A회사에게 이전하고 A회사는 설립 시에 발행하는 주식을 B회사 주주에게 배정하는 것이다. 이에 의해 A회사는 B회사의 완전모회사가 되고 B회사의 주주는 A회사의 주주가 된다. B회사 혼자 주식이전을 할 수도 있으나, B_1, B_2, ⋯ B_n의 수개의 회사가 주식이전에 의하여 공통의 모회사 A회사를 설립할 수도 있다(제360조의16 제1항 8호).

주식이전은 주식교환과, 완전모회사가 되는 A회사가 주식교환에서는 기존의 회사이나 주식이전에서는 신설된다는 점만 다르다. 주식교환은 A회사가 B회사를 완전자회사 형태로 인수하기 위한 거래이고, 주식이전은 B회사가 자신을 지배하는 완전모회사를 만들기 위한 거래이다.

2. 절차

(1) 주식이전계획서의 작성

주식이전에서는 모회사를 신설하고자 하는 회사가 일방적으로 주식이전계획을 수립하고, 주식이전계획서를 작성한다. 주식교환에서는 모회사가 될 회사와 자회사가 될 회사가 계약을 체결하는데, 이와 다르다. 여러 개의 회사가 공동으로 주식이전을 하는 경우에도 각 회사별로 주식이전계획을 수립할 뿐이며 그 회사들 간에 주식이전계약을 체결하지는 않는다. 주식이전계획서에 기재할 사항은 제360조의16 제1항에 열거되어 있다. 몇 가지만 본다.

1) 이전교부금(4호)

교환교부금과 성질이 같다. 교환교부금을 참고하기 바란다.

2) 주식이전을 할 시기(5호)

주식교환에 있어서의 「주식을 교환할 날」에 상응하는 시기라 할 수 있으나. 그 법적 효과는 전혀 다르다. 주식교환에서 「주식을 교환할 날」은 "주식교환의 효력이 발생하는 날"을 의미하나, 주식이전의 효력은 모회사의 설립등기 시에 발생하므로 주식이전에서 「주식이전을 할 시기」는 주식이전의 효력발생일을 의미하지는 않는다. 단지 "모회사의 설립등기가 가능한 정도로 절차가 완비되는 날" 정도의 의미가 있을 뿐이다. 합병에서의 「합병을 할 날」의 의미와 유사하다.

(2) 주식이전계획서 등의 공시

이사는 주식이전의 승인을 위한 주주총회일의 2주 전부터 주식이전의 날 이후 6월이 경과하는 날까지 주식이전계획서 등을 본점에 비치하여야 한다(제360조의17 제1항). 주주는 영업시간 내에 언제든지 이 서류의 열람 또는 등사를 청구할 수 있다(동조 제2항 → 제391조의3 제3항).

(3) 주주총회의 승인

주주총회의 승인 절차는 주식교환의 경우와 같다. 즉 ⅰ) 주식이전계획서는 주주총회의 특별결의에 의하여 승인을 받아야 하고(제360조의16 제1항, 제2항), ⅱ) 종류주주총회의 결의와 ⅲ) 주주 부담이 가중 되는 경우 그 주주 전원의 동의도 받아야 한다(동조 제4항).

(4) 반대주주의 주식매수청구권

주식이전에 반대하는 주주에게는 주식매수청구권이 주어진다. 그 내용은 주식교환절차에서와 같다(제360조의22 → 제360조의5). 다만 자회사 주주에게만 주어지고, 모회사는 신설하는 회사이므로 주식매수청구가 있을 수 없다.

(5) 채권자보호절차 — 불필요

주식교환에서와 마찬가지로 채권자보호절차는 요구되지 않는다. 자회사에서는 주주의 변동만 있을 뿐 회사 자산의 변동은 없으므로 주식이전으로 채권자에게 손해가 발생하지 않고, 모회사는 신설되는 회사이므로 채권자를 생각할 수 없기 때문이다.

(6) 사후공시

주식교환과 같다(제360조의22 → 제360조의12).

3. 간이주식이전과 소규모주식이전 — 성립 불가능

주식이전에서는 모회사가 신설되므로, 모회사가 자회사의 주식의 100분의 90 이상을 미리 소유한다는 등 간이·소규모 주식이전의 성립을 위한 요건을 생각할 수가 없다. 따라서 간이주식이전·소규모주식이전은 성립할 수 없다.

4. 모회사설립과 주식이전

주식이전도 주식교환과 마찬가지로 자회사 주식의 이전과 모회사 주식의 발행이 결합된 것이지만, 이는 결국 모회사의 설립이 된다.

(1) 모회사 설립의 절차

주식회사의 설립절차는 통상 ① 정관의 작성, ② 사원의 확정, ③ 출자의 이행, ④ 기관의 구성, ⑤ 설립등기의 과정을 거친다. 그런데 주식이전의 경우 모회사의 설립절차를 보면, ① 정관은 주식이전계획에 의해 정해지고(제360조의16 제1항 1호), ② 자회사의 주주들이 자신들의 자회사 주식을 모회사에 이전하고 모회사의 주주가 되므로 청약과 배정의 절차는 불필요하며, ③ 자회사의 주식은 모회사의 설립등기와 동시에 별도의 이전행위 없이 모회사에게 이전하므로 납입의 절차도 필요 없다. ④ 그리고 이사와 감사의 선임도 주식이전계획에서 정해지므로(제360조의16 제1항 7호) 별도의 선임절차는 필요하지 않다. ⑤ 다만 설립한 모회사는 본점소재지에서는 2주 내에, 지점소재지에서는 3주 내에 설립등기는 하여야 한다(제360조의20).

(2) 주식이전의 효력발생

모회사가 그 본점소재지에서 설립등기를 함으로써 주식이전의 효력이 발생한다(제360조의21). 즉 등기를 한 날에 자회사의 주주가 소유하는 자회사 주식은 모회사에 귀속하고 자회사의 주주는 모회사의 주주가 된다. 결국 후술하는 주권의 실효절차만 밟으면 설립등기에 의해 모회사가 설립되고 주식이전은 완료되는 것이다.

(3) 주권의 실효절차

주식이전에 의해 자회사 주주가 보유하는 주권은 무효가 되므로 자회사 주주의 주권을 실효시켜야 한다. 따라서 자회사는 주식이전에 대한 주주총회의 승인결의가 있으면 ⅰ) 그 승인결의를 한 뜻, ⅱ) 1개월을 초과하여 정한 기간 내에 주권을 회사에 제출해야 한다는 뜻, ⅲ) 주식이전의 날에 주권이 무효가 된다는 뜻을 공고하고, 주주명부상의 주주·질권자에게는 따로 통지해야 한다(제360조의19 제1항).

(4) 모회사 자본금 증가의 한도

모회사의 자본금은 주식이전의 날에 자회사에 현존하는 순자산액에서 그 회사의 주주에게 제공할 금전 및 그 밖의 재산의 가액을 초과하지 못한다(제360조의18). 그 취지는 주식교환에서 설명한 바와 같다. 다만 주식이전에서는 모회사가 신설되는 회사이므로, 모회사가 자회사 주주에게 신주발행에 갈음하여 자기주식을 교부한다거나, 모회사가 주식이전을 하기 전에 이미 자회사의 주식 일부를 보유하고 있는 경우란 있을 수 없다.

(5) 질권자의 권리

모회사가 자회사의 주주에게 발행하는 주식에 대하여는 자회사의 주식에 대한 질권자의 권리가 미치며, 질권자는 모회사에 대하여 자기에게 주권을 교부할 것을 청구할 수 있다(제360조의22 제2항 → 제360조의11 제2항 → 제339조, 제340조 제3항).

5. 주식이전무효의 소

주식교환무효의 소에서 설명한 내용과 동일하다. 다만 주식이전을 무효로 하는 판결이 확정된 때에는 모회사는 해산의 경우에 준하여 청산하여야 한다(제360조의23 제4항 → 제193조).

제3장 주식회사 이외의 회사

제1절 유한회사

01 총설

1. 유한회사의 의의

유한회사는 사원이 균등액 단위로 출자하여 출자좌수로 구성되는 자본금을 형성하고, 사원은 원칙적으로 회사에 대하여 출자좌수의 가액을 한도로 한 책임을 질 뿐 회사채권자에 대하여는 직접 아무런 책임을 지지 않는 회사를 말한다. 이런 면에서 유한회사는 기본적으로 주식회사와 유사하다. 다만 소규모의 폐쇄적 회사에 적합한 회사 형태로서, 설립이 용이하고 기관구조가 간소화되어 있는 점 등에서 주식회사와 차이가 있다.

2. 유한회사의 특성

유한회사는 물적회사의 전형인 주식회사에 소규모사업에 적합한 인적회사의 요소를 가미한 것으로 보면 된다.

(1) 물적회사로서의 특징

유한회사도 물적회사이므로 사원이 출자한 재산이 회사채권자의 보호를 위한 책임재산을 형성한다. 따라서 주식회사와 마찬가지로 자본금확정·자본금충실·자본금불변의 원칙이 적용된다. ① 유한회사는 자본금이 정관의 절대적 기재사항이어서(제543조 제2항 2호), 자본금의 감소뿐만 아니라 자본금의 증가를 위해서도 정관을 변경해야 한다. 이런 점에서 자본금확정·자본금불변의 원칙은 수권자본제도를 채택하고 있는 주식회사보다 더 강화되어 있다고 할 수 있다. ② 그리고 주식회사와 마찬가지로 자본금에 해당하는 재산이 현실로 납입되도록 강제하여(제548조 등 참조) 자본금충실을 기하고 있다.

(2) 소규모사업에의 적합성

1) 간소한 설립절차

① 모집설립은 인정되지 않으며(제589조 제2항), 주식회사의 발기설립과 유사한 방법만 가능하다. ② 변태설립사항이 있는 경우에도 법원이 선임한 검사인의 조사절차는 없다.

2) 간소한 기관구성

① 회의체기관으로서의 이사회와 이사와 별도 기관으로서의 대표이사가 없고, 업무집행에 관한 의사결정과 회사의 대표를 모두 이사가 한다(제564조 제1항, 제562조 제1항). 그리고 이사는 1인이라도 상관없다(제561조). ② 감사는 임의기관으로 두지 않을 수도 있다(제568조 제1항). ③ 사원총회의 소집

절차도 주식회사보다 간소화되어 있고(제571조, 제573조), 사원총회의 결의방법으로 서면결의가 인정된다(제577조 제1항).

❷ 설립

1. 설립절차

유한회사에서는 그 폐쇄성으로 인해 모집설립은 인정되지 않고 사원이 되고자 하는 사람은 설립절차에 참여하여 출자를 해야 한다. 이 점 주식회사의 발기설립과 유사하나, 발기인이 따로 있는 것은 아니며, 사원의 성명 등이 정관의 절대적 기재사항이어서 사원은 정관의 작성만으로 확정된다(제543조 제2항 1호, 제179조 3호). 이 점은 오히려 인적회사와 유사하다.

1인 만에 의한 설립도 가능하다. 그리고 사원이 1인이 된 때가 해산사유에 해당하지도 않아, 1인 회사의 설립과 존속이 모두 가능하다(제609조 제1항 1호).

(1) 정관

1) 정관의 작성

유한회사를 설립함에는 사원이 정관을 작성하여 기명날인 또는 서명하고, 공증인의 인증을 받아야 한다(제543조 제1항, 제2항, 제3항 → 제292조).

2) 정관의 기재사항

① 절대적 기재사항(제543조 제2항)

ⅰ) 자본금의 총액(2호), 사원의 성명·주민등록번호·주소(1호, 제179조 3호) 그리고 각 사원의 출자좌수(4호)가 정관의 절대적 기재사항인 점이 주식회사의 경우와 두드러지게 다르다. ⅱ) 출자 1좌의 금액도 기재해야 하는데(3호), 그 금액은 100원 이상으로 균일하게 하여야 한다(제546조).

② 변태설립사항(제544조)

주식회사와 같이 변태설립사항이 상대적 기재사항으로 되어 있다. ⅰ) 그러나 유한회사에서는 발기인이 없기 때문에 변태설립사항으로 현물출자·재산인수·설립비용에 관한 사항만 정할 수 있고, 발기인의 특별이익과 보수에 관한 사항은 정할 수 없다(제290조 참조). ⅱ) 그리고 주식회사와 다르게 변태설립사항을 법원이 선임한 검사인이 조사하는 절차는 없다.

(2) 출자의 이행

각 사원의 출자좌수가 이와 같이 정관으로 확정되므로 따로 인수행위는 요하지 않는다. 이사는 회사 성립 전에 사원으로 하여금 그 출자 전액의 납입 또는 현물출자 목적 재산 전부의 급여를 시켜야 한다(제548조 제1항). 출자는 재산출자만 인정되며, 노무출자·신용출자는 허용되지 않는다.

(3) 이사·감사의 선임

① 정관으로써 초대이사를 선임할 수 있는 것이 특색이다. 정관으로 미리 정하지 아니한 때에는 회사 성립 전에 사원총회를 열어 선임하여야 한다(제547조 제1항). ② 감사는 임의기관이므로 두지 않을 수도 있다. 그러나 정관으로 감사를 두기로 한 경우에는 초대감사는 위와 같은 방법으로 선임

한다(제568조 제2항).

(4) 설립등기

출자의 이행이 있은 날로부터 2주 내에 설립등기를 해야 하고(제549조), 이로써 회사가 성립한다.

2. 설립에 관한 책임 — 사원 등의 출자전보책임

유한회사에서는 설립에 관한 감독을 하지 않는 대신 사원 등에게 출자전보책임을 묻고 있다(제550조, 제551조).

(1) 현물출자 등에 대한 사원의 책임

현물출자 또는 재산인수의 목적인 재산의 회사 성립 당시의 실가(實價)가 정관에 정한 가액에 현저하게 부족한 때에는 회사 성립 당시의 사원은 회사에 대하여 그 부족액을 연대하여 지급할 책임이 있다(제550조 제1항). 주식회사에서의 검사인의 조사 또는 감정인의 감정을 생략하는 대신 사원에게 출자전보책임을 지움으로써 자본금충실을 기하는 것이다. 사원의 이 책임은 무과실책임이며 어떠한 경우에도 면제할 수 없다(동조 제2항).

(2) 출자미필액에 대한 사원·이사·감사의 책임

회사성립 후에 출자금액의 납입 또는 현물출자의 이행이 완료되지 않았음이 발견된 때에는 회사성립 당시의 사원·이사·감사는 그 출자미필액을 연대하여 지급할 책임이 있다(제551조 제1항). 주식회사에서의 발기인의 담보책임과 같다고 보면 된다. 무과실책임이며, 사원의 책임은 어떠한 경우에도 면제할 수 없는 반면 이사·감사의 책임은 총주주의 동의가 있으면 면제할 수 있다(동조 제2항, 제3항). 이사·감사는 회사의 수임인에 불과하기 때문이다.

3. 설립의 무효와 취소

회사설립의 무효는 사원·이사·감사에 한하여, 설립의 취소는 그 취소권 있는 자에 한하여 회사가 성립한 날로부터 2년 내에 소만으로 주장할 수 있다(제552조 제1항). 유한회사에서는 설립의 무효뿐만 아니라 취소도 인정된다는 점에 주의하자. 유한회사는 사원의 개성이 중시되므로, 개별 사원의 설립행위가 제한능력, 의사표시의 하자, 사해행위 등으로 취소되어 그가 회사관계로부터 탈퇴하면 회사 자체를 소멸시키는 것이 바람직하다고 보는 것이다. 이런 측면에서 인정회사와 유사하다. 유한회사의 설립무효·취소의 소에 관하여는 합명회사의 같은 소에 관한 규정이 준용된다(제552조 제2항).

ⓞ③ 사원 및 지분

1. 사원

(1) 사원의 권리

유한회사 사원의 권리는 주식회사의 주주와 비슷하다. 자익권과 공익권이 있고, 공익권은 단독사원권과 소수사원권이 있다. 유한회사의 소수사원권은 유한회사의 소규모성을 감안하여 자본금의 100분의 3 이상에 해당하는 출자좌수를 가진 사원이 행사할 수 있다. 다만 정관에 다른 정함을 두어 그 요건을 완화할 수 있는 경우도 있고{(예) 총회소집권(제572조 제2항)}, 정관으로 단독사원권으로 정할 수 있는 경우도 있다{(예) 회계장부열람권(제581조 제2항)}는 특징이 있다.

(2) 사원의 의무

사원의 의무는 재산출자의무를 원칙으로 한다. 이는 출자금액을 한도로 회사에 대하여 지는 간접책임일 뿐이며 회사채권자에게 지는 직접책임은 아니다(제553조). 다만 유한회사의 사원은 주식회사의 주주와는 달리 예외적으로 회사설립·증자·조직변경 시에 출자전보책임을 진다(제550조, 제551조, 제593조, 제607조 제4항).

2. 지분

(1) 의의

지분이란 사원이 유한회사에 대하여 가지는 권리·의무의 총체 즉 사원권을 말한다. 각 사원은 자본금의 총액을 균일한 단위로 분할하여(제546조) 그 출자의 좌수에 따라 지분을 갖는다. 즉 지분복수주의를 취하고 있는데, 이 점 주식과 유사하다.

(2) 지분의 양도

1) 지분양도의 자유

사원은 그 지분의 전부 또는 일부를 양도하거나 상속할 수 있다. 다만 정관으로 지분의 양도를 제한할 수 있다(제556조). 유한회사의 사원 구성을 폐쇄적으로 유지하기 위해, 상법은 사원의 성명 등을 정관의 절대적 기재사항으로 하였을 뿐만 아니라, 2011년 개정 전에는 사원 이외의 자에게 지분을 양도하기 위하여는 정관변경과 같은 요건인 사원총회의 특별결의를 거치도록 하였다. 그러나 이러한 규제가 유한회사의 이용을 저해한다는 비판에 따라 2011년 법 개정을 통해 지분 양도를 원칙적으로 자유롭게 할 수 있도록 하였다.

2) 지분양도와 관련한 문제

① 정관변경의 필요성

지분을 양도하면, 지분 일부를 다른 사원에게 양도하는 경우 외에는 사원 구성에 변화를 가져오는데, 사원의 성명 등은 정관의 절대적 기재사항이므로, 지분양도를 위해서는 정관변경 절차를 거쳐야 하는 것 아닌가 하는 문제가 생긴다. 여러 해석이 가능하나, 지분양도를 위해 정관변경 절차를 거칠 필요는 없으며, 지분을 양도하면 정관은 자동으로 변경된다고 본다. 정관변경은 사원총회의 특별결의를 요하므로 정관변경 절차를 거쳐야 한다면 법 개정 전과 달라지는 것이 없고, 2011년 상법 제556조의 개정 취지는 사원구성의 폐쇄성을 당사자의 자치에 맡기고자 한 것이기 때문이다.

② 지시식·무기명식 증권 발행의 금지

유한회사는 사원의 지분에 관하여 지시식 또는 무기명식의 증권을 발행하지 못한다(제555조). 지분양도의 자유는 보장하되 지분을 지시식 또는 무기명식으로 증권화 하여 유통시키는 것은 허용하지 않겠다는 것이다.

(3) 지분의 입질

지분은 질권의 목적으로 할 수 있다(제559조 제1항). 다만 약식질은 인정되지 않고 등록질만 인정된다(제559조 제2항 → 제557조). 등록질권자의 권리는 주식의 등록질권자의 그것과 같다(제560조 → 제339조, 제340조 제1항, 제2항).

04 회사의 관리

상법은 유한회사에서는 회사의 「기관」이라는 개념을 사용하지 않고 「회사의 관리」라는 제목하에 이사·감사·사원총회를 다루고, 끝으로 「회사의 계산」에 관한 규정을 두고 있다. 그러나 이 책에서는 편의상 회사의 「기관」이라는 개념을 그대로 사용하기로 한다.

1. 회사의 기관

(1) 사원총회

1) 의의

사원총회는 사원으로 구성된 유한회사의 최고의사결정기관이다. 주식회사의 주주총회에 해당하고, 사원총회에는 주주총회에 관한 규정이 대부분 준용된다. 그러나 주주총회는 상법 또는 정관에서 정하는 사항에 한하여 결의할 수 있을 뿐이나(제361조), 사원총회에는 이러한 제한이 없다. 사원총회는 구체적인 업무집행을 포함한 모든 사항에 관하여 의사결정을 할 수 있다(만능성).

2) 소집

① 소집권자

원칙적으로 이사이나, 임시총회는 감사도 소집할 수 있다(제571조 제1항). 자본금 총액의 100분의 3 이상에 해당하는 출자좌수를 가진 사원도 이사에게 청구하고 이사가 지체 없이 소집절차를 밟지 않으면 법원의 허가를 얻어 소집할 수 있다(제572조 제1항, 제3항 → 제366조 제2항). 법원이 감사 또는 이사에게 사원총회의 소집을 명할 수 있는 경우도 있다(제582조 제3항).

② 소집절차

소집절차가 주주총회보다 간소화되어 있다. i) 사원총회를 소집할 때에는 사원총회일의 1주 전에 각 사원에게 서면 또는 전자문서(각 사원의 동의를 받은 경우)로 통지서를 발송하여야 한다(제571조 제2항). 소집기간이 주주총회보다 단축되어 있음을 알 수 있다. ii) 총사원의 동의가 있는 경우에는 소집절차를 생략하고 총회를 열 수 있다(제573조). 주주총회도 그렇다는 것이 통설이나, 유한회사에서는 명문으로 규정하고 있다는 점이 다르다.

3) 의결권

각 사원은 출자 1좌마다 1개의 의결권을 가진다. 그러나 정관으로 의결권의 수에 관하여 달리 정할 수 있는데, 이 점도 주식회사와 다르다(제575조). 따라서 정관으로 1사원 1의결권을 택할 수 있으며, 일정 좌수 이상에 대하여는 의결권을 제한할 수도 있으며, 출자 1좌에 대하여 복수의결권을 부여할 수도 있다. 그러나 사원의 의결권을 완전히 박탈하는 것은 허용되지 않는다.

4) 결의

① 결의요건

통상결의·특별결의·총사원의 일치에 의한 결의 세 가지가 있다. ⅰ) 통상결의는 총사원의 의결권의 과반수를 가진 사원이 출석하고 그 의결권의 과반수로써 한다(제574조). ⅱ) 특별결의는 총사원의 과반수 이상이며 의결권의 4분의 3을 가진 자의 동의로써 한다(제585조 제1항). 이때 의결권을 행사할 수 없는 사원은 총사원의 수에, 행사할 수 없는 의결권은 의결권의 수에 산입하지 않는다(동조 제2항). ⅲ) 총사원의 일치에 의한 결의는 주식회사로 조직변경을 하고자 할 때에 요한다(제607조 제1항).

② 결의방법(서면결의)

사원총회는 원칙적으로 사원이 모여 회의를 열어 결의를 해야 한다. ⅰ) 그러나 총사원의 동의가 있는 때에는 서면에 의한 결의를 할 수 있다(제577조 제1항). 서면결의란 사원총회를 개최하지 않고 서면으로 찬반의 의사표시를 집계하여 결의하는 방법을 말한다. 사원총회를 개최하지 않아도 된다는 점에서 주주총회의 개최를 전제로 하는 서면투표(제368조의3)와 구별된다. ⅱ) 결의의 목적사항에 대하여 총사원이 서면으로 동의를 한 때에는 서면에 의한 결의가 있은 것으로 본다(제577조 제2항). 이는 결의방법을 서면으로 하는데 대해 총사원이 합의한 것이 아니라 결의사항의 내용에 관하여 총사원이 서면으로 동의한 것이지만, 상법은 이를 서면결의가 있은 것으로 보고 있다.

(2) 이사

유한회사에서 이사는 회사의 「업무집행기관」이며 동시에 「대표기관」이다. 회의체기관인 이사회는 따로 존재하지 않는다.

1) 선임·퇴임

유한회사에는 이사를 두어야 하는데, 이사의 선임은 원칙적으로 사원총회에서 한다(제567조 → 제382조 제1항). 다만 초대이사는 정관으로 정할 수도 있다(제547조 제1항). 이사는 1인 또는 수인을 둘 수 있고(제561조), 임기·자격에는 제한이 없다. 이사의 퇴임사유는 주식회사 이사의 퇴임사유와 같다(제567조 → 제385조).

유한회사에서 상법 제567조, 제388조에 따라 정관 또는 사원총회 결의로 특정 이사의 보수액을 구체적으로 정하였다면, 보수액은 임용계약의 내용이 되어 당사자인 회사와 이사 쌍방을 구속하므로, 이사가 보수의 변경에 대하여 명시적으로 동의하였거나, 적어도 직무의 내용에 따라 보수를 달리 지급하거나 무보수로 하는 보수체계에 관한 내부규정이나 관행이 존재함을 알면서 이사직에 취임한 경우와 같이 직무내용의 변동에 따른 보수의 변경을 감수한다는 묵시적 동의가 있었다고 볼 만한 특별한 사정이 없는 한 유한회사가 이사의 보수를 일방적으로 감액하거나 박탈할 수 없다. 따라서 유한회사의 사원총회에서 임용계약의 내용으로 이미 편입된 이사의 보수를 감액하거나 박탈하는 결의를 하더라도, 이러한 사원총회 결의는 결의 자체의 효력과 관계없이 이사의 보수청구권에 아무런 영향을 미치지 못한다(대판 2017.3.30. 2016다21643).

2) 권한

① 업무집행권

ⅰ) 이사는 유한회사의 업무집행기관이다. 이사회가 없으므로 업무집행에 관한 「의사결정기관」과 「현실적 집행기관」이 분리되지 않는다. 이사가 수인인 경우업무집행에 관한 의사결정은 이사 과반수의 결의로 한다(제564조 제1항). 다만 회의체기관인 이사회가 존재하는 것은 아니므로 반드시 회의를 열어 의사결정을 해야 하는 것은 아니다. 이렇게 결정된 사항의 집행은 개별이사가 단독으로 한다. ⅱ) 지배인의 선임·해임은 원칙적으로 이사 과반수의 결의로 하나, 사원총회가 이를 결의할 수 있다(제564조 제2항). 지배인의 선임도 업무집행의 일종이기는 하나, 지배인은 회사에 갈음하여 영업에 관한 모든 대리권을 가지므로 회사 경영에 있어 매우 중요한 지위이기 때문이다.

② 대표권

이사는 회사를 대표한다(제562조 제1항). 이사가 1인인 때에는 당연히 그 이사가 회사를 대표할 것이나, 이사가 수인인 때에는 정관에 다른 정함이 없으면 사원총회에서 회사를 대표할 이사를 선정하여야 한다(동조 제2항). 수인의 이사를 공동대표이사로 할 수도 있다(동조 제3항, 제4항). 회사와 이사 간의 소에 대해서는 사원총회가 그 소에 관하여 회사를 대표할 자를 선정하여야 한다(제563조).

3) 의무와 책임

① 의무

이사는 회사에 대하여 선관주의의무(제567조 → 제382조 제2항)를 질 뿐만 아니라, 경업금지의무(제567조 → 제397조)와 자기거래금지의무(제564조 제3항)를 진다. 유한회사에서는 이사회가 없는데 경업거래와 자기거래에 대한 승인은 어떤 기관이 하는가? ⅰ) 경업거래의 승인은 사원총회가 하고(제567조 후단), ⅱ) 자기거래의 승인은 감사가 있으면 감사가, 감사가 없으면 사원총회가 한다(제564조 제3항).

② 책임

ⅰ) 이사의 회사 및 제3자에 대한 손해배상책임(제567조 → 제399조 ~ 제401조), 유지청구권(제564조의2, 자본금 총액의 「100분의 3」 이상의 사원이 청구 가능), 대표소송(제565조)에 관한 내용은 주식회사의 이사의 경우와 거의 같다. ⅱ) 그리고 이사는 회사의 설립, 자본금의 증가, 조직변경 시에 출자전보책임을 진다(제551조 제1항, 제594조, 제607조 제4항).

(3) 감사

유한회사에서 감사는 주식회사에서와는 다르게 임의기관이므로, 유한회사는 감사를 두지 않을 수도 있고, 정관에 의하여 1인 또는 수인을 둘 수도 있다(제568조). 그러나 일단 감사를 두는 경우 그 내용은 주식회사의 감사와 별반 다르지 않다. 유한회사의 감사의 특유한 점으로 몇 가지가 있는데, ⅰ) 초대감사는 정관으로 정할 수 있다는 점(제568조 제2항 → 제547조), ⅱ) 이사와 마찬가지로 회사의 설립·자본금의 증가·조직변경 시에 출자전보책임을 진다는 점, ⅲ) 이사에 대한 소집청구 없이도 직접 임시총회를 소집할 권한이 있다는 점(제571조 제1항 단서), ⅵ) 이사의 자기거래에 대한 원칙적인 승인기관이라는 점(제564조 제3항) 등이다.

2. 회사의 회계

유한회사도 사원이 회사채무에 대하여 간접·유한책임을 지므로 회사채권자를 보호하기 위해서는 회사의 재산을 확보하는 것이 중요하다. 그래서 유한회사의 계산에 관해서는 주식회사의 계산에 관한 대부분의 규정이 준용되고, 준용되지 않는 사항도 그와 비슷한 내용으로 이루어져 있다. 이익배당은 배당가능이익이 있는 경우에만 할 수 있고(제583조 제1항 → 제462조), 출자의 환급을 의미하는 자기지분의 취득은 금지되며(제560조 → 제341조의2), 준비금제도가 있고(제583조 제1항 → 제458조 ~ 제460조), 재무제표의 작성 및 보고의무가 있다(제579조). 유한회사의 계산에 관한 특징적인 내용 두 가지만 본다. ① 회계장부열람권은 원칙적으로 소수사원권이나 정관으로 단독사원권으로 할 수 있다. 이 경우에는 재무제표 부속명세서의 작성·비치를 요하지 않는다(제581조). ② 이익배당은 각 사원의 출자좌수에 비례하여 하는 것이 원칙이나, 정관에 이와 다른 기준을 둘 수 있다(제580조).

05 정관의 변경

유한회사의 정관은 사원총회의 특별결의로 변경할 수 있다(제584조, 제585조). 유한회사에서는 자본금의 총액이 정관의 절대적 기재사항으로 되어 있어(제543조 제2항 2호), 자본금의 감소뿐만 아니라 자본금의 증가도 정관변경 절차를 밟아야 한다. 이하 자본금의 증가와 감소에 관하여 본다.

1. 자본금의 증가

(1) 의의

자본금을 증가시키는 방법으로는 출자 1좌의 금액을 증가시키거나 출자좌수를 증가시키는 방법이 있겠으나, 실제로 자본금을 증가시키는 방법은 출자좌수를 증가시키는 것이고, 이를 보통 「증자」라 한다.

(2) 출자인수권

1) 사원의 출자인수권

주식회사와 마찬가지로 유한회사에서도 사원은 증가할 자본금에 대하여 그 지분에 따라 출자를 인수할 권리가 있다(제588조 본문).

2) 출자인수권의 제한

유한회사에서는, 자본금 증가를 위한 사원총회 결의에서 제3자에게 출자인수권을 부여할 수도 있고(제586조 3호), 미리 사원총회의 특별결의로 장래의 출자 시 특정한 제3자에게 출자인수권을 부여하기로 약속할 수도 있다(제587조). 이 경우 사원의 출자인수권은 제한되는데, 주주의 신주인수권 제한과 비교해 보면, 유한회사에서는 제3자에게 출자인수권을 부여하는데 있어, ⅰ) 정관의 규정은 요구되지 않고 사원총회의 특별결의만으로 가능하며, ⅱ) 신기술의 도입 등 회사의 경영상 목적 달성에 필요한 경우에 한하지도 않는다는 점이 다르다(제418조 제2항 참조).

(3) 절차

1) 사원총회의 특별결의

자본금 증가는 정관변경에 해당하므로 사원총회의 특별결의를 요한다. 이 결의에서는 정관에 정함이 없더라도 ⅰ) 현물출자, ⅱ) 재산인수, ⅲ) 제3자배정에 관한 사항을 정할 수 있다(제586조). 수권자본제도에 따라 이사회의 결의로 증자를 하는 주식회사와 다르다.

2) 출자의 인수·이행

① 출자인수권자가 인수를 하지 않으면 증자결의에서 미리 다른 결정을 하지 않은 이상 다시 사원총회의 특별결의로 출자인수인을 정해야 한다. 주식회사의 신주발행에서는 인수·납입이 되지 않은 신주는 발행하지 않는 것으로 할 수ㄷ 있으나 유한회사의 증자에서는 그럴 수가 없다. 증자결의로 이미 정관상 자본금 총액이 변경되어 있기 때문에 증자액에 해당하는 출자좌수가 반드시 인수·납입되어야 하기 때문이다. 하지만 이때에도 광고 기타의 방법에 의하여 인수인을 공모할 수는 없다(제589조 제2항). ② 이사는 출자인수인으로 하여금 출자전액의 납입 또는 현물출자의 이행을 시켜야 한다(제596조 → 제548조). 출자인수인은 회사의 동의가 있으면 회사에 대한 채권으로 출자의무와 상계할 수 있다(제596조 → 제421조 제2항).

3) 자본금 증가의 등기

출자전액의 납입 또는 현물출자의 이행이 완료되면 본점소재지에서 2주간 내에 자본금 증가로 인한 변경등기를 하여야 한다(제591조).

(4) 증자의 효력발생

자본금의 증가는 본점소재지에서 변경등기를 함으로써 효력이 발생한다(제592조). 납입기일의 다음날 효력이 발생하는 주식회사의 신주발행과 다르다. 출자인수인은 이 시점부터 사원으로서의 지위를 가지나, 이익배당에 관하여는 출자의 납입기일 또는 현물출자의 목적인 재산의 급여의 기일로부터 사원과 동일한 권리를 가진다(제590조).

(5) 증자에 관한 책임 — 사원 등의 출자전보책임

1) 현물출자 등에 대한 사원의 책임

현물출자 또는 재산인수의 목적인 재산의 실가(實價)가 증자결의에 의하여 정한 가격에 현저하게 부족할 때에는 그 결의에 동의한 사원은 회사에 대하여 그 부족액을 연대하여 지급할 책임이 있다(제593조 제1항). 설립 시의 출자전보책임과 마찬가지로 사원의 이 책임은 절대로 면제할 수 없다(동조 제2항 → 제550조 제2항, 제551조 제2항).

2) 미인수출자 또는 출자미필액에 대한 이사·감사의 책임

증자 후 아직 인수되지 아니한 출자가 있는 때에는 이사와 감사가 이를 공동으로 인수한 것으로 본다(제594조 제1항). 그리고 증자 후 아직도 출자전액의 납입 또는 현물출자의 목적인 재산의 급여가 미필된 출자가 있는 때에는 이사와 감사는 연대하여 이를 납입하거나 급여미필재산의 가액을 지급할 책임이 있다(동조 제2항). 이사와 감사의 이 책임은 총사원의 동의가 있는 경우 면제할 수 있다(동조 제3항 → 제551조 제3항).

2. 자본금의 감소

자본금 감소도 정관변경을 요하므로 사원총회의 특별결의를 거쳐야 한다. 그리고 자본금 감소는 회사의 책임재산을 감소시키는 것이므로 채권자보호절차를 밟아야 한다(제597조 → 제439조 제2항). 감자도 변경등기를 해야 하나(제549조 제4항 → 제183조), 감자등기는 증자등기와는 달리 단순한 대항요건일 뿐 효력발생요건은 아니다. 감자의 효력은 감자절차가 종료함으로써 발생한다.

3. 증자감자의 무효

자본금 증가의 무효는 사원, 이사 또는 감사에 한하여 증자등기일로부터 6개월 내에 소만으로 주장할 수 있다(제595조 제1항). 그 밖에는 신주발행무효의 소에 관한 규정이 준용된다(동조 제2항 → 제430조 ~ 제432조). 감자무효의 소에 대해서도 주식회사의 감자무효의 소에 관한 규정이 준용된다(제597조 → 제445조, 제446조).

제2절 **합명회사**

01 총설

1. 의의

합명회사는 2인 이상의 무한책임사원으로만 구성되는 회사이다. 회사의 채무에 대하여 모든 사원이 보충적으로나마 직접·연대·무한책임을 진다.

2. 특색

합명회사에서는 사원이 회사채무에 대하여 연대·무한책임을 지는 등 매우 무거운 책임을 지기 때문에, 회사의 경영을 전문적인 경영능력을 가진 제3자에게 맡긴다는 것은 생각할 수 없고, 사원 개개인의 신용이 회사채권자와 사원 상호간에 중대한 영향을 미치게 된다. 그래서 합명회사는, ① 사원이 회사의 업무집행권과 대표권을 가지며, ② 회사의 기본적 사항의 결정에 총사원의 동의가 필요하고, ③ 지분의 양도는 다른 사원의 동의를 요하는 등 극히 폐쇄적인 조직을 갖는다.

3. 성질

위와 같은 특색으로 인해 합명회사는 그 형식은 회사의 하나로서 법인이지만 실질은 조합이라고 할 수 있다. 상법은 합명회사에 보충적으로 조합에 관한 규정을 준용하고 있어(제195조), 이와 같은 점을 분명히 하고 있다.

02 회사의 설립

1. 설립절차

주식회사의 설립절차는 ⅰ) 정관의 작성, ⅱ) 사원의 확정, ⅲ) 출자의 이행, ⅳ) 기관의 구성, ⅴ) 설립등기라는 복잡한 과정을 거치나, 합명회사는 ⅰ) 정관의 작성과 ⅱ) 설립등기만에 의해 매우 간단히 설립된다.

(1) 정관의 작성

1) 작성

2인 이상의 사원이 공동으로 정관을 작성하여야 하고(제178조), 총사원이 기명날인 또는 서명하여야 한다(제179조). 이를 설립행위라 한다. 공증인의 인증은 요하지 않는다(제292조 참조). 회사는 다른 회사의 무한책임사원이 될 수 없으므로(제173조), 사원은 모두 자연인이어야 한다.

2) 절대적 기재사항(제179조)

ⅰ) 사원의 성명·주민등록번호와 주소(3호) ⅱ) 사원의 출자의 목적과 그 가격 또는 평가의 표준(4호)이 정관의 절대적 기재사항이다. 사원의 인적 구성 자체가 대내외적으로 중요한 뜻을 가지므로

사원의 성명 등을 정관의 절대적 기재사항으로 하였다.

이처럼 정관에서 사원과 출자가 확정되고, 별도의 기관선임 절차 없이 사원이 당연히 업무집행기관과 대표기관이 되므로, 결국 정관 작성만으로 사원·출자·기관이 모두 확정되어 회사의 실체가 완성된다.

(2) 설립등기

합명회사는 설립등기를 함으로써 성립한다(제172조).

2. 설립의 무효와 취소

(1) 무효·취소의 원인

합명회사는 사원의 개성이 중시되기 때문에 사원 개인의 주관적 하자가 설립의 무효·취소의 원인이 된다. 즉 주식회사는 설립의 객관적 하자만 설립무효의 소의 원인이 되었으나, 합명회사는 객관적 하자뿐만 아니라 사원 개인의 주관적 하자도 설립무효의 소의 원인이 되고 또 주관적 하자를 원인으로 한 회사설립 취소의 소도 인정된다.

1) 설립무효의 원인

① 객관적 하자로는 정관의 절대적 기재사항의 흠결, 설립등기의 무효 등을 들 수 있다. ② 주관적 하자로는 설립행위를 한 사원의 의사무능력, 상대방이 알고 있는 비진의의사표시, 통정허위표시 등을 들 수 있다. 사원 한명의 의사표시에라도 무효사유가 있으면 회사 설립 전체가 무효가 될 수가 있다.

2) 설립취소의 원인

개별 사원의 설립행위에 취소원인이 존재하면 이는 그대로 회사설립 자체의 취소원인이 된다. 취소원인으로는 법정대리인의 동의 없는 제한능력자의 의사표시, 착오·사기·강박에 의한 의사표시, 사해행위 등을 들 수 있다. 상법은 이중 사해설립에 관하여 특칙을 두고 있다. 즉 채무자가 강제집행을 면하거나 재산을 은닉하기 위해서 재산을 출자하여 회사를 설립하는 경우 채권자는 사원과 회사를 상대로 설립취소의 소를 제기할 수 있다(제185조).

(2) 설립 무효·취소의 소

1) 소의 당사자

설립무효는 그 사원에 한하여, 설립취소는 취소권 있는 자에 한하여 회사 성립의 날로부터 2년 내에 소만으로 주장할 수 있다(제184조 제1항). 피고는 회사이나 사해설립 취소의 소의 경우에는 회사와 사해행위를 한 사원이 공동피고가 된다(제185조).

2) 판결의 효력 등

기타 설립 무효·취소의 소의 절차와 판결의 효력은 모두 주식회사 설립무효의 소에서 설명한 바와 같다. 따라서 확정된 무효·취소 판결은 대세적 효력이 있고 소급효는 인정되지 않는다. 소급효가 없는 관계로, 회사 설립 후 무효·취소 판결 확정 시까지의 회사와 제3자의 거래는 그대로 유효하여 제3자 보호에는 문제가 없고, 회사는 해산에 준하여 청산하여야 한다.

(3) 회사의 계속

설립이 무효·취소되더라도 무효·취소사유가 특정 사원에 한정된 경우에는 다른 사원 전원의 동의로 회사를 계속할 수 있다(제194조 제1항).

03 내부관계

합명회사의 법률관계에서 회사와 사원간의 관계, 사원 상호간의 관계를 내부관계라 한다. 내부관계는 거래의 안전이나 제3자의 이해관계에 영향을 주는 바가 없기 때문에, 이에 관한 상법의 규정은 대부분 임의규정이다.

따라서 내부관계에 관해 정관에 다른 규정이 있으면 정관이 우선 적용된다. 한편 합명회사의 대내적인 법률관계의 본질은 조합이므로 정관과 상법에 규정이 없는 사항에 대하여는 조합에 관한 규정이 준용된다(제195조). 결국 내부관계에 대해서는 정관, 상법의 규정, 조합에 관한 규정의 순서로 적용된다.

1. 사원의 출자의무

(1) 의의

합명회사의 사원은 반드시 회사에 대하여 출자를 하여야 한다(제179조 4호, 제195조 → 민법 제703조). 정관으로도 사원의 출자의무를 면제할 수는 없다.

(2) 출자의 종류

사원이 무한책임을 짐으로 인해 회사재산의 확보가 중요하지 않기 때문에, 출자는 재산출자 외에 노무·신용출자도 인정된다. 노무출자는 정신노동·유체노동 어느 것이든 무방하며, 신용출자란 사원이 자기의 신용을 회사로 하여금 이용케 하는 것인데, 회사의 채무를 보증한다든가, 어음에 배서를 한다든가, 자기의 이름을 회사의 상호에 사용하게 하는 것 등이 이에 해당한다.

(3) 출자의무의 이행

① 사원은 정관에 의해 확정된 출자의무를 이행해야 한다(제179조 4호). 다만 사원이 무한책임을 지는 결과 회사채무는 사원 개인의 재산으로 담보되므로 회사 설립 전에 출자의무의 이행이 완료될 필요는 없다. 그리고 출자의무의 이행에 있어 상계가 허용된다.

② 채권을 출자한 경우 그 채권이 변제기에 변제되지 않으면 이를 출자한 사원이 그 채권액을 변제할 책임을 지고, 이 경우 그 사원은 이자를 지급하는 외에 이로 인한 손해도 배상하여야 한다(제196조).

2. 업무집행

(1) 업무집행기관

1) 각자기관

① 합명회사는 그 소유와 경영이 분화되지 않으므로 정관에 다른 정함이 없는 한 각 사원은 회

사의 업무를 집행할 권리와 의무를 갖는다(제200조 제1항). 각 사원은 특별한 선임절차 없이 당연히 업무집행기관이 되고, 정관의 규정이나 총사원의 동의로도 사원 아닌 자에게 업무집행을 맡길 수는 없다. ② 각 사원의 업무집행에 대해 다른 사원의 이의가 있으면 곧 행위를 중지하고 총사원의 과반수의 결의에 의해 집행방법을 정한다(동조 제2항).

2) 업무집행사원

정관으로 사원의 1인 또는 수인을 업무집행사원으로 정한 때에는 그 사원이 회사의 업무를 집행할 권리와 의무를 갖는다(제201조 제1항). 이 경우 다른 사원은 업무집행권이 없고 감시권을 가질 뿐이다. 업무집행사원을 2인 이상 선임한 경우에는 업무집행사원 각자가 업무를 집행할 수 있으나, 다른 업무집행사원이 이의를 제기할 때에는 그 행위를 중지하고 업무집행사원 과반수의 결의에 의하여 결정해야 한다(동조 제2항). 이 점 사원 전원이 업무집행을 할 때와 같다.

3) 지배인 선임의 예외

지배인의 선임도 업무집행의 일종이기는 하나, 지배인의 선임과 해임은 정관에 다른 정함이 없는 한, 업무집행사원이 있는 경우에도 총사원 과반수의 결의에 의하여야 한다(제203조). 지배인은 회사에 갈음하여 영업에 관한 모든 대리권을 가지므로 회사 경영에 있어 매우 중요한 지위이기 때문이다.

(2) 업무집행권의 제한과 상실

1) 공동업무집행사원

정관으로 수인의 사원을 공동업무집행사원으로 정한 때에는 그 전원의 동의가 없으면 업무집행 행위를 하지 못한다. 다만 지체할 염려가 있을 때에는 그렇지 않다(제202조).

2) 업무집행권한에 대한 상실선고

사원이 업무를 집행함에 있어 현저하게 부적임하거나 중대한 의무에 위반한 행위가 있는 때에는 법원은 사원의 청구에 의하여 업무집행권의 상실을 선고할 수 있다(제205조 제1항).

(3) 업무집행에 대한 감독권

각 사원이 회사의 업무와 재산상태를 검사할 권한을 갖는다(제195조 → 민법 제710조). 사원은 감독 실패에 대하여도 무한책임을 지므로 제3자에게 감독을 맡길 수 없다. 그래서 감사와 같은 기관을 두지 않고 각 사원에게 감독권을 부여한 것이다. 사원의 감독권한은 비록 내부관계에 관한 것이지만 정관으로도 배제할 수 없다.

3. 의사결정

회사의 일상적인 업무에 관한 의사결정은 각 사원 또는 업무집행사원이 하겠지만, 중요한 사안에 대해서는 사원의 결의가 필요하다.

(1) 사원총회

합명회사에서는 사원총회가 필수적 기관이 아니다. 따라서 사원의 결의는 각 사원의 의사를 파악할 수 있는 방법에 의하면 족하고, 별도로 전원을 소집하여 회의를 열 필요는 없다.

(2) 의결권

의결권은 사원의 지분의 크기에 비례하지 않고 1인 1의결권주의에 의한다(두수주의). 각 사원은 무한책임을 지므로 회사 경영에 따르는 위험이 동일하기 때문이다.

(3) 결의요건

사원의 결의는 사원 전원의 과반수에 의함이 원칙이고(제195조 → 제706조 제2항), 지분양도의 승인, 정관변경, 해산 등 일부 중요한 사안은 전원일치의 결의에 의한다(제197조, 제204조, 제227조 2호 등).

(4) 의사결정의 하자

주식회사와는 달리 합명회사에는 사원 결의의 하자를 다투는 소가 별도로 마련되어 있지 않다. 따라서 사원 결의의 하자는 민사소송법상의 일반 무효확인의 소를 제기하여 다툴 수밖에 없다. 이 소는 회사를 상대로 제기하여야 한다(대판 1991.6.25. 90다14058).

4. 회사와 사원의 이익충돌방지

(1) 경업피지의무·자기거래금지의무

사원은 원칙적으로 업무집행권을 가지고, 업무집행사원이 있는 경우에도 감시권을 갖기 때문에, 회사에 대하여 경업피지의무(제198조)와 자기거래금지의무(제199조)를 부담한다. 의무의 구체적인 내용은 주식회사에서의 이사의 그것과 같다. 승인기관만 보면, 경업의 승인기관은 「다른 모든 사원」이고, 자기거래의 승인기관은 「다른 모든 사원의 과반수」이다.

(2) 의무위반의 효과

사원이 이 의무를 위반한 경우, 손해배상, 제명(제220조 제1항 2호, 4호), 업무집행권 또는 대표권의 상실선고(제205조, 제216조)의 사유가 된다. 그리고 경업피지의무에 위반한 경우에는 회사가 개입권을 행사할 수도 있다(제198조 제2항).

5. 손익의 분배

사원에 대하여 회사의 이익과 손실을 어떻게 분배할 것인지는 정관 또는 총사원의 동의로 정하는 바에 따른다. 주식회사에서 상법이 이익배당을 다루는 이유는 채권자보호의 관점에서 자본금의 유출을 엄격히 규제하기 위함이나, 합명회사에서는 사원이 무한책임을 지기 때문에 상법이 나서서 회사의 자본유지를 강제할 이유가 없기 때문이다. 따라서 이익이 없어도 배당을 할 수 있고, 손익의 분배비율을 반드시 출자가액이나 지분의 크기에 따라 정해야 하는 것도 아니다. 다만 정관 또는 총사원의 동의로써 손익분배의 비율을 정하지 않았을 때에는 각 사원의 출자비율에 따른다(제195조 → 민법 제711조 제1항).

6. 지분

(1) 의의

1) 지분의 개념

상법에서 합명회사의 지분은 두 가지 뜻으로 사용된다. 지분을 양도·상속한다고 하는 경우 등에서는 주식과 마찬가지로 「사원인 지위」 또는 「사원권」을 뜻하고, 지분을 환급한다고 할 때는 회사로부터 환급 받을 「재산상의 수액」을 뜻한다. 주로 쓰이는 의미는 사원의 지위 또는 사원권의 의미이다.

2) 지분단일주의

인적회사의 지분은 각 회원에게 오직 1개가 있고(지분단일주의), 다만 그 크기가 각 사원의 출자에 따라 다른 것으로 인식된다. 인적회사는 지분을 유통시킬 필요성을 염두에 두지 않기 때문이다. 주식회사와 유한회사가 지분의 유통을 위해 지분을 균등한 비례적 단위로 작게 나누는 지분복수주의를 취하는 것과 대조된다.

(2) 지분의 양도

1) 지분양도의 요건

지분을 양도하기 위해서는 다른 사원 전원의 동의가 있어야 한다(제197조). 지분의 양도는 사원의 변동을 가져오는데, 각 사원은 경영에 참여하고 무한책임을 지기 때문에 다른 사원이 누구인지는 각 사원에게 매우 중요한 의미를 갖기 때문이다. 예컨대, 자력이 충분한 사원이 자력이 없는 자에게 지분을 양도하면 다른 사원이 부담하는 사업상 위험은 커지게 된다. 다만 다수설은 정관으로 그 요건을 완화할 수 있다고 한다(예 과반수 결의).

2) 정관변경 절차의 요부

사원의 성명 등은 정관기재사항이므로(제179조 3호) 지분의 양도로 사원이 변동되면 당연히 정관변경이 따라야 한다. 그러나 정관변경 절차를 별도로 밟아야 하는 것은 아니고, 지분양도를 위한 다른 사원의 동의에 정관변경 결의가 포함된 것으로 본다.

3) 지분의 이중양도

사원 甲이 자신의 지분을 乙에게 양도한 후 등기하지 않은 상태에서 이를 다시 丙에게 양도하고 등기한 경우 乙과 丙 중 누가 지분을 취득하는가? 상법 제37조 제1항 상업등기의 일반적 효력에 따라 해결한다. 즉 乙은 지분취득을 등기하지 않았으므로 선의의 제3자에게 대항하지 못하고, 따라서 丙이 선의인 경우 丙이 지분을 취득한다. 판례도 같은 입장이다(대판 1996.10.29. 96다19321).

4) 지분을 양도한 사원의 책임

지분을 양도한 사원은 퇴사등기를 하기 전에 생긴 회사채무에 대하여 등기 후 2년 내에는 다른 사원과 동일한 책임이 있다(제225조 제2항, 제1항). 책임의 원인 사실을 알게 된 사원이 지분의 양도를 통해 무한책임을 면탈하는 것을 막기 위함이다.

(3) 지분의 상속

합명회사에서는 사원 사이의 인적 신뢰관계가 중요하므로 원칙적으로 지분의 상속은 인정되지 않는다. 사원의 사망은 퇴사원인이 되고(제218조 3호) 상속인은 지분환급청구권을 상속할 뿐이다. 그러나 정관으로 지분을 상속할 수 있음을 정할 수 있다. 이때 상속인은 상속 개시를 안 날로부터 3개월 내에 회사에 승계 또는 포기의 통지를 발송해야 하고(제219조 제1항), 통지의 발송 없이 3개월이 경과하면 상속을 포기한 것으로 본다(동조 제2항). 한편 청산 중에 사원이 사망한 경우에는 상속이 인정된다. 청산 중에는 사원의 개성이 문제되지 않기 때문이다.

(4) 지분의 압류·입질

1) 지분의 압류

지분은 재산권이므로 사원의 채권자는 지분을 압류할 수 있다. 그러나 지분을 환가하는 것은 사원 변동을 초래하여 다른 사원 전부의 동의를 받아야 하기 때문에 실효적인 채권 실현수단이 되지 못한다. 그래서 상법은 지분을 압류한 채권자의 보호를 위해 몇 가지 규정을 두고 있다.

① 지분의 압류는 사원이 갖는 장래의 이익배당청구권과 지분환급청구권에 대하여도 효력이 있다(제223조). 따라서 지분을 압류한 채권자는 이러한 권리에 대하여 전부명령 또는 추심명령을 얻어 채권의 만족을 얻을 수 있다. ② 지분을 압류한 채권자는 그 사원을 퇴사시키고, 퇴사로 인한 지분환급청구권에 대하여 전부·추심명령을 받아 채권의 만족을 얻을 수도 있다(제224조, 후술). ③ 회사가 임의청산을 할 때는 지분을 압류한 채권자의 동의를 얻어야 한다(제247조 제4항).

2) 지분의 입질

지분의 입질에 대해 상법에는 아무런 규정이 없으나 민법의 일반원칙에 따라 권리질이 인정된다는 것이 통설이다. 그런데 질권이 경매로 실행되면 사원의 변동이 생기기 때문에 다른 사원 전부의 동의와 관련하여 문제가 생긴다. 이에 관해, ① 이런 이유에서 지분의 입질은 양도에 준하여 다른 사원 전부의 동의가 필요하다는 견해와, ② 질권의 설정만으로는 사원이 변동되지 않으므로 입질은 자유롭게 할 수 있으나, 질권의 효력은 이익배당청구권과 지분환급청구권에만 미치고 경매권은 인정되지 않는다는 견해가 있다.

7. 사원의 변동

(1) 입사

입사란 회사 성립 후에 출자하여 사원의 지위, 즉 지분을 원시적으로 취득하는 것을 말한다. 입사는 정관 기재사항(제179조 3호)의 변동을 가져오므로 정관변경 절차, 즉 총사원의 동의를 요한다. 신입사원은 입사 전에 생긴 회사채무에 대하여 기존의 사원과 동일한 책임, 즉 직접·연대·무한의 책임을 진다(제213조).

(2) 퇴사

1) 의의

퇴사란 회사가 존속하는 중에 특정사원이 사원의 지위를 절대적으로 상실하는 것을 말한다. 사원의 입장에서는 지분을 환급받음으로써 투하자금을 회수하게 된다. 퇴사는 인적회사에서만 인정되는 제도인데, 지분의 양도를 엄격하게 제한한 것에 상응하여 사원에게 투하자금 회수의 기회를 부여하기 위함이다.

2) 퇴사원인

① 임의퇴사

사원의 자유로운 의사에 의해 하는 퇴사이다. 정관으로 회사의 존립기간을 정하지 아니하거나 어느 사원의 종신까지 존속할 것을 정한 때에는 사원은 영업연도 말에 한하여 6개월 전에 예고하고 퇴사할 수 있다. 다만 부득이한 사유가 있을 때에는 언제든지 퇴사할 수 있다(제217조).

② 당연퇴사

A. 당연퇴사의 원인　　법정의 사유가 발생하면 당연히 퇴사하게 되는 경우이다. 당연퇴사 원인으로는 ⅰ) 정관에 정한 사유의 발생, ⅱ) 총사원의 동의, ⅲ) 사망, ⅵ) 성년후견개시, ⅴ) 파산, ⅵ) 제명이 있다. 이 중 「총사원의 동의」에 의해 당연퇴사 한다는 것은, 본인의 의사에 반하여 퇴사한다는 뜻이 아니라, 어느 사원이 퇴사하고자 할 때 총사원의 동의가 있으면 부득이한 사유가 없더라도 퇴사할 수 있다는 뜻이다. 제명에 관해서는 항을 바꾸어 본다.

B. 제명

ⓐ **사유 및 절차**　　제명이란 사원의 의사에 반하여 사원의 지위를 박탈하는 것을 말한다. 회사는, 사원이 ⅰ) 출자의무를 이행하지 아니한 때, ⅱ) 경업피지의무를 위반한 때, ⅲ) 회사의 업무집행 또는 대표행위에 관하여 부정한 행위를 하거나, 권한 없이 업무집행 또는 대표행위를 한 때, ⅳ) 기타 중요한 사유가 있는 때에 다른 사원 과반수의 결의에 의하여 법원에 그 사원에 대한 제명의 선고를 청구할 수 있다(제220조 제1항). 수인을 제명할 경우에는 일괄제명은 할 수 없고 사원 한 명씩 개별적으로 제명하여야 한다. 따라서 여기서 「다른 사원」이란 제명의 대상인 사원 1인을 제외한 나머지 사원 전부를 의미한다(다수설·판례, 대판 1976.6.22. 76다1503).

ⓑ **제명의 효과**　　법원의 제명판결에 의해 사원은 퇴사한다. 그러나 제명된 사원과 회사간의 지분환급을 위한 계산은 제명의 소를 제기한 때의 회사재산의 상태에 따라서 하며, 그 때로부터 법정이자를 붙여야 한다(제221조). 제명된 사원을 보호하기 위함이다.

③ 강제퇴사

사원의 지분을 압류한 채권자는 회사와 그 사원에게 6개월 전에 예고하고 영업연도 말에 그 사원을 퇴사시킬 수 있다(제224조 제1항). 사원을 퇴사시키고 퇴사에 따른 지분환급청구권으로 채권의 변제를 받기 위함이다. 그러나 채무자인 사원이 변제를 하거나 상당한 담보를 제공한 때에는 퇴사예고는 효력을 잃는다(동조 제2항). 변제가 확실해지는 한 사원의 지위를 박탈해서는 안되기 때문이다.

3) 퇴사의 효과

① 회사와의 관계

A. 지분환급청구권　　퇴사원은 회사에 대하여 지분환급청구권을 갖는다. 정관에 다른 규정이

없는 한 노무·신용을 출자한 사원도 지분의 환급을 받을 수 있다(제222조). 지분의 환급은 출자의 종류와 상관 없이 금전으로 할 수 있고, 지분의 계산은 퇴사일 현재의 회사 재산상태에 의하여 한다(제195조 → 제719조).

B. 상호변경청구권　　회사의 상호 중에 퇴사원의 성명이 사용된 경우에는 그 사원은 회사에 대하여 그 사용의 폐지를 청구할 수 있다(제226조).

② 회사채권자와의 관계

퇴사한 사원은 퇴사등기를 하기 전에 생긴 회사채무에 대하여 등기 후 2년 내에는 다른 사원과 동일한 책임이 있다(제225조 제2항, 제1항). 무한책임사원 감소에 따른 회사채권자의 피해를 방지하고, 퇴사가 사원의 무한책임을 면탈하는 수단으로 악용됨을 막기 위함이다.

04 외부관계

회사와 제3자간의 관계, 사원과 제3자와의 관계를 외부관계라 한다. 외부관계에 관한 상법규정은 채권자보호, 거래의 안전 기타 사회적 이익에 관계되는 것이므로 대체로 강행규정에 속한다.

1. 회사의 대표

(1) 대표기관

각 사원이 회사를 대표한다. 다만 정관으로 업무집행사원을 정하였을 때에는 대표권에 관한 정함이 없더라도 당연히 업무집행사원이 회사를 대표한다(제207조 1문). 업무집행과 대표는 표리의 관계에 있기 때문이다. 업무집행사원이 수인인 경우에는 원칙적으로 각 업무집행사원이 회사대표권을 가지나(동조 2문), 정관 또는 총사원의 동의로 업무집행사원 중 특히 회사를 대표할 자를 따로 정할 수 있다(동조 3문). 이 경우 대표사원의 성명은 등기하여야 한다(제180조 4호).

(2) 대표사원의 권한 및 그 제한

1) 권한

회사를 대표할 사원은 회사의 영업에 관하여 재판상 또는 재판외의 모든 행위를 할 권한이 있다(제209조 제1항).

2) 대표권의 제한

① 대표권은 정관 또는 총사원의 동의로써 제한할 수 있으나, 그 제한은 선의의 제3자에게 대항하지 못한다(동조 제2항). ② 회사와 사원간의 소송에서는 그 사원은 회사를 대표할 수 없다. 이 경우 회사를 대표할 사원이 없을 때에는 다른 사원 과반수의 결의로 선정하여야 한다(제211조).

(3) 공동대표

회사는 정관 또는 총사원의 동의로 수인의 사원이 공동으로 회사를 대표할 것을 정할 수 있다(제208조 제1항). 그러나 이때도 회사에 대한 상대방의 의사표시는 공동대표사원 중 1인에게만 하여도 회사에 대하여 효력이 있다(동조 제2항).

(4) 대표사원의 불법행위

대표권이 있는 사원이 그 업무집행으로 인하여 타인에게 손해를 가한 때에는 회사는 그 사원과 연대하여 그 손해를 배상할 책임이 있다(제210조).

2. 사원의 책임

(1) 의의

사원은 회사채무에 대하여 채권자에게 직접·연대·무한책임을 진다. ① 「직접」이란 회사의 채권자가 회사를 거치지 않고 직접 사원에게 채무의 이행을 청구할 수 있다는 것이다. ② 「연대」란 사원과 회사간의 연대가 아니라 사원들간의 연대를 말한다. ③ 「무한」이란 사원의 출자액 또는 출자의무액에 한하지 않고 사원의 개인 재산 전부를 가지고 책임을 진다는 의미이다. 사원의 무한책임은 회사의 외부관계에 관한 강행규정으로서 정관의 규정 또는 총사원의 동의로도 제한하거나 면제할 수 없다.

(2) 책임의 부종성·보충성

회사의 채무는 회사재산으로 변제함이 원칙이고, 사원은 그것으로 충분하지 않을 경우 보충적으로만 책임을 진다. 마치 민법상 보증인의 책임과 유사하다. 이런 맥락에서 상법은 사원의 책임에 보충성과 부종성을 인정하고 있다.

1) 보충성

회사채권자는 회사재산이 회사채무의 완제에 부족하거나, 회사재산에 대한 강제집행이 주효하지 못한 경우에만 보충적으로 사원에게 채무이행을 청구할 수 있다(제212조 제1항, 제2항). 집행이 주효하지 못함을 요하므로 사원이 회사에 변제의 자력이 있으며 집행이 용이한 것을 증명한 때에는 사원은 책임을 지지 않는다(동조 제3항).

2) 부종성

사원은 회사채무에 대한 변제의 청구를 받은 경우 회사가 회사채권자에게 주장할 수 있는 항변사유(예 동시이행의 항변)로써 그 채권자에게 대항할 수 있다(제214조 제1항). 회사가 상계권·취소권·해제권을 가지고 있는 경우에는 사원은 그 권리를 직접 행사할 수는 없으나, 이를 근거로 채무이행을 거절할 수는 있다(동조 제2항).

(3) 책임자

사원으로서의 책임은 모든 사원이 부담한다. 그리고 사원은 아니나 타인에게 자기를 사원이라고 오인시키는 행위를 한 자(자칭사원)는 그 오인으로 인하여 회사와 거래한 자에게 회사채무에 대하여 사원과 동일한 책임을 진다(제215조). 외관주의에 따른 표현책임이다.

(4) 사원의 채무이행의 효과

회사채무를 이행한 사원은 회사에 대하여 구상권을 취득하고, 다른 사원에 대해서도 그 부담부분에 관하여 구상권을 갖는다(민법 제425조 참조). 부담부분은 손실부담의 비율에 따른다.

(5) 책임의 발생과 소멸

1) 책임의 발생시기

판례는 "합명회사 사원의 책임은 회사가 채무를 부담하면 법률의 규정에 기해 당연히 발생하는 것이고, '회사의 재산으로 회사의 채무를 완제할 수 없는 때' 또는 '회사재산에 대한 강제집행이 주효하지 못한 때'에 비로소 발생하는 것은 아니다(대판 2009.5.28. 2006다6590)."라고 판시하였다.

2) 책임의 소멸

사원의 책임은 해산의 경우에는 그 등기 후 5년, 퇴사 또는 지분양도의 경우에는 그 등기 후 2년이 경과함에 따라 소멸한다(제267조 제1항, 제225조). 이 기간은 제척기간이다.

제3절   합자회사

01 의의

합자회사는 무한책임사원과 유한책임사원으로 구성되는 회사이다(제268조). 유한책임사원은 기업활동에는 관여하지 않고 단지 재산을 출자하고 무한책임사원의 영업활동으로서 얻은 이윤을 배분받을 뿐이다. 그리고 경영활동에 참여하지 않는 대가로 책임의 유한성을 누린다.

합자회사란 합명회사의 조직을 기초로 여기에 유한책임사원을 추가한 것으로, 조직의 2원성에서 비롯되는 약간의 특별규정이 적용될 뿐 일반적으로 합명회사의 규정이 준용된다(제269조). 따라서 이 절에서는 합자회사의 합명회사에 대한 특성만을 살피기로 한다.

02 회사의 설립

합자회사는 무한책임사원이 될 자 1인 이상과 유한책임사원이 될 자 1인 이상이 정관을 작성하고 설립등기를 함으로써 성립한다. 정관의 절대적 기재사항은 합명회사와 같으나, 각 사원의 책임이 무한책임인지 유한책임인지를 기재하여야 한다(제270조).

03 내부관계

1. 출자

무한책임사원은 합명회사의 사원과 마찬가지로 재산뿐만 아니라 노무나 신용도 출자의 목적으로 할 수 있으나, 유한책임사원은 노무 또는 신용을 출자의 목적으로 하지 못한다(제272조). 유한책임사원은 회사의 자금조달 목적상 참가시킨 것이기 때문이다.

2. 업무집행·감시

(1) 업무집행권

1) 업무집행기관

① 정관에 다른 규정이 없는 한 무한책임사원 각자가 업무집행에 관한 권리와 의무를 갖는다(제273조). 다만 정관으로 무한책임사원 가운데 일부를 업무집행사원으로 할 수는 있다. 그러나 업무집행사원이 있는 경우에도 지배인의 선임과 해임은 무한책임사원 과반수의 결의에 의한다(제274조).

② 상법은 명문으로 「유한책임사원은 회사의 업무집행을 할 수 없다」고 규정하고 있다(제278조). 그러나 통설은 이에도 불구하고 정관이나 총사원의 동의가 있으면 유한책임사원에게 업무집행권을 부여할 수 있다고 한다. 회사의 업무집행은 내부관계이므로 상법 제278조는 임의규정일 뿐이라는 것이다. 판례도 같은 입장이다(대판 1977.4.26. 75다1341). 또한 무한책임사원들만으로 업무집행사원이나 대표사원을 선임하도록 정한 정관 규정의 효력은 유효하고, 업무집행권한의 상실을 선고하는 판결로 업무집행권 및 대표권을 상실한 무한책임사원이 이후 다른 무한책임사원의 사망 등으로 유일한 무한책임사원이 된 경우, 위 정관을 근거로 단독으로 의결권을 행사하여 자신을 업무집행사원이나 대표사원으로 선임할 수 없으며, 이 경우 해당 무한책임사원이 업무집행사원 등에 선임될 수 있는 방법은 유한책임사원을 포함한 총사원의 동의이다(대판 2021.7.8. 2018다225289).

2) 권한상실선고

업무집행권 있는 사원에 대한 권한상실선고는 유한책임사원도 청구할 수 있다. 그러나 무한책임사원이 1인인 경우에는 권한상실선고는 허용되지 않는다(대판 1977.4.26. 75다1341). 그의 업무집행권을 박탈하면 업무집행을 담당할 자가 없게 되기 때문이다.

(2) 감시권

유한책임사원은 회사의 업무집행에서 배제되므로 무한책임사원의 전횡으로부터 스스로의 이익을 지키기 위하여 감시권을 갖는다. 즉 유한책임사원은 영업연도 말에 영업시간 내에 한하여 회사의 회계장부·대차대조표 기타의 서류를 열람할 수 있고, 회사의 업무와 재산상태를 검사할 수 있다(제277조 제1항). 중요한 사유가 있는 때에는 위와 같은 시기적인 제약을 받지 않고 언제든지 법원의 허가를 얻어 열람과 검사를 할 수 있다(동조 제2항).

3. 경업·자기거래의 허용여부

무한책임사원의 경업 또는 자기거래가 금지됨은 당연하다. 문제는 유한책임사원이다. 경업에 관해서는 상법에 유한책임사원의 경업을 허용하는 명문의 규정이 있다(제275조). 유한책임사원은 업무집행권이 없어 굳이 경업을 금지할 이유가 없기 때문이다. 자기거래는 어떠한가? 학설이 대립한다. 상법에 이를 허용하는 명문의 규정이 없으므로 합명회사 사원의 자기거래금지의무에 관한 규정(제199조)이 준용되어(제269조) 금지된다는 견해와 자기거래금지는 업무집행권을 전제로 하는데 유한책임사원은 업무집행권이 없으므로 자기거래도 허용된다는 견해가 있다.

4. 지분의 양도

(1) 무한책임사원 지분의 양도

무한책임사원의 지분의 양도에는 총사원의 동의를 요한다(제269조 → 제197조). 따라서 무한책임사원뿐만 아니라 유한책임사원의 동의도 필요하다. 무한책임사원의 변동은 회사의 업무집행이나 대외적 책임관계에 변동을 초래하므로 유한책임사원도 이해관계를 갖기 때문이다.

(2) 유한책임사원 지분의 양도

유한책임사원의 지분의 양도에는 무한책임사원 전원의 동의만 있으면 족하고 유한책임사원의 동의는 요하지 않는다(제276조 전문). 유한책임사원 상호간에는 신분변동에 이해관계를 갖지 않기 때문이다. 유한책임사원의 지분이 양도됨에 따라 정관을 변경해야 할 경우에도 마찬가지이다(동조 후문). 이 경우에는 예외적으로 무한책임사원 전원의 동의만으로 정관이 변경되는 효과가 생긴다.

5. 사원의 변동

(1) 입사

새로운 사원이 입사한 경우에는 무한책임사원뿐만 아니라 유한책임사원이 입사한 경우에도 총사원의 동의를 얻어 정관변경 절차를 밟아야 한다(제270조, 제179조, 제204조).

(2) 퇴사

유한책임사원의 사망과 성년후견개시는 퇴사원인이 아니다. 유한책임사원이 사망하면 상속인이 지분을 승계하여 사원이 되고(제283조 제1항), 성년후견이 개시되면 그 사원이 사원지위를 계속 유지한다(제284조). 유한책임사원은 제한된 책임만 부담하고, 업무집행권도 갖지 않기 때문이다.

04 외부관계

1. 회사의 대표

원칙적으로 각 무한책임사원이 회사를 대표하고, 이에 관한 내용은 합명회사의 사원과 같다. 유한책임사원은 회사의 대표행위를 하지 못한다(제278조). 제278조에도 불구하고 정관이나 총사원의 동의가 있으면 유한책임사원에게 대표권을 부여할 수 있는가? 제278조를 임의규정으로 해석하고 정관 또는 총사원의 동의로 유한책임사원에게 업무집행권을 부여할 수 있다고 하는 통설·판례도 대표권은 부여할 수 없다고 한다. 판례는 "유한책임 사원의 업무집행이나 대표행위를 인정하지 않고 있는 상법 제278조에 불구하고 정관 또는 내부규정으로서 유한책임사원에게 업무집행권을 부여할 수는 있는 것이라고 하더라도 유한책임사원에게 대표권까지를 부여할 수는 없는 것이다(대판 1977. 4.26. 75다1341)."라고 판시하였다. 그리고 무한책임사원이 업무집행권한의 상실을 선고하는 판결로 인해 업무집행권 및 대표권을 상실하였다면, 그 후 어떠한 사유 등으로 그 무한책임사원이 합자회사의 유일한 무한책임사원이 되었다는 사정만으로는 형성판결인 업무집행권한의 상실을 선고하는 판결의 효력이 당연히 상실되고 해당 무한책임사원의 업무집행권 및 대표권이 부활하지 아니한다(대판 2021.7.8. 2018다225289).

2. 사원의 책임

(1) 유한책임사원의 책임

1) 직접·유한책임

무한책임사원은 합명회사 사원과 마찬가지로 회사채무에 대하여 직접·연대·무한책임을 진다. 반면 유한책임사원은 회사채무에 대해 직접·유한책임을 진다. 회사채권자에 대하여 「직접」책임을 진다는 점에서 간접책임만 지는 주식회사의 주주와 다르다. 따라서 유한책임사원은 출자의무를 부담하는 금액 중에서 이미 회사에 출자한 금액을 공제한 금액의 범위에서 회사채권자에게 직접 회사채무를 변제해야 할 책임이 있다(제279조 제1항). 이렇게 채권자에게 직접 변제를 하면 그만큼 회사에 대한 출자의무는 감소한다. 회사채권자에 대한 변제책임의 범위를 정함에 있어, 유한책임사원이 회사에 이익이 없음에도 불구하고 배당을 받았다면 그 금액은 변제책임 범위에 가산해야 한다(동조 제2항).

2) 출자감소의 경우의 책임

정관변경에 의하여 유한책임사원의 출자액이 감소하더라도 변경등기 이전에 생긴 회사채무에 대해서는 등기 후 2년간 책임을 면하지 못한다(제280조).

3) 자칭 무한책임사원의 책임

유한책임사원이 타인에게 자기를 무한책임사원이라고 오인시키는 행위를 한 때에는 오인으로 인하여 회사와 거래한 자에 대하여 무한책임사원과 동일한 책임을 진다(제281조 제1항). 그 책임의 한도를 오인시킨 경우에도 이와 마찬가지로 오인시킨 범위에서 책임을 진다(동조 제2항).

(2) 책임을 변경한 사원의 책임

정관을 변경하여 유한책임사원이 무한책임사원으로, 또는 무한책임사원이 유한책임사원으로 변경될 수 있다. 전자의 경우 해당 사원은 변경 전에 생긴 회사채무에 대하여도 다른 무한책임사원과 동일한 책임을 진다(제282조 → 제213조). 후자의 경우 그 사원은 등기 후 2년 동안은 변경등기를 하기 전에 생긴 회사채무에 대하여 다른 무한책임사원과 동일한 책임을 진다(제282조 → 제225조).

제4절　유한책임회사

01 총설

1. 개념

유한책임회사는 인적회사와 물적회사의 중간적 성격을 가지고, 내부적으로는 조합의 실체를 가진 인적회사이면서 대외적으로는 사원 전원이 유한책임을 지는 회사이다.

2. 입법배경

최근에는 벤처기업과 같이 구성원의 창의성 등 무형의 자산에 기초한 기업이 각광을 받고 있는데, 이러한 기업의 창업자들은, ⅰ) 기업의 구성 및 운영을 탄력적으로 할 수 있으면서도, ⅱ) 사업실패로 인한 위험을 최소화할 수 있는 기업형태를 희망하였다. 그 수요를 충족시켜주기 위해 2011년 개정 시 미국에서 널리 이용되고 있는 limited liability company(LLC)를 모델로 하여 신설된 회사형태가 유한책임회사이다.

3. 특색

① 사원이 모두 유한책임사원만으로 구성되어 있기 때문에 채권자 보호를 위하여 회사재산의 확보가 중요하다. 따라서 설립절차에서 출자의 이행이 강제되고(제287조의4), 사원에 대한 분배는 순자산액에서 자본금을 뺀 금액의 한도에서만 가능하도록 하는 등 자본금 규제도 이루어지고 있다(제287조의37 제1항). ② 내부관계는 인적회사의 특성을 가지므로 정관 또는 상법에 다른 규정이 없으면 합명회사에 관한 규정이 준용된다(제287조의18).

02 설립

1. 개관

정관의 작성으로 사원이 특정된다는 점에서 원칙적으로 인적회사의 설립절차를 따른다. 그러나 1인의 사원만으로 설립할 수 있다는 점에서는(제287조의2) 주식회사·유한회사와 같다. 사원이 모두 유한책임을 지므로 채권자 보호를 위해 설립당초부터 자본금충실을 기하기 위한 규율을 하고 있다(전액납입주의, 노무·신용출자의 제한, 제287조의4). 별도의 기관구성 절차는 요구되지 않는다. 사원의 개성이 중시되므로 설립의 무효 이외에 주관적 하자로 인한 설립의 취소도 인정된다.

2. 설립절차

(1) 정관의 작성

사원은 일정한 사항을 기재한 정관을 작성하고 기명날인 또는 서명하여야 한다(제287조의3). ① 「사원의 인적사항」을 정관에 기재함으로써 사원이 확정된다(1호 → 제179조 3호). 설립 시에는 제287조의23 제2항과 같은 규정이 없으므로 일단 정관에 기재된 이상 출자를 완납하지 않았더라도 사원의 지위를 가진다. ② 「자본금의 액」을 기재한다. 사원이 유한책임을 누리므로 대외적인 책임이행능력의 표지로서 자본금이 중요한 역할을 하기 때문이다. 주식회사에서와는 달리 사원이 출자한 재산 전부를 자본금으로 한다(제287조의35). ③ 「업무집행자의 성명(법인인 경우에는 명칭)과 주소」도 기재한다. 합명·합자회사에서는 무한책임사원이 업무집행을 하지만, 유한책임회사에서는 사원뿐만 아니라 제3자도 업무집행자로 정할 수 있으므로 이를 정관에 기재하게 한 것이다.

(2) 출자의 이행

유한책임회사는 유한책임사원만으로 구성되므로 주식회사와 마찬가지로 책임재산을 설립 전에 확보해야 한다. ① 사원은 정관의 작성 후 설립등기를 하기 전에 출자를 전부 이행하여야 하고(제287조의4 제2항), 납입기일에 현물출자를 이행해야 한다(동조 제3항). 다만 현물출자에 대한 검사인의 조사, 출자의무 불이행 시 설립관여자의 책임 등에 관한 규정은 마련되어 있지 않다. ② 자본금은 회사의 책임재산이 될 수 있는 자산으로 구성해야 하므로 노무나 신용은 출자의 목적으로 하지 못한다(동조 제1항).

(3) 설립등기

본점소재지에서 설립등기를 함으로써 성립한다(제287조의5 제1항 본문). 업무집행자는 등기사항이나(동조 동항 4호 본문), 사원은 등기사항이 아니다. 다만 회사를 대표할 자를 정한 경우에는 대표자만 등기사항이고, 그 외의 업무집행자는 등기사항이 아니다(동조 동항 5호, 4호 단서).

3. 설립의 무효·취소

회사설립행위 또는 절차에 무효원인이 있거나 취소원인이 있을 경우 이는 합명회사에서와 마찬가지로 소만으로써 다툴 수 있다(제287조의6). 다만 무효의 소는 사원만이 아니라 사원 아닌 업무집행자도 제기할 수 있다. 그 밖의 소송절차 및 판결의 효력은 합명회사의 설립무효·취소와 같다(제287조의6 → 제184조 ~ 제194조).

⓷ 내부관계

내부관계는 인적회사의 특성을 가지므로 정관 또는 상법에 다른 규정이 없으면 합명회사에 관한 규정이 준용된다(제287조의18).

1. 업무집행

(1) 업무집행자

1) 업무집행자의 선임

업무집행자는 정관의 필수적 기재사항이다. 따라서 설립 시에는 정관의 작성으로 정해지고, 이후 변경하려면 총사원의 동의에 의해 정관변경 절차를 밟아야 한다(제287조의16). 업무집행자는 사원 중에서 정할 수도 있고 사원 아닌 자로 정할 수도 있다.

2) 업무집행자가 수인인 경우의 업무집행

업무집행자가 수인인 경우 각자가 업무를 집행한다(제287조의12 제2항). 그러나 다른 업무집행자가 이의를 제기하면 업무집행자 전원의 과반수의 결의에 의한다(동조 동항 → 제201조 제2항). 수인의 업무집행자를 공동업무집행자로 정한 경우에는 전원의 동의로 업무를 집행한다(동조 제3항).

3) 법인인 업무집행자

다른 종류의 회사와는 달리 유한책임회사에서는 법인도 업무집행자가 될 수 있다(제287조의15). 그러나 법인이 현실적인 업무집행을 담당할 수는 없으므로 업무집행자가 된 법인은 그 업무집행자로서의 직무를 수행할 자를 선임하고, 그 자의 성명과 주소를 다른 사원에게 통지하여야 한다(제287조의15 제1항).

4) 회사와 업무집행자의 이익충돌방지

업무집행자는 경업금지의무(제287조의10)와 자기거래금지의무(제287조의11)를 부담한다. 내용은 주식회사 이사의 그것과 대체로 같다. 승인요건만 보면, 경업승인을 위해서는 「총사원의 동의」가, 자기거래의 승인을 위해서는 「다른 사원 과반수의 동의」가 각각 필요하다.

5) 업무집행자의 책임 및 대표소송

명문의 규정은 없으나 업무집행자는 회사의 수임인으로서 회사에 대하여 선관주의의무를 지고(민법 제681조), 이에 위반하여 임무를 해태한 경우에는 손해배상책임을 진다. 그리고 상법은 이를 전제로 사원의 대표소송을 인정하고 있다. 즉 사원은 회사에 대해 업무집행자의 손해배상책임을 추궁하는 소의 제기를 청구할 수 있고(제287조의22 제1항), 회사가 소를 제기하지 않을 경우 직접 회사를 대표하여 소를 제기할 수 있다(동조 제2항 → 제403조 제3항). 구체적인 내용은 주식회사와 같다(제소요건으로서의 소유주식수 제외).

6) 사원의 감시권

업무집행자가 아닌 사원은 감시권을 갖는다. 권한의 구체적인 내용은 합자회사 유한책임사원의 감시권과 동일하다(제287조의14 → 제277조).

(2) 정관변경 등 중요한 의사결정

1) 결정방법

업무집행은 업무집행자가 그 의사결정을 하고 집행을 하지만, 사원의 이해관계에 중요한 영향을 미치는 사항은 사원의 집단적 의사가 반영되어야 할 것이다. 그러나 사원총회를 반드시 두어야 하는 것은 아니고, 어떠한 방법으로든 사원의 의사를 파악할 수 있으면 충분하다.

상법은 정관변경 등 중요한 사항에 대해서만 의사결정을 위한 요건을 정하고 있다. ① 업무집행자·대표자의 선임(제287조의12 제1항, 제287조의19 제2항, 제3항), 사원의 가입(제287조의23) 등은 「정관의 규정」으로, ② 자본금의 감소(제287조의36 제1항) 등은 「총사원의 동의」로, ③ 사원과의 소에서의 회사대표의 선정(제287조의21) 등은 「사원 과반수의 결의」로 각각 정한다. 이 밖에 사원의 의사결정이 필요한 사항은 조합의 운영원리에 따라 사원 전원의 과반수로 결정한다(제287조의18 → 제195조→민법 제706조 제2항).

2) 의결권의 배분 — 두수주의

과반수결의에 의해 정할 경우 의결권의 배분은 인적회사에서와 같이 두수주의(頭數主義)에 의할 것인가, 아니면 물적회사에서와 같이 출자액에 비례한 자본다수결에 의할 것인가? 상법이 이에 관해 별도의 규정을 두고 있지 않으므로 합명회사에 관한 규정이 준용되어 두수주의에 의함이 원칙이다(제287조의18 → 제195조 → 민법 제706조 제2항). 다만 정관으로 달리 정할 수는 있다.

2. 회계

(1) 재무제표의 작성

상법은 채권자 보호를 위해 주식회사에서와 같이 유한책임회사의 회계를 규제하고 있다. 유한책임회사는 결산기마다 대차대조표, 손익계산서, 그 밖에 유한책임회사의 재무상태와 경영성과를 표시하는 재무제표를 작성하고(제287조의33), 이를 본점과 지점에 비치해야 한다(제287조의34 제1항). 그리고 사원과 채권자는 이의 열람 및 등사를 청구할 수 있다(동조 제2항).

(2) 자본금

1) 의의

사원이 유한책임을 지므로 채권자 보호를 위해 회사재산의 사외 유출을 통제할 필요가 있는데, 주식회사와 같이 자본금이 그 역할을 담당하고 있다. 다만 자본금의 액 결정 방법은 주식회사와 다르다. 주식회사에서의 자본금은 발행가액과 별개로 결정되나, 유한책임회사에서는 사원이 출자한 금전이나 그 밖의 재산의 가액 전부를 자본금으로 한다(제287조의35). 따라서 유한책임회사에서는 준비금의 개념이 없다.

2) 자본금의 증감

① 자본금의 증가는 사원이 새로 가입하거나 추가출자를 하는 것을 의미한다. 그런데 자본금은 정관의 필요적 기재사항이므로(제287조의3 3호) 이러한 가입이나 추가출자에 의한 자본금의 증가는 정관변경 절차를 밟아야 한다(제287조의16). ② 자본금의 감소도 정관을 변경해야 하고(제287조의36 제1항), 이때는 책임재산을 감소시키므로 채권자보호절차도 거쳐야 한다(동조 제2항 본문 → 제232조).

(3) 잉여금의 분배

유한책임회사는 대차대조표상의 순자산액에서 자본금을 뺀 금액(잉여금)을 한도로 하여 사원에게 분배를 할 수 있다(제287조의37 제1항). 이에 위반하여 배당가능이익 없이 잉여금을 분배한 경우에는 회사채권자는 그 분배 받은 사원에게 회사에 대한 반환을 청구할 수 있다(동조 제2항).

잉여금은 각 사원이 출자한 가액에 비례하여 분배하되, 정관으로 달리 정할 수 있다(동조 제4항). 따라서 출자액은 적으나 사업에 대한 공헌도가 높은 사원에게 이익배당을 증가시키는 방법으로 보상을 해줄 수 있다.

3. 정관변경

정관을 변경하려면 총사원의 동의가 있어야 한다. 다만 정관의 규정으로 달리 정할 수 있다(제287조의16).

4. 지분의 양도와 사원의 변동

유한책임회사에서는 사원이 모두 유한책임을 지므로 사원의 변동이 다른 사원의 이해관계에 큰 영향을 주지는 않는다. 그러나 사원의 책임형태와 상관 없이 유한책임회사는 인적회사와 같이 폐쇄적으로 운영하기 위해 만든 회사이기 때문에 사원의 변동은 원칙적으로는 엄격히 제한되고, 대신 정관에 의한 자치가 광범위하게 허용된다.

(1) 입사

사원은 정관의 기재사항이므로, 새로운 사원을 입사시키기 위해서는 정관을 변경해야 한다(제287조의23 제1항). 입사의 효력은 정관을 변경한 때 발생한다. 다만 그 시점까지 당해 사원이 출자를 이행하지 않은 경우에는 출자를 전액 납입한 때에 사원이 된다(동조 제2항).

(2) 지분의 양도

사원은 다른 사원 전원의 동의를 받아야 지분의 전부 또는 일부를 양도할 수 있다(제287조의8 제1항). 업무를 집행하지 않는 사원의 지분양도는 조금 다르다. 업무를 집행하는 사원이 있는 경우에는 그 사원 전원의 동의만 있으면 족하고, 업무를 집행하는 사원이 없는 경우에만 사원 전원의 동의가 필요하다(동조 제2항). 그러나 이는 정관에서 다르게 정할 수 있다(동조 제3항). 합명회사에서는 정관의 규정을 두어도 지분양도는 총사원의 동의를 요하였는데, 이와 비교하면 유한책임회사에서 정관자치의 범위가 더 넓음을 알 수 있다.

(3) 자기지분의 취득금지

유한회사는 그 지분의 전부 또는 일부를 양수할 수 없다. 이에 위반하여 지분을 취득하는 경우 그 지분은 취득한 때에 소멸한다(제287조의9). 그러나 이는 회사가 지분의 주체가 될 수 없다는 의미에 지나지 않는다. 본래 자기지분취득의 실질은 지분의 환급인데 유한책임회사에서 사원은 임의로 퇴사할 수 있고(제287조의24 → 제217조 제1항), 퇴사하는 사원은 그 지분을 환급 받을 수 있기 때문에(제287조의28 제1항) 자기지분취득의 규제는 큰 의미가 없다.

(4) 퇴사

퇴사는 사원이 회사채권자에 우선하여 출자를 회수하는 것을 의미하므로, 사원이 유한책임을 지는 회사에서는 사원의 퇴사를 인정하지 않음이 원칙이다. 그러나 유한책임회사에서는 지분의 양도가 자유롭지 않아 퇴사를 인정하지 않으면 사원이 투하자금을 회수할 길이 없다. 그래서 채권자보호 규정을 두면서 퇴사를 인정하고 있다.

1) 퇴사사유

사원의 퇴사에 관한 사항은 임의퇴사·당연퇴사·강제퇴사 모두 합명회사의 퇴사에 관한 규정을 대부분 준용하고 있다(제287조의24 ~ 제287조의29). 그러나 합명회사와 달리 사원의 임의퇴사 절차나 제명에 필요한 결의에 대하여 정관으로 달리 정할 수 있다(제287조의24, 제287조의27). 여기서 정관으로 제명에 필요한 결의 요건을 달리 정하더라도 이를 가중할 수는 있어도 완화할 수는 없다. 제220조가 정하는 요건이 사원의 과반수인데, 이보다 완화된 결의요건을 정하는 것은 단체법의 원리에 반하기 때문이다.

2) 지분환급

① 사원의 지분환급청구권

퇴사하는 사원은 그 지분의 환급을 금전으로 받을 수 있다(제287조의28 제1항). 환급금액은 퇴사 시의 회사 재산 상황에 따라 정하되(동조 제2항), 구체적인 기준과 방법은 정관으로 정할 수 있다(동조 제3항).

② 지분을 압류한 채권자의 권리

지분을 압류한 채권자의 권리는 사원의 지분환급청구권에도 미치는가? 잉여금 배당 청구권에 미친다는 점은 명문의 규정이 있으나(제287조의37 제6항), 이에 관해서는 명문의 규정이 없다. 그러나 제223조를 유추적용하여 지분압류채권자는 사원의 지분환급청구권을 행사할 수 있다고 해야 할 것이다. 지분을 압류하였음에도 사원이 지분환급을 받을 수 있다면 압류의 실익이 없어지기 때문이다.

3) 채권자보호절차

퇴사하는 사원에게 환급하는 금액이 잉여금(순자산액 - 자본금)을 초과하는 경우에는 회사채권자는 그 환급에 관하여 회사에 이의를 제기할 수 있다(제287조의30). 이론적으로는 퇴사원이 순자산의 범위에서 환급을 받으면 채권자의 이익을 해하는 일은 없어 보인다. 그러나 실제로는 환급에 의해 회사의 유동성이 크게 감소하여 채권회수가 어려워질 수도 있기 때문에 위와 같은 경우 채권자에게 이의를 제기할 수 있게 한 것이다. 회사는 채권자에 대하여 이의제기를 공고하고, 채권자가 이의를 하면 변제 또는 담보제공 등을 하여야 한다(제287조의30 제2항 본문 → 제232조). 다만 환급 후에도 회사에 채무변제에 충분한 유동자산이 존재하는 경우와 같이, 환급을 하더라도 채권자에게 손해를 끼칠 우려가 없는 경우에는 변제·담보제공 등은 하지 않아도 된다(동조 동항 단서).

4) 퇴사원의 상호변경청구권

퇴사한 사원의 성명이 유한책임회사의 상호 중에 사용된 경우에는 그 사원은 회사에 대하여 그 사용의 폐지를 청구할 수 있다(제287조의31).

(5) 지분의 상속

유한책임사원이 사망한 경우 퇴사원인이 되고 지분은 상속되지 않는다(제287조의25 → 제218조 3호). 그러나 정관으로 상속이 가능하도록 정할 수 있고, 이 경우 지위의 승계 또는 포기 절차는 합명회사에서와 같다(제287조의26 → 제219조).

❹ 외부관계

1. 회사의 대표

업무집행자가 회사를 대표한다(제287조의19 제1항). 업무집행자가 둘 이상인 경우에는 각자 회사를 대표하나, 정관 또는 총사원의 동의로 회사를 대표할 업무집행자를 정할 수 있고(동조 제2항), 둘 이상의 업무집행자가 공동으로 회사를 대표할 것을 정할 수도 있다(동조 제3항). 공동대표로 하더라도 제3자의 회사에 대한 의사표시는 공동대표 중 1인에게만 하여도 효력이 있다(동조 제4항). 대표는 회사의 영업에 관하여 재판상·재판외의 모든 행위를 할 권한이 있고, 그 권한의 제한은 선의의 제3자에게 대항하지 못한다(제287조의19 제5항 → 제209조). 대표자가 그 업무집행으로 타인에게 손해를 입힌 경우에는 회사는 그 대표자와 연대하여 손해를 배상할 책임이 있다(제287조의20). 회사와 사원 또는 사원 아닌 업무집행자 사이의 소송에서 회사를 대표할 사원이 없을 때에는 다른 사원 과반수의 결의로 소송에서 회사를 대표할 사원을 선정하여야 한다(제287조의21).

2. 사원의 책임

유한책임회사의 사원은 회사채권자에 대하여 간접·유한책임을 진다(제287조의7). 즉, 주식회사의 주주와 같이 회사에 대한 출자의무만을 부담한다.

부록   참고문헌

권기범, 현대회사법론, 제5판, 삼영사(2014)

김정호, 상법총칙·상행위법, 제4판, 법문사(2021)

　　　　회사법, 제5판, 법문사(2019)

김홍기, 상법강의, 제5판, 박영사(2020)

김화진, 상법입문, 제7판, 박영사(2017)

　　　　상법강의, 제3판, 박영사(2016)

송옥렬, 상법강의, 제12판, 홍문사(2022)

안강현, 상법총칙·상행위법, 제7판, 박영사(2019)

이기수·최병규, 상법총칙·상행위법(상법강의 Ⅰ), 박영사(2016)

　　　　회사법(상법강의 Ⅱ), 제11판, 박영사(2019)

이종훈, 상법총칙·상행위법, 박영사(2017)

이철송, 상법강의, 제13판, 박영사(2012)

　　　　상법총칙·상행위, 제16판, 박영사(2016)

　　　　회사법강의, 제29판, 박영사(2021)

장덕조, 상법강의, 제3판, 법문사(2019)

정동윤, 상법(상), 제6판, 법문사(2012)

정찬형, 상법강의(상), 제22판, 박영사(2019)

최기원·김동민, 상법학신론(상), 제20판, 박영사(2014)

최준선, 상법총칙·상행위법, 제10판, 삼영사(2016)

　　　　회사법, 제10판, 삼영사(2015)

한기정, 신상법입문, 박영사(2020)

홍복기·박세화, 회사법강의, 제6판, 법문사(2018)

저자약력

원용수(元容洙)

고려대학교 법과대학(법학사)
서울대학교 대학원(법학석사)
프랑스 파리5대학교(법학박사)
現 사단법인 한국경제법학회 고문, 대한상사중재원 중재인
前 서울시립대학교 법학전문대학원 교수, 한국경제법학회장, 숙명여자대학교 정법대학장, 서울시립대학교 법학연구소장, 숙명여자대학교 법과대학 교수, 공정거래위원회 경쟁정책 자문위원(국제협력분과위원장), 국회입법지원위원, 코스닥 등록법인협의회 자문위원, 프랑스 상사법 전문학술지 Dalloz Affaires 한국법 대변인, 미국 Columbia Law School Visiting Scholar

주요저서

상법강론(헤르메스, 2022), 상법케이스연습(길안사, 1996), 프랑스 회사법(법무부, 2014), 기업결합규제법(연경문화사, 2001), 생활법률의 이해(숙대출판부, 2001) 등 다수

상법원론(Ⅰ)

초판발행	2023년 3월 5일
지은이	원용수
펴낸이	안종만·안상준
편 집	이승현
기획/마케팅	손준호
표지디자인	이소연
제 작	고철민·조영환
펴낸곳	㈜ **박영사**
	서울특별시 금천구 가산디지털2로 53, 210호(가산동, 한라시그마밸리)
	등록 1959. 3. 11. 제300-1959-1호(倫)
전 화	02)733-6771
f a x	02)736-4818
e-mail	pys@pybook.co.kr
homepage	www.pybook.co.kr
ISBN	979-11-303-4340-2 93360

copyright©원용수, 2023, Printed in Korea

정 가   35,000원